The Psychology of
PERSONAL
CONSTRUCTS
VOLUME ONE
A Theory of Personality
George A. Kelly

パーソナル・コンストラクトの心理学 第1巻

●理論とパーソナリティ

G・A・ケリー　辻 平治郎 訳

北大路書房

The Psychology of PERSONAL CONSTRUCTS
VOLUME ONE
A Theory of Personality
By GEROGE A. KELLY, Ph.D.
THE OHIO STATE UNIVERSITY

W. W. NORTON & COMPANY INC. New York

COPYRIGHT, 1955, BY
GEORGE A. KELLY

Preface
緒　言

　本書は20年前に臨床手続きのハンドブックとして出発した。これは著者の弟子たちのためにデザインされ，著者がディレクターを務めていたクリニックにおいて，手引きとして用いられた。当初の強調点は，クライエントの個人的な経験記録を公開して理解するための，そしてクライエントがみずからの居場所を見いだそうとしている環境を明瞭に理解するための，特殊方法というところにおかれていた。この出発点から，このハンドブックはもっと広い用途をもちうるものへと徐々に発展してきたと想定されている。しかし何度も何度も，この著作は退屈でちっぽけな格言の泥沼へと落ち込んだ。臨床問題をいかに取り扱うかということだけを読者に告げようと試みたのがよくなかったのだ。「なぜ」がその困惑した頭の中に強く育ってきていたのである。

　そこで，われわれはこの「なぜ」について書き始めることにした。タイプライターのキーの背後から漏れ出す言葉を見いだすのは，励みになることであった。しかし，始めるや否や，なにか奇妙なことが起こり始めた。というよりもむしろ，何か思いがけないことがすでに起こっていることがわかった。わかったのはこのことである：比較的孤立した臨床実践を行っていた数年の間に，われわれは心理学の踏み固められた道からさ迷い出て，思いのほか遠くまで来ていたのだ。

　それでは，われわれは今，どれくらい遠くに来ているのだろうか？　あるいはもっと重要なのは，読者はわれわれを見つけ出せるのだろうか？　われわれのいくぶん並はずれた確信は当然としても，明らかにわれわれは暗黙のうちに多くの基本的前提をつくり続けてきた。このような問題について今はっきりさせられなかったとしたら，われわれは臨床実践の「なぜ」について理にかなったことをだれかに言いうると希望できるであろうか？

　われわれは引き下がって，今回はシステム構築のレベルから再出発することにした。それは半々の仕事である。つまり半分は，広範な探求のフィールドを支持する一貫した仮説を創案すること。そしてもう半分は，われわれがすでに当然視している確信を明瞭化することである。

　さて，ついにこの本のページが積み重ねられ始めた。われわれはみずから，まず理論的立場――すなわちパーソナリティの新理論――を説明する仕事と，もう1つは心理学者の日常世界でそのまま使える実践的意味を追求する仕事とを，切り分けた。これは（趣味的な）休日仕事ではないことがすぐにわかった。当初に企画されていた社会組織，教育，そして関連研究の現状を扱う章を省いても，この草稿はとんでもない分

量に膨れ上がった。この瞬間に著者は，もちろん，最終的に印刷された本書のどちらの巻もすぐには持ち上げられず，これらがいずれも快適にベッドに持ち込めるサイズではなかろうということが容易に想像できた。

　書くという仕事自体について一言。章が形を取り始めたときに，著者は最初の草稿文書を，毎木曜の夜に来て聴いて議論してくれる人ならだれでもよいので，読んでほしいと申し出た。この毎週の試練は3年も続いた。それは苦しくも刺激的であった。出席者は30人にも及び，その夕にカバーしたページはたった1ページにすぎないこともあった。とにかく，著者あるいは文書の生き残りは，同僚たちの心理学的洞察力に完全に依拠しており，彼らはとにかく常に憐れみと現実主義との優しいバランスをとる方法を見いだしてくれた。

関心をもってくれそうな人に

　店内に読者に役立つどんなものがあるのかを，読者にあらかじめ告げておくのが公平であろう。まず，心理学の本でなじみ深い目印（ランドマーク）はほとんどないのがわかるだろう。たとえばほとんどの心理学のテキストに非常に栄誉あるものとして組み込まれている「学習」という用語は，本書ではほとんど現れない。これはまったく意図的になされたことである。われわれはこれを完全に船外に投げ捨ててしまったのだ。ここには，「自我」も「情動」も「動機づけ」も「強化」も「動因」も「無意識」も「要求」も何もない。が，たとえば「利便性の焦点（foci of convenience）」，「先き取り（preemption）」，「命題性（propositionality）」，「修正役割療法（fixed-role therapy）」，「創造性のサイクル（creativity cycle）」，「変遷的診断（transitive diagnosis）」，「だまされやすいアプローチ（credulous approach）」のような，真新しい心理学的定義をもったいくつかの用語が登場する。「不安」は特別に体系的な方法で定義される。「役割（role）」，「罪悪感（guilt）」，「敵意（hostility）」には，多くの人がまったく予期せぬ定義がもたらされる。そしてこの異端ぶりは徹底しており，詳細な文献目録もない。不幸なことに，このすべてが奇妙でおそらく不快な時間を生み出すだろう。しかし，異なるアプローチが異なる語彙を求めるのは不可避であり，その影響下では多くの古い用語はなじみの意味を手放すものである。

　われわれは誰に対して語っているのだろうか？　一般に，われわれのことを真面目に受け取ってくれる読者は，冒険的精神をもっているだろう。このような人は，人間に関する異端思想について考えるのを少しも恐れず，敢えて変人の目を通して世界をのぞき，観念にも語彙にも身分不相応な投資をしてこず，究極的な心理学的洞察群よりも中間的なものを探し求める。彼は心理士，教育者，ソーシャルワーカー，精神科医，聖職者，特に関係のない管理者として，生計を立てているかもしれない。心理学のコースは今までにまったく受けたことがなくてもかまわない。ただし，心理学的な問題に今まであまりまじめに悩んでこなかったような人は，この本を選ぶとほぼ確実

に不幸になるだろう。

読者と著者

　元のハンドブックを含まない初期の草稿文書が，ほぼ100部コピーされ，読まれた。これらのコピーの読者は木曜会の人々とあわせるとほぼ100名で，本書のすべてあるいはかなりの部分に反応を返してくれた。これらの読者聴衆による予備テストが大いに役立ったことは言うまでもない。

　次に掲げるのは，木曜会の常連参加者であり，パーソナル・コンストラクトの理論がどんなものであるのかをおそらく著者以上によく知っている方々のリストである。

　ジェームズ・ビーリ（James Bieri）博士，ロバート E. ジョーンズ（Robert E. Jones）博士，ジーン・バートン（Jean Burton）博士，アルヴィン W. ランドフィールド（Alvin W. Landfield）博士，リチャード B. クレイヴンス（Richard B. Cravens）博士，レオン H. レヴィ（Leon H. Levy）博士，ロバート A. フェイジャー（Robert A. Fager）博士，スー P. ロイド（Sue P. Lloid）博士，アルヴィン R. ハワード（Alvin, R. Howard）博士，リチャード M. ランディ（Richard M. Lundy）博士，ウィリアム H. ライル, Jr.（William, H. Lyle, Jr.）博士，ヘンリー・サミュエルズ（Henry Samuels）博士，ブレンダン・マーハー（Brendan Maher）博士，ドナルド・シューメイカー（Donald Shoemaker）博士，ジョーゼフ M. マスリング（Joseph M. Masling）博士，E. フィリップ・トラップ（E. Philip Trapp）博士，ジェームズ W. ローラー（James W. Rohrer）博士，ジェーン H. ウスター（Jane H. Wooster）博士。

　これはもちろん，そのアイデアがパーソナル・コンストラクト理論に取り入れられた方々の完全なリストではない。ジョン・バリー（John Barry）博士には，文通を通じて，最初の草稿について連続的な批判的分析をいただいた。L. S. マックゴーグラン（L. S. McGaughran）博士の実験研究は，コンストラクトの次元的分析のお膳立てをしてくれた。ハリー・メイソン（Harry Mason）博士には経験的分析の初期作業のいくつかをやってもらった。同様に，ジョン・ヘンフィル（John Hemphill）博士とジョン・ハッドレイ（John Hadley）博士には，第2巻で論じる心理療法の技法のいくつかの初期実験をやってもらった。エセル H. エドワーズ（Ethel H. Edwards）夫人とアレクサンダー J. ロビンソン（Alexander J. Robinson）氏には，修正役割療法で最初の探索をやってもらった。そして修正役割療法に関連する体系的な見解が解説されるべきだと最初に示唆してくれたのが，ハリィ J. オールダー（Harry J. Older）博士であった。

　加えて次の方々には著作を引用させてもらった。

　イブラヒム・アブー・ゴーラ（Ibrahim Abou Ghorra）氏，ジョーゼフ M. マスリング（Joseph M. Masling）博士，デイヴィッド E. ハント（David E. Hunt）博士，ジョイス・オルヘフト（Joyce Olhoeft）女史，スー P. ロイド（Sue P. Lloyd）博士，フィリップ A. プレブル（Philip A. Preble）氏，ジェーン H. ウスター（Jane H. Wooster）博士。そして当然のことながら，

あらゆるパーソナル・コンストラクト理論家の著名にして洞察力にあふれた仲間，ウィリアム・シェークスピア（William Shakespeare）氏。

いくらかのケースについては関連するケースの匿名性を守るために，引用した文脈ではなく，この場で名前を挙げさせてもらう。

ほぼ10年前のある機会に，「役割コンストラクト」に基づくパーソナリティ理論に関する即興のつぶやきを注意深く聞いてくれた同僚がいた。幸運な一致により，この人が後に本書の心理学編集者になった。彼は話を聞いた時のことを忘れてからおそらく長い時間がたっていたはずであるが，18ポンド（8kg余）もの文書を編集者の目で吟味してくれただけでなく，それが彼に聞かせるように話したかのごとくに反応し，時には湧き立つような熱狂をもって，そして時には狼狽し当惑しながら，応答してくれた。著者はそれ以上に何を求めることができようか！　こうして防縮加工された草稿は，はるかによい本になるだろう。著者は畏敬の念とともに大いなる感謝をささげる次第である。

著者には特別な恩義を感じる方々がいる。紫指軍団（パープルフィンガード・ブリゲード）——ヴァージニア・ブレヴアート（Virginia Brevoort）夫人，ルース・ヘッジス（Ruth Hedges）夫人，マーベル・オークリー（Mabel Oakley）夫人，そしてミルドレッド・ウォッデル（Mildred Waddell）夫人——はタイプを打ち，紫色のアニリン染料処理でもって複写を行って，この原稿を2つの予備的な版にまとめてくれた。そして最後に著者の妻，グラディス T. ケリー（Gladys T. Kelly）がいる。彼女は長い時間を費やして草稿を見てくれ，英文法の謎と夫のアイデアの曖昧さとを辛抱強く調停することにその多くを費やしてくれた。しかし，この種の感謝をどこで表わしたらよいのであろうか。

旅する読者のための道路地図

さて，本書の構成に進もう。読者が心の中に地図をもたないかぎり，特に章の間をスキップするような場合には，きっと道に迷うだろう。この種の本を書く場合には慣習的なパターンがあるが，これに従うのは非現実的だということがわかった。慣習というのは，読者が普段どおりに読み進めていくやり方にまず懸念を表明しておき，そのうえでみずからの理論を詳細に解説し，次に専門文献からの聖典の引用を提示し，最後に今まで悩まされてきた問題をどれほどどうまく解決したかを説明する。

読者は普通，苦情を述べているページを，そうだそうだと読み進める。彼もまた，今までの物事の進められ方に浮かない気持ちになる。それから，著者の理論を憶えていられるように，心のノートに1つ2つ手早くメモをする。最後に彼は最後の2節くらいをぱらぱらと見て，この著作が理にかなったものだと確信し，この世界の運営の仕方に何か実用的な差異を実際に生じるのかどうかを見ていく。

しかしわれわれは経験から，このような企画で書物を書いたり読んだりしても，わ

れわれの言うべきことがうまく伝わらないことを学んだ。読者が通常の方法で正しい方向づけをするのには，なじみのある目印があまりにも少なく，広範囲の仮説が多すぎるのだ。そのうえ，われわれは精神分析，ゲシュタルト理論，新現象学，あるいはハル（Hull）学派の学習とも，まじめな論争をぶちあげたことがなかった。苦情から出発する代わりに，われわれは単純に冒険への誘いを申し出た。読者にこのすべての理論を第2巻まで，気をもみながら，保持し続けることを求める代わりに，本著作は螺旋的なアプローチにしたがった。われわれは現実的な応用に何度も何度も向き合ってきた。後の章で舞い戻るのは，理論のより詳細な側面の説明をするためだけである。したがって，節から節へのある種のくりかえしはあるが，いずれの場合も後になるほどより複雑なレベルになっている。また，心理実験の文書の事後分析に関しては，われわれは理論が，そう言っただろうという言葉よりも，レースの始まる前に賭けた掛け金によって確証されるのだと信じている。したがってわれわれは，事後的な実験エビデンスはすべて除外した。

　この著作は哲学的な立場から始まっている。これに対しては特定の名称が与えられ，第1章でそれがスケッチされている。次に，型どおりに，これから述べるすべてのことに対する基礎的な前提あるいは基盤となる仮定を示した。この仮定はただちに系（コロラリー）と呼ばれる一連の11の陳述によって精緻化された。これが第2章である。

　さて，本書で記述したこれらのパーソナル・コンストラクトの1つに，街角で出会ったとき，読者にはそれがどのように見えるのかを，理解しやすいように，精緻化の仕事をとり上げよう。ここではわれわれは，経験を，そして多くの心理士にとって人間の運命的な過去とは何かを，とり上げる。その後われわれは記述的なレベルの説明へと移動する。そして，われわれの理論が特にそのために企画されたサービスの分野 (field of service) について何がしかのことを語ろう。これは次には，レプテスト（Rep Test）と呼ばれる臨床的な道具の提示へと進んでいく。このテストはわれわれの理論がわれわれの発明を助けてくれるはずの実際的な装置のよい例である。ここまでで5章が終わる。

　第6章では，われわれは心理学的空間の数学的構造に向かう。われわれは概念 (concept) と人物 (figure) との織り合わせが社会の布地に実体を与えるのだと論じている。われわれの数学はバートランド・ラッセルのタイプのものであり，心理学にしっかりと投錨されている。これはおもに研究者の章である。

　理論は常に何かに忙しくしているべきだというのが，われわれの確信である。そこで，第7，8章では，パーソナル・コンストラクト心理学によって，人が仲間の人間存在の自発的な発話に何を観察できるようになるのか，そして臨床家がそれについて何ができるようになるのかを示すことにする。これは比較的足が地に着いた材料であるが，その背後に体系的な仮定をもっている。読者はこの理論が対面状況でうまく働

章の内容に関する略図

第1巻

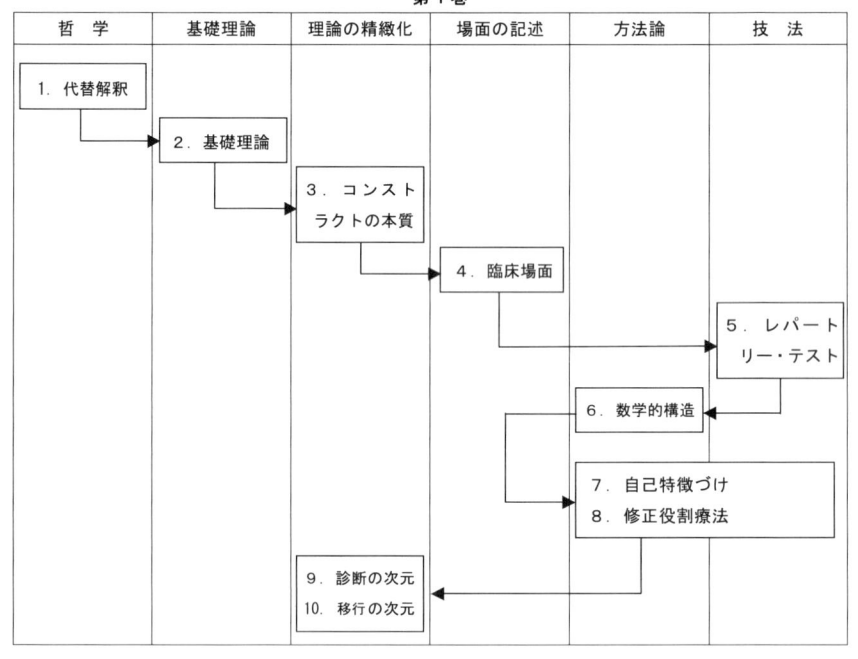

哲　学	基礎理論	理論の精緻化	場面の記述	方法論	技　法
1．代替解釈	2．基礎理論	3．コンストラクトの本質	4．臨床場面	6．数学的構造 7．自己特徴づけ 8．修正役割療法	5．レパートリー・テスト
		9．診断の次元 10．移行の次元			

第2巻

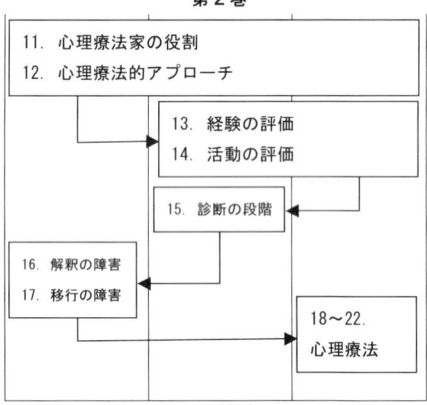

11．心理療法家の役割 12．心理療法的アプローチ		
	13．経験の評価 14．活動の評価	
	15．診断の段階	
16．解釈の障害 17．移行の障害		
		18〜22．心理療法

くのを見ておくと,この理論のこの後の発展を理解しやすくなるのではないかと思う。

本巻の最後の2章,第9,10章は,もとは草稿の後の方で出てきたものだが,本書が2巻に分けて刊行しなければならないことがはっきりしてきたとき,ここに挿入されたものである。この変更は,1巻がおもに理論的,もう1巻はおもに実践的なものになるように,なされた。この2章は診断概念の試行的なレパートリーを実践的臨床家に提供するものであり,理論の発展にとって絶対不可欠のものではない。しかし,これらの章は高度に抽象的であり,第1巻,すなわち理論編のスタイルになっている。

第2巻は,いま匂わせたように,臨床実践領域におけるパーソナル・コンストラクト心理学の意味に関係している。ここではわれわれは,正確な論理的展開と経済的な記述よりもむしろ,料理本の細目を徹底的にカバーするように努めた。この巻は心理療法家の役割と,いくつかの即使える技法,経験的・活動的データの目録づくり,診断手続きのスケジュールについて論じた。たまたまだが経験と活動に関する2章は,数年前の初期の草稿を大きく縮めたものである。われわれの新システムの診断次元が例示したタイプの事例の構造化にどのように使えるかを記述する2章を提示した後に,われわれはパーソナル・コンストラクト理論の立場から,心理療法の技法について,詳細な議論を順次進めて行くことにした。この5つのくくりで,第2巻は終結する。

さて,読者は思いどおりに読み進めてほしい。もしこの見晴らしのよい緒言のポイントから見て,第1巻があまりにも抽象的であるように見えるなら,すぐに第2巻へ進めば,そこにはもう少し大衆向きの読み物のようなものを見いだされるであろう。

G. A. K.

Editor's introduction
編集者による導入

　以下のページでジョージ・ケリーは，彼に随順したいと思っているすべての人のために，パーソナリティ理論と臨床実践の奇妙に新しい世界への徹底した探求を行っている。習慣的なやり方に従って，ケリー博士は彼自身の道順の地図づくりをした後で，彼の同僚たちのために企画した旅に編集者を同行させている。このようなテスト試行の背後にある考えは，編集者は後にこの旅をすることになる人々への共感をもって，著者が読者・旅行者にとって最善の道を見いだそうとがんばるのを助けて，文法や語彙のつまずき石を取り除き，読者が足元に注意しなくても，旅する国の重要な輪郭に注意が払えるように助けることにあるようである。

　編集者はたぶん，この旅行がどのようなものであるのかというみずからの印象を報告することによって，さらに読者に役立つことができるだろう。このような報告にはもちろん警告が必要である。というのも，編集者はこれらが継承するあらゆる病にかかりうるたった1つの神経系をもっているだけだし，編集旅行はその山頂よりも道筋により目を向けてなされるものだからである。

　旅行者の視角やフィルターがどうであれ，この本の端から端まで進むことは本物の旅行——刺激的で，夢中にさせ，時にいらいらさせる旅である。なじみ深い現象を新しい視点から，古い概念に新しい着物を着せて，古い関係を新しい理論的照明のもとで，見てみたいという気分のときには，ケリー博士をつけまわすと喜びを感じることができるだろう。もし著者のパーソナリティへの新アプローチの背後にある影響を多く受けてきていたとしたら，その人は自分自身がほんやりと感じながらも，声に出して言えなかった多くの洞察が言語表現されているのを見いだして，喜びを感じるだろう。人間のパーソナリティについての非常に新しく体系的な見解の理論的，実験的，実践的な結果に楽観的な気分をもっている場合には，彼の旅行はそれにともなう多くのトラブルに耐えるだけの価値が十分にあるだろう。しかし，もし人が新しい言語を学んだり，慣習に固まってしまった言葉の新しい用法を学んだりするのを，一時的にあるいは気質的に不快と感じる傾向があるなら，フラストレーションを感じるだろう。というのは，慣習的な用語と慣習的な思考法が両方とも，慇懃にではあるが決定的に揺さぶられるからである。時には彼はいつものペースと歩幅で読み進めることさえできなくなるだろう。というのも，その道が予期せぬ方向に曲がり，上ったり下ったり，横道にそれたりするからである。

　この冒険から帰還して，なじみのある世界を見回してみたときには，事態は変化し

ている。人とともに生活する日々の業務にも違いが生じる。今までは気づいていなかったものが見えてくる。自分自身のものを含めて人間の行動について新しく予期しない文章を構成しており，自分にとっては新しい観察をしていることに気がつく。この冒険によって，視点の変化が生じたのだ。このような変化は，理論や，はっきりした研究仮説の検証や，1人の個人への臨床的集中や，日常の込み入った人間関係等々のいずれに関係していようが，おそらくどんな読者にも生じるだろう。

　人間のパーソナリティの世界に生きている種々の興味傾向をもつ多くの心理士，多くの精神科医，多くのソーシャルワーカー等々は，ケリー博士と一緒に新天地を探索することで，興奮，挑戦，生産的混乱，そして素朴な喜びを見いだすだろうことは確かなように思われる。他の人たちは，その知的な家財を手に入れて，ここに定住したがるだろうと，予測しても安全なようである。

　　　　　　　　　　　　　　　　　　フィルモア・サンフォード（FILLMORE SANFORD）

Contents
目 次

緒　言 i
　　関心をもってくれそうな人に———ii
　　読者と著者———iii
　　旅する読者のための道路地図———iv
編集者による導入 viii

第1章　代替解釈

A　出発点 1
　1　人を見る視点———1
　2　どんな種類の宇宙か？———3
　3　生とは何か？———4
　4　解釈システム———5
　5　予測の根拠としてのコンストラクト———8
B　哲学的立場 10
　6　代替解釈についての言明———10
　7　哲学か心理学か———11
　8　哲学システムとの関係———12
　9　心理学の領域———12
　10　理論の果たす機能———13
　11　決定論と人間の自由意志———14
C　パーソナリティの心理学理論の細部のデザイン 16
　12　理論モデルと利便性の焦点———16
　13　心理学理論の生産力———17
　14　検証可能な仮説———18
　15　妥当性———18
　16　一般性———20
　17　操作主義———21
　18　修正可能性———23
　19　何が証明されるのか———23

20 仮説はどこからやってくるのか？——24
21 理論設計における心的エネルギー——26
22 人はどちらの道に向かうのか？——28
23 理論設計における個別性——29
24 研究計画の明確化の要約——32

第2章　基礎理論

A　基本的前提 ·· 35
1 基本的前提（Fundamental Postulate）：人の（心的）過程は，彼がイベントを予期する方法によって，心理的に水路づけられる——35
2 用　語——36

B　解釈の系 ·· 38
3 解釈の系（Construction Corollary）：人はイベントを，その反復を解釈することによって予期する——38
4 用　語——38
5 解釈の系の数学的意味——41

C　個別性の系 ·· 42
6 個別性の系（Individuality Corollary）：イベントの解釈は人によって相互に異なる——42

D　組織化の系 ·· 43
7 組織化の系（Organization Corollary）：各人は，イベントを予期するのに便利なように，コンストラクト間に序列的関係をもつ解釈システムを，特徴的に進化させる——43
8 用　語——43
9 組織化の系のもつ意味——45

E　二分法の系 ·· 46
10 二分法の系（Dichotomy Corollary）：人の解釈システムは有限数の二分法的コンストラクトで構成されている——46
11 用　語——47
12 二分法の系の意味連関——48

F　選択の系 ·· 50
13 選択の系（Choice Corollary）：人は二分法的コンストラクトの中から，みずからのシステムの拡張と限定の可能性をより高めると予期する側の，選択肢をみずから選択する——50

14 用 語——51
15 選択の系の含意——53
Ⓖ 範囲の系 ··· 54
16 範囲の系（Range Corollary）：コンストラクトは，限られた範囲のイベントの予期に対してのみ利便性をもつ——54
17 範囲の系の含意——55
Ⓗ 経験の系 ··· 57
18 経験の系（Experience Corollary）：人の解釈(コンストラクション)システムは，イベントの反復を連続的に解釈していく時に変化する——57
19 用 語——57
20 経験，秩序，時間——58
21 経験と学習——59
Ⓘ 調節の系 ··· 61
22 調節の系（Modulation Corollary）：人の解釈システムにおける変動は，コンストラクトの浸透性によって制限され，その変形はこのコンストラクトの利便性の範囲内に位置する——61
23 用 語——62
Ⓙ 断片化の系 ··· 66
24 断片化の系（Fragmentation Corollary）：人は，相互に両立しないと推測される多様な解釈サブシステムを連続的に採用するかもしれない——66
25 一貫性の問題——68
26 断片化の系のもつさらなる含意——70
Ⓚ 共通性の系 ··· 71
27 共通性の系（Commonality Corollary）：ある人が他者の採用するのと類似した経験の解釈を採用するかぎり，彼の心的過程は他者のそれと類似していることになる——71
28 用 語——73
29 共通性の系の含意——74
Ⓛ 社会性の系 ··· 75
30 社会性の系（Sociality Corollary）：ある人が他者の解釈過程を解釈するかぎり，彼はその他者を含む社会的過程において役割を果たしているといいうる——75
31 役割の定義——77
32 リーダーシップの役割——79
33 パーソナル・コンストラクト理論の検証——81

Ⓜ 仮定構造の要約 82
 34　基本的前提とその系——82

第3章　パーソナル・コンストラクトの本質

Ⓐ　コンストラクトの個人的な使用 83
 1　コンストラクトの基本的な性質——83
 2　人々は自分の言うことを本気で言っているのか？——87
 3　パーソナル・コンストラクトの解釈における暗黙のつながり——93
 4　コンストラクトと予期——95
 5　コントロールとしてのコンストラクト——100
 6　人の役割についての個人的解釈——104
 7　コンストラクトの現実的性質——108

Ⓑ　コンストラクトの形式的側面 109
 8　用語集——109
 9　象徴表現——110
 10　コミュニケーション——112
 11　コンストラクトのスケール——113
 12　コンストラクトによるスキャニング——116
 13　コンストラクトの文脈内での個人的安定——117
 14　コンストラクトの次元——121

Ⓒ　解釈の変化 126
 15　確　証——126
 16　新しいコンストラクトの形成に有利な条件——129
 17　新しいコンストラクトの形成に不利な条件——133

Ⓓ　経験の意味 137
 18　経験の解釈された性質——137
 19　経験の解釈——139
 20　非歴史的アプローチ——140
 21　パーソナル・コンストラクトの確証としての集団の期待——141
 22　育ってきた文化の研究を通じた，パーソナル・コンストラクトへのアクセスの獲得——144

第4章　臨床場面

Ⓐ　心理学における臨床的方法の特徴 ……………………………………………… 148
　1　学問領域としての臨床心理学―――148
　2　臨床家と帰無仮説―――150
　3　逐次接近法と臨床法―――154
　4　臨床法と多変量構造―――155
　5　低水準の確率の同時的適用―――155
　6　個性記述的な領域内での概念形成―――157
　7　臨床法の特徴としてのコミュニケーション―――158
　8　臨床家の非言語的および非象徴的コンストラクトへの関心―――159
　9　クライエントが新しいコンストラクトを創造するのを助ける―――159

Ⓑ　臨床場面における心理検査 ……………………………………………………… 160
　10　パーソナル・コンストラクトのアクセシビリティ―――160
　11　パーソナル・コンストラクトに対する数タイプのアプローチ―――161
　12　臨床場面におけるテストの機能―――163
　13　テストの臨床的効用の評価―――165
　14　結　論―――175

第5章　レパートリー・テスト

Ⓐ　レプテストの構造 ………………………………………………………………… 176
　1　パーソナル・コンストラクトを引き出すためのインスツルメント―――176
　2　人物を指定する手続き―――177
　3　分類の手続き―――178
　4　レプテストの個別実施のための形式―――180
　5　レプテストの集団法―――183
　6　レプテストの根底にある仮定―――185
　7　レプテストの一貫性―――187

Ⓑ　レプテストのプロトコルの分析法 ……………………………………………… 188
　8　レプテストの結果の臨床的分析―――188
　9　あるサンプルのプロトコルの表による分析―――196

Ⓒ　臨床仮説のチェック ……………………………………………………………… 201
　10　標本のプロトコルの分析から抽出された臨床仮説―――201
　11　治療者によるミルドレッドの記述―――204

       12　結　論──216

第6章　心理的空間の数学的構造

Ⓐ　役割コンストラクト・レパートリー・テストのグリッド法 …………… 217
　　1　言葉の向こうを見る──217
　　2　グリッド──218
　　3　仮　定──220
　　4　レプテスト・グリッド法の例示──222
　　5　タイトルと分類の根拠──226

Ⓑ　心理学的空間の要因分析 ……………………………………………………… 228
　　6　コンストラクトのタイプ──228
　　7　レプテスト・プロトコルの因子分析──231
　　8　一般化された人物によるプロトコルの分析──243
　　9　自己同一化──246
　　10　性同一性──250
　　11　権威像──252

Ⓒ　パーソナリティ理論における一般モデルとしての概念的グリッド …… 254
　　12　人とは何か？──254
　　13　概念グリッド──257
　　14　概念化の数学──258
　　15　何が類似性の程度を構成するのか？──260
　　16　転移関係の研究──263
　　17　逆転した人物の研究──265
　　18　指定されたコンストラクトの研究──265
　　19　般化の研究──266
　　20　状況と人物との関係──267
　　21　利便性の範囲を含む問題──270
　　22　グループ因子──270

第7章　自己特徴づけの分析

Ⓐ　アプローチ ……………………………………………………………………… 273
　　1　基本的前提の関連事項の追求──273
　　2　信じるアプローチの応用としての自己特徴づけ──276

 3 自己特徴づけの例——279
 4 自己特徴づけの分析における技法——282
 5 このプロトコルによって思い起こされる文脈的領域の分析——285
 6 テーマ分析——287
 7 次元分析——288
 8 パーソナル・コンストラクトの専門的包摂——290

B　自己特徴づけの1次的解析の説明 …… 291
 9 ロナルド・バレットは何を言おうとしているのか？——291

第8章　修正役割療法

A　自己の再構築 …… 310
 1 自己特徴づけに基づく治療的アプローチの発展——310
 2 修正役割のスケッチを描く——316
 3 説明のための修正役割スケッチ——321
  ケネス・ノートン
 4 修正役割についての臨床家の見解——325
 5 修正役割の導入——327
 6 リハーサルの順序——330

B　修正役割療法の使用 …… 336
 7 修正役割療法についての治療者の説明からの抜粋——336
  ロナルド・バレット
 8 修正役割療法で求められる臨床的スキル——342
 9 修正役割療法の進歩の評価——344
 10 新しい行動による評価——345
 11 危　険——347
 12 ただ演じるだけ——350
 13 自発的描写——352
 14 自己内よりもむしろ状況内の変化の知覚——353
 15 付加的なネガティブ・サイン——355
 16 進歩のエビデンス——357
  A．レイ・ギブソン：自己特徴づけの分析／B．レイ・ギブソン：ロッターの文章完成法プロトコル／C．ディック・ベントン：修正役割スケッチ／D．レイ・ギブソン：治療者の報告からの抜き書きと逐語的な写し
 17 修正役割療法の適応症——364

Ⓒ 集団修正役割療法
18 集団修正役割療法での準備的探索――367
　A．ミリアム・コルフテン／B．チェスター・ウルラース／C．ポーリン・フィールズ
19 修正役割スケッチ――373
　A．ジュディ・ピアソン／B．ティモシー・エルマン／C．パトリシア・ディームズ
20 参加者の反応――378
　A．ジュディ／B．ティモシー／C．パット
21 結　論――389

第9章　診断の次元

Ⓐ デザインの細部　391
1 導　入――391
2 心理的コンストラクトをデザインする際の問題――391
3 心理学的コンストラクトを目指した10のデザインの明細――394

Ⓑ 潜在的解釈　397
4 前言語的コンストラクト――397
5 無意識――402
6 沈　潜――404
7 宙づり――407
8 認知的気づきのレベル――410

Ⓒ 解釈の内容　411
9 膨張と収縮――411
10 包括的コンストラクトと偶発的コンストラクト――412
11 上位コンストラクトと下位コンストラクト――413
12 統治性――414
13 中核コンストラクトと周辺コンストラクト――416
14 緊縮したコンストラクトと弛緩したコンストラクト――417

第10章　移行の次元

Ⓐ 除去と関連しているコンストラクト　419
1 パーソナル・コンストラクトと人生の推移――419
2 脅　威――422
3 恐　怖――425

4 不　安──427
 5 罪悪感──432
 6 攻撃性──437
 7 敵　意──439
Ⓑ　解釈のサイクル ……………………………………………………………… 442
 8 典型的な解釈の交代──442
 9 C-P-C サイクル──443
 10 コントロールについてのさらなる考察──445
 11 衝動性──452
 12 創造性サイクル──454
 13 結　論──456
Ⓒ　診断コンストラクトの用語集 ……………………………………………… 457
 14 一般的診断コンストラクト──457
 15 移行に関係するコンストラクト──458

引用文献──459
人名索引──461
事項索引──462
訳者あとがき──473

第1章
Constructive alternativism
代替解釈

　本章ではわれわれの理論的立場をすぐに開陳する代わりに、記憶をさかのぼって、いくつかの哲学的根源を明らかにすることにしよう。代替解釈（constructive alternativism）はわれわれの理論の根幹にあるだけでなく、後の心理療法の技法の議論までを通じて、はっきりとくりかえし論じられるテーマである。

A 出発点

1 人を見る視点

　このパーソナリティ理論は実際には2つの単純な見解の組合せから出発している。第1に人間は、今過ぎゆく瞬間よりもむしろ、数世紀にわたる視点から見たほうが、よりよく理解できる可能性がある。そして第2に、各人はみずからの個人的な方法で、非常に速やかに自己にのしかかってくるイベントの流れについて、熟考する。たぶん、持続的なものと刹那的なものとの相互交流の中で、個人はみずからの人生を再構成しうるもっと希望に満ちた方法を発見するのであろう。この考えは追求する価値があるように思える。

　人間が何世紀にもわたって前進していくという見解も、個人的なバイアスのかかった本性をもつという見解も、特に新しいわけではない。連綿と継承されている旧約聖書の文学は、人間の進歩について周知の叙事詩的物語を描いている。また、個々の人間の人生の流れは、好奇心をもつ学徒の注意を免れることもなかった。高度に歯切れのよいウィリアム・ジェームズ（William James）は、意識の流れの渦巻く潮流に魅せられた。歯切れの悪いアドルフ・マイアー（Adolf Meyer）は、彼の学生に、患者の人生の事実に線引きをして年代記にするようにと促した。敏感なジグムント・フロイト（Sigmund Freud）は地下の泉を探求して、その流れの源流へと進んでいった。そして衝動的なアンリ・ベルグソン（Henri Bergson）は、土手から流れにとび込んで、流れに運ばれながら、心は時間をはかる物差しとして使いうると考えた。物事を自分流に見ることに関しては、ソロモン（Solomon）は悩める男についての記述の中で、「彼が心の

中で考える時，彼はその心なのだ」と述べている。そしてシェリー（Shelley）はかつて「心はそれが考えるものになる」と述べた。ジョン・ロック（John Locke）はある夜に議論をしている時，彼の友だちのそれぞれが独特の認知力の悪さを示したことに驚いて，その夜，床につく前に「人間悟性論（Essay Concerning Human Understanding）」を書いた。この課題はたまたまだが20年後まで完成しなかった。

　人間を長期的に見ると，彼の衝動を表わすよりもむしろ，彼の進歩を説明してくれそうな要因に目を向けさせることになる。かなりの程度まで——完全ではないが——人間の進歩の青写真には「科学」のラベルが与えられてきた。そこで，「人間は生物学的有機体だ（man-the-biological-organism）」や「人間は幸運な奴だ（man-the-lucky-guy）」にばかり注意を向けるのではなく，「人間は科学者だ（man-the-scientist）」に目を向けてみよう。

　この時点で，われわれは通常の物の見方から再び決別することになる。われわれが「人間は科学者だ」というときには，すべての人類についていっているのであって，「科学者」の名声を公的に獲得している特別な階層の人々に限定しているわけではない。われわれはすべての人々が生物学的側面をもっているとか，欲求的側面をもつとかいうよりもむしろ，すべての人類が科学者のような側面をもつといっているのである。さらにわれわれは人間の集合というよりもむしろ人類について語っているのである。したがって，「人間は科学者」という見解はすべての人類を特別に抽象するものであり，特定の人々を具体的に分類するものではない。

　このような人間の本性の抽象化は，まったく新しいものではない。宗教改革は，ある人々のみを司祭として具体主義的（concretistic）に分類することに対抗して，すべての人にある司祭性に注意を求めた。18，19世紀の民主政治の発明は，具体的な統治者階級という古い見解とは対照的に，すべての人が生得的にもつ統治性という見解にかかっていた。同様にわれわれは，科学者が非科学者とは区別されるという具体主義的な見解を置き換えて，誰もがみずからの司祭であると主張する宗教改革者のように，誰もがその人独自の方法で科学者なのだと提案してもよかろう。

　人を科学者的な側面において理解するということは何を意味するのか，見ていこう。科学者の動機づけを特徴づけると考えられるものは何なのだろうか？　**科学者の究極的な狙いは予測しコントロールすることだと普通はいわれている**。これは心理学者がしばしばみずからの願望を特徴づける際に引用したがる要約的な文章である。しかしすごく奇妙なことだが，心理学者は，彼らの実験の被験者がこれと類似の願望をもっていることを，なかなか認めない。心理学者はあたかも以下のようなことを自分自身に言い聞かせているかのようである。「私は心理学者なので科学者であり，予測を改善して，いくらかの人間的現象をコントロールする目的で，実験を行っている。しかし，私の被験者は単なる人間有機体であり，みずからの内で膨れ上がる不可避の動因

によって駆り立てられている。あるいはそうでなくても，貪欲に食物と避難所(シェルター)を求めているのだ」と。

　さて，人間の動機づけについて質問を再開し，われわれの長期的な見方を用いて，人の努力の行く末を決めるのは何なのかを推論してみたら，どうなるであろうか？　食欲や体組織の要求や性衝動に関して何世紀にもわたる進歩が見えてくるであろうか？　それともこの見方では，人はまったく種類の異なる大規模な漂流を示すのであろうか？　個人はそれぞれの個人的な方法で，みずからの関与するイベントの行く末を予測しコントロールしようとする，科学者の偉大さをより多く身につけるようにならないだろうか？　彼はみずからの理論をもち，みずからの仮説を検討し，実験的なエビデンスを評価するようにならないだろうか？　そしてもしそうであるなら，個人によって異なる観点の違いは，異なる科学者の理論的観点の違いに対応するのではなかろうか？

　ここには興味深いアイデアがある。これは臨床家，歴史家，科学者，哲学者の観点を結合し統合しようとする試みから生じている。しかし，これはどこに導いていくのであろうか？　いま相当な時間をかけて，われわれの数人がこの問いに対する回答を見いだそうと努力してきた。この原稿は今までにわれわれの地平線上に現れたものの報告である。

2 ｜ どんな種類の宇宙か？

　あらゆる思考は，部分的には，事前の確信（prior conviction）に基づいている。完全な哲学的ないしは科学的な体系は，これらの事前の確信をすべてはっきりさせようとする。これは難しい注文であり，実際にこの注文を満たしうる著者は，いたとしてもわずかにすぎない。われわれは現時点で完全なシステムを構築しようと意図するものではないが，われわれのもつより重要な事前の確信のいくらかについては，はっきりさせようと試みることが，われわれの責務であると思っている。これらの確信の第1は，われわれの思い描く宇宙（universe）の種類に関係しているはずである。

　われわれは，宇宙は実際に存在し，人間は徐々にその理解に近づいている，と仮定する。この立場をとることによって，われわれは，われわれが語ろうとしているのは現実の世界であって，単に人間の思考の素早く過ぎ去る影だけで構成されている世界ではないのだということを，最初から明確にしておきたい。しかしわれわれがさらにはっきりさせておきたいのは，人々が実際に存在すると考えるものと，現実に存在するものとの間の対応関係は，連続的に変化するが，人々の思考もまた現実に存在するというわれわれの確信である。

　われわれが存在すると仮定する宇宙は，もう1つの重要な特徴をもっている。それは一体性（integral）である。これは，想像できるかぎりのすべてのパーツが相互にきっ

ちりした関係をもち，1つのユニットとして機能するということを意味している。こんなことは，最初はちょっとありえないと思われるかもしれない。というのも，ふつう私の指の動きとタイプライターのキーの動きとの関係は，たとえばこれらのいずれかとチベットのヤクのミルクの価格との間にある関係よりも，緊密であるように見えるからである。しかし，われわれは長い目で見れば，これらのイベントのすべて——指の動き，キーの動き，ヤクのミルクの価格——が噛み合ってくると，信じている。これらのうちの2つが，これらと第3のものよりも，相互により緊密に関係してくるのは，世界のかぎられた部分，つまりわれわれが地球と呼ぶ部分と，われわれが現在永劫と認識している時間のスパンとの中だけである。これを簡単にいえば，**時間はすべての関係に究極的なつながりをもたらす**ということになる。

同じアイデアは，周知の数学的な関係からの外挿によっても表現することができる。2変数間の相関係数について考えてみよう。もしこの係数がゼロ以外の何かであり，直線的関係を表しているならば，1つの変数の分散が無限に増大すると，この係数はその極限で単位元の1に近づく。相関係数の大きさは，したがって，これらの変数を思い描く際の視野の広さに直接比例してくる。

もう1つわれわれが事前にもっている確信は，宇宙は時間次元に沿って測定することができるということである。これは，宇宙がそれ自体との関係で連続的に変化している，と言い換えることができる。時間はわれわれが変化について考える場合には常に検討しなければならない1次元なので，われわれは，われわれの宇宙では何かが常に進行しているという，この特別な言い方を選択した。実際，これが宇宙の存在の仕方である；それはハプニングによって存在するのだ。実際に，われわれが前のパラグラフで宇宙は本当に存在するのだといったとき，これと同じ見解を伝えようとしていたのである。実際，毎日いつも宇宙はその存在のビジネスを進めているのである。世界がただ座って何もしなかったとしたら，それがどんなふうになるのかを想像するのは難しい。哲学者はこのような世界について熟慮を試みてきたが，どういうわけか，この点ではあまり遠くには進んでいない。

われわれがこの節で強調してきた宇宙についての3つの事前の確信は，次のとおりである。(1)宇宙は現実であり，われわれの想像の産物ではない。(2)宇宙は時計仕掛けのように，すべてが一緒に動いている。(3)宇宙は常に動いている何かであり，単にじっととどまっているものではない。

3 | 生とは何か？

宇宙には，時間の視点から見なくても，非常に意味のあるパーツがいくつかある。しかし他に，時間軸に沿ってプロットされたときにのみ意味をなすパーツもある。生 (life) は後者の1つである。これは，われわれが後で個人的な生を再構成する仕方に

ついて語るときに，非常に多くの言うべきことのあるポイントである。研究心の旺盛な心理学者であっても，心理クリニックにおける取り乱したクライエントであっても，生は，これをとにかく意味あるものとするためには，時間の視点で見なければならない。

しかし生は，われわれの考え方では，単なる変化以上のものである。これはわれわれの宇宙内でのパーツ間の面白い関係——1つのパーツである生ある動物が，他のパーツである環境に参加してこれを表象することができるという関係——を含んでいる。時には，生あるものは生なきものに比べて「敏感」だとか，生あるものは「反応」ができるともいわれる。これは生についてわれわれが思い描いているのとほぼ同じ弁別的特徴である。しかし，われわれはわれわれの定式化の方を好む。なぜならばこれは，**生あるものが単に環境に反応するだけではなく環境を表象する**という創造的能力を強調しているからである。彼は環境を表象できるので，それに代替解釈（alternative construction）を加えることができる。そして実際，それが彼自身に適していない場合には，それについて何かを行うのである。命のある生物にとっては，この宇宙は現実である。が，彼がそれをそのように解釈することを選ばないかぎり，それは避けられないことではないのである。

生は現実の表象ないしは解釈を含むという事前の確信を強調するに際しては，生はそれ自体が現実でないという意味を含めるべきではない。時に科学者は，特に物理系の研究に没頭している人は，心理的なイベントは真実の現象ではなく，どちらかといえば随伴現象，ないしは現実のイベントの信用できない影にすぎないという立場をとる。この立場はわれわれのものではない。人はみずからの収入や病気のような現実の現象を間違って表象するかもしれない。しかしなお，彼の誤表象自体は完全に現実である。このことはひどい妄想患者にさえ当てはまる。彼の知覚するものは存在しないかもしれないが，彼の知覚は存在する。さらにこの虚構的知覚は，しばしば実際に存在する何かを大きく歪めた解釈だということがわかる。いかなる命ある生物も，その知覚とともに，現実世界の一部である。彼は現実世界で進行中のものに対する単なる近視の傍観者ではないのだ。

生はしたがって，われわれの考え方では，その時間次元における本質的な測定の可能性と，他の形式の現実を表象する能力——ただしそれ自体の形式の現実を保持しながらの——とによって特徴づけられるのである。

4 解釈システム

人は透明のパターンあるいはテンプレートを通して，世界を見る。人はこのテンプレートをみずから創造して，この世界を構成する現実に適合（フィット）させようと試みている。この適合性は常に非常によいというわけではない。しかしなお，このパターンがな

と，世界は非常に未分化で等質なものに見えるので，人はそこにどんな意味も汲み取れなくなってしまう。適合性が悪くても，何もないよりはずっとましなのである。

　これらの試着パターンは，構成体(コンストラクト)と命名することにしよう。これらは世界の解釈の仕方である。これらは人間がそして下等動物も，明示的に定式化されようが暗示的に行動化されようが，言語的に表出されてもはっきりした言葉にならなくても，他の行動のコースと一貫していてもしていなくても，知的に推論されても植物的に感覚されても，その行動のコースを図式化することのできるものである。

　一般に人間は，レパートリーを増やすことによって，それらをよりよく適合するように変化させることによって，そしてそれらを高次のコンストラクトないしはシステムに包摂することによって，みずからのコンストラクトの改善を追求していく。改善の追求に際しては，明らかに下位コンストラクトの変更から生じると思われるこのシステムの損傷によって，彼はくりかえし停止させられる。しばしばより大きなシステムへの彼の個人的投資，あるいはそれへの個人的依存があまりに大きくなると，彼は下位構造におけるもっと正確なコンストラクトの採用を先だたせようとするだろう。新しくより正確なコンストラクトが組み込まれうるポイントまで彼をこの解釈(コンストラクション)システムに適応させるには，心理療法や経験の重要な行為を必要とするかもしれない。

　伝達可能なコンストラクション・システムは広く共有されうる。この半世紀は，パーソナル・コンストラクトとコンストラクション・システムをより伝達しやすくする方法の発展に，大きな進歩を示した。われわれは科学的な心理学の語彙を開発してきた。もう少し上手な言い方をすればこうなる。他者のパーソナル・コンストラクトを理解するためのわれわれの公的なコンストラクション・システムは，より正確に，そしてより包括的になってきている。

　いくらかの広く共有されているあるいは公的なコンストラクション・システムは，事実の特殊な場あるいは領域に適合するようにおもにデザインされている。事実の領域に限定するときには，いくらかの周辺的事実が露呈しそうな，システム内の非一貫性は心配しなくても，詳細なシステムを開発することができる。われわれは**領域**を限定して，この**領域**の境界からはみ出す非妥協的な事実はしばらく無視しようと思う。たとえば，「心理的」な事実と「物理的」な事実の区別は，今まで習慣的になされてきたし，便利でもある。これらは2つの人為的に区別された領域であり，それぞれに2つのタイプのコンストラクション・システムが適合している。心理学的なコンストラクション・システムと，自然科学的なコンストラクション・システムのグループである。しかしながら，われわれはこの2つの選択可能なコンストラクション・システムを手中に収めたことがだんだんはっきりしてきている。どちらのシステムも，常に増大していく同じ事実の集合に，うまく適合させうる。この領域は重なり合っているのだ。

心理学と生理学の領域にもっと特化して考えてみよう。これらの領域は，それぞれ心理学的および生理学的な解釈システムの仮定的な利便性の範囲に基づいて試行的な境界が与えられてきた。しかし，同じ事実の多くのことがそれぞれのシステム内で解釈可能である。それらの事実は「心理学的事実」なのか，それとも「生理学的事実」なのであろうか？　それらは実際にどこに所属しているのだろうか？　誰がそれらを所有するのだろうか，心理学者か，生理学者か？　これは愚かな質問のように見えるかもしれないが，学際的なスタッフ会議に参加しさえすれば，異なる専門的指導者間の議論においてそれが生じているのを見ることができる。いくらかの人々は特定の事実を解釈する排他的権利を守るために，ひどく感情的になりうるのだ。

この答えはもちろん，事実が基礎づけられるイベントには制度的忠誠などあるはずがない，ということになろう。それらは公的な領域にあるのだ。同じイベントが,種々の学問体系——物理学，生理学，政治科学，あるいは心理学——の中で同時に有益に解釈しうるのである。

みずからがコンストラクトの普遍的体系を提唱するのに十分賢いなどと証明しえた人は，今のところ誰もいない。われわれは，満足すべき統一システムが提案されるまでには長い時間を要するだろうと，安心して仮定できる。われわれは当面の間，それぞれがみずからの領域ないしは限定的な利便性の範囲をもつ，一連のミニチュア・システムで満足せざるを得ないだろう。このようにまとまりなく結びついたミニチュア・システムを使い続けるかぎり，われわれは各システムを具体的というよりも抽象的に適用することに注意しなければならない。たとえば，あるイベントが「心理的イベントであるので生理的イベントではない」という代わりに，どんなイベントも心理面,生理面のどちらからでも見られうるということを，注意深く認識しておかなければならない。さらに，われわれはいつも禁欲的でなければならないという考えがあるが,それは，あるイベントについて生理的に構成された事実はその生理システムの産物であり，このシステム内でそれらのイベントは出現し意味をもつということ，そして心理システムはそれらを説明する義務をおわないということである。

また，われわれのミニチュア・システムの利便性の範囲は限定されていることを認識し続けることが大切である。いったん1つのミニチュア・システムが限られた利便性の範囲内で有用であると証明されると，その利便性の範囲を広げてみようとする誘惑が常に存在する。たとえば心理学の領域では，われわれは，ハル（Hull）の暗記学習の数学的演繹（mathematico-deductive）理論が，問題解決の領域やパーソナリティの領域にまで拡大されるのを見てきた。フロイト（Freud）の精神分析は心理療法の1技法として出発したが，徐々にパーソナリティ・システムに，そしていくらかの人々によって宗教哲学システムにまで拡大された。この種のミニチュア・システムの膨張は必ずしも悪いわけではない。が，あるかぎられた範囲内では合理的真実であっても，その

範囲外では必ずしもそれほど真実ではないことを認識できなくなると，トラブルを引き起こすもとになる．

　どんな心理学的システムでもその利便性の範囲は限定されている．実際，心理学的システムは，やがては，心理学者が望んでいるよりももっと限定された利便性の範囲でやっていかねばならなくなるかもしれない．われわれが解説し探索しようとしているシステムや理論は，今の瞬間にわれわれが見るかぎりでは，利便性の範囲が人間のパーソナリティに，そしてよりはっきり言えば対人関係の問題に限定されている．

　システムは，心理学的なものでも他のものでも，限定された利便性の範囲（range of convenience）をもつだけでなく，利便性の焦点（foci of convenience）をもっている．イベントの領域には，システムや理論が最もうまく働きやすいポイントがある．通常これらは，著者がこのシステムを考え出したときに，心に思い描いていたポイントである．たとえばわれわれ自身の理論では，その利便性の焦点は人間のストレスへの再適応の領域にある傾向があると信じている．したがって，それは心理療法家にとって最も有益であることが証明されるだろう．なぜならば，われわれがこれを定式化したときには，おもに心理療法の問題を考えていたからである．

　本節では，人間は自分の住む世界について独自の見方を創造し，世界が人間のためにその見方をつくってくれるのではないという，われわれの確信を明確にしたかった．彼はコンストラクトをつくって，それを試してみる．彼のコンストラクトは時にはシステム——上下関係をもつコンストラクト群——へと組織化される．まったく同じイベントでもしばしば2つ以上のシステムの観点から見ることができる．しかしなお，そのイベントはどんなシステムにも属さない．さらに，人間の実際的なシステムは利便性の特定の焦点と限定的な範囲をもつのだ．

5 予測の根拠としてのコンストラクト

　われわれは次の2つの見解から出発した．(1)数世紀の視野で眺めてみると，人間は初期の科学者と見なしてよかろう．そして，(2)各個人はみずからのやり方でコンストラクトを定式化し，これを通してイベントの世界を見ている．人は科学者として，イベントの進行を予測し，コントロールすることを追求する．したがって，彼が定式化するコンストラクトは，彼の予測の努力を助けるものになる．

　われわれはまだコンストラクトが何なのかをはっきりさせる試みをしてこなかった．これの理解は後の章まで保留する．しかしわれわれは，コンストラクトが宇宙の表象であり，命のある生物によって打ち立てられ，宇宙の現実に照らして検証されると考えていることを，今までに十分に語ってきた．宇宙は本質的にイベントの成り行きであるから，コンストラクトの検証はその後のイベントとの対照によってなされることになる．いいかえれば，コンストラクトはその予測性能によって検証されるのだ．

実際には，予測性能によるコンストラクトの検証は，いくぶん冗長(リダンダント)なことだとわかるかもしれない。ある男は彼の隣人の行動を敵対的だと解釈する。これは彼にとっては，隣人が適当な機会さえあれば彼に危害を加えるだろうということを意味している。彼は隣人の態度についての彼の解釈を，隣人の犬に石をぶつけることで試してみる。隣人はこれに対して怒りの非難を返す。するとこの男は，隣人が敵対的だという彼の解釈は確証されたと信じるかもしれない。

　この男の隣人が敵対的だという解釈は，別種の間違いによって「確証」される可能性もある。この男は推論する。「隣人に敵意があるなら，私がトラブルに巻き込まれたり，病気になったり，何か傷つきやすい状態になったりしたときには，このことをすごく知りたがるだろう。これが事実でないかどうかを見てみよう」と。翌朝男はこの隣人と出会って，型どおりの「お元気ですか？」のあいさつを受けた。たしかに，隣人は予想どおり，敵意に満ちた人だった。

　コンストラクトはイベントの予想に使われるのとまったく同様に，イベントが起こった後で，その予想の正しさを評価するのにも使われる。人は，彼が初めに行った解釈とは異なるレベルで予測結果を普通に評価できるという事実がなかったとしたら，みずからのバイアスの中に絶望的に落ち込んでしまっただろう。ある男はある馬があるレースで勝つだろうと思って賭けた。それはその馬が黒色であったのと，最近暗黒の手(ブラック・ハンド)でポーカーに勝ったからである。しかしレースの結果が入ってきたときには，馬の色よりもアナウンスされた審判の決定のほうが，レースにおけるその馬の成績の，よりわかりやすいエビデンスだと解釈するだろう。

　コンストラクトが差し迫ったハプニングの予想に使われる場合には，変化や改訂を受けやすくなる。この検証のエビデンスはすぐに使えるからである。コンストラクトが，たとえば死後の生や世界の終末などのような，遠い未来のイベントを予測するためだけに使われる場合には，コンストラクトはそれほど容易には改訂されそうにない。そのうえ，大概の人はこういう問題についてはそれほど急いで検証のエビデンスを集めようとはしないものである。

　優れた科学者はみずからのコンストラクトをできるだけ早く検証にかけようとする。しかし最初は，試験管に釣り合った方法で検証を心掛ける。危険性が大きいと見られる場合には，彼はこの検証で得られそうな結果について，まず間接的なエビデンスを探すだろう。この単刀直入なコンストラクトの検証は，現代科学の実験法の特徴の1つである。これはまた，注意深い人なら誰にも見られる特徴である。

　しかし，結果を恐れるがゆえに，実験をためらうときもある。彼は，実験結果によって，もはや予測もコントロールもできないような曖昧な立場に置かれるのを恐れているのかもしれない。彼は自分のコンストラクトがうまく働かなくなるのを望まないのである。彼はまた，機が熟する前にその検証をさせられてしまうことのないように，

そのコンストラクトをみずからしっかり管理し続けようとさえするかもしれない。このみずからのコンストラクトを表明も検証もしたくないという気持ちは，もちろん，心理療法家がクライエントに対応しているときに直面する実際的な問題の1つである。これらの問題については後にさらにいうべきことがある。

　コンストラクトは来るべきことの予測に使われる。そしてこの世界はころがり続けて，これらの予測が正しいのか，それとも誤解を招くようなものなのかを明らかにし続ける。この事実はコンストラクトを，そして究極的には全コンストラクション・システムを改訂するための基礎を提供してくれる。われわれの住む世界が静的であるとしたら，それについてのわれわれの思考もまた静的だということになるのかもしれない。しかし，新しいことが起こり続け，われわれの予測も予期する方向に，また予期しない方向にと変化し続ける。毎日の経験によって，われわれはわれわれの見方のある側面は強化し，ある側面は改訂し，他の側面は完全に廃棄することが求められる。

　この個人の経験についていま述べたことは，科学者にも当てはまる。科学者は理論——利便性の焦点と範囲をもつコンストラクトの集まり——を定式化する。よい科学者なら，ただちにその検証を開始する。この検証を始めるや否や，彼が結果と照合しながらその改訂を始めねばならなくなることはほぼ確実である。したがって，どんな理論も一時的なものになりがちである。そして理論は，実際的であればあるほど，また有用であると見えるほど，新しいエビデンスに弱いものである。われわれ自身の理論も，特にそれが実際的だと証明されると，明日の展望と発見に照らしてみたとき，使い捨てにされると考えざるをえない。せいぜいそれは1つの中間理論なのである。

B　哲学的立場

6　代替解釈についての言明

　世界は多様な解釈が可能だというわれわれの立場は，すでに十分明らかにされた。その中のいくらかは疑問の余地なく他のものよりも優れている。それらは，われわれ人間の視点から見ても，より多くのイベントについてより明確で正確な予測を支えているがゆえに，より優れているのである。ハチドリの翼の最後の小さな羽ばたきに至るまで，すべてを予測するコンストラクト群を構成した人は今までのところ誰もおらず，だれかがそれを成し遂げるまでには無限に長い時間がかかるだろうと思われる。宇宙の絶対的な解釈はありそうにないので，われわれはそれに逐次的に接近していくことで満足せざるをえないだろう。これらの逐次的接近は，順に少しずつその予測性能を検証していくことができる。本質的にこのことは，われわれが忍耐強く失敗から

学び続けるなら，われわれの宇宙理解のすべてが徐々に科学的に評価しうるようになるということを意味する。

　われわれは，われわれの現在の宇宙解釈はすべてが改訂されるか置きかえられるかすると仮定する。これは後でわれわれが言うはずのことのほとんどすべてに関わりをもつ基本的言明である。われわれは世界に相対するときに選択可能な何らかの代替解釈が常にあるという立場をとる。誰もみずからを苦境に追い込む必要はない。誰も状況によって完全に閉じ込められる必要はない。誰もみずからの経歴の犠牲になる必要はない。われわれはこの哲学的立場を**代替解釈**（constructive alternativism）と呼ぶ。

　さて，われわれが，一群の代替解釈の中からどのセットを選んで世界に押し付けるかは，どうでもよいことではない。このことを示すために，われわれはコンストラクトの検証について十分に語ってきた。コンストラクトは，その人が困難に巻き込まれることなく，コインを投げて出たとこ勝負で決められるものではない。使える代替解釈は常にあるが，そのうちのいくらかは決定的に貧弱な道具である。使うべき物差しは，各代替コンストラクトの特殊な予測性能と，採用された場合にはその一部となるはずのシステムの全体的な予測性能である。

7 | 哲学か心理学か

　学者は習慣的に人々の思考の形式と実際の思考行動を鋭く区別する。前者の研究は**哲学**――もっと特定すれば**論理学**――に分類され，後者は**心理学**だと考えられている。しかしわれわれは，①思考の特徴が何であれ，それは思考者を記述するものになっており，②科学的好奇心の本質は人間の好奇心一般の基礎にあるはずだ，という基本的見解をとってきた。もしある人の哲学を綿密に調べてみたら，われわれはその人自身を見るところから出発していることに気がつく。ある人がどのように行動しているのかが理解できたなら，その人がみずからの状況をどう表象しているかがわかるだろう。

　人は自分が世界について行っている解釈（construction）を必ずしも明瞭には話さない。彼の解釈のいくつかは言語による象徴化さえなされていない。彼はそれをパントマイムでしか表現できない。解釈された要素でさえ言語的なハンドルをもたないかもしれない。このハンドルによって，その要素は操作されうるし，みずからが言葉のない衝動をもってその要素に反応しているのがわかる。したがって，哲学者としての人間（man-the-philosopher）の心理学を研究する際には，言葉にならない表象パターンと解釈を考慮に入れなければならない。

　われわれが提案しているのは，伝統的な哲学でも，伝統的な心理学でもない。哲学として見る場合には，それは心理学的な人間観察に起源をもつ。心理学として見るなら，それは個人の哲学的な見方に関係してくる。この枠組みの上に，われわれは限定的な心理学理論を打ち立てることを提案する。

8 | 哲学システムとの関係

　代替解釈は哲学的視点を表わしてはいるが，これを完全な哲学体系に推敲しようなどという意図は，われわれにはまったくない。しかしながら，これを，学者にはおなじみのいくつかのタイプの哲学体系に，大雑把な位置づけをしてみるのは有用かもしれない。

　領域的には，代替解釈は，時に**霊知論**（**gnosiology**）とも呼ばれる認識論の領域に入ってくる。これは，「世界を解釈する際に日常的思考でも科学的思考でも使われる概念の体系的分析であり，これには知識の作法とこのような知識の本質の研究が含まれている」。世界をスキャンするコンストラクトの強調は，**実証主義**（**positivism**）を示唆する。ただし，コント（Comte）に向けられた批評の多くはこれには当てはまらない。コントの実証主義は，この体系の抽象的な特徴によって評価されるよりも，むしろ彼のいくつかの具体的な提案によって，あまりにもしばしば軽視されている。

　われわれがコンストラクトの検証を強調するのは，**経験主義**（**empiricism**）の原理――より特定するなら**プラグマティズムの論理**（**pragmatic logic**）――に依存していることを意味する。この点でわれわれは今日のアメリカの心理学の伝統に位置している。しかしわれわれは，人は世界を解釈することを通して世界にアプローチすると認識しているので，われわれはある程度まで**合理主義的**（**rationalistic**）である。さらに言えば，われわれは，人間が現実に対して別のアプローチを打ち立てうると主張しているので，人間は常に状況の犠牲者だと主張する伝統的な**現実主義**（**realism**）からも逸脱している

　存在論的（**ontological**）には，われわれの立場は一種の**一元論**（**monism**）とみなしうる。ただし，存在論の多くの複雑な多様性を考慮すると，その一元論的な側面を多元論的な側面から区別することには，ほとんど努力の甲斐がなさそうである。もしそれが一元論なら，われわれが語っているのは**実詞的一元論**（**substantival monism**）である。しかしなお，それは**中立的**（**neutral**）であり，それによってわれわれの目的が果たされるなら，われわれはスピノザのようにその物質に属性的多元論を適用する準備がある。

　2つの古典的な問題の議論が残されている。**決定論**対**自由意思**と**現象学**である。どちらの問題もわれわれのパーソナリティ理論に対する設計仕様書と関係しているので，この議論は本章の次の部分までとっておく。

9 | 心理学の領域

　心理学の領域は，何であれわれわれがたまたまその瞬間に使っている心理学理論の及ぶ範囲に実質的に限定される。理論の利便性の範囲とは，その学問の境界を決定するものである。利便性の範囲は，あるシステムないし理論が有益にカバーする現実世

界の広がりをいう。このシステムにうまくフィットしない宇宙の特徴は，当面の間，心理学領域から外される。もしわれわれが理性的でよい心理学者であるなら，われわれがそれを構造化することによって役立てられる宇宙は，十分に残されているはずである。後でわれわれの理論的な推理が広がれば，さらなる領域がわれわれの知識の中に入ってくるだろう。

　もちろん，心理学的な解釈システムには多様なものがある。これらのシステムは，おもにそれを開発した人々がいくぶん異なるイベントに注意を焦点づけたことによって違っている。心理学的システムは，利便性の範囲をもつだけでなく，利便性の特徴的な焦点——特別に適用しやすいポイント——をもつ。したがって，刺激—反応理論は特に動物学習に，場理論は人間の知覚に，そして精神分析は人間の神経症にその利便性の焦点をもつ。

　理論が「心理学的」だとラベルづけできるが，「生理学的」や「社会学的」ではないといえるはっきりした基準はない。心理学における刺激—反応理論は生理学の相互作用理論と緊密な家族的類似性がある。ゲシュタルト心理学に類似しているものには生理学における場理論がある。ある理論が「心理学的」，「生理学的」，あるいは「社会学的」と呼ばれるかどうかは，おそらくそのもとの理論の利便性の焦点によるのであろう。

10 │ 理論の果たす機能

　理論とは，多様な事実を結合して，それらすべてを同時に理解する方法だと考えてよかろう。この理論がかなり正確な予測を可能にするものなら，それは科学的であるといってよかろう。その予測が融通無碍であるために，想定される非常に多様なイベントが確証されうると解される場合には，この理論は科学の最高度の基準には達していないことになる。

　理論が有用であるためには，高度に科学的である必要はない。われわれは皆，われわれの生活の日常的イベントをいくらか柔軟に解釈することによって，整序している。これらの解釈の下で，日常的イベントについてのわれわれの予想は，科学的には正確でなくても，なおわれわれの人生を意味のオーラでつつみこんでくれる。人生は完全に気まぐれとは見えないので，われわれはわれわれの個人的解釈システムによって，毎日の新しい経験を難なく切り抜ける準備をしていることになる。

　しかし，これがすべてではない。理論は人生に対して積極的なアプローチをする基礎を提供してくれるものであり，その変遷を第三者的な丁寧さをもって瞑想するのに快適なアームチェアを提供してくれるだけのものではない。人類は多数の硬い表情の観衆に創造のショーを見せることを必要としているわけではない。人間はイベントの形成に能動的役割を演じることができる。彼らがどのようにしてこれを自由にやるこ

とができ，しかもみずから合法的な存在として解釈されうるのかは，どんな心理学理論においても基本的な問題である。

この回答はまず，われわれの宇宙が本質的に活動的だという本性を認識することに存在する。世界は廃虚のモニュメントではない。それはとてつもなく調和したイベントであり，その結末はまだ明らかではない。人間がこのイベントを解釈するために採用する理論は，これ自体がマンモス的前進の実例である。理論が固めようとしている真実は，理論が展開するのを助けるより大きな事態への逐次的接近である。したがって理論は，人が人生の押し寄せるイベントに規則的パターンとして見てとったものを試験的に表現したものである。しかしこの理論は，これ自体がイベントなので，順に他の理論あるいはそれ自体の上位部分によって包摂されうる。そして次にはそれが他の理論に包摂されることになるのである。したがって理論は，それがその一部となっていると解される解釈システムによってのみしばられる。そしてもちろん，このしばりは一時的なものにすぎず，その特定の上位システムが採用されている間にのみ持続する。

11 決定論と人間の自由意志

理論はそれに従属するイベントを結合あるいは決定する。それはイベント自体によって決定されるのではない。その理論家の上位の視点によって決定されるのだ。しかしなお，理論がイベントを予測するためには，イベントに従属しなければならないのだ。代替的な従属の仕方は，われわれの知るかぎり無限にあるが，無数の従属しない仕方とは区別が可能である。

ある人が今パイを切り分けようとしている。これを進めるやり方は無数にあり，そのすべてがこの課題に関係しているといえよう。パイが凍っている場合には，普通のパイの切り方ではうまくいかないことがあるかもしれない。しかしなお，それをこなす方法は無数にある。しかし，パイがテーブル上におかれ，そこに仲間がいるとしよう。食事がどのように出されるかについては，いくつかの限定的な期待が定められてきている。パイは食事の一部だと解される。また，くさび型をしたスライスを出す場合には，その先端を常に食事をする人の方に向けるという慣習がある。ある人がこの状況の通常の上位の解釈をすべて受けいれるなら，彼は実際に自分の行動の進行が決定され，自分が自由に決定できる余地はほとんど残されていないと思うだろう。彼はパイの被害者ではなく，パイの切り分けが包摂されてきたエチケットの見解の犠牲者なのだ。

しかし，このパイで彼が吐き気をもよおしたと仮定しよう。彼はこの状況の犠牲者にならないだろうか？　そこで，われわれは彼がなぜそれを食べたのかと，まず尋ねることができよう。われわれは彼の病気が彼の自由を奪う必要はないのではないかと

示唆することさえできただろう。この病気は，多くの子どもと心気症者が見いだしてきたように，彼の行動範囲を広げることにさえなるかもしれない。

　コンストラクトないしは解釈（コンストラクション）システムによって設定されたその従属要素に対する関係は，決定論的である。この意味で，従属傾向は決定論を構成する。自然のイベントそれ自体は，われわれのイベントの解釈には従わない；われわれはそれらを好きなように見ることができる。しかしもちろん，われわれが自然のイベントを正確に予測したい場合には，われわれはこの目的に資するようなある種の解釈を打ち立てねばならない。しかし，このイベントは巡回してきて，その仕事の仕方をわれわれに教えてくれるわけではない――それはありのままの仕事をするだけである。われわれが打ち立てる構造は，われわれを規定するものなのである。

　実際には，われわれに関係のある決定論は2つの形式をとる。第1は，あらゆる組織的な解釈システムの本質的特徴であり，上位のコンストラクトが下位の要素をコントロールするという決定論である。第2はわれわれの全体的宇宙 (integral universe) の見解に関連している。宇宙は流動するとき，列車で運ばれる車のように，本来独立のイベントには分割できない。それは本質的に連続しているのだ。この連続性のゆえに，先行イベントと後続イベントとの間で働く決定論があるのだと考えてよかろう。これは，いわゆる論理学の第1仮説 (First Postulate of Logic)，すなわち宇宙の結合仮説 (Postulate of Cosmic Connection) の中で仮定されている連続性である。

　しかし第2種の決定論は，われわれの考え方では，あまり重要でない。宇宙はどんどん流れていく。人はこの流れの中にある反復的特徴を抽出しうるかもしれないが，実際には絶対にくりかえしはない。実際，こんなことが起こったとしたら，事態は非常に混乱するだろう（くりかえしのある宇宙という考えは非常に面白く，宇宙理論家にとっては何か相対主義的な意味さえもつであろう）。われわれは宇宙そのものにはくりかえしはないと仮定するので，どんなイベントの順序も，それが今までに起こったのとまったく同種のイベントでは唯一の順序になる。したがってどんな順序も，その同一性を失うことなく，それ以外の順序で生起しえたなどとは考えられない。どんなイベントもおそらくそれ以外の生じ方はなく，それ自体であり続けているので，それを選び出して，それが決定されたというようなポイントはあまりない。それは結果なのだ――しかし，一度きりの。

　われわれには1つの種類の重要な決定論――上位コンストラクトがその要素をコントロールする――が残されている。今や，決定されないのは何かがはっきりしたはずである。1つには，要素は，それを包摂するのに使われるコンストラクトを決定するものではない。もう1つには，コンストラクトの範囲外に落ちる要素は，それとは独立である。後者のタイプの独立や自由はわれわれにとってそれほど重要でない；それはただのカオスの自由にすぎない。前者のタイプの独立や自由は非常に重要である；

というのもそれは，人間がみずからの状況を解釈できる程度に応じて，みずからを状況の支配から解放できるのがわかるということを意味するからである。それはまた，人間がみずからの観念の奴隷にもなりうること，それゆえに，人生を再解釈することにより自由を取り戻せるということを意味する。これはある程度は本書がその基礎をおいているテーマである。

　もう1つ。決定論は，コンストラクトがその従属要素に及ぼすコントロールを特徴づけるので，自由はコンストラクトがその要素から独立であるという特徴づけをすることになる。決定論と自由はしたがって不可分である。というのも，他方を決定する一方は，同様の理由でその他方から自由だからである。決定論と自由とは同じコインの反対側，同じ関係の2側面なのである。これは，学者であれ神経症者であれ，あるいはその両方であっても，人が把握しておくべき重要なポイントである。

　究極的には，人はみずからの確信を固めるのに選択するレベルによって，みずからの自由とみずからの拘束の大きさを決定することになる。みずからの人生を，一時的状況についての多くの特殊で柔軟性のない信念によって秩序づける人は，みずからを状況の犠牲者にしてしまう。見なおしの可能性を開いていない小さな事前の確信は，一つひとつが未来に与える人質となって，これが明日のイベントが幸福をもたらすか悲惨をもたらすかを決定するものになってしまう。事前の確信が広い視界をカバーし，規則（rules）よりもむしろ原則（principles）によって成型されている人の場合には，結果的に彼を解放へと導く選択肢を見いだす機会がはるかに多くなる。

　理論とは渦巻くイベントの真っただ中で自由を求める人間が考えるものである。これらの理論は，ある領域のイベントについての事前の仮説を構成するものである。これらの事前の仮説から，イベントが解釈され，予測され，その相対的な成り行きを図示される程度に応じて，人はみずからコントロールを実行し，その過程の中で自由を獲得する可能性があるのだ。

C　パーソナリティの心理学理論の細部のデザイン

12　理論モデルと利便性の焦点

　アメリカの心理学は最近多くの注意を理論構築の問題に向けるようになってきた。哲学，特に科学哲学への関心が復活してきている。哲学者は人が実際にどんなに多様な種類の思考をしているのかを見ようと，周囲を見まわし始めたが，それと同じように心理学者は他領域の科学者が実際にどんな理論を生み出してきているのかを見ようと周囲を見回し始めた。これは新しいことである。たしかに，今まで心理学は，みず

からの新しい構造を構築する基盤として，生理学の方法論と内容に習慣的に目を向けてきた。したがって，生理学的事実は現実的だと考えられ，その方法がわかりやすい事実によって確証されているように見えることによって，生理学は受容されてきた。しかし，今や心理学者は多様な他の学問を特徴づける理論構造を比較対照し始めるようになった。こうして他領域で何が起こっているのかを調べることによって，いくらかの心理学者は心理学にとってよりよい理論モデルの発見を望むようになったのである。

しかしわれわれは，他の利便性の焦点のためにデザインされた既製の理論をコピーすることの価値には懐疑的である。心理学はそれ自身の理論的，方法的アプローチの開発に，すでにいくらかの成功を収めている。今や，方法論的なタナボタを求めて隣家の裏庭を掘りかえすよりも，われわれおよび他者の経験から現出し始めている科学的原理の抽出を開始するのがよい計画になるのかもしれない。理論構築の原理について何かを学べば，われわれは心理学的な利便性の焦点に適用される心理学理論の構築を開始できるのだ。われわれの立場はしたがって，具体的にコピーできるものを見いだすのではなく，心理学領域のイベントに適合するように特にデザインされた，新ブランドの理論構築に適用できる共通原理の発見を目指して，種々の科学理論を検討すべきだということになろう。

この点において，心理学理論を構築するのにとっている2つのものに関するわれわれの立ち位置には，何の疑問もないはずである。この視界は広くなければならず，種々の理論構造の比較に現われてくる原理を認識しなければならない。そして理論家もまた，理論化すべき何かをもっていなければならない。そうでなければ，彼は何ものにも関係のない夢想的な理論の構築に時間を無駄遣いしてしまう可能性がある。こんな理論では，利便性の焦点がなくなってしまうのだ。理論を提示することで，みずからと読者の時間を無駄にしないようにするつもりなら，彼は解決すべき問題の範囲を細部まで意識していなければならないのである。

われわれ自身の理論構築の努力のためにわれわれが選んだ利便性の焦点は，人生の心理学的な再構築である。われわれは，人がみずからの過去の犠牲者にならなくてすむように，みずからの人生を再構築するのに役立つ，よりよい方法を見いだすことに関心がある。もしわれわれが構築したこの理論がこの限定された利便性の範囲内でうまく働くなら，われわれの努力は成功したと考えよう。そして，これが他領域ではあまり有用でないとわかったとしても，それほど取り乱す必要はなさそうである。

13 │ 心理学理論の生産力

われわれはすでに，理論が多様な事実を結び付ける1方法だと考えうることに着目してきた。しかし，優れた理論はもっと積極的な機能をも果たす。それは，なんらか

の演繹がなされて，未来のイベントが予期されうる，はっきりした枠組みを提供してくれる。それはまた，いくらかの事実を適所に保持でき，その中のある特殊な原理の誘導を保留しておける，一般的な枠組みをも提供してくれる。どちらの意味においても，理論は未来を積極的に予測し，その可能性を探索する人にとって，道具としての役割を果たすのである。

　よい科学理論の1つの基準は新しいアイデアを生じる生産力である。これは仮説の定式化へと導いてくれるはずである；実験を喚起するはずである；そして発明を鼓吹するはずである。心理学の領域では，優れた理論は広範囲の状況での人間の行動に関する予言を示唆してくれるはずである。理論はこれらの予言が実証されうるかどうかを決定する広範な心理学的研究へと導いてくれるはずである。これはまた，人間とその社会の問題解決への新しいアプローチの創案を促してくれるはずである。

14 ｜ 検証可能な仮説

　優れた心理学理論のもう1つの基準は，検証可能な仮説を生み出す力である。他の解釈システムとは対照的に，科学理論であればいかなるものでも，非常に正確な予言ができ，議論の余地のない検証がただちに受けられなければならない。このことは，理論から演繹された仮説は，理論から予期される事実が具体化されなかったときにはいつでも破棄できるように，十分に壊れやすくなっていなければならないということを意味する。

　理論自体はこれから引き出される仮説ほど脆弱である必要はない。包括的な理論の場合には，そこから演繹された仮説は壊れやすくても，その理論はある程度の弾力性をもっているようである。科学理論は，1つの決定的な実験結果で，すべてが有効になったり無効になったりすることはまずない。理論が必然的に高度に抽象的なレベルで書かれなければならない心理学の領域では，特にそうである。

15 ｜ 妥当性

　科学理論が受け入れられるためにはもう1つの要件を満たさなければならない。それは冷厳な事実の明白な真実性をもつ必要はないが，思慮深い人々の手中で次々と仮説を生み出し，この仮説が実験法に照らして明白な事実だということをわからせなければならない。理論は，実証可能な仮説を生み出したときに，厳密な意味で仮説――単なる理論ではなく，実証されうるもの――になるのである。すでに示したように，理論の妥当性を検証したということは非常に難しい。せいぜいいえるのは，普通はある理論から引き出される仮説が妥当だと証明されるということくらいである。しかし誰が知っているだろう――同じ仮説が他の理論からも生じうることを。この場合には，このもう1つの理論の方も，最初の理論と同程度に妥当だということになる。

時に科学者は，異なる理論に由来する仮説を相互に対立させて検証する実験を計画する。よりはっきりと支持された仮説は，そのスポンサー理論を支持することになる。たとえば治療手続きをも含めたフロイトの力動理論が，クライエント中心療法の手続きをも含めたロジャーズの自己理論より優れているかどうかを，ある研究者がはっきりさせたがっていると仮定してみよう。この研究者は，クライエントのタイプ，治療者のタイプ，臨床的な場のタイプ，社会のタイプ等々の微妙な変数をコントロールすることによって，精緻な実験を設定したと考えてみよう。彼はまた，結果を測定するのに適した物差し——理論にも，精神健康を構成するものに関連する標準にも，バイアスがかかっていないもの——を見いだしていると仮定してみよう。さらに，これはもちろん非常にありそうにないことだが，この実験は遅延なく実行されて，その結果，一方の手続きに従った治療の方が他方より大きな治療的成功を収めることがわかったとしよう。これは支持された理論にとっては好ましい重要なエビデンスとなるが，このことは必ずしも支持されなかったほうの理論を破棄する根拠にはならない。他にも常に定式化され考察されうる問題が存在する。この研究でサンプルをとった母集団は，必ずしもこの理論に関係するあらゆる種類の人を代表しているわけではない。一群の治療者を1つの理論の支援の下で訓練することの相対的な経済性は，これをコントロールした実験における不利益を凌駕する，実際的な利益をもたらす可能性がある。実際，どんな包括的理論にもとどめの一撃を加えるのはほとんど不可能である。

　時にはライバル仮説が相互に両立しない実験が計画されることもある。たとえば1つの理論からは，ある種のクライエントはすぐにも自殺するだろうという仮説が導き出され，他の理論では，このクライエントは長生きして生産的な人生を送るだろうという仮説が導かれる。明らかにクライエントはこの両方を行うことができない。この種の実験では，2つの仮説のうちの1つは破綻することになりやすい。ただし，曖昧なままで残された何がしかの小さな領域は常に存在するものである。しかし，この棄却された仮説の背後にある理論はどうなるのだろうか？　必ずしも非常に大きな破綻が生じるわけではない。すでに示したように，包括的な理論は，そこから演繹された壊れやすい仮説が逃げられなくはないように定式化されている。仮説の演繹には常にいくぶんルーズな問題が含まれている。だから次にやってくる実験者は，この棄却された仮説がまず，理論から必然的に帰結されるものではなかったのだと，異を唱えるかもしれない。

　しかしながら概して，実験者を袋小路に導くような仮説を生み出し続ける理論は，その責めのいくらかは実験者にあると抗弁できるとしても，妥当だと考えられるべきではない。理論は人が未来のよりよい理解を求める道具である。理論がその目的を果たさない場合には，そんなものが妥当だといっても意味がない。理論は誰かがそれを利用して実証可能な仮説を生み出せるときにのみ妥当となるのだ。

16 | 一般性

　時に人は，理論が事実に属する一群の原理というよりもむしろ，いくつかの事実のかたまりの集積とまったく同じだと考えて，間違いを犯すことがある。この間違いは簡単に生じる。というのも，事実はしばしばある理論の照明下で見た時にのみ，特定の形をとるからである。しかし，理論構造の本質的に抽象的な性質は，理論の生み出す事実が単純に分類され，具体主義的に指定されるときには，見失われてしまう。

　たとえば，精神医学におけるクレペリンの疾病分類体系は，普通は，厄介な患者を詰め込む一群の診断的分類棚として使われている。もとはそれに次元的構造を与えていた諸原理は，以後長く見捨てられ，あるいはまったく見失われてきた。この体系はほとんど例外なく，具体主義的に使われている。では，現在のクレペリン体系の用法と精神分析体系の用法を比較してみよう。ここでは診断は，カテゴリー的分類というよりも，ケースの特徴によってなされている。診断者はこのケースを瞬時に多角的に見ることができる。したがって，彼は各ケースを撃ち抜く抽象的な力動を，同種の他のケースの具体的かたまりと混同することはなさそうである。

　それにもかかわらず，精神分析的精神力動さえもが，この体系の信奉者によって，しばしば具体主義的に取り扱われる。ある患者は，あたかも彼がこの衝動の虜になったかのように，「エディプス的衝動をもつ」と見られる。このエディプス的衝動の概念がもっと抽象的に扱われていたならば，患者は「それをもつ」と記述されるよりもむしろ，エディプス的衝動の次元に関して評価を受けたはずである。この違いは曖昧に見えるかもしれない。が，物理学から類推してみれば，この点はもしかしたらもっとクリアにさせるのに役立つだろう。物理学者がある対象をとり上げて，「おやおや，これには重さがある」と言ったと仮定しよう。おそらくあらゆるものは重力をもつのであるから，これはたいして意味のある陳述ではなかろう。実際には，彼は抽象的な重さという特徴をあたかもそれが商品（commodity）であるかのように扱っているのである。注意深い物理学者なら，「この身体の重さはあれの重さよりも大きい」という可能性がずっと高いだろう。重さという特徴が抽出されて，2つの身体の他の特徴はしばらくの間無視されるのである。現代の心理学理論の構築者が工夫を求めているのは，この種の抽象から構成されるシステムなのである。

　よい心理学理論は，心理学が扱うべきほとんどすべての現象を解明するために，十分高次に抽象化して表現されねばならない。それは，最初はカテゴリーよりもむしろ特徴（properties）——これはその後カテゴリーを分離する基礎として使われるかもしれないが——に関係しているはずである。抽象化がうまくなされているなら，それは非常に多様な実際問題を扱うのに有益となりうる一般性をもつようになるだろう。たとえば質量が物理学の領域でもつような一般性をもつ特徴が，心理学領域で抽出され

たとするなら，それは非常に有益だと証明されるのではなかろうか。さらにいえば，その構造全体を通じて一般性をもつ心理学理論は，どんなものでも，本質的に人や行動の特定カテゴリーの分類になっている理論よりも，いっそう価値があるようである。

17 操作主義

　物理学者ブリッジマン（Bridgeman）の文書は最近，心理学の理論家の間でかなりの影響力をもつようになってきた。ここでは実験で構想されている変数の操作的定義の必要性が新たに強調されている。いくらかの心理学者がしようとしているように，これを極論するなら，その理論の各部分が何か明白なものを指さないかぎり，どんな理論的陳述もなしえないということを意味しよう。精神科医は正しいというよりもむしろ難解であるが，心理学者は難解というよりもむしろ間違っているとよくいわれるが，こんな警句が出てくるのは，この種の過激主義に対してである。

　操作主義はまた，別のことをも意味している。すなわち，科学的な構成概念(コンストラクト)は，操作によって，あるいはイベントの規則的な順序によって最もうまく定義されるということである。したがって，先行要因を後続要因に結びつけるものは，何であっても媒介変数と呼ばれる。そしてこの先行―後続の結合の陳述のみが，この変数の必要とする定義のすべてである。マックコーコデイル（MacCorquodale）とミール（Meehl）は，心理学者が我を忘れて，その変数を構成する何か未知の対象を探して出発しなければならないなどと考えないようにするためには，彼らがこのような変数の概念化の方法にこだわるのは，望ましいと示唆している。たとえば，あまり賢明でない生理学的志向性をもつ心理学者は，顕微鏡を使ってIQを調べようなどとするかもしれない。彼が成功するはずがないとは言えない。染色体のねじれのようなものを指摘することで，もしかしたらノーベル賞さえ獲得するかもしれない。

　変数は，心理学者によって異なる方法で操作的に概念化されるかもしれない。ある時間——運動研究では変数はサーブリッグ（therblig）——身体のある部分の運動単位——であるかもしれない。その先行条件と後続条件は比較的容易に同定できる。しかしある実験では，主要な変数の操作的定義はもっと複雑である。人事の選考と訓練の研究では，基準の同定——選考と訓練によってわれわれが改善を望むものの測度——は，それ自体が難しい問題である。しかしなお，核心に到達する前に，基準は設定されねばならない。基準に何を使うかについて実験者間で合意できた後でさえ，その後になされる実験の価値は，その定義のされ方によって限定される。たとえば飛行機のパイロットの選考と訓練を扱う研究では，いわゆる**合否の基準**（pass-fail criterion）が慣例的に使われてきた——その結果の条件は，選抜された訓練生が最終的にみずからの翼を手に入れるかどうかである。しかし，翼を得ることは必ずしもよいパイロットであることを意味しないと批評家が不満を言うのは，もっともである。

時には，ある変数に操作的定義を与えるときに合意を得た先行および後続条件が，それ自体操作的定義を必要とすることがある。パーソナリティの領域では，**不安**という用語があらゆる種類の異なる行動を説明するのに使われている。実際，神経症的行動を不安の概念にたよらずに説明するよう精神科医に求めることは，騎手に馬に乗らずにレースに勝てと求めるようなものである。しかるに，いかにすれば**不安**に操作的定義を加えることができるのだろうか？　われわれは，この先行条件と後続条件がそれぞれストレスと混乱（disorganization）だといえるかもしれない。しかし，このときわれわれは，**ストレス**と**混乱**の定義の必要性に直面することになる。最終的に，ストレスは不安を生じるもの，混乱は不安によって生じるものということで終わったとしたら，われわれは出発点に戻り，数千ものよく選ばれた言葉を浪費することで少しばかり息切れしてしまうことになる。**ストレス**と**混乱**はどちらもかなり高度に抽象化されているので，クライエントを扱ったり，不安を含む実験を遂行したりするときには，先行条件と後続条件についても順に，もっと具体的な操作的定義を見いだしていくことが必要になる。

　われわれの理解するところでは，操作主義は不安のような用語を使うことに究極的な反対をさしはさむものではない。それは，実験を通して何らかの不安機能の究極的な証明を求めるときには，彼はみずからの操作をはっきりと定義しなければならないだろうということを意味するだけである。操作主義は，実験者にとっては主要な関心事であるが，理論家にとっては二次的な関心事にすぎない。理論が述べられる用語は，その背後にそれ自体の操作的定義をもつ必要がない。ただし，その理論が生産的であるためには，それは実験的精神をもった心理学者の手中で，操作的に定義された変数をもって研究を進めていかねばならないのである。

　操作主義の危険の1つは，それが研究者に具体主義的な思考をさせる傾向である。それは原理よりも物事を見ることを推奨する。しかしなお，科学者が集めてカタログを作るのは，モノではない。それは，彼が関心をもつものを貫徹する原理あるいは抽象化である。かくして，よい科学者は困惑させるほど多量の具体的イベントを貫通し，秩序ある原理をもって把握できるようになるのだ。この原理はあらゆるイベントの集合体ではない。むしろ，それらすべてに関連すると見なしうるように抽出された特徴なのである。

　たとえば知能に関係する実験をデザインするときには，心理学者は被験者があるテストで得た特定の得点によって，**知能**を操作的に定義せねばならないかもしれない。これは実際的な方法である。しかし，彼がそのデータ用紙に鼻を近づけすぎると，その概念の抽象的な性質を忘れてしまって，**知能**は彼が記録した得点のもう1つの呼び名にすぎないと考えるようになるかもしれない。もともと知能は多くの異なる行動状況の特徴として抽出されたものであった。それゆえ，あるテストに特別な忠誠を捧げ

る義務を負っているわけではない。心理学者の注意をそらせて，知能についてこれほど具体主義的に考えさせるようになったのは，操作的定義を書くという切羽詰まった切迫感であった。

18 | 修正可能性

　優れた科学的な理論構成にはもう1つの特徴がある。それは理論そのものの特徴というよりも理論を使う人の特徴である。理論は修正可能であり，究極的には使い捨てにされうるものと考えるべきである。時に理論家は，演繹的推理にしっかりと釘付けされてしまうために，彼らがその後の観察を踏まえて方向転換をし，これらの仮説の修正を始める場合には，すべての構造が崩壊すると考えてしまうことがある。現代科学の理論構成の仕方の1つの特徴は，それが，実験結果に続いて生じる帰納的推理に開かれていることである。

　たしかに実験は，そのとき正しいと想定される仮説をめぐって計画される。これらの暫定仮説から，人は思い切って特定の予測をしてみる。この予測が実現しない場合には，そしてその科学者には他の見方ができない場合には，彼は自由にその仮説を放棄できる。そしてその場合には，不眠は生じないだろう。膨大な反証エビデンスに直面したとき，彼がどれくらい長くみずからの仮説にこだわるかは，大方は好みの問題である。たしかに，何か思いがけない結果が初めて生じたときには，その仮説を棄却すべきではない。そんなことをすれば，彼は状況の犠牲者になるだけである。一般に人は，より広範囲の意味をもつ仮説は保持し続けるが，一瞬の関係しかもたないものは棄却する。

　もしわれわれがこの原理を理論的な立場の固執に適用するなら，どんな科学理論でも究極的にはゴミ箱行きの候補になると考えることを意味するはずである。このような見方は，科学者が自分と自分の理論とは独立であるという柔軟性のある重要な信念をもっている場合には，多くの不安から救いだしてくれるであろう。この信念はまた，彼があえて捨てようとしない理論に適合するように，実験結果にバイアスをかけて読むのを防いでくれるであろう。

19 | 何が証明されるのか

　科学理論の機能は正確な予測をするための基礎を提供することである。これらの予測は仮説という形で定式化され，次に検証にかけられる。この検証の結果は本質的に予測されたものになるだろう。もしこの検査あるいは実験が適切にデザインされているならば，この仮説は，ある限定的な信頼性をもって，実証されうると結論してよかろう。

　仮説の実証は実際にはこれほど単純ではない。問題は実験のデザインにある。この

実験が，他の明白な仮説でも同じ予測を生じただろうと思われるデザインで組まれる場合には，どちらの仮説が実証されたのかという疑問が生じる。実を言えば，科学研究においては，所与の仮説の究極的な証明が見いだされることはありえない。彼の理解の範囲内でこのような証明ができたと思うのとほぼ同時期に，他の科学者がこの実験結果の同様に合理的な説明を提供する他の仮説に行き着くことがあるのだ。

　通常の実践では，その結果がどう転ぼうとも，2つの仮説——**実験仮説**か**帰無仮説**か——のどちらかの結果として最もうまく表現されうるように，実験はデザインされる。実験仮説はその人の理論的立場，あるいは何か他の体系的な情報源から引き出されるものである。帰無仮説はランダムなあるいは偶然的な条件下での予測を表わす。実験によって与えられたデータが偶然条件ではあまり起こりそうにない結果——これが通常望まれるものなのだが——になった場合には，最もありそうな代替の説明として，この実験仮説に向き合うことになる。たとえばそのデータが偶然の条件下では1/100回以下だと期待される場合には，実験者は信頼性1％水準でエビデンスが得られたと報告する。この仮説は，何か想像力のある実験者が第3の仮説を考え出して，この仮説下でまったく同じ予測が出されたはずだと考えられるまでは，すべてがうまくいっていることになる。

　この議論の目的に関連のあるポイントは，よい科学理論から引き出される正確な仮説でさえ，いかに多くの実験を行っても，絶対的な究極性をもって実証されることはないということである。それは1つには，われわれは常に帰無仮説が成立しそうにないという間接的な証明に依存していること。いま1つは，帰無仮説はそのデータに対する申し立てを決して完全には断念しないこと。そして最後に，何か他のもっともらしい仮説がいつなんどき予期せぬうちに出てくるかもしれないことなどによる。

20　仮説はどこからやってくるのか？

　大体のところ，検証可能な仮説を考えつく方法は3つある。(1)はっきりした理論から演繹する可能性。(2)観察——たとえば臨床経験——から帰納する可能性。(3)論理的な手続きは回避して，統計的な底引き網でそれを追求する可能性である。

　これらの方法はいずれも，他の2つの不都合なところを回避している。仮説演繹的な (hypothetico-deductive) 方法は，さしあたって確固として不動だと考えざるをえない理論から進んでいく。しかし早かれ遅かれ，予期せぬ実験結果の衝撃が，仮説レベルあるいは理論自体のレベルで，この論理構造に影響を及ぼさざるをえなくなる。科学的な実践においては，この疑問は，その実験あるいは実験プログラムにおいて，事実にひれ伏さねばならない段階を決定するものの1つになる。この段階は，それがどこにあっても，完全に演繹的であることをやめるポイントを印しているのだ。

　仮説帰納的な (hypothetico-inductive) 方法は最初から事実に従っている。仮説さえもが，

観察された事実の小さな一般化として定式化されている。そして，その明白な上位構造は多少とも後智恵としての形をとることが許されている。もう一度言うが，実際には，仮説帰納的な方法を忠実に実行するのは不可能なようである。事実は観察者の目を通してのみ見ることができ，その事実は観察者の視点が押し付けるどんな選択や歪曲にもしたがう。したがって現実的には，こうして定式化された仮説は個人的に解釈された事実である。それらは観察者の暗黙の個人的理論から，そして同様に現象学的なイベントから，演繹されたものと考えてよかろう。

統計的な底引き網（statistical-dragnet）の方法もまた，事実の優先性を受け入れているようである。それは仮説帰納法や臨床法とは2つの重要な点で異なっている。すなわち，論理構造が仮説と理論の両方で最小になっていること。そして焦点にもってこられた事実は，多様なバイアスをもつ多様な以前の観察によって利用可能になったものだということである。

底引き網仮説は普通はるかに一般的でない形式で述べられる。そしてたとえ交差検証法（cross-validation）の手続きによって支持されたとしても，知られているサンプルの代表性に関して危険な仮定をしないかぎり，他の状況には拡張することができない。この仮説はふつう，ある「基準」のみに基づいて分離される2つのサブ・サンプルを弁別しうると予測される，テスト上の1項目以上のものではないのだ。

底引き網はそこらにあるものを何でも，いい加減に引っ張り上げる。仮説を定式化する統計法はまさにこれを行うのだ。そのサンプルで測定された分散をある程度説明しないような変数は，個人的な再適応や社会的変革をもたらすのに極めて重要であるとしても，この方法では取り上げられない。掘り返して見つけ出したこの仮説は，そのままの状態では大きなバイアスを反映しているのである。

心理学においては仮説を定式化するこの3つの方法はすべて使われる。仮説演繹的方法はハル（Hull）の学習理論の追随者たちの研究に代表される。臨床的帰納法はより科学的精神をもつ精神分析家の研究に代表される。統計的底引き網法は現在の人事選考検査の研究の大部分と，ストロング職業興味用紙（Strong Vocational Interest Blank）やミネソタ多相目録（Minnesota Multiphasic Inventory；MMPI）などを使ったミネソタ・グループの研究に代表される。よい科学的方法が仮説のチェックに使われるかぎり，3つの方法はすべて受け入れられるものである。しかしこれらを使う際には，仮説演繹法の直解主義のバイアス，臨床的帰納法における個人的バイアス，統計的底引き網法における流行バイアスには気をつけなければならない。

仮説演繹法による研究の進歩は，その方法に内在する固さのゆえに，しばらくの間狭い領域に限定されるようである。臨床的帰納法は，最初から研究者のパーソナル・コンストラクト・システムと連携しているので，非常に素早い進歩の印象を与え，広範囲の結論へ，そして「按手」を通して使徒の継承を定着させている同志的精神で結

ばれた臨床家のカルトへと導くようである。統計的底引き網法は，すでに表明され適用されているアイデアの素早く確かな利用をさせてくれる。それは，新しいアイデアを開発するという立場から見ると，不毛になる傾向があり，最大の量が最大の真実を決定すると仮定する間違いに，共通に陥ってしまう。

21 理論設計における心的エネルギー

　ある理論の基本的前提（fundamental postulate）がいったん設定されれば，人が関心をもつべきその変数，次元，コンストラクトが固定され始める。また遅かれ早かれ，科学者をたぶらかして知的曲解を起こさせたり，手の込んだ統計計算でデータをねじ曲げたりするややこしい問題が，理論の基本的前提にまでさかのぼって追跡できるようである。したがって基本的前提は，最大の注意を払って選ばれることが大切である。

　心理学の領域で代替理論のアプローチを展開するに際しては，現代の理論的アプローチをとる心理学者を巻き込んで特にややこしい問題を生じそうなもの3つを取り除いて，基本的前提を定式化するのが望ましいと，著者には思われる。これらのうち最初にして最重要な問題は，心理的変容の誘発因あるいは心的過程の発生を説明する問題である。ここで，われわれの多くは知らぬ間に，何かによって押される，あるいは押される用意のある不活性（inert）な物体という，物理学者の古代からの暗黙の仮定の後継者になり下がってしまった。物活論者のようにはなりたくないので，物理学者はこの何かを「エネルギー」と呼んだ。この図式は物理学者にはうまく働く。

　この「エネルギー」というコンストラクトは，物理学から心理学領域に輸入すると，特別な困難を引き起こした。これは元は物理的変化を説明するのに導入されたものだが，多様な他の科学理論においても今までは不可欠の特徴であった。しかし，心理的現象の領域では，それは最初から混乱を引き起こした。物理的「エネルギー」の概念を文字どおりに翻訳するのは不可能であった。エネルギーは物理学では有用な概念であったが，経済学のような閉鎖系では，心的「エネルギー」がどんなものにおいても働くと考えるのは無理である。心理学領域へのその実際的な適用においては，心的「エネルギー」はアニミズム，あるいは悪魔研究とさえいいうるものと，居心地の悪い類似性をもつことになる。

　この「エネルギー」というコンストラクトは実際には，ある基本的仮定から派生した結果であり，物理学者はこのように仮定すると便利なことを見いだしたものである。すなわち，物質は基本的に静止したユニットで構成されていると仮定すると，ただちに明白な事実の説明が必要になった。その事実とは，観察されるものは常に静止しているわけではなく，しばしば完全に動的だということである。それでは何がこのユニットを活性化させるのか？　もちろん「エネルギー」に決まっている！　こうして心理学者は，「エネルギー」の見解を購入することによって，静的なユニットというまっ

たく同じ仮定を，暗黙裡に持ち込んだのである。この静的ユニット仮説こそが，物理学者にとって，「エネルギー」を初めに必要なコンストラクトにしたものであった。

一時，エネルギーによって推進されるのは何なのかを決定するのは，心理学者には難儀な問題であった。それはアイデアだったのか，人々だったのか？ そしてついにほとんどの心理学者は，それが人々だということで一致した。これらの明らかに動きのないものを駆り立てて活動させるエネルギーの乗り物は何なのだろうか？ 言語レベルでは，それらを「刺激（stimuli）」と呼んで，人の環境要素にエネルギー的特性を与えるのは簡単なことであった。あるいは好むなら，エネルギー特性を人そのものの側面に帰属させることもできたはずで，これらは「要求（needs）」と呼ばれた。このように心理学は，「刺激」に基づいて押し理論を，「要求」に基づいて引き理論を開発した。しかしどちらのアプローチでも，なされた仕事のすべてを説明するのが，人というよりも「刺激」あるいは「要求」であったという点で，アニミズム的傾向をもっていた。

数年にわたるみずからの素朴さを自己批判した後で，プッシュ理論をとる心理学者は今や，環境内の事物は実際には人間の活動にエネルギーを与えるものではなく，この見解は明らかに本末転倒だと主張するようになった。その代わりに，環境の進行は「刺激機能」をもつのだという。このことは，「刺激」がエネルギーをしみこませているのではなく——実際にそうではなく——たまたまそのように働くだけだ！ ということを意味する。他方，プル理論の心理学者は，彼らの語る「要求」や「動機」は実際には人間の行動を抽象化したものにすぎないと主張する。しかしなおこれらは，そうでなければ静かな休止を続けるはずの動物における，内的な刺激物（irritant）として扱われている。どちらの理論グループも人間をアニミズム的に解釈するのを避けようと努力して，刺激と要求というアニミズム的概念化に陥っているのだ。

これがあらさがしの批判と受け取られないようにするために，どんな理論でも，科学的なものでも便宜主義的なものでも，まるで事実であるかのように扱われる仮説とコンストラクトの上に，打ち立てられていると考えうるとしてみよう。従前の仮定を受け入れるということは，結論の試行的な定式化を許し，科学的な実験操作への道を開くことになる。「刺激エネルギー」と「要求エネルギー」の見解は，この状況ではそれほどひどい結果にはならない。これらは多くの実証可能な仮説へと導いてきた。この観点から見ると，率直なアニミズムでさえ，その悪評にもかかわらず，時にはその価値を示してきたのである。

プッシュとプル心理学の見解については，もっと機械論的な見方をしようとする試みがなされてきた。それでも，心理学的な対象が不活性だとする従前の見解は，おそらく何らかの形のアニミズムを避けられないだろう。今やこの従前の仮定を考え直して，その人生を生きている人に生命を取り戻すべき時期が来たようである。

この議論の目的は，心的エネルギーというコンストラクトの必要性を取り除くはずの基本的前提を考察するための，基礎工事をすることにある。このような仮定は，心理学者が「刺激」と「刺激機能」，特別な「要求」と「動機」というようなコンストラクトに巻き込まれてきた，多くのややこしい問題の回避を可能にするかもしれない。この冒険で考えられる悩ましい結果の1つは，学習理論の保護の下で今までに蓄積してきたものの多くを捨てることになるだろうということである。これはもしかしたら，少なくとも現在の形での「学習」の概念を破棄することにつながるであろう。

　暗示的あるいは明示的な基礎に基づいて，不活性なものという以前の仮定を受け入れる代わりに，われわれは心理学理論の定式化への出発点として，過程（process）なるものを仮定しようと提案する。したがって，何が不活性の有機体を行為に駆り立てるのかということに関するすべての論争は，過去の問題になる。その代わりに，その有機体は新鮮な状態で，生きて奮闘する心理学の世界に，配送されてくるのである。

　このような心理学者の好奇心の対象という見解は，最終的には物理学者がみずからの領域で呼び出しているのと類似のものを生み出すかもしれない。実際，いくらかはすでにそうなっている。運動形式としての物質というコンストラクトは，新しい検証可能な仮説の産出がまだこの冒険ではっきりした利益を生むにはいたっていないが，すでにいくらかの物理学者によって探索されている。

22 人はどちらの道に向かうのか？

　とにかく人が動くという事実をどう説明するかという問題の次には，その運動がとる方向の問題がある。これは，現在の理論的アプローチをとる心理学者が巻き込まれている第2の厄介な問題である。一般に心理学者は自分がとにかく動くという事実を説明するのに使いなれた同じ一群のコンストラクトでもってその問題にアプローチしてきた。プッシュ心理学者は，各刺激，あるいは過去のすべての刺激の寄せ集めた結果としての何らかのベクトルが，行為に駆り立てられた人が取る方向を説明すると考えてきた。同様にプル心理学者は，各要求と動機がそれ自体の特殊な方向性をもつのだと考えてきた。したがって各グループは不動のもの仮説の特定の系からその方向性の見解を引き出しているのである。

　心理学における場理論あるいはゲシュタルト理論は例外である。ここには人が向かう方向を説明するのに使われるある原則がある。そして，これらはただ活動的であることを説明するものとは多少とも異なっている。人間の行動のこの方向性は，他の現在の理論よりも高い抽象化のレベルで記述されている。そして，人がみずから場を構造化する道へと向かう何らかの準備がなされるのである。

　精神分析家はこの問題に関しては何の一貫した理論的立場もとらない。それは少なくとも，妥協の理論——つまり，現実原則と快楽原則，死の衝動とエロス的本能，抑

圧と不安，親子愛と夫婦愛，行為と反動形成などの間の妥協——として最もうまく記述されうる。たぶんわれわれはテーゼとアンチテーゼから理論構築へと向かうヘーゲルの影響を見て取ることができるだろう。おそらく精神分析には，非常に弾力的で，どんな仮説も無効とされず，いかなる治療者も失敗しない，そういう臨床理論の構築への試みを見てとることができよう。

　パーソナリティの心理学理論の基本的前提を展開するに際しては，選択状況に直面したとき，人がどちらの方向に向かうのかを推測するための基盤が，常に何かあるはずだと述べるのが，望ましそうである。このつながりで，心理学の理論家は面白い問題に直面する。彼は人間について，そして人間が何を生み出すのかについての，理論を書かねばならない。彼自身の理論は人間が生み出したものなので，これもまた説明される必要がある。いかなる心理学理論も，したがって，いくらか再帰的である。それは，心的過程の所産としてのそれ自体をも説明しなければならない。それゆえ，その理論が人の向かう方向を説明しなければならないとすれば，その著者がそれを書いたときに向かった方向をも説明しなければならない。これは，本章の前のほうでわれわれが人類の目標と考えたものと科学者の目標と考えたものとが一貫していなければならないと提案したときに，われわれが考えていたことである。

23 ｜ 理論設計における個別性

　適切な基本的前提の注意深い選択によって取り除かれうる第3のややこしい問題は，個人差を合法的に説明する問題である。心理学は，個人を相互に区別できる集団次元にプロットすることに，その注意を向け変えた後，速やかに前進した。進歩はしかし，最終的には限定されていた。個人差の心理学はグループ差の心理学になってしまったのである。その保険危険率の予測は，何人の学生が不合格になるか，何人のパイロットが落第するか，あるいはどの個人が不合格になる可能性が高いかさえ教えてくれるので，人事管理には有用であるが，それにもかかわらず，不合格率を減らすには，教育を強化するには，モラールを維持するには，心理療法をより効果的にするには，あるいは価値あるアイデアの出力を増加させるには，どんなより建設的な方法が工夫できるのかに関しては，われわれにはほとんど手がかりを残してくれない。

　この問題は，公私の領域間の関係への何らかの建設的なアプローチを必要とする。ある人の私的な領域——この中で彼の行動は，それ自体の法則体系の中で整列される——が無視されると，彼は外的な力によって公的領域内を漂う不活性な物体として，あるいはそれ自体の連続体上に位置する孤立したデータとして，説明されることが必要になる。公的領域における人間の存在が無視されるなら，この人について苦労して獲得した知識は，その人の弟の理解には役に立たないことになり，われわれの日常的な心理学的努力は文化遺産の増加を生じなくなるだろう。もし何某というものとホモ

サピエンスの両方が同じ法則体系内で解釈されることになるなら，われわれはジョン・ドウから得られるデータをより高い抽象化のレベルに高めねばならない。ジョン・ドウの興奮した行動を，それが興奮しているというだけではっきりと不安だと解釈し，それをそういうものとして公的領域に持ち込むのは厚かましい。この特定のケースでは，彼の「蹴る」「はらわた」「高揚」のような彼のパーソナル・コンストラクトを理解し，公的領域では一種の「攻撃」あるいは「現実吟味」と解するほうがはるかに適切なのかもしれない。他方，リチャード・ロウの興奮した行動は，彼のパーソナル・コンストラクト・システムの適切な説明が考慮されるときには，「不安」のコンストラクトとして，公的領域に格上げされてもよいのかもしれない。個々の人をみずからコンストラクト・システムの下で操作するものと考えることによって，心理学者は個別のケースから得たデータをより抽象度の高いレベルに格上げできるのである。したがって，パーソナル・コンストラクト心理学のまわりには，真に科学的な理論を公的に構築できるようになるのである。

　最近，心理学では**現象学的**な視点が復活してきている。フッサールとシュトゥンプの元来の現象学は大部分がゲシュタルト心理学，あるいはもっと一般的にいえば場理論によってのみ込まれてしまった。現象学的な視点はおそらくスニッグ (Snygg) とクームズ (Combs) によって最もうまく表現されている。彼らの基本的前提は「行動はすべて例外なく，行動する有機体の現象学的な場によって，そしてこの場に関連して，完全に決定される」というものである。この見解では，個々人の見方は，残りの現実をどんなにひどく間違って表象しているとしても，それ自体，現実的な現象であるという事実が，客観科学としての心理学の概念の基礎として，強調されている。それは現実の現象なので，心理学者はそれを説明する法則や原理の定式化に関心をもつ。そして，間違った見方はそれ自体どんな実質をも欠いているなどと仮定してはならないというのである。さらに言えば，ひとりの人の考えることは他の人が同じ状況で考えるであろうことと似ていなければならないなどと，心理学者は絶対に推測してはならない。また，公的に正しいと信じられていることから，個人の考えていることを正確に推測することもできない

　今日の新現象学派はいわゆる**自己概念の理論**——これはレイミー (Raimy) とブーゲンタル (Bugental) によって最もはっきりと表現されている——と緊密に関係している。これらの著者は，その人の現象学的場における自己の位置に，あるいはいいかえれば，その人の自己自身の見方に，関心をもっているのだ。レッキー (Lecky) の**自己一貫性** (self-consistency) の立場も緊密に関係している。彼は人の構造の，特に自己に関する構造の，強い維持要求を強調している。かくして彼は，ゲシュタルトの**プレグナンツ** (よい形態) **の法則**を自己の統合性の希求に，そして図と地の法則をより強く自己一貫性に，そしてより弱く内的問題の一貫性に，適用している。実践面では，心理療法場

面でのこのような視点の豊饒さを示したのはロジャーズである。しかしなお，ここには理論が明瞭化される前にその発明が出現した状況がある。ロジャーズ（Rogers）の**クライエント中心療法**——あるいは元の呼び名では非指示的療法——は，レイミーとクームズが研究者であった時のオハイオ州立大学で最高状態に達した。なお，ブーゲンタルもその後レイミーの弟子として同部門に在籍した。

　ロジャーズの体系的な立場は，おもに新現象学派に分類されてきたグループの立場と一貫しているが，実際には心理学理論として述べられたものではなかった。おそらく彼はこういう提示を試みるのを嫌がってきたのであろう。より最近の彼の著作からは，彼の立場は，一群の心理学的な仮定よりも，人間の本性および社会と自己との適切な関係に関するいくつかの哲学的信念に，より深く根ざしているように見える。

　オルポート（Allport）は，自己をシュテルン（Stern）の後期の著作に協調させながら，その方法論的な意味連関を強調して，新現象学的なタイプの視点を組み込んできた。ウィンデルバンド（Windellband）が**法則定立的**（**nomothetic**）領域と**個性記述的**（**idiographic**）な領域を分離したのを，具体的な分類としてではなく有益な抽象として受け入れて，彼は心理学のアプローチを拡大して個性記述的なものをも含めようと主張した。オルポートがこの法則定立的アプローチと個性記述的なそれとの区別をどれほど論理的に思い描いているのかはまったくはっきりしない。表面的には，前者は**人類**（**mankind**）の研究，後者は**一人間**（**man**）の研究のようである。ウィンデルバンドによると，法則定立的な学問はいずれも一般法則に関心をもち，精密科学（exact science）の手続きを使うものである。一方，個性記述的な学問は，たとえば歴史や伝記のように本質的に記述的である。しかし歴史家は，年代記の編者とは違って，今までに生じた多くのイベントを通して流れる一般法則と原理の抽出を行う。それをしなかったら，彼は絶望的泥沼におちいり，新聞のファイルにとじられるだけになる。心理学者もまた，あるケースについて記述しているときには，個性記述的研究を行っているのかもしれない。しかし，もしその記述がそれを貫通するどんな意味の糸ももっていないとするなら，彼は自分の選んだ関連する事実を人間行動の原理に関係づけなければならない。この原理はもちろん，個人のケースよりも長くはない領域内で抽出されるのかもしれない。しかしそれらはなお原理である——それらはイベントを抽象したものなのだ。

　これらの重要な貢献の意味連関をさらに追求していくこと，そしてわれわれが後を追ってきた領域でパイオニアとなった人々に適切な敬意を払うことは，おもしろくかつ有益であるだろう。しかしわれわれは，前途有望に見える特定の心理学的見解を提唱し始めたところなので，これをこのまま進めていかねばならない。もしわれわれが立ち止まって，われわれが言うべきことに先行して影響を与えたあらゆる思考に敬意を払うなら，われわれはその言うべきことをまったく言えなくなるだろう。われわれは歴史的方向感覚をもたないと見られたくはないが，われわれの計画はおもに，それ

は何なのかということに対して理論的な立場を明確にすることであり，その祖先が何でありうるかをはっきりさせることではないのだ。

　結局どうなるのかといえば，われわれは，新現象学派のアプローチのある特性とより伝統的な方法論との結合が可能であると信じている。われわれはもちろん，他人の皮膚の中までもぐりこんで，その人の目を通して世界を覗くというようなことはできない。しかしながらわれわれは，他者のすることを見てきたことに基づくのでなく，おもに他者がしていることを見ることに基づいて，推測するところから出発できる。われわれは一群の個人のどんな研究においても，データ化を進める前に，個人領域内での行動を抽象化することの必要性をすでに強調してきた。もちろん，それが多くの他の個人の枠組み内で見られるようになるときには，有益な特性が出現し始める前に，さらなる抽象化がなされねばならないかもしれない。したがってわれわれは，何が生起しているのかを心理学的に見るために，1つの筋肉のけいれんを1000人の個人のおのおのからのデータとして取り上げることの価値には懐疑的である。われわれは同一個人内の一連の筋肉のけいれんにおける本質的特徴を抽出して，その結果としてのコンストラクトを，同様に他の個人のけいれんに支えられた抽出と比較することに，より大きな希望をもちたいと思う。このことはもちろん，おのおのの個人研究が心理学者にとっての概念形成の問題になるということを意味する。各ケースの概念化を行った後に，彼は次に人々一般の基礎にあるコンストラクトを産出するために，個人のコンストラクトをさらに抽象する課題をもつことになる。

24 │ 研究計画の明確化の要約

　われわれは基本的前提への態度を明確にする準備ができた。しかしその前に，この仮定から産出された理論が作動しなければならない，より広い枠組みを振り返っておこう。

　人類は，周囲で起こるイベントを予測しコントロールしようとして進歩してきたが，この数世紀の視野をもって見てみると，非常にはっきりと屹立している。このような人類は，われわれが毎日自分の周囲で見る人々からなっている。科学者のあこがれは本質的に人間すべてのあこがれなのである。

　宇宙は現実である。常に何かが生じている。それは統合されている。それは部分的な解釈にも開かれている。人が違えば解釈も異なる。どんな1人の人物の解釈システムも以前からの忠義を背負わされているわけではないので，それは常に再解釈に対して開かれている。代替的な解釈法のいくつかは，他のものよりも，人の目的によりよく適している。したがって人間は，無限の連続的接近の連鎖を通してみずからの世界を理解するようになる。人は常に，望めば探索の許される代替解釈に直面しているので，みずからの過去の歴史にも現在の状況にも，無限定にその絶対的な犠牲者であり

続ける必要はない。

　人生は，時間軸に沿って抽象化できることで特徴づけられるだけでなく，特に生あるものがその環境を表象する能力をもつことによっても特徴づけられる。このことは特に，現実世界を見るための解釈システムをつくる人に，よく当てはまる。この解釈システムはまた，その表象にはバイアスがかかっていても，現実的である。したがって，自然（nature）も人間性（human nature）もどちらも，現象学的に実在するのである。

　階層的システムに組織化されているコンストラクトは，人がイベントの成り行きを予期するのを助けるのにどれくらい有益かということに関して，いろいろな検証を受けている。このコンストラクトの検証の結果は，その一時的な保存，その改訂，あるいはその直接的な置き換え等の望ましさを決定する。われわれは，どんなシステムも適当な時間がたてば置きかえられねばならないだろうと仮定する。あるシステムの構造内では，決定論と自由意思は同じシステムの方向付けの側面である。すなわち，あるコンストラクトは，それが常に一貫していなければならないと判断するものによって決定される。そして，常にそれに従属すべきだと判断されるものからは自由なのである。

　優れた心理学理論は適切な利便性の焦点と範囲をもつ。それは，ある領域から別の領域に——たとえば生理学から心理学へ——移し替えられたときには，その有益性が損なわれる。それは新しいアイデアを生み出し，仮説を産出し，実験化をあおり，発明を鼓舞するのに，豊饒でなければならない。理論から演繹される仮説は，検証ができるように，十分に壊れやすいものでなければならない。ただし理論そのものはもっと弾力的につくられるかもしれない。仮説が妥当であるとより頻繁にわかるほど，その理論はより価値あるものになる。

　優れた心理学理論は，心理学が扱わねばならないほとんどの現象の痕跡がたどれるように，抽象化して表現されるべきである。これに関連して操作主義は，理論構築に応用されると，心理学者がみずからの実験結果の抽象的な意味連関を認識するのを妨げるかもしれない——彼は科学者よりもむしろ実験技師になるのかもしれない。

　心理学理論は究極的には消耗品と考えるべきである。心理学者はしたがって，みずからの理論から個人的な独立性を維持しなければならない。いくら実験結果を重ねても，ある理論が究極的な真実であるとは，絶対に証明されえない。仮説は常にある理論構造と関係しているが，心理学者はこれらの仮説を演繹によるだけでなく，帰納や底引き網的手続きによっても引き出している可能性がある。

　プッシュとプルの心理学理論における心的エネルギーに関連する仮説によって生じる問題を回避しうる理論をデザインするために，1つの試みがなされるであろう。このような理論はまた，人が選択状況で選択する選択肢に対する普遍的説明を与えようとするはずである。それは，個人の領域からそれぞれのデータを，比較的高い抽象度

で集めることによって，個性を認識することになるのだろう。

　われわれの次の課題は，このような理論を下支えすると思われる仮定構造(assumptive structure) を定式化することである。その後のすべての陳述が立脚しなければならない最も基本的な仮定（assumption）は，前提条件（postulate）と呼ぶことにする。この陳述をさらに精緻化した関連のある仮定は，系（corollaries）によって追究される。

第2章

Basic theory
基礎理論

　本章では、われわれのパーソナル・コンストラクト心理学の基本的前提（Fundamental Postulate）を述べる。この理論は次に11の系（corollary）によって精緻化される。

A 基本的前提

1 基本的前提（Fundamental Postulate）：人の（心的）過程は、彼がイベントを予期する方法によって、心理的に水路づけられる

　われわれが概要を示した仕様にあうと思われる前提（postulate）を、提示することにしよう。こうすることで、われわれの理論構築の努力にはある限界があることを認識しなければならないのだ。われわれが定式化するこの前提は、必ずしも誰もがここから同じ推論をするような陳述を提供するものではない。この前提の上に築かれたシステムは、したがって、完全な論理的厳密さをもつわけではない。それよりも、われわれはみずからの理論的立場を立法主義的というよりも、挑発的で豊饒なものにするように努力するつもりである。

　最初の陳述――**人の心的過程は、彼がイベントを予期する方法によって、心理的に水路づけられる**――は、われわれの仕様に適合しているようである。このどちらかといえば単純な宣言文の明示的な意味とその結果として生じる意味連関との検討を進める前に、科学理論における基本的前提という言葉でわれわれが何を言おうとしているのかを、簡単に見ておきたい。前提（postulate）とはもちろん仮定（assumption）である。しかし、それは本質的に非常に基本的な前提であるので、それが支持する論理システムで語られる、あらゆるものに先行する。

　さて、人は基本的前提として提案される陳述の真実性を問うかもしれない。実際、われわれは科学者として常に、何ごとについてもその真実性を問う自由がある。しかしわれわれは、前提として提案された陳述の真実性を問うた瞬間に、その陳述はわれわれのその後の議論ではもはや前提ではなくなることを、心にとどめておくべきである。したがって陳述は、その地位と調和している場合にのみ前提なのである。その陳

述を論争に持ち込むとしたら，いくらかの例ではそうしてよいのだが，そのときにはわれわれは他の前提——それが明示的に述べられていても，あるいはこちらのほうがよりありそうだが，暗黙に信じられていても——から議論しているのだということを認識しなければならない。したがって，科学的推論においては，それが前提であるかぎり，前提に先立つものは何もない。そして陳述の真実性は，その陳述が前提として使われているかぎり，決して問われることがないのである。

そこで，われわれが今実際に述べてきたのはこういうことである。後に続く議論のために，人の心的過程は，その人がイベントを予期する方法によって心理学的に水路づけられる，と考えることにしよう。ここでわれわれは，この前提が究極の真実の陳述であると提案しているのではないことを明確に理解しておきたい。現代の科学的思考においては，個人の前提でさえも暫定的あるいは臨時の真実の陳述として受け入れて，それに続くものを見るのが慣習なのである。

2 用 語

この基本的前提のためにわれわれが注意深く選んできたいくつかの語を見ることにしよう。

a．人 (person) この用語はわれわれが最も主要な関心をもつ実体を示すのに使われる。われわれが最初に考えるのは，人のどんな部分よりも，人のどんなグループよりも，そして人の行動に現れるどんな特定の過程よりも，個人である。

b．過 程 (process) 不活性の物質——系として，ある種の心的エネルギーの存在を根付かせる必要性へと不可避的に導くステップになる——を考えるかわりに，心理学の主題は最初から過程であると仮定される。これは，有機体が基本的に行動する有機体であるということに近い。この陳述はいくらかの心理学者によってこのしばらくの間強調されてきたものである。しかしわれわれは，もし何か強調するとすれば，その実体の動的な性質をさらにいっそう強調する。われわれの目的にとっては，人は一時的に動きの状態にある対象ではなく，彼自身が一種の動きなのである。

c．心理学的に (psychologically) ここではわれわれが扱おうとしているタイプの領域を示している。われわれの理論は限定された領域内にあって，一方では生理学，他方では社会学と必ずしも重なりあっているわけではない。生理学のシステムが説明しようとしている現象や社会学のシステムが説明しようとしている現象のいくらかは，たしかに現在のわれわれの関心分野の埒外にある。それゆえわれわれはこの特定の理論構造の中でこれらの説明をする義務を感じない。

前に示したように，われわれは，心理学の実体がそれ自体心理学的であるとは考えていない——また，生理学的や，社会学的であるとも考えておらず，何かのシステムに先取りされているとも思っていない。ある人の過程はあるがままのものである。心

理学，生理学等々は，それらを予測しようとしてでっち上げられたシステムにすぎない。したがって，われわれが**心理学的に**という言葉を使うときには，われわれが過程を心理学的に概念化しているということを意味するのであり，この過程が何か，心理学的なものにほかならないということを意味しているのではない。

心理学は行動を説明するための一群のシステムをいう。これらのシステムはすべて類似の領域をカバーしているようである。したがって，われわれがあるシステムを心理学的だと同定するときには，われわれはこのシステムをいくつかの他のシステムとゆるやかに同一視していることになる。というのも，これらのシステムが類似の領域と利便性の範囲をもっているからである。

理論化に際しては，ある人々は心理学の領域の境界をはっきりさせることからはじめねばならないと考える。しかしわれわれは，心理学の領域の所有権の主張をして杭打ちをして仕切ろうとしても，そのポイントが見つけられない。われわれが語っている種類の領域はまったく先取り的ではない——一方に属するものは他方にも属するのだ。人がなすべきことは，単純に自分のシステムを立てて，それからそれが大きかろうが小さかろうが，その利便性の範囲の探索を開始することである。

　d．**水路づけられる** (channelized)　人間の過程は，広大な空虚の中をふらふらと歩きまわるというよりも，ネットワークの経路を通じて作用するとわれわれは考えている。このネットワークは柔軟であり，しばしば修正される。しかしそれは構造化されていて，人の活動範囲を促進もすれば制限もする。

　e．**方　法** (ways)　この水路は目的への手段として設定される。これらの水路は人が目標を達成するために発明する装置(デバイス)によって敷設される。人の過程は，心理学的に言うなら，彼が目標を実現するために採用するメカニズムによって切り出された溝にすべり込んでいくのだ。

　f．**彼** (He)　われわれが強調するのは，操作が理想的に実行されうる仕方というよりも，個人が操作を選択する仕方のほうである。各人は異なる仕方を打ち立ててそれを利用する。そして彼の過程を導くのは，彼の選択するこの仕方なのである。

　g．**予期する** (anticipate)　ここが，予測と動機づけの特徴を，われわれの理論に組み込む場である。人は科学者の元型のように，予測を求める。彼の構造化されたネットワークの経路は，未来へと導く。そこで彼は未来を予期しうるようになるのだ。これがその果たす機能である。予期は，パーソナル・コンストラクト心理学をプッシュもプルもするのだ。

　h．**イベント** (events)　人は最終的には現実のイベントの予期を求めるようになる。これが，心的過程を現実にしっかりとつなぎとめる場所なのだ。予期はそれ自身のために進められるだけでなく，未来の現実がよりよく表象されるように，進められるのである。人間をじらすのは未来であって過去ではない。彼は常に，現在の窓を通して

未来に手を差し伸べているのである。

　さてわれわれは，われわれが高い望みを託する基本的前提について述べた。おそらくここからは，いろんなものがわき出してくる。それは，随伴現象というよりも現象としての動きをもち，素人が科学者と同じ理解をする心理的過程をもつパーソナリティ理論，アニミズムに陥らない力動的心理学，受動的でない知覚心理学，行動する人が何らかの意味をもつことを認める行動主義，学習は非常に普遍的なものなので特定クラスの現象というよりも前提という形で表れる学習理論，人が尖った先をもつ刺激によって行為に突き動かされたりヘドニズムの深い色調にそまったりもしない動機づけ理論，そして法則的でもっともらしく見える心理療法を可能にするパーソナリティ観など。この理論は**パーソナル・コンストラクト心理学**（psychology of personal constructs）と呼ぶことにしよう。

B　解釈の系

3　解釈の系（Construction Corollary）：人はイベントを，その反復を解釈することによって予期する

　われわれは，パーソナル・コンストラクト心理学と呼ぶシステムを構築するに際しては，1つの基礎的な前提に依存することを選択した。そして，部分的にはこの前提から生じ，部分的にはこれをより詳細に精緻化する，いくつかの命題を述べることによって，このシステムを強化することを選択した。これらの命題は**系**（corollaries）と呼ばれる。ただしこれらの系は，論理的には，前提という厳密な用語法によって最小限意味するところのもの以上の何かを含んでいる。われわれの系は解釈と反復の見解を導入する。

4　用　語

　a．**解釈**すること（construing）　この用語によって，われわれは「説明（interpretation）を加えること」を意味する。すなわち，人は解釈されたものに説明を加えるのだ。彼は構造を打ち立てる。この構造の枠組みの中で，実体が形をとる，あるいは意味を担う。彼が解釈する実体が構造を生じるのではない。その人が構造を生むのである。

　解釈することによって打ち立てられる構造は，その人の抽象化が非常に限定されていて，その解釈が実質的にかなり具体的である場合でも，本質的には抽象的である。これに関連して，われわれは解釈の形式について，後でもっと言うことが必要になる

だろう。しかし当面は，われわれはパーソナル・コンストラクト心理学の概観を準備的にスケッチするだけなので，あまり細部には立ち入らないことにする。

解釈に際しては，人は一連の要素の特徴——それはいくつかの要素を特徴づけるが，他の要素は特に特徴づけるものではない——に注目する。したがって彼は，類似性（similarity）と対照性（contrast）のコンストラクトを打ち立てる。この類似性も対照性も両方とも同じコンストラクトに内在するものである。対照性なしの類似性のみをほのめかすコンストラクトはカオス的で未分化な同質性を表わすが，それは，類似性なしの対照性のみをほのめかすコンストラクトがカオス的で特別な異質性を表わすのと同然である。前者は目印のない単調な海に人を放り出すことになろう。後者は果てしなく続く万華鏡的変化——ここにはなじみのあるものは一切現れないであろう——に彼を直面させることになろう。

解釈は言語的定式化と混同してはならない。人の行動は，象徴的言語では決して伝達されない多くの相互に結合する同等—差異パターン（equivalence-difference patterns）に基づいてなされうる。これらの前言語的あるいは非言語的な支配を行うコンストラクトの多くは，生理学の領域に包含されている。すなわちこれらは，生理学的解釈システムの利便性の範囲内に落ちる要素を処理している。したがってこれらは，心理学的システムの利便性の範囲には普通は落ちない，消化や腺の分泌等々のような問題に関係しているはずである。

人は，どのように食事の消化を計画するかと問われたとしたら，この質問にはなかなか答えられないだろう。彼はこんなことは自分のコントロールを越えているというだろう。それらが彼のコントロールを越えているように思えるのは，コミュニケーションに使わねばならない同じシステムの中では，それらを予期することができないからである。それにもかかわらず，消化は個人的に構造化された過程である。そして彼が予期することはそれがとるコースと大いに関係している。

われわれが言っているのは，解釈するという見解が，われわれがそういう使い方を選択するなら，非常に広範囲の利便性をもっているということである。それは生理学領域の辺境の分野においてさえ使われるかもしれない。たしかにその作用はその領域ではいくぶん利便性が低いだろう。しかし，心理学と生理学のシステムの機能に重なりのあることが，この点で，心理学と生理学が両者間に先取り的な境界を引こうとすべきではないことを，はっきりさせてくれる。われわれは解釈という心理学的観念が，人が話したり密かに考えたりできる経験に決して限定されることのない，広い利便性の範囲をもつことを認識している。

解釈することはまた，別の方法で学問の境界をも超越する。人は生理学的コンストラクト・システムを開発する。われわれがこれを生理学的コンストラクト・システムと呼ぶのは，これが他の「生理学的」システムと同じ利便性の焦点をめぐってデザイ

ンされているからである。われわれはしたがって，これを完全に「生理学的」システムと呼びたい。しかしこのことは，心理学的な視点からその人の私的なシステムを検討するのを妨げるものではない。心理学的に，なぜ彼は問題をあんな風ではなくこんな風に見るのが便利だとわかったのだろうか？　われわれが生理学的解釈システムの形をとる個人的な思考を検討するとき，われわれはそれを心理学的な視点から評価するのが有益であることを見いだすかもしれない。したがってわれわれは，個人の生理学的解釈システムをわれわれ自身の心理学的システム内に包摂してもよかろう。

　生理学者も向きを変えて，心理学者に対して同じことをするかもしれない。彼は，望むなら，個人の心理学的システムをみずからの専門的な生理学的システムの中に包摂しようとするかもしれない。彼は高尚なアイデアを生理学的な循環の概念，皮質地図等々によって理解するかもしれない。ある人はコンストラクトAおよびBをコンストラクトCに包摂するかもしれない。別の人はBとCをAに包摂するかもしれない。実際，この種の階層的構造のひっくり返しは，後で見るように，われわれの日日の思考の多くを特徴づけるものである。

　b．反　復 (replications)　人が解釈する実体はそれ自体が過程である——生きている人間が過程であるのとまったく同様である。それは最初から終わりのない未分化な過程として，みずからを提示している。人は単調な流れの中で反復されるテーマに自分の耳を同調させるときにのみ，彼の宇宙は彼にとって意味のあるものになり始める。ミュージシャンのように，彼はみずからの経験の意味を理解するためには，みずからの経験を楽節に区切らねばならない。フレーズとは区切られたイベントである。イベントの区別は，時間を取り扱える長さに切り刻もうと決めたときに，人がみずからつくりだすものである。これらの反復されるテーマに基づいて限定された区分の内で，人は類似と差異の根拠を見いだし始めるのである。

　1日を考えてみよう。具体的に，今日は昨日ではないし，明日でもない。時間は勝手に逆戻りはしない。しかし連続した時間の後には，人はずっと流れていく過程の中に反復するテーマを見いだすことができる。日の出と日の入りについては反復するテーマを抽出できる。さらに言えば，時間が他のやり方で分割される場合には，同じテーマが反復されることはない。したがって1日という概念は，絶え間ない時間の流れにそって打ち立てられている。しかし，1日はそれなりに他の日に似ているが，なおはっきりと一瞬や年とは区別できる。

　いったんイベントに初めと終わりが与えられて，その類似性と対照性が解釈されると，明日が今日に引き続いて生じるだろうと予測するのとまったく同様に，それらのイベントの予測が試みられるのは，もっともなことになる。予測されるのは明日が今日の複写だということではなく，安全に予測しうるのは，明日のイベントに反復的な局面があるということである。したがって，人はその反復を解釈することによって，

イベントを予期するのである。

5 解釈の系の数学的意味

　確率統計はイベントの反復という概念に基づいている。そしてもちろんこれは，そのイベントのさらなる反復の予測可能性を測定しようと企てるものである。予測の根拠となる2つの要因は，すでに観察された反復の数と，反復の中で抽出できた類似性の量である。後者の要因にはいくつかの込み入った論理的問題——たとえば代表的標本抽出——が含まれており，そして実際的にも，普通に予測が違うという問題もある。くりかえされてきたのは何なのかについての抽象的な判断は，類似性の量を測定する基礎であるので，データの統計的操作に先立つ概念形成課題が，数学的論理によって到達するどんな結論に対しても，その基礎になっている。

　「牛と馬は加算できない」という古い算術の格言がここでは有効である。あるイベントが他のイベントのくりかえしになるのは，人がこの2つのイベントから抽出された類似性を受け入れようとする場合にのみである。したがって，1頭の牛と1頭の馬をもつ人は，その2頭について**動物らしさ**という抽象化を受け入れる意思があるなら，2頭の動物をもっているといいうる。

　より複雑なレベルでは，同一人物の2つのテストの成績の結果を平均しうる。ただし，この場合もやはり，この両方の類似性の抽出（抽象化）を受け入れる意思がある場合に限られる。たとえば1つのテストは動作性のタイプ，もう1つは言語性のタイプであったとしよう。人がこの結果を平均するとしたら，彼の得るものはこの両方のテストの基礎にある特徴の表現だということになる。彼が加重平均を使うなら，彼の得るのは，より重みづけられた方の得点をよりはっきりと反映するものの表現になる。

　われわれはそれをこんな風に考えてよかろう。すべての数学的表現は，現実のイベントに適用される場合には，せいぜい近似値にすぎない。人は文脈とは関係なく，たとえばカイ2乗のような統計的な測度の使用の適切性を問うことが常にできる。このノンパラメトリック統計が適用されるイベントは，相互に複製のようなものだと仮定しなければならない。われわれはカイ2乗の分割表のセルに牛や馬を入れることができる。が，そうするときには，牛から牛性が落とされ，馬から馬性が落とされねばならず，両方の動物性のみが残されうるのである。したがって，カイ2乗統計を使うときにはいつでも，彼はみずからのデータの抽象的意味に気づいていなければならない。人が牛と馬の入った表でカイ2乗の計算から結論できるはずなのは，**牛と馬が反復的なイベントであるという意味で，これこれがそれらに当てはまる**ということである。

　われわれはカイ2乗の数学的表現について話をしてきた。われわれが述べたことは，単純な計算について述べたことになろう。われわれは一連の物事の1つひとつを指して，1，2，3と数える。この数えるということは，物事が相互に区別できる場合には，

意味がある。そして，それらが似ているという点においてのみ意味をなすのだ。それらが数えられる前に，われわれはそれらの相互の具体的な違い，相互の抽象的な類似性，そしてそれと数えられない他のものとの抽象的な違いを解釈しなければならない。われわれは，どこで1つのものが終わって他のものが始まるのか，どれが数えられる他のものと十分に類似しているのか，そして何が無関係なのかを解釈できなければならない。われわれが数えるものは，われわれが数えられるように抽象化したものに依存している。したがって，どんな数学的表現も，それに先行してきた概念形成課題に依存している。数学的操作は，しばしばわれわれの概念化の適切性についての手頃な検証方法を提供してくれるものではあるが，データを具体化するものではないのだ。

われわれの言っていることは，人がイベントの反復を解釈することによってイベントを予期するときには，その人は数学的推理のための基礎整備をすることになるということである。あらゆる数学的推理は何か数えるものを与えてくれる前数学的解釈過程に完全に依存している。われわれはこれが重要だと考えるのである。

C 個別性の系

6 個別性の系（Individuality Corollary）：イベントの解釈は人によって相互に異なる

われわれの基本的前提では，人はイベントを予期する方法に強調点を置く。それゆえ，この方法が個人差の心理学のための基礎を提供することになる。人々はお互いに異なっていると見なしうる。それは，人々が予期し追求してきたイベントに違いがあったからかもしれないが，それだけでなく，同じイベントの予期に対しても異なるアプローチをとりうるからである。

人は公的なイベントも私的なイベントもどちらも予期する。いくらかの著述家によると「外的」および「内的」なイベントの区別を試みることは推奨に値すると考えられてきた。われわれのシステムの中では，この種の区別をする必要性は特にない。またわれわれには，刺激と反応を，有機体と環境を，そして自己と非自己をそれほど鋭く区別する必要もない。

どんな2人であっても同じイベントにおいて正確に同じ役割は演じられない。このことは，2人にどれほど緊密なつながりがあってもそうである。それは1つには，このようなイベントでは，各人が他者を外的な人物として経験するからである。もう1つには，各人が別の人（すなわち自己自身）を中心人物として経験するからである。最後に，イベントの流れの中では各人が異なる流れに巻き込まれるだろうし，それゆえ

に異なるナビゲーションの問題に直面するはずだからである。
　しかし，このことは，経験の共有が存在しないということを意味するのだろうか？
　そんなことはない。というのも，各人はみずからが巻き込まれたイベントと，他者が巻き込まれるのを見ているイベントとの，類似と差異を解釈しうるからである。したがって，イベントの解釈には個人差があるが，人は自分自身の経験と同時に他者の経験を解釈する共通の基盤を見いだすことができるのである。人々がこういう共通の基盤に出会うことは必然的だというわけではない。実際，同一化している文化が異なる場合や，ある人が隣人との共通基盤の探求をあきらめてしまった場合には，個人は相互に隣人であるという存在の仕方を離れて，まったく異なる主観的世界に生きていると見られることもありうる。

D　組織化の系

7　組織化の系（Organization Corollary）：各人は，イベントを予期するのに便利なように，コンストラクト間に序列的関係をもつ解釈システムを，特徴的に進化させる

　個人的な葛藤を経験したことのある人なら誰でも痛感しているように，異なるコンストラクトは時に両立しがたい予測に導くことがある。人はしたがって，矛盾を超越するようなイベント予期の方法を開発する必要性のあることを悟る。人はイベントの解釈に違いがあるだけでなく，そのイベントの解釈を組織化する方法にも違いがあるのだ。ある人は彼が予期したものの間の葛藤を倫理的システムによって解決するかもしれない。別の人はそれを自己保存（self-preservation）によって解決するかもしれない。同じ人があるときにはある方法で，別の時には別の方法で解決するかもしれない。それはすべて，見通しを得るためにいかに引きさがってみるかによる。

8　用　語

　a．**特徴的に**（characteristically）　われわれは再びこの過程の人格主義的な性質を強調する：ここで，このシステムのこのケースでは。このコンストラクトはパーソナルであるが，それだけでなく，これらがアレンジされた階層システムもまたパーソナルである。パーソナリティを特徴づけるのは，個別のコンストラクト間の違いよりも，この体系的なアレンジメントなのである。

　b．**進化させる**（evolves）　解釈システムは，それを構成する個別のコンストラクトに比べると相対的により安定しているが，じっとしているわけではない。それは常

に新しい形をとり続けている。これは，パーソナリティが常に新しい形をとり続けているということの1つの言い方である。深い心理療法は人が進化するのを，したがって，その人の生活スタイルにおける重要な再適応の達成を，助けるのかもしれない。

　c．**解釈システム**（construction system）　システムとは，要素の不一致や非一貫性が最小化するようになされたグループ分けを意味する。これらの不一致や非一貫性はもちろん完全になくなるわけではない。が，こうして体系化することによって，人は矛盾した予測を回避できるようになるのである。

　d．**コンストラクト間の序列的関係**（ordinal relationships between constructs）　1つのコンストラクトは他のコンストラクトをその1要素として包摂しうる。これは2つのうちのどちらかの方法でなしうる。まず，他方によって意図された裂け目を広げうる。あるいは，他方の分割線を横断して抽出されうる。たとえば**よい　対　悪い**というコンストラクトは，とりわけ知的な―馬鹿なという次元の両端を包摂しうる。この意味で「よい」は，すべての「知的な」ものに加えて，**知的　対　馬鹿**というコンストラクトの利便性の範囲外に落ちる何か，を含むであろう。また「悪い」は，すべての「馬鹿な」ものに加えて，**知的**でも**馬鹿**でもない何か他のものを含むであろう。これが，**知的　対　馬鹿**というコンストラクトによって意図された裂け目を拡大するということの意味なのである。

　知的　対　馬鹿の分割線を横断して抽出されるものの例は，**評価的　対　記述的**というコンストラクトであろう。この場合には**知的　対　馬鹿**のコンストラクトは，1つの次元に包摂されるだろう。このコンストラクトはこれ自体が「評価的な」タイプのコンストラクトとして識別されるだろう。またこれはたとえば明対暗のような，記述的であるのみと考えられる他のコンストラクトと対照されるだろう。したがって，**善対悪**も**評価的　対　記述的**も両方とも，上位のコンストラクトとして使われうる。前者はいくらかの著述家たちが「絶対主義的（absolutistic）」な意味と呼ぶものであり，後者は彼らが「相対主義的（relativistic）」な意味と呼ぶものである。

　解釈システムの中には，あるコンストラクトが他のコンストラクトを包摂し，次には後者がさらに他のものを包摂するというように，多くのレベルの序列的関係が存在しうる。

　1つのコンストラクトが他のコンストラクトを包摂するとき，その序列的な関係は**上位**だといわれ，他方の序列関係は**下位**だということになる。さらに言えば，このコンストラクト間の序列的関係は，その時どきで逆転するかもしれない。たとえば「知的」はあらゆる「評価的」なものとともに，あらゆる「よい」ものを包摂し，「馬鹿」は「悪い」「記述的」なものに相当する用語となるだろう。あるいは他の種類の包摂が含まれる場合には，「知的」は評価的　対　記述的のコンストラクトを包容し，これに対して「馬鹿」は善悪二分法の用語になるかもしれない。したがって，人はみずか

らのコンストラクトを具体的に階層的に配置することによって，そしてさらにそれを抽象化することによって，体系化していく。しかし，彼が自己のアイデアをピラミッド構造にしようが，アイデアを洞察で貫通させようが，彼はイベントを予期するのに個人的に便利なコンストラクトの間の序列関係を取り入れたシステムを構築するのだ。

9 組織化の系のもつ意味

　われわれの仮定構造から生じる意味連関の追求は，以後の諸章の主要な目的である。しかしながら，われわれの系の実際的な意味連関に関して，ついでにいくつかのヒントを提供しておくと，役に立つかもしれない。組織化の系は，われわれがあらゆる臨床的商品の中でも最もありふれたもの，すなわち不安を理解するための基礎となる。それはまた，われわれがそのクリニックのクライエントの鏡映自己像を観察する方法のための舞台設定をすることにもつながる。

　ここまでのところでは，われわれは人がイベントを予期しようと身構えていることを述べた。彼の心理学的過程は，これを心にもつことで水路づけられるのである。各人がみずからの聞く反復的なテーマに耳を同調させ，また各人がいくらか異なるやり方でみずからの耳を同調させる。しかし，人が求めるのは単に確実性だけではない。もしそうであったら，彼は時計の反復的なカチカチ音に大喜びしたはずである。彼は何であれすべての差し迫った自然のイベントの予期をますます追求するようになる。このことは，熟知した過去の反復的局面によって，最も稀な未来を予期しうるシステムを，彼は開発せねばならないということを意味する。

　さて，人はみずからのシステムの改造について何をなすべきか決定せねばならないことがある。彼は長期にわたって延び延びになっている仕事を思い出すかもしれない。どれほど多くを破壊しても，なお雨露をしのげるのだろうか？　新しいアイデア群はどれほど破壊的なのだろうか？　彼はシステムを構成するパーツのいくらかを取り換えるために，あえてこのシステムを危険にさらすのだろうか？　ここに，システムの統合性を保持するか，それともシステムの明らかに欠陥のある部分を取り換えるか，の選択を迫られるポイントがある。時には，彼のイベントの予期は，このシステムの保存を選択した場合に，より有効になることもあるだろう。なぜクライエントはこんなに抵抗するのか——心理療法家がその理解に失敗しうるのは，まさにこの点においてである。また治療者がクライエントを傷つける可能性のあるのも，この点においてなのである。

　レッキー（Lecky）は人の自己一貫性への要求を強調した。こうすることで，彼は自己に関係するシステムのこの局面の保存を特別に強調している。レッキーが述べたある本質的な特徴は，実質的にここで再論がなされており，われわれは彼に恩義を感じている。しかしわれわれの見解では，イベントの世界の中で自己の居場所を与えてく

れるのは，一貫性のための一貫性でもなければ，自己一貫性でさえない。それよりもむしろ，彼の心理的過程を最もうまく説明するのは，イベントの全世界を予期することの追求であり，それにみずからを関係づけることである。もし彼がそのシステムを保存しようと活動するのなら，それは，そのシステムが彼の個人的な冒険に必要不可欠な海図だからであり，筋の通らない大海における自己充足的な意味の小島であるからではない。

E 二分法の系

10 二分法の系（Dichotomy Corollary）：人の解釈システムは有限数の二分法的コンストラクトで構成されている

われわれはすでに，人はイベントの反復的な局面に気づくことによって，イベントを予期すると述べた。2つのイベントが相互に写し絵になっている局面を選んだことによって，われわれは同じ理由から，もう1つのイベントが最初の2つの写し絵では断じてないことを見いだす。この人がある局面を選んだことによって，類似していると考えられるものと，対照的だと考えられるものの両方が決定される。同じ局面あるいは同じ抽象化がこの両方を決定するのである。われわれがAとBは類似しているが，Cとは対照的であるような局面を選ぶとしたら，このコンストラクトの基礎を形成しているのは，A, B, Cの3つの同じ局面なのだということに注目するのが重要である。AとBにはこれらを相互に類似させる1つの局面があり，これらをCと対照的なものにするもう1つの局面がある，ということではないのである。われわれが言おうとしているのは，A, B, Cにはわれわれがzと呼ぶ1局面があるということである。この局面について，AとBは類似しており，Cはこれらと対照的な位置にあるのだ。これは重要な見解である。というのも，この上に，パーソナル・コンストラクト心理学を特徴づける多くの技術的な手続きが打ち立てられているからである。

われわれのモデルをさらに追跡してみよう。zの局面としては解釈できない要素Oがあると仮定しよう。Oはしたがってzに基づくコンストラクトの利便性の範囲外にあることになる。zの局面は，Oによって占有されている領域のあの部分では，無関係なのである。しかしCはそうではない。zのその局面はCと非常に関係している。Cと2つの類似要素AとBとの分化を可能にするのはzなのである。zの局面は，OとA, B 2つの類似要素との弁別を助けてくれるようなサービスは一切しない。

たとえばAとBは男性でCが女性，そしてOは1日の時間であると仮定してみよう。われわれはA, B, Cについては**性**と呼びうる一局面を抽出する。したがって性

はわれわれのzになる。性はOすなわち1日の時間には適用されない。少なくともわれわれの大多数はそれを抽出しない。1日の時間Oは，性のコンストラクトzの利便性の範囲内には落ちないのである。さて，性zに関しては，2人の男A，Bは類似しており，女性Cとは異なっている。さらにいえば，このコンストラクトは女性には当てはまりにくいということはない。それはこれが2人の男性A，Bに当てはまりにくくはないのと同じである。

しかし，コンストラクトが性zでなく，男性性yだという場合を考えてみよう。すると，女性Cは1日の時間Oと同様に非男性性なのではないか？　われわれの回答はノーである。彼女は1日の時間よりもはるかに多く非男性性に関係している。男性性という見解は女性性という対の一方の見解に基礎を置いている。そしてこのコンストラクトの基礎を構成しているのは，この2つが一緒になったものなのである。男性性は，女性性が存在しないなら，何の意味ももたないだろう。性という見解がなければ，男性性という意味でman（男）という用語が使える場所はなくなるだろう。

われわれが提案しているのは，あらゆるコンストラクトがこの二分法（dichotomy）の形式に従うということである。その特定の利便性の範囲内で，コンストラクトはそこに入るすべての要素の局面を指す。この利便性の範囲外では，この局面は認識できない。さらにいえばこの局面はいったん注目されると，それが，注目される要素間の類似性と対照性の基礎を形成するという理由だけで，有意味になるのである。この仮定を置くと，われわれは古典論理の立場から決別することになる。しかし私は，こちらの方が人々の実際の考え方の表現により近づいているのではないかと思う。いずれにせよ，われわれはこの仮定の意味するところを追求し，これがわれわれをどこに連れて行ってくれるのか見ていくことを提案する。

11　用　語

a．構成されている（composed）　この用語は，このシステムが完全にコンストラクトから構成されていることを意味している。それはコンストラクト以外の何ものから構成されているのでもない。その組織的構造は，コンストラクトのコンストラクトに基礎を置いており，具体主義的にピラミッド構造をもつか，あるいは，序列関係をもつシステム内で抽象的に相互参照されるかする。

b．二分法的コンストラクト（dichotomous constructs）　このコンストラクトは利便性の範囲内にある要素の一局面を指し示す。これに基づいて，いくつかの要素は他と類似し，いくつかは異なることになる。その最小の文脈では，コンストラクトは少なくとも2つの要素が類似し，第3の要素とは異ならしめる手段になる。したがってこの文脈には少なくとも3つの要素がなければならない。もちろん，もっと多くあってもかまわない。

c．有限数 (finite number)　人間の思考は完全に流動的なわけではない。それは水路づけられている。彼は，何かについて考えたいと望む場合には，みずから敷設した水路のネットワークに従わなければならない。そして古い水路を再結合することによって，新しいものを創造することができる。これらの水路は彼の思考を構造化し，他のアイデアの受け入れを制限する。われわれはこのような水路がコンストラクトの形をとって存在するのだと見ている。

12　二分法の系の意味連関

しかし，人々は本当に二分法によって思考しているのであろうか？　彼らは常に類似性(シミラリティ)と対照性(コントラスト)の両方に基づいて抽象化しているのであろうか？　これらは尋ねられてしかるべき疑問である。これらの疑問はわれわれの仮定構造の一部に挑戦するものなので，これらに答えるためには，われわれはわれわれのシステムから踏み出さねばなるまい。われわれはしかし，この仮定をもう少し明確にできるし，こうすれば，当面，これをもっと受け入れやすいものにすることができる

それほど前のことではないが，あるクライエントが彼女の治療者に対して，実質的に「世の中のものはすべてがよいと信じます。悪いものは何もない。人はすべてよい。無生物もすべてよい。思想もすべてがよい」と言った。かすかにヴォルテールのキャンディードを思い起こさせるこれらの言葉は，臨床家の注意を引きつけ，その根底に敵意があると感じさせた。明らかにクライエントの陳述は何かの意味を志向していた。したがって治療者の課題は，彼女が言葉にできない暗黙のコントラストを見つけだすことになった。

クライエントはいくつかのことを意味することができたはずである。以前はよくなかったが，今はすべてがよいと言いたかったのかもしれない。善悪を有意味な次元としては否認することができて，その次元の一方の端の普遍性を主張することによって，その次元の否認を選択しえたのかもしれない。自分以外のすべてがよいと言えたのかもしれない。あるいは他者は悪を見る人であるのに対して，自分はあらゆるものに善を認めるという意味だったのかもしれない。事態がはっきりしてくると，彼女は後の2つの意味でそのコンストラクトを表現したことがわかった。彼女は「私自身誰もが善良であると喜んで見ようとする補償的な徳をもっているが，それでもなお，私は自分が悪いのではないかと疑い，あなたも私を同じように悪いと見ているのではないかと疑っていた」と述べた。ここには臨床家のいわゆる「準拠観念 (idea of reference)」を示唆するものがある。そして，クライエントのそれの表現方法は，いくらかの臨床家のいわゆる「行為化 (acting out)」を示唆している。

おそらく当面は，この二分法の系が，臨床家のクライエントへの対応に際して，いかに影響を及ぼすのかを示すのには，この例で十分であろう。クライエントを対立す

る本能的な力の間の沈潜した葛藤の犠牲者として見る代わりに，臨床家はこの二分法を思考そのものの本質的特徴としてみる。臨床家は，クライエントの意味するところを理解しようとするときには，そのコンストラクトの文脈内の要素を探す。形式論理学の立場から人間の思考にアプローチするかぎり，人が言語化できない思考はいかなるものであっても，臨床家には理解することは不可能である。しかし，われわれが臨床的な研究法ともっと断片的な研究法の両方を使って，人間の思考に心理学的にアプローチしていくときには，われわれは彼のコンストラクトを類似性と対照性に二分する，あの操作的二分法を見ていくことができるだろう。

　われわれの言語の多くは，日常的思考もそうであるが，はっきりとは述べられない対照性(コントラスト)を含意している。そうでなければ，われわれの話は無意味なものになるだろう。この仮定を進めていくと，われわれは形式論理——これ自体が言語によってあまりにも完全に拘束されている——によって長く秘匿されてきた，心理的過程への洞察が得られるかもしれない。

　二分法のコンストラクトに関するわれわれの見解は**赤**のような「クラス概念」にどのように適用されるだろうか？　**赤**は類似性と同時に対照性を述べるものなのか？　現在流行の色彩理論の1つによると，赤は緑の補色だということが指摘されよう。その色相の中では，赤は緑と最も鋭い対照性を示す。しかし，**赤**は別の使われ方もする。ある人が赤毛だというときには，白，金，茶，黒などの赤でないものとの区別をしている。われわれの言語はこの赤ならざるものに対しては特定の語をあたえていないが，われわれは赤毛に対照されるものが実際にどんなものなのかは何の苦もなく知りうる。

　同様に他のコンストラクト，たとえば**テーブル**についても，類似性と差異（対照）性の両方が利便性の範囲内で表現できる。差異性は類似性と同様に関連がある。すなわちこれらは，このコンストラクトの利便性の範囲内で適用可能である。古典論理学とは違って，われわれは対照性を無関係性といっしょくたにはしない。われわれはコンストラクトの対照性の端を，コンストラクトの意味にとって関連があり必要でもあると考える。それはコンストラクトの利便性の範囲内に落ち，その外に落ちるわけではない。したがって，テーブルというコンストラクトは，テーブルと呼ばれる一連の対象がこの点で相互に類似しているからというだけでなく，家具の中のある対象がこの同じ点で差異側に入るがゆえに，意味をもつのである。たとえば椅子を指して「それはテーブルでない」ということには意味がある。夕陽を指して「あれはテーブルでない」ということには意味がないのだ。

　二分法の系は，2進法の数学的分析に役立つ，心理的過程の構造をとる。現代物理学，特に電子理論の概念と，これらの概念の実行装置として開発された真空管などのデバイスは，今日では遠大な影響をもちつつある。情報を電子計算機で扱える形に還元するという実際的な問題は，科学者に，知識そのものの数学的構造を再考させるこ

とになった。半世紀にわたって人間行動に関する数学的考案の主唱者となってきた心理学は，今日ではそれ自身新しいノンパラメトリックな数学に追い上げられている。心理的な過程を水路づけるパーソナル・コンストラクトの，二分法的性質を強調するパーソナル・コンストラクト理論は，現代の科学的思考の傾向と完全に一致している。しかしパーソナル・コンストラクト理論は，前数学的なコンストラクト形成を見失うことはないだろう。分類の機械は，どれほど複雑になっても，機械に入れるデータをわれわれが選択しなければならない状況が続くかぎり，思考の機械ではないのだ。

F 選択の系

13 選択の系（Choice Corollary）：人は二分法的コンストラクトの中から，みずからのシステムの拡張と限定の可能性をより高めると予期する側の，選択肢をみずから選択する

　もし人の心的過程が，その人のイベントの予期の仕方によって心理学的に水路づけられるのなら，そしてその予期の仕方が二分法的な形式で現れるのなら，彼はみずからの予期によって予測されるやり方で，その二分法の一方の極を選択しなければならなくなる。われわれは，したがって以下の仮定をする。人は，選択をする機会に直面した時にはいつでも，以後のイベントの予期に最善の基礎となりそうな一方の選択肢を，好んで選択する傾向を示すだろう。

　ここには，非常にしばしば内的な混乱そのものの現出する場がある。人は安全か冒険かどちらを選ぶべきなのだろうか？　すぐに確実性へと導いてくれる方を選択すべきか，それとも最終的により広い理解を与えてくれそうなほうを選択すべきなのか？

　収縮した見方をしていて，その世界が壊れ始めている人にとっては，死が彼に入手可能な唯一の直接的確実性を与えてくれると見えるかもしれない。それでも，シェークスピアのハムレットの言葉によると，

　　ただ，死後に来るものが怖いからだ。
　　旅立ったものは二度と戻ってこない未知の国。
　　その恐怖に決意はくじけ，見ず知らずのあの世の苦難にとび込むよりも
　　馴染んだこの世の辛さに甘んじようと思わせる。
　　こうして意識の働きがわれわれすべてを臆病にする。（松岡和子訳）

　彼の視界の広さがどうであれ，人は自分の予期を強化するようなやり方で，みずか

らの選択を行うというのが，われわれの仮定である。彼が視界を収縮させるなら，彼はみずからの注意をみずからのコンストラクト・システムの明瞭な定義へと向かわせる。もし彼が日日の不確実性に進んで耐えようとするのなら，彼はみずからの視界を広げて，システムの予測範囲を広げることを希望するかもしれない。収縮した確実性か，拡大した理解か——どちらを選ぼうとも，彼の決定は本質的に精緻である。彼は，以後われわれが**精緻化の選択**（elaborative choice）と呼ぶものを行うのである。

14 用 語

a．選択する(chooses)　人の解釈システムは二分法的コンストラクトから成り立っているだけでなく，その二分法的システムの中でその人は，各二分法で代表される選択肢の一方または他方に基づいて，みずからの人生を構築している。このことは，彼が彼の二分法の両極に相対的な価値を置いていると言うことになる。この価値のいくつかはまったく一過的であり，単にその瞬間の利便性を代表するにすぎない。他の価値は非常に安定しており，指導原理を代表する。安定したものであっても，必ずしも高度に合理的に説明されているわけではない——これらはむしろ欲求の好みを表わすものかもしれない。

b．自力で（for himself）　人は，選択するとき，その選択に自我関与する。その選択が，数学の問題を解く過程で探索したり，なくしたドライバーを探したりするような一時的仮説以上のものでない場合でも，それに続くイベントの連鎖を通じて修正されるものとして，自己を知覚しなければならない。選択のいくつかは彼の人生の重要な転換点になるようである。また他の選択——右よりも左を見るという決定——は，一時的衝動以上のものではないように見えるかもしれない。

c．選択肢（alternative）　人は，いったん**黒 対 白**のコンストラクトを打ち立てると，ある対象が彼にとって黒白両方だということはあり得ない。このコンストラクトは2つの選択肢の一方または他方を選ぶように，彼に強制する傾向がある。そうでなければ，そんなコンストラクトは意味をもたないだろう。

　灰色の濃淡についてはどうなのだろうか？　**黒 対 白**のコンストラクトは相互に排他的に構成されているが，このことはこのコンストラクトが相対的に使われるのを排除するわけではない。相対主義は曖昧さと同じではない。ただし，いくらかの人はそういう解釈をしようとするが。2つの対象のうち，一方は他方より黒いかもしれない。しかし，一方が他方より黒く，同時にその他方がそのもう一方より黒いということはありえない。後で見るように，二分法的コンストラクトは尺度として構成されることもある。この尺度は，別のスカラー値をさらに抽象した，上位のコンストラクトを表わしている。したがって，**より灰色 対 より灰色でない**は，具体的な**黒 対 白**のコンストラクトをさらに抽象したものである。

d．通して（through）　コンストラクトは過程を処置しなければならず，空間に配置された静止した事物を処理するだけではないということを，われわれは心にとどめておかねばならない。コンストラクトの使用はそれ自体も過程なのである。したがってコンストラクトを使用するということは，そこを通り抜けて１日を過ごす連絡通路を選択するという問題である。

　e．予期する（anticipates）　あらゆる人間の動きは予期に基づくと仮定したので，選択肢の選択は——この選択を通じて動きが生じるのだが——，それ自体何を人が予期するのかの問題である。

　f．より大きな可能性（greater possibility）　人の選択は何か特定のものの予期に基づくだけでなく，その人の物事一般の予期にも基づいている。精緻化の選択（elaborative choice）を行うためには，人は，みずからが期待しているものが何なのかを，はっきりと知っている必要はない。彼は魚の多い流れを選ぶだけで，釣りに出かけることができるのである。

　g．拡　張（extension）　人は拡張と限定のより大きな可能性を提供してくれそうな選択肢を，好んで選択をすると述べたが，その代わりに，人はこのシステムのさらなる精緻化の可能性がより大きい方を好んで選択すると言えたかもしれない。しかしわれわれは，人のコンストラクション・システムの精緻化は，拡張，限定，あるいはその両方のいずれの方向でもなされうることを，もっとはっきりさせたいと思う。システムの拡張は，それをより包括的にし，その利便性の範囲を拡張し，人生経験をもっともっと有意味にすることを含んでいるのだ。

　h．限　定（definition）　精緻化の選択の原則はまた，彼のシステムをもっとはっきりと明快なものにさせる方向へと動いていく傾向を含んでいる。すでに示したように，これはある例では，みずからのフィールドの収縮——究極の収縮である死にさえ至りうる——を求めているように見えるかもしれない。ハムレットの例のような内的葛藤はしばしば，人生の冒険の不確実な可能性に対して，狭く取り囲まれた世界の安全な限定性の，バランスを取りもどそうとする試みの問題である。人は，もっともっと少ないものについてもっともっと確実になろうと試みることによって，あるいは霞のかかった地平線上のもっともっと多くのことを曖昧なままでも意識しようと試みることによって，イベントを予期しうるのだ。

　i．彼のシステム（his system）　ここでは，彼が予期するのはイベントであるが，これらのイベントを予期するのに有用だとわかったこのシステムを限定あるいは拡大するために，彼は精緻化の選択を行うのだという仮説を強調しよう。これは「自己保護（self-protection）」「自己防衛行為（acting in defense of the self）」あるいは「自己統合性の保存（the preservation of one's integrity）」と呼ぶことができよう。しかし，この自己とは何か，それは何をするのにデザインされたものなのか，そして，どんな統合機能が果

たされるのかを，しっかりと心にとどめておくことのほうが重要なように思われる。したがって，われわれは次のことを明確にしておきたい。すなわちわれわれが仮定しているのは，人はシステム——これはイベントの予期に関して機能的に不可欠である——を精緻化するのに有利な選択を行うものだということである。われわれにとって，システムとしてのシステムに言及することには，意味がなさそうに思われる。それは**何かのための**システムなのだ。われわれの観点からは，人の解釈システムはイベントを予期するためのものである。もしそれが何か他のもののためのものなら，それはおそらく何かまったく異なる形をとるようになったであろう。

15 選択の系の含意

われわれは，人々がみずから直面している問題を解釈した後にどう行為するのかについて，いくらかの予測ができるが，その予測の基盤をつくるのが選択の系である。治療者はしばしば，彼のクライエントがいかに行動すべきかを明らかにするような洞察をしているのに，「間違った」選択をし続けるのはなぜなのか，理解に苦しむことがある。治療者は，クライエントが明確にするのを援助した一つの問題のみを見ているので，クライエントが確立したパーソナル・コンストラクト・システムの中では，行為の決定は必ずしもその問題だけに基づくのではなく，複合的な問題に基づくのだということに，しばしば気づけなくなっているのである。

たとえば，けんかを避けたり，ボスに楽しそうに話しかけたりすれば，状態がずっとよくなることがどれほどはっきりしていても，このような行為をとると，全体としての彼のシステムの限定と拡張が個人的に制限されてしまうと思われるような事態を生じかねない。したがって彼は，最も巧みな心理療法的解釈がなされても，隣人と口論し，権威をもつと思われる人を鼻であしらうといったことを続けるかもしれない。選択の系はしたがって，治療プログラムがただの知的理解を越えて，クライエントをこのプログラムの実験段階にいかにして入らせうるか，その方法を示唆するものとなる。

選択の系のもとでわれわれは，快楽主義と動機づけ理論が不器用な回答を与えている問題のいくつかを再解釈できる。刺激—反応理論は，なぜある反応がある刺激に結びつくのかを説明するのに，ある種の仮定を必要とする。ある理論構造においては，これは動機や要求満足の本質についての補足的な理論化によって扱われる。しかしわれわれの仮説構造においては，人が「快」を求めるとか，特別な「要求」をもつとか，「報酬」があるとか，「満足」があるというようなことは，明示的にも暗示的にも記述しない。この意味で，われわれの理論は商業理論ではない。われわれの考え方では，一時的な満足を求めて一連の物々交換をするよりも，イベントの予期へと向かう連続的な動きが存在するのだ。そしてこの動きこそが人生そのものの本質なのである。

G 範囲の系

16 範囲の系（Range Corollary）：コンストラクトは，限られた範囲の
イベントの予期に対してのみ利便性をもつ

　システムや理論が利便性の焦点と範囲をもつのとまったく同じように，パーソナル・コンストラクトも利便性の焦点と範囲をもつ。パーソナル・コンストラクトであらゆるものに関係があるなどといいうるものは，あったとしてもわずかであろう。善 対 悪というようなコンストラクトでさえ，個人化された形では，これらがみずからの知覚の場の全範囲を通じて適用されうるなどとは，ユーザーも考えてはいないように思われる。もちろん，ある人は他の人よりもこのコンストラクトをもっと包括的に使う。しかしそうであったとしても，彼らは，これを越えれば善も悪もないというような，利便性の境界を打ち立てる傾向がある。**背が高い 対 低い**というコンストラクトでは，利便性の範囲に限界があることがもっと簡単に見て取れる。人は，家の高さが高いか低いか，人の背が高いか低いか，あるいは木が高いか低いかの解釈ができるだろう。しかし，高い天気 対 低い天気，高い光 対 低い光，高い恐怖 対 低い恐怖などと解釈することには，利便性がないことを見いだすであろう。天気，光，恐怖は，少なくともわれわれの多くにとっては，明らかに**高い 対 低い**という利便性の範囲の外にあるのである。

　時に人は，ある人が彼のコンストラクトのいくつかを非常に狭く適用しているのを知って驚くことがある。たとえばある人は**尊敬 対 軽蔑**のコンストラクトを，多くの異なる種類の対人関係に適用するように使うかもしれない。もう1人はそれを非常に狭いイベントの範囲内でのみ，たとえば法的審理の進行のような，公的に構造化された状況での語の選択にかぎって，適用し使うかもしれない。

　われわれの二分法の系の議論で前に示したように，われわれのここでの立場は古典論理学のそれとはいくらか異なる。われわれは，関連する類似性と対照性が同じコンストラクトの本質的で相補的な特徴であり，この両方ともがこのコンストラクトの利便性の範囲内に存在すると見ている。このコンストラクトの利便性の範囲外にあるものは，対照的な場の一部ではなく，単純に無関係な領域と考えられる。

　今までには述べなかったが，われわれはコンストラクトという用語を，「概念（concept）」の一般的な使用法といくらかパラレルな方法で使っていることが，今ではたぶん明らかであろう。しかしながら，われわれのコンストラクトをよりなじみのある語の「概念」に翻訳しようとすると，人はいくらかの混乱を生じるだろう。実際，「概

念」という語の最近のいくらかの使用者がしてきたのと同じように，われわれは，19世紀の心理学者なら「知覚表象（percepts）」と呼ぼうと主張したと思われる，より具体主義的な概念まで含めてきた。「知覚表象」という見解は，それが個人的な行為であるという観念を常に持ち続けてきた——この意味で，われわれの**コンストラクト**は「知覚表象」の伝統を受け継いでいる。しかしわれわれは，われわれの**コンストラクト**が抽象性をも含むとみている——この意味では，われわれの**コンストラクト**は伝統的な「概念」の用法と類似している。そして最後に，われわれは用語としては，このコンストラクトが精神主義的な心理学や古典論理学の文脈というよりも，実験心理学の文脈内で出現してきたという理由で，**コンストラクト**という語を使う方が好ましいと思っている。

　さてわれわれが，コンストラクトは基本的に二分法的であり，知覚表象を含み，われわれの目的にとっては「概念」という用語より好ましいと考えるとき，別の使い方をしようとする人々と論争をしているわけではない。いくつかの論理の体系の中で，無関係と区別される何かとしての対照性の見解は，この仮説構造の一部ではないのだ。そうではなくて，われわれは単純に，これが人々の実際の考え方なのだと仮定しているだけである。われわれの理論が前章で概観した標準に達していないと見え始めるまでは，われわれはこの仮定に基づいて操作することにする。われわれは人々がこんな風に思考すべきだと主張しているのではない。またわれわれは，他の人々が人は古典的論理に従って思考すべきだと信じているかどうかに，関心をもっているわけでもない。われわれの理論は単純に心理学的な理論であり，パーソナル・コンストラクトの本質はこの仮定構造に組み込まれているのである。

17 範囲の系の含意

　範囲の系は，二分法の系とともに，人間の思考過程の分析にいくぶん新しいアプローチをもたらす。ある人の**尊敬 対 軽蔑**のコンストラクトの使用について考えてみよう。伝統的な論理の下では，これらは2つの別の概念だと考えるはずである。われわれがその人の「尊敬」という語の使い方を理解したいと望むなら，彼がこの語をどれくらい広く適用しているのか——どれくらい「この概念の一般化」をしているのか——を見いだそうとしたはずである。彼はどんな行為を「尊敬」によって特徴づけられると考えたのか，そして，どんな行為を「尊敬に値する」とは考えなかったのか。こういうことをわれわれは知りたかったはずである。したがってわれわれは，付随物（concomitants）を変化させるという方法によって，彼がそれらの行為の中でまさにどんな抽象化をすることができたのかを発見できたかもしれない。

　しかし，われわれがある人の，たとえばあるクリニックのクライエントの思考にアプローチするときには，われわれは非常に多くのものを見失ってしまう。われわれが

見失うのは，彼が「尊敬」と解釈しないものはすべて無関係だと，暗黙に仮定するからである。しかしなお，彼のコンストラクトの使用には，これに何を含めたかということよりも何を排除したのかということに，特別な意味があるのかもしれない。パーソナル・コンストラクト心理学の観点から彼の思考にアプローチするときには，われわれは彼が無関係だとして排除したものと，対照性として排除したものをいっしょくたにはしない。われわれは，コンストラクトを本質的に彼の経験の場の一部を貫く**類似―対照（差異）**の次元で構成されるものと見る。それが彼にとってどんな意味をもつのかを知りたければ，その両端を見る必要がある。この次元の類似性の端――「尊敬」――のみを見ていると，彼を理解することはできない。彼が「尊敬」の反対側に関係づけて見ているものを知らないかぎり，彼が「尊敬」によって何を意味しているのかはわからないのだ。

　パーソナル・コンストラクト心理学のアプローチをとる心理士は，クライエントのコンストラクトの類似性の要素とともに対照性の要素を常に探すように指導されている。対照性について何らかの見解をもつまでは，彼は類似性も理解しているとは考えられない。彼はしたがって，クライエントが何を「尊敬」の反対と解釈しているのか，そして，このコンストラクト全体がカバーする利便性の範囲はどうなのかを理解しようと努めるだろう。クライエントが「尊敬」のコンストラクトについて話し続けるとき，この心理士は，クライエントが軽蔑するあるいは軽蔑に値するということで，非難しているのは何なのかを発見するかもしれない。

　フロイトは，クライエントが**言わなかった**ことによって何を意味しているのかを理解することが必要だということを見いだした。彼は「抑圧」と「反動形成」という見解を用いて，彼の観察したものを説明した。彼はこれらを倒錯傾向と見て，すべての人にいくらかは見られるが，特にある精神障害をもつ人に特徴的であるとした。われわれの立場では，対照性はあらゆるパーソナル・コンストラクトの本質的特徴であり，この特徴によってその意味が決まってくる。その人があるコンストラクトにあまりにも強く自我関与していると，彼が同一性を喪失しないようにするためには，その対照性の局面の表現を回避する場合がありうる。このことについては，われわれもフロイトに同意する。

　したがって実際的には，クライエントのコンストラクトを理解するのに，類似性だけでなく，差異性をも見て行くことになる。さらに言えば，そのコンストラクトの利便性の範囲が，類似性の要素にも対照性の要素にもどちらに対しても，どれほどの広がりをもっているのかを見ようと目を向けていく。その対照性がどれほど広く解されているかを知るまでは，クライエントの思考のまったき意味には気づき得ないのである。

H 経験の系

18 経験の系（Experience Corollary）：人の解釈(コンストラクション)システムは，イベントの反復を連続的に解釈していく時に変化する

われわれの基本的前提は，イベントを予期することが心的過程の目的だとしているので，継続的なイベントが見られると，予期せぬことが起こるたびに，人はそれらのイベントに新しい解釈を加える方向へと招き寄せられていく。そうでなければ，人の予期はもっともっと非現実的になっていくだろう。時間の流れの中でイベントが連続して生起すると，人の解釈システムは連続的な検証過程におかれることになる。人がイベントに与える解釈は，すぐに経験的な検証にかけられる作業仮説である。人の予期あるいは仮説は，イベントの連続的な展開という照明の下で，連続的に改訂されていくので，この解釈システムは前進的な進化を遂げていく。人は再解釈していくのだ。これが経験である。人の人生の再構築（再解釈）はまさにこの種の経験に基づいている。われわれはわれわれの基本的前提の含意をこの経験の系の中で表現しようと試みてきた。

19 用語

a．システム (system) われわれはすでに，システムとは，要素をグループ分けして，そのグループの内部では不一致や非一貫性が最小にされたものを意味することを示した。われわれはまた，人の解釈(コンストラクション)システムには，コンストラクト間に序列関係があることを示した。解釈は，それが規則的な特徴をもつパターンに分類されるという点で，体系的(システマティック)である。解釈すること（construing）は，抽象化と一般化を含む一種の精錬の過程であるので，各イベントは，相互に一種の独自性(アイデンティティ)をもちながら，完全に独自(ユニーク)ではないと見る見方をする。これらのアイデンティティと規則性という特徴は，それ自体システムとしてシェープアップされてきた解釈を通じて，形を与えられるのである。

b．変化する (varies) 解釈システムの変化は常に「よきもの」でもなければ，必ずしも常に安定化の傾向をもつものでもない。しかしながら，このシステムは変化する。この変動はシステムを混乱させて，それ以上のそしてもっと急激な変動をもたらすかもしれない。またそれは，システム内の大きなシェープアップを促進するかもしれない。反対に，この変動はシステムを安定させ，それ以上の修正には抵抗する基本的特徴をつくるかもしれない。

c．**連続的に**（successively）　解釈は，あらゆる過程と同様に，始めと終わりをもつ部分に切り刻まれるかもしれない。解釈はそれ自体一連のイベントと解釈しうる。こんなふうに分節されるので，解釈は連続的に生じるといっても，問題なかろう。人生の他の特徴と同様に，その主要な次元は時間である。そしてそれ自体が過程であり，現象なのだ。この解釈というイベントは，時間の経過とともに，一列縦隊で進行するのだ。

　d．**イベントの反復**（replication of events）　通り過ぎたイベントの記録に新しいイベントが加えられると，人はその最近のものを以前のものに結びつける反復的局面を再考する機会をもつことになる。反復されてきたのは何か？　今は何がこの反復的なテーマを構成するのか？　具体的にいえば，新しいイベントは独特である。人が反復されるものを見いだすのは，それらを抽象化することによってのみである。

20　経験，秩序，時間

　この系を経験の系と呼ぶことによって，われわれは，何を経験の本質的特徴と考えるのかを示している。経験は連続的なイベントの解釈から成っている。それはただの連続するイベントそのものから構成されているわけではないのだ。人は膨大なエピソードのパレードの目撃者になりうる。しかしなお，それらから何かを生み続けるのに失敗したとしたら，あるいは，それらの再解釈を試みる前に，すべてが生じてしまうのを待つとしたら，経験については，それらが起こったときにそこに存在したものから，ほとんど何も得られないことになる。人が経験をするということは，彼の周辺で何が起こったのかということではない。彼の人生経験を豊かにするのは，何かが起こったときにその生起したことを連続的に解釈し再解釈していくことなのである。

　われわれの系はまた，経験の反復的特徴を解釈することに強調点を置いている。イベントが出現しても毎回そこに立ち止まっているだけの人は，連続する興味深い驚きを経験するかもしれないが，そこにくりかえしあらわれるテーマを発見しようとする試みをしない場合には，彼の経験はそれほど豊かにはならない。一連のイベントに規則性を見始めたときに，彼はそれを経験し始めるのである。

　組織化され潜在的法則性をもつ宇宙という見解は，人間にはそれほど簡単に受け入れられるものではなかった。その法則を述べられないのなら，どうして人は法則性を受け入れられるだろうか？　予測が間違った時にはいつも，擬人化に立ち返る必要はないのだろうか？　このような予期せぬイベントはすべて，人間的気まぐれにその原因を求めてはいないだろうか？　実際に科学者の中には，物理的な準拠枠には偉大な秩序を見るが，秩序を見いだせない時にはいつでも，「きっと心理学的要因があるはずだ」とお手上げしてしまうものがいる。彼らの言おうとしているのが，何らかの心理学的なコンストラクトを適用すべき時期が来たという意味なら，それでもよいのか

もしれない。しかし，彼らが通常意味しているのは，この現象が無秩序だということである。

世界は秩序あるイベントの展開であるという見解は，ある人にとっては率直に脅威であるようである。これは，特に心理的なイベントを処理するときに，そのようである。彼が友人の行動や自分自身の行動に秩序を認める場合には，どちらの行為も自由だと見る可能性を排除しているように見える。これは，心理療法家がクライエントを援助しようとするときに，しばしば直面しなければならない個人的な問題である。もしクライエントが自己を秩序あるイベントの連鎖だと見ているなら，彼はみずからの構造，あるいは自伝的イベントに囚われていると感じるのだ。それにもかかわらず，もし彼が次になすべきことを各瞬間にみずから決定していると見ているならば，ほんのちょっとした間違いの一歩でもみずからの完全性を破壊するかのように思われるかもしれない。

その人の宇宙を構成するイベントの連鎖を解釈することの個人的な危険性と困難さにもかかわらず，人間は何世紀にもわたって徐々に秩序あるコンストラクトを拡大してきた。おそらく彼はまず夜空を行進する荘厳な推移を見ただろう。おそらく彼はまず地面を転がる石に反復を認めて，その素早く継起するイベントから周期（cycles）と周転円（epicycles）の見解を構成できたのだろう。おそらくそれは，彼がみずからの心臓の鼓動を検出していたなら，もっと早くやってきていただろう。しかし，それがどこから出発したにせよ，イベントの秩序ある展開としての人間の宇宙への気づきの拡大は，彼の予測能力を拡大させ，世界をもっともっと扱いやすいものにした。もっと稀な激変であっても既視感のある親しみをもつようになった。人は次第に過去の経験を通して未来を見られることを発見していったのである。

この本質的な指示対象の次元は，これにそってあらゆる秩序と組織が解釈されねばならない，時間の次元である。イベントあるいはイベントの局面に季節的なくりかえしがあるのを除くと，何であれどんな組織化も宇宙のせいにすることはできず，経験のようなものも存在しない。反復的なテーマの発見は，経験にとって重要なだけでなく，自然法則にとっても重要なのだ。

21 経験と学習

経験の系は，われわれが学習というトピックについて考えることと，深遠な関連をもっている。われわれはこの前提──イベントの反復を継続的に解釈していく，人の解釈システムは変化する──を，それに先行する前提──あらゆる心理的過程の進行は，人のイベントの解釈によって描き出される──とともに受け入れるとき，われわれは学習のトピックをうまくひとまとめにしたことになる。一般に「学習」といわれてきたものは，その当初からカバーされていたのである。学習は起こるものだと仮定

されている。それはこのシステムの仮定構造に組み込まれてきた。学習が起こるか否か，あるいは何が学習され何が学習されないのかという疑問は，もはやわれわれが提案したこのシステム内で議論されるトピックではない。もちろん，もしわれわれがこのシステムから踏み出して何か他のシステムの枠組み内で議論するなら，われわれはこれらのトピックの側を支持することもできる。

　われわれの仮定の重荷は，学習は心理的過程の特別なクラスではないということにある。学習はどんな，そしてすべての心的過程とも同義語なのである。それは人に時どき起こるというようなものではない。それはまず第1に彼を人にするものなのだ。

　心理学理論の仮定構造に学習を組み込むことの正味の効果は，後の論述の領域からこのトピックの全体を除去するということになる。読者の中にはイベントのこの旋回に狼狽する人もいるかもしれない。現代の心理学はこのトピックの研究にかなりの努力を捧げている。しかし心理学のこの投資は，この新しい仮定群によって完全に価値を下げるものではない。新しい光の下で眺めると，たとえ研究の多くが曖昧であったとしても，そうである。こうすることに何か慰めがあるとしたら，学習が特別なトピックとしては流通から外されたとしても，パーソナル・コンストラクト心理学において，学習は卓越した位置が与えられてきたということができよう。管理者の用語では，それは「上の階へ蹴り上げられた（昇進を与えられた）」のである。

　それでは，尊い学習の法則に，そして学習一家の中で最近成長した一群の見解に，何が生じたのであろうか？　多くのことだ！　もう一度，われわれの「解釈」と「システム」が何を意味するのか見てみよう。解釈とは，イベントが規則的に見えるようにする見方のことである。イベントを解釈することによって，イベントは予期できるようになる。これが有効であるためには，解釈システムそれ自体が何らかの規則性をもたねばならない。規則性の明白な特徴は反復である。もちろんそれは，単にまったく同一のイベントの反復ではない——それは物事の図式における正しい場所に，厳密な意味で時間の観念を否認するだけでなく——，各イベントから抽象されうる，時間と空間の橋を渡って完全に実行されうる何かの特徴の反復である。解釈するということは，われわれの周りで反響するイベントの中で，反復されるテーマのささやきを聞くことである。

　学習実験における被験者はわれわれの心理学的法則の例外ではない。彼もまた，その実験の反復的なテーマを求めることによって，みずからの心的過程を方向づけるのである。もし彼が実験を分離した「試行」に分節して，さらにその「試行」を「強化試行」と「無強化試行」に分けるとするなら，彼は実験者が聞いているのと同じ反復的テーマを聞いていることになろう。他方，彼はそれほど因習的ではないかもしれない。彼は以前に聞いた他の種類のテーマを聞くかもしれない。彼は実験者が期待するような試行やイベントに彼の経験を分節することさえしないかもしれない。音楽の言

語では，彼は別の楽句の区切りを採用するかもしれない。こんなふうに見ると，学習の問題は，どれだけの**数**の，どんな種類の強化が反応を固定させるのか，どれだけの**数**の無強化がそれを消去するのか，を決定する問題だけでなく，むしろ被験者がその経験をどう区切るのか，どんな反復的テーマを彼は聞いているのか，どんな運動を彼は決めるのか，彼の予測のどんな検証を彼は収穫するのか，というような問題がある。被験者が実験者の期待にこたえない場合に，「彼は学習しなかった」というのは不適切かもしれない。むしろ，被験者が学習したものは，実験者が彼に学習することを期待したものとは違っていたといえばよかったのかもしれない。心理学を生産的な科学にしようと思うのなら，発見の荷物は被験者というよりも実験者にかついでもらうことにしよう。実験者には，実験者が何について考えているのかを被験者に発見するよう求めるよりもむしろ，被験者が何について考えているのかを発見させることにしよう。

　パーソナル・コンストラクト理論における学習の役割のもっと適切な議論は，パーソナル・コンストラクト心理学の解説のもっと後の方で提出される経験に関する別のセクションのために保留しておく。現在のところでは，われわれの基本仮説の含意がどこまで及びうるのかを示唆するだけで十分であろう。

Ⅰ　調節の系

> **22**　調節の系（Modulation Corollary）：人の解釈システムにおける変動は，コンストラクトの浸透性によって制限され，その変形はこのコンストラクトの利便性の範囲内に位置する

　人の心理的過程が，その人の構成するシステム内で法則的に作動するのを見ようとするなら，われわれはそのシステム自体の進化を，同様に法則的に，説明する必要がある。われわれの経験の系は，イベントの反復を継続的に解釈するとき人の解釈システムは変動すると述べている。次にわれわれは，前進的な変動はそれ自体，システム内で生じなければならないことを認めるべきである。もしそうでなかったら，われわれは，小さな日常的過程はシステマティックに管理されるが，そのシステムの形成過程はどんなにより大きくより包括的なシステムにも従わないと主張すべき立場に立つことになろう。われわれは，人間行動の**要素**の個人的な法則性については主張することができず，同時に，人間の行動**パターン**は法則的でないことを認めなければならなくなる。またわれわれは，その要素は個人的なシステムに従うが，そのパターンは超個人的（スープラパーソナル）なシステム内でのみ進化しうる，とは主張できなくなる。

この問題は，少し前の節で論じた決定論と自由意志の問題の特別な場合に当たる。ここではわれわれは，決定と自由とは構造の2つの相補的な局面であると仮定したことを示した。これらは相互に相手なしでは存在しえない。それは上が下なしでは，また右が左なしでは存在しえないのと同じである。自由も決定も絶対的なものではないのだ。あるものは何かに関しては自由であり，他の何かに関しては決定されているのだ。

　自由意志と決定論について提案されたこの解答は，人がいかに異なりうるのか，しかもなお，いかに自然の法則的な現象として考えうるのかを理解するためのパターンをわれわれに提供してくれる。人の解釈システムは相補的な上下関係から構成されている。下位システムは，上位システムの権限下に置かれて，これによって決定される。一方上位システムは，これに従属するシステム内に，新しい配列を自由に導入できる。

　これが正確に人のパーソナル・コンストラクト・システムの中で自由と決定をもたらすものである。人がイベントを予期するのに，より適切なシステムの創造に向かって動くときに生じる変化は，その人の上位システムの支配下に入ると見ることができる。自己を自己の上位システムと同一化している役割においては，自己が試みる下位の変化については，人は自由である。彼自身の基本原則の追従者としての彼の役割においては，彼はみずからの人生がこれらの原則によって決定されていることに気がつく。政府の領域がまさにそうであるように，命令 (instructions) はしっかりした指令 (directives) の枠組み内でのみ変化されうる。そして指令はしっかりした法規 (statutes) の枠組み内でのみ変化されうる。そして法規はしっかりした憲法 (constitutes) の枠組み内でのみ変化されうる。このように，人のパーソナル・コンストラクトはコンストラクトのサブシステム内でのみ変化されうる。そしてサブシステムはもっと包括的なシステム内でのみ変化されうるのである。

　われわれの立場は，人が自己の内部で試みる変化であっても，その人自身によって解釈されなければならないというものである。人が経験から得る新しい見方は，それ自体がイベントである。そして，彼の人生におけるイベントであるので，そこから意味を汲み取ろうとするなら，それは彼によって解釈される必要がある。実際，その中でそれが解釈されうる何らかの包括的な見方がなければ，彼はそもそも新しい見方を獲得することさえできない。言いかえれば，人はみずからに働きかけてくる刺激の性質からだけでは，いろんなことを学習しない。彼は，彼の枠組みがその刺激の中に見られるようにデザインされているもののみを，学習するのである。

23 用語

　a．浸透性 (permeability)　ここでわれわれはパーソナル・コンストラクト心理学の中に特別なコンストラクトを導入する。これらは後の節で非常にしばしば使う機会が

あるはずである。特に心理療法と，人がみずからの人生を解釈しなおす方法を扱う節では，**上位コンストラクトの浸透性**の見解を呼び入れるつもりである。

　コンストラクトが，その枠組み内ではまだ解釈されたことのいない新しい要素を，その利便性の範囲内に受け入れる場合には，それは浸透性があるということになる。完全に具体的なコンストラクトは，もしそんなものがあったとしたら，まったく浸透性がないはずである。というのも，それはある特定の要素——これらであって，他のものではない——から構成されているはずだからである。このようなコンストラクトには浸透性があるはずがないのだ。

　もちろん，浸透性と非浸透性には相対的な程度がある。ある人の**善　対　悪**のコンストラクトは十分に浸透性があり，多くの新しいアイデアや新しい知人を善または悪として見ることを許す。別の人の**善　対　悪**のコンストラクトは多くのものを含んでいるかもしれないが，多くの新しいものをオープンに含めることはできない；大概のよいものと大概の悪いものにはすでにラベルが貼られていて，そのラベルを使い果たしているのである。

　浸透性を概念化の特徴と見る見解は，概念化の問題に経験的かつ帰納的にアプローチする L. S. マックゴーグラン（McGaughran）の忍耐強い研究に端を発している。彼はみずからの研究結果として，以下のことを示すことができた。すなわち，ある人の言語行動のある高度に抽象化された特徴は，明白な対象を扱うときには，彼の非言語的行動を予測するものになる。彼は著作にはこの用語を用いていないが，談話の中でかつて，彼が抽出した概念化の一局面を表わすシンボルとして，**浸透性**という語を提案している。彼の目的にとっては，浸透性が，古典的な**抽象—具体**の次元よりも，概念化をプロットするのにもっと有用な次元であることを見いだしたのである。

　われわれ自身の用法では，浸透性のあるコンストラクトは，必ずしもルーズ，一貫性がない，包括的，あるいは内容が乏しいというわけではない。それは非常にはっきりしているかもしれない。変動傾向をほとんどもたないかもしれない。別の類似の仕方をしている要素を包含しているかもしれない。そしてそれは，頑固に保持されているかもしれない。われわれがそのコンストラクトは浸透性があるという場合には，われわれは特定の種類の可塑性のみを指している——それはわれわれが新しい要素を包含する能力と記述したものである。

　新しい要素がコンストラクトの文脈に加えられると，このコンストラクト自体もいくらかは変化する傾向があると認めなければならない。A と B 対 C という抽象化は，D を考慮に入れたときには，変化する傾向がある。この理由によって，浸透性のあるコンストラクトは時どきわずかにシフトする傾向がみられるかもしれない。しかし，このシフトは最小限のものかもしれず，われわれが浸透性について述べるときに心に思い描いているものではない。

パーソナル・コンストラクト理論の初期の定式化においては，われわれは「浸透性」の代わりに「安定した局面（stable aspects）」という用語を用いた。浸透性のあるコンストラクトは，新しい経験のインパクトの下でも弾力性(レジリエンシー)をもつので，安定している傾向がある。しかし「浸透性」の方が，われわれが心にもつこの類のコンストラクトを見分けるのには，「安定性」よりも正確で操作的に有用な目印(マーク)になる。

　われわれは安定性を必ずしも長さや持続的な性質という意味で言っているのではない。とはいえ，コンストラクトにおけるある浸透性は持続性を与えるものではある。また，イベントの適切な予期にくりかえし規則的に失敗したときの，妥協の余地のない硬直性に必ずしも言及しているわけでもない。われわれはそれよりもむしろ，予期せぬ小さな日常的イベントのインパクトではあまり揺り動かされることのない，新しい下位の変動が，より多様な広がりをもつシステムの局面を言っているのである。

　コンストラクトあるいは解釈システムの1局面が，それがすでに持っているものに，新しい経験と新しいイベントを弁別的に加えられるように構成されているなら，それは浸透性があるといいうる。「動じることなく命を奪う（takes life in its stride）」コンストラクトは，浸透性のあるものである。人の解釈システムのより多くの下位局面が，彼のすべての心理的な住居（psychological house）を彼の上に崩落させることなく，システマティックに変化させられるのは，このような（浸透性のある）コンストラクトの統治下においてである。時にはもちろん，この家が崩落することもある。しばしば臨床ベースでは，われわれは数日から数週の間にクライエントに生じる，いわゆる代償不全（decompensation）を見ることができる。われわれはまた，彼の解釈システムの脆弱性（brittleness）と非浸透性が，彼がする必要があると見いだした変更を，いかに支えられなくなったのかも見ることができる。しかし，これについてはもっと多くのことを後で述べよう。

　浸透性のあるタイプのコンストラクトは，科学における仮説的な定式化とくらべると，理論的な定式化の性質をより多くもっている。仮説は相対的に浸透性が低く壊れやすいように故意に構成されている。それゆえ，それが何を包摂するかについては疑問の余地がなく，それが最後には完全に打ち砕かれるか，無傷で残るかになることにも疑問の余地はあり得ない。理論はそれほど柔軟性がないように構成されているわけではない。それは相対的に浸透性のある言葉で述べられている。それゆえそれは，将来的には，われわれがまだ考えたことのない多くのものを包含する可能性がある。それはオープンエンドの形で述べられる。理論はしたがって，広く多様な実験的冒険を挑発するとともに受容もする。その中のいくつかは相互に正反対でさえありうる。

　科学的な実験者の連続実験の定式化が，彼のシステムのより理論的な局面に常に従属するように前進的変化を被るのとまったく同様に，どんな人でも，科学者であろうがなかろうが，彼のシステムのより浸透性のある局面に従属するように，みずからの

解釈システムを変化させる可能性がある。科学者がこれを達成するために理論を使用する方法は，1つの特殊ケースになる。この系においては，われわれはもっと一般的なケースについて述べようと努めてきた。

　b．変　形(variants)　相互に置き換えられるコンストラクトは，その変形だと考えうる。ある人が**恐怖　対　支配**というコンストラクトから出発して，これを**尊敬　対　軽蔑**のコンストラクトに変更すると考えてみよう。かつて彼は自分の知人を自分が怖いと思う人と自分が支配できると思う人に分けていた。しかし成熟するとともに，彼は知人を自分の尊敬する人と軽蔑する人に分けられるようになるかもしれない。しかし彼がこの変更を行うためには，他のコンストラクト——その利便性の範囲内に**恐怖　対　支配**のコンストラクトが位置し，**尊敬　対　軽蔑**の新しいアイデアを受け入れるのに十分な浸透性をもつ——が必要になる。この2つのコンストラクト，古いのと新しいのは，変形なのである。

　その利便性の範囲内にその変形が位置している浸透性のあるコンストラクトは，**成熟　対　子どもっぽさ**のコンストラクトのような見方である。**恐怖　対　支配**の態度は「子どもっぽい」見解と考えられるかもしれない。そして，**尊敬　対　軽蔑**の態度は相対的に「成熟した」アイデアと考えられかもしれない。あるいは古いのも新しいのもどちらのコンストラクトも成熟　対　子どもっぽさに関しては類似していると見られるということなのかもしれない。前者（恐怖と尊敬）の場合には，その人は自分の新しい態度を古い態度とは対照的だと見るだろう。後者（支配と軽蔑）の場合には，彼はこの点で新しい態度は古いのと本質的には類似していると見るであろう。

　クライエントのみずからの人生の心理的な再解釈に関心をもつ心理療法家^{サイコセラピスト}は，彼の実践の進行中に，両方のタイプの移行に遭遇する。この理論の前提構造の立場から見た本質的な特徴は，どんな移行も，新しいコンストラクトをその文脈に受け入れるのに十分な浸透性をもつ，何か最有力の解釈によって包摂される必要があるということである。クライエントの上位構造が浸透性をもたず，クライエントの基礎的な概念化のほとんどがもっぱら過去に起源をもつようなクライエントにおいては，実践で広範囲に及ぶ心理療法的な結果を達成するのは，極度に困難である。

　その最有力の構造がすべて浸透的であるクライエントもまた，ある治療上の問題を示す。新しいアイデアの処理に使われないように，その文脈を閉じた方がよかったかもしれないいくらかの構造は，クライエントが自己の中に生じている変化を解釈するときには，クライエントにとって困難を来すかもしれない。しかしわれわれは，このパーソナル・コンストラクト心理学の説明を先に進めていくことにする。人生の心理学的な再解釈における技術的な問題は，後の論議のために保留しておく。

J 断片化の系

24 断片化の系（Fragmentation Corollary）：人は，相互に両立しないと推測される多様な解釈サブシステムを連続的に採用するかもしれない

　人の解釈システムは連続的な流動状態にある。しかしなお，それは上位システム内では揺れ動いていても，彼の連続的な定式化は，それら相互からは引き出せないかもしれない。今日ウィリーが考えることは，彼が昨日考えていたことから直接には推測できないかもしれない。彼のこの移行(シフト)はそれにもかかわらず，調節の系の観点から見ると，彼のシステムのより安定した局面と一貫している。われわれが今注意深く言おうとしているのは，新しいコンストラクトが必ずしもその人の古いコンストラクトから直接引き出されるものでもなければ，その特殊例でもないということである。われわれが確信できるのは，古いコンストラクトから新しいコンストラクトへと生じる変化は，より大きなシステム内で生じるということだけである。

　さて，これらのより大きなシステムは（もちろんもっと大きなシステム内で）その古いコンストラクトのインパクトによって変化したのかもしれない。この場合には，そしてこの意味では，この古いコンストラクトは新しいものの正当な先駆けである。この関係はしかしながら，なお直系的なものというよりもむしろ，傍系的なものである。古い解釈と新しい解釈は，推測するところでは相互に両立しないのだ。

　これは重要な系である。単にその直前の行動から派生する行動の各断片の説明のみを求めるよりもむしろ，その人の行動を説明するためには，統治的なコンストラクト・システムを探し出すことの必要性をさらに明確にしなければならない。もし人が意識の流れの行く末を理解しようとするならば，その源流の図表を作る以上のことをしなければならない。すなわち彼はその流れが通る地形と，新しい水路を切り開き，古い水路を侵食しうる洪水の量を，知らねばならない。

　これは，統計的な標本抽出理論が，識別力をもって注意深く使われないと，われわれを道に迷わせてしまうポイントである。もしわれわれが以前の行動の母集団からとった標本を分析することによって，個性記述的な研究をしている場合には，将来の行動の標本が正確に同じパラメータをもつ母集団から抽出されうるという誤った仮定をしてしまう可能性がある。この種の推論からは，1日に15時間指吸いをする4歳児は，成長すると1日に15時間指吸いをする大人になるだろうという信念をもつことになりそうである。法則定立的な枠組みにおける標本抽出理論に向かうと，われわれは別の種類の間違いを犯す可能性がある。大概の大人は指吸いをしないので，この

子どももまた，成長すれば，このタイプの普通でない習癖はもたない大人になるだろうと考えてしまう可能性がある。

　われわれは，この問題を前章で示唆した方法で注意深く見ていくなら，あまり間違いをしなくなるだろう。われわれは過去の行動の標本を研究して，同じオーダーの行動の量的な予測によらずに，これらの行動の抽象的ないしは統治的なコンストラクトによって抽象的一般化を引き出すとすれば，われわれの問題を解決できるかもしれない。われわれは次のような回答に行き着くかもしれない。この特定の子どもの行動標本は，1日に平均15時間指吸いをする行動の母集団から抽出されたようである。この点までは，われわれは個性記述的な枠組み内で標本抽出理論を使ったことになるだろう。それでは，概念を形成してみよう。標本抽出理論はわれわれがこれをするのに助けにはならないだろう。実際，こんなことを期待する理由は何もない。そこでわれわれはこの子の他の行動を，以下の方法で見てみよう。その方法とは，それらを解釈し，コンストラクトを形成し，あるいはさらによいのは，言語化されたものでもされないものでも，子ども自身の解釈——この下でこれらの異なる行動が出現する——を発見できる方法である。われわれは他の行動も見る。ここでも，個性記述的な標本抽出を行う。コンストラクトは，あるものを似ていると見，同様の理由で，他のものとは違うと見る方法なので，われわれは，この子の行動のいくらかは似ていて，同時に他の行動とは異なる，そういう見方を探すことにしよう。「抽象化」という共通の見解を使うために，われわれは彼の行動を抽象化してみよう。すると，おそらく「口唇的行動」，「摂食行動」，「癒し行動」あるいは「自己愛的行動」のようなコンストラクトが見つかるだろう。われわれは，推理過程のこの第2段階で，標本抽出理論ではなく，概念形成を使うことにしたのである。

　第3段階として，法則定立的な枠組みに移動して，われわれが新しく形成したコンストラクトを試してみよう。それが他の子どもにも当てはまるかどうか見てみよう。彼らの行動が同じように，以下の要素——つまり，このうちのいくらかは一貫してわれわれの口唇的行動のコンストラクトのカテゴリーに入り，他は明らかに入らないような要素——をもつものとして解釈されうるかを見てみよう。もう一度言うが，これは概念形成あるいは分類の手続きであり，通常の意味での統計的標本抽出ではない。

　第4段階は，このコンストラクトが成人の行動に適合しているかどうかを見る。この枠組みも法則定立的である。

　第5段階は法則定立的な枠組み内での統計的標本抽出である。われわれは子ども時代の行動の標本で，われわれが抽象的なタイプと解釈した標本が，同じタイプのコンストラクトの成人の行動標本と，相関をもつかどうかを見る。おそらくわれわれは同じ人々——子どものとき，それから成人のときに——の研究をしたいと思うだろう。しかし，ある仮定の下では，人生全体を通じてかなり一定のままであることがすでに

知られている何か関連のある変数について，子どもと大人をマッチングさせるというような，ある間接的な方法によって相関研究ができるかもしれない。

しかし，注目されたい。ここまでの議論の目的のためには，異なるラベリングをするのが便利ではあったのだが，標本抽出と概念形成とは完全に異なる過程ではないのだ。標本抽出においては，人は2つの標本の類似の仕方についてある仮説（実験仮説と帰無仮説）を立てて，それからこれらを検証するのである。

25 │ 一貫性の問題

パーソナル・コンストラクト心理学のようなシステムを提唱する際に生じる1つの難題は，読者が，本物のコンストラクト・システムであればどんなものでも，論理的に厳重で，完全に内的一貫性をもつと期待しやすいことである。しかし，われわれ自身の行動とわれわれ自身の思考を偏見なく見てみると，どうすればこういう理想的なシステムが現実に存在しうるのかを理解するのは，困難である。一貫性は有意味な取り扱いをするのが容易ではない概念である。何が何と一貫しているのか？　子どもの時の指吸いは大人になってからの指吸いと一貫しているのか？　それは大人がパイプ煙草を吸うのと一貫しているのか？　それは財産の蓄積と一貫しているのか？　それは経済的成功と一貫しているのか？　それと一貫しないものが何かあるのか？　何かは他の何かと一貫していないのか？

もしすべてのものが調和して他のすべてのものと一貫して見えるようになったとしたら，一貫性の見解はわれわれのコンストラクトの基準——少なくとも2つのものが類似していると同時に，少なくとも1つのものが異なるという見方——には合わなくなる。それがコンストラクトでなければ，それはイベントの予期には役立ちえない。それがイベントの予期に役立たなければ，それは予測を目標とする科学には何の貢献もしないことになる。われわれがこの一貫性の見解に，それにコンストラクトの地位を与えるという特別な意味を付与しないかぎり，みずからの行動に調和を求める人の見地からしても，これらの行動を理解しようとする観察者の見地からしても，この用語は信頼しない方がよさそうである。

一貫性の特別な理解の仕方を論じる前に，ここで時間をとって，今日のいくつかの新現象学派的体系の基礎にある自己一貫性（self-consistency）のテーマ——レイミー（Raimy）の自己概念理論，レッキー（Lecky）の自己一貫性理論，ロジャーズ（Rogers）のクライエント中心アプローチ，そしてスニッグ（Snygg）とコームズ（Combs）の現象学的場のアプローチ——について述べることにしよう。これらの現代理論はすべてパーソナル・コンストラクト理論に十分に類似しているので，これを論じる場合には，時に，それらの類似性とともに違いを区別することが重要になる。

レッキーの自己一貫性理論では，一貫性はあたかも人が持つアイデアの特徴である

かのように扱われた。彼の言うところによれば，非一貫性を処理する1つの方法は，異質なアイデアの生起に関係する事物や人物を傷つけ破壊しようと試みることである。もう1つの方法は，「その混乱させる出来事を同化できるように再解釈すること」である。さらにもう1つは，「人が自分自身についてもっている考え方を変えること」である。これらはすべて十分に合理的であるように見えるが，しかし人はすぐに，何が一貫性や非一貫性の構成要素になっているのかと訝るようになる。

　おそらくレッキーが予期したと思われる回答の一部は，それほど多くの言葉で表現しているわけではないが，一貫性と非一貫性は個人的なラベルだということである。ある人が非一貫的だと見るものが，別の人には一貫しているように見える。レッキーはおもに新しいアイデアとその基礎にある自己観念 (self-idea) との一貫性と非一貫性の問題に関心をもっていたのだが，彼の一貫性の見解そのものは，その経験をもつ人が経験に帰属させる特徴だというものであった。われわれ自身の用語では，彼の「一貫性」はコンストラクトであり，なおかつパーソナルなコンストラクトだということになる。

　しかし，一貫性―非一貫性のコンストラクトがパーソナルなものだということは，それを適用可能にするのに十分だということではない。われわれが相互に一貫している2つの見解に固執するときには，われわれはこれらの見解の下で，類似したあるいは少なくとも両立しうる行為の進行を選択することになると期待する。この2つの見解は，もしこれらが同時に反対方向に進む馬を乗りこなすというような不可能な妙技の遂行を求める場合には，一貫しないことになる。もしこれらが2つの矛盾するイベントの予期につながるなら，これらは一貫しないのだ。一貫性の適切なラベリングの鍵になるのは，われわれの基本的前提――人の心的過程は彼がイベントを予期する方向によって，心理学的に水路づけられる――である。一貫性の操作的定義は，イベントの予期のされ方によって書かれうる。人生の結果に賭ける掛け金は相互に相殺されるのだろうか，それとも加算されるのだろうか？

　われわれの断片化の系は，人は相互に両立しないと推測される多様な解釈サブシステムを**連続的**に採用するかもしれないと，主張している。このことは，小さなイベントの転換点における後続の賭け金が必ずしも常にそれ以前の賭け金に加算されるわけではないということを意味する。このことは，彼のパーソナリティが小さな予期に関してのみ構造化されるという意味なのであろうか？　ノーである！

　この断片化の系は部分的には調節の系からの派生物である。われわれは後者の系の中で，人の解釈システムの変動は，そのコンストラクトの浸透性によって制限され，その変形はそのコンストラクトの利便性の範囲内に位置していると述べた。われわれは，個人の解釈の変動が彼のシステムのすべての（時間的に）先行する局面に従属するとは，仮定しなかった。われわれの仮定は単純にこうである。一貫性が法則として成

立するのは，その人のシステムのより浸透的な局面の文脈においてである。

　さて，われわれは一貫性についてより操作的な定義を提案したので，調節の系の意図をもっとはっきりと伝えなければならない。断片化の系は，調節の系が暗黙に耐えている性質の非一貫性を明示的に述べたものと理解できる。調節の系はサブシステム間の非一貫性に耐えているのだ。よりはっきり言えば，それは，それ自体加算されないサブシステムの連続的な使用に耐えているのである。

　数文章前で，小さなイベントの変わり目でのある人の賭け金は，それ以前の賭け金に加算されないかもしれないと述べたとき，これは，彼のパーソナリティが小さな予期に関してのみ構造化されるということを意味するのかどうかを，われわれは問うてみた。われわれは強くノーと言った。断片化の系を調節の系の文脈の中で見ると，人はもっと包括的な回答を与えうる。さてわれわれは，小さなイベントの転換点での賭け金は加算されるとは見えないかもしれないが，人生の結果としての賭け金は積み上げられる傾向があると言うことができる。彼は毎回勝つわけではないかもしれない。が，彼の賭け金はより大きな文脈内では，完全に相殺されるものでもない。彼のシステムの上位の浸透性のある特徴は，言語化されないかもしれない。それらは「霊的（spiritual）」というより「植物的（vegetative）」であるのかもしれない。それらはアドラー（Adler）なら「人生のスタイル（style of life）」とでも呼んだはずのものと見られなくもない。しかし，それらはあるシステムの部分であり，それゆえに，自由な局面の視点からも，法則的な視点からも，同時に考察されるのかもしれない。

　個性記述的―法則定立的な問題のケースでそうであるように，そして決定論―自由意志のケースにおいてそうであるように，人間という有機体がいかにして組織化されながらも，なお混乱した行動をするように見えるのかという重要な心理学的問題に，われわれが満足のいく回答に到達できるのは，そこに含まれる抽象性と一般性の相対的なレベルや，われわれが扱っている浸透性―非浸透性のレベルを考えることによって可能なのである。

26　断片化の系のもつさらなる含意

　人の解釈システムにおける変動は，彼のシステムのより浸透性のある局面に従属するので，彼の行動やアイデアは変化を被るたびに，彼の行動に一貫性の脈絡を与えてくれる浸透性のあるコンストラクトを，何とかして引き出さねばならなくなる。もしその浸透性のあるコンストラクトがあまりはっきりとはパターン化されていない場合には，また，そのコンストラクトがあまり浸透的でない場合には，彼はその使用をあきらめて，人生を新しく意味づける方法を必死で追い求めねばならなくなるだろう。このような新しく大きな概念形成への必死の試みにより，人生のイベントがはっきりした類似性と差異性をもつ点を見いだそうと試みるとき，何か神秘的な新しいコンス

トラクトが生み出されるかもしれない。

　顕著な代償不全を患っている強迫神経症のクライエントほど，上位コンストラクトの非浸透性によって，人生の推移への適応能力が制限されている例はほかにはないだろう。このようなクライエントのコンストラクト・システムは非浸透的だという特徴がある。彼は新しい経験のおのおのに対して別々の分類棚を必要とする。そして，彼は小さな疑似数学的スキームをもって，イベントの予期を計算する。彼は長きにわたってみずからの原理を包摂することを習慣としてきた。相互に矛盾していると推測される多様な解釈サブシステムは，素早く動いていくイベントの連鎖の中で，非常に広範囲に広がっていくので，彼は，全体としての一貫性を維持するのに十分に浸透的なあるいは自由な，既製の上位コンストラクトを見いだすことが困難になってくる。彼は新しいコンストラクトをつくり始める。彼は浸透的なレベルでの概念形成にはほとんど成功経験をもっていないので，これらは彼が開発を試みるその種類の概念になる。これらは他者の動機への一般的な疑念になっていくかもしれない。これらは生と死の再評価に関係してくるかもしれない。これらは，彼が非常に奇妙なやり方で現実を予期する方向へと導くかもしれない。

　人間の日常的なイベントの解釈における矛盾への耐性はまた，統治コンストラクト（regnant constructs）の定義——人生に全般的な意味を与えるために，彼はこのコンストラクトの浸透性に依存している——によっても限定されてくる。これらのコンストラクトがあまりにもルーズに定義されていると，彼は情動状態のときと同じように，頭の整理に悩まされることになる。われわれは，彼の前後に移動する行動パターンや，この状況にはあまり適していないが，その瞬間には最適の予期を与えてくれそうに見える，子どものような行動パターンへの逆戻りを見るかもしれない。この場合にも，その人の上位のコンストラクトの浸透性と限定性が一貫性を与えるのをやめて，より浸透的ではあっても，より原始的でより有効でないシステムにその人が投げ返されるときには，何が起こるのかを，われわれは見るのである。

K　共通性の系

27　共通性の系（Commonality Corollary）：ある人が他者の採用するのと類似した経験の解釈を採用するかぎり，彼の心的過程は他者のそれと類似していることになる

　われわれは今や，われわれの基本仮説の対人関係領域での含意を論じるところにまで来た。すでに示したように，2人の人がまったく同じ現実的なイベントに巻き込ま

れても，この2人が別解釈をすることによって，それを別のように経験することがありうる。彼らはそのイベントについて別の解釈をするので，別の予期をして，その予期の結果として別行動をとるだろう。このような違いがあるのは，われわれの基本的前提の論理的な帰結であるように見える。それゆえわれわれは，この事実を個別性の系において述べた。しかしわれわれが個別性の系をもつなら，共通性の系ももたねばならなくなる。

　他の系と同様に，共通性の系はわれわれの基本的前提に暗示されていると見えるものを明瞭化した以上のものではない。もしある人の過程が，イベントを予期する仕方によって水路づけられるのなら，そしてもし彼がそのくりかえしを解釈することによってイベントを予期するのなら，次のことが明らかなように思われる。すなわち，2人の人が経験に同じ解釈を採用するなら，彼らの心的過程はお互いに二重写しになるはずだと仮定することになる。これは素朴な陳述のように見える。しかし，この系を綿密に調べてみると，心理学者の間では一般に受け入れられていない，いくつかの含意があることがわかる。

　ここでわれわれは，ある人が他の人とまったく同じイベントを経験したとしたら，彼はもう1人の心的過程を二重写しすることになるだろう，と言ったわけではないことを，明らかにしておくことが大切である。これは刺激―反応心理学の仮定であり，それなりに完全に尊敬に値する仮定である。しかしそれはわれわれの仮定ではない。そしてわれわれはそう仮定することを選ばなかったので，刺激―反応心理学者がしないやり方で，われわれ自身の見解を発展させる自由がある。われわれは体系的な一貫性をもって，同一の経験をもつ2人は同一の心的過程をもつはずだと言いえたかもしれない。しかしこのような陳述は，われわれが**経験**という言葉によって何を意味しているのかを，読者がはっきりと心にとどめておいてくれないかぎり，誤解を招く恐れがありうる。彼は，われわれの立場が刺激―反応理論のそれとは異なることを見るために，常に経験の系の議論に戻り続けねばならないだろう。それゆえわれわれはわれわれの流儀で述べさせてもらいたい――2人の人物の心的過程は，彼らの経験の解釈と同程度に類似しているであろう。

　この立場の利点の1つは，われわれは，2人の人生における同じイベントが，類似した行為を行わせるのだと仮定する必要がなくなるということである。おのおのがまったく異なる現象的刺激にさらされていたとしても，2人は類似した行為をとりうるのだ。われわれが類似行為の基礎に見いだすのは，イベントの解釈の類似性であり，イベントそれ自体の同一性にあるのではない。再びいうが，学習の問題におけると同様に，心理士は，被験者にこれらの刺激をどう解釈するかを尋ねる場合のほうが，それらの刺激についての心理士自身の解釈を常に当然とする場合よりも，被験者をよりよく理解できるだろうと，われわれは考える。われわれの調節の系の言葉では，被験

者の異なる解釈をよりよく包摂するためには，心理士はみずからのシステム内でより浸透性のあるコンストラクトを使う必要があるとわれわれは考える。

現象学的にいえば，どんな2人であっても同じ解釈も同じ心的過程も持ちえない。この意味では，われわれの共通性の系は非現実的であろう。しかし，われわれが意味しているのはこういうことである：他の2人の解釈が類似しているとわれわれが理解できるかぎりは，彼らの心的過程もまた類似していると解釈されうる。

28 用 語

a．かぎりでは（to the extent）　われわれの個別性の系では，人はイベントの解釈において相互に異なるという見解を表明した。共通性の系はこの陳述と矛盾することを意味しているように見えるかもしれない。しかしわれわれが，人は相互に異なるものだというときには，われわれは，人が相互に似ていると解釈されうる点がありうるという可能性を排除しているわけではない。ジェームズはジョンとは違うということは，ジェームズとジョンがまったく共通点をもたないということではない。実際2つのものが，考えられるかぎりのあらゆる点で異なっているということは，排他主義の極致の表明であり，これを聞いた人はその問題全体について精神的な混迷状態になるだろう。2つのものが考えうるあらゆる点で類似しているということもまた，その2つがどうして別物と考えられるのかという疑念を残す。

われわれが共通性の系で述べたことは，われわれが個別性の系で考えたことと矛盾はしない。**かぎりでは**という言葉を使うことによって，2人の経験の解釈が類似していると解釈されうる，局面の全体を指していることを，われわれは示しているのだ。2人がなお個別性を保持するだろうと思われる点がたくさんあるということは，われわれの個別性の系がそれを処理しているのだといわなくても，通るのである。

b．経験の解釈（construction of experience）　経験とは，われわれが定義したところでは，イベントを連続的に解釈することである。経験を解釈するということは，次に，この連続的な解釈過程の結果を見なおすことである。したがって，もし2人が彼らの連続的な解釈に類似の見直しをするなら，彼らの行動は類似した特徴を示すだろう。彼らの思考の歴史的な発展は似ている必要がない——見なおし行動だけが類似していればよいのである。したがって，行為の類似性に基礎を与えるのは，経験の類似性ではなく，その経験の現在の解釈の類似性なのである。

経験の解釈によって，われわれは必ずしも高度に言語化された解釈を指しているわけではない。この点については，われわれはくりかえし言い続ける。人はみずからの経験をほとんど言語に頼らずに解釈しうる。たとえば例の条件反射がそうである。言語によって象徴化される解釈であっても，言葉が似ているというだけでは必ずしも似ていることにはならない。反対に，彼らがまったく異なる言葉で表現したとしても，

2人が本質的に同じ解釈をしている可能性もある。

29　共通性の系の含意

　いくらかのグループの人々がいくらかの点で似た行動をすることは，観察されている事実である。これらの類似性のいくらかは，年齢の類似性に，いくらかは仲間から期待されるものの類似性に，いくらかは経験の類似性に，そしていくらかは別種の類似性の解釈に関係している。実際，望むなら，われわれはこの人々の間の類似性の問題に，どんな角度からでもアプローチできる。

　人と人の類似性と差異性に対する共通の興味深いアプローチの1つは，文化の観点からとられるアプローチである。「文化」という語が意味しているように，このことは通常，われわれが育ちや環境の類似性によって人々をグループ化して見ているということを意味する。このことは，文化的な類似性と差異性が刺激―反応理論によって理解されるということを，基本的には意味している。

　しかし，文化は時にグループのメンバーが相互に期待しあうものの類似性を意味するとも受け取られる。これは，心理学理論よりも社会学理論でより一般に見られる文化の解釈である。心理学者はたぶんこのアプローチを回避する。というのも，このアプローチでは，人が一時に2人以上の行動を解釈することが求められるように見えるからである。心理学者は個人の観察からその体系を引き出しうるようなアプローチのほうを好むのだ。

　人が期待の類似性によって文化を理解するときには，彼はそこから2つの方向の1つに進むことができる。彼は他者の期待を，各人が影響を受ける刺激と考えることができる。あるいは彼は人々の間の文化的な類似性を，本質的に自分たちに期待されていると見るものの類似性だと理解することもできる。後者のアプローチは，その強調点を個人の見方へと投げ返す。これはもちろん，彼がパーソナル・コンストラクト心理学を採用したなら，やるだろうと期待されるタイプのアプローチである。

　文化的な期待の類似性の見解も，もちろん，別の角度から見たパーソナル・コンストラクト理論と一貫する。われわれの基本的前提では，人の心理的な過程は，彼がイベントを予期する方向によって水路づけられると仮定している。この仮定によって，パーソナル・コンストラクト心理学は行動予期理論になる。人が予期する現実のイベントのいくつかは，他者の行動である。パーソナル・コンストラクト理論ではしたがって，文化的類似性は，社会的な刺激の衝撃によるよりもむしろ個人的な見方によって理解するだけでなく，他者が何をすると個人が予期するかによって，そして次には，彼が何をすると他者が期待していると彼自身が考えるかによっても，理解するだろう。

　社会的行動を解釈する際には，われわれは螺旋形モデルに直面する。ジェームズはジョンがすることを予期する。ジェームズはまた，彼ジェームズがするとジョンが考

えていることを予期する。ジェームズはさらに，彼がジョンがすると期待していると，ジョンが考えていることを予期する。そのうえジェームズは，ジョンがジェームズがすると予測しているとジェームズが期待するとジョンが考えていることを予期する，等々！　われわれは鏡をのぞきこむ猫の有名な例を思い出す。たとえば心理療法のような複雑な社会状況においては，人はこのような反射の無限連鎖を通じて他者を見ていることに気づくだろう。

　パーソナル・コンストラクト理論は，おもに個人の視点から，行動の共通性の問題にアプローチする。さらにこの理論は，彼の視点を予期的なものとして見る。したがって，われわれの文化と集団行動に対するアプローチは，人の予期の類似性と対照性，および彼が予測をするために構成した思考の水路の研究によることになる。われわれは人々が予測するものの類似性だけでなく，彼らの予測への到達の仕方にも関心をもつ。人々が同じ文化集団に属するのは，彼らが似た行動をするという理由や，他者に同じことを期待するという理由によるだけでなく，特に，彼らがみずからの経験を同じように解釈するという理由による。パーソナル・コンストラクト心理学が強調するのは，この最後の類似性なのである。

L　社会性の系

| 30 | 社会性の系（Sociality Corollary）：ある人が他者の解釈過程を解釈するかぎり，彼はその他者を含む社会的過程において役割を果たしているといいうる |

　共通のあるいは類似した文化的背景があれば，人々はそれによって類似したものの見方をし，類似した行動をする傾向をもつようになるが，これがあるからといって文化の進歩が保証されるわけではない。またこれがあっても，社会的調和の保証さえ得られるわけでもない。（ギリシャ神話によると）イアソンによって撒かれたドラゴンの歯から生まれ出た戦士は，多くの共通性をもっていたが，お互いの動機を誤って解釈したため，建設的な企画の共有に失敗して，すぐにお互いを破壊しあうことになった。他者との関係で建設的な役割を演じる人は，何らかの方法で目と目を合わせて相手を見るだけでなく，何らかの方法で相手と相手のものの見方を受け入れなければならない。別の言い方をするならこうなる：他者との社会的過程で建設的役割を演じる人は，他者の見方を効果的に理解しなければならないが，その他者がしているほどには多くの物事の解釈をする必要はない。

　ここに社会心理学にとっての離陸点がある。心理学の前線に，パーソナル・コンス

トラクトの理解を配置するように試みることによって，そして基本的前提の系として，他者の解釈努力の包摂を，社会的相互作用の基礎として認識することによって，社会心理学は単なる共通理解の心理学ではなく，対人的理解の心理学でなければならないと，われわれは述べたのである。

他の人が考えていることを理解するレベルには違いがある。たとえばハイウエイを走っているときには，われわれは1日に何百回も，こちらに向かってくる車のドライバーがしそうなことを予測する正確さに，われわれの命をかけている。規則正しく，極度に複雑で，正確な交通の運行がなされているのは，実際に人々が相互の状況知覚の包摂を通じて，相互の行動を予測している，素晴らしい例である。しかし，実際にはわれわれのだれもが，迫ってくるドライバー——彼の行動にわれわれの命がかかっている——の高次の動機についても複雑な願望についてもほとんど何も知らない。衝突を避けるという目的のためには，彼らの解釈システムのある特定の局面を理解あるいは包摂するだけで十分である。もし彼らを高いレベルで理解しようとするなら，われわれは交通をとめて，車の外に出て彼らと話し合う必要がある。

他者が何をするかを正確に予測できるなら，われわれは自己自身を他者の行動に適合させることができる。もし他者がわれわれがしようとすることの表現方法を知っているなら，彼らはわれわれの行動に合わせて，道をゆずってくれるだろう。われわれの解釈システムはある程度まで他者の解釈システムを包摂し，他者のそれも部分的にわれわれのそれを包摂するので，このお互いの視点に対する相互調節は，パーソナル・コンストラクト理論に関連して起こるのだ。理解は一方通行の提案である必要はない。それは相互的なものなのである。

この冷や冷やする往来に関しては，ドライバーはお互いのものの見方について広範囲の理解をもつ必要はない。しかし，かぎられた範囲内で，そして特定の交通法規の具体的なレベルで，相互理解は正確でなければならない。もっと込み入った役割の相互交流，たとえば夫婦の相互交流にとっては，理解は少なくとも家庭内の活動範囲をカバーしていなければならず，なおかつ，参加者が少なくとも単なる家庭の交通ルールではカバーされない状況での相互の行動の予測を可能にするような，一般性のレベルに達していなければならない。

ある人は，自分が他者から理解されているよりももっとよく，この他者を理解しているかもしれない。彼はこの他者のものの見方をよりよく理解しているかもしれない。さらに，彼はこの他者を一般性のより高いレベルで理解しているかもしれない。もしこのことが物の見方に何か共通性のある一群の人々との関係で，ある人物に当てはまるなら，彼はこの集団に対してリーダーシップ関係の取れる戦略的位地にあることになる。他方，事実上彼にその機会を効果的に拒否させるような，もっと別の要因があるかもしれない。

治療者―クライエント関係は，メンバーの一方が他方よりも大きな理解を示す一例である。治療者はクライエントの解釈システムをみずからのものに包摂するようになるので，彼はクライエントとの関係でみずからの役割を展開していくのがどんどん容易になってくる。それゆえに彼らは，社会的な活動においていっしょに進歩していけるのである。

ついでに言えば治療者―クライエント関係は，ある場合には，治療者がクライエントの解釈システムについて理解するよりも，クライエントが治療者の解釈システムについてよりよく理解するほうが，この関係がより効果的になりうることを，認めなければならない。いくらかの治療者は，この種の役割関係が容易に結果につながりうるという彼ら自身の見解を非常に精緻化して，面接を行っている。いくらかのクライエントは，自分の考えていることには治療者を入りこませず，治療者の考えていることを発見できるように——あたかもそれがみずからの人生をうまくやっていくのに役立つかのように——，役割の交流を操作しようと試みる。彼がそのお世辞を受け入れるなら，治療者は自分の見解をクライエントに打ち明けることで，無駄な時間を費やすことになりかねない。

おそらく，いくらかはもっとまっとうに，治療者はクライエントとの関係において，クライエントに観察を許しているみずからの役割と経験の解釈を，注意深く操作するかもしれない。このようにして治療者は，クライエントにみずからについてのある推測をさせ，その推測の下で，クライエントがある役割を発達させられるようにするのかもしれない。クライエントがこの理解を通して，相互的な役割演技技能の獲得を必要としている環境内の他の人物の理解をするための基礎を形成しうるように，治療者は，注意深く計算された視点を試行的に提示するのかもしれない。これは心理療法における**役割演技**（**role playing**）として知られており，これが効果的に採用されうる方法は多数ある。

31 役割の定義

パーソナル・コンストラクト理論によると，**役割**とは，ともに社会的活動に参加しようと試みる人々の解釈システムの諸側面について，役割演技者が解釈することに基づく心的過程である。正確さには欠けるがよりなじみのある言語で述べるなら，役割とは，彼の課題について彼と結びつきのある他者がどう考えるかを理解することに続く，進行中の行動パターンである。慣用的な言語では，役割とは，あるチームでサインさえ待たずに演じられる立場である。

この**役割**の定義は，いくつかの重要なポイントを強調している。第1に他の行動パターンと同様に，役割は，人のパーソナル・コンストラクト・システムに関連すると仮定されている。このことは，役割が役割演技者の物の見方に係留されているのであっ

て，必ずしもグループの他のメンバーとの集合的関係に引き続いて生じるものではないということを意味している。それは，おもにその人の社会的状況からというよりも，その人自身の解釈システムから現れる行動のパターンである。彼は，彼の仲間たちの態度の理解をふまえることによって，たとえその理解がわずかで，断片的で，あるいは見当違いであったとしても，自分のパートを演じきる。したがって，この役割という見解は，典型的な刺激—反応の見解でもなければ，典型的な社会学的見解でもない。われわれはこれが基本的前提，およびすでに述べた種々の系と，本質的には一貫していると信じている。

　強調されるべき第2のポイントは，この役割の定義が，いくらかの心理学的システムで使われている「自己概念」と等価ではないということである。自己を役割演技するものとして見ることは，自己を静的な実体として見ることと同じではない。しかし，パーソナル・コンストラクト理論の全体を通して，役割はむしろ過程——進行中の活動を指している。人が演じる役割を構成しているのは，他者との関係で，そして他者を理解する方法として，実行されるあの活動なのである。

　第3の強調点は，この定義が役割を社会的過程に結びつけているところにある。役割の概念は，個別の人々に関する心理学的システムにふさわしいが，ここでは2人以上の集団内での類似した発達に依存するように定義される。役割演技者が，他の人々が何を考えているのかを見て，自己の行動を組織化するだけでは十分でない。彼は，協調していようが対立していようが，集団の動きの中での参加者でなければならない。この役割の定義のさらなる制約は，役割演技者の側におけるチームのメンバーシップを強調しているところにある。

　第4の強調点としては，ある人は，他者を含む社会的過程において，その他者の物の見方の1バージョンを包摂することを通して役割を演じているかもしれないが，その理解には相互性を必要としないということがある。したがって，その1人は社会的過程において役割を演じているが，もう1人はその社会的過程において役割を演じていないことになる。これが，われわれが**役割**の定義に選んだ方法である。それは，もう1人が社会的過程を説明するのに考慮されるべき要因ではないという意味ではない。

　第5の最後の強調点は，この役割の定義が，この社会的過程に，あるいは特にこの役割演技に含まれている人々の，コンストラクト・システムに共通性があると主張するものではないということである。解釈システム間の共通性は，1人の解釈システムが他者のそれの一部を包摂しうる可能性を高めるが，相互に似た考えをし，理解し合っている人々の間で役割が演じられている場合には，この事実は本質的というよりも偶発的である。さらにいえば共通性は，どちらの側も社会的過程に携わるのに十分に相手が理解できていなくても，相互にコンタクトをもつ2人の間には存在しうる。共通性は相互知覚——人々の相互理解あるいは相互の心的過程の包摂を可能にする——が

なくても，存在するのかもしれない。臨床家がクライエントの物の見方にあまりにも緊密に同一化しすぎて，クライエントの心的過程を包摂できない心理療法ではそうであるように，臨床家がとる役割は貧困になり，社会的過程，あるいは臨床家―クライエント関係の生産的な結果は停滞してしまう。心理療法における転移と逆転移の操作は，クライエントと治療者の両方にとって役割展開しうるという一例である。

われわれは，人々がお互いに理解しあうことができるためには，思考の類似性や共通性以上のものが必要だということを指摘した。人々が相互に調和的にやっていくためには，各人が他者へのいくらかの理解をもたねばならない。このことは，各人が物事を他者とまったく同じように理解しなければならないということではない。そして，このデリケートなポイントが心理療法においては深い意味あいをもつのである。人々が相互に理解しあうかぎり，あるいはわれわれの理論の用語で述べるなら，彼らの解釈システムが相互に包摂しあうかぎり，相互に関係する彼らの活動は，**役割**と呼ぶことができよう。つまり，役割とは，1人以上の他者の行動の理解に基づいて演じられる活動の流れなのである。

さらにわれわれは，同じ解釈システムをもつ2人，相互理解をもつ2人，の間には違いがあるので，彼らは相互関係の中で役割を演じられるのだという点を，軽視してはこなかったことを，確認しておこう。男と女の人生に対する特徴的なアプローチの違いを考えてみよう。われわれのだれもが男と女は人生のあらゆる局面を同じように考えるなどとは主張しないと，われわれは信じている。そしてそれにもかかわらず，自然がわれわれに提供してくれるもので，この性別ほど繊細な役割関係と建設的な社会的相互作用の例は見られない。自然の証言を見るなら，自然がしばしば男には女を理解させ，女には男を理解させてきたことを認めざるを得ない。そして，この種の役割の相互関係を可能にするような理解に到達できないことほど大きな悲劇はないのである。

32 リーダーシップの役割

ここで社会性の系のすべての含意を論じるつもりはない。しかしながら，この仮定が心理学領域でどんなインパクトをもちうるのかを提言するためには，そのいくらかの含意を見ておくのが有益であろう。たとえば社会性の系は，リーダーシップの心理学と関連をもっており，その有用性が証明されるかもしれない。しかしながら，初めに「リーダーシップ」が何を意味するのかを明確にする必要があるだろう。集団をソシオメトリー的に研究する際には，その状況が何を求めているのかの理解によって，指名者はリーダーの選択をまったく違うようにするかもしれない。もし創造力と独創性が求められているように思えたなら，指名者はある人を選ぶだろう。外的脅威や上部の権威に対する集団の防衛が必要だと信じられる場合には，まったく別種の人が選

択されるだろう。義務への献身や家事活動が要請される場合には，さらに別種の人が選択されるだろう。グループの個々のメンバーがみずからの行為の自由が制限されるのを恐れる場合には，またグループがある線に沿ってしっかりと組織化されている場合には，集団構造に最適の許容性を約束する人をリーダーとして選ぶだろう。もし指名者がお互いの相互依存に敏感で，グループをもっと可動的にしたいと望むなら，彼らはさらに別のタイプのリーダーを選ぶだろう。

　名声や地位はほとんどあらゆるリーダーシップに共通であるかもしれないが，多様なリーダーシップ・パターンがこの1つの特徴を共通にもつというだけで，心理学者がこの多様性を見落としたとしたら，彼はひどい馬鹿だということになるだろう。リーダーは，リーダーシップの仕事として広く認められている多様な仕事を，何でもこなす人である。彼は周囲の期待ゆえにその仕事を行うのかもしれない。この場合には彼は「できる以上のことをする」かもしれない。彼はまた，非常な独創性をもって仕事をするので，その「リーダーシップ」が認められるのは，歴史のページの中だけかもしれない。

　われわれはまず，人を動員してまとめるタイプのリーダーシップの役割に含まれるのは何なのかを考えてみよう。彼が働いている状況は，時に下位グループや上位グループの社会的過程を遅延させることもあるが，グループの全体としての社会過程を促進する傾向がある。まとめるタイプのリーダーのグループの社会的過程の促進への貢献は，同僚たちのパーソナル・コンストラクト・システムにおける関連のある特徴の理解に依存し，比例する。ここで「理解する」ということは，彼が必然的に共通の視点をもっているという意味ではなく，同僚の考えを読み取って，その意味がわかり，彼らの行動予測ができる方法をもつという意味である。もちろん視点の共通性は，ある程度まで，彼が同僚の解釈システムの部分を包摂するのを容易にしてくれる。しかし，共通性は包摂するために必要な前提条件ではない。

　ここでのポイントを簡単にいえば，人がある人々を理解するためには，これらの人々に似ている必要はないが，これらの人々を結集してまとめるためには，いくらかの点で理解する必要はあるということである。この文章にはいくらかの付加的な修正項が必要かもしれないが，パーソナル・コンストラクト心理学がまとめるタイプのリーダーシップについていうべきことの，中心的なテーマは表現している。

　いくぶん異なる意味で，社会性の系は他のタイプのリーダーシップに関する推測を提供してくれる。創造力のあるリーダーは社会的過程における役割――われわれがここで定義したような**役割**――は果たしていないかもしれない。しかし，彼をリーダーに選んだ人々は，彼を含む社会的過程において役割を果たしているかもしれない。彼を選ぶに際して，彼らは彼のグループへの貢献を予期して，それを，彼ら自身が彼の果たすべきパートと解釈したものに包摂しているのである。

防衛的なリーダーはグループ内の役割遂行は求められていないかもしれない。社会的過程における彼の役割は，主としてそのグループの外の人々との関係で，行動として表わされる。家事リーダーはわれわれが定義した意味で役割を果たしているのかもしれないし，果たしていないのかもしれない。一方では彼は，創造力のあるリーダーのように，社会的過程において他者がみずからの役割を果たすという関係の中で，リーダーなのかもしれない。他方，組織の有能な重役秘書のケースがそうであるように，明示的および暗示的なグループのポリシーをよく理解していて，特別な権能はなくても，新しく起こってくる状況で，グループが彼にしてほしいと思うまさにそのことを行うことができるのだ。

妥協的なリーダーは，われわれが定義したような役割を果たす必要がなく，彼を選ぶ人々が参加する役割の価値も最小である。彼を選んだということは，彼のリーダーシップが同一化されているその特定グループでの社会的過程が減速していることを意味しており，たぶんそれゆえに，他の社会的過程は窒息させられていないはずなので，彼の役割は限定されるだろうと期待される。たしかに，いくらかの副大統領がしてきたように，彼も彼を選んだ人々を驚かせ，彼らが予期する以上の社会的進歩を生み出す役割を演じ切るかもしれない。

33 パーソナル・コンストラクト理論の検証

理論はイベントの最適の予期ができるようにデザインされる中間的な解釈システムなので，その生命はその有効期間によって限定される。もしこの理論が豊饒で，検証可能な仮説を提供し，心理学が直面する問題への新しいアプローチを示唆することが証明されるなら，それは最初のハードルを越えたことになるだろう。その後，仮説のかなりの部分が正しいと証明され，多くの新しいアプローチが心理的なイベントへの望ましいコントロール法を提供してくれるようになれば，この理論は成熟に達することになろう。この地位が最終的により包括的な，より明瞭な，より豊饒な，そしてより有用な理論にとって代わられるときには，この理論は過去のものへと追いやられる時期が来たのである。

この理論提示では，最初のハードルを部分的に超える以上のことが達成できるとは期待できない。この理論が，特に心理療法の領域で，心理学者が直面している問題へのいくつかの面白く新しいアプローチを提供してくれることを示すために，1つの試みがなされるだろう。もっと公式の手続きによって検証可能だと信じられるいくつかの仮説も提言されるだろう。しかしながら，この点での実際の生産力の設定は，この文章の読者が，これを読んだ結果として，何を考え出すのかにかかっているのだろう。

M 仮定構造の要約

34 基本的前提とその系

　a．**基本的前提**：人の心的過程はその人のイベントの予期する方向によって心理学的に水路づけられる。
　b．**解釈の系**：人はイベントをその反復を解釈することによって予期する。
　c．**個別性の系**：イベントの解釈は人によって相互に異なる。
　d．**組織化の系**：各人は，イベントを予期するのに便利なように，コンストラクト間に序列的な関係をもつ解釈システムを，特徴的に進化させる。
　e．**二分法の系**：人の解釈システムは有限数の二分法的コンストラクトで構成される。
　f．**選択の系**：人は二分法的コンストラクトの中から，彼のシステムの拡張と限定の可能性をより高めると予期する側の選択肢をみずから選択する。
　g．**範囲の系**：コンストラクトは，限られた範囲のイベントの予期に対してのみ利便性をもつ。
　h．**経験の系**：人の解釈システムは，イベントの反復を連続的に解釈していくときに変化する。
　i．**調節の系**：人の解釈システムの変動は，コンストラクトの浸透性によって制限され，その変形はそのコンストラクトの利便性の範囲内に位置する。
　j．**断片化の系**：人は相互に両立しないと推測される多様な解釈サブシステムを連続的に採用するかもしれない。
　k．**共通性の系**：ある人が他者の採用するのと類似した経験の解釈を採用するかぎり，彼の心的過程は他者のそれと類似していることになる。
　l．**社会性の系**：ある人が他者の解釈過程を解釈するかぎり，彼はその他者を含む社会的過程において役割を果たしているといいうる。

第3章
The nature of personal constructs
パーソナル・コンストラクトの本質

　ここで，今までに抽象的な言葉で述べてきた事柄がもっとわかりやすくなるように，パーソナル・コンストラクト心理学をより綿密に記述することに向かう。

A　コンストラクトの個人的な使用

1　コンストラクトの基本的な性質

　コンストラクトとは，何かが他と似ているが，なお異なってもいると解される1方法である。われわれは，コンストラクトがまさに，似ていると見られる何かに対するのと同じくらい，異なると見られるものに対しても関係すると仮定することによって，伝統的な論理から離脱した。たとえばある人が**黒 対 白**のコンストラクトによって解釈すると想像してみよう。彼のフィールドは多くのもので構成されている。そのうちのいくらか，たとえば彼のシャツ，靴，家，書き物をする紙，近隣の人の皮膚等々は，**黒 対 白**のコンストラクトを素直に受け入れる。このコンストラクトは間違って適用されるかもしれない。彼の妻がシャツは白いと見ているのに，彼がそれを黒だというような場合である。またそれは不適切であるかもしれない。彼の隣人の肌を黒いと単純に解釈するのは，彼の隣人に対するあまり進んだ見方ではない。しかし全体的に，このコンストラクトは，彼にとって黒か白かのどちらかでありうるものには，適用が可能である。しかしなお，この人の生活には他のものもある。1日の時間，子どもへの愛情，オフィスへの距離等々の，**黒 対 白**のコンストラクトが明らかに無関係なものである。

　a．コンストラクトの二極的な性質　さて，伝統的な論理なら，黒と白は別の概念として取り扱われるべきだというだろう。さらに，黒の反対は**黒でない**といえるだけであり，白の反対は**白でない**といえるだけである。したがって，先ほど述べたフィールドをもつ人は1日の時間がそうではないように，**白くない**靴をもっているだろう。またオフィスへの距離がそうでないように**黒くない**紙に書き物をするだろう。

　いくらかの論理学者はさらに，概念というものは，いくらかのものが自然に類似し，

他のものはすべて実際に異なるあり方をとるという見解をとっている。彼らにとって概念は，それが関係しているものの本質的特徴であり，誰かの解釈行為ではないのだ。われわれも概念が現実(リアル)であることには同意する。が，その現実性は，そのユーザーが現実に採用するところに存在し，その概念が説明すると想定されるものの中にあるのではない。

　われわれが今言及した伝統的な論理学はそれなりに完全に尊重されるべきものである。それはこの数世紀の間，多くの注意深い思想家がよいと考えてきた思考への1アプローチである。われわれの見解でも，これを心理学の問題に対する1つの可能なアプローチとして認めよう。しかしわれわれはこれを自然の究極的な啓示だとは認めない。パーソナル・コンストラクト心理学が基礎を置いている代替解釈の可能性の見解と両立するように，われわれは当面，古典的な概念の見解を捨てて，いくぶん異なる思考の構造をとることを選択した。みずからの仮説のもっともらしさを防衛することから開始することが絶対に必要なわけではないが，コンストラクトの本質に関するわれわれの仮説は，概念化に関する伝統的な仮説よりも，人々が実際にどのように考えているかの観察のほうに，より緊密に対応しているようである。

　b．ライル (Lyle) の研究　コンストラクトを二分法的抽象化と見るわれわれの見解は，前提の本質に含まれており，したがってわれわれの理論の枠組み内で検証される必要のないものである。が，この見解を支持するいくつかの研究エビデンスはすでに存在する。ライルはパーソナル・コンストラクト心理学の見地から行われた選択的知覚の研究で，語群をカテゴリー分類する課題の正確さ得点を，因子分析する機会があった。このカテゴリーは，被験者が標本抽出された母集団では，普通に使われているコンストラクトによって設定された。この語のリストは注意深く選ばれ，いくらかのコントロールを提供するために，予備テストがなされた。これらの語は次に被験者に提示され，8つのカテゴリー，あるいは第9の「わからない」というカテゴリーに分類された。これは一定ペースで提示されることによって時間のプレッシャーの下でなされた。

　被験者は8つのカテゴリー群のおのおのに語を「正しく」同定すると，正確さ得点が与えられた。「正しさ」のカテゴリーは，同じ女子大学生の母集団から被験者とは別に抽出された人々の一致反応に基づいて決定された。こうして各被験者は8つの得点を得たので，このデータは因子分析が可能であった。

　ライルの8つのカテゴリーは，4つのコンストラクト次元を代表するように選ばれた。すなわち，**楽しい　対　悲しい，度量の広い　対　度量の狭い，洗練された　対　粗野な，誠実な　対　不誠実な**，である。しかしながら，語の選択はこれらのカテゴリーと実験的提示に合うようになされているので，それらは独立の概念として扱われている。

　因子分析では5因子が抽出された：それは言語的融通性，知能などとも呼ぶべき一

般因子と，もとのコンストラクト次元の対照的な両極のペアのそれぞれに高く負荷する4因子である。語の選択にも数学的手続きにも，こんなふうに負荷を対にするようなものは何もなかったが，こんなことが生じた。すなわち，人々がライルの**楽しい**のカテゴリーへの分類でエラーを生じたときには，**悲しい**のカテゴリーへの分類でもエラーを生じたが，彼らは必ずしも**度量の広い**，**度量の狭い**，**洗練された**，**粗野な**，**誠実な**，**不誠実な**のカテゴリーに関連したエラーは生じなかった。このことは，示唆している。もし**楽しい**が人のパーソナル・コンストラクト・システムにおけるコンストラクトに対応しているなら，その反意語もまたそれに対応しているはずである。あるいは，いいかえれば，もしある人の**楽しい**のパーソナル・コンストラクトが公的なシステム内で意味をもつのなら，**悲しい**のパーソナル・コンストラクトもまた公的なシステム内で意味をもつだろう。このことは，人のパーソナル・コンストラクトが本質的に二分法的であるなら，当然予期されることである。それは，**楽しい**と**悲しい**という概念がその人によって独立に抽象化されたものなら，誰も予期しなかったはずのことである。次に示すのはライルの因子分析の表である。

用　語	因　子				
	I	II	III	IV	V
楽しい	52	60*	01	02	−03
悲しい	47	66*	−03	−04	22
度量の広い	66	00	42*	05	12
度量の狭い	72	−02	57*	03	04
誠実な	12	06	−10	75*	02
不誠実な	27	−01	12	48*	−05
洗練された	00	−04	−07	20	55*
粗野な	43	03	23	−06	72*

＊特殊因子のそれぞれに最も高く負荷をするペア

c．個人的な利便性の範囲　われわれの視点から見ると，ある人によって使われるおのおののコンストラクトは，利便性の範囲が限定されている。その範囲外では，その人はどちらにしても，それとそこにあるものとの関連はわからないのだ。たとえば1日の時間は，大概の人が，彼らの**黒 対 白**のパーソナル・コンストラクトの利便性の範囲外に位置づけるはずの要素である。しかし，このコンストラクトの利便性の範囲内には，関連のある類似と差異があり，ともにこのコンストラクトの本質を形成している。差異とは，このコンストラクトと関連するものの境界——この境界は利便性の範囲の限界をいう——の単なる外側のことではない。むしろ，この差異は利便性の範囲内に存在し，コンストラクトにとっては類似とちょうど同じくらい重要なのである。

このコンストラクトの利便性の範囲内にある要素は，その文脈を構成するといわれる。ある人にとっては，**黒 対 白**のコンストラクトは，他の人とはいくぶん異なる文脈をもっているかもしれない。たとえばある人は自分の気分を黒または白に分類するかもしれない。もう1人は自分の編みものを黒か白かに分類するかもしれない。また別の1人はこのコンストラクトを文化間の区別をするのに使うかもしれない。さらにいえば，鉄道の時刻表に黒ずんだ顔のタイプと明るい顔のタイプを読み取る人は，1日の時間さえも**黒 対 白**のコンストラクトの利便性の範囲内で処理するようになるかもしれない。最後にある人は，他の人——おそらくは別の文化集団に出自をもつ人——が黒に分類するものを，白に分類するかもしれない。たとえばヨーロッパの文化集団では黒は喪の色であるが，東洋の一部では白が悲しみを象徴するのに用いられる色である。

d．二分法的前提の有用性 二分法的解釈システムは科学の領域で有用であることが証明されてきたか？ これは問うべき重要な質問である。というのもわれわれは，二分法的な性質があらゆる人間の思考に帰せられるものと見ているからである。したがって，二分法を現象に帰属させようとする今までの試みが有益だと証明されてきたのか否かを問うことは，今日的意味を大いにもつことになる。

二分法的思考が特に有用であると証明された2つの事例を引用しよう。第1は電磁気学，後の電子工学領域における事例である。ここでは，陽極と陰極，そして電荷が多くの発明や発見にドアを開いた。しかしなお，**陽 対 陰**（positive vs. negative）の見解はデータによって押しつけられた仮説にすぎない。原子は科学者のところにやってきて，陽と陰の2側面に分けてくれとたのむわけではない。二分法をうまく使った目覚ましい第2の例は，メンデルの遺伝子理論である。誰もまだ，優性であれ劣性であれ，はっきりと遺伝子を指し示すことはできていないが，この**優性 対 劣性**の概念は非常に実り豊かであることが示されてきた。

次のことをしっかり心にとどめておくことが大切である。コンストラクトを構成するのは，その文脈内でのその要素の蓄積でもなければ，要素の異なるグループ分けでもない。それよりもむしろ，コンストラクトは要素を理解するための**基盤**になるものである。問題は，その人がそれらの要素を処理するために，それらをどう解釈するかであって，それらがたまたまどこに出現するか，あるいは彼がそれらをどこに書きとめようと決意するかではない。コンストラクトは状況を解釈するものであり，それ自体が解釈される状況ではないのだ。

われわれのコンストラクトの見解は，あらゆる人々の思考は抽象的でなければならず，絶対に具体的ではないと言っているようである。われわれはこれが事実だと考える。われわれには完全に具体的な心理的反応の可能性は想像できない。知覚でさえ，概念化とはまったく違う何かだと長く考えられてきたが，解釈するという1つの行為

だと考えられる。しかしわれわれは，いくらかの個人が他の人々よりもずっと具体的なものの見方をしていることを知っている。彼らには，その要素が物理的に隣り合って置かれていないかぎり，それらの要素間の橋渡しをするのが困難なのである。しかしそうであっても，彼らもある程度は要素を抽象化せざるをえず，そうでなければ彼らの人生は絶望的に千変万化するだろうし，内的な統合はありえないだろう。

2 人々は自分の言うことを本気で言っているのか？

人はみずからの解釈システムの全体を表現することができない。コンストラクトの多くは，便利な言葉のハンドルとして使えるシンボルをもっていない。これらのコンストラクトはしたがって，他者がそれを把握し，そのシステム内に取り込むのが困難なだけでなく，その人自身にとってもそれを操作し，みずからのシステムの言語ラベルのついた部分に取り込むのも困難である。それらがすぐには言語ラベルの与えられたシステムの部分に組織化できないということは，人がみずから感じていることを明瞭化したり，今のところ言語的記述によるしか存在しえない未来の状況で自分が何をするかを予測したりすることが困難だということである。

ある人は，明日ドリンクを出されても自分は飲まないだろうというかもしれない。しかし彼がこういうとき，彼は言語的にラベルできることしか意識していない。彼は明日直面する状況がどのようであるかを完全には意識しえない。彼が想像する状況はたしかにドリンクを飲まないような状況かもしれない。しかし，実際にめぐってくる状況はまったく異なる現れ方をして，彼がしないと自分にも他者にも約束していたことをするようになるかもしれない。彼の構造には，あるいはもっと特定するなら，システムの残りの側面を適切に包摂する言語ラベルのつけられたその部分に，不具合があるのかもしれない。

人が自分の言うことを本気で言おうとしているのではないと見えるもう１つの事項がある。人は，いくらかのコンストラクトを，他者が誤解することなくその人自身のシステム内に包摂できるように，表現できないかもしれない。彼らは「彼の言うことを言葉どおりに受け取る」が，彼は，彼が意味していると彼らが考えるものを，言葉では伝えていないのである。したがって，彼のいうことは本気で言っているのではないようにも見える。時に人の言語表現はコンストラクトのひどい汚染を表わしているために，彼自身が自分の言葉の記録を異なる背景状況で聞かされると，その時の彼の言語行動の趣旨と見えるものに仰天させられるかもしれない。これは心理療法において，クライエントが前回の面接記録の一部を聞かされたときに，生じることである。

a．不完全な表現 しばしば人々はみずからのコンストラクトを不完全に表現する。コンストラクトとは，いくらかのものは似ているが他のものとは異なるあり方だということを，心にとどめておこう。その最小の文脈では，２つのものが似ていて第３の

ものとは異なるあり方だということになる。心にとどめておくべきは，2つのものが相互に似ているあり方が，これらが第3のものとは異なるあり方と同一であるべきだということである。われわれは「メアリーとアリスはやさしい性格であるが，どちらもジェーンほど魅力的ではない」といったとしたら，コンストラクトの全体をはっきりと表現したことにはならない。本物のコンストラクトを表現しようとするのなら，われわれは何かこういうことを言うべきであろう：「メアリーとアリスはやさしい。ジェーンはそうではない」と。あるいはこう言ってもよい；「ジェーンはメアリーやアリスより魅力的だ」と。

われわれが「メアリーとアリスはやさしい性格であるが，どちらも，ジェーンほど魅力的ではない」というときには，2つの異なるコンストラクト——**やさしさ**と**魅力**——を暗示しているのかもしれない。2人の人を記述するのに，あるいは1人を記述するのにさえ，ある形容詞を選択するということは，ふつう話し手があるカテゴリー——このコンストラクトは彼にとって同時に包含し排除する特徴をもつ——を形成したことを意味する。メアリーがやさしいということは，少なくとももう1人もやさしく，少なくとも他のもう1人がやさしくないということを意味する。あるいは少なくとも他の2人はやさしくないという意味かもしれない。

コンストラクトにとっての最小の文脈は，**3つのもの**になる。われわれは少なくとも類似した2つのものと，同じように1つの異なるものを含まずには，明示的であれ暗示的であれ，コンストラクトを表現することができない。メアリーとアリスが「やさしい」ということ，そして世界のどこにも「やさしくない」人がいないということは，非論理的である。そしてそれ以上に非心理学的である。

さて，「メアリーとアリスはやさしい。そして私はやさしくない人を1人も思い浮かべることができない」という言葉を，ある人が聞いたとしよう。こういう話し手は，やさしくなさを見る人の立場に自分を置くのを回避しているのかもしれない。彼の陳述はしたがって，彼を理解しようとしている心理学者には重要な手がかりを提供することになる。他方，この話し手はこの概念を独特の枠組みとの関係に限定しているのかもしれない。たずねてみれば，彼は「メアリーとアリスは，今はやさしい。少し前とくらべればね」という意味だったというかもしれない——いいかえれば，このやさしさは人々を相互に区別するコンストラクトではなく，日々の変動を区別するコンストラクトだったのである。このやさしさの解釈はまた，話し手の日々の気分の変化パターンの解明にかなり役立つかもしれない。話し手のコンストラクトの使用に注意深く耳を傾けることは，たしかに有益である。

時に人は，どういうわけか，似ていない2つのものに，文脈を限定しようと試みることがある。彼は「メアリーはやさしい。ジェーンはそうではない。どちらに似ている人も他には知らない」と言うかもしれない。これはなおいっそう理解しがたいかも

しれない。が，これもまた概念化の言語的歪曲を表している。メアリーとジェーンは，彼女らが名前によって識別されるこの議論に加えられた時には，すでに区別されていたのだ。彼女らがさらにそのやさしさやさしさの欠如によって区別されるということは，このうちの少なくとも1人と第三者との類似を示して，さらなる区別を行い，彼女らの分類をしないかぎり，この区別に何を加えることにもならない。この種の概念的な歪曲は，前のパラグラフで述べたことほど一般的ではないが，このことは，話し手が，社会的な場においてメアリーとジェーンそして他の人々との間に暗黙に解釈する近親性を伝えるのが，容易ではないということを示している。彼のコンストラクトの表現で紛失した**類似要素**は，非常に否定されやすい。というのも，彼自身がそれ（紛失した類似要素）だからである。メアリーとジェーンについての彼の概念化は具体主義的であるというのは十分ではない。彼は実際には，メアリーとジェーンについては厄介な状態にあるのである。

この時点で，人は，誰もが「個人」であるから，他の個人の理解を通して一個人を理解することはできないと主張する心理学者やその他の人々を思い出さずにはいられない。ここには一種の概念的歪曲があり，その歪曲は「人々」についてはどう対処すべきかについての，特定科学者の根深い混乱を露呈しているように見える。現実にこの種の推理に陥ってしまう治療者は，彼の治療努力によって重い通行料金を絞りとられること，そして転移と逆転移の問題（彼自身が潜在的にこの解釈の（constructural）文脈におけるこの2人の見失われた人物の1人になるので）が彼の直面できないものだということ，を発見しやすいようである。個性記述的な枠組みの排他的な使用を主張することは，あらゆる社会的コンストラクトを非類似のみで構成される文脈へと還元する，さらなる一例となる。この間違いは，少なくともパーソナル・コンストラクト心理学では，一人物の行動の一標本から引き出される抽象化が，次には，一群の人々の標本から抽象化を引き出すデータとして用いられうることを認識することによって，回避されている問題である。

われわれは，話し手が彼のコンストラクトの文脈を2つに限定しようとする可能性のある2つのタイプの例について述べた。第1は，その文脈を2つ以上の類似したものに限定しようとする試みであり，第2は，その文脈を2つ以上の非類似のものに限定しようとする試みである。次に，文脈を1つのものだけに限定しようと試みるケースについて考えてみよう。

「メアリーはやさしい。私は，他のどんな人もやさしいというつもりはないし，また彼らがやさしくないとうつもりもない。」これは「メアリーはメアリーだ」というような冗長な陳述とも等価ではない。ある人を「メアリー」と呼ぶことによって，われわれは少なくとも，彼女のすべてが「メアリー」であり，他の人々は「メアリーではない」ということを意味している。しかし，メアリーはやさしいといいながら，や

さしさがメアリーに対する同族性も差別性も示さないと主張する人は，コンストラクトの伝達に失敗していることになる。このことはもちろん，メアリーは今やさしく，それは過去のある時期の彼女に**似ており**，別の時期の彼女には**似ていない**，という意味なのかもしれない。もっとありそうなのは，彼がみずからのコンストラクトを十分に表出できるポイントに達していないということである。言語レベルでは少なくとも，彼のコンストラクトはおそらく完全な非浸透性のポイントに達している。彼は人生の新しい状況に出会うために，あるいは古い状況に再適応するために，そのコンストラクトを使える立場にはない。彼はそのコンストラクトの下に他のコンストラクトを組織化することができないのだ。言語レベルではこのコンストラクトは作動しなくなっているのだ。

　b．**パーソナル・コンストラクトの象徴としての名前**　適切な名前はコンストラクトの表現になるのか？　イエスだ。名前は一群のイベントに類似性を見て，これらを他の一群のイベントから区別する手段になる。こちら側には，「メアリーのイベント」であることによって類似していると見なされうる一群のイベントがある。あちら側には，なおもこのコンストラクトの利便性の範囲内にあるのだが，「メアリーらしくないイベント」がある。メアリーはイベントのコンストラクトである。それゆえ，どんな名前もイベントの一種の解釈になる。これはレイミーの自己概念理論への批評家に対する部分的な回答である。批評家は論理的な基盤に基づいて，「自己概念（self-concept）」という語は誤称であり，「自己知覚表象（self-percept）」あるいは「自己同一性（self-identity）」と呼ばれるべきだと主張した。古典論理学では，これらの批評家の批判そのものはもちろん正しい。しかしながら，パーソナル・コンストラクト心理学におけるわれわれのコンストラクトの機能的な定義と，われわれの理論的な立場では，ある人の自己概念，あるいはパーソナルな自己コンストラクト（personal self-constructs）とも呼びうる1クラスのコンストラクトに言及するのは，まったく適切である。

　c．**非弁別的全称性**（non-discriminating universals）　最後に，普遍的なやさしさを表現しようとする試みがなされた例を見てみよう。「メアリー，アリス，ジェーン，そしてその他のだれもがやさしい」。この表現は，「すべてよし」という共通表現を思い起こさせてくれる。文字どおりに受け取るなら，どちらの発言もそのコンストラクトを否認している。誰もがやさしいのなら，このやさしさのコンストラクトは意味をもたなくなる。しかし，話し手は何かを意味しているはずだ。聞き手は文字どおりの象徴表現のかなたを見て，話し手の個人的な解釈を解釈しなければならない。

　ここにはいくつかの可能性がある。話し手のシステムにおける「やさしさ」の対極には，われわれが「攻撃性」と呼びうるような何かがあると仮定してみよう。話し手が「誰もがやさしい」というなら，彼は誰かを名指すことと，その人が「攻撃的だ」ということを回避しているのだ。彼がこういうことをいうのは，彼が攻撃的な人々を

満足のいくように扱えないからであり，少なくとも当座は，彼の全住民を彼が扱える人々に限定しようとしているからなのかもしれない。次に，この発言には言外に例外が存在し，「私以外はみんなやさしい」という意味なのかもしれない。もう1つの解釈は，もし世の中の誰かが攻撃的であるとするなら，それは彼自身のはずであり，彼自身の潜在的な攻撃性は非常に大きいと，感じているのかもしれない。したがって，彼が攻撃性の最も重要な例であることを免れうる唯一の方法は，誰もがやさしいと主張することなのである。

　同じような解釈は，もし誰かを攻撃的であると認めたならば，たとえば親などの彼に近い人を攻撃的だと同定せざるを得なくなる，ということである。親を攻撃的だと解することは非常に広範囲に影響を及ぼすので，よりよい念入りな選択は，それがやさしさの普遍化を意味するとしても，その親をやさしい人に含めることになるようである。彼の役割については他にどんな解釈をしても，彼の人生の役割に形を与えてくれている全解釈システムが，揺るがされかねないのである。

　しばしば話し手は，みずからコンストラクトを選択することによって，彼が聞き手について考えていることを示す。これは心理療法では連続的に生じることである。治療者はクライエントが彼について考えていることのかなりのイメージを，クライエントが選んで強調すること，あるいは単に話すことからさえも入手する。たとえば「みんながやさしい」というクライエントは，治療者が攻撃性を見る傾向が強すぎると暗示しているのかもしれない。彼の意味するところは，「あなたは攻撃性を探し続けているように見える。だから，私に対するときには，どうか誰もがやさしいという見方をとってください」なのだ。あるいはもう1つの類似した解釈としては，彼は「見てください！　私はこんなにいい人間なので，私は喜んでみんながやさしいと言ってあげましょう。彼らが実際にやさしくても，やさしくなくても。さあ，あなたは私を高徳だと思いませんか？」と言いたいのかもしれない。あるいは，「身のまわりの非常に多くの人が攻撃性を見ており，私はそのことに非常に混乱しているので，私はやさしさを見る徳を例示しようと思います」といいたいのかもしれない。

　もう1つの可能な解釈は，クライエントが（内面の）動きを表出しようとしている，というものである。彼はかつて世界は攻撃的だと見ていたが，今はそれをやさしいと見ている。あるいは，彼は治療者に切迫した動きに用心せよと忠告しているのかもしれない：「非常に多くの人が世界を攻撃的に見ている。私はまだそうは見ていない。──けれども注意！」

　d．解釈の特殊問題　コンストラクトはおもに個人的なものなので，そのすべてが容易に共有されるわけではない。人のコンストラクトの特殊な性質，あるいはその人の独特の用語法は，聞き手に誤解される可能性がある。たとえばある人の「やさしい」の意味するところは，他者なら「依存的」あるいはおそらく「弱い」と

呼ぶものにより密接に対応しているかもしれない．また彼は，たとえば「ジェントルマン」という用語が暗示しているような，ある種の洗練されたマナー，社会的地位，文化的集団を，心に思い描きさえしているかもしれない．

それゆえ，人はコンストラクトの2極的な性質に，そして，ある人の「やさしい」はその対極へと伸びる連続体が，別の人の「やさしい」の連続体と，まったく違っている可能性があることに，注意を払う必要がある．われわれが示唆したところでは，**話し手はやさしい 対 攻撃的**という連続体によって解釈しているのかもしれない．しかし，ひょっとしたら，彼のコンストラクトの対極は「攻撃的」ではなく，「機転がきかない」あるいはもしかしたら「率直な」のような何かなのかもしれない．この場合には彼の言明はもっと「みんなは陰険だ」あるいは「みんなはずるい」のような意味になるのかもしれない．

時にクライエントは，彼の治療的役割に関して単純に実験を遂行する．彼は治療者がどのように反応するか，あるいは結果的に彼にどんな状況をもたらすのかを見るために，視点の行動化をはかる．彼の意味するところは，「『みんながやさしい』といえば，あなたはどう反応するのか見てみよう」ということかもしれない．この種の言明を理解する鍵となるのは，クライエントが言ったことの中の暗黙の引用符^{クォーテーション・マーク}に注目することである．クライエントは実験しているのだ．治療者がこの言明を受容あるいは拒否をするように見える場合には，クライエントはそれが治療者を理解するための光明になると解する．たとえば治療者がこの言明を受け入れていると見える場合には，クライエントが表出を望んでいる可能性のある潜在的攻撃性を扱う準備が，治療者にはできていないという意味かもしれない．治療者がこれを拒否するように見える場合には，次に，彼は攻撃を何だと考えているのか，そして攻撃的な人は誰なのかを，見いだすことが重要になってくる．この場合にはたぶん治療者自身が攻撃的になる準備をしているはずである．

時にクライエントは，みずからの言明を逆の形式で述べることがある．彼が正しければ，本当は棄却されることを望む帰無仮説をめぐって，実験計画を立てる実験心理学者のように，このクライエントは試験的に逆の賭けをしているのかもしれない．「全世界は攻撃的では**ない**のか？」という代わりに，「全世界はやさしいのか？」と問う．彼は**ない**を使う代わりに，正反対の肯定文を使うのだ．仮説が立てられると，彼の経験データは，いくつの穴をそれに打ち込むのかを見るところに進んでいく．おそらくクライエントはみずから実験を行っているのだ．彼が見たいのは，「私はそうは考えていないけれども，今は全世界がやさしいという振りをしてみよう．そうすると，私がこういうポーズをとる結果として，**私**にはどんな不合理なことが生じるだろうか？」であろう．人はしばしばこんなふうに実験する．これは治療者が常に心に持ち続ける必要のある事実である．これはまた，心理学の伝統的な学習理論では簡単には説明の

できない事実である。

　われわれの意図するところは，人が単純な宣言的言明を行ったとき，その人が何を意味しているのかを徹底的に分析することではない。解釈の際には，表明されたパーソナル・コンストラクトの差異性の側面を見落としてはならないということを明確にし，われわれが例に用いたような単純な言明にも，聴き手がなしうる非常に多様な解釈がありうることを指摘するだけで十分である。

3 パーソナル・コンストラクトの解釈における暗黙のつながり

　パーソナル・コンストラクトの実際の解釈においては，われわれは人の自己表現の仕方のもう1つの特徴に注意を向ける必要がある。われわれの最初の例示の文章をとり上げてみよう。「メアリーとアリスはやさしい性質をもっている。しかし，2人ともジェーンほど魅力的ではない」。話し手は1つのコンストラクトの対照性の極に言及するのを避けるために，2つの異なるコンストラクトを呼び出しているように見えるかもしれない。が，彼はもしかしたら本当に，彼のコンストラクトが**やさしい 対魅力的**の連続体として機能するように，この2つのアイデアを対置したのかもしれない。やさしさと魅力のなさは，話し手の解釈システムの中では相互に未分化なのかもしれないのだ。これらはまったく分化したことがなかったのかもしれない。あるいは最近の経験の解釈を通して，これらが今1つのパーソナル・コンストラクトとして機能するように，結びついたのかもしれない。

　この種の結びつきは心理療法においてはありふれた問題である。それはステレオタイプにおいても，また，クライエントが治療のある段階で治療者やその他の人を見る際の大規模な**人物転移**（figure transference）においても見いだされる。この種の結びつきは時には治療者によって「葛藤」と解釈される。治療者自身のシステムでは，これらの用語は明らかに別のコンストラクトを指しているからである。治療者が解釈を行うのは，彼がまだ，クライエントの思考の中に入っていけず，このコンストラクトの単一性を，クライエントが個人的に使っているほど十分には知覚できないからである。この「葛藤」はクライエントの体験というよりも治療者の体験なのかもしれない。クライエントが体験しているのは，このコンストラクトが彼のためにうまく作動しなくなっているのだと仮定すると，**不安**だということになる。

　メアリーとアリスとジェーンに関するこの言明は，この話し手がみずからの使うコンストラクトの文脈と自己を同一化することから生じる，別種の結びつきを暗示しているのかもしれない。「メアリーとアリスはやさしい性格をもっている。しかし，2人ともジェーンほど魅力的ではない」。この話し手は**やさしさ**と**魅力**という2つのコンストラクトを使っているのかもしれない。もし彼がメアリーとアリスはジェーンほど魅力的ではないと言っているだけなら，彼はみずからをメアリーとアリスの中傷者

として同定したことになろう。そこで，彼はまず，メアリーとアリスとの快適な関係を維持するものとして自己を同定する。われわれの社交的な談話は，**うん，でも** (yes, but…) タイプの解釈に満ちあふれている。これらは，われわれが論議している文脈から自己自身を切り離すことによるのではなく，その文脈のすべての人と同盟することによって，客観的であろうとする努力を表わしている。「ジョンはいいやつだ」「ジムはおしゃれな奴だ」「何人かの私の親友はユダヤ人だ」…これらの言葉は，話し手が言おうとしていることの結果に対して免責を求めようと企図する一般的な前置きである。

最後に，話し手がコンストラクトの**システム**を立ち上げようとする企てから生じる，結びつきの一種である可能性がある。**やさしさ**のコンストラクトは**魅力**のコンストラクトに包摂されるものと見なされる。メアリーとアリスはやさしいことによって魅力的である。ジェーンも魅力的だが，それは彼女がやさしいからではない。

われわれは，コンストラクトの形成が可能な最小限3つの文脈と，1つは類似1つは差異を意味する最小限2つの関係性を指摘した。われわれはまた，話し手の単純な陳述に暗示されうる概念の崩壊について，いくつかの導入的な解釈を示した。そして最後に，われわれはコンストラクトの結びつきをも示唆した。この議論から臨床家は，たとえ高い技能が必要だとしても，例に使ったような単純な文章を聞いただけで，クライエントの概念的システムがある領域で崩壊していることを確かめられるなどと推論を行ってはならない。われわれが説明を試みてきたように，例示した文章によって暗示されるパーソナル・コンストラクトの解釈には可能なものがいくつかある。しかし，その選択肢は操作が不可能なほど多様なわけではない。そして，熟練した臨床家なら，このような文章で表現されているクライエントのパーソナル・コンストラクトの意味とつながりを，たいした苦もなく引き出せるかもしれない。

クライエントがみずからのコンストラクトを表出するに際して，少なくとも3要素の文脈や，二分法的な関係を受け入れられないことに気づいて，概念的歪曲が検出されるときには，臨床家は以下のような事柄に，特別な注意を払いたくなるのではないかということを，われわれは見てきた。すなわち注意を向けたくなるのは，そのコンストラクトの暗示する行方不明な**反対概念** (opposites)，そのコンストラクトが，聴き手との関係で話し手に強制的に割り振る，暗黙の瞬間的**役割**，この種の**世界**または登場人物の配役——これとの関連で彼は人生の役割を設定しなければならない——，彼が試みるかもしれない類の実験的**冒険**，そして，クライエントのコンストラクトが秩序づけられる包括的な関係ないしは**システム**である。これらのポイントを心にとどめることにより，われわれは今やパーソナル・コンストラクト心理学のいくつかのさらなる基本的な含意にまで注意を向けられるようになるのだ。

4 | コンストラクトと予期

　コンストラクトの性質について今までに述べてきたことから，コンストラクトは，本来静的な対象からなる宇宙を秩序づけるためにデザインされているのだと，安易に結論づけてしまいかねない。しかし，われわれの基本的前提は変化の途上にある宇宙を思い描いている。実際，われわれはうかつにも，先行要因（antecedence）と後続要因（subsequence）の処理に失敗しているという，アリストテレスの**概念**に向けられたのとまったく同じ現代の批判に，われわれの**コンストラクト**を，さらしてしまったかのようである。それゆえわれわれは，解釈が心理学の予期システムにおいて果たす役割を，もっとはっきりと取り上げるべき時期が来たようである。

　われわれは，人の（心的）過程はイベントを予期する方法によって心理学的に水路づけられ，これらの方法はコンストラクトという形で存在すると述べた。次に，コンストラクトは抽象化されたものである。これによってわれわれは，コンストラクトがいくつかのイベントに帰属される特質であり，このイベントによってそれらのコンストラクトは2つの同質グループに分けられるということを意味している。このような特質の発明は，抽象化の行為である。イベントを解釈するということは，抽象化という便利な技を使って，その意味が通るようにするということである。各人は多少ともみずからのやり方でそこをめがけて進んでいく。そしてそれが，本書のタイトル，『パーソナル・コンストラクトの心理学』の由来するところなのである。

　それでは，予言についてはどうなのであろうか？　イベントは，その反復を解釈することによって，相互に切り離されると，われわれはすでに述べた。すなわちわれわれは自分のそばを通り過ぎる未分化な流れを見て，そこにくりかえし現れる何かを見いだそうと試みる。いったんその特質を抽象化すると，時間と現実のチャンクを切り離して，それらを1つずつ取り上げて調べるための基礎を得ることになる。他方，このような特質を発見できない場合には，われわれは寄る辺がなく，初めも終わりもない流れの中に取り残されて泳ぎ続けることになる。したがって，予言の第1歩は何か予言すべき一握りの確かなものを捕まえることである。そしてこれが，われわれが解釈の系で仮定したように，解釈によってなされることなのである。

　イベントを予言できるようにイベントを区切るのは一歩である。しかしこの一歩を踏み出した途端に，われわれはさらに遠くまで関与することになる。このイベントを何か反復するものとして識別する，まさにその過程によって，われわれはそれがまた起こりうるとほのめかすことになる。あるいはむしろ，この反復する性質はすべて別のイベントの再現かもしれないと暗示することになる。したがって，人が何かを解釈するときにはいつでも，予言を暗示しないわけにはいかないのだ。たしかに，こんなふうに解釈される世界には，静的なものは何もないのだ。

a．人が予言するとき，予言されるものは何か？　人はすでに経験したイベントに反復的特質を抽出するときには，これからやってくるイベントについても，これらと同じ特質によって表示することができる。北極には一度も行ったことのないある冒険家は，それでもその緯度経度から見た位置をよく知っているので，そこに到着するイベントを予測することができる。ある意味では，彼はイベントそのものというよりも，むしろその特質を推測しているのである。たしかに，彼は予測の29日後に，すべての予測した特質——時間，太陽の傾き等々——のすべてが相互に関連しあいながら生起するイベントを経験する。この時間的空間的に収束する特質をもつエビデンスによって，彼は仲間に「さあ着いたぞ。これがそれだ」と叫ぶ。彼の予測は満足される形で確証されるのである。

　これについて，はっきりしていることを確かめておこう。人が予測するのは，完全に具体的なイベントではなく，単にある特質のセットが共通に交わるところである。すべての特質が規定どおりに交差して，イベントが出現する場合には，人はそれを予期したイベントとして識別する。たとえば10代の少女が最終的な結婚を予期する。彼女の人生で出会った男性は数名である。そして彼女がこれらの男性を整理するのに使っているコンストラクト・システムは，かなり単純である。夫になると予測される人はまだ実際には存在しないが，単純にかぎられた数の概念的次元の交差としては存在する。ある日若い男がやってきて，この多少とも待ち望んでいた交差点にどっかと腰を下ろした。彼女の予測は，あの冒険家のそれのように確証され，何が起こっているのかに誰も気づぬうちに，彼女はこの男と結婚した。

　しかし，今度は年老いたメイドをとり上げてみよう。彼女も多くの概念的次元の交差するところに夫を予測していた。しかし，あまりにも多くの次元が含まれすぎていて，そのすべてが収束するポイントに上陸する男はまったくなかった。彼女が長期にわたって予期していたことは決して実現せず，彼女はいつまでも未婚であり続けた。

　b．コンストラクトの具体化　われわれは，すべてのイベントを理解するためには，それを抽象化しなければならないことを，いくらかの苦痛に耐えながら指摘した。さて，コンストラクトを理解するためには，今度は，それを具体化しなければならないことを指摘しよう。こうして，具体的なイベントの意味を理解するために，われわれはコンストラクトを縫いつないでいく。そして，これらのコンストラクトの意味を理解するためには，それらをイベントの生起したその場で指摘しなければならない。

　こうしてわれわれは，意味理解の完全なサイクルを得ることになる。その第1段階は合理主義の伝統の中に埋め込まれている。しかし第2段階は，現代の科学的実験主義の基本的な教義に従う。どんな理論でも，われわれのパーソナリティ理論のように，このサイクルの両段階を通して，うまくやり遂げなければならない。それは，われわれに人間行動のイベントの論理的根拠を与えてくれねばならないだけでなく，明日の

現実においてもそれらに相応するものをもつ予測を生み出さねばならないのだ。

　コンストラクトを具体化することによる予測は，それ自体，完全に仮説的である。それはいくつかのコンストラクト次元を想像によって交差させたものである。いったんこれがなされると，この交差のように解釈できるイベントが生じる場合にのみ，それは確証されるのである。これは，人が普通求める実験的エビデンスにあたる。このようなエビデンスの蓄積により，それは次第に足が地についたものになっていくのである。

　c．もし〜なら，〜になる（*if-then*）の関係　予言の構造から離れて，次には予言に至る過程に目を向けてみよう。これもまた，抽象化とともに始まる解釈過程である。しかし，特種な抽象化が含まれている。人が形成するこのコンストラクトは，要素の文脈の真っただ中で知覚される，傾向あるいは動きのコンストラクトである。あらゆるコンストラクトのケースと同様に，その可能性は二重である。つまり，この傾向は一方向または他方向に向かいうる。このコンストラクトの2つの極は，この動きがとりうる線を定めるものである。

　もう一度冒険家の例を考えてみよう。出発点を発って以来，彼はいろんなイベントを観察してきた。彼は経線儀（クロノメーター）の測定値，天体の赤緯，磁気およびジャイロ・コンパスの測定値，そして歩んできた足跡を記録した。これらのイベントに対して，彼は職業的なレパートリーの中からコンストラクトを適用する。たとえば経度と緯度のコンストラクトを適用するかもしれない。次に，このような冒険家の座標に関連して，彼はこの状況に合うように特別あつらえした動きのコンストラクトを創造する。このコンストラクトはもちろん二分法的であり，一方の極は彼がこれから進んでいく方向を，もう一方はやってきた方向を指している。このコンストラクトを，仮説的な北極の座標といくつかの他のコンストラクトとともに掌中に収めることによって，彼はその後29日で北極点に到達するという予測に達したのである。

　予言するということは，周囲のイベントの中での動向や傾向を解釈することである。解釈された特別な動向は，常に，特別な状況のために特別にあつらえたコンストラクトだということになる。しかしそれにもかかわらず，それはもっと一般的な適用可能性をもつ座標軸をもつ不変的なシステムに基づくものである。すべての関連するコンストラクト――時間，動きのコンストラクト，仮説的なイベントの経緯度の測定値など――の収束点が，予言を構成することになるのである。次のステップは，どんなイベントでも，前もって考えた条件をすべて満たすように，この想像上のポイントにぴったり合っているかどうかを見ることである。すなわち確証である。

　もう1つの例を見てみよう。ある子どもは，母親のネックレスを壊したら，ぶたれるだろうと予測する。彼は破壊と叩かれることとの間の *if-then* 関係を理解しているようである。しかしこれは，子どもにとってさえ，単純な1対1の関係ではない。叩

かれることを予測するためには，彼はかなり多様なイベントを解釈する必要がある。すなわち，母親の性格や気分，母親がそのネックレスに認めている価値，彼自身の破壊への関与，彼の行為が見つかること，前に1，2回たたかれていること，前に叩かれた時の状況などである。これらから，彼は傾向性を抽出するのである。彼の傾向性のコンストラクトの一方の極には，叩かれることから遠ざけるようなイベントがある。他方の極にはそれに近づかせるものがある。彼がいま直面しているイベントは，叩かれる方向に近づかせるもののようである。この子どもの解釈は，冒険家のそれのような数学的性質をもたない。しかし，この過程は基本的に同じである。

　　d．**予言において暗示される対照性**　予測は2極性のコンストラクトに基づいてなされるので，それは *if-then-but-not*（こうすればこうなるが，ああはならない）の性質をもつ傾向がある。確かな意味をもつためには，予測は何が起こり，何が起こらないかをはっきり区別するものでなければならない。これはわれわれのいわゆる**差別的**予測(differential prediction) を意味する。われわれの例の子どもは，自分が叩かれるだろうと予測した。しかしこの際に，彼は反対傾向が生じうるものから除外して，母親から承認のうなずきを得られ**ない**だろうと予測した。

　　あることが起こるだろうということは，常に，他のあることは起こらないだろうということになる。そうでなければ，われわれの予測は差別的ではないことになる。予測には常に，ポジティブな期待とともに，ネガティブな予想が含まれる。その人が採用する特定の予測システムの利便性の範囲は，その予測によって，彼がどれくらいの範囲でそのあることが起こらないことを示すのかを決定する。臨床的な仕事では，治療者はしばしば，彼のクライエントの予想の特にネガティブな意味合いを見逃す。そうすると，治療者は異質なイベントと見えるものへのクライエントの反応に過度に驚き混乱しやすくなる。

　　e．**コンストラクトの演繹的使用**　演繹において暗示される *if-then* 関係がある。コンストラクトは2つの極をもつものなので，メアリー，アリス，ジェーンの例を使うなら，人は「もしこの人がやさしいなら，**その場合には**彼女はメアリーかアリスか＿＿＿であるが，**そうでなければ**ジェーンや＿＿＿ではない」というだろう。われわれのコンストラクトの見解のもとでは，この構造は *if-then-but-not* 形式の推理になる。*then* の次に来る要素は，その文脈における**類似**の要素になる。そして，*not* に続く要素はこの文脈の**対照**の要素である。この文脈からはずれた要素は，このコンストラクトとは関係がなく，また予測にも関与しない。メアリー，アリス，ジェーンがこのコンストラクトの全文脈を構成しているなら，すなわち，このコンストラクトがその文脈に他のいかなる人をも含まない場合には，われわれの陳述は単純にこうなる。「もしこの人がやさしいなら，彼女はメアリーかアリスであり，絶対にジェーンではない」。もしこれらが彼女の2つの名前であるなら，彼女はその両方でさえありうる。彼女は

エリザベス，アン，あるいはジョーンであるかもしれないし，そうではないかもしれない——これらもまた彼女の別名であったかもしれない。しかしこれについては，もし彼女がやさしくて，やさしさの全文脈がメアリーはアリスに似ていてジェーンとは異なるだとすれば，彼女はメアリーかアリスであって，ジェーンではないと，われわれは大いに確信する。

このコンストラクトは帰納的にも使えるかもしれない。ただし，研究から一般化を引き出そうとしたことのある人ならだれでも知っているように，これには実際的な困難が含まれる。この場合には形式が少し変化するのだ。われわれは「**もし**この人がメアリーかアリスである**が**，ジェーンで**ない**ならば，**その場合には**この人はやさしい」というかもしれない。これは *if-but-not-then* 形式の推理になる。

この**やさしさ**の文脈がメアリー，アリス，ジェーンに限定されていると仮定しよう。すると，われわれはいくらか驚くべき結論に到達せざるをえなくなる。メアリーとアリスが結びつき，ジェーンが対比される，この３人の，そしてこの３人のみのどんな文脈的配置も，実際には**やさしさ**のコンストラクトになる。他のどんなコンストラクトも存在する根拠がないはずだ——すなわち，他のどんなコンストラクトも**やさしさ**とまったく同一だということになるだろう。ただし，あるときにはメアリーとアリスが結びつけられてジェーンと対照され，別の機会にはメアリーとアリスとエリザベスが結びつけられてジェーンと対照される場合には，２つの別のコンストラクトを区別する操作的な基盤があるということになろう。

われわれの *if-then-but-not* の関係は，「メアリー」のような用語をそれ自体抽象化のシンボルとして見るときには，面白い含意をもつ。これは上位化（superordination）の見解を含む。一連のイベントがメアリーらしさによって解釈されるとしよう。実際これは，人は本当のところ何なのか—— 一連のイベントの抽象化——ということである。さらに，メアリーらしさはやさしさだと抽象化されたとしよう。すると，コンストラクトの演繹的使用の例で見たように，われわれは *if-then-but-not* 形式を使えるかもしれない。**もし**これがメアリーらしさで**ある**なら，やさしいもの，**しかし**攻撃的で**はない**ものが期待されるはずである。

時には，われわれのだれもが知っているように，われわれの一連の例示でわかったメアリーのようなやさしさの模範となる人でさえ，やさしく振る舞うのに失敗することがある。実際，メアリーはいくつかのレベルで抽象化される。より物質的な抽象化においては，彼女は時どきやさしくない振舞い方をすることが知られている，こういうときわれわれは，彼女は「彼女の本性の人間らしい側面」を見せたという。あるいは「今日のメアリーは彼女らしくない」とか「これは私が話したメアリーではない」などという。ここでわれわれが言おうとしているのは，われわれがやさしいと解しているメアリーらしさは，今日のイベントで見られる特徴ではない。人はいくらか異な

るやり方で抽象化ができるが，今日われわれが見たのは，メアリーらしさの低次のものだ，ということである。

5 コントロールとしてのコンストラクト

　コンストラクトは人の心的過程が走るチャンネルである。これはわれわれが結論に至る旅をなしうる対面通行の道路である。これは，われわれがイベントの潮目の変化を予期することを可能にしてくれる。目的論的な用語により一層の心地よさを感じる読者には，コンストラクトは人が人生——彼の内なる人生も外なる人生も——に設置するコントロール（装置）だと言った方がわかりやすいかもしれない。コンストラクトを形成するということは，イベント群を便利な束にしばり上げて，運ぶ人に扱いやすいものにすることだと考えられよう。こうして束にされると，イベントは予測可能で，扱いやすく，コントロールされるようになる傾向をもつのである。

　ここで，決定論と自由意志についてわれわれが述べたことを思い起こそう。われわれはこれを同じ階層構造の本質的に相補的な側面だと記述した。コンストラクトによって包摂されるものはそのコンストラクトによって決定されるものと見なしうる。コンストラクトを包摂するものは，そのコンストラクトについては自由である。さて，われわれは決定論の特別な一局面として，**コントロール**に対してアプローチしうる。われわれが自然の進行を神学的なコンストラクトで説明する場合には，生起するすべてのものを決定するのは神であり，われわれの運命を決定するのは神だということになる。さしあたって，一連のより限定的な見解をとるなら，このコントロールは，地球物理学的過程に，社会的勢力に，国家経済に，地域ビジネスの条件に，われわれの大学管理に，あるいはある人の強情さに，捧げられていると見ることができよう。コントロールは，決定論に似て，絶対主義的なコンストラクトではない。それは人がどちらの方向を見ているかによって決まってくる。彼がその街路を見上げているなら，彼はコントロールを見ている。彼が同じ街路を見下ろしているなら，彼は自発性を見ていることになる。

　しかし，人は自分の運命をコントロールしているのだろうか？　これに対するわれわれの回答は，彼が自己と同一化し，彼の周囲の世界を包摂するのに十分に包括的な，解釈システムを開発できるなら，そのかぎりにおいて，コントロールしうるのかもしれないということになる。もし彼が自己をこのシステムと同一化できない場合には，彼はイベントを決定論的に予測できるかもしれないが，個人的なコントロール感は経験できない。もし彼がこのシステムを自己システムとして，そして非自己システムとして開発し，それをうまく作動——いいかえれば予測——できるとしたら，彼はコントロールを実行しているのかもしれない。この見解によれば，人類は，長く退屈な過程ではあるが，自己の運命をコントロールすることをゆっくりと学習している。さら

にこの見解は，代替解釈の見解の内に枠組みを定めているので，人間を社会的な力の結果だとか，人間を超越的な存在の召使いだとするような見解を否定する必要は必ずしもない。

　知性は古典的には人間精神のコントロールしようとする性能として記述されてきたが，このことは偶然ではない。この知性は伝達可能なコンストラクトと関連づけられてきた。ある人が作動させているコンストラクトを伝達するときには，われわれもまた彼の作動させていることを理解できる。すると，彼の行動はわれわれにも意味のあるものになる。われわれは彼を理解するのだ。彼が彼のコンストラクトの伝達に失敗するときには，彼の行動は意味あるものとは理解されにくい。われわれは彼が馬鹿で，彼の行動はコントロールされていないという。通常われわれは，彼がそれを支配している個人的解釈の明瞭な理解をわれわれに伝えてくれるこれらの例では，他者の行動が陥るこのパターンを，もっとはっきりと見ることができる。したがって，われわれが人の行動に最も巧みなコントロールを及ぼすのは，伝達可能なあるいは知的なコンストラクトだと仮定する方向に傾くのは，驚くべきことではなかろう。

　「コントロール」という用語はしばしば患者を記述するのに使われる。心理学者は時に「過剰コントロール（overcontrol）」について語る。しかしわれわれの考え方からすると，コントロールは一般に，われわれが何かの行動を説明するために求める視点である。何かがコントロール不能だということは，単にそれを説明する試みをあきらめたというだけのことである。何であれ，何かの行動に関してコントロールという見解を捨てるのは，法則性の見解を捨てることになる。

　それでは，「知性的なコントロール」あるいは患者における「過剰に知性化されたコントロール」については，いかがであろうか？　何らかの伝達可能な形式で，コンストラクト——このコンストラクトの下で彼はみずからが操作するのを見ている——を連続的に表現する人は，クリニックでは「過剰に知性化されている」と記述される傾向がある。彼がそれほど明瞭な物言いをしなかったら，臨床家はおそらく彼にそういうラベルを付与しなかったであろう。また，患者が自己のコンストラクトをそれほどはっきりとは表現しなかった場合には，彼はおそらくそのラベルを回避したであろう。さらに，そしてこれは心理療法ではおそらく重要なのだが，彼がそのコンストラクトを非常に多くの他者，あるいは彼が現在親しく同一化している人々と共有していなかった場合には，彼は彼の基本的な役割関係を変えることなく，これらのコンストラクトを入れ替えられたかもしれない。

　そのコンストラクトについて考える1つの方法は，動きの経路（pathway of movement）としてである。2極的なコンストラクトは，それが，あるものをどう知覚するかの選択でも，あるいはどう行動するかの選択でも，人に二分法的選択を与えるものになる。したがって人は，みずから確立したコンストラクト・システムが，彼の自由に動ける

経路のネットワークを表わしていると言うかもしれない。各経路は対面（2方向）の道路であり，彼はこの道を上るか下るかどちらかができる。しかし彼は，新しい概念的ルートをつくらないかぎり，大地を横切って進むことはできない。彼がある特定の道路を上るか下るかは選択の問題であり，われわれはこの選択がわれわれのいわゆる精緻化の選択（elaborative choice）の原理に支配されていることを，すでに示した。

　解釈システムによって形成される経路のネットワークは，コントロールのシステムと考えることもできるが，それぞれの経路は二分法的選択の機会を表わしている。この選択は次には，精緻化の選択の原理によってコントロールされる。したがって，すでに示したように，心理学的システムの決定論的特徴と自由意志的特徴とは並存するのだ。このコンストラクトはどちらの極を選ぶべきかをあえて言おうとしないので，人は自由に選べる状態におかれる。また，この両極が何なのかは教えてくれるので，それは選択の可能性をコントロールする。他方，精緻化の選択の原理は，コンストラクト次元内でなされる選択をコントロールする。しかし，彼のシステムをさらに限定し精緻化するために，彼により大きな機会を与えるのは何なのかを決定する自由は残されている。

　人が動かなければならないときには，彼は一連の二分法的選択に直面している。各選択はコンストラクトによって方向づけられる。彼が自己を再解釈するときには，彼は古いスロットの中でガタガタ動き回るかもしれないし，あるいは，以前にはアクセスできなかった領域を横切る新しい経路を構築するかもしれない。彼にプレッシャーが加えられる時には，彼は新しいチャンネルを開発しそうにはならない。その代わりに，すでに設定されている次元の線に沿って逆方向に進もうとする傾向を示すだろう。もし彼がクライエントで，彼の治療者はただ彼がみずから変化することを勧めるだけなら，これは彼に開かれているタイプの動きになるだろう。その緊急性が大きくそのプレッシャーが強烈な場合には，その動きは不成功に終わりやすい。この場合には，彼は彼のパーソナリティの主要な軸にそって顕著に対照的な行動を示すだろう。治療者がもっと慎重に治療にアプローチしようとする場合には，クライエントはしばしば何とか再適応をはかりうるいくつかの新しい水路を切り開けるようになるだろう。この場合には，動きはしばしばあまり劇的ではないが，より適切なものになる。しかし，クライエントが新しいコンストラクトを開発して彼の動きを水路づけて行こうが，古いスロットの中でガタガタと動き回っていようが，彼のシステムのコンストラクトは，制御装置とも，自由に動ける経路とも考えうるのである。

　デューイ（Dewey）は，行動の予期的性質と，思考における仮説の使用を強調した。パーソナル・コンストラクト心理学はこの点に関してはデューイに従う。われわれの立場では，各コンストラクトは1対の対抗仮説（rival hypothesis）を表し，この対のいずれか一方が，人が解釈しようとする新しい要素に適用される可能性がある。私が手に持

つこのものは黒かそれとも白か？　黒と白は，**黒 対 白**のコンストラクトによって設定される対抗仮説である。かくして，実験心理学者が対抗仮説をめぐって実験を計画するのと同様に，各人がみずからの解釈システムにおける対照性によって示唆される対抗仮説をめぐって，毎日の人生の探索を計画する。さらに，仮説によってどうにも概念化されない可能性については科学者も予見できないのと同様に，どんな個人も，解釈システムが可能な選択肢を教えてくれるときにしか，実証や反証はできない。もう一度言うが，解釈システムは限界を設定し，これを越えると彼には知覚できなくなるのである。彼のコンストラクトは彼のものの見方のコントロール装置なのである。

　このコントロールの問題には多くの分岐があり，それは特に心理療法の領域で興味深いようにわれわれには思える。パーソナル・コンストラクト心理学の説明におけるこの岐路での重要な点は，コンストラクトが自由に動ける経路だということである。各コンストラクトは2方向の水路なので，これらの経路はこれらのコンストラクトをもつ人に自由を与えてくれる。人はこれらの経路に沿ってのみ動けるので，これらは，彼がもつすべてのものへの限定的コントロールを表わしている。さらにいえば，われわれのコンストラクトの見解では，コントロールは，語によって象徴されるものにも，またパントマイムによって伝達されるものにさえ，限定されない。たぶんパーソナル・コンストラクト心理学は知性化された理論である。しかし，知性化されたコントロールによって，これらのコンストラクトが伝達されることを意味するのなら，伝達されないがゆえに知性的でないコントロールも何種類かあることになる。人間行動のかなりの部分は，言語シンボルももたなければ，どんなものであれ，どんな種類の道標も持たない，無名のチャンネルにしたがっている。しかし，それらはチャンネルであり，それとの関係でその人の世界が構造化されている，二分法的次元のネットワークに含まれているのである。

　パーソナル・コンストラクト心理学はたしかに知性的なモデルの上に構築されている。が，その適用は，通常知性的とか認知的と呼ばれるものに限定する意図はない。それは通常情動的とか感情的と呼ばれているもの，そして行為や意欲と関係するものにも適用されると解されている。古典的には心理学は知情意に3分割されてきたが，この3分割はパーソナル・コンストラクト心理学では完全に捨て去られた。

　パーソナル・コンストラクト心理学はパーソナル・コンストラクトに関心をもっている。このパーソナル・コンストラクトはすべてが伝達可能ではないかもしれず，したがって実際には，誰かが知性化された理論だと呼ぼうとするようなものではない。しかし，それ自体は伝達可能であり，知性的に理解可能なことが重要である。ここでわれわれは，理論的関心の対象であるパーソナル・コンストラクトと，理論的アプローチそのものを構成するコンストラクトを区別しよう。前者は伝達されるかもしれないし，されないかもしれない。後者は伝達され公的に理解されるものでなければならな

い。もしパーソナル・コンストラクト心理学がパーソナル・コンストラクトのスロットの中でガタガタと動き回る著者のから騒ぎ以上のものでないとわかったなら，そんなものはほとんど印刷するに価しないだろう。この文章が理解されるかどうかは，パーソナル・コンストラクト心理学が伝達されるか否かの実際的な検証の1つになるだろう。

6 | 人の役割についての個人的解釈

　ここでわれわれの注意をもっと特定的に，人のコンストラクトがその人自身に対してもつコントロール効果に,向けることにしよう。前に指摘したように，**自己**（**self**）は，適切な文脈で考えるときには，適切な概念あるいはコンストラクトである。それはある見方では類似したイベント群であるが，同じ見方でも他のイベントとは必然的に区別されるものを指す。イベントが類似しているという見方をするのは自己（self）である。このことがまた，自己を他の個人とは区別される個人（individual）に仕立て上げる。自己は，このように概念化されてきたので，今や1つのモノ，1つのデータ，あるいは上位コンストラクトの文脈内の1つの項目として用いることができる。自己は，3つないしそれ以上のものあるいは人——このうちの少なくとも2人は類似しており，この2人は少なくともその他の1人とは異なるもの——の1人になりうる。

　人がコンストラクトを形成するのに，自己をデータとして使い始めるときには，エキサイティングなことが起こり始める。彼はこの自分の構成したコンストラクトが自己の行動を厳格にコントロールするものとして作動することを発見する。彼の行動は他者との関係において特に影響を受ける。たぶん，他者の行動と**比較**したときの彼の行動が，特に影響を受けるといったほうがよいのだろう。彼の行動に影響を与えるのは，もちろん，**彼が見たり解釈したりするその比較**である。したがって，彼の社会生活の多くは，自己と他者との間に見るようになった比較によって，コントロールされているのだ。

　われわれはすでに概念化の歪曲が，以下のような場合に生じることを論じた。すなわち概念化の歪曲が生じるのは，人がその全文脈を表現したがらないときであり，あるいは彼のコンストラクトと，いかにしてある場合に，このコンストラクトの完全表出が，彼の演じたがらない役割にこの話者を，コミットさせられるのかとの関係を表現したがらないときであった。たとえば「メアリー，アリス，ジェーン，そして他のだれもが常にやさしい」という表明は，この歪曲が，やさしくない人々に対処しなければならない人物の役割を，彼が今すぐにも演じなければならない瀬戸際にあることを示しているのかもしれない。もし攻撃に対して唯一均衡をとる方法が攻撃である場合には，そして，攻撃が次々に，彼の同一化している役割を否認していくと推測される個人的なコンストラクトの連鎖にしっかりと結びついている場合には，彼は誰も「や

さしくない」とはいいたがらないだろう。単純で試験的な言葉遣いをするなら，人は自分が扱えない役割を演じるのを見られたくないし，すぐに演じられないような役割を精緻化もしない。

役割についての個人的な解釈は，また後で見るように，役割コンストラクト・レパートリー・テスト（Role Construct Repertory Test）と結びつけると，彼が他者について構成する解釈から推測できるかもしれない。マレー（Murray）の主題統覚検査（Thematic Apperception Test；TAT）の臨床的な用途の1つは，描写された人物の分析をすることであり，同時に，テーマあるいは物語のプロットの分析をすることである。実際には，大概の臨床家は人物タイプの分析を強調して，テーマのタイプの分析を排除する傾向がある。人物の分析からは，クライエントの住む世界にはどんなタイプの人々がいるのかについて，いくらかのアイデアが得られる。演劇の配役（キャスト）を理解することによって，そしてテーマ分析からその演劇の筋立て（プロット）を理解することによって，検査者は，被検査者が自分に適していると見ているはずの役割の種類を推測するかもしれない。時にその役割は，被検査者が自分の作った物語の中でアイデアや行為を主人公に帰属させるとき，彼自身によってはっきりと記述されることもある。

しかしこれは，被検査者のテストへの反応がみずからへの配役を漏らす唯一の方法ではない。それは，被験者がその絵の中に読み込み，プロットの中に織り込む人々を記述するコンストラクトにも，漏れ出てくる。各コンストラクトはそれと対照的な特徴をもつ。このテストを実施する臨床家は，被検査者がこの絵の中の人々についての記述に暗示している，この対照性（コントラスト）を考慮する必要がある。これらの対照性の特徴はまた，検査者自身の役割の解釈にも役割を果たしている。これはTATのパフォーマンスの解釈において簡単に見落されてしまうポイントである。

受理面接でクライエントが彼の近しい世界に住む他の人々を説明するときには，彼は原則的に，みずからの行動をプロットするべき準拠座標軸について述べていることになる。彼はみずからのパーソナル・コンストラクト・システムを開陳しているのである。非常にしばしば臨床家は，クライエントに関する潜在的に有益な情報の，なんと豊かな資源が漏らされているのかに気がついていない。彼はオルガおばさんが実際にクライエントのいうほど老いた禿げ鷹のように卑劣なのかどうかを見いだそうとして，面接の解釈を歪めてしまうかもしれない。あるいはもっと悪いのは，オルガおばさんについてクライエントが語ることを，クライエントによって後に再解釈を受けることのない冷厳な事実と，単純に同一視してしまう可能性のあることである。クライエントがオルガおばさんの罪について語ったことで本当に重要なのは，彼が部分的に自我関与している役割，あるいは彼が今でも反対あるいは相補的なパートを演じざるをえない役割を，彼が記述していることである。

人が他者を解釈するときには，みずからの行動を統治する解釈システムを定式化す

る。他の人々を文脈としてもつコンストラクトは，彼自身をもしばりつける。人はそのろくでなしさを自分の人生の1次元とすることなしに，他者をろくでなしと呼ぶことはできない。

　しかしまた，コンストラクトは類似（likeness）と差異（difference）についての1つの定式化だということを思い起そう。他者をろくでなしと呼ぶことは，必ずしも自己をろくでなしと概念化することにはならない。人は絶対に自分はろくでなしでは**ない**と概念化するかもしれない。臨床家が理解するべき重要なポイントは，クライエントが彼の世界をろくでなしの次元で整理していることである。

　コンストラクトは両端をもっており，その対極の沖合に差異の推測をもたない，単なる類似したもののカテゴリーではない。人は，コンストラクトの差異の側面を同時に呼び出すことなしに，そのコンストラクトの類似の側面に言及することはできない。何年も前にフロイトは，夢ではアイデアはその反対物によって表象されることを指摘した。夢もまたコンストラクトにおいて処理されるので，夢では時にそのコンストラクトが無傷のままで，端と端を入れ替えてしまうというようなことが起こりうるが，それは驚くほどのことではない。パーソナル・コンストラクト心理学を日常的に使っている臨床家は，このコンストラクトの単純なひっくり返しで，判断を誤るということはないはずである。

　さて，人が最初に個人的なコンストラクト・システムをもって人生に再適応しようとするとき，何か非常に面白いことが起こる。その次元はもちろん，同じままであり続ける傾向がある。したがって，彼の自由な動きは，最初は彼がみずから確立したその軸にそってのみ可能であるように彼には思える。たとえば彼はみずからの役割を，**やさしさ 対 攻撃性**のパーソナル・コンストラクトによって，方向づけたと仮定しよう。彼は自分がこのコンストラクトの文脈でやさしい人々に類似していると分類したと仮定しよう。彼はやさしい人の1人なのである。次にその行為が不発になり始めたと仮定する。彼は手がかりを見失い，みずからのライン上をふらつく。彼の予期システムの何かがうまくいかなくなったのだ。あまりにも多くの突然の驚きがやってくる。彼がみずからの役割について何とかしなければならないのは明らかである。最も明白になすべきことは，彼のいくつかの個人的な役割コンストラクトの文脈内で，彼の役割の再分類を始めることである。仮に彼がやさしさ―攻撃性の軸に沿って動こうと決心したとする。そして彼はそうする。数週間後に彼の友人たちは言う。「キャスパーはどうしたんだろう？　おやまあ，彼はなんと変ったことだろう！」

　たぶん，キャスパーは実際には適応システムを変えたわけではない。が，彼が連携しなければならないどんな限定的な解釈システムの中であっても，彼は自己を結合しなおそうと試みたのである。たとえば躁と鬱とのサイクルのような，いわゆる顕著なパーソナリティ変化の研究は，人々の行動に現れる過激な動きの多くが，彼らの人生

設計の根本的な変化を表わすものではなく，むしろ硬直した枠組み——この枠組みは彼らの人間関係理解への最適の手がかりを与えてくれる——内での変化の試みであるという事実を確認している。もし臨床家がクライエントの次元システムをよく知っているなら，クライエントが速やかなジャンプを求められた場合に，彼が動かざるをえない**方向**を，いくらかは予言できるだろう。

　クライエントをあまりにも急速に強制的に動かしたがる心理治療者は，まさにこのタイプの問題に突入してしまう。彼はクライエントを，クライエントがそれ以前にみずから確立している唯一の軸にそって，動くように強制する。そしてその結果は破滅になりうる。心理療法家がゆっくりと進めてもなお，そのパーソナル・コンストラクト・システムがどうなっているのかを知らない場合には，彼はクライエントが全然予期せぬ方向に動いていくのを見いだすかもしれない。

　人のパーソナル・コンストラクトは，役割を行動に表出したり再適応したりする制御システムの役割を果たすが，好ましい条件の下では，その人がそのコンストラクトをみずから再調整することも可能である。数学的表現を使うなら，彼は人生に関する軸を回転できるのだ。こうすれば，彼は一群の新しい次元と新しく明らかな自由な運動の方向を獲得することになる。

　人の人生の再構成（再解釈）は，常に進行していく過程である。実際には，人は役割統治に関わる一コンストラクトについて，これを多少の変化もさせることなく，みずからの立場を反転させるのは不可能である。心理療法では，新しく基礎的なコンストラクト——これに関連してクライエントの役割に関する構想が再方向づけされうる——の定式化を援助するために，しばしば協調的な努力がなされる。クライエント自身の役割を統治するような基本的なシステムに異議申し立てをする場合には，その前に，クライエントがあまり親密には関与していない文脈において，これらの新しい基礎的なコンストラクトを定式化することが，ほとんど必要不可欠である。クライエントは，突然自分が変わらねばならないといわれると，深刻な脅威を感じて，治療を受け入れられなくなるか，パニックを起こして，彼の古い枠組みの中で暴力的な回避運動をするようになるか，どちらかになりやすい。

　新しいコンストラクトがまず，クライエントや直近の現在の家族成員を含まない文脈で開発される場合には，時期尚早の動きの痺れるような脅威は回避できるかもしれない。しかしながら，この人自身が非常に速やかにこの新しいコンストラクトの形成に関与しなければならない。それが回避されうる場合には，彼の自己の全体がただちにこのコンストラクトの文脈に関与しなくなるはずである。1つのアプローチは，子どもの時にそうであった自己を再分類させるなら，クライエントの過去の自己のみをこの文脈に関係させることである。もう1つの方法は，ある行動のみ，たとえば治療室の境界の完全に内側で観察される行動を選び出すことである。もう1つの方法は，

人工的な役割を構成して，それを演じてもらうことである．
　しかし，このほかの多くは後で述べることにする．重要なポイントは，コンストラクト・システムが人生において演じる役割をコントロールすること，そのコンストラクトは，クライエントが他者について，そして自己について語るときにはいつでも，暴露されること，人の行動をコントロールするコンストラクトは両極的あるいは次元的な性格をもつこと，人の見ることのできる最もはっきりした自由な動きは，彼がすでにみずから個人的に解釈した軸にそって，一方の端から他方の端へと動くものだということ，そして，人の役割をコントロールできるコンストラクト・システムは，好ましい状況では変化しうるということである．

7 ｜ コンストラクトの現実的性質

　われわれはずっと前から，世界を現実的だと見て，人の心的過程はその現実の個人的なバージョンに基づくと見る視点にコミットしてきた．この個人的なバージョンがパーソナル・コンストラクトである．さてわれわれは，この視点から見て，コンストラクトが現実的であるのかどうかを，尋ねてもよいだろう．これに対する答えは限定つきのイエスである．コンストラクトは，その個人化されたバージョンの事実的な物質と混同してはならない．それはこれらの事実の解釈である．しかしコンストラクトは，システム内のコンストラクトの階層関係においてそうであるように，他のコンストラクトを見るための視点としても使いうる．この意味で，上位コンストラクトはこれに従属する下位コンストラクトの説明になる．そうすると，下位コンストラクトは，上位コンストラクトを使うことによって解釈される，現実の1形式になる．コンストラクトが現実か否かという問いに対するわれわれの要約的な回答は，コンストラクトは本当に現実であるが，その現実性はその文脈内の事実的な要素と同一ではない．事実的な要素に関しては，コンストラクトは要素を表象するものであって要素と同一ではない．コンストラクトの現実性はそれらの要素の現実ではない．コンストラクトはそれ自体の現実性をもつのである．この問題は，コンストラクトとその要素はどちらも現実であるが，相互に区別されるということを心にもっておりさえすれば，別段トラブルを生じるわけではない．
　コンストラクトは，その現実性を失うことなく，ある人から別の人へと伝達することができるのだろうか？　ある意味では，この答えはイエスである．それはもちろん，ギリシャ神話の3人のグライアイが1つの目を共有し，1人がそれをもてば，他の2人はそれを失うというふうに，ある人から別の人へと持ち替えて行けるようなものではない．コミュニケーションについての見解はそれ自体がコンストラクトである．そしてわれわれは，コンストラクトにそれが解釈するものを表象させるのと同様に，伝達されるコンストラクトに，それが解釈するパーソナル・コンストラクトを表象させ

る。伝達されるコンストラクトは，それを「受け取る」人の解釈である；その要素の1つは，それを前にもっていた人のコンストラクトである。コミュニケーションを発した人のコンストラクトは現実である；伝達されたコンストラクトもそうであるが，伝達されたコンストラクトは元のコンストラクトの解釈であるから，それとまったく同一ではない。この意味で，コンストラクトはその現実性を失うことなく，ある人から別の人へと伝達できるのかというわれわれの問いに関しては，その回答は明確にイエスとなる。コンストラクトは，誰か他の人がその1バージョンを受けるときに，その忠誠を変えることはないのだ。

B コンストラクトの形式的側面

8 用語集

　a．**利便性の範囲**（range of convenience）　理論あるいはシステムは，その使用者がイベントを予測する仕事に便利に使える範囲をもっている。このことはすでに指摘したとおりである。われわれはまた，われわれのパーソナル・コンストラクト心理学の仮説構造において，コンストラクトが利便性の範囲をもつことを示した。あるコンストラクトの利便性の範囲は，そのコンストラクトの使用者がそれを適用するのが便利だと認めるすべてのものをカバーするであろう。

　b．**利便性の焦点**（focus of convenience）　コンストラクトはある問題を扱うことに最大の有効性をもちうる。これらの問題の範囲は利便性の焦点と呼ばれる。

　c．**要　素**（elements）　コンストラクトによって抽象化されるものまたはイベントは，要素と呼ばれる。

　d．**文　脈**（context）　コンストラクトの文脈は，コンストラクトが普通に適用される，すべての要素から成り立っている。これは，利便性の範囲よりもいくらか圧縮されている。それは，文脈がこのコンストラクトの出現する状況を指しており，必ずしも人が最終的にこのコンストラクトを使いうるすべての状況を指しているわけではないからである。これは時に利便性の焦点よりもいくらか範囲が広い。コンストラクトはしばしば，その適用が最適でない状況でも出現しうるからである。

　e．**極**（pole）　各コンストラクトは，二分法の両端に1つずつ，2つの極をもつ。各極と連合した要素はこのコンストラクトに関して相互に類似し，他の極の要素とは類似していない。

　f．**対照性**（contrast）　コンストラクトの2極間の関係は対照的である。

　g．**類似性の末端**（likeness end）　コンストラクトの一方の極の要素を特に指し示す

ときには，われわれは**類似性の末端**という用語を用いた。このことは，これらの要素がこのコンストラクトによってグループ化される極を指しているという意味である。

h．**対照性の末端**（contrast end）　コンストラクトの対極にある要素を特に指す場合には，われわれはもう一方の極を指しているという意味で，**対照性の末端**という用語を使ってきた。

i．**現　出**（emergence）　ここでライルのコンストラクトを借りることにする。コンストラクトの現出の極は，ただちに知覚される文脈の多くを抱擁するものである。たとえば「メアリーとアリスはやさしいが，ジェーンは攻撃的だ」という文章では，やさしさが文脈の2/3になるので，現出になる。しばしば現出の極のみがはっきり述べられることもある。ある人が「メアリーとアリスはやさしいが，ジェーンはそうではない」と言ように。

j．**潜　伏**（implicitness）　もう一度ライルの考えを借りることにする。コンストラクトの潜伏の極は，現出の極と対照されるものである。これはしばしば名前では呼ばれない。人は時にその象徴表現をもたないことがある。それは現出の用語によって暗に象徴化されるだけなのである。

9　象徴表現

人のコンストラクトの文脈における類似要素のどんな1つであっても，そのコンストラクトにその要素の名前がつけられるかもしれない。A，B，Cの文脈で形成され，AとBが**類似要素**となっているコンストラクトは，単純にAに言及するだけで表象されるかもしれない。さて，Aはそれ自体が，今度はAa，Ab，Acの文脈で発生する真のコンストラクトであるかもしれない；われわれはこの意味でのAの使用に言及しているのではなく，むしろ，A，B，Cよりなる文脈から形成されるコンストラクトの代表あるいは象徴として，その使用に言及しているのである。Aはしたがって，まったくAではないが，実際にはAを包摂するコンストラクト，すなわち実際には文脈の一部としてのみAを持つ高次のコンストラクトを代表するのに，使われるかもしれない。これは象徴表現（symbolism）の基本的性質である。

象徴表現は手軽なツールである。上のパラグラフの視点から理解すると，それは思考を形成するための唯一のツールではないが，たしかに非常に有用で一般に使われているツールなのである。

人は象徴表現の使用に素敵なトリックを開発した。彼は音や形を仕立てて，それらを彼のコンストラクトの文脈内に，その1要素として，人工的に導入する。それから，彼はこの音や形をそのコンストラクトの象徴(シンボル)にならしめる。たとえば彼は，メアリーとアリスに「やさしさ」という語を付け加えて，この文脈が「メアリー，アリス，そしてやさしさ　対　ジェーン」と読めるようにする。このときから，**やさしさは**，メア

リー，アリス，そして「やさしさ」という語の間の親近性を表象するのに使われるようになるのである。

　コンストラクトの文脈に語が侵入してくることを含まない，もっと単純なタイプの象徴表現もある。われわれはメアリーをやさしさの象徴に，ジェーンを魅力の象徴にさせることができる。母親は社会的な帰属意識の象徴になりうる。父親は成熟の象徴になりうる。多くの人にとって，母親と父親は，彼ら自身の同一性（アイデンティティ）が必要としているよりも，はるかに高次のパーソナル・コンストラクトを代表している。この種の人物による象徴表現は，幼児期に形成されるパーソナル・コンストラクトの特徴である。さらにいえば，これらのコンストラクトは人物の象徴表現に関連して保持され続ける傾向があり，心理療法家にとって重要な事実である。ある人が父親と母親を「取り入れている」と心理療法家がいうのは，このポイントを見失うことになる；むしろ彼の父母は，彼が形成した非常に多くのパーソナル・コンストラクト――特に彼の役割コンストラクト――における文脈的要素でありつづけているようである。父母は実際にはこれらのコンストラクトの象徴として採用されるかもしれないが，採用されないかもしれない。

　われわれは，人物による象徴表現が幼児期に形成されたパーソナル・コンストラクトを表象するのに使われる，特徴的な象徴表現であると述べた。このことは，もっと一般的に述べることができる。元の文脈的要素の1つをコンストラクトの象徴として使うのは，どんなコンストラクトでも，初期の形成と使用の段階では特徴的に認められる。**メアリーはアリスに似てジェーンとは似ていない**というコンストラクトは，その人の思考の中では，単純に，**メアリーあるいはメアリーらしさ**として象徴化されやすいのである。

　新しいメンバーがこのコンストラクトの文脈に加えられるときには，それが浸透性のあるコンストラクトだと仮定するなら，あるいは彼の友だちにメアリーらしい行動を引き出させようとするときには，この人は言語的な象徴（シンボル）を考案するかもしれない。このコンストラクトが，たまたま浸透性が比較的低かったり，最も親密なやり方以外では伝わらなかったりする場合には，それは単純に元の文脈要素の1つによって象徴的に表象され続けるかもしれない。たとえば**母親**が，比較的浸透性の低い，あるパーソナル・コンストラクトを表象するのに使われる文脈的要素である場合――たとえば「今は私の母のような人はいない」――や，そのパーソナル・コンストラクトを伝達する努力がなされない場合――たとえば「私の母が実際にどんなふうであったのかは，だれにもわからないだろう」――には，「私の母」はシンボルとして，そして同時にパーソナル・コンストラクトの文脈的要素の1つとして，保持されているように思われる。

　このパーソナル・コンストラクトの議論の多くを通じて，われわれは人々あるいは「人物」を，パーソナル・コンストラクトの文脈的要素を説明するのに使ってきた。

このようなコンストラクトは，心理学者にとっては最高に重要であると信じられてきた。しかし，われわれが言ってきたことは，他のものについてのパーソナル・コンストラクトにもまた当てはまる。**スピード**のコンストラクトは言葉だけでなく自動車によっても象徴表現されうる。**心地よさ**のコンストラクトは母親の胸のような曲線でも象徴表現されうる。公正のコンストラクトは断固とした男性の声で象徴表現されるかもしれない。男らしさのコンストラクトは勃起したペニスによって象徴表現されるかもしれない。ロールシャッハ・テストにおける「血液と内臓」タイプの反応は，ある場合には，そのコンストラクトの文脈から直接とられたパーソナル・コンストラクトの象徴かもしれない。このような反応を評価する際には，臨床家は，(a)そのコンストラクトが何なのか，(b)その一般性のレベルがどうなのか——つまりそのコンストラクトが包摂する要素はどのオーダーなのか——を見つけ出すことが不可欠である。

10 コミュニケーション

象徴表現を上記のように描写したので，われわれはコミュニケーションの本質に関する考え方にも取り組むことにした。象徴表現が，コンストラクトの文脈内の1要素を，コンストラクトそのものの代表として出現させるという問題であるなら，コミュニケーションは，他者の中にパラレルなコンストラクトを引き出すことを希望して，象徴的な要素を再生するという問題になる。この最もきれいな方法は，語を象徴として用いることである。もちろん，それはうまくいかないかもしれない。というのも，聴き手がその語を同種の文脈に組み込んでいなかったり，同じコンストラクトの象徴としては使っていなかったりする可能性があるからである。それゆえわれわれは，われわれのパーソナル・コンストラクトの文脈の他の要素をもちださねばならないかもしれない。そのうちのいくらかは語で，いくらかは非言語的な行為かもしれない。運がよければ，われわれは少なくとも近似的なレベルでコミュニケーションに成功するかもしれない。

みずからのパーソナル・コンストラクトを治療者に伝えようとするクライエントは，コンストラクトの正確に個人的な性質を伝えるのに，単純な言語的陳述に頼ることはめったにできない。治療者に理解してもらえるまでには，彼は他の文脈的要素の長いリストを持ち出して見てもらわなければならない。治療者とのコミュニケーションは，そのパーソナル・コンストラクトの浸透性が比較的低く，その文脈の説明にすぐに使える現代的な要素がない場合には，特に難しい。治療者とのコミュニケーションは，そのコンストラクトがそこから形成された従属的なコンストラクトを彼が理解しているとは見えない場合には，難しい。最後に，治療者とのコミュニケーションは，そのコンストラクトが，クライエントが治療者との間で確立した役割関係を歪めずに伝達することができないような，役割統治的なものである場合には，困難である。

治療者は，テーブルのこちら側で，みずからが前から持っているコンストラクトを，クライエントの象徴表現と行動に対して押しつけてはならない。彼はまずクライエントに対処するための用語集を蓄積していかなければならないだろう。さらに，クライエントの治療者との関係は，クライエントが裸のリアリズムをもって，彼の役割統治コンストラクトの文脈的要素を説明するときに，大きく揺れ動くだろうという可能性を，治療者は受け入れざるをえないだろう。

11 コンストラクトのスケール

折々に，われわれはコンストラクトのイメージをあたかも軸あるいは次元であるかのように扱ってきた。われわれはコンストラクトが本質的に二分法的であると仮定してきたので，われわれは3目盛以上の尺度(スケール)や連続体の可能性を排除してきたと見られるかもしれない。たとえばランドフィールド (Landfield) は，初期に定式化されたパーソナル・コンストラクト理論の立場から，脅威についての面白い研究を行い，彼の被験者のおのおのが使用しているパーソナル・コンストラクトの特注のスケールをオリジナルに開発した。しかし彼の観察によると，「次元的なスケール」は誤った名称かもしれない。というのも，人を度合いで知覚している被験者が，たとえば灰色の一連の変化としてではなく，むしろ「黒，白，および黒と白の結合」によって彼らを解釈していることが，すぐ明らかになったからである。われわれはわれわれのシステムを構成している基礎的なコンストラクトが二分法的だと思い描いたとしても，ランドフィールドがしたように，なお次元的なラインに沿ったグラデーションを考えることも可能なのである。

この種の理解を提示しうる方法はいくつかある。

a．階層的尺度(hierarchical scales)　2進法システムによって無限数のグラデーションの表現が可能なように，われわれは二分法的コンストラクト・システムによって，無限数の価のグラデーションを表現できる。このような尺度は，コンストラクトの階層を考えることによって，構成することができる。A，B，C，Dの順序で4つのコンストラクトの階層について考えてみよう。これらのコンストラクトはいずれも0か1の2つの値をとりうる。価値の階層的尺度はこれら4つのコンストラクトから構成されよう。これは $\log_2^{-1} 4$ あるいは16ステップになる。16ステップの値は，2進法の最初の16の数によって，次のように表現できる。

```
                0000
                0001
                0010
                0011
                0100
```

0101
0110
0111
1000
1001
1010
1011
1100
1101
1110
1111

　正直 対 不正直，素直 対 ひねくれ，勇敢 対 敗北主義，客観的 対 主観的，の4つの基礎的コンストラクトから，**高潔 対 低劣**の階層的尺度(スケール)を構成すると仮定しよう．また，これらのコンストラクトは階層的な順序で並べられていると仮定しよう．2進数の1は各ペアの1番目，2進数の0は各ペアの2番目を表わすとしよう．不正直，ひねくれ，敗北主義，主観的な人は，尺度値0000で表わされ，このスケールの低劣の端に位置することになろう．正直だが，ひねくれ，敗北主義，主観的な人は，尺度値1000で表わされるだろう．正直は高潔と強く関係しているので，彼はこの尺度では上半分に入るだろう．不正直，ひねくれ，敗北主義，客観的の人は，0001の数で表わされ，この尺度の底辺に近い所に位置することになろう．

　b．加法的尺度（additive scales）　コンストラクトはまた，加法的なタイプの尺度につくることもできる．コンストラクトの階層という考え方を捨てて，単純にコンストラクトの極を表わす2進数を加算すると考えてみよう．さて，正直だが，ひねくれ，敗北主義，主観的な人は，正直の得点が1，他の特徴はそれぞれが0である．したがって，彼の尺度値は0001になる．彼が敗北主義ではなく勇敢でもあったとしたら，彼の得点は0010にふくれあがる．この種の尺度は16段階ではなく，5段階だけになることが明らかである．この値は0000から0100になるのだ．

　c．抽象化された尺度（abstracted scales）　われわれはより高い抽象化のレベルに上っていくことによって，もう1つ別種類の尺度をつくることができる．これは**抽象化された尺度**と呼ぶことにしよう．**高潔 対 低劣**を，前述の2タイプの尺度でしたように，他の4コンストラクトの積み上げによってではなく，これらの抽象化によって解釈するとしよう．**高潔 対 低劣**は今や他の4つのコンストラクトを貫徹する特徴と見なされる．もっとはっきり言えば，これらのコンストラクトのどのペア間の関係の特徴でもあるのだ．たとえば，正直は不正直と比較して高潔であり，不正直は低劣で

ある。しかし，ただの正直を勇敢と比較したときには，もしかしたら低劣と解釈されるかもしれない。この**高潔 対 低劣**のコンストラクトはなお二分法的である。その抽象化は，しかしながら，相対的である。そして，この文脈シフトへの適用を象徴化するためには，すべての行の象徴（シンボル）や数をセットアップしなければならない。これはもちろん，使用者にとっては，このコンストラクトを具体主義的に採用させる誘いになる。そしてしばしば，これは本当に起こっていることなのである。

　この点で，われわれは議論の中心コースからはずれて，われわれの多くが数体系を具体的というよりも抽象的に用いる際にもつ困難について，述べることができた。子どもにとっては，数系列は名づけられたものの具体的配列である。大きくなるとともに，彼は数体系が多くの異なる種類のものを配列するのに使えることを見いだしていくが，彼の数字はなお，速度計や体重計の表示のように具体主義的に知覚されているかもしれない。もっと後になって，運がよければ，彼は数体系をもっと相対主義的に使えるようになるかもしれない。4という数値を抽象化するときには，それは3，2，1に比べると**より多いこと**，5，6，7に比べると**より少ないこと**を，彼は知覚するのである。

　d．近似尺度（approximation scales）　第4のタイプの尺度は，人々が相互理解を試みる際の所産（artifact）である。これは**近似尺度**と呼ぶことにしよう。今仮に実験者が**高潔 対 低劣**について本質的に二分法的な見解をもっているとしよう。彼は被験者に，いくらかの知人をこの尺度で評定するよう求める。この被験者は自分が「高潔」と呼ぶものと，実験者の「高潔」と呼ぶものが同じかどうか確信が持てないので，妥協的な評定をする傾向がある。この知人が，実験者のはっきりと心に思い描いていると見える特徴のいくらかの組合せを示している場合にのみ，被験者は敢えて極端な評価をするだろう。この観点から見ると，実際にパーソナル・コンストラクト心理学の観点から見ると，ある尺度で尖度の大きい得点分布は，その近似的な性質をよりはっきりと示している。実験者が心に思い描くものを理解していないと被験者が感じるほど，被験者はこの尺度上のある点，たとえば最も自我の関与が少ないと思われる中間点を，より多くとるようになるだろう。われわれはこの考えを，人が評定を頼まれたとき，どれほどよくこの尺度を理解しているかを推測するのに使える。よくいわれるJカーブやUカーブ現象が観察されるときには，文化的に一致しているケースでそうであるように，評定者は指定されたコンストラクトを十分よく知っていて二分法的評定をなしうると推測してよかろう。

　e．蓄積的尺度（accumulative scales）　たまたま加法的尺度と関係しているもう1種類の尺度がある。これは蓄積的尺度と呼ぶことにしよう。2人の人が20回の異なる機会に観察されたとしよう。1番目の人は20回中19回高潔な行動を示したが，2番目の人は20回中19回低劣な行動を示した。各人には，高潔な行動を示した機会の比

率に近い得点が与えられる。**高潔 対 低劣**のコンストラクトは，本質的に二分法的なままである。高潔さの程度に2つ以上の値を割り振る機会をわれわれに与えてくれるのは，機会の蓄積である。

　f．他の尺度（other scales）　二分法的コンストラクトの上に築かれた尺度を概念化できる方法はほかにもある。たとえば人は決定的な出来事を評価することができる。高潔さを示した機会の**数**は無視して，**単一の**高度に決定的な出来事において高潔さを示せば，高得点を与えることができる。人はまた，彼を高潔だと分類した友だちの比率によって，高潔さを評定しうる。しかしわれわれの意図は，人がつくれる尺度の種類を漏れなく分析することにはない。われわれはただ，二分法的なコンストラクトの見解が尺度の使用を排除するものではないことをはっきりさせたいだけである。この見解はしかしながら，すべての尺度を近しく見て，それらがどんな示差的根拠をもちうるのかを正確に決定する試みへと導いていくことになる。

12　コンストラクトによるスキャニング

　パーソナル・コンストラクト理論を構成するに際しては，われわれはサイバネティックス・モデルには従うということはしなかった。が，われわれの仮定は若干の心的過程を，電子的な比喩によって，視覚化することができる。人は自分の周辺のイベントをスキャンするとき，彼のコンストラクト・システム内のいくつかの二分法を「ライトアップ」する。したがってコンストラクト・システムは，人が連続的に世界に投射している一種のスキャニング・パターンと考えることができる。みずからの知覚のフィールドを前後に走査していくとき，彼は意味の一時的変化(ブリップ)を捉える。スキャニング・パターンが適切であればあるほど，彼の世界はより意味のあるものになっていく。それが他者の使うスキャニング・パターンと同調していればいるほど，より多くの意味のブリップが，それらの投射した世界から取り上げられる。

　このように見ると，われわれは，パーソナル・コンストラクト心理学によって，あらゆる知覚についての投射的な見解に関与させられることになる。あらゆる対人関係は本質的に転移関係に基礎づけられている。ただし，この関係は検証され改訂されていく。あらゆるテストのパフォーマンスは，投影法テストのパフォーマンスとして最もうまく理解できる。心理療法においては，クライエントのスキャニング・パターンを再調整することが重要になってくる。学びと教えにおいては，このパターンのどんな二分法が確証されているのかを知ることが大切になってくる。

　また，コンストラクトは心理学的空間の中で序列的な軸を提供してくれるものと考えてよかろう。ただし，この横軸は時間的なイベントそのものによって与えられるものとする。コンストラクトもイベントもどちらも軸を提供するので，人は格子(グリッド)をつくる。この象限の中で，彼の心理学的空間は多次元的な意味をもつようになる。縦軸に

関しては，その軸が何なのかについて，多くの個人的バージョンがある。しかし時間の横軸に関しては，われわれは共通の経験を持っている。われわれは，イベントの本質的な性質が何なのかに関しては，お互いに同意しないかもしれない。しかしわれわれは，その順序がどうなのかについては，回顧的な反証にしたがうことで，ふつうは同意することができる。

後の章でわれわれは，人のスキャニング・パターンのある領域をレイアウトするのに，いかにすればレパートリー・グリッドを使いうるのか，それはいかにすればノンパラメトリックな方法で因子分析できるのか，いかにすれば学習般化のいくつかの問題が研究できるのか，そして，いかにすればパーソナル・コンストラクトを公的なコンストラクト・システムに関係づけられるのかを，示すことにする。この岐路においては，このパーソナル・コンストラクト・システムがサイバネティックに見られるという事実に注意を求めることさえできれば，われわれの目的にとっては十分である。

13 コンストラクトの文脈内での個人的安定

われわれは，自己がコンストラクトの文脈における1要素として使えるという事実を述べてきた（ただし，自己がその利便性の範囲内に落ちないコンストラクトも，いくつかは想像できる）。われわれは，その人がみずからの人生の役割を演じきる際の，このようなコンストラクトの統治効果（governing effect）に注目を求めた。別の節では，コンストラクトを表象するのに，単語（による）象徴表現に比べると，人物（による）象徴表現が頻繁に使用されることを指摘した。たとえば自分自身の母親は，ある役割固定的なコンストラクトの象徴になったかもしれない。それでは，このようなコンストラクトの要素における多様なシフトが試みられるとき，それに続いて何が生じうるのかを考えてみよう。

ある人の**母親**コンストラクトの母親類似の側の要素が，しばしば実際にそうなのだが，かなり多様な快適と保護と安定を含んでいると仮定してみよう。人がそのコンストラクトの「母親類似」の側に自己がある，あるいは「母が私に望むものに類似」の側に自己があると解釈するかぎり，彼は自己をこれらの快適，保護，安定の継承者として知覚する可能性がある。しかしこの人の治療者が，この自己をこのコンストラクトの「母親類似」の側から「母親非類似」の側にシフトさせようとしたら，どうなるか考えてみよう。この**母親**のパーソナル・コンストラクトの「母親非類似」の文脈は，これに関連した対照性の特徴のすべて——不快，危険，不安定——を含む。ならば，このクライエントには何が起こるだろうか？

この新しいグローバルな見方で自己を見るようになったのであるから，彼は新しい行動を示すことが期待されるかもしれない。彼は多くの萎縮し警戒した振舞いをやめて，彼の**母親**コンストラクトの母親類似の極とは対照的に見える多くのやり方で行動

を開始するかもしれない。彼は際立って冒険的になるかもしれない。彼の行動はまた，新しい経験にとび込んで，新たな役割によって突き落とされる見慣れぬイベントに直面しなければならないことがわかると，いっそう拡散するかもしれない。もし彼が不安の混乱を回避するのに十分な，よく定義された構造を残しているなら，そして，もし彼が古い行動パターンと新しいそれとの両方に及ぶ，浸透性のあるコンストラクトをもっているなら，これは気分を浮き立たせる経験であることが証明されるかもしれない。これに対して，新しい役割を扱う構造を欠いている場合には，彼はひどく不安になるかもしれない。

　もしクライエントが1つの母親象徴コンストラクトの母親非類似の側に自己を同一化している場合には，彼は人物象徴表現の使用を通じて，全母親象徴コンストラクトの母親非類似の側に自己がいると解していることがわかるだろう。彼はしたがって，たまたま母親を象徴としてもつコンストラクトによって表象される，すべての次元的な線に沿って，対照的な行動を示す可能性がある。これは治療者が予期する以上のものかもしれない。クライエントの人生の役割の解釈への影響は悲惨であるかもしれない。この場合にはわれわれは，クライエントが最初から治療者のすべての考えを拒否しうるのに十分な，治療者からの独立性をもっていたのだろうと期待できる。

　これと反対の種類のシフトを考えてみよう。われわれは，クライエントに，自己と母親との類似性を認めさせ「受容」させようとしていると仮定しよう。これは彼に「洞察」というよい処方を与えることだと考えてよかろう。言いかえれば，われわれがクライエントに求めているのは，**彼の母親**について**われわれ**がもっているパーソナル・コンストラクトの反対の端に，彼自身をおいて見てもらうことである。しかもわれわれは，このようなシフトが，**彼の母親**について彼の抱くパーソナル・コンストラクトに，どんな意味をもつのかに気づいていないかもしれない。われわれの努力は，**彼の母親**が彼の象徴になっているすべてのコンストラクトの極の統治下に，彼を制圧しようとする脅威をもたらすかもしれない。

　時に治療者は，クライエントが母親に似ていると暗示しながら，このクライエントがある点で母親に似ているというアイデアのみを，心に抱いていることがある。しかしこの治療者は，クライエントの個人的なシステム内での，**母親**の複雑な象徴的意味を見落としているかもしれない。したがって，クライエントが治療者から聴くことは，**母親**が象徴しているすべてのものに，自己を同一化すべきだということになってしまう。しかし治療者はただ，「あなたはお母さんに似て，すぐに切れますね」という意味で言っただけで，「あなたはお母さんのような人の1人です」と言おうとしたわけではなかったかもしれない。クライエントの母親を，**怒りっぽい**というコンストラクトの，本質ではなく一文脈的要素にすぎないものとして，適切な位置に降格させた後には，クライエントは，母親をも含む文脈内の類似要素の1つを代表するものとして，

自己を受け入れられるかもしれない。母親からその象徴表現を取り除く過程は，かなりの治療期間を要するかもしれない。しかしなおこれは，何らかの解釈の提案や重要な治療的な動きよりも前に生じていなければならないようである。

要素としての母親を，その文脈の自己類似の側から，自己非類似の側にシフトさせようと試みていると仮定しよう。これはふつうただちに動きを出現させうる簡単な方法である。クライエントはふつう精神の高揚を示し，元気づき，応答性が高くなる。1，2回の相談の後で，彼は不安や沈黙を示し始めるかもしれない。このシフトの含意を徹底操作し始めると，彼の役割はすでにその定義の非常に多くを喪失し，最小レベルの個人的安定感さえ与えてくれなくなっていることを，彼は見いだしたのではなかろうか。このシフトは彼を混乱させたかもしれない。残りの解釈システムの下では，彼は人生のイベントの十分に規則的な順序を予期できないのである。

このケースで起こっているのは，このクライエントが以前から母親に依存するようになっており，しかもそれは，彼自身の役割統治コンストラクトの象徴としてだけでなく，その定義としてもそうであった。このコンストラクトが活動していることを説明するのは，母親の例であった。このシフトが最初に提案されたときにクライエントが経験した高揚感は，本質的には自由な解放効果であった。ただしこの効果は，この場合には，すぐに彼を不安定な立場に置き去りにしたようである。これは，人生の何らかの下見（プレビュー）を与えてくれるように作用しうる解釈をもつまでは，彼には使うことのできない自由である。この現象が作用するのを見るためには，人は崩壊過程にある家庭の子どもの治療経験を持つだけでよい。崩壊期には片親ないし両親が，この子の個人的な役割統治コンストラクトの自己類似の側から，他方の親を，切り離そうと試みる傾向がある。この子はこの役割例示親との親近性を強制的に奪われることによって，自由と不安定感に直面する。このようなケースで成功する治療者は，しばしば親に代わって，この子の目に見える主要な役割例示者を，みずから演じていることがわかるだろう。

最後に，このクライエントが彼の母親像を彼の役割統治コンストラクトの1つの象徴として使っているとなおも仮定して，第4番目のシフトについて考えてみよう。母親は自己非類似の側から自己類似の側に動かなければならない。直前のケースと同様に，この種のシフトもまた，この安定化の象徴の喪失を通じて，このコンストラクトの有用性を破壊する傾向がある。実際に，母親が同一コンストラクト内でこのように移動させられると，母親の象徴表現を維持することは不可能なようである。ここで通常起こるのは，コンストラクト自体が崩壊するか，あるいは，自己をこの類似要素の1つからはずすかの，いずれかになる。いずれの場合も，このコンストラクトの役割統治的な特徴は失われやすい。クライエントがこのコンストラクト自体は維持しながら，自己を非類似のパイルに入れることによって反応した場合には，自己を母親非類

似の側にシフトさせることに関係して上で論じたのと，似た状況を抱え込むことになる。

さて，コンストラクトの象徴は，そうでなければならないというわけではないが，通常は類似要素の1つがそれになる。母親像は非類似要素の1つでもありうるが，それでも，クライエントが保持してきたコンストラクトを象徴している。クライエントは彼の母親のアンチテーゼに自己を同一化しており，これらのアンチテーゼが類似要素になっているのである。これは稀ではあるが，臨床的な仕事においては時に実際に起こりうることである。自分が母親に似ていないと見ることは，もちろんそれほど稀ではない。非常に稀なことは，母親がただちにクライエントの役割統治コンストラクト——この中では，彼は類似要素の1つになっているが，母親自身は非類似要素の1つになっている——の1つの象徴になっていることである。たとえば彼の母親はその忙しい勤勉さによって，クライエントが同一化している怠惰の正反対の象徴になっているかもしれない。

われわれは前のパラグラフで，人物象徴表現（figure-symbolism）を通じて維持される役割統治コンストラクトについて論じた。われわれは「母親」を各事例における人物象徴（figure-symbol）の例として使った。われわれは，コンストラクトの文脈内の自己あるいは象徴人物（symbolizing figure）のどちらかをシフトする試みがなされるとき，クライエントの役割に破壊的な影響が生じることを指摘した。われわれが述べてきたことは，自己と象徴人物を含むコンストラクトに関する，どんな文脈のシフトにも当てはまる。象徴人物を使うことは，そのコンストラクトに一種の安定性あるいは硬直性（rigidity）を与える。これは子どもにとって，あるいは大人にとってさえ——そのコンストラクト・システムの抽象化のレベルが比較的少数であり，したがってそのコンストラクトは具体的な行動や人物に直接関係せざるをえない場合には——，個人的な安定を表象するかもしれない。人物に象徴されたコンストラクトは子どもに特徴的である。これらのコンストラクトは子どもの役割に明瞭性を与え，したがって，ある程度の安定性をも与えることになる。

われわれが述べてきたことは，パーソナル・コンストラクト心理学の理論体系の下でなされる心理療法にも，いくらかの関連性をもつ。人物象徴表現——あるいはついでにいえば何らかの象徴表現——が含まれている場合には，この自己とこの象徴は，このコンストラクトによって与えられる安定性に影響を与えることなしに，相互に混ぜ合わせることはできない。

以前はその象徴であった要素がシフトされうるため，あるいはそれに関連してこの自己がシフトされうるためには，治療者はクライエントを援助して，クライエントのコンストラクトに新しい象徴表現を付け加えさせる必要があるかもしれず，しばしばそれが必要である。この象徴が人物象徴——たとえば母親——であるなら，母親象徴

を置き換えて，クライエントに自己の役割解釈のシフトをもたらそうとする治療者の側は，膨大な時間と忍耐が必要になるだろう。それよりも新しい一群のコンストラクトの構築を始めて，これを古いものと完全に置き換える方が経済的であろう。この後で論じる修正役割療法（fixed role therapy）では，これがなされるのである。

　ここで，コンストラクトの文脈内での，個人的な安定性（personal security）のより一般的なケースに，目を向けてみよう。1要素の象徴表現は無視することにしよう。自己がこのコンストラクトの象徴だという可能性さえも無視しよう。自己はその要素の1つであることのみを考えよう。さて，このコンストラクトはその要素を適所に維持する1方法であるので，自己は，自己が解釈されるどんなコンストラクトによっても，適所に保持されることになる。自己統治コンストラクト，あるいはよりはっきりいえば，他の人々に想定されたコンストラクトが要素になっている場合にはその役割統治コンストラクトは，その人自身の反応を予期する1つの方法を提供してくれる。その結果，社会的な落ち着き（social poise）が得られることになる。

　コンストラクトの文脈内の個人的安定性のさらに一般的なケースについても考えてみよう。自己がその1要素であるという可能性は無視しよう。おそらく不活性の要素のみに関連するコンストラクトが，イベントを予期する方法を提供することのみを考えよう。このようなコンストラクトでもって武装すると，この人は人々の世界だけでなく，物理的なイベントの世界にも，平静に直面することができる。これはさらに広い種類の個人的安定感である。これは個人的な落ち着き（personal poise）を表しているといえよう。

14 コンストラクトの次元

　他者のパーソナル・コンストラクトは，観察者としてのわれわれ自身に解釈されるかもしれない。われわれは，他者のコンストラクトが評価できる包括的な次元を設定することさえできる。他者のコンストラクトを評価するための共通の次元の1つは，おなじみの**抽象的　対　具体的**の次元である。抽象は具体の反対概念ではないと信じている人もいるが，われわれの多くはこの語を，あたかも同じコンストラクトの対極を表わしているかのように，使用する。われわれはこれまでの議論で，これらの用語を非常にしばしば使う機会があった。そしてわれわれは，読者がそれらに帰属させると期待される普通の意味に頼って，満足してきた。しかし今は，もっと近しくコンストラクトの性質を見て，コンストラクト相互の類似と差異のさまざまな一般的なあり方を理解することが，役に立ちそうである。

　さてコンストラクトは，それらが包摂する要素によって分類することができる。たとえばあるコンストラクトは，「物理的」なコンストラクトの体系内に包摂されるからではなく，本質的に「物理的」だとすでに解されている要素を処理するがゆえに，

物理的コンストラクトと呼びうる。**抽象的**という語は，しばしばこんなふうに使われる。たとえば，数学的コンストラクトはどんなものでも，抽象的に定義されてきた象徴を扱うので，それを誰が使っているかにかかわらず，「抽象的」と呼ばれるべきだと主張する人がいる。しかし，数学者を含む学者の精神診断学的研究を精力的にやってきた人ならだれでも，人は卓越した数学者であっても，実際にはみずからの数学を非常に具体的に扱っていることを見いだしてきたはずである。抽象的思考の能力をほんの少ししかもたないと見られる数学者もいくらかはいる。彼らの数学的思考は，具体主義的（concretistic）で，法律尊重主義的（legalistic）で，ほとんど抽象的ではありえない，直解主義（literalisms）に貫徹されているのだ。

マックゴーグラン（McGaughran）は，あるコンストラクト次元の機能的有用性を決定しようとする研究を行った。間もなく彼は次のことに気がついた。すなわち，**抽象対具体**の古典的枠組みでは，被験者がいかにしてある状況から次の状況へと移動していくのかを予測できるように，被験者の思考を記述することができないのだ。ある種の問題を抽象的に処理した人は，別種の問題を具体的に処理するようであった。さらに，ある領域で他者よりも抽象的なアプローチを用いやすい人は，別の領域では他者よりも抽象的アプローチを使わない傾向があるようであった。

マックゴーグランは，人が言語的行動でどんな種類の概念化を使うのかを，非言語的行動で使う概念化の種類から，苦労して予測を立て，またこの逆方向の予測も立てて，みずから実験計画をセットしてみた。これは野心的な企てであった。言語行動はTATカードを使って抽出された。非言語的行動はヴィゴツキー積み木分類法によって研究された。この課題は概念化の次元を見いだすためのものであり，どちらのタイプのプロトコルにも適用が可能で，被験者が1つの状況でどのように遂行するかが，別の状況での概念化の知識から予測できるはずだと考えられた。彼はこれをみずからの課題として受け入れる際に，コンストラクト分類のための機能的な基準を導入した。これは，哲学者が形式的基準のみの使用を習慣としてきた領域では，たしかに斬新な考えである。

マックゴーグランは最終的に，合理的に妥当な予測をすることが可能であり，これらの予測は本質的に2次元に落ちることを発見した。その次元は，**伝達可能性**（**communicability**）と，われわれが本質的に**浸透性**（**permeability**）と呼んできた何かである。実際には，**浸透性**という用語は，もとはマックゴーグランによって示唆されたものであったが，彼の研究報告では使用されなかった。**伝達可能性**については，彼がこの言葉によって指し示したのは，もちろん，単なる言語的伝達ではない。というのも一群のプロトコルは，定義によれば，非言語的だからである。言いかえれば，彼は，**浸透性**と**伝達可能性**が操作的に定義できるだけでなく，個人の行動を予測するのに有効だということを見いだしたのである。われわれはこのマックゴーグランの次元構想

にきちんとはしたがわなかった。が，概念化を分析するのに，**抽象性―具体性**の次元を使用するよりも，恐らくはもっと有意味な方法があることを彼は示してくれただけでなく，コンストラクトのある決定的な特徴――それは抽象性や具体性よりも使用者の特徴をはるかによく表す――を示唆してくれた。これは彼のおかげである。

　前方の節で論じた**浸透性 対 非浸透性**の次元に加えて，われわれは基本的に2つのコンストラクト次元を代表する3組の見解を使うことを提案する。これらの見解は，最近心理学の著述家が提案してきたいくつかの他の見解とまったく似ていないわけではない。それらはこのコントロールの本質に関与しており，コンストラクトは暗黙にその要素にコントロールを及ぼしているのである。

　それ自体の領域で排他的に，その成員性(メンバーシップ)の要素を先取りしてしまうコンストラクトは，**先取り** (preemptive) コンストラクトと呼んでよかろう。生物種のようなタイプのコンストラクトがこのカテゴリーに属する。それは，「ボールである何かはボール以外の何ものでもありえない」というような陳述によって例示されうる。この場合には，このコンストラクトはボールである。そして，ボールであるすべてのものは，他のコンストラクトの領域から除外される。すなわち，「球体」，「ペレット」，「砲丸」，あるいはボール以外の何か，ではありえないのである。これは分類棚タイプのコンストラクトである。このピジョンホール(ビジョンホール)に入れられたものは他のどんなものにも同時には入れられない。それはもちろん，先取りの極致を表しており，実際には完全に先取り的に使用されるパーソナル・コンストラクトはごくわずかである。しかし治療においては，クライエントがある領域のトピックを扱う際に先取り的解釈を使う傾向は，しばしばその治療者にとっては大問題になる。先取りの問題はまた，対人関係と，社会的葛藤への石頭 (thick-skulled) アプローチでは，重要な要因になる。しかし，この多くは後で述べる。

　先取りは，宇宙を進行中の出来事として見るのが特に苦手で，これを扱うことは単にその不活性要素をアレンジするだけの問題だと言い張るような人に，出現する傾向がある。アリストテレス以前の哲学者，ヘラクレイトスは，活動的な宇宙の典型を火に認めて，これを解釈するのに実際にかなりよいスタートを切った。しかし，彼が言わねばならなかったことの重要性は，エンペドクレスのような実体論哲学者によっておおいかくされ，アリストテレスが科学をピジョンホールに入れて，実験のパフォーマンスのように力動的なものはどんなものでも，それが自然の歪曲になることのないように，支持することを拒否したときに，完全に見失われてしまったのである。

　19世紀の間に，先取り的なアリストテレス的思考からの回復がいくらかあり，現実に対する機能的アプローチがより大きく強調されるようになった。デューイ――彼の哲学と心理学はパーソナル・コンストラクト心理学の多くの行間に読みとることができる――は，宇宙を，理解されることが予期されるはずの進行中の出来事だと想像

した。このような考えは，実在論（realism）の類とは鋭く対立する立場にある。この実在論の立場では，あるものがスペードであるなら，それはスペード以外の何ものでもない：ある人が統合失調症なら，彼は統合失調症以外の何ものでもない：心臓が生理的器官であるなら，それは生理的器官以外の何ものでもなく，心理学的器官とは解釈できない：あるイベントが破局的であるなら，それは破局以外の何ものでもない：ある人が敵であるなら，その人は敵以外の何ものでもない，と主張する。

先取り的な解釈はしばしば科学者間の論争にもその実例が見られる。それは時に**以外の何ものでもない批判**（nothing-but criticism）と呼ばれる。たとえば「パーソナル・コンストラクト心理学は唯心論**以外の何ものでもない**」「精神分析は擬人化以外の何ものでもない」「キリスト教信仰は受動性**以外の何ものでもない**」など。われわれが代替解釈によって基本的な立場を制定したとしたら，われわれは最初から，以外の何ものでもないタイプの推論を避けたことになる。そして，この種の見方を捨てることが，心理学者にも大いに助けになるという予感がする。それは，クライエントが人生を再解釈し，厳しい現実の中に新たな希望を発見するのに大きな助けになるのと同然である。

コンストラクトの中でも，その要素が同時に他の領域に属することは許されていても，それらの領域のメンバーシップが固定されるものは，**布置的コンストラクト**（**constellatory construct**）と呼んでよかろう。ステレオタイプはこのカテゴリーに属する。たとえば布置コンストラクトは，「ボールであるものならどんなものでも，弾む何かでなければならない」という文章に表現される。いくらかの研究者はこれを「コンプレックス」と呼ぶ。このタイプのコンストラクトでは，ボールがボール以外の何かとして考えうることを認めているが，それがほかの何と考えうるのかに関しては許容範囲がない。ボールがボールであるなら，ある特定の他のものでなければならないのである。

その要素が他のあらゆる点で自由な解釈を許されているコンストラクトは，**命題的コンストラクト**（**propositional construct**）と呼んでよかろう。たとえばパーソナル・コンストラクト心理学の議論の全体を通じて，われわれは，先取り的コンストラクトの使用によって暗示される実体思考（entity thinking）と，布置コンストラクトの使用によって暗示される独断的思考（dogmatic thinking）とは対照的である，命題的コンストラクトに大いに頼ろうとしてきた。ボールの例では，以下のものが命題的コンストラクトを例示している。「丸いかたまりはどんなものでも，何よりもボールと考えうる。」このようなコンストラクトは相対的に命題的である。というのは，それは「丸いかたまり」以外のいかなるものにも依存せず，また，それはボールが「丸いかたまり」である以外に，何か特定のものでなければならないことは意味しないからである。個人的な思考においては，このような純粋の抽象化は，完全な具体主義が先取り的解釈で暗

示しているのと同じくらい稀である。命題的コンストラクトは，したがって，連続体の一方の端を代表し，他方の端は先取り的および布置的なコンストラクトが代表しているのである。

　命題性はパーソナル・コンストラクトにおいては普遍的に望ましい特徴のように見えるかもしれないが，もし人がもっぱら命題的なコンストラクトばかりを使おうとするなら，世の中で生きていくのは実際にはきわめて困難になるはずである。他のコンストラクトを包摂する上位コンストラクトは，その下位コンストラクトをあたかも布置的なもののように扱う。たとえば，もし**球体**がいくつかの他の物体とともに**ボール**を含むなら，何かがボールだということは，それが球体であることをも意味する。したがって**ボール**は，それが**球体**に包摂されるときには，布置的な意味をもつことになるのである。

　さらに，ある人がもっぱら命題的思考だけを使おうと試みる場合には，どのような状況であっても，関連のある重要な問題は何なのかの決定に至るのにかなりの困難があるはずである。野球の試合では，彼の方向に投げられた球体についてあらゆる概念的な角度から考えるのにあまりに忙しいと，それがボールでありそれ以外の何ものでもないと瞬間的に処理する必要性を見落としてしまうかもしれない。先取り的思考は，人がみずからの宇宙の中で積極的な役割を担っていこうとするなら，一瞬の決断には必要不可欠である。しかし先取り的思考は，命題思考に解消されることはないので，その人を非難して知的な死後硬直状態へと追い込む。彼は「行為する人」と呼ばれるかもしれないが，彼の行為は常に使い古したワンパターンなのである。

　われわれがこの時点でコンストラクトの次元についていうべきことは，以下のように要約される。

　ａ．**浸透性のないコンストラクト**は，特定の文脈に基づき，付加的な要素を認めないものである——たとえば適切な名前。「もしボールがあるものから成っているなら，他のものはボールではありえない」「これらが，そしてこれらだけがボールである」

　ｂ．**浸透性のあるコンストラクト**は，付加的な要素を暗示するものである——たとえば，クラスの名前。「もしボールがあるものから成っているなら，ボールであるものがさらに他にもあるはずだ」「これらに似たものは何でもボールである」

　ｃ．**先取り的コンストラクト**は，そのメンバーとなる要素をそれ自体の領域に排他的に先取りするものである——たとえば種の名前。「ボールであるものは何でも，ボール以外の何ものでもない」「これはボール以外の何ものでもない」

　ｄ．**布置的コンストラクト**は，その要素のその領域のメンバーシップを固定するものである——たとえばステレオタイプ。「ボールであるものならどんなものでも，…でなければならない」「これはボールなので，丸く，弾力があり，手にもつのに十分に小さくなければならない」

e．**命題的コンストラクト**は，その要素が他領域のメンバーシップをもつのを妨げないものである——たとえば「哲学的態度」。「丸いかたまりはどんなものでも，何よりもボールだと考えることができる」「これはボールであるが，だからといって，それが歪んでおり，価値があり，フランス語のアクセントをもつはずがないと，信じる理由はない」

　後で，われわれはもっと多くの次元のリストを提案する。パーソナル・コンストラクトはこれに沿ってプロットできるだろう。**不安，敵意，弛緩，言語習得前段階，転移，依存**，その他多くの次元が記述されよう。しかしわれわれは，このパーソナル・コンストラクト心理学の予備的スケッチはこれで終りにして，できるだけ早く，この理論の人間問題の解決へのもっと面白い実践的応用のいくらかを示すことを切望する。さらなる次元は待ってほしい。

C　解釈の変化

15　確　証

　われわれは，基本的前提を提示したとき，人間の動機づけに関するある特定の見解——**人の心的過程は，彼がイベントを予期する仕方によって，水路づけられる**——を表明した。彼の動きの方向，したがって動機づけは，何が起こるのかについてのよりよい理解へと向かっている。デューイならイベントは予期することを通じて理解されると言ったはずだが，われわれはこれに，人生はイベントの予期へと完全に方向づけられている，と付け加えたい。人は世界をもっともっと予測可能にする方向へと外側に進んでいき，普通は予測可能な世界の内にもっともっと引きこもろうとはしないものである。後者の場合には，人はすでに獲得している予測能力を失わないように，神経症的あるいは精神病的になるのだ。どちらのケースでも，精緻化の選択原理が彼の動機的決定を説明している。さらにいえば，前に示したように，人は差し迫った危険の確実性に基づいて賭けるだけでなく，何を最善の資産運用と見るかに関連した，予測可能性に賭け金を賭ける。またしばしば彼は，彼の解釈システムにおける包括性と限定的正確さとの妥協の必要性もわかっている。したがって彼は，自己のシステムの明らかに誤解を招くようなコンストラクトに対しても，それがより正確なコンストラクトに欠如していると見える包括性をもっているように見える場合には，我慢するかもしれない。

　人がおもにイベントの予期に関心をもつ場合には，われわれは彼の行動を説明する

のに，もはや快楽主義やその変形——たとえば「満足」や「強化」——に訴える必要はなくなる。われわれはもちろん，快楽主義的な用語を予測と確証の言葉で再定義することができる。したがってこれらの用語は使い続ける。が，なんと厄介なことか！

われわれの基本的前提を受けて出てくるのは，賭けから期待される払い戻し(ペイオフ)の種類に関する特殊な見解である。確証 (**validation**) という語を使うことにしよう。ある人が特定のイベントを積極的に予期する。ここで予期したことが起これば，彼の予期は確証されたことになる。それが起こらなければ，予期は確証されなかったことになる。確証は，その人の予測と観察結果とが（主観的な解釈で）両立することを表わしている。確証されないということは，その人の予測と観察結果とが（主観的解釈で）非両立であることを示している。

時に治療中のクライエントは，彼が**確証**と解釈するはずだと治療者が期待していたことを，予測が確証されなかったと解することがある。こんなことが時どき生じるのは，治療者がクライエントの予測の特質を十分に理解していないからである。またこれが時どき起こるのは，治療者が予測と結果を十分に包括的なレベルで見て，相互に両立しうると解釈するのに対して，クライエントはこのような全体的な見渡しができず，998ドル勝つと予期していたのに998.14ドル勝ったことで，混乱しているからである。

確証という見解は，「強化」——この用語が普通に使われている意味で——という見解とはまったく異なる。強化は，その人の要求に合い，何らかの方法でその人を満たし，満足させるという意味をもっている。確証は，予測されたことが何か不快なことであっても，予測が実証されたということだけを指している。たとえばある人が階段で転び落ちて脚を折ると予期したとしよう。もしこの予言が事実になったなら，あるいは，少なくとも階段で転び落ちて脚を折ったのだと彼に思えたとしたら，事態の成り行きがどれほど不幸であっても，彼は確証を経験したことになる。しかし脚を折ることは，何かの精神障害の患者以外では，いわゆる「強化」ではない。もちろん，われわれは「強化」をパーソナル・コンストラクト理論に合うように再定義することもできなくはなかった。しかしそうすると，「強化」が心理学者の間でもたれている現在の意味あいの多くは，捨てられねばならなくなるはずである。

予測が正確であることがわかったとき，確証されたのは何なのだろうか？　不正確だとわかったら，確証されなかったのは何なのだろうか？　これらはパーソナル・コンストラクト心理学ではかなりの重要性をもつ問題である。これらは，般化を扱う多くの現代の学習理論においてもある程度は重要である。が，パーソナル・コンストラクト心理学はこれらの問題にいくぶん異なる光を投げかけている。

ポッチ (Poch) の研究はこの問題を扱っている。彼女はこの問題をこんなふうに構造化した。すなわち，人は自分の予測が間違ったとわかったときには，それについて

どんなことをするだろうか？　自分の仮説を変えるだけか？　みずからのレパートリー内にある別のコンストラクトを調べて，これに基づいて次の予測を行うのか？あるいは，みずからのコンストラクト・システムの次元構造を改訂するのか？

「強化」の見解に基づく伝統的な学習理論は，ふつうはこれらの問いの最初のものに関心を向けるだけである。入手可能な研究のエビデンスによれば，人は普通自分が間違いを犯したと思うときには，予測を変えることが，十分にはっきりと示されている。しかし，ボッチの問いはこれよりもはるかに深いところを貫通している。彼女のエビデンスでは，彼女の被験者は，予測が確証されなかったときには，みずからのレパートリー内の他のコンストラクト次元に向かう傾向のあることを，非常にはっきりと示した。また彼らは，確証されなかった予測で採用された側面については，彼らのコンストラクト・システムをシフトさせる傾向が見られた。

したがって，確証はいろいろなレベルで解釈システムに影響を及ぼすと見なしてよさそうである。これらのレベルは勾配をなしていると見ることができ，もとの予測の基礎となったコンストラクトに機能的に最も近いコンストラクトが確証実験で最も大きな影響を受けていたのである。ビーリ（Bieri）はこの関係が，コンストラクトと，その人の今までに関わった人物の両方について，いかにして測定しうるかを示した。こうして彼は確証が，元の予測に含まれている特定のコンストラクトと特定の人物だけでなく，機能的に関係のあるコンストラクトと人物にも，どれほどの影響を及ぼすのかを示したのである。

われわれの経験の系はこの基本的前提から推論されたものである。これによると，**人の解釈システムは彼がイベントのくりかえしを継続的に解釈するときに変化する**。確証は解釈における連続的なサイクルに点数をつけていく。ある人が未来に対してあいまいな関与をするだけなら，曖昧な確証を経験するだけになる。関与が情報の広範囲に及ぶ解釈に基づいている場合には，この結果は圧倒的な意味をもつと解されるであろう。

この種の推理は，いわゆる「部分強化」実験の結果に対する1つのアプローチを与えてくれる。すなわちある（条件づけられた）「反応」は，元の「条件づけ」期間中に「無強化」の「試行」があった場合には，その後の「無強化」条件の下でより長く「消去」に抵抗し続けることが，いろいろな形で示されている。これは多くの伝統的な学習理論では説明がつきにくい問題である。しかしわれわれの視点からは，予測から結果までの確証サイクル（validational cycle）が，必ずしも実験者が思い描いているような単独の「試行」ではないと，示唆できる。被験者の視点から見た「試行」は，実験者の視点から見た「数試行」のサイクルかもしれないのである。実験者が自己の経験をある方法で区分するというだけでは，被験者がそれを同じように区分するという理由にはならない。したがって部分「強化」のシリーズは，被験者の視点からは，いくつかの

異なるサイクルから成っており，そのすべてで「強化」されるが，サイクルのいくつかは他のものより長いのである。実験シリーズの全体そのものさえも被験者に関するかぎり1サイクルなのかもしれない。また，「消去」シリーズが主観的に「条件づけ」シリーズの長さ——すなわち，被験者がサイクルの始まりと考えたところから被験者が最終確証を受けたと考えたところまで——に近づいたときにのみ，予測するのをあきらめるということかもしれない。もう一度言うが，前にもわれわれが示唆したように，被験者が実験者の学習したものに同調するか否かということよりも，被験者が何を学んだのかを見いだすことの方が，しばしばはるかに有益なのである。

16 新しいコンストラクトの形成に有利な条件

　自己の役割についての個人的解釈に関するセクションの終わりで，われわれはつぎのことを指摘した。すなわち新しいコンストラクトは，初めにクライエントの自己や直近家族を含まない文脈でアプローチしていくと，麻痺作用の危険性を少なくして，形成することができると。またあるコンストラクトの文脈内の個人的安定性について述べた節では，われわれは，あるコンストラクトが役割統治コンストラクトであり，その人物の1人——たとえば母親像——がこのコンストラクトの象徴であるときには，このコンストラクト内のこの人物要素を変化させようと試みると，結果的にその人の役割の崩壊が生じることを指摘した。われわれはまた，あるケースでは，クライエントには走り書きから始めて，まったく新しい一群の役割統治コンストラクトを形成させるように援助した方がより経済的であるかもしれないと示唆した。こうすれば，人はまず仮説的なキャラクターの配役をつくって，その後で，これらの人々が彼らの毎日いっしょに生活している人々に似ていることを発見させるだけでよいということになるだろう。

　a．新鮮な要素の利用　第1に，新鮮な一群の要素が，新しいコンストラクトの出現する文脈として与えられると，有益である。これらの要素は，新しいコンストラクトと矛盾すると見られるような古いコンストラクトにはあまり拘束されていないので，この新しいコンストラクトを有用な状態にもち来すまでは，古いコンストラクトをもつ人は含めないようにする。心理療法家の共通言語では，「抵抗を一時的に回避する」のだ。この手続きには，自己や直近家族を含まない文脈で新しいコンストラクトを開発していくというような，安全装置が含まれているのである。これには，クライエントの残りの世界に関するかぎり，当初は隔絶された治療状況の設定が含まれている。保養所や私的な治療室は，心理療法に関してしばしば言及されるように，「保護的環境」を提供するのだろう。治療者は，以前にはクライエントに知られておらず，またクライエントの世界の中ではあまり固定した人物にならないようにしているので，クライエントが完全に新しいコンストラクトの形成を始めるための，重要な新要素になる。

しかしながら，新しい要素を設定するに際しては，治療者がクライエントをあまりに複雑な世界に導入して，クライエントが瞬間毎の予期をまったく働かせられなくなるようなことにはならないように，十分注意しなければならない。状況は隔絶されていても，わけのわからぬものであってはならないのである。

新鮮な言語要素の上に新しいコンストラクトを形成する方法はいくつかある。特別あつらえの注意深くデザインされた物語の形成は，子どもの心理療法では力強いツールになるし，たまたまではあるが，心理学者による体系的な治療を驚くほど免れたものになっている。ホーソンの『人面の大岩（The Great Stone Face）』を読むと，普通に使われている心理療法的手続きを越えたものが示唆されている。われわれは民話に社会制御的な効果のあることをよく知っており，文化人類学的理解では非常に重視されている。民話から特に治療目的のための類似の物語への1歩は小さい。著者の臨床経験では，子どものために，物語の要素の関係した新しいコンストラクトを開発し，そのうえで最終的に置き換わるべきコンストラクトとの葛藤状態に入る前に，そのコンストラクトに形，定義，有用性を与えておくのは比較的簡単であった。物語を使うときには，自己はごくゆっくりと関与させられ，新しく開発されたコンストラクトはごくゆっくりと，望ましくない役割コンストラクト──妥当性が失われてしまった後もクライエントの人生に影響を及ぼし続けてきた──と置きかえられるのである。

後により重要な意味をもつことになる新コンストラクトを創造する要素としての，人工的な役割の構成と演出は，新鮮な要素を利用して新しいコンストラクトを開発する，もう1つの例である。この役割の明らかな人工性は，新しいアイデアのやさしい打ち出しが，以前の役割を維持するための狂乱した襲撃に踏みつぶされないようにする，まさにその特徴なのである。

b. 実験法 (experimentation) 新しいコンストラクトの形成に適した次の条件は，実験するという雰囲気である。もっと正確な言葉遣いをするなら，これは，予測が基礎づけられているコンストラクトの基盤をシフトさせて，どちらの予測が実際の結果に対応しているのかを見るために，確証経験をチェックすることを意味している。これはさらに多くのことを意味する。つまり，コンストラクトは相互に比較的隔離された状態で試されるということであり，このことは科学者の実験的統制の使用に対応している。前節で述べた布置的コンストラクトはとりあえず回避される。実験の雰囲気は，人の実験的行為の結果が限定的なものとして見なされることである。人は「生活費を賭けて遊ぶ」ということはしない。コンストラクトは，真の科学的伝統においては，試着行為と見なされる。これらは命題として見られる。実際，コンストラクトを，現実そのものというよりも，現実について提案された表象と見なすことは，実験法への準備的なものになっている。

新しいコンストラクトを形成しようとしているクライエントは，新しい行動を「試

してみる」こと，あるいは，統制された状況内でおそらく言語のみで，漸近的な行動の結果を探索すること，が推奨される。他者の役割についての彼の暫定的な解釈は，治療者を相手に試されるかもしれない。精神分析の言語では，これは「転移」になる。後で，われわれは**転移**に操作的定義を与える試みをする。当面は，転移は役割コンストラクトの実験法の特殊なケースと考えれば，それで十分である。

　　c．確証データの入手しやすさ (availability of validating data)　新しいコンストラクトの形成に適した第3の条件は，確証データの入手しやすさである。コンストラクトは予測をするための枠組みである。この予測がうまく働かない場合には，これを変更しようとする傾向が生じる──もちろん，この解釈システムのより浸透的な局面の内部で。この予測に対する返答が入手できなかったり，不当に遅かったりする場合には，人はこの予測を行ったコンストラクトの変更を延期しやすい。

　応用学習の分野では，「結果の知識が学習を促進する」ことが随分前から指摘されてきた。このことは研究ベースでは実証されている。しかし，これについてはやや注意深い解釈が必要である。実験者が「結果」と見ているものは，学習実験の被験者が「結果」と見ているものと違うかもしれない。被験者が彼の思考結果を彼のシステムのより広い局面の中でチェックしている場合には，実験者の「結果」は関係があるとは考えないかもしれない。

　ある被験者がパズルを解こうとしていると考えてみよう。彼は，最終的にはいくつかのブロックがその順序では組み合わせられないことを十分に承知しながら，それらを組み合わせて見て，完成したパズルの最終的な大きさがどんなふうになりそうか，イメージを得ようとする。彼は中間的なコンストラクトを形成しているところである。実験者は「結果の知識」という語句を指さしながら，被験者の試みは成功しないと告げることで，被験者を悩ませ続ける。これは，被験者の区切りをつける過程が実験者のそれとは異なることの一例である。被験者にとっては，彼の見ている「試行」は「成功」なのかもしれない。この点については，前に実験の区切りに関して述べた。

　われわれは新しいコンストラクトを形成するための促進条件として，前もって考えていた結果の知識を重視するよりもむしろ，一般的な結果の入手しやすさを重視することを選んだ。このように被験者は自己の経験を異なる方法で区切ることが許されている。彼が長期的な予測を望む場合には，彼は刻々と変わる「結果」に悩まされることはなくなる。彼が長期的な投資を望む場合には，証券市況の値動きをずっと見続ける必要はない。彼が中期的なコンストラクトもしくは「ツール」を形成したいと思っている場合には，まだ最終的な結果の成功を予期していなくても，その事実をもって，彼の努力が確証されなかったと解釈する必要はないだろう。

　心理療法の状況では，確証データの入手しやすさは，治療者側の技能を暗示している。これは大部分が事実と反応をはっきりと表現する言語的な技能であり，この事実

と反応との照合によって，クライエントはその準備ができたときにはいつでも，みずからの探索結果をチェックすることができる。治療者は，置きかえられるべきコンストラクトをさらに確認すること以外には，何の目的にも役立たないような事実を生み出すことのないように警戒しなければならない。時にクライエントは「妻には不可能だとお認めにならないのですね？」と尋ねるだろう。これは臨床家が首をすくめてかわそうとする問題である。臨床家がこれを認めても，クライエントは，これが実際に彼の心の中に持っているコンストラクトの確証データになるとは考えないかもしれない。それがおそらくそのように解釈されるとしても。

臨床家は，どのコンストラクトが「試されている」のかに常に注意している必要がある。そして，何が実際に使われているコンストラクトに関係しているのかによって，データの入手しやすさの統治を試みる必要がある。上のパラグラフのクライエントの質問は，はっきりと表現されたもの以外に種々のコンストラクトを示している可能性がある。たとえばそれは，「私はそんなに悪い夫ではないですよね？」を意味していると解釈されるかもしれない。「あなたは妻から私を守ってくれますよね？」を意味しているかもしれない。「あなたは妻よりもよい友だちですよね？」を意味しているかもしれない。「妻さえいなければ，すべてよしではないですか？」を意味しているかもしれない。臨床家がこれに答えれば，クライエントにとっては，どんな質問に臨床家が答えてくれるのかがわかるので，よいことになる。もちろんそれは常に可能なわけではない。

臨床家は時に「客観性」の強調を好む。彼らは，このような「真実」の材料に連続的に浸し続けると，その哀れな男に適切な特色（フレーバー）が与えられると期待して，クライエントに「事実」への直面化をさせ続ける。（しかし）彼らは通常クライエントをやきもきさせ続けることに成功するだけである。多くの臨床家はクライエントに対して，見せかけの「客観性」のもとで，間違った質問に対して「正しい」回答を与えているのだ。言いかえれば，「客観性」はあまりにもしばしば見せかけの直解主義であり，したがってまったく客観的ではなく，単に言語的なものにすぎない。

役割演技の交代は，確証材料にすぐアクセスできる新しいコンストラクトを，クライエントに試させるのに卓越した方法である。それがリハーサルとして実行されると，彼は確証データの準備的な1ラウンドをもつことになる。それが治療室以外の状況で試されると，この新しいコンストラクトの有効性について，さらに印象的なエビデンスが得られるかもしれない。

クライエントの転移の態度に解釈を与えることは，検証データを，コンストラクトの実証あるいは反証に利用する一例である。クライエントは新旧両方の役割コンストラクトを治療者で試してみる。治療者はこの両方を明確化して，それらのいくつかに関しては，子どもじみたあるいは臨床的な場面以外のどんな状況でも，適切な結果が

予期できないことを暗にはっきりさせる。

クライエント側の広く多様な解釈——これらのいくつかはまったくルーズ，風変わり，あるいは淫らなど——に対する反応という形で確証データを提供することによって，臨床家はクライエントにコンストラクトの確証の機会——普通なら彼には入手不可能な機会——を与える。したがってもちろん，「患者を矯正する」あるいは「説教する」という以上のことを相当量含んでいる。これには，クライエントのパーソナル・コンストラクトの事前の注意深い分析と，クライエントが明確な形で結果を出す機会，が含まれる。もう一度言うが，それは，間違った質問に言葉だけの回答を与えるというよりも，正しい質問に正しい回答を与える方法でなければならない。

それは，われわれが心理療法の技法について議論するとき，新しい統治コンストラクトを形成するための最適条件についてもっと多くのことを語るためである。ここまでの議論は，新しいコンストラクトを広めることに含まれる基礎的な要件を，ただ例示することだけを狙ったものである。

17 | 新しいコンストラクトの形成に不利な条件

一般に新しいコンストラクトの形成に有利な条件の維持に失敗すると，その形成は遅れるものである。しかしながら，新しいコンストラクトの形成に特に有害な条件がいくつかある。その中でも最も重要なのは，そこから新しいコンストラクトが形成されるはずの要素に**脅威**が含まれていることである。

a．脅威 最初に，われわれが**脅威**という言葉によって何を意味しているのかをやや正確に述べよう。基本的に，**脅威**はコンストラクトとシステム内の上位コンストラクトとの関係の特徴である。あるコンストラクトは，それ自体が直近上位のコンストラクトの一要素となっており，その上位コンストラクトが，その人が生活していくうえで頼っている他の上位コンストラクトと矛盾する場合には，脅威となる。危険のコンストラクトは，それが死や負傷の文脈内の一要素となるときには，**脅威**になる。（しかし）それが脅威ではない，少なくともあまり重要な脅威ではない状況がある。ジェットコースターは危険のコンストラクトを引き出すが，その危険が死の文脈におかれることはめったにない。

説明を続けよう。死はもちろん，少なくとも大概の人の心の中では，生と両立しない。しかし，生と死が矛盾するとは見ない人々もいる。死は三途の川の向こう側の人生段階への入り口だとも見うる。死は単に魂の転生が生じる玄関口だとも見うる。もし死と，人がイベントとその予期に対する基本的な 定 位（オリエンテーション）を維持している解釈システムとが矛盾する場合には，死の文脈内の類似の要素は脅威になる。脅威については語るべきことがもっとたくさんあるが，それは臨床家のレパートリーにおいては重要なコンストラクトなので，後で述べることにする。

さて，新しいコンストラクトを形成すると提案されているいくつかの要素が，共通して脅威を含んでいる場合には，すなわちこれらの要素が，人が生きていくのに依存するようになったシステムと基本的に矛盾するような，コンストラクトや問題を生じる傾向がある場合には，その人は，これらの要素を使って，すぐに新しいコンストラクトを形成することができないかもしれない。これらを脅威的なものにする解釈は，死ほど深刻な問題ではないかもしれない。そのコンストラクトと，とにかく人が強くよりかかっている解釈システムとの単純な矛盾は，その要素を脅威的なものにする可能性があるのだ。
　なぜある特定のクライエントはそれらの要素を脅威的なものにするような解釈の仕方にそれほどこだわるのだろうかと，人は尋ねるかもしれない。これに対する回答は，コンストラクト自体の固有の性質にある。人はみずからのコンストラクト・システムを明瞭化することによって，それを維持している。その人自身のシステムでさえ，外的なイベントがコントロールされるのと同じ方法で，安定させられ，コントロールされる。このことは何よりも，このシステムが排除する要素と包含する要素の明確な識別を維持することによって，自己のシステムをコントロールしていることを意味する。このシステムから排除した要素に自己が多少なりとも関与し始めているとわかった途端に，人は矛盾が生じたことに気づき，これらの新しく手に入れた連合を脅威と見る。まるで傷ついた動物のように，彼はみずからの敵に対峙し続けるのである。
　さて，耐えがたいコンストラクトの形成に際して，自己と同盟を結ぼうとする新しい要素がクライエントに提示されるときには，何が生じるのだろうか？　彼はこれらを雲散霧消させようとするかもしれない。あるいは最後の頼みの綱として，不自然な同盟からの自己解放と，大きなひとかたまりになった新要素の拒絶に，全神経を集中するかもしれない。臨床家はこれが目の前で生じるのを見ることができる。その人にとって脅威となるのは，まさにその望まれない要素のもっともらしさである。もしそれらの要素が彼にはまったく異質と見える場合には，彼がそれらに脅威を感じることはなかろう。彼は傍観者の役割をとりうるのだ。
　新しいコンストラクトを定式化するための基礎として提示される要素へのこの種の反応は，その目的には役立たないことが明らかである。脅威の効果は，クライエントに，その基本的なコンストラクトを守るために，必死の戦いを強制することにある。脅威は個人の資源を動かす必要性を喚起させる。ここで動かされる資源は，必ずしも成熟した有効なものではないということを，しっかりと心にとどめておかねばならない。それゆえ，脅威にさらされた人は，しばしば子どものようなふるまいをする可能性があるのだ。
　脅威的な要素を導入することのもう1つの効果は，しばしば望ましくないものであるが，その外傷体験が，クライエント自身の不適応的な概念的枠組みの，さらなる主

観的な文書あるいは証明として作用することである。外傷体験をもつクライエントは，より古い，より幼児的な人生の解釈に投げ戻されるだけでなく，このさらなる体験によって，これらの原始的な解釈の「証明」を見いだすことになりやすい。外傷体験は普通「人々をその行路上で凍結させてしまう」といわれているのは，正しい。臨床家にとっては，治療セッションに，ある新しい材料を導入することによって生じるかもしれない，この凍結効果を査定することは大切である。

　b．古い材料への没入 (preoccupation with old material)　新しいコンストラクトの形成にとって有害な条件がもう1つある。それはもっぱら古い材料に没入してしまうことである——クライエントが一連の心理療法過程において不当に反復的になったとしたら，何が生じるだろうか？　こういうときにはその治療者は同僚に対して，全然動きが見えないとぼやき始めるだろう。古く慣れ親しんだ材料が古く子どもじみたコンストラクトによって定位置に固定される傾向があるのである。彼がみずからのコンストラクトを最新状態に更新し始めるのは，クライエントがそのコンストラクトに新しい材料や大人の材料を編み込ませられたときだけである。新しい材料を古い材料に混ぜることができれば，古い材料を，新旧両方の材料に適した新しいカテゴリーに，新たに分類する必要が生じるのだ。

　古いコンストラクトは時に浸透性のないことがある。これらのコンストラクトが包摂するイベントは，その種類の最後のものである。このようなコンストラクトは実質的に未来のイベントの処理には何の役にも立たない。そして，それらがそのようであるのは，クライエントにとってはまさに好都合なのかもしれない。あるタイプの精神病患者においては，古い妄想が浸透性のない状態になるのは，それが包摂するイベントを再解釈することによって，その解決を試みるよりも，むしろ，望ましいのかもしれない。同じことが，それほど混乱していないクライエントにも時たま見られる，流行おくれだがアクセスできないコンストラクトについても，当てはまるかもしれない。

　時に人は，クライエントのコンストラクトを，作動しない非浸透的な状態に戻そうと入念な努力をすることがある。基本的にこれは習慣形成において生じていることである。習慣は古い材料を処理する方法になっているが，たしかに，新しい要素を注意深く直接処理する方法ではない。習慣化したコンストラクトについては，変更可能なものは何もない。このことは，習慣がイベントの奔流への対処を援助するのに役に立たない，と言っているのではない。習慣は，別の面では，対照的に新しい材料の選ばれた側面を知的に処理する自由を残すようにして，いくらかの解釈を安定させる目的にたしかに役立っている。習慣は，別のところでは，人が知的にふるまう自由を残しておく，便利な種類の愚行だと考えられる。その機会を利用するか否かは，また別の問題である。提供されたアドバンテージを，その愚行によってつかみ損ねる人もいる。

c．実験室がないこと　新しいコンストラクトは，それを試してみる実験室がないときには，形成されない。これは科学者に当てはまるだけでなく，どんな人にも当てはまる。実験室とは，人がいつでも当てにすることができ，新しいコンストラクトを形成するのに十分な材料がある状況である。社会的関係を欠く状況では，新しい社会的概念を形成することは困難である。親を含まない状況で新しい親のコンストラクトを形成するのは困難である。何年も女性とは関係をもっていない囚人に，適切な性役割をどう演じたらよいのかを教えるのも不可能である。威厳のある態度をとる機会が拒否されている状況にある入院患者は，社交的な振舞いを学習するのが困難である。民主主義の恩恵を奪われている兵士は，民主主義がどんな働きをするのかをほとんど学習していない——これは，民主主義の良さにあこがれているような場合でもそうである。

　実験室はまた，他の変数——これらの変数の複雑さは，やむをえず限定された範囲内で新しいコンストラクトの形成を試みる人を，泥沼に落ち込ませる——からの便利な隔離を与えてくれる。もし人が同時にすべての分岐と，それぞれの探索行為の究極的な結果を考えるなら，彼は圧倒されて，どんな新しいコンストラクトも形成できなくなるだろう。大学院生の研究指導をしてきた人は，しばしばこの種の知的な溺死が起こるのを見てきたであろう。しばしば学生たちはみずからの研究のあまりにも多くの意味的連関と，あまりにも多くの考えるべき可能な変数を見るために，実験計画が立てられなくなる。実験室はしかしながら，限定空間内での探索を可能にしてくれる。いくつかの不注意な混合の結果として爆発が生じたとしても，必ずしも彼の世界を吹き飛ばしてしまうわけではない。これはわれわれが肯定的な側面について前に述べたことを言い換えたものである：みずからの行為の究極的な結果に完全かつ連続的に没頭している人は，新しいアイデアを実験してみる場所をもたないことになる。

　検証可能な仮説を立ててそれを試してみなければならない科学者のように，新しい仮説を立てようとする人は，新しいコンストラクトが予測に成功するか，はっきりと予測に失敗するかがわかる形で，利用できるデータをもつ必要がある。完全に伸縮自在な世界に住んでいる人は，その世界を測定しようと試みるとき，すぐやる気をなくするだろう。両親はある枠組み内では予測できるのだが，この枠組みがあまりにも複雑なので，子どもには理解できない，こういう子どもはまさにこのような世界に住んでいるのである。このような子どもは，両親によって社会的コンストラクトのすべてが非浸透的なものにされたであろう子どもと同じように，両親との関係に不適応を起こすだろう。あるいは精神分析的な用語を使うなら，両親とのすべての関係を「超自我」の統制下で組織しようとする子どもも同じである。

D　経験の意味

18 | 経験の解釈された性質

　今までに述べたことで，読者はパーソナル・コンストラクト心理学が心理学的思考の主流の中のいくつかの強力な流れと対立していることに，完全に気づかれたであろう。われわれのものは，**反応的**（reactive）というよりもむしろ**予期的**（anticipatory）なシステムである。多くの人々には，われわれはここであらゆる現代科学の基本的な教義を放棄してしまったように見えるだろう。

　この異端信仰の核心には，われわれのシステムのようなものが，どのように**経験**を処理するのかというデリケートな問題がある。実際，その人自身は経験をどのように処理しているのだろうか？　人は経験の産物ではないのか？　人はそれに**反応**する以外のことができるのか？　人のパーソナル・コンストラクトは，文化という常に肉体をもたない手によってプレハブ化されているのだろうか？　これらを見ていこう。

　いつの時代にも生起しつつある世界がある。われわれの経験は，われわれに起こっていることのその部分である。この2つの思考は結びつけて，1つの哲学的陳述──「宇宙は存在しつつあり，人間はそれを知るようになりつつある」──にできるかもしれない。この直前の節で，われわれは知る過程に関心を持った。今度は知られるもの（知る対象）に注意を向けてみよう。

　物事は，われわれがそれに関連した行動をするときにのみ，われわれに個人的に立ち現れてくる。しかしわれわれはすでに，心理的反応が最初は基本的に解釈行為の結果だという立場を明確にした。経験したがって，このシステムの中で，すでに人間の視界内に入ってきた事実の羅針盤（コンパス）として定義されねばならない。それは一群の個人的に解釈されたイベントである。人間の経験を研究するということは，したがって，正しくても間違っていても，彼が何らかの解釈をしたものを見ることになる。

　経験はわれわれが知っているものの広がりである──今までのところでは。それは必ずしも妥当とはいえない。われわれは，かつて著名な心理学者によって，広大にして多才な無知が賦与されていると記述された海軍将校のように，真実でない多くのことを「知っている」かもしれない。物事を知るということは，それらをわれわれに生起させる1つの方法である。不幸な海軍将校は奇妙な方法で多くのことを単純にみずからに生じさせた。彼は**多様な経験**をしたが，彼の解釈は妥当でなかった。もし彼のパーソナル・コンストラクトが彼を間違った方向に導き続けていたとしたら，彼はたくさんのクジラを沈め，多少の友軍の空軍機を撃墜したと期待したはずである。しか

し，彼は経験したのだ！

　経験のコンパスがわれわれのパーソナル・コンストラクトの妥当性を保証しないのと同じように，**経験の持続**もまたこんな保証は一切与えてくれない。オハイオ州立大学のディーン・アーサー・クラインによって記述されたベテランの学校管理者の事例がある。この人は「たった1年の経験を13回もくりかえした」。この文章には，人の経験に限界を加え，人の予期にもっと包括的な妥当性を与えるのは，この解釈過程の連鎖にすぎないという含意がある。おそらくこの管理者は，その勤続期間中に，自己の視界を広げなかったか，あるいは誤報の届く範囲を減少させたかのいずれかであろう。

　われわれの経験の系によれば，人の解釈システムは，イベントの反復を継続的に解釈するときに，変化する。彼がイベントの再解釈に失敗する場合には，たとえそれらのイベントがくりかえし生じ続けても，彼はこの経験を最小に評価する。イベントを当たり前のこととしか受け取らない人と，イベントに新しい光を投げかけようとしない人は，何年たっても，経験の蓄積にほとんど何も加えないことになる。人は経験から学習するといわれることがある。しかし，このパーソナル・コンストラクト心理学の観点からは，学習が経験を構成するのだ。

　再解釈が経験の範囲に及ぼす影響を見るのは面白い。われわれの調節の系によれば，人の解釈システムの変動は，コンストラクトの浸透性によって制限され，その変形はそのコンストラクトの利便性の範囲内に位置する。これはイベントを難なく切り抜けるという問題である。ある人が合法的な経理処理によって世界に対処しようと試みる場合には，変動するイベントに適応するために彼がなしうることはほとんどないことに気づくだろう。非浸透的なコンストラクトのレパートリーをもって世界にアプローチする人は，自分のシステムが広範囲のイベントには通用しないことを見いだすだろう。したがって彼は，みずからの経験を，理解する準備のできている狭い範囲に限定する傾向がある。他方，イベントを新しい方法で見る準備ができている場合には，彼は急速に経験を蓄積していけるだろう。人間のコンストラクト・システムの妥当性を増していくもっと直接的な方法を与えてくれるのは，耳のまわりでぶんぶんいうイベントをぴしゃりと打ち据えるのに費やす時間よりも，この順応性なのである。

　要約するとわれわれの経験は，われわれに生じている——すなわちわれわれが連続的に解釈する——宇宙のあの部分である。そして経験の増加は，われわれが解釈してきたごちゃまぜのイベントの，あるいはそれらを意識するのに費やした時間の，関数ではなく，妥当性を増加させる一般的な方向におけるわれわれのコンストラクト・システムの連続的な改訂の関数なのである。経験の分析は，したがって，人が有意味なイベントに分割してきた事実のフィールドの研究だということになる：すなわち，順にこれらのイベントの解釈のされ方；予測の妥当性をチェックしたエビデンスの種類；

そのコンストラクトが受けた前進的変化；そして何よりも，すべての進化を包摂してきた，より浸透的で持続的なコンストラクトなのである。

19 経験の解釈

　ここまでのところでは，われわれは臨床家が使用するための公的な診断コンストラクトを何も開発してこなかった。これはもっと後の章で登場する。このようなコンストラクトを提案する前に，われわれはもっと人間の経験と，彼がそれを構成する個人的な方法について，論じたい。われわれはまた，人がたとえば心理療法で，いかにしてみずからの経験から回復できるのかを説明したい。われわれの提案する診断コンストラクトは，このような回復に関連させてデザインされる必要がある。

　われわれのパーソナル・コンストラクトへのアプローチは，ここまでのところでは，ほとんどが現象学的あるいは記述的であった。しかし，われわれの理論的立場は厳密には現象学的ではない。というのも，(現象学的な)プライバシーの中に封じ込められたパーソナル・コンストラクトは，公的な消費を目指してデザインされた本の主題にはなりえないと，われわれは認識しているからである。われわれが試みていることは，われわれが個人から得たデータを比較的抽象度の高いレベルに引き上げることである。これは，具体主義的なものを抽象的に処理するというよりもむしろ，個人の抽象作用を具体的に処理するというのに，少し似ている。たとえば行動主義はこれを別のやり方で行った。つまり，小さな個人的具体主義から緻密な公的抽象化を創作したのである。

　実際にわれわれが行っているのは，記述の最も低レベルの可能な共通項を使って，個人の行動を観察することである。それから，個人を記述的に処理し続けながら，これらの行動についての彼の個人的な抽象化——彼のコンストラクト——を観察する。さて，これらの抽象化は必ずしも彼によって言語化されているとはかぎらないし，公的な言語であれ，彼自身の喃語であれ，彼によってすぐ言語に翻訳できるわけでもない。彼は自分の行動の抽象化を，予期される連続性とサイクルによってのみ，構造化または解釈することができるのである。これらはなおも抽象化作用である。これらは孤立している。ここにはなお，コンストラクトに似た弁別——彼の考え方の同時的な類似と差異の弁別——がある。

　さて，パーソナル・コンストラクト心理学者は，その人自身の行動の抽象化を観察する。この抽象化は，本人によって言語化されるときも，これとは別の規則化(regularize)がなされる場合もある。しかし，パーソナル・コンストラクト心理学者はこれらをまず彼自身の視点からできるかぎり具体的に取り扱う。彼は見たり聞いたりすることを額面どおりに受け取るところから出発する。彼は，被験者のコンストラクトについて見たり聞いたりすることをも，額面どおりに受け取る。心理療法では，これは一般に

クライエントの「受容」と呼ばれている。サリヴァン（Sullivan）にとっては，それは「患者の言語を学ぶこと」になろう。われわれの用語では，後で精緻化するが，信じる態度（credulous attitude）ということになる。

しかし心理学者も人である。したがって，彼の心的過程は彼自身のパーソナル・コンストラクトに従う。他の心理学者もまた人である。クライエントについての共通理解が存在するなら，クライエントの解釈のされ方にも共通性があるはずである。もしクライエントを含む建設的な社会的過程——たとえば治療——が存在するなら，治療者の役割を演じる人は，単にクライエントの外見行動を解釈するだけでなく，むしろ，クライエントのコンストラクトを包摂しなければならない。このことはすべて，現象学が，観察を行う心理学者の個人的な解釈を無視するということを意味するのなら，パーソナル・コンストラクト心理学は現象学的な理論であるとは考えられないことになる。

パーソナル・コンストラクト心理学者がするのは，まず，被験者のシステムにおける最高レベルの抽象化を，心理学者自身のできるかぎり低い抽象化のレベルで，正確な記述を試みることである。これは，データは比較的抽象度の高いレベルで取り上げられるべきだとわれわれが言うときに，意味していることである。われわれは**被験者のシステム**における高い抽象度のレベルについて言っているのである。これはもちろん，データそれ自体が，心理学者に扱われるシステム内で抽象化されたものと考えるべきだという意味に捉えられるべきではない。データは，心理学者によってこのように考えられるときには，ある種の解釈を待つ，比較的具体的な要素なのである。

20 非歴史的アプローチ

心理学における知覚理論はしばしば，行動理解に対しては非歴史的（ahistorical）アプローチを信奉するといわれている。このアプローチは，ある瞬間の人の活動は，おもにその瞬間の彼の展望によって決定されるという見解から来ている。過去に実際に起こったことが行動に影響を及ぼすのは，現在の瞬間に作動している知覚を通してのみだというのである。パーソナル・コンストラクト理論はこれといくらか類似した立場をとる。しかしながら，パーソナル・コンストラクト理論では，知覚の基礎に，「意識的」過程とともに「非意識的（non-conscious）」過程も含むように拡大されてきており，知覚の様式（manner）も**コンストラクト**という形式で成型されてきた。

パーソナル・コンストラクト理論はまた，歴史を無視しないことも強調されるべきである。それは，いくらかの知覚理論が，知覚を行動の直接的な決定因というよりもむしろ遠い決定因だと考えるにしても，実際には歴史を無視していないのと同然である。さて，歴史は年代記とは違って，研究法であり，決定的な原因のセットではない。パーソナル・コンストラクト理論では，人は歴史的なタイプの研究に興味をもちうる

と見る。それは，このような研究が，その要素を解釈するために形成されたクライエントのパーソナル・コンストラクトによって，要素の連続的なパターン化を明らかにするのに役立つからである。クライエントが現在作動させているコンストラクトがどのようでなければならないのかを，われわれが時に推測できるのは，これらの要素の分析を通すことによってのみである。これは**歴史的方法**の合理的な心理学的利用法なのである。われわれのこの方法の利用法が間接的だということは確かであり，それゆえに，前章で説明した直接的なアプローチとは対照的であるが，パーソナル・コンストラクトにアクセスするにはこのような間接的方法を利用せざるを得ないときもあるのである。

21　パーソナル・コンストラクトの確証としての集団の期待

　人が最適の予期を追求する世界において，多種類のイベントの中でも，人々とその行動は特別に目立っている。人々もまたイベントなのだ。人は，他の人々をその文脈の要素とする一群のコンストラクトをもつことができる。この要素はまた，他の人々の特別な行動の小片（ビット）でもありうる。人は，このようなコンストラクトを試しに使ってみるときには，それを確証過程にかけることになる。もし彼の友だちが彼の期待するとおりに行動するなら，彼はみずからのコンストラクトを支持するエビデンスを蓄積することになる。友だちがそのように行動しない場合には，彼のコンストラクトは，この1事例では，正確なイベントの予期につながらなかったことになる。

　こうして失敗しても，もちろん，彼がこのコンストラクトをすぐに捨て去るということには，必ずしもならない。このコンストラクトは，今結論を出したばかりの1つの不運なイベントだけでなく，そのすべての要素を考慮すると，彼が多くの人の行動を予測するための最適の基盤になると考えるものを，なおも提供してくれるかもしれない。しかしながら長い目で見れば，彼は，彼が操作してきたコンストラクトの妥当性あるいは無効性を証明する蓄積されたエビデンス――あるいは彼がエビデンスと解するもの――の全体を受け入れねばならなくなる。人を含むコンストラクトの場合には，このエビデンスは彼がコンタクトをもつようになる人々のその後の行動ということになる。

　しかし，確証エビデンスと見なされる行動自体も，心理学的に生み出されたものだという事実を考慮に入れよう。「他の人々」もまた人である。彼らは次にみずからの予期にしたがって行為する。パーソナル・コンストラクトの共通性が広範囲に及ぶコミュニティに住んでいるときには，人々は似た行動をすることがわかる。それは彼らが同じことを予期する傾向があるからである。この意味で，グループに共通の予期は実際に確証の指標として作用し，個人はこれを基準にしてみずからのコンストラクトの予測効力を証明しようとする傾向をもつようになる。これは広くいえば，グループ

の予期（group expectancies）がパーソナル・コンストラクトの確証の指標になるといっていることになる。

　グループの予期がパーソナル・コンストラクトの確証因として作用する仕方には，いくつかの特別なケースがある。第1に，あるタイプのコンストラクトについて考えてみよう。これは人々に関するコンストラクトとはまったく違うが，このコンストラクトに対する確証エビデンスは**通常**他の人々の意見によってのみ入手可能なものである。たとえば，地球に適用される**球形**というコンストラクトをとり上げてみよう。ある曲面的特徴は海では直接観察が可能であるが，地球が完全な球形をしているというエビデンスは，大方が他の人々がみずからの経験を記述したものに依存している。われわれの接触できる人々が地球はパンケーキのように平らであると予期している場合には，地球が球形だというわれわれのコンストラクトのエビデンスは，すべて否定されるはずである。われわれは結局，地球は平らだと決定せざるをえなくなろう。これが，他の人々の意見が，非人間的イベントについてのその人のパーソナル・コンストラクトの確証因として作用する，特別なタイプの事例である。

　次に，近隣の人々からあることをすると期待されていると解される人の事例について，考えてみよう。彼は自分が人々の期待に沿うように行動できなかったときにはいつでも，彼らは自分が彼らに脅威を与えたかのようにふるまっていることに気がつく。実際に彼は脅威を与えたのだ。こうなると，彼は自分が予測不可能な——すなわち他者にとって予測不可能な——人間だと空想し始めるかもしれない。この場合には，彼はまっすぐ近隣者の方向に進んでいって，ショックを与えるかもしれない。彼の自己概念は，同時に顕著な影響を受ける。みずからの姿勢を維持するために，彼はみずからを「ショックを与える」人間だと解釈せざるをえなくなるかもしれない。したがって，彼が近隣者の期待は間違っていると拒絶しても，彼はこういう期待に関連させながら自己を解釈せざるをえなくなってしまう。そして，近隣者の期待とは逆なのだということを注意深く確証するコンストラクトの統治下に，自己の行動を置かざるをえなくなるのだ。

　この種の倒錯した同調は子どもではしばしば観察される。子どもは両親との関係をみずから確立しようと試みる。彼はこれを反抗的になることで行うかもしれない。しかし，一貫して反抗的であるためには，彼は両親が見ているように，世界を見なければならない。こうすることによってのみ，彼はたしかに両親のコンストラクトの反対の極に自己を位置づけることができるのである。彼は両親が使っているのとまったく同じ次元システムを使って，締めくくるのである。

　グループの期待がパーソナル・コンストラクトの確証因になると考えられる第3の特別な方法は，その人の役割の解釈を含んでいる。**役割**というものは，われわれがその厳密な定義を試みてきたところでは，近隣の人々の期待とは対照的な行動を非常に

熱心に試みるために，彼らのコンストラクト次元を採用した人の例には，必ずしも含まれなかった。ショックを与える人として自己を維持してきた人は，彼がわれわれの役割基準に適合する場合に要求されるような，近隣の人々の解釈システムを包摂するどんな特別な解釈も，検討してこなかったかもしれない。彼には，自分自身のもの以外ならどんなシステムの中でも機能するものとして，近隣者の反応の解釈を試みるのではなく，ただ近隣者の反応を観察してきたことだけが必要なのである。われわれは，**役割**という語は，1人以上の他者のコンストラクト・システムについて，その人が解釈した観点から演じきる，一連の活動のために留保すべきだと主張してきた。人が**役割**を演じるときには，他者が承認してくれるように見えるか否かではなく，他者が考えていると信じるものにしたがって行動するのである。人は他者を解釈者と見るときに**役割**を演じる。これはもちろん，この用語の限定的な定義である。これは特にパーソナル・コンストラクト心理学で使われている定義である。この用語は別のところではもっと広く使われている。

　人がみずからの役割について行う解釈は，その役割の解釈に関係してくる人々の期待によって必ず確証されねばならない。このことはただちに明らかであるはずだ。この場合には究極的な妥当性の基準は，それ自体，われわれの近隣の人々の行動を支配しているように見えるコンストラクト・システムの働きである。われわれ自身の役割の定義はこの立場を明言するものである。

　われわれは，グループの期待がパーソナル・コンストラクトの確証基準として作用する一般的な方法について述べ，3つの特別なタイプのケースについて言及を試みた。一般的な方法というのは，すべての心理学者がみずからの理論的アプローチを確証する方法——人々の行動の予測をその後に観察された行動によってチェックする——とまったく同じである。人々の行動は，かなり多様なパーソナル・コンストラクトについての，妥当性を示すエビデンスと見なされる。人々の行動は，その予期に関しては安定していると信じられているので，これは，グループの期待がパーソナル・コンストラクトの確証基準として作用するというのに等しい。われわれは単純に，誰もがこのアプローチを使っているのだと言っているのである。特別なケースは，(1)もっと直接的なエビデンスが入手できないコンストラクトについては，あらゆるものの確証基準として，グループ判断の受け入れが必要なケース。(2)人がある姿勢（ポーズ）を維持しようと試みるときにはいつでも，グループの期待を確証基準として，暗黙にそして不可避的に受容するケース。(3)定義上，グループの期待に支配されているコンストラクトを，自分自身の**役割コンストラクト**の確証基準として受容するケースである。パーソナル・コンストラクト心理学者が他の人々に対してとる特徴的なアプローチの実例になるのは，この最後の特別なケースである。というのも，人は基本的前提により，他の人々についてのみずからの理解の妥当性を，それらの人々のパーソナル・コンストラクト・

システムと対照してチェックすることにより，追求しなければならないからである．パーソナル・コンストラクト心理学者はしたがって，他の人々との関係において，みずから役割を定めようとするのである．パーソナル・コンストラクト理論は「役割理論」と呼ばれてもよかろう．実際これは，この理論の発展の初期段階には著者の学生たちの間では，この用語で知られていたのである．

パーソナル・コンストラクト心理学は，個人の行動の研究がグループ参加の研究に何の余地も残していないシステムだというよりもむしろ，社会的関係の広大な領域が冒険心をもつ心理学者に開かれた状態になっているシステムである．個人の被暗示性の概念は，かつてそう考えられていたが，社会心理学の唯一の基盤だと考える必要はない．現在の心理学的システムの中では，伝統主義，社会的統制，法律，文化的同一性，民族の結束などの現象学的な領域が心理学の領域に適切に持ち込まれうるだろう．

本書では，グループの期待をパーソナル・コンストラクトの確証基準として論じたが，それは，心理臨床の仕事——クライエントの経験の分析——における主要な研究領域の1つと信じられているものを議論するための準備となるからである．パーソナル・コンストラクト心理学の理論的観点の大部分は知覚理論の非歴史的な立場と一致しているが，われわれの理論的立場は，実践においては，現在作動しているパーソナル・コンストラクトが形成される基になっている，暦年的要素の歴史的研究に非常に多くの関心をもっていることを示すのに役立つと期待される．それは特に，現在作動しているコンストラクトが，象徴的な形式であろうがなかろうが，直接には抽出できない暦年的要素に関心をもっているのだ．臨床家は，同じ材料からパラレルなコンストラクトの形成を試みることによって，それらを推測しなければならないのである．

22 育ってきた文化の研究を通じた，パーソナル・コンストラクトへのアクセスの獲得

心理療法の実践においては，異なる文化的背景をもつクライエントの問題の違いと，類似した背景をもつクライエントの問題の類似性に，強い印象を受けざるを得ない．たしかにこれらの差異と類似性は，診断と治療の初期にはより重要なようである．しかしなお，治療過程の全体を通して，クライエントとの関係を確立し維持する際には，これらの文化的要因を無視できない．治療プログラムが進行していくと，治療者はクライエントをもっともっと個人として見るようになり，ある種類（クラス）の1メンバーとして考えることはずっとずっと少なくなっていく．しかし，治療者が一歩下がってクライエントを見てみると，常に，文化との同一化が認められる．

文化的なコントロールの理解に失敗すると，治療者はいくらかのクライエントの不安の破壊的な性質に気づきにくくなる可能性がある．数か月前に私は，クライエントが黒人，治療者が白人の治療プログラムのスーパーバイズをしていた．クライエント

は極度に脅威的なトピック——彼がそれを一貫して避けているのを十分知覚できるほどの性質をもつトピック——について議論するのを避けていることが明らかであった。われわれがいろいろな技法を使って，すでに確立された治療関係の中でクライエントが問題に直面できると確信した後に，われわれは面接中のクライエントを身体的緊張体制下において，普通は最大の注意を払ってのみ使われるタイプのストレス質問をクライエントにしてみた。この部分の面接シリーズの3回目に，彼は治療者に白人女性との性交の空想について語った。彼の身体的緊張はすぐに自動的になった。すなわち，彼は筋肉を緊張させ続けることを思い出す必要，あるいは治療者によって思い出させられる必要がなくなったのである。

このクライエントは以前にマスターベーションと性の空想について語っていた。この治療者はこのタイプの文化的背景をもつクライエントの治療経験がなかったので，ここで出てきた深い混乱を生じさせる性質の材料については，1つの手がかりしかもっていなかった。それはクライエントの運動行動であった。幸い，これは非常にはっきりしていたので，治療におけるこの種の記号学(セミオティックス)に十分に注意深い治療者は，行動の変化に関係した材料の意味を見逃すことができなかった。その材料が引き出されたとき，クライエントが身体的弛緩体制にあったとしたら，その外傷的な性質をもっと簡単に見逃していたはずである。緊張した態勢(セット)と，引き出された材料の外傷的性質の簡潔にして明瞭な暴露との間の関係は，証言席においてある種の証言を「切り崩す」法廷弁護士によって認められている。この外傷的な性質の材料が非常にはっきりと暴露された後での，この治療者にとっての問題は，クライエントの基本的なコンストラクト・システムに対する脅威の性質を理解することであった。このクライエントのタイプの文化的背景をよく知っているもう1人の治療者の援助を得ることによって，この治療者は文化的なコントロール，特に異人種間の性行動に反対する文化的コントロールが，クライエントのグループにおいて作用している仕方を理解することができるようになった。

このクライエントは，2つの異なる文化の流れの混入の解釈を，強制されてきていた。彼の高校では，有色人種の生徒は他にはわずかしかいなかったし，彼は白人の生徒仲間には自分が多少とも受け入れられていると見ていた。しかし彼の家庭は黒人文化の完全なコントロール・システムの下に入っていた。彼は，白人女性との性交を空想することにより，みずからの基本的役割を喪失することになるという脅威を感じ，罪悪感の苦しみを経験することになったのである。彼が治療の前および初期に，黒人の社会的地位向上運動の集団組織活動に熱狂的に参加していたのは，驚くべきことではなかったのである。

文化的コントロールの研究によって，パーソナル・コンストラクトへのアクセスが得られることを示すのに，引用できる例はほかにもある。初めて連続して田舎のクラ

イエントと接触をもつようになった治療者は，彼らの類似性に驚き，おそらくは戸惑うであろう。もし彼がこの種のクライエントを彼自身の診断コンストラクト・システムに関係づけようと試みるなら，「農民たちは統合失調質の傾向がある」という見解に達するかもしれない。これは常同的行動（stereotypy）であり，診断ではない。

　非ユダヤ系の治療者が，初めてユダヤ人のクライエントと連続して接触をもつと，他のクライエントと比べて見えてくる類似性に，やはり戸惑うかもしれない。彼らをユダヤ人としてステレオタイプ的に見るよりも，人として理解しようとする場合には，治療者は，彼らがみずからのコンストラクトを確証してきた文化的な期待――ユダヤ人と非ユダヤ人のグループの両方の期待――を無視してはならない。と同時に，グループのコンストラクトに注意を集中するがゆえに，各クライエントのパーソナルなコンストラクトを排除するような過ちを犯してもならない。治療者がグループのコンストラクトのところで停止すると，彼はクライエントに不正を働くことになる。クライエントがグループのコンストラクトを，自己自身と仲間についてのパーソナル・コンストラクトの形成をするのに，基づくべき要素として見る場合には，彼はみずからのパーソナルな再適応にこれほど重要な役割を果たす障碍と憧れを，理解できるようになるかもしれない。

　さらにいえば，ユダヤ人のクライエントを理解しようとする非ユダヤ人の治療者は，もしこのクライエントがその世界の中でうまくやっていけるパーソナル・コンストラクト・システムを形成しようとしているなら，この文化に特徴的であり，それについてクライエントが何とかしなければならない「家族間の絆」を，ある程度認識しなければならない。このことは，そうする必要があると考えているユダヤ人のクライエントが自己を自己の家族や文化から差別化することを望むことさえできないということではない。実際，もしそれが必要だと考えるなら，彼はそれについて異例の決断をするかもしれない。このことはむしろ次のことを意味する。彼がこの仕事をするなら，彼はコンストラクトであれコンストラクト・システムであれ，それに対する定式化をもつ必要があり，この定式化は，周辺の反対の期待が必ずしも彼の独立性のコンストラクトを無効にするものではないと見られるものでなければならない。この定式化を成し遂げて公表するには，しばらく時間がかかるかもしれない。そしてその「バグを除く」までには，何回も不適切な形でそれを適用してみることになるかもしれない。しかし最後には，彼の新しいアイデアの形成能力が育ってくれば，文化的伝統から自由になりえないという理由はない。実際，ある意味では彼はもっと自由になっているかもしれない。なぜなら，彼の新しいパーソナル・コンストラクトは，はっきり構成された別のところに導く道筋を示すかもしれないからである。

　クライエントのユダヤ文化の背景への適応についてわれわれが述べてきたことは，どんなクライエントの，同様によく統合されたどんな文化システムへの適応にも等し

く当てはまる。人はみずからの文化のコントロールから，（逃げるべき何かの理由があると仮定しても）単純にそれを無視するだけでは，逃れることはできない。彼は解釈して出口を見つけなければならない。ある人々は屈折することにより，出口を**戦い**取ろうとする。しかし彼らは，われわれがすでに示唆したように，彼らが拒絶した人にそれまで以上に似た存在になって終わることが多い。他の人々は解放の問題にはあまりかかわらず，最優先原理の視点から問題にアプローチする。彼らはその結果に満足する傾向がある。

　われわれは特定のクライエントの文化の枠組み内での経験と活動の評価について，後でもっと言うべきことがある。ここではパーソナルな解釈のより広い意味連関を示す方法として，このトピックについて論じた。われわれはいかにしてパーソナル・コンストラクトが単なる経験の所産というよりも，経験の道具になりうるのかを示したかったのだ。

　全体として，コンストラクトの本質に関する本章は，パーソナル・コンストラクト，その変動，その日常的用法，そのコミュニケーション，その単純な次元，その伝播，そしてその経験的・文化的基盤が何を意味しているのかを明確化することを目的とするものである。この明確化の結果として，読者がその心理学的な理解の基礎となる理論的根拠と後の章で提案する手続きを理解して，これをいくらか実践的に使ってくれることを希望している。

第4章

The clinical setting
臨床場面

　ここでパーソナル・コンストラクト心理学の道具(デバイス)を提示する段階を設けるために，理論の展開はいったん中止することにする。理論的コンストラクトのさらなる展開については，後の数章にとっておく。この段階までくれば，新システムの日常的な働きにもっと満足を感じられるだろう。

A　心理学における臨床的方法の特徴

1 ｜ 学問領域としての臨床心理学

　異なるグループの人々が異なる目的を達成しようと試みるときには，多様な手続きとユニークな見方を発展させる傾向がある。したがって，次のようなことが起こっても，驚くにはあたらない。すなわち，あるグループの人々がいくらかのイベントを予期し始める場合には，たとえば**心理学的な学問**を発展させるかもしれない；これに対して他のグループは，他のイベントに注意を向けて，**生理学的な学問**を展開させるかもしれない。これはわれわれの基本的前提――人の心的過程は彼のイベントの予期の仕方によって心理学的に方向づけられる――を採用するなら，当然予期されることであり，それ以上のものではない。さらにいえば，1つの領域で広範囲の検証を受けている，ある特徴的な学問的アプローチを発展させたら，精緻化の選択の原理の適用を通じて，人がその利便性の範囲を広げようと試みるのもまた，まったく自然なことである。これは，内科医が数年間医学に没頭した後に精神医学領域になだれ込んでくるとき，あるいは物理学者が――社会科学者が自分よりも遅れているのではないかと疑って――1年間休みをとって，対人関係の崩壊しつつある世界に「科学的啓蒙」をもたらそうと決断するときに生じていることである。それでも，彼が研究してきた領域内に利便性の焦点があるコンストラクトを把握し始めるのは，自分のレターヘッドを変えてからしばらく後になるかもしれない。いくらかの人は，おそらくはみずからの職業とのパーソナルな同一化によって，一生を通じて，生理学的原理に基づく心理療法的面接を行ったり，あるいは，ニュートンの法則によって人々の集団を操作した

りするのかもしれない。

　1つの応用領域から別領域へのアイデアの自由な移動は，それにもかかわらず健康な混合を生じるかもしれない。サイバネティックスとサーボメカニズムの見解は，物理学と心理学の間の有益な交換の代表である。この侵入が知的な独裁と自由な研究の抑制という人間嫌いの要素を導入したのは，いくつかのケースに——たとえば他科の専門的な医学が精神医学の領域を占有しようとする試みのように——限られている。

　以前に示したように，パーソナル・コンストラクト心理学は，普通は心理学理論によってカバーされるイベントを，その利便性の範囲内にカバーするようにデザインされているが，その利便性の焦点は特に臨床領域におかれているシステムである。その志向されている利便性の焦点は，たとえばハルの学習理論からはかけ離れているが，ロジャーズの志向する来談者中心療法の理論的根拠には近い。われわれが注意を焦点づけている領域は，われわれの理論が取る形式とその実践的な効用の両方にかなり関係しているので，われわれが臨床心理学を何と考えるのかについて何か言うべきことをもつのは，当然のことである。

　われわれの見るところでは，臨床心理学の究極的目標は診断でも研究でもない。むしろ人の人生における実際のそして可能なイベントの成り行きを予想することである。したがって，われわれの理論と同様に，その強調点も未来とその可能性におかれている。診断が種々の強制された条件下で何が起こるのかを予想するのに役立つとするなら，診断は臨床心理学の究極的な目標にいたる中間段階になる。診断がその人の現在の位置をプロットするもの，あるいは過去の航海記録以上のものでないとすれば，それは臨床心理学者の中間的な目標の中でも比較的小さな位置を占めるだけだろう。

　研究もまた，未来の予期を志向することを除けば，小さな目標にすぎない。研究は高度に抽象的なレベルでなされ，より多くの人に拡張されうる，ある範囲の一般性をもった，静的な診断以上のものではなかろう。その一般性は個人の未来を包含しないかもしれない。したがって研究は，一般に称賛に値するものとして受け入れられてはいるが，われわれには，種々の可能な条件の下で，クライエントに何が起こるかに光を投げかけうるがゆえに，臨床心理学で重視されているのだと思われる。

　われわれが話をもっていこうとしているポイントは，治療が臨床心理学の究極的目的であること，そしてわれわれが理論構築の努力をおもに向けているのはこのポイントなのだということであろう。ある意味では，おそらくこれは正しい。しかし，「治療 (therapy)」という語とその仲間の用語である「患者 (patient)」は，われわれには賛同しがたい多くの含意をもっている。何よりもこれらは，その被援助者が究極的な受動的状態に還元されていること，そして，彼の回復が臨床家の操作に**忍耐強く** (patiently) 疑問をもたずに従うことに依存しているという含意をもっている。われわれはこれが，心理的障害をもつ人がどのように回復するかについての，ひどく見当違

いの見解だと考えている。

　しかし，人がコミュニケーションしようとする場合には，人は普通よく知っている言葉を使うか，長い時間をかけて新しい言葉をつくっていかねばならない。そして，よく知っている言葉を使う場合には，彼は伝統的な意味を呼び起こすことになる。彼はふつう，自分が意図して言うことと，聴き手にすでに聞く準備のあることを聞かせることとの，妥協を図ることで終わる。われわれのケースでは，われわれは大体「患者」という用語は捨てて，ロジャーズのより表現力のある「クライエント」を支持している。しかし，われわれは「治療」という用語にはおとなしく従ってきた。われわれが**治療**という語で意味しているものと，一般に「治療」と呼ばれているものとの間には，大きな違いがあるにもかかわらず。

　学問としての臨床心理学の究極的関心と，われわれの**治療**の見解とに関するわれわれの見方は，人生のある局面に関する見方を変化させる心理的過程についての見方である。それは解釈，あるいはもっと特定するなら再解釈を含んでいる。この再解釈されるものは，通常その人自身の人生，あるいは他者の見方の理解を通じて，みずからの思い描く役割である。彼は通常の伝記的感覚で人生を再構成するだけでなく，みずからの人生の過程——植物的だと呼ばれるとしても——をも再構成する。この再解釈は，いくらかの心理学者が「学習」と呼ぶだろうと思われるものである。しかしあらためてわれわれは，その習慣的な含意——この場合には刺激—反応の関係づけ——によって，この語を避ける方向に傾いている。

　われわれは，人の解釈システムによって心理学的に水路づけられた過程を見ているので，この過程が，二分法的コンストラクトの同一システムで経路変更をすることによって，あるいは水路システムを再構築することによって，変化するのを眺めることができる。クリニックでは，人は後者のタイプの再適応により関心をもつ傾向がある。前者のタイプは時に「長老部屋の治療（Dean's Office treatment）」といわれることがある。これはまたまったく適切に「弁護士の治療（lawyer treatment）」とも呼ばれうる。しかし，後者のタイプの再適応ははるかに野心的な企てであり，コミュニケーションにおいてもタイミングにおいても，多くの技法的な困難をもっている。しかしなお，われわれはこれが臨床心理学の仕事の究極的な目的だと見ており，これを本書のテーマ——**人生の心理学的再構築**——に対する基礎として使っている。われわれは**治療**（therapy）に代えて，**再構築**（reconstruction）という語の使用さえ考えた。もしこのような芳醇な語（治療）がなかったなら，われわれはこのアイデアをもって突き進んでいたかもしれない。もしかしたら後でそうするかもしれない。

2 　臨床家と帰無仮説

　心理学では，多くの他の学問と同様に，対立仮説をめぐる研究プロジェクトをデザ

インするのが慣習になっている．こんなふうに，データに仮説の「真」や「偽」を指摘させる代わりに，研究者は，真と偽が生涯の最終段階で決定されるような絶対的なものではないことを認識している．これは人が研究に対してとるべき重要な実際的特質である．しかし時にはその意味が誤解されることもある．真と偽が**相対的**だと気づくにいたったとき，人は，真と偽の間には灰色の陰があるはずなので，この真と偽という用語はカテゴリーとしては使えないという見解をとるかもしれない．この立場をとると，**真 対 偽**というコンストラクトの基本的に包括的な性質を見逃がすことになる．それは一連の先取り的な数的コンストラクトから**真 対 偽**の尺度を構成することになるのである．

　しかし真と偽は，その応用に際しては相対主義的に考えられねばならないとしても，なお完全に二分法的に使われうる．本質的に二分法的なコンストラクトから構成される，われわれの抽象化された尺度についての議論は，ここに関係してくる．相対性は，真と偽の間のグラデーションに対して適用されるのではなく，解釈される物事の文脈に対して適用されるのである．たとえばA，B，Cの文脈において，AとBはCに比べると相対的に真でありうる．このAとBに適用される真は，カテゴリカルである；相対的なのは，Cと比較したときのAとBなのである．したがって，ある人がAは真だというときには，それはいくらか真だとか全体が真だとかいう意味ではなく，Cと比較したときBもまた真であるという意味でカテゴリカルに真であり，同様にCはAとBに比較するとカテゴリカルに偽になるという意味である．尺度を抽象的に使うのに慣れていない人にとっては，この見解には少しついていきにくいかもしれない．しかしそのコツがつかめれば，実際にはそれほど難しくはないはずである．

　さて，科学的精神をもつ心理学者はふつう，単純にAは真だなどとはいおうとしない．また彼のデータがAは真だと教えてくれるというような期待もしていない．さらにいえば，彼のデータがAにはどれほど**の真実**があるのかを，BとCを含めた文脈とは独立に，Aに内在する真実の量の絶対的な測度がありうるかのように，教えてくれるとは期待していない．有意味なものにするためには，研究者は**相互に比較して，2つのうちどちらが正しいのか**と問わねばならないのだ．実際には彼の文脈は2つというよりも少なくとも3つのものを暗に示しているのだが，この文脈における類似の要素以外はしばしば言及されないまま放置される．したがって今日の心理学者は，普通，2つの対立する仮説をめぐって研究を計画し，**ある意味で，そして他と比較して，2つのうちのどちらが真なのか**をデータに問うのである．

　これはすべて，われわれが代替解釈（constructive alternativism）と呼んできた認識論の立場と非常によく一致している．というのも，自然はその測度を前もって与えようとは決して言ってくれないので，われわれは自然についてのサイズの代替解釈を試し続けなければならないからである．何とか試着して比較することによってのみ，われわ

れは他のどんなものよりももっと真実に近い1つの究極的仮説に逐次近づいていく。したがって，どんな科学者でも発見を望めるのは，絶対的にカテゴリカルな真実でもなければ真実の相対的な断片でもなく，関係の文脈において適用されるカテゴリカルな真実なのだということを，明確にすべきである。この相対性は，真実――すなわちカテゴリカルな真実――を指しているのではなく，真実が抽象される文脈における仮説を指しているのである。

　多くの科学者が献身的にしたがおうとする原理――**節約原理**――がある。その主張によれば，どんな現象でも最も単純な説明がもっと複雑などんな解釈よりも常に好ましいのだ。著者の知るかぎりでは，単純さを構成するのは何なのかについての，非常に客観的な定義はまだ誰も公表していない。それは，何であれその人がより便利だと見るもの，あるいはわれわれの理論的立場によれば，何であれその人のパーソナル・コンストラクト・システムとより一貫しているものへと，解消されていくようである。実際，もしこれが単純さの意味するものであるなら，それはそれほど悪い見解ではない――その意味するものをはっきり心にとどめておくべきだということを除けば。この推論の筋道をたどっていくと，節約原理を便利な一貫性の原理と言い換えるという，おもしろい見解に導かれる。

　節約原理をみずからの実験デザインに使うために，心理学者はしばしば，理論仮説あるいは**期待仮説**と競合する，**帰無仮説**を設定する。時には前者は帰無仮説と区別するために，「実験仮説」とも呼ばれる。しかしながら，どちらの仮説も実際には実験仮説である。帰無仮説は数学的に定式化された確率あるいは「偶然」の法則から演繹される。理論仮説あるいは期待仮説は心理学理論から演繹されるか，以前の観察から帰納される。いくらかのケースでは，それがたまたまその辺りに散らばっているので，日和見主義的に取り上げられたものである。この場合には，すでに示唆したように，それは底引き網法によって得られたということもできよう。

　帰無仮説と理論仮説ないしは期待仮説を対抗するものとして設定すると，心理学者はふつう帰無仮説が，とにかく成り立つものなら，この2つのうち，より節約的だと推論する。したがって彼は，理論的ないしは期待仮説に対して通常20対1，あるいは100対1のハンディキャップをつけて，帰無仮説を選択する。もし帰無仮説が1/100ないし5/100（1ないし5％の信頼性レベル）以上の比率で，彼の得たこのような結果を説明するなら，彼は節約原理が帰無仮説をとるよう求めていると感じる。

　さて，帰無仮説は常により節約的な説明になるのだろうか？　それは習慣的に与えられている100対1のアドバンテージを受けるに値するのであろうか？　この質問に答えるには，何が機能的に「節約」や「単純」を構成するのかを振り返って参照する必要がある。われわれの得る回答は，人の宇宙についての基本的な構成（解釈）がランダムさにあるのなら，帰無仮説がより有意味なものになる傾向をもつだろう，とい

うことになる．より有意味になるだろうというのは，それが自然についての基本的解釈と一致するはずだからである．しかし，その人の宇宙に対する基本的なアプローチがシステマティックであるなら，帰無仮説はより節約的な説明を表わしえないだろうし，理論仮説ないしは期待仮説のほうが100対1のアドバンテージを与えられるべきだと考えられるかもしれない．臨床的思考における帰無仮説の役割が何であるべきかを見るために，われわれが，臨床状況と臨床家の直面している類の問題を調べるのは，このタイプの分析を背景としているからである．

　この臨床家は非常に生き生きとしたクライエントに直面している．この臨床家が専門的な決定を遅らせる度に，このクライエントは彼の人生コースを進んでいく．臨床家が何をしようとも，クライエントの人生には何かが起ころうとしている．この臨床家の選択が「何か特別なことが起こった」と「何も起こっていない」との間でなされると仮定するのは，実際的ではない．臨床状況では，選択は2つの何かの間でなされ，何かと何でもないものとの間でなされるのではない．いいかえれば臨床状況では，通常の研究状況とは違って，臨床家に開かれている選択は，実際には，どちらも帰無仮説には対応していないのである．

　クライエントが混乱している場合には，臨床家の決定は，病院に入院させるか，家族のところに送り返すかといったものになろう．どちらの選択肢も重要な意味をもつ．しかしなお臨床家は，入院がクライエントの役に立つのか，あるいは家族の元に戻すのがダメージになるのかについて，5％の信頼水準以上のエビデンスを集められないかもしれない．このことは，臨床家が「自然のままに任せる」べきだということを意味しているのだろうか？　いや違う．彼の義務は，彼が直面している2つの実際的な選択肢のうち**よい方**を選ぶということである．これらはどちらも帰無仮説には対応していないのだ．

　もう1つの例について考えてみよう．クライエントの丁寧な心理学的検査から彼の状態は前頭葉切裁術（ロボトミー）によって改善される確率が1/5でしかなさそうだと考えてみよう．これは信頼性レベルが20％にすぎないことを表わしており，科学者がこれに賭けるものではない．しかし，心理学的検査ではロボトミーを受けなければクライエントの状態が永久に悪くなる確率が9/10になると考えられるとしよう．この仮説的なケースについて，さしあたってロボトミーの実際の利得と損失は無視するとしたら，臨床家はどんな決断をするべきだろうか？　どちらの確率水準も信頼性水準が安全な1％にも，準安全圏の5％にさえも達しない．しかし，この情報に基づくなら，この仮説的なケースの保守的な決定はロボトミーをとることになるだろう．この臨床状況では，ほとんどすべての臨床状況においてもそうなのだが，帰無仮説は臨床家が決定しなければならない実際的な選択肢にはならないのだ．

　言いかえれば，臨床法のユニークな特徴の1つは，臨床法は，それが心理学領域の

ものであろうが他領域のものであろうが，帰無仮説に相当するような選択肢をめったに提示しないということである。このことによって，いくらかの心理学者は不幸になる。特に，危機にさらされているのがどんな問題かにかかわらず，科学者なら大騒ぎをすべきだと仮定するような人びとのように，大騒ぎをしたがる人は不幸になる。臨床の場では，どんな科学的実験室とも同じように，厳密な思考をすることが求められるが，他とは異なる，そしてしばしばもっと不可解な形の問題が提起されるのだ。

3 ｜ 逐次接近法と臨床法

　臨床法の第2の特徴は，その逐次接近法（successive approximation）の強調である。このことは，科学がそのあらゆる方法に関して，逐次的な接近に失敗しているということではない。むしろ臨床的な場では，心理士はクライエントへのアプローチに，より多くの逐次的なステップを含めることが要請されるということである。典型的な研究の場では，たとえば心理学者は何か月も時には何年にもわたって続く，1変数を扱う実験を計画するかもしれない。通常は，提起された問題に対して，決定的なあるいは持続的な回答が求められているのである。

　しかしながら臨床の場では，心理士は回答も問題も，素早く動いていく連鎖的な探求の中で，展開させていく。この臨床法の特徴は特に心理療法において気づかれやすい。クライエントは発言する：（すると）この発言が真か偽か，あるいはその一般化が可能な範囲を正確に決めようとして2，3週間を費やす代わりに，臨床心理士は通常はその場で試しにそれを受容または拒否してみて，その発言の解釈の結果として出現する問題へと進んでいく。彼の解釈は必然的に近似的なもので，しばしば低レベルの信頼性にしか達しない。しかし彼は，他の諸問題あるいは従属する問題に，そして一連の継続的な逐次接近法へと進み続ける。しばしば彼は，一度は近似的回答を受け入れた古い問題に立ち返る。そして，彼がそうするときには，古い問題はふつう新しい意味をもつようになっており，彼の受け取る反応は，拡大された準拠枠の中で解釈されることになる。1時間の心理療法的面接の中で，臨床心理士は何ダースもの問題に対する近似的な回答を逐次的に定式化し，受容してきたのかもしれない。

　この臨床的方法論の特徴は，みずからの直解主義を客観性だと誤解している，想像力の乏しい心理士には，混乱させるものになるだろう。彼らが見落としやすいのは，臨床心理士が面接を進めていくときには，仮説形成の途上にあるのだということであり，この方法が強調しているのは，無関係な問題に明確な答えを引き出すことよりも，むしろ，適切な疑問——これへの回答はクライエントの難儀に関係していそうである——を定式化することにある。人類はおそらく有意味な問題を明確にすることよりも，まずく設定された課題への回答を試みることに，より多くの時間を費やしてきた。この事実を考えるときには，この臨床的方法の逐次接近という特徴が，あらゆる人間の

企てにおいてもっと広く推奨されるべきではなかったのかと疑問が生じる。

4 臨床法と多変量構造

　臨床法について共通に受け入れられている特徴の1つは，その問題の多変量的な構造の認識である。臨床家，特に心理臨床家は，クライエントの問題を1つの問題に還元することがめったにできない。彼はクライエントを，前節で示唆した逐次接近法によるだけでなく，同時に，かなり多数の次元によっても見て行かなければならない。これは簡単なことではない。いくらかの臨床家は試みることさえしない；その代わりに，問題を1つの「診断」ないしは「病的実体」に還元しようと試みる。こうして問題を先取り的に解釈した後で，彼らの教科書がこの特定の種類のケースでなすべきだとしていることのすべてを，このクライエントに対してやり始める。クライエントは，この種の臨床家に出会うときには，どんな種類の診断に自分がさらされているのかに注意深くなければならない。

　本書の後のほうで，われわれは，クライエントを理解するのに有益なことを示すはずの，ある全般的な次元の使用を提案しよう。これらは命題的コンストラクトの性質を帯びており，先取り的な疾病分類学的カテゴリーではない。これらは比較的高度の抽象化のレベルで，大きな浸透性をもって，クライエントのパーソナル・コンストラクト・システムで出会う複雑な意味の陰影を包摂するようにデザインされている。

5 低水準の確率の同時的適用

　AとBの観察されることが，問題Xの指標になると信じられているとしよう。しかしAは，問題Xをもたない人々（すなわち「正常」な人々）の間でも，その時点で10％に観察されるとしよう。同じことがBにも言えるとしよう。ただし，AとBは関連をもたない。ジョンがAをもっていることが観察されたとしたら，帰無仮説は10％の信頼性水準で棄却されうる。言いかえれば，もし彼が「正常」な母集団からランダムに抽出されたのなら，彼が症状Aをもつ確率は1/10になる。同様に，もし彼がBをもっているのを観察されたとしたら，彼が「正常」な母集団からランダムに抽出された場合に症状Bをもつ確率は，1/10になる。しかし，もし彼がAとBの両方をもつことが観察されたとしたら，彼が「正常」な母集団からランダムに抽出される場合に生じる確率は，1/10×1/10，あるいはただの1/100になる。したがってこの2つの観察は，一方のみが観察される場合にはジョンに何か問題がある可能性はあまりないが，これらが組み合わされると，ジョンが「正常」ではないことが強く示唆されるのだ。ところでわれわれは，科学者がみずからのデータから推論を引き出す際に使わねばならない，特殊な逆論理（reverse logic）に注目しなければならない。ジョンの症状をもつ100人のうち99人が問題Xをもっているとはいえなかったのだ。

今の例では観察AとBは母集団では独立に分布しているとわれわれは仮定した。これによってわれわれの例はいくらか単純化されてしまった。しかし実際には，このような「診断の兆候（diagnostic sign）」はいくらかの相関をもつ傾向がある。したがって，「正常（normal）」な母集団からランダムに抽出されたある人がAとBの両方を示す確率は，通常1/100よりもいくらか大きいだろう。

もちろん，われわれがAとBの観察によって示したことのすべては，ジョンが「正常」者の母集団からランダムに抽出された人には似て**いなかった**ということである。われわれは彼の問題が何なのかについては何も示してこなかった。われわれは彼を，われわれの構成した診断分類棚の1つに放り込むよりも，なお「正常」と呼ぶ方がより合理的であるかもしれない。ジョンについてどう考えるべきかを決定するに際しては，帰無仮説はあまり役に立たないのだ。

低水準の予測を結合することについては，別の考え方もできる。AとBの観察がそれぞれ障害Xとピアソンの相関係数で.20程度であると仮定しよう。これはさほど高い相関ではない。この推定値の標準誤差は2％を少し下回るくらいにまで減少されうる。しかし今度はAとBが相互に無相関であると仮定してみよう。いいかえれば，このAとBは障害Xにまったく異なる角度から接近することになる。これらを一緒にすると，統計家は.28の重相関に基づいて予測をすることができる。これは，推定値の標準誤差をほぼ4％減少させることになる。もし他にいくつかの独立で関連のある観察がなされうるなら，Xの診断は最終的にはかなり高い信頼水準をもって予測されるかもしれない。

もちろん臨床家は，相応の偶然性によって，あるいは重回帰式の形で，確率計算できるような基準データをもっていない可能性が高い。彼がすることは，手近な状況に対する見かけの関連性の階層に，彼のコンストラクトを組織化して，if—then—but not—タイプの一連の判断をすることである。臨床家が確率をこのように結合するときに，彼が単純に重回帰式としてルーズに操作しているのか否かに関しては，統計家と臨床家の間でいくらか論争のある問題である。この問題にはいくらか当惑させられる。

臨床家は潜在的な重回帰式の計算以上のことをしなければならないと，著者には思われる。それが開始できるようになる前に，彼はそのデータと自分の「等式」との関連性を決定しなければならない。パーソナル・コンストラクト理論に関しては，彼の観察が彼のコンストラクトの利便性の範囲内に落ちるのかどうかも決定しなければならない。この点で，彼の見る各クライエントあるいは彼の評価する各状況は，彼が前もって設定した公式群とはいくらか異なる関係をもっている。彼はこの関連性を判断して，それ相応の回帰の重み——この重みのセットは各ケースでいくらか異なる——を与えねばならない。しかしこれは，もっと成熟した考察を待たねばならない問題で

ある。

6 個性記述的な領域内での概念形成

　心理学への統計的なアプローチ——たぶん要因分析は除く——とは対照的に，臨床法は，これを進めていくとき，新しいコンストラクトの形成を含んでいる。臨床家と，心理療法のケースではクライエントは，どちらも，普通は手近な状況の再概念化に従事している。前もって定められた概念構造の中で結果を計算しているだけではないのだ。われわれがこれをいうときには，われわれは統計家が絶対に再概念化をしないという意味で言っているのではない。多くの新しい統計の発明が次々と脚光を浴びていることでも証明されているように，統計家は明らかにそれを行っている。われわれが言いたいのは，統計家は**彼の方法を適用するに際して**，ふつうはその変数の概念化を変化させないということである。対照的に臨床家は，**彼の方法を適用するに際して**，その変数の概念化を変化させる。実際，彼が進むにつれて，彼の変数の多くが新しいコンストラクトとして出現してくる。こんなふうにクライエントに対して創造的にアプローチできない臨床家は，自分の仕事に困難をもちやすくなる。特に，クライエントがみずからの人生を再解釈するのを臨床家が援助しようと試みるときには，困難になりがちである。彼がみずから新しい構造を打ち立てられない場合には，彼のクライエントがみずから新しい構造を打ち立てるのを援助することも困難になりやすい。

　臨床家が彼のケースを扱うのにみずから打ち立てる新しい解釈（コンストラクション）は，普通はその1個人に関係する観察事実をめぐってデザインされている。新しく形成された各コンストラクトは，あらゆるコンストラクトと同じように，利便性の焦点をもつようにデザインされている。それは前に述べたように，すべてのコンストラクトが利便性の焦点をもつようにデザインされているのとまったく同様である。臨床の場では，心理士は多くの新しいコンストラクト——この利便性の焦点は，その特定ケースの領域内にある——を形成していく。これらのコンストラクトは，必ずしも他の人が何をするかではなく，この特定の人が何をするかの予測を可能にするようにデザインされている。これは，われわれが臨床法の特徴の1つは個性記述的領域内での概念形成にあるというときに，われわれが意味しているものなのである。

　いくらかの著述家は，心理学における個性記述的アプローチは記述的であるのみだと考えてきた。この「記述的」が一切の概念形成を含まないという意味なら，ケースに個性記述的にアプローチするときには，臨床家はたいした貢献をしているとはいえなくなるだろう。しかし「記述的」が，特定のイベントの連鎖——たとえばある人の人生——に対する，特別あつらえの新しいコンストラクトをシェープアップすることを意味するのなら，臨床的方法は記述によって特徴づけられているといいたい。そしてさらに，臨床家の活動の多くは個性記述的な領域内にあるのだと主張したい。

臨床家はもっぱら個性記述的な領域内で活動しているのであろうか？　われわれの答えはきっぱりとノーである。臨床家はクライエントに対して，準備された一群の職業的コンストラクトをもってアプローチする。このコンストラクトは，彼が今までに見たことのないクライエントをも抱擁できる，十分な浸透性をもっている。新しいコンストラクトが目前の特別な状況に合うように創造されるのは，これらのオープンエンドのコンストラクトの枠組み内においてであり，おもに個人の領域内においてである。臨床家は彼のクライエントに対して豊かな経験的バックグラウンドと広い概念化をもってアプローチし，そのうえで，個々のクライエントの人生のマトリックスの中で，その特別なケースを扱うために特にデザインされた新しいコンストラクトを成型していくのである。
　1人の特定のクライエントを扱うために臨床家によって組み立てられたコンストラクトは，別の場所では適用不可能だというわけでは必ずしもない。しかも，あるコンストラクトの利便性の範囲は，その焦点は1人のクライエントの人生のうちにかぎられているとしても，多くの他のクライエントの人生にも拡張できるかもしれない。アーチーが何をするかを予測するために臨床家が打ち立てたコンストラクトは，アルギーやパーシーを扱うのにも有益であることが証明されるかもしれないのだ。

7　臨床法の特徴としてのコミュニケーション

　科学の方法はすべて観察を強調する。そしてある形式のコミュニケーションは少なくとも，ある形式の観察だと考えてよかろう。臨床的方法は特にクライエントと臨床家の間のコミュニケーション強調している。臨床家によるクライエントの観察が，クライエントの伝えようとしていることを理解しているという確信を含んでいるかぎり，臨床家の課題はコミュニケーションをもつことだということになる。
　臨床家の努力の多くは，クライエントの語りに注意深く耳を傾けること，およびクライエントのサイン言語の解釈を試みること，に向けられている。クライエントがまったく何も表現しないとか，彼の行動には規則性がないなどと，臨床家が仮定するのは不適切である。人間の天性をも含むあらゆる自然は，最終的には法則性のあるものとして解釈できるという立場をとるのなら，われわれは，ある人の行動は法則的だが，他の人の行動はそうではないなどと恣意的に決めつけて，突端からみずからの立場を放棄してはならない。あるクライエントの行動が有意味に解釈できないと諦めてしまうか否かは，また別の問題である。しかしこの場合の不適切性は臨床家にあるのであって，自然にあるのではない。臨床家のアプローチはなお，知覚力によって特徴づけられるべきものなのである。
　臨床家は，クライエントのものの見方を捉える試みと，その見方をみずから試着してみることと，その見方を予測目的のために探索的に使ってみることに，多大な関心

をもつべきである。臨床家はこの見方を試して，自分がそのクライエントであったとしたらどんな予言をしそうか，そしてクライエントの立場に立ったとしたらどんな行動をすることになるかを見るべきである。彼はクライエントの意味するものの理解を，直接尋ねるだけでなく，クライエントが面接と面接の間に，あるいは面接室につくられた状況への反応として，何をするかを予想してみることによって，試してみるのだ。したがって，臨床家はクライエントの見方の再生を試みるのであって，それをあらかじめつくられた整理棚，たとえば「統合失調的思考」のようなもの，に分類するだけではないのである。

8 臨床家の非言語的および非象徴的コンストラクトへの関心

　臨床家がクライエントの語りを聞きうるレベルは多様である。彼はクライエントの言葉の公的な意味に関心をもち，それらの語が共通のシンボルになっているコンストラクトを指し示すと仮定するかもしれない。彼はそれらの語が象徴している私的な意味を研究するかもしれない。さらに，彼はそれらの語をコンストラクトの文脈における要素と考えて，シンボルとはまったく考えないかもしれない。この場合には，これらのコンストラクトはクライエントの語彙の中では安定した象徴化がなされていないかもしれない。あるいはたまたま，クライエントのコンストラクトを代表するシンボルがまったく言語的なものではないということなのかもしれない――これらは姿勢，物体，人々，あるいは状況でさえあるかもしれない。最後に，クライエントの人生で最も重要なコンストラクトは，言語的にも非言語的にも，どんな種類の象徴化もなされていないかもしれない。この場合には，クライエントがもっと有効にコミュニケーションができるように，そして基本的な領域におけるクライエント自身の思考が安定させられるように，臨床家はクライエントを助けて，ある種の効果的な象徴化を創造させる必要があるのかもしれない。

　臨床的な方法はしばしば，これらの非言語的なタイプのパーソナル・コンストラクトへの関心によって特徴づけられる。それは，臨床家が目配りをする非言語的シンボルをもつコンストラクトだけでなく，象徴化をまったくもたないコンストラクトでもありうる。臨床家は他の心理学者よりもこのようなコンストラクトにより関心をもつ特徴があるが，非言語的象徴化と象徴化されないコンストラクトに対して，心理測定的にアプローチすることは可能である。この問題は後の章で議論する。

9 クライエントが新しいコンストラクトを創造するのを助ける

　臨床的なタイプの科学的方法の第8番目にして最後の特徴は，クライエントによる新しいコンストラクトの形成の強調にある。これは，単に教授や教育が通常意味する以上のものである。教育における主要な課題は，生徒がいくつかの概念――社会が一

般に受け入れているか，ある状況では特に有用なことがはっきりしている概念——を，自由に使えるようにすることだと考えられている。これに対して臨床心理学における究極的な課題は，クライエント自身が，自己の個人的な目的に役立つコンストラクトを，そして自己の直面する特殊な状況にみずからを適合させるコンストラクトをつくり上げるのを，援助することである。これらは伝統的なコンストラクトであるかもしれないし，そうでないかもしれない。臨床心理学的な視点から見たときに最も重要な要請は，それらがクライエントにとって有用であることが証明されることである。

　これらはすべてが，以下のことを保証している。すなわち，臨床法の主要な機能は，臨床家があることを正確に予測できるようにするだけでなく，クライエントが操作できる範囲の拡大を可能にし，クライエントがみずからの人生を心理学的に再構成するのを助けることにある。臨床家は，みずからの課題をこのように考えるときにのみ，イベントが予期されうるフィールドのすべての範囲を理解できるようになるのである。

B 臨床場面における心理検査

10 パーソナル・コンストラクトのアクセシビリティ

　個人的な経験は決して共有されない感覚がある。それでどうなるかといえば，個人的な経験は時には相互に平行的であり，また時には共通の特徴をもつ。パーソナル・コンストラクトを他者に伝えようとするときには，ある人はみずからがコンストラクトを形成した，その文脈のいくつかの要素を再現するかもしれない。通常は再生された要素の少なくとも1つが，そして時には唯一のものが，その象徴的な要素になる。別の人は，自己に提示された要素に，コンストラクトを基礎づける。それは，第二者に関するかぎり，新しいコンストラクトであるのかもしれない。あるいは，もし提示された要素の1つが語，ないしは聴き手がシンボルとして使う用意ができている何か他のものである場合には，彼は単純にそれを使ってみずからの既存のパーソナル・コンストラクトの1つを呼び出す可能性がある。したがってわれわれの誰にとっても，個人的な経験の共有は，他者の経験を**解釈**するという問題になり，単に彼にそれを完全な形で手渡してもらうというような問題ではないのである。パーソナル・コンストラクト心理学ではしたがって，私的な世界へのアクセスを得るという理論的問題を，いとも簡便に扱えるのだ。

　われわれが前に指摘したように，1つあるいはそれ以上の要素にちなんで，コンストラクトを命名したり同定したりするのは，共通の慣行である。その名をとって命名されたコンストラクトの要素は，シンボルと呼ばれる。したがって要素は，実際には

コンストラクトではなく，コンストラクト形成のもとになった文脈内の1要素にすぎないのだが，コンストラクトを代表するものになる。語は，シンボルとして使われるときには，そしてしばしばそのように使われるのだが，それらが表象するコンストラクトではない；語はそれらのコンストラクトの代表的な文脈的要素なのである。

そのすべての配置は，一般意味論にもかかわらず，実践上はそれほどうまく働かないわけではない。われわれは，他者が「犬」というときには，そのコンストラクトを彼から取り上げたり，また彼にその所有の共有をあきらめさせたりするのではなく，彼の言ったことを要素として――おそらくはコンストラクト形成の基になっている象徴的な要素として――使うことによって，他者の意味するところを理解する。われわれは友だちが**言ったこと**とともに彼の**意味した**ことを，要素として利用するなら――すなわち，彼の**行動**とともに彼の仮想された**パーソナル・コンストラクト**をわれわれの解釈の要素にする場合には――，**われわれのパーソナル・コンストラクトは彼のパーソナル・コンストラクトの1バージョンと考えることができる**。したがってコミュニケーションが，何か多少とも効果的なレベルで，生じたのである。

パーソナル・コンストラクトは，現実世界のどんな他の部分のアクセスをも可能にしてくれるまったく同じ基本的なデバイスの使用を通じて，アクセス可能である。われわれはパーソナル・コンストラクトを解釈する。われわれは人々のパーソナル・コンストラクトについての心理学的コンストラクトをもっている。われわれは人々のパーソナル・コンストラクトについての科学的および非科学的なコンストラクトを心に抱く。われわれは，他の人々のパーソナル・コンストラクトを包摂するかぎり，あるいはこれらの包摂するコンストラクトを形成するかぎり，われわれは彼らとの関係において役割を演じることができる。それは，彼らがわれわれとの関係において同じく役割を演じてくれるか否かには関係がない。

11 パーソナル・コンストラクトに対する数タイプのアプローチ

われわれが他者について観察できるものは何でも，その人についてコンストラクトを形成する際の要素として使える可能性がある。われわれは他者がすることに着目し，それを彼の名前といっしょに置いて，これを他者あるいは他の行為と対比してみると，われわれの友だちというコンストラクトを思いつくことができる。われわれは彼の行う何かに注目して，それをなぜ彼がそうしたのかの考察と連合させ，それから，行為とコンストラクトの両方を彼の行わない何かと対比し，こうすることで，彼の行動を組織化するパーソナル・コンストラクトについてのわれわれ自身のコンストラクトを形成していく。

人のパーソナル・コンストラクトに対する，最も単純でおそらく臨床的に最も有用なタイプのアプローチは，その人に自分が何者なのかを語ってもらうことである。こ

のような素朴なアプローチがうまく働くということは,いくらかの心理士には,わかってもらおうとしても,説得困難である。しかし,医者の最も有用な臨床的ツールは,患者を前にして声に出して尋ねる「ご気分はいかがですか？」という質問である。臨床心理士にとってもこれに似た黄金のルールがある。**クライエントにとって何が問題なのかが,あなたにはわからない場合は,たずねなさい；彼は答えてくれるでしょう！**

さて,当然のことながら,臨床家は自分が聞いたことを信じたいとは思わないかもしれない。彼はクライエントの語る問題を受け入れようと思わないかもしれない。彼はクライエントをプロクラステスのベッドに寝かせて,「精神分析」をしたがるかもしれない（プロクラステスは自分の家に連れ込んだ旅人の,身長がベッドより長ければ脚を切り落とし,短ければ引きのばしたというギリシャ神話の物語にちなんでいる）。しかし,もし臨床家が単純にクライエントに耳を傾けるなら,与えられた臨床場面の下でクライエントが言葉で表現できるパーソナル・コンストラクトを,理解できるようになるかもしれない。このベッドでさえ役に立つかもしれない；すなわち,臨床家がクライエントを自分の学説に従わせようとし始めるまでは,役に立つかもしれない。身体のリラクセーション,想定された現実からの連想過程の解放,脅威の除去,夢や空想の材料を引き出すことなどはすべて,クライエントのパーソナル・コンストラクトに,間接的にというよりもむしろ直接的にアプローチするための支持的なアクセサリーだと適切に考えられる。

投影法検査でさえ,パーソナル・コンストラクトへの直接的なアプローチだと適切に考えられるかもしれない。われわれすべてが最近気づいたところでは,新しい投影法検査は「ダイム・ア・ダズン」（原義は10セントで1ダース買えるほど安っぽいものの意）である。人がすることはどんなことでも,その人のパーソナル・コンストラクトの投影だと解釈できる。実際,パーソナル・コンストラクト心理学の全システムは「投影の心理学」と呼ぶことさえできそうである。いくらかの投影法検査,たとえばロールシャッハでは,われわれはあまり慣習に縛られない要素――これに基づくなら,被験者は自己概念を危険にさらすことなく自分のコンストラクトを説明しうる――を提供しようと企てる。他の投影法,たとえばローゼンツヴァイクの絵画欲求不満テスト(P-Fスタディ)では,被験者にもっと代表的な実生活類似状況を処理させようと試みる。ここでは自己概念への脅威が,被験者の日常的な役割を実際に支配しているとより確信されるコンストラクトを理解しようとする試みにおいて,増大することが許容されている。自己を含み脅威要素を含む可能性は,もちろん,どんな形式のテストにおいても,完全にないわけではない。

パーソナル・コンストラクトへのより非直接的なタイプのアプローチは,自発的な活動パターン,興味,遊び,コンストラクトの象徴的表現とは記述できない形式の言語的交換,職業の追求,文化的環境,家族パターン,そしてクライエント自身の伝記

などを含んでいる。

　以下に続く議論の目的に沿うように，われわれはパーソナル・コンストラクトへのアプローチを3タイプに分けてみた。これらを臨床場面において考えるなら，次のように呼ぶことができよう。(1)訴えの抽出と分析，(2)訴えにははっきりとは含まれていないイベント——たとえば普通に使われている「テスト」の多く——についてのクライエントの解釈の抽出と分析，(3)すでに示している行動——たとえば「ケース・ヒストリー」の材料——の分析である。このうち第1のものは最も直接的であり，最後のものは最も直接的でないと考えられる。この視点で見ると，いわゆる「客観テスト」は第2のカテゴリーに入るが，たとえば**コンストラクト自体**の直接的表現というよりも，文化的共通性のような，パーソナル・コンストラクトの**次元的な測度**と考えられるべきである。

　本章のこの部分は，臨床場面で使われうるテストであり，コンストラクトの次元というよりもむしろ，おもにコンストラクトそのものを抽出するようにデザインされたテストに関係している。この「テスト」という用語は，パーソナル・コンストラクトへの直接的アプローチ——被験者に対して公式に割り当てられた課題を含む——を包含すると考えられている。テストはここでは，一方では被験者の人生に関わる文書とイベントの研究を含む手続きと，他方では心理療法の面接とが，対照される。「臨床場面」という用語は，われわれの議論を，おもに人事管理者の便利のために実施されるテストではなく，被験者が人生に最適の適応ができるように援助するプログラムの一部として与えられるテストに限定するために使われているのである。

12 臨床場面におけるテストの機能

　心理測定と臨床診断を見ることのできる方法は2つある。一方では，知能や外向性のような，ある次元や座標軸上に，被験者の位置を定めようとすること，あるいはたとえば統合失調質や神経症のような，臨床的なタイプとして被験者を分類すること，を追求することができる。また他方では，被験者の自由な動き，その潜在的可能性，動員しうる資源，そして被験者がどうなっていくのかに関心をもちうる。固定した位置よりもむしろ過程を重視するパーソナル・コンストラクト心理学の視点からは，後者の方がより見識のあるアプローチを代表しているように思われる。したがって，臨床場面における心理測定法の主要な目的は，被験者が自由に動ける通路を調べることであり，臨床診断の主要な目的は最もありそうな動きの成り行きを描いてみることだといおう。全体的に見れば，診断は治療の計画段階だと述べてよかろう。

　おそらくわれわれはこの時点で，この言明を，われわれが自由意志について述べたことと，コンストラクトの統制的な性質とに，苦労でもしっかりと結び付けなければならない。自由は組織化の一局面であり，これと相補的関係にあるのが決定論だとわ

れわれは記述したが，思い出していただけるだろうか。自由と決定論は正反対だとは考えられなかった。そうではなくてむしろ，コンストラクト・システムにおける下降と上昇の機能と見なされるべきであると考えられた。自由とは何が何をコントロールするかの問題である。心理学は，人が自由に動ける道筋を強調して，新しいコンストラクトの形成と発展に注意を向ける。この新しいコンストラクトの下位要素に対する統治は十分に慈悲深く，新しい形式と新しいアイデンティティの出現を許すだろう。また十分に構造化されていて，過度の不安を招くことなくそれらの出現を許すだろう。治療は，支配的なパーソナル・コンストラクトが，廃れかかったコンストラクトに万力のような力でしがみついてきたクライエントに，新しい自由と新しいコントロールを与える設定をすることに関係している。今一度われわれの組織化の系——各人は，イベントを予期するのに便利なように，コンストラクト間に序列的な関係をもつ解釈システムを，特徴的に進化させる——を思い出すのが適切なようである。この点で，われわれは進化過程の実行に関心をもっている。

　a．**臨床場面で使われるテストの最初の機能は，クライエントの問題を使用可能な用語で定義することである**　テストは「妥当」であるだけでは十分ではない。「何かについて妥当」でなければならない。臨床家がクライエントに対処するのに役立つように，クライエントの問題を定義しないようなテストは，ある「外的基準」とどれほど高い相関を示しても，臨床的な使用のためには妥当とはいえない。この原則は，精神診断学に，実体アプローチ（entity approach）とは対照的な，コンストラクト・アプローチ（construct approach）を適用したものである。正確さそのものよりも使い勝手のよさのほうが，よい臨床テストの最低限の基準なのである。使い勝手のよさは，正確さのよい操作的定義だといえるかもしれない。このような議論は，われわれの哲学的立場では意味をなすはずである。

　b．**臨床場面で使われるテストの第2の機能は，クライエントがこれに沿って自由に動ける通路あるいは水路を示すことである**　われわれはこれらの水路がクライエントのパーソナル・コンストラクトによって設定されたものと見ている。みずからの役割を**静謐—興奮**という個人的な次元に関連して構造化しているクライエントは，今日はみずからを静かだと見ているかもしれない。しかし，この立場を強制的に捨てさせられる場合には，彼の視点から見て最もはっきりした逃避経路は「興奮」になる。パーソナル・コンストラクトはこのように，クライエントがみずからの動きを概念化できる通路を示していると見なしうる。テストは，可能なら，このような道筋を示すべきなのである。

　c．**臨床場面で使われるテストの第3の機能は，後でチェックされ使用される臨床仮説を提供することである**　これは重要だ！　臨床場面では，テストが臨床家に結論的な発見を与えることは，必ずしも常に必要なわけではない。あらゆる他の心的過程

と同様に，治療は連続的な仮説の適用とその結果の観察によって進行する。テストは，特定のクライエントに関する可能な仮説の豊かな情報源を与えてくれるなら，治療者に十分に役立ちうる。これらの仮説の証明は，その後のクライエントとの治療的経験を通じてもたらされる。クライエントがよくなれば，治療者は少なくとも仮説と一致するエビデンスをもつことになる。いくつかのクリニックでは，心理テストの結果を報告する際に，「発見」というよりも常に「臨床仮説」と呼ぶことを習慣としている。

　d．臨床の場で使われるテストの第4の機能は，このテストをしなければ治療者が見逃してしまうようなクライエントの資質を明らかに示すことである　クライエントがどれほど多くの具合の悪いところをもっていても，世の中でうまくやって行く能力を損なわずにいられるのには，驚きを表明せざるをえない。が，このことは臨床家の間ではありふれたことである。いくらかの臨床家はこのことについて，ある欠陥によってクライエントが無能になるかどうかを言えるようになるには，あなたはクライエントについてすべてを知っていなければならない，ということで表現している。よい臨床テストの1つの機能は，クライエントが問題に対処する際に結集する，あるいは結集しうる資源を有効に示せることである。

　e．臨床の場で使われる心理テストの第5の機能は，そうでなければ治療者が見逃すようなクライエントの問題を示すことである　クライエントはしばしば，押しのけられたくないある立場(ポジション)をかくすことによって，治療を密封してしまおうと試みる。クライエントがなぜこんなことをするのかは，後の議論のトピックとする。しかし，臨床場面で使われるテストの重要な機能の1つは，彼の傷つきやすいポジションのすべてを明らかにするために，クライエントの心的な（資源の）配備を調べることなのだと指摘しておくことは，ここでの議論にも関係してくる。

13　テストの臨床的効用の評価

　われわれは臨床場面におけるテストの5つの機能について述べた。テストの機能的効用を評価するために，われわれはそのテストの基盤にあるいくつかの仮説と，その成績(パフォーマンス)に現出するいくつかの特徴を調べることができる。われわれはこれをパーソナル・コンストラクト心理学の立場から率直に行ってみよう。それは，われわれの理論的立場がわれわれの評価に重要な実際的影響を及ぼすからである。

　a．そのテストは誰の物差しを代表しているのか？　心理士がクライエントを理解しようと試みるとき，彼はもちろん，みずからのレパートリーの中に蓄積されてきた物差しによって制限される。彼は自分の座標軸セットの範囲内でクライエントを測定するのだというほうが，おそらくより正確であろう。いわゆる「客観テスト」は，もっぱら心理士の軸線にそってデザインされている。クライエントはこれらの与えられた軸に沿ってプロットされ，クライエント自身の軸のセットは完全に無視される。この

テストはクライエントを第1次的な要素として取り扱い，高次の要素——これ自身が次にはもっと低次の要素の解釈(者)となる——としては取り扱わない。クライエントは静かに立って測定される。彼はみずからの測定者とは理解されていないのである。

「投影法」テストが使われるときには，クライエントはみずからの行為の基礎を構成する，何らかの個人的なバージョンの宇宙観をもっている可能性がある。それゆえに臨床家は，おそらくその可能性に注意を払う。クライエントは不動の対象としてだけでなく，世界についてみずからの見解をもち，それを行為で表現する同僚心理士として，測定される。投影法テストを使うときには，臨床家はクライエントの物差しに関心を向けるのである。

それにもかかわらず臨床家は，クライエントの物差しをみずからのものであるかのようには使えないことを認めざるを得ない。臨床家もまた人間なので，彼は訓練と経験によってどんな個人的物差しを今までに獲得してきたのかに依存せざるを得ない。しかし，臨床家がクライエントを単なる対象として，みずからの物差しを使って測定するのか，それとも，クライエントの物差しを測定しようと試みるのかによって，世界は異なるものになってくる。後者の場合には，臨床家は，クライエントの個人的な測定を臨床家の測定システムに翻訳する換算表をつくれるかもしれない。これは基本的に投影法のエキスパートがやろうと試みていることである。彼は，クライエントの見方を包容しようとするほどには，クライエントのパフォーマンスを測定しようとはしないのである。

投影法的に使われるテストは，通常はその課題が，異なるクライエントによって異なる解釈ができるようにデザインされている。臨床家は，クライエントが「正しい」回答をするか否かよりも，各項目にどんな種類の回答をするのかに，より関心をもっている。項目は，ロールシャッハ・テストのインクのしみや，TATの白紙の第16カードのように，「構造化されていない」ものもありうる。ある場合には，これらの項目は高度に構造化されているかもしれず——高度に構造化されすぎて，クライエントはおそらく，完全な回答を産出できなくなるだろう。彼の反応はしたがって，ベンダー・ゲシュタルトで提示される幾何学図形を模写する場合がそうであるように，必然的に現実からの個人的逸脱を表象することになる。

テストが「客観的」か「投影的」かは，臨床家のテストの使い方ほど大きな問題ではない。クライエントの「知能」テストの成績は，そのテストの正確さの視点からではなく，むしろそれについてのクライエントの解釈という視点から，しらべることができる。しかしなお，知能テストは「客観」テストとして注意深くデザインされたものであり，知能のコンストラクトはたしかに，臨床家によって強制される物差しである。

前に述べたように，パーソナル・コンストラクト心理学は，クライエントのパフォー

マンスをクライエントのものの見方の投影として調べてみることを，各心理士に勧めている。このことは，臨床家が客観的ではありえないという意味ではない。実際われわれは，このクライエントへのアプローチが，古めかしい精神測定家(サイコメトリシャン)のそれよりも，もっと客観的だと見ている。これがより客観的だというのは，それがより法律尊重主義的（legalistic）——しばしば客観性と混同される特徴——だという理由からではなく，より対象指向的（object-oriented）だという理由による。それは，心理士の調査の主要な対象がクライエントであって，テストではないことを認識している。したがって，パーソナル・コンストラクト心理学は，**それがより投影的であるがゆえに，より客観的である**と，われわれは論じたい。

　臨床場面で使われるテストを評価するに際しては，その臨床家がどんな職業的な物差しを適用できるのか，そしてどんな個人的な物差しの検討が許されるのか，を注意深く調べてみるのがよい。それは，知能，不安，浸透性などのテスト——すべて臨床家の重要な物差しである——であろうか？　それはまた，クライエントのパーソナル・コンストラクトのテストでもあるのだろうか？——それはこれらのパーソナル・コンストラクトを顕在化させているのであろうか？　そのテストは誰の物差しを代表しているのであろうか？

　b．そのテストは，浸透性のあるコンストラクトを抽出するのか？　浸透性のあるコンストラクトとは，その文脈に新しい要素を加えうるコンストラクトである。したがってそれは，過去を分類整理するとともに，未来をも含めて使いうるコンストラクトである。それゆえ，臨床テストによって，クライエントが「奇跡」を信じていることが明らかになったとしても，このクライエントが奇跡の時代はすでに幕を閉じ，**自然—超自然**（奇跡）の次元は，彼が今後出会うであろういかなるものとも関係がないと考えていることがはっきりしている場合には，これは特に重要なわけではない。

　これは，テストによって引き出されたコンストラクトがクライエントの人生に何か継続的な関係をもつはずだということの，もう1つの言い方である。たとえば，いくらかの治療者がしているように，われわれは多くの時間をかけてクライエントがどのように過去，特に遠い過去を構造化するのかを理解しようと試みるかもしれない。しかし，これは人が思っているほど重要ではないかもしれない。

　クライエントの過去を評価できるレベルは，2つある。人はクライエントの過去を彼の現在と未来の決定因として見ることができる。これは，臨床場面でクライエントを扱うときに，しばしば誤解を招きやすい見解である。パーソナル・コンストラクト心理学の立場からは，過去のイベントは未来を予測するための主要な基盤ではない。むしろ，過去が未来にどれくらいの影響を及ぼすかを決定するのは，彼が過去の上に設置する構造である。別の言い方をすれば，人は自伝の生贄ではなく，その解釈によって奴隷化されてしまう可能性があるのだ。

しかし，過去の解釈は常に重要なのだろうか？　過去に実際に起こったイベントよりも，過去の解釈の方が，彼の状況に対してより関係すると認めた場合でも，どちらも彼の未来には特に関係しないかもしれない。彼がいくつかの過去のイベントを構造化するのに使うコンストラクトは非常に浸透性が低い可能性があり，どんな場合にも未来を構造化するのには採用できないかもしれない。そうであるなら，それを検証してみても，あまり役には立たないだろう。十分な浸透性をもっていて有益であり続けるコンストラクトをテストする方が，人の時間をより有効に使いうる。したがってテストは，再度使われる可能性が高く，歴史的興味だけに関係するのではない，そういうコンストラクトを目指してデザインされていることが確かめられるように，吟味しなければならないのである。

　c．このテストの要素はライフ・イベントを代表するものになっているか？　臨床場面で使われるテストは，「客観的」に使われようが「投影的」に使われようが，単にその特定のテスト項目に対するアプローチだけでなく，クライエントの世界の種々の要素に対するアプローチをも明示するものでなければならない。このことは，このテスト項目が，みずからの人生を構造化するに際してクライエントの直面している細目を，代表するものでなければならないということである。臨床家の精神測定法的な課題は，被験者の世界の要素——インクのシミや絵画以外の——に対するアプローチを統治する仕方に光を投げかけるような形で，コンストラクトを抽出することである。多くの投影法テストの文脈は非常に限定されているので，被験者がたとえば人間のようなものとは別の要素にどう対処するのかを推測することは，しばしば非常に当てにならないものである。たとえばロールシャッハ・テストに対して被験者がどんな対処をしそうかを，彼がみずからの世界の中の人々にどんな対処をしているのかという知識から推測する方が，彼がみずからの世界の中の人々にどんな対処をしそうかを，彼がインクブロットにどんな対処をしているのかという知識から予測するよりも，容易なのではなかろうか。

　d．そのテストは役割コンストラクトを抽出するか？　役割とは，1人以上の他者のものの見方の理解をふまえて演じる一連の活動だと，われわれは述べてきた。役割コンストラクトはしたがって，他者をその文脈内の要素とするコンストラクトである。もっとはっきりといえば，それは，他者について推定されたコンストラクトを，その文脈内の要素としてもっているコンストラクトである。クライエントに対するすべての臨床的サービスが役割の再構築に関係しているわけではないが，その大部分はそうである。そして，クライエントの臨床評価に使われるテスト・バッテリーには，おもに役割コンストラクトを指向するものが含まれていることが大切である。この点で主題統覚検査（TAT）は，ロールシャッハのようなテストにくらべると，クライエントが他者とどのような関係をもつかについて，よりはっきりした理解を臨床家にもたら

してくれる。このことは，TATが「人物解釈」に従おうが，「テーマの解釈」に従おうが，どちらの場合にも当てはまる。われわれの意見では，さらに進んで，クライエントが共に生活している現実の人をめぐってテストを構成するのが，有益であろうと思われる。われわれはこのことをしようと試みてきたのだ。このようなアプローチの記述が，本稿の次の2章の主要な部分を構成している。

しかしわれわれは，インクのしみが「刺激」材料として用いられるロールシャッハや，大きさと形の異なるカラー・ブロックを分類するヴィゴツキーのテストが，臨床家の装備一式の中でそれなりの存在意義をもたないと言いたいわけではない。時には，クライエントの問題が彼の解釈システムの中心に位置しているために，彼が単純なものを知覚し操作する仕方そのものに影響の及ぶことがある。このようなケースでは，このクライエントのロールシャッハ・テストのパフォーマンスは，彼の思考の基本的な特徴——逸脱はしていても，役割関係の混乱はあるかもしれないし，ないかもしれない——を露呈することがある。人は，ロールシャッハ・テストを通じてアプローチする問題では大きな混乱を示しても，なお，人生に対してはうまく実際的適応をなしうるという，よく知られた臨床的事実がある。また人は，いくらかの妄想状態のケースのように役割関係では混乱していても，ロールシャッハや概念形成テストのパフォーマンスにはほとんど何の混乱のサインも見られないというような事実もよく知られている。

しかしなお，われわれの主要な論点は，臨床家は常にみずからのテストとテスト・バッテリーを，役割統治の仮定に関連して，評価すべきだというところにある。曖昧図形の知覚や対象の分類に関するテストが，社会的場面においてクライエントがいかに自分の人生を管理するのかについて——知る必要のあることはすべて——明らかにしてくれるなどと仮定することには，慎重でなければならない。空想性と現実意識との健全なバランスをとっているように見える精神でさえも，ものの見方が奇妙で文化的に異質な他者との関係については，深刻な誤解を生じうる。このことは，国際関係において，われわれが激しく反対する相手がロールシャッハ・テストですべて間違った見方を示すはずだなどと仮定することの愚かさを考えれば，すぐにわかるだろう。

e．安定性と敏感性とのバランスはどうなのか？ 本書の後のほうで，われわれはクライエントに対処する際に，専門的コンストラクト——これに関してクライエントが動いていると知覚されうる——を使うことの重要さを強調する。もし臨床家が，クライエントにはその位置を絶対に変えられない座標軸のセット——すなわち専門的コンストラクト——を使うとしたら，彼は自己とクライエントを隅っこに描く以上には，ほとんど何も達成できないことになろう。心理療法は，このような用語で考える臨床家にとっては，クライエントを，彼に運命づけられたニッチにおさまるように説得する以上のものではほとんどありえない。

しかし臨床家が，クライエントの完全に気まぐれな行動を許すような座標軸のセットを使うとしたら，彼にとってこちらのほうがよいわけでもない。臨床家が必要としているのは，クライエントがある程度の日々の一貫性を示しうるが，彼の人生のより深層の流れがプロットできるような軸のセットである。彼は一方では海洋の境界よりも，他方では波打ちよりも，潮流のほうにより関心をもっているのだ。
　臨床家は，みずからが関心をもつ現象に適した次元設定の必要性を考慮して，この次元によってテストを選択すべきである。クライエントが心理治療の期間中にこれに沿って動くと期待されるベースラインを設定するなら，臨床家はまたその時どきのクライエントの位置をこのベースラインにプロットできるテストを選択すべきである。ここであらためて，代替解釈（constructive alternativism）というわれわれの哲学的立場を述べるに際して採った，われわれの立ち位置を強調してよかろう。すなわち人生の事実は，これらを解釈システムの枠組み内にプロットするときにのみ形をとり，その解釈システムの次元は常に改訂に従うというものである。われわれは，事実はコンストラクトの交差するところにあると述べることによって，同じ考えを数学的に表現することができる。どんな事実も，北極点が事実であるという意味で，事実である。それは何よりも，世界で何が起こっているのかを理解するためにわれわれが引いた子午線の交差なのである。したがって臨床家は，彼の心理的な次元あるいは子午線を心に抱きながら，テストを選択しなければならない。彼がテストを通じてクライエントについて学ぶ事実は，これらの次元に関するそれらの位置を推測することである。
　時には，この妥協は臨床家の使うテストの特徴に関連して述べられる。臨床テストは，再検査信頼性によって測定される安定性と，毎日の変化への敏感さとの間で，何らかの合理的なバランスをとる必要がある。しかし，この問題は単なるテストの特徴以上に基本的である。それは心理学的概念化における問題なのだ：心理士はクライエントを扱うに際してどの種の次元構造の採用を選ぶのか？　いったんその次元構造が採用されると，心理士は次に彼のインストルメントに向き合って，これらが選択された次元の線に沿って測定するようにデザインされているのかどうかを見る。
　われわれは臨床家の専門的コンストラクト・システムにおける安定性と敏感性のバランスについて語ってきた。これとの関連で，われわれはわれわれが測定を選択したクライエントのパーソナル・コンストラクトの安定性と変動性（fluctuation）とのバランスについても考える必要がある。今日ここには存在するが明日には去ってしまうクライエントのコンストラクトは，精緻なテストで測定する必要はなさそうである。したがって臨床家はふつう，かなり長期間作用し続ける傾向はあるが，それほど「現実拘束的」でも因習的でもないので，その改訂を試みるポイントがなさそうなコンストラクトを測定したがるものである。
　f．そのテストは他の臨床家にも伝達可能なコンストラクトを明らかにするのか？

今一度，臨床家の次元とクライエントのパーソナル・コンストラクトとの，両方に関心を向けてみよう。精神衛生チームで他領域の専門家と共同作業をしている臨床心理士は，クライエントの処遇に関して何か実践的な関係をもつように心理テストの結果を提示しようとするのだが，それがしばしば困難であることを経験している。これはある程度まで単語と統語の問題である。しかしより根本的には，心理士によって使われているコンストラクト・システムが，精神科医およびソーシャルワーカーのそれとは違うことからくる問題である。中でも最も根本的なのは，現在の心理学的および精神医学的理論の不適切性から生じており，これらの理論は，クライエントの不動性（immobility）に目を向けて提示しているか，精神分析理論がそうであるように，可動性を生じるにはたった1つの受容可能な心理療法的手続きがあるだけだと仮定しているか，いずれかである。

ロールシャッハ・テストとその後に出現したTATは，個人特有のコンストラクトの測定を可能にする新しい学際的評価を，臨床場面に持ち込むのに，多くの貢献をしてきた。投影法検査の見解は，ある意味ではまったくテストすることではないのだが，検査者のコンストラクトを使ってクライエントの性能を**テスト**するというよりも，基本的には，クライエント自身のコンストラクトを**暴露**しうるというアイデアに基づいて組み立てられている。

しかしながら，コンストラクトが暴露されたり，このケースの**力動**が決定されたりするだけでは十分でない。いま一度われわれの科学の基本的な概念化を，試行的なコンストラクト・システムのセットに適用するためには，われわれはその力動的**システム**——このシステムに関連して，われわれはクライエントを，そして彼のパーソナル・コンストラクトをプロットする枠組みを，記述しようと試みている——にもっと関心をもつ必要がある。たとえばロールシャッハ・テストの「妥当性確証」の問題は，この瞬間に臨床心理士が直面する最も腹立たしい問題の1つである。彼らは，その継続的な使用を科学的根拠に基づいて正当化することもできなければ，みずからこれを廃棄することもできない。

しかしなお，これは，**どんなシステム**の「力動」や解釈が有用なのかという問題であって，何が「妥当」あるいは「真実」なのかという問題ではなさそうである。ロールシャッハの変数のシステマティックな展開は有効に使いうるのか？　それらはロールシャッハの検査者の満足と自尊心を高める以外に，何かの予測機能を果たしうるのか？　このケース記録における他の特徴は，ロールシャッハと関係づけて体系的に構造化することができ，したがって科学的予測がなされうるロールシャッハ軸をめぐって，1つの体系が構築されうるのか？　矛盾のない用語で構造化されたケースの材料から，そのスコアを予測することによって，ロールシャッハを「確証」することについては，矛盾するように構造化されたエビデンスに照らして予測を確証する場合とく

らべて，どうなのか？　ロールシャッハを単純にテストとして確証しようとする一見無駄な努力を続けるよりも，むしろ，ロールシャッハ・システムはその体系内で妥当性が得られるのかどうかを，どうして検討しないのか？　システムは利便性の問題であるから，時を経てその有益さを失ったときには，これらを変化することは不可能なわけではない。クライエントは，臨床家の心の中にある「力動的な」システムによって，みずから厳しく拘束されているわけではない；拘束されているのは臨床家だけなのだ。したがって，みずからの**システム**の有用性を時どき再考してみるかどうかは，臨床家次第なのである。

　コレット（Collet）は，ロールシャッハ・テストがクライエントの他の種類のデータの予測に有効かどうかを研究するのに，このアプローチを用いた。彼女は非ロールシャッハのデータをロールシャッハ次元によって構造化し，各被験者がとるであろうロールシャッハ・スコアを予測する公式を開発した。これらは，基準あるいは予測因のどちらをも混同しないように，注意深くつくられたデザインで，交差確証がなされた。彼女の結果は満足すべきものであり，テストは矛盾のないシステム内で確証される必要があるという見解に対する，かなりの補強エビデンスを提供している。

　われわれがここで提唱しているアイデアは，コレットの研究とともに，代替解釈の哲学的見解から，そしてパーソナル・コンストラクト心理学から，導き出されるものである。さらにいえば，これらは臨床的な学際場面において心理テストが見いだしている伝達可能性の問題とも重要な関係をもっている。心理士がクライエントに関する彼の仮説——彼がテスト・データから推測したもの——を伝達しようとする場合に，彼の提示している体系的枠組みが，他の専門領域の同僚たちが使っている枠組みとは平行軸をもたないことが見いだされるかもしれない。そうすると彼は，同僚の知識の範囲内にそれらのデータを持ち込めるように，彼のデータの軸を回転させうるのかどうかを考える必要が生じる。これができない場合には，彼は彼のテストを変化させて，最初から同僚たちのシステム内のより近いところで作動させるほうが実際的だと決断するかもしれない。

　どんなテストによって暗示されるシステムでも，時にチェックを受ける可能性がある。種々の臨床テストの1つの評価基準は，クライエントの問題を**有効**（usable）な用語で定義する能力であると，われわれは提案した。この「有効」とは，われわれが治療計画を立て，クライエントの管理を決定し，あるいはたぶん統計的な記録をするのに役立つということを意味している。テストがこの基準を満たさない場合には，そのテストは破棄されるか，変更されるか，あるいは新しいタイプの得点化のシステムが開発されるかになろう。

　最後に，テストによって引き出されたコンストラクトの機能的な伝達可能性を見逃すべきではない。テストを実施した臨床家に抽出されたコンストラクトは，伝達可能

なだけではなく，いいかえれば印象主義的であるだけでなく，クライエントのパーソナル・コンストラクトのかなりよい説明になっていなければならない。クライエントのコンストラクトの場合には，このことは，クライエントのパーソナル・コンストラクトを表現する完全な媒体として作用しうる正確な語が産出されるべきだということを意味するわけではない。こんなことは常にできるわけではない。むしろそれは，クライエントのコンストラクトが，語であれ，ジェスチャーであれ，他の代理的な用語であれ，検査者に比較的明瞭な形で伝えられるということを意味しているのである。

　g．テストはその基本的な機能をはたすのだろうか？　よい臨床テストはクライエントが自由に動ける道筋を示すべきだと，われわれは述べてきた。臨床場面では，これはまた部分的には使いやすさの問題である。しかし，それ以上の意味が暗示されている。この臨床家は，このクライエントがストレス下で何をするのかに興味をもっているかもしれない。クライエントがみずからの立場のいくらかを捨てねばならないとわかったなら，彼には退却や再配備のどんなルートがはっきりと見えてくるのであろうか？　われわれはこれらを「潜在傾向 (latent tendencies)」と呼んでよかろう。しかしパーソナル・コンストラクト心理学の内部では，これらの「潜在傾向」は，クライエントが彼の現在の立場を維持しているコンストラクトとまったく同じコンストラクトの関数なのである。今日は「ハイ」な感じがするというクライエントは，「ロウ」だと感じる「潜在傾向」をもっている。この「潜在傾向」は自己記述の次元性そのものによって露呈されるのである。

　テストはクライエントが現在自由に動ける多様な経路を示すことができる。対人的あるいは社会的な要請によっては縛られない文脈に直面したとき，それが対人的あるいは役割の用語に翻訳されたら悲惨なことが証明されそうなコンストラクトを，クライエントは採用するかもしれない。したがってある人は，たとえばロールシャッハ・テストに反応する際に経験の解釈を採用するかもしれないが，これが人々を解釈する際にも類似の使い方がなされると，彼の自己自身の役割知覚に顕著な歪曲を生じたのではないかと思われる。このようなケースで決定的に重要な疑問は，もちろんこうなる。ロールシャッハに現れたコンストラクトは，彼が人を解釈する際にも使えるのか？そしてもし使えるなら，それは彼自身の役割とどんな関わりがあるのか？

　優れた臨床テストは，後でチェックされ利用されうる臨床仮説を備えていなければならない。この点で，TATはロールシャッハ・テストよりも概して満足すべき状態にあることが証明されてきている。テーマ（TAT）と図（ロールシャッハ）のコンストラクトは両方とも，ふつうは治療においてチェックが可能であり，治療目標に関して恩恵をもたらしている。モートン（Morton）は，クライエントと協力して彼のTATプロトコルをスコアリングすることが，いかに治療結果の達成につながりうるのかを，非常に効果的に示している。治療セッションで話し合うトピックを選択することの有

効性を信じている治療者は，完全に受動的な役割をとる治療者よりも，よく分析された TAT プロトコルが最初の臨床仮説を提供するのに非常に有効であること，そして，クライエントがそれに適応しようとする場合に新しい解釈が必要となるような，対人関係領域を説明するのには極めて有益であることを見いだしている。職業指導においてさえ，テーマあるいは人生のプロットは，クライエントがカウンセラーから提供される職業情報をどれくらい利用するかに，かなりの光明を投げかけている。

優れた臨床テストは，これをしなかったとしたら治療者が見落としていたと思われるような，クライエントの資質を明らかにするものでなければならない。ロールシャッハ・テストは，たとえばコントロールの様式，浸透性の高いコンストラクトと低いコンストラクトとのバランス，時間と連続性の利用——これらは運動反応によって明らかにされる——を示すかもしれない。臨床家はこの運動反応を，日常的な治療セッションで現われる混乱に立ち向かう有望なサインと見なしているようである。TAT は，安定し明確に定義された人物と統治的なプロットのコンストラクトを示しうる。これらのコンストラクトは，つき従うべきしっかりした役割モデルと，現在は困難でも，最終結果の確実な保証をクライエントに与えてくれることになろう。

クライエントは時に，治療状況からは排除しようと試みる問題を，テスト状況では進んで暴露しようとすることがある。TAT は，これ以外の方法では見つからなかったかもしれない，このような問題を探し出すのに特に有効である。文章完成テストもこの点で有効である。

テストによって抽出されたコンストラクトが浸透的でない場合には，被験者のこのテストに現れる特殊要素の扱い方が限定されている傾向のあることを意味している。たとえば，ロールシャッハ・テストで抽出されたコンストラクトが，被験者のインクのしみの解釈の仕方に言及するだけで，他には何も指し示さない場合には，このテストを実施する意味はほとんどなくなるだろう。前に示唆したように，これがまさに，ロールシャッハ・テスト状況から社会状況を推測するのに失敗する可能性のあるところなのである。ある人がロールシャッハ・テストで何か非常に悪意のあるコンストラクトを表現しても，これらのコンストラクトは非常に浸透性が低く，この人の社会関係が危機にさらされるようなことはまったくないということがありうる。さらに TAT においてさえも，被験者が深刻な社会的意味をもつコンストラクトを示しても，治療者がさらに注意深く調べてみると，そのコンストラクトは最初に公表された特定の人物要素に限定して使われているだけだということが見いだされるかもしれない。

テストで抽出されたコンストラクトは，他の文脈では適用不可能なほど浸透性が低いことがありうるだけでなく，これらのコンストラクトが，幼児期に知った人物や家族共同体の人々に限って適用されるというような浸透性の低さを示すこともありうる。同様にそのプロトコルは，治療後も過去のイベントと関連したいくつかのコンストラ

クトの持続を示しているかもしれない。しかしその一方で，現在あるエビデンスの示すところでは，未来のイベントに関するかぎり，治療がそのコンストラクトを廃棄へと追いこむことを示しているようでもある。その場合には，治療の前後のテスト・プロトコルの比較では見えてこない何か重要なことが，治療の結果として，クライエントに生じたのである。

　一般化が引き出されるどんな科学的な道具（インスツルメント）の場合でもそうであるが，標本抽出は適切でなければならない。現在の投影法検査が批判にさらされているのは，たぶん他の何よりもこの点にある。ロールシャッハは特に脆弱である。それは，完全に非人間的と解釈されうる要素を行動標本として選び，それをクライエントの役割に関する推論の基礎に用いているからである。さて，クライエントが彼の世界の無生物的特徴を見る見方が重要でないわけではない。人を逸脱へと駆り立てる問題のすべてが社会的問題や人物を含む問題ではない。クライエントが世界の無生物的特徴への対処法を，このようなイベントの予期の仕方への洞察を得る手段として，学ぶのは重要であろう。しかしながらそれでも，インクのしみがどんな世界を代表すると考えても，これをその標本要素とすることの妥当性には，疑問が残っている。

14 結　論

　本章の目的はパーソナル・コンストラクト心理学の利便性の焦点をもっとはっきりと定義することであった。われわれは臨床場面，心理士の使う科学的方法論の1つとしての臨床法の特徴，そして特に臨床場面におけるテストの機能について論じた。したがってわれわれは，パーソナル・コンストラクト心理学の立場からインスツルメントを考案するための基礎を敷いたことになる。次のステップは，この種の問題についてのこの種の思考から生じるインスツルメントと手続きの記述になる。

第5章

The Repertory Test

レパートリー・テスト

本章では、われわれは新しい診断インスツルメントを提示する。これは、われわれの思考が心理療法家の実践的な要求にいかに適用されうるかを解説することになろう。

A　レプテストの構造

1　パーソナル・コンストラクトを引き出すためのインスツルメント

　パーソナル・コンストラクト心理学によって生み出された思考の結果として出現するテスト法の1タイプとして、役割コンストラクト・レパートリー・テスト（Role Construct Repertory Test）、略してレプテスト（Rep Test）を、ここで初めて報告する。これは臨床的ないしは前臨床的場面で使われるテストとしてデザインされたものである。前章では臨床テストの5つの機能について述べた。このテストはおもに予備的にリストアップされた臨床仮説を処理する機能をもつようにデザインされている。これらの仮説は後で被検査者と協働作業するセラピストによって使われることになる。

　このテストは役割コンストラクトに狙いを定めている。役割コンストラクトは心理実践においては特に重要なので、その個人的―社会的行動をわれわれが理解したいと思っている被験者の、役割コンストラクトを直接抽出するアプローチをとるのは、適切であると思われる。

　方法論的には、レプテストはおなじみの概念形成テストの応用版である。これは被験者が日常生活で対応してこなければならなかった人々を「対象」として用いる。ヴィゴツキー（Vigotsky）のブロックやBRL対象（BRL objects）を分類する代わりに、被験者は人々を分類する。この技法はホロウィッツの顔テスト（Horowitz Faces Test）で使われている分類といくらか似ている。また、分類テストに絵を用いるハートレイ（Hartley）の後期の手続きにもいくらか似ている。ロッター（Rotter）とジェサー（Jessor）もまた、「絵物語をつくろうテスト（Make a Picture Story：MAPS）」の紙人形の分類によって、試行的な「社会的概念」形成の実験を行っている。

　伝統的な概念形成テストとは違って、このレプテストは特定の項目がどう処理され

るのかに関心をもっており，単に抽象化のレベルに関心をもっているだけではない。絵画分類テストとは違って，レプテストは被験者の特定の人々との関係に関心をもっているのである。

2 人物を指定する手続き

　被験者には役割タイトル・リスト（Role Title List）が与えられる。このリストの提示は，口頭または文書形式でなされる。被験者はこのリストに対して，彼自身の経験領域にあって，この役割タイトルに当てはまる人々を名指しするか，あるいは，その個人的アイデンティティによって指定するかにより，反応するよう求められる。彼はその反応をカード，あるいは1枚の白紙の四角に区切られた中に書き込むように求められることもある。**最小文脈法**（**Minimum Context Form**）では，この手続きは以下のとおりである。

　検査者は被験者に次のように教示する。「ここには，あなたの知っている人々を指し示していると思われるタイトルがあります。それらの人々の名前をこれらのカードに書き入れてください。1枚目のカードには『あなたが好きだった先生』と記されています」。ここで検査者は，役割タイトルの書かれた3インチ×5インチ（7.5cm×12.5cm）のカードを被験者に手渡す。「その先生の名前がたまたまスミスだったとしたら，その彼あるいは彼女の名前をそのカードの空白部分に書き入れてください」。

　3枚目のカードを提示した時，検査者は次のようにいう。「この作業を進めていくと，すでにリストに名前が挙がっている人が思い浮かぶかもしれません。こういう場合には，その人に最も似ていると思われる別の人の名前を書きとめてください。そうすると，終わりまで来た時には，すべてのカードに**異なる**名前が書かれていることになるでしょう」。

　たとえば被験者が好きだった先生をなかなか思い出せない場合には，検査者は「…あるいは，あなたの好きな科目の先生」と言い換えてもよい。役割タイトルの残りの部分も同様に提示されていく。以下は現在の形式のテストで使われている役割タイトルである：

1．あなたが好きだった先生（あなたの好きだった科目の先生）
2．あなたが嫌いだった先生（あなたの嫌いだった科目の先生）
3．あなたの妻あるいは現在のガールフレンド
3a．（女性の場合）あなたの夫あるいは現在のボーイフレンド
4．あなたがその人の下で働くか仕えるかした雇用者，監督者，あるいは上司の中で，いっしょにやっていくのが困難だった人（あるいはあなたが嫌だと思っていた状況で，あなたがその下で仕えた人）

5. あなたがその人の下で働くか仕えるかした雇用者，監督者，あるいは上司の中で，好きだった人（あるいはあなたが好きだった状況で，あなたがその下で仕えた人）
6. あなたのお母さん（または，あなたの人生において母親の役割を果たしてくれた人）
7. あなたのお父さん（または，あなたの人生において父親の役割を果たしてくれた人）
8. 一番年齢の近い兄弟（または，最も兄弟のようにしてきた人）
9. 一番年齢の近い姉妹（または，最も姉妹のようにしてきた人）
10. いっしょに働いたことのある人で，仲良くやって行きやすかった人
11. いっしょに働いたことのある人で，理解が困難だった人
12. 仲良くやっていける近所の人
13. 理解しがたいと思う近所の人
14. 高校時代（あるいは16歳の時）に仲良くしていた少年
15. 高校時代（あるいは16歳の時）に仲良くしていた少女
16. 高校時代（あるいは16歳の時）に好きでなかった少年
17. 高校時代（あるいは16歳の時）に好きでなかった少女
18. 旅行にいっしょに行って楽しいだろうと思う同性の人
19. 旅行にいっしょに行きたくないと思う同性の人
20. ずっと親しくつきあってきたのに，最近あなたを嫌っているように見える人
21. あなたが最も助けてあげたいと思う人（あるいはもっとも気の毒に思う人）
22. あなたが個人的に知っている人で最も知的な人
23. あなたが個人的に知っている人で最も成功している人
24. あなたが個人的に知っている人で最も面白い人

3 分類の手続き

役割タイトル・リストに対する反応を完了すると，引き続き次の手続きを行う。

検査者は，「さて，この3人について何かお話しいただけないでしょうか」といい，被験者にカード18, 20, 21を手渡す。「このうちの2人はどういう重要な点で似ており，もう1人とは異なっているでしょうか？」

検査者は被験者の反応を「第1分類——コンストラクト」の空白に書き入れる。通常，被験者はどの2枚のカードの人物が似ていると判断されるかを，自発的に指し示す。しかし，指し示してくれないときには，検査者はそれを尋ねる。

次に，検査者は異なるとされたカードを指して，「この人はどのように違うのですか？」と聞く。

検査者はこの第2の質問に対する回答を「コントラスト」と記された空欄に書き込む。

残りの「分類」についても同じように反応が抽出され，記録される。

　時に被験者は体系的には扱い難いような役割コンストラクトを使うことがある。ハント（Hunt）はレプテストの一貫性を見るのに必要な準備的研究を行い，検査者がこれらの反応を処理しうる標準的な手続きを確立した。次に示すのは，わずかに修正されたコンストラクトのクラスである。ただし，これらについては検査者の側の追跡の手続きが必要だと，彼は信じている。

(1) **状況的コンストラクト**　被験者は時に「この2人は似ている。どちらも同じ町の出身だ」と言うかもしれない。このような場合，検査者はその反応を記録するが，次のように言って追求する。「これは1つの類似点ですね。彼らは出身が同じだということによって，どんなふうに似てきたのか教えていただけませんか？　あるいは，この2人には何か他にも似たところがありませんか？」
(2) **過剰に浸透性のあるコンストラクト**　被験者は時に「この2人は似ている。どちらも女性だ」というかもしれない。検査者は上と同じような追求を行う。
(3) **過剰に浸透性のないコンストラクト**　被験者は時に「この2人は工具つくりの職人で，もう1人は染色職人だ」というかもしれない。検査者は上と同じような追求を行う。
(4) **表層的なコンストラクト**　被験者は「彼らは眼の色が同じだ」というかもしれない。検査者は上と同じような追求を行う。
(5) **曖昧なコンストラクト**　「彼らはOKだ」こういう場合には検査者は被験者にさらなる説明を求めて，ほかの「OK」の人をあげてもらう。
(6) **役割タイトルの直接的な産物であるコンストラクト**　たとえば被験者は「2人とも理解しにくい」というかもしれない。こういう場合には検査者は「その理解しにくさには，何か似たところがあるのですか？」と聞いてよい。

　体系的に扱い難いコンストラクトが使われたときには，どの場合にも，検査者は被験者の提示したコンストラクトをすべて記録しておくべきである。
　次の表は，レプテストを実施する際に有用でありうる，いくつかの分類法のリストである。
　分類が進めば，ある人物あるいはあるタイプの人物に対する被験者の扱い方をしらべたり，あるコンストラクトの浸透性をチェックしたりするために，検査者は特別な3人の組み合わせを置き換えたり付け加えたりしてもよい。

表5-1　レプテストで示唆される分類

分類番号	使われるカード	分類番号	使われるカード
1	18, 20, 21	17	2, 6, 20
2	2, 22, 23	18	5, 13, 15
3	9, 10, 24	19	8, 10, 16
4	8, 12, 19	20	4, 11, 12
5	4, 11, 21	21	14, 17, 18
6	1, 3, 15	22	2, 19, 23
7	5, 14, 17	23	5, 13, 22
8	7, 13, 16	24	15, 16, 24
9	6, 9, 18	25	1, 12, 21
10	1, 8, 22	26	4, 5, 17
11	3, 21, 23	27	7, 20, 24
12	7, 14, 20	28	6, 8, 16
13	3, 6, 7	29	2, 9, 15
14	1, 9, 24	30	3, 10, 11
15	10, 12, 17	31	13, 14, 18
16	4, 11, 19	32	19, 22, 23

4　レプテストの個別実施のための形式

　レプテストは**最小文脈ステンシル法**（**Minimum Context Stencil Form**）で実施しうる。この方法で使われる役割タイトル・リストは，各役割タイトルが1枚の白紙に碁盤のように区切られた四角の中に1つずつ印刷されたものである。被験者はこの各四角の空白部分にそれぞれのタイトルに相当する人物名を書き入れる。実験者はこの役割タイトル・シートに，一度に3人の名前のみが見えるように，3つの窓を型抜きしたステンシルあるいはテンプレットを重ねることによって，その分類を抽出する。ここでは各分類で要素として識別される名前のみが見えるのが重要だと考えられている。この後の手続きは，このテストの**最小文脈カード法**（**Minimum Context Card Form**）と同じである。

　被験者個人の役割コンストラクトについては，熟練した臨床家がもっと柔軟な形式の1つでこのテストを実施するなら，より多くの情報を得ることができる。このテストの**完全文脈法**（**Full Context Form**）は，この1枚の用紙を使うよりも，むしろ，カードを使用して実施される。

　すべてのカードを被験者の前に広げて見せ，「これらのグループの人たちがどのように似ているのか，その重要な類似点を考えていただきたいと思います。何か重要な

点で似ている人々がいっしょになるように，これらのカードを並べてもらえませんか？

被験者が2枚のカードをいっしょに選び出したときには，すかさず，検査者は「この2人はどう似ているのですか？」と尋ねる。

第3のあるいはそれ以上のカードが加えられたときには，検査者は「これらもやはり……ですか？」と聞く。

1つのグループからカードが取り除かれたときには，「なぜあなたはこれを取り除いたのですか？　このカードの山は今もまだ……ですか？」と聞く。

検査者はカードの山の作られ方の順序を，グループに加えられたり取り除かれたりしたカードの番号を使うことによって，記録する。

被験者が分類の終了を示したとき，検査者はカード群を識別するコンストラクトを再チェックし，グループに入れられなかったものが残ったときには，そのカードを識別するコンストラクトをチェックする。グループ化されてもされなくても，すべてのカードの最終分類の記録が，その途中経過の中間的なコンストラクトとその要素の記録とともに，残される。

レプテストは，**逐次法**（**Sequential Form**）で実施される場合には，個人のコンストラクトについて機能的に妥当で，もっと厳密なテストになしうる。この方式でも，シートよりカードの使用が必要である。この手続きは以下のとおり。

カード24，23，22が被験者に最小文脈カード法と同じ方法で提示される。この第2分類では，検査者は「さて，今度はこれを取り除いて（カード24を除く），このカードを加えます（カード21を加える）。それでは，このうちの2人はどのような重要な類似点をもち，もう1人とは異なっているのかを言っていただけませんか？」という。

分類の順序は以下のとおりである。

24, 23, 22

23, 22, 21

22, 21, 20

21, 20, 19

3, 2, 1

2, 1, 24

1, 24, 23

このテストは，**自己識別法**（Self-Identification Form）により実施される場合には，被験者が自己確認をするものとして言語化するコンストラクトが，より直接的な自己の指標になりうる。この場合には「私自身」と記されたカードが導入される。その手続きは，

カード23，24と私自身のカードが，**最小文脈カード法**の場合と同じやり方で被験者に提示される。実施法は，どの分類においても「私自身」のカードが3枚提示されるカードのうちの1枚とされている。これ以外は，**逐次法**と同じである。

このテストは**個人的役割法**（Personal Role Form）でやれば，役割統治コンストラクト（role-governing constructs）を引き出せるテストになる。提示順序は**自己識別法**と同じである。しかし，検査者は次のように教示する。

「さて，あなた方3人がある夕刻に集まったとします。それはどんな場所になるでしょうか？　何が起こるでしょうか？　あなた自身はどんな活動をしそうですか？　他の2人はそれぞれどんな活動をしそうですか？」

他のタイプの状況も思い描くことができる。たとえば自動車旅行という状況は，検査者が，他の人物ではなく2人の指定された人物との関係における被験者自身の行動について，被験者がどう解釈しているかを押さえておきたい場合には使えるだろう。しかし，「夕刻」という状況の設定により，被験者は，自分はちょうど退場するところだと述べたり，あるいは教示を曲解してそのグループに他の人物を加えてもよいのだとしたりして，ある3人組における機能の必要性を拒否する機会が与えられることもある。

このテストを実施しうるもう1つの方法は，**完全文脈法**に**個人的役割法**の特徴を重ね合わせることである。被験者が完全文脈法で分類を終えた後で，検査者は1つのカード群のそばに「私自身」のカードを置いて，「あなたはある夕刻をこのグループとともに過ごすことになっていると考えてください。すると，どんなことが起こりそうですか？　どんな場になりそうですか？　どうすればみんながうまくやっていけるでしょうか？　何について話そうと思いますか？　あなた自身はどんな活動をしそうですか？　他の人々はそれぞれどんな活動をしそうですか？」

「私自身」のカードは，孤立カードも含めてどのグループのそばにも順次置いていくことができ，同じ質問をすることができる。

5 | レプテストの集団法

　レプテストは**集団法**（Group Form）としても使える。ただし，この線に沿った探索は，まだ高い信頼性をもってその有用性を記述するまでには十分に進んでいない。以下は，現在使われている集団法の1つである。

役割コンストラクト・レパートリー・テスト――集団法
パートA：役割タイトル・リスト

教　示：
　下の空白部分に，指定された人の名前を書いてください。
　その人は思い出せても，その名前が思い出せない場合には，単純にチェック印をつけるか，何か他の識別メモを付けてください。
　そのような人物が記憶にない場合には，その代理として，その役割タイトルに近いと思われる人の名前を書いてください。
　同じ名前をくりかえして使うことはできません。役割タイトルから同じ名前が思い起こされる場合には，後の役割タイトルのほうを，その代理になる人の名前でうめてください。

1. あなたのお母さん，または，あなたの人生において母親の役割を果たしてくれた人
2. あなたのお父さん，または，あなたの人生において父親の役割を果たしてくれた人
3. 一番年齢の近い兄弟。兄弟がいない場合には，最も兄弟に近い人
4. 一番年齢の近い姉妹。姉妹がいない場合には，最も姉妹に近い人
5. あなたが好きだった先生，または，あなたの好きだった科目の先生
6. あなたが嫌いだった先生，または，あなたの嫌いだった科目の先生
7. あなたの妻（夫）あるいは現在の最も親密なガール（ボーイ）フレンドと付き合う前に，最も親密だったガール（ボーイ）フレンド
8. あなたの妻（夫）あるいは最も親密なガール（ボーイ）フレンド
9. 非常に強いストレスの時期に仕えた雇用者，監督者，あるいは上司
10. ずっと親しくつきあってきたのに，なぜかはわからぬが，あなたを嫌っているように見える人
11. 過去6か月以内に出会った人の中で，もっとよく知りたいと強く思う人
12. あなたが最も助けてあげたい，あるいは最も気の毒に思う人
13. あなたが個人的に知っている人で最も知的な人

14. あなたが個人的に知っている人で最も成功している人
15. あなたが個人的に知っている人で最も面白い人

役割コンストラクト・レパートリー・テスト——集団法
パートB：コンストラクトの分類

教　示：　　　　　　　［氏名　　　　　　　　］［20XX年　月　日記入］

次の分類欄の3組の数字はそれぞれ，パートAの1～15の番号に対応しています。

以下の各分類では，3つの番号が示されています。パートAのシートを見て，この番号に対応する人物を確認し，その3人について考えてみてください。

この3人のうちの2人はどのような重要な類似性をもち，同時に第3の人物と本質的な違いをもつのでしょうか？

どのような**重要な**類似性があるのかがわかれば，コンストラクトと記された分類欄にそれを書き入れてください。

次に似ている2人に対応する番号に○を付けてください。

さらに，コンストラクトの反対だと思うものを，コントラストと記された空白部分に書き入れてください。

番号	分類　パートA	コンストラクト（類似性）	コントラスト（対照性）
1.	10, 11, 12		
2.	6, 13, 14		
3.	6, 9, 12		
4.	3, 14, 15		
5.	4, 11, 13		
6.	2, 9, 10		
7.	5, 7, 8		
8.	9, 11, 15		
9.	1, 4, 7		
10.	3, 5, 13		
11.	8, 12, 14		
12.	4, 5, 15		
13.	1, 2, 8		
14.	2, 3, 7		
15.	1, 6, 10		

要約すると，今までに使われてきた役割コンストラクト・レパートリー・テスト（レプテスト）の形式には以下のものが含まれる。

1．最小文脈カード法（Minimum Context Card Form）

2．最小文脈ステンシル法（Minimum Context Stencil Form）
3．完全文脈法（Full Context Form）
4．逐次法（Sequential Form）
5．自己識別法（Self-Identification Form）
6．個人的役割法（Personal Role Form）
7．個人的役割法の特徴をもつ完全文脈法（Full Context Form with the Personal Role Feature）
8．集団法（Group Form）

　これらの形式は，レプテストのアプローチを示唆するものにすぎない。この手続きは非常に多様に変化させうるのだ。後の章では，個人的および公的なコンストラクト・システムへの，もっと精緻なアプローチをいくつか述べるつもりである。

6　レプテストの根底にある仮定

　心理的なインスツルメントの使用にあたってすべての潜在的な論理的仮定を，完全に意識化することはまず不可能であるが，その根底にある仮定の記述法については，できるだけのことはやってみる価値がある。レプテストの結果を解釈する際に，おそらく考慮しなければならない仮定は，少なくとも6つある。

　a．最初の仮定は，抽出されたコンストラクトの浸透性に関するものである　コンストラクトは，新しい要素，あるいはコンストラクトを明示的に構成してきた要素を越える要素が，加えられるように開かれている場合には，浸透性があることになる。レプテストにおいては，その要素は，被験者の人生における重要人物だと思われる人々であり，これらの人物に関連して被験者は，自分自身の役割を彫琢してきたはずである。より正確にいえば，このように信じられている。この役割タイトルは，被験者がある程度の個人的な理解をもっている人々を表わしており，その理解は，正しくても間違っていても，被験者自身の役割を統治するコンストラクトが形をとる文脈的要素を，提供してくれる。被験者自身の役割を統治するコンストラクトは，この文脈に新しい人物像を加えるのに十分に浸透性のあるものでなければならず，これによって，彼が演じるべき役割期待のアウトラインも提供されるはずなのである。

　この時点でわれわれの基本的前提——人の心的過程は，彼がイベントを予期する仕方によって水路づけられる——を思い起こしていただくのがよかろう。われわれは被験者がこのテストを受けることで，古い経験とともに新しい経験が通過する水路を示してくれればよいと思っている。彼が言語化するコンストラクトは，彼がまだ出会っていない人々や対人状況にも，適用されうるものだと，われわれは仮定している。換言すれば，このテストによって抽出されるコンストラクトは浸透性があると，われわ

れは仮定しているのである。

　b．**第2の仮定は，このテストで抽出されるのは，既存のコンストラクトだということである**　このテストの分類法はしばしば概念**形成**と結びつけられるが，その要素が明らかになじみのあるものである場合には，それらの要素の分類に使われるコンストラクトは，すぐその場で，すべてが調合されてつくられねばならないということではなさそうである。被験者のコンストラクトに何か新しい発展の生じる可能性が，このテストのデザインによって排除されているわけではないのだ。しかし，テストが有用であるためには，これによって抽出されたコンストラクトは，ある程度の永続的持続性があると仮定されねばならない。

　c．**第3の仮定は，その要素の代表性に関するものである**　このテストが，他者理解の観点から見て，被験者が自己の役割をどう展開していくかを示すものであるなら，このテストに要素として出現する他の人々は，被験者がみずから解釈した役割に関係するすべての人々を，十分に代表するものでなければならない。役割タイトルのリストはこのことに留意してデザインされている。代表的な人物――人は普通，これらの人物との関係で，最も重要な個人的役割コンストラクトを形成したと思われる――は，このリストに組み込まれているのである。

　d．**第4の仮定は，コンストラクトはその要素的な人物の解釈システムを部分的に包摂するように抽出されるだろうというものである**　われわれは役割の定義を，1人以上の他の人々のパーソナル・コンストラクトを，その人自身が理解したものに基づいて演じられる，一連の活動に限定してきた。このテストでは，このテストで抽出される使用可能な数のコンストラクトは，正しくても間違っていても，被験者による他の人々のものの見方の理解を表象するものだと仮定している。被験者が，まるでものを考えない動物のように，他者との関係を記述するだけの反応しかしない場合には，このテストは**役割コンストラクト**の抽出に失敗したことになる。被験者が他の人々を理解する測度は，実際に不適切あるいは不合理であるかもしれない。しかし，もしそれがそれらの人々との現実の相互作用の基礎になっているのなら，それは実際に彼の役割コンストラクト・システムに関係していることになる。

　e．**第5の仮定は，抽出されたコンストラクトの役割統治に関するものである**　被験者がみずからのアイデンティティをこれらの人物から完全に乖離させている場合や，これらの人物との関連で抽出されたコンストラクトの下に，自己の行動を完全に組織化するのに失敗している場合には，これらのコンストラクトは**役割コンストラクト**とは考えられなくなる。このことはあまりありそうにないので，このテストによって抽出されたコンストラクトは被験者自身の役割を統治していると仮定しても，安全なはずである。

　f．**第6の仮定は，抽出されたコンストラクトの機能的伝達可能性に関するもので**

ある　これは最も心もとない仮定である。これには，被験者がコンストラクトの命名に使う用語と，彼の与える説明とが，彼がこのテスト内の要素をどう組織化するのかについての何か実際的な理解を，検査者に与えるのに適していることを信じるということが含まれている。これはある程度まで，検査者の技能と見通し力の関数である。

この仮定を含んではいないが，このテストが使える用途がいくつかある。たとえばランドフィールド（Landfield）は，彼の脅威仮説に関する研究において，この仮定をする必要がなかった。彼のデータは抽象化の異なるレベルで法則定立的な枠組みにまで高められた。彼は，パーソナル・コンストラクトの名前は，比較的短い時間，そして要素のいくらかの変動を通して，一定のままだと仮定せねばならなかっただけである。後の章でレパートリー・グリッド（Repertory Grid）の使用について述べるときに，この仮定を含まない類似のタイプの手続きの使用について述べる機会をもつことにする。

7 ｜ レプテストの一貫性

レプテストの「信頼性」を論じるよりも，その**一貫性**を論じるほうがより適切だと思われる。「信頼性」という用語は，いくらかの読者にとっては，非常に明確な意味をもつ。テストが一貫性をもちうる多くの方法を考えてみるとき，これらをすべて「信頼性」の用語の下に包摂するのは困難である。

ハント（Hunt）は，レプテストの一貫性について，必要な準備的研究をいくつか行っている。彼は，ある被験者が，20人の与えられた人物について，40回の分類を終えるまでに，80～100回目の分類に達したときには表現されていただろうと思われるコンストラクトのほとんどすべてがすでに表現されていたと信じるに足る，暫定的なエビデンスを見いだしている。彼はまた，分類回数を一定にしたときには，20人の人物を用いたときに，30人を用いたときとほぼ同数のコンストラクトを産出することを見いだしている。

ハントはまた，大学生の小標本と入院患者の小標本で，新しい要素のセットが使われるとき，そして1週間の経過を許したとき，どんな一貫性が期待できるのかを見る研究を行った。彼は2つの20人の人物セットを使い，最小文脈ステンシル法を用いてこのテストを実施した。2回の実施に使われた役割タイトルのリストは本質的に別ものであるが，性，好き嫌い，血縁関係，権威像，青年期に知った人などに関してはバランスがとられている。彼はまた，被験者によって使われたコンストラクトの等価性を決定するために，慎重な技法を開発している。彼は40回の分類を用いた。ただし，20以上のコンストラクトが抽出された場合を除く。この場合には，コンストラクト数が分類数の半分以下になるまで続けた。

ハントによると，入院患者の場合には，2回の実施に2つの異なる要素セットが使われたが，**使われたコンストラクト**の平均一致率は69％，標準偏差は6であった。

大学生では，平均一致率70%，標準偏差は8を少し下まわった。ハントはこの問題には特に関心をもたなかったが，2回の実施でまったく同じコンストラクトを含む分類数に関する一致率は，彼のデータを見るかぎりかなり高くなるようである。両方の機会に使われたコンストラクトは，1回の機会にのみ使われたコンストラクトよりも，より多くの異なる分類で使われる傾向があった。

B レプテストのプロトコルの分析法

8 レプテストの結果の臨床的分析

　レプテストの結果は形式分析に，そして検査者が有能な臨床家である場合には，臨床分析にもかけることができる。コンストラクト自体は，内容やトーンについて，そして浸透性や伝達可能性のようなもっと抽象的な特徴についても，分析することができる。人物もまた，考慮に入れることができる。すなわち，彼らがどんな種類の人だと解釈されるかである。このような分析から，人は被験者の役割の様相——彼が家，職場等々のいくつかのタイプの状況で自分自身に何をすることを求めているのか——に洞察をえることができる。被験者のコンストラクトの範囲と柔軟性について，いくらかの判断がなされうる。また，被験者がみずからのコンストラクト・システム内でいくらかの人物を解釈することの困難さについても判断できる。

　a．**抽出されたコンストラクトの数**　これは，クライエントの役割解釈システムの範囲について，何らかのアイデアを，検査者に与えてくれるかもしれない。これは**知的能力**とは関係なさそうであるが，**知性化**の使用とは相関がありそうである。したがってこれは，いくらかの例では，強迫性か，あるいは役割定義への過剰な努力か，いずれかの準備的指標になるかもしれない。

　b．**重なり**　このテストが，熟練した臨床家に使われるときには，コンストラクトの等価性を決定するために，したがって被験者の可能な言語的拡張性（expansiveness）とは対照的な，彼のコンストラクトの真の有効範囲に照明をあてるために，ある程度の努力がなされるかもしれない。この言語的拡張性は，次には，こういうコンストラクトを使用する際の一種の<ruby>私秘性<rt>プライバシー</rt></ruby>を反映するかもしれない。そしてこのことによって，被験者がそれらのコンストラクトを使用する際に，正確な象徴表現を使用するのが困難になるのだ。次の重なりを決定する手続きは，ハントの一貫性研究に基づいている。

　2つのコンストラクトが被験者の心の中では機能的に等価ではないかと，臨床家が疑いをもつ時には，彼は4つの等価性のテストを行う。たとえば，ある分類において，

ある被験者が「正直」をコンストラクトとして,「不正直」をこのコントラストとして選択したと仮定してみよう。別の分類の際に,この被験者は「信頼できる」をコンストラクトとして,「信頼できない」をコントラストとして選択して,同じ人物を「正直」と「信頼できる」のカテゴリーに含めた。

そこで検査者は,「正直」というコンストラクトを引き出した人物を再提示して,「この2人のうちどちらがより信頼できますか?」と尋ねる。

次に検査者は,はじめに「信頼できる」というコンストラクトを引き出した人物を再提示して,「この2人のうちどちらがより正直ですか?」と尋ねる。

次に検査者は,「正直な人はほとんど常に信頼できますか?」と尋ねる。

最後に彼は,「信頼できる人はほとんど常に正直ですか?」と尋ねる。

もし被験者がこの4つの基準のすべてで機能的等価性の肯定的なエビデンスを示すなら,この2つのコンストラクトは,ハントによると,同一だと分類されるのである。

c. 浸透的なコンストラクトと,非浸透的なコンストラクト 異なる人物にくりかえし使われるコンストラクトは,少なくともこのテストの文脈内では,浸透性 (permeability) があるというエビデンスを示していると考えられる。このコンストラクトが適用される人物の数は,浸透性の範囲を示唆している。浸透性は人生のいろんな状況に適合するコンストラクトの利用可能性 (availability) を示している。これは,この1点以外は,コンストラクトの有効性の測度ではない。

非浸透性は浸透性よりも,積極的にはっきりさせるのが難しい。テストで1回しか使われなかったコンストラクトでも,なお浸透的であるかもしれない。臨床家は,これがこのケースでは重要だと考える場合には,コンストラクトの非浸透性の可能性を,「ほかにもこのカテゴリーに当てはまる人」を知っていますかと被験者に尋ねれば,チェックすることができよう。

d. 浸透性のフィールド 役割タイトルのリストが人物のタイプに分けられる場合には,検査者は,そのコンストラクトの浸透性の範囲に特別な制約を加えうるというアイデアを思いつくかもしれない。役割タイトルのリストは,性,被験者がその人を知るようになった時の年齢,親密さ,コンタクトをもつ状況の性質などによって分けられる。また,受容できる人物とできない人物に分けることもできる。ただし,これらの範囲の1つにおける浸透性は,他のフィールドにおける浸透性と同じ重要性をもつわけではない。女性のみに適用されるコンストラクトは,男女両方に適用されるコンストラクトと同種の浸透性をもつとは考えられない。子どもの時に知った人々のみに適用されるコンストラクトは,成人の状況では使えないかもしれない。一般に,これらの分類の境界を埋めるコンストラクトは,より浸透性が高いと解釈されうる。

心理療法の過程では,臨床家は,クライエントにとって問題を引き起こしてきたあ

るコンストラクトが，非浸透的になってくることに常に興味をもつ。それは，クライエントが自分のファイルを閉じつつあるかのようである。クライエントが，「私はこうだ」という代わりに，「私はこうだった」という時には，いくらかの臨床家たちは，この変化を，それに関連するコンストラクトの非浸透性の健全な発達の可能性を示すものと考える。非浸透的なコンストラクトは，クライエントにも一部は入手不可能であり，彼の役割を新しい人々に適合させることに関するかぎりでは，不活性なのである。

　e．**対照的なコンストラクト**（contrasting construct）　コンストラクトによっては，対照的な人物の記述にしか使われないものがある。これらが異なる人物にくりかえし使われる場合には，これらは浸透的だと考えてよい。被験者が浸透性のあるコンストラクトを対照性の意味で使うのは，その採用に気が進まないことを示しているだけかもしれない。臨床家は，被験者がこのように位置づけた人物を，完全にそのカテゴリーに属するとは考えていないことが，普通はわかるものである。

　浸透性のある対照的なコンストラクトは，この被験者がストレス下で何をするのかを予言するのに，特に重要であるかもしれない。たとえば**攻撃的**というようなコンストラクトが，いくつかのコンストラクトあるいはいくつかの分類で，コンストラクトの対照として使われている場合には，それは，それが結合しているコンストラクトの対照の極が有用でなくなるときに，クライエントに，かなりはっきりした1つの代替経路を提供するものだと考えられるかもしれない。**攻撃性**のコンストラクトが同じ分類において2人の人物を結びつける基礎として使われない場合には，被験者はその使用から注意をそらしているのだと考えられるかもしれない。しかしなお，彼の思考のうちでは，その使用が潜在している傾向があるのである。今までは**攻撃性**をその対照極にもっていた，**素敵な**，**やさしい**，**思慮深い**等々のコンストラクトが崩壊し始めると，被験者は多くの他者を見る見方として，そして自己自身の振舞い方としても，攻撃的な方向に向かっていくかもしれない。ちなみにこれは，他のシステムでは「反動形成」の概念によって，あるいはある意味で「抑圧」「制止」「無意識的衝動」などの概念によって取り扱われている現象を，パーソナル・コンストラクト心理学ではどう取り扱うのかの説明になるだろう。

　反対に，くりかえし使われることのないコンストラクトの対照極は，確実に弱小な(マイナー)コンストラクト以上のものだとは考えることができない。

　f．**一人物のみでくりかえし使われる対照極のコンストラクト**　対照極がくりかえし使われるときには，しかもそれが1人物のみに使われるときには，検査者は非浸透性を疑うかもしれない。この極はその人のみに適用されるのかもしれず，したがって，他の人を扱うのには利用できないのかもしれない。臨床家はこのことを，このコンストラクトがその人と，役割タイトル・リスト内で候補になりそうな誰か他の人との類

似性の基礎として使えるかどうかを，特別な分類を設定することによって，チェックできる。彼はまた被験者に，この対照の極について類似した他の人の名前をあげてもらうよう求めることもできる。完全文脈法が使われるときには，あるコンストラクトの非浸透性はより簡単に決定できるようになる。

　g．**ユニークな人物**　これはテストの限定された文脈で対照の極のみに結びついた人物である。他の誰とも似ているとは見られないユニークな「ただひとり」の人は，理解しがたい。被験者のこの人物に対する適応は，必ずしも不快ではないとしても，固定的で動きのないものになりやすい。この人物との関係における彼の役割は，非常にステレオタイプ化したものになりやすい。ある意味では影響を受けにくいのは，この場合には人物であって，コンストラクトではないのである。

　どんな人物のユニークさも，同じ対照極の1つが使われている別の分類から2人を選んで，この文脈にその人物を加えることによって，チェックすることができる。この2人のうちの1人は対照の極に結びついたもの，もう1人はそうでないものにすべきである。この被験者が，このユニークではないかと疑われている人物を，2人の新しい候補者のいずれとも結びつけるのを拒否する場合には，臨床家はこの人物のユニークさのエビデンスを得たことになる。

　検査者がこのテストの個人的役割法を使う場合には，被験者が自己自身の役割をこのユニークな人物に当てはめる際にもつ困難を，チェックすることができる。しかしながら，この被験者はこのユニークな人物——たとえば彼の妻——に対するはっきりした適応パターンをもっているものの，彼女に対するこの適応パターンを**変化する**ことには柔軟でないのかもしれないということを，心にとどめておくべきである。彼女との関係における彼自身の役割が停滞してしまうほど，彼女はまったく固定した人物に見えているのかもしれないのである。たとえば彼は彼女を成熟した女性として見ることを拒み，彼女が結婚したときのチャーミングで無責任な青年のままだと主張するかもしれない。これが彼の役割における他の側面の顕著な変化や適応を伴っている場合には，被験者が現在妻との間に何の問題もないと述べたとしても，トラブルが差し迫っていることを疑ってよい。妻について柔軟性のない解釈をすることによって，このクライエントは彼女との相互作用がワンパターンになってしまう。そして結果的に，このパターンから逃げ出したくなるかもしれないのである。

　h．**コントラストを通じたコンストラクト間の結合**　2つ以上のコンストラクトが同じ対照の極をもつ，あるいは，2つ以上の対照の極が同じ類似の極と結びついていると，報告する被験者がいるかもしれない。これは，この被験者が自己の解釈システムを利用する際に，弁別が困難であることを示しているのかもしれない。結合されたコンストラクトは部分的には等価だと考えてよかろう。これらのコンストラクトはふつう「両価性（アンビバレンス）」と連合しているのだ。

パーソナル・コンストラクト心理学の中では，両価性はすべて基本的には結合問題だと見られている。結合のコンストラクトは，両価性のコンストラクトよりも，ずっと操作的に定義しやすい。

　この結合に気づくことによって，炯眼の臨床家なら，クライエントの多くのコンストラクトの中のどの1つの使用に際しても，それが崩壊する場合の結果として，クライエントがとりうる未来の動きの方向がうすうすと感じとれるものである。この結合が複雑な場合には，プレッシャーから生じる代替の動きはもっと拡散したものになりやすい。前に示したように，パーソナル・コンストラクト心理学の1つの貢献は，ある人が突然彼の行動パターンを投げ捨てたとき，その人がどのように行動するかを予測する方法を発展させたことである。クライエントのコンストラクトとその反対概念（コントラスト）を，彼のとりうる潜在的な動きの水路（チャンネル）と見ることによって，臨床家は，クライエントが人々の中にはまり込んで身動きとれなくなったとき，彼に入手可能な適応はどんなものになりそうなのかを予想する，なんらかの基盤をもつことになるのだ。

　i．人物を通じたコンストラクトの結合　もう少しはっきりしないタイプのコンストラクトの結合は，いくつかの異なるコンストラクトが同一人物に同化されている場合である。この結合が類似性による場合には，これはあまり重要ではない。この場合には，2人以上の人物がこの結合に含まれることになる。しかしながら，この結合が完全に対照の極（コントラスト）による場合には，前のパラグラフで記述したタイプの結合によって示される，コンストラクト間の，あるいはおそらくは同種の弁別課題の間の，等価性が疑われるかもしれない。

　j．人物の同定　役割タイトルのリストが登場人物を演じる配役であるなら，レプテストは被験者が主導する劇における役割のキャスティングを表わしている。被験者の助手を務める臨床家にとって，特に興味深いのはこのキャスティングである。それは，被験者がみずから演じるべきだと見なければならないパートに，そして，彼がそのプロットに見なければならない最終的な展開に，構造を与えるものである。検査者は，ある特徴をもつ人物が，親密さの程度に関して，いかに被験者と同一視されうるのか，そして，被験者のライフサイクルにおいて彼らの影響の中心となるのは何なのかを，見たがるだろう。

　臨床家は，被験者による諸人物の同定と彼の対人関係についての独自理論に注目することによって，どのコンストラクトが作動したままでありうるのか，どのコンストラクトが閉じられ非浸透的になる必要があるのか，そして，治療が成功するためには，どのコンストラクトが置き換えられねばならないのか，について何らかのアイデアが得られるかもしれない。コンストラクトの置き換えや「洞察」の形成は，緩やかに進む仕事であり，常に必要なわけではない。時にはクライエントを援助して非浸透的にすることによって，コンストラクトを閉じてしまう方が簡単かもしれない。そのうえ

でクライエントは，すでに彼のレパートリーの中にある他のもっと有用なコンストラクトに頼るようにしてもよいし，あるいは臨床家は，クライエントが彼のレパートリーに新しいコンストラクトを加えられるように援助すればよいのである。非浸透性へと落しめられたコンストラクトの跡目に，このようなコンストラクトを付加的に置き換えるのは，置換作業というよりもむしろ補足作業であり，時に「洞察」の達成と呼ばれるものには対応していないのである。

このテスト結果での人物の同定は，これらの人々を説明するのに，どんな新しいコンストラクトの導入が必要になるのかについて，あるアイデアを与えてくれる。あるいはまた，このテストによって明らかにされた古いコンストラクトが適切であると信じられ，なおかつ，いくらかの人物がこれらの現存するコンストラクトに関して再分類の必要がありそうな場合には，臨床家はこの問題についても最初の決定を下すことができる。これらの決定はどちらも，一般に「解釈療法 (interpretive therapy)」と呼ばれるものと関係がある。

k．**状況的コンストラクト** (situational constructs)　これらは，検査者の手続きの記述とのつながりで定義された。これらは一般に，被験者が分類に含まれている人物を有意味に扱いえないか，あるいは，彼らについての解釈を伝達できないかの，いずれかである。

これらの人物を有意味に扱えないということは，3人が皆ユニークであるか，あるいは被験者がこれらの人物を実際に扱うのに使うコンストラクトが非浸透的であるかの，いずれかの結果であろう。ハントによって提案された質問が，状況的コンストラクトの出現を追跡するのに使われるなら，2つの解釈の一方または他方のよりはっきりしたエビデンスが得られるかもしれない。

被験者がこれらの人物についての解釈を伝達できない場合には，それは必ずしも，彼が彼らについて有用な解釈をもっていないということではない。彼は伝達力のある言葉を見つけられないのかもしれないし，また，そのコンストラクトを見る人の役割に自分を配役できないのかもしれない。前者の場合には，テスト状況にそれほど脅威を感じていなければ，彼は問われれば，みずからのコンストラクトを説明する試みをいくらかはしてくれそうである。被験者が説明をしてくれれば，臨床家は，たとえば，「同じ町の出身」が，被験者にとっては，たぶんサブカルチャー的性質をもつ豊かな行動的意味合いのある，浸透性のあるコンストラクトであるということがわかるかもしれない。被験者が，状況的コンストラクトとは無関係に見えるコンストラクトを示唆して質問に答えてくれる場合には，彼は最初はこんなことを言うのを理解してもらいたいとは思っていなかったのだと信じるに足る暫定的なエビデンスが存在することになる。

l．**先取り的コンストラクト** (preemptive constructs)　これらは過剰に浸透的な様相

を示すかもしれない。たとえばこの被験者は「どちらも女性だ」というかもしれない。質問をしてみると，彼は，女性はすべて似ており，とにかく誰ひとり男性には似ていないのだと漏らした。この発言はさらなる含意をもつ。すなわち，彼がある人を指して女性だというときには，彼は彼が彼女について言えることのすべてを言ったことになるのだ。注意深い臨床家は次のような仮説を立てるだろう。このクライエントは女性をうまく扱えない。そしてその結果，彼自身の性とは関係なく，適切な性役割をみずから確立することに困難をもっている可能性があると。

　m．**表層的コンストラクト**（superficial constructs）　これらは前言語的あるいは子どもっぽい性格をもつことがわかる。その意味は非常に個人的で，伝達困難のようである。質問をすれば，このコンストラクトの性質について，何かの光が投げかけられるかもしれない。

　n．**曖昧なコンストラクト**（vague constructs）　これらは，このコンストラクトの使用者の役割に自分を配役してみることを嫌がっていることを示すようである。

　o．**依存性のコンストラクト**（dependency constructs）　これらは，「この２人は私にはいい人です」というようなタイプのコンストラクトである。これらは，被験者が人に依存していること，そして人をコンストラクトのシンボルとして使っている可能性のあることを示している。この種の象徴化の意味するところのいくつかは，前章で論じた。

　p．**伝統的なコンストラクト**（conventionalized constructs）　被験者は一般に善や悪と考えられているコンストラクトを圧倒的に多くあげるときがある。このテストは明らかに価値的なコンストラクトの比率を示すように得点化することができる。さらにいえば，「よい」コンストラクトと連合した人物の数を，「悪い」コンストラクトと連合した人物の数と比較することもできる。これは役割タイトル・リストの人物に対する被験者の拒絶と，彼が新しい社会環境を求めてきた，あるいは，これから探し求めようとする可能性との測度になる。

　q．**語彙レベル**　被験者がみずからのコンストラクトを伝えるのに使うシンボルは，語彙レベルの指標という形をとる副産物を生む。しかしながら，前に指摘したように，役割コンストラクトに関する語彙の範囲は，必ずしも作動するコンストラクトの範囲が大きいということではない。

　r．**曖昧な人物**　いくらかの人物は，異なる文脈で使われるときには，同じコンストラクトの反対側に出現するかもしれない。このことは，被験者がこれらのコンストラクトについては混乱していることを示すのかもしれない。あるいはまた，彼は彼のコンストラクト・システムを，前章で記述したような尺度（scale）として使っているだけなのかもしれない。彼があるコンストラクトを尺度として使っている場合には，尺度はコンストラクトのコンストラクトなので，それは，このコンストラクトが彼の

システム内のコンストラクトの階層の中でもつ位置の，何らかの指標になる。ある人物が同じあるいは類似のコンストラクトの反対側に位置づけられているときには，このような尺度が使われているのかどうかを判断するためには，常に検査者が質問してみることが有用であろう。

　s．**力に関わるコンストラクトと人物**　力，エネルギー，勢力などの観念は，被験者が普通に使うものなので，レプテストの結果を，このカテゴリーに入るコンストラクトの比率によって，そして強いあるいは弱いとみられる人物の数によって，採点するのは有益であろう。「力」が多くのパーソナル・コンストラクト・システムの1つの特徴だと認識することは，もちろん，力の観念をパーソナル・コンストラクト心理学の中に統合することと同等ではない。

　t．**他の文化的カテゴリー**　成功，教育，職業，強さのタイプのような他のカテゴリーは，コンストラクトをグループ分けする基礎として使えるかもしれない。

　u．**拒　否**　いくつかの分類は被験者に拒否されるかもしれない。状況的コンストラクトの場合と同様に，このことは，被験者がこれらの人物について混乱していること，これらの人物について非浸透性のコンストラクトをもっていること，あるいは，これらの人物に関するみずからの見解を大声で言う人物の役割をみずからは演じたくないことなどを，意味しているのかもしれない。

　v．**固　執**（perseverations）　逐次法を使うときには，検査者は，固執――1人の人物が取り除かれ，その代わりに別の人物が加えられるとき，同じコンストラクトが使われる傾向――を考慮するかもしれない。これらは，この文脈に有力な人物がいることを示しているのかもしれない。しかしそれよりも，これらの人物の扱いに一種の状況的アプローチがとられていることを示唆している。これは，この事態には対処できないということの表明であるかもしれない。この逐次的な提示様式は，被験者の役割コンストラクトの使用のより厳密なテストを提供してくれる。それはその限界点を露呈しやすいのである。

　w．**自己同定**（self-identification）　自己同定法が使われるときには，検査者は被験者が自己について記述している立場についての全陳述だけでなく，以下の4つに関する彼の立場についても，表示したいと思うだろう。つまり，(a)自己を対照的なコンストラクトに結びつけた回数――いいかえれば彼のユニークさ，(b)同性，近接，親密，接触―状況の組合せ表（contact-situation bracket）などの人物との連合，(c)「よい」「悪い」そして「強い」「弱い」のコンストラクト等との同一化，(d)彼の結合と，それらによって継承されるコンストラクトである。

　x．**非効力感**（inefficacies）　個人的役割法が施行される場合には，被験者がその文脈でみずからを「仲間はずれ」だと見る回数と，他の2人のうちの1人がその活動の「仲間はずれ」になっていると見る回数を，表につけるべきである。これらのどちら

のタイプの状況においても，全員の間の相互作用を可能にするように役割を構造化する能力が被験者には欠けていることを意味している。議論できる基礎として彼が言及するトピックの範囲，あるいはみずからも参加するグループの相互作用の基礎として彼が言及する活動の範囲は，このような状況でさらされる彼の役割の様相の広さについて，いくらかのアイデアを思いつかせてくれる。

9 あるサンプルのプロトコルの表による分析

次のプロトコルは，レプテストの集団法の初期の改訂の際に，得られたものである。

表 5-2 ミルドレッド・ビールの未加工のプロトコル

分類 No.	類似の人物	類似性のコンストラクト	非類似の人物	対照性のコンストラクト
1	ボス 成功した人	私に関係がある，少しも同じではない	求められる人	無関係
2	拒否的な人 気の毒な人	非常に不幸な人	知的な人	満足している
3	父 好きだった先生	非常に物静かで，のんびりした人	気の毒な人	神経質，過度の緊張
4	母 姉	似ている，どちらも概して人に過度に批判的	ボーイフレンド	友好性
5	前の恋人 気の毒な人	劣等感をもつ	ボーイフレンド	自信をもっている
6	兄 知的な人	十分以上の社交性	嫌いだった先生	不愉快
7	母 ボス	過度の緊張	父	のんびりしている
8	姉 拒否的な人	過度に批判的	兄	思いやりがある
9	拒否的な人 前の恋人	劣等感	嫌いだった先生	内的価値を確信している
10	好きだった先生 求められる人	愉快なパーソナリティ	成功した人	精力的，神経質
11	母 前の恋人	社会的に不適応	ボーイフレンド	のんびりしている，自信をもっている
12	父 ボーイフレンド	リラックスしている	前の恋人	いっしょにいるのが気づまり
13	嫌いだった先生 ボス	情緒的に気まぐれ	兄	穏やかな気質
14	姉 拒否的な人	いくらか似ている	好きだった先生	似ていない
15	知的な人 成功した人	ダイナミックなパーソナリティ	求められる人	弱いパーソナリティ

以下は，プロトコルの解釈の準備として作成された表である。

表5-3 人物の描写（注：類似性の基礎として使われたコンストラクトは太字で示した）

人 物	人物描写に使われたコンストラクト	人 物	人物描写に使われたコンストラクト
1. 母	**姉に似ている** **概して人に過度に批判的** 過度の緊張 社会的に不適応	8. ボス	**私に関係がある** 過度の緊張 情緒的に気まぐれ
2. 父	**物静か** のんびりしている リラックスしている のんびりしている	9. 拒否的な人	非常に不幸 過度に批判的 姉に似ている 劣等感をもつ
3. 兄	**十分以上の社交性** 穏やかな気質 思いやりがある	10. 前の恋人	**強い劣等感** **劣等感をもつ** **社会的に不適応** いっしょにいるのが気づまり
4. 姉	**母に似ている** **概して人に過度に批判的** **過度に批判的** **拒否的な人に似ている**	11. 求められる人	**愉快なパーソナリティ** 弱いパーソナリティ 私には関係がない
5. ボーイフレンド	**リラックスしている** のんびりしている 自信をもっている 自信をもっている 友好的	12. 哀れな人	非常に不幸 **強い劣等感** 神経質 過度の緊張
6. 好きだった先生	**物静かである** のんびりしている **愉快なパーソナリティ** 姉と拒否的な人には似ていない	13. 知的な人	**十分以上の社交性** **ダイナミックなパーソナリティ** 満足している
7. 嫌いだった先生	**情緒的に気まぐれ** 内的価値を確信している 不愉快	14. 成功した人	**私に関係がある** **ダイナミックなパーソナリティ** 精力的 神経質

表 5-4 コンストラクトの布置
(注:「プラス」と「マイナス」は価値的な意味を含まない)

結びつけられる分類	分類 No.	「プラス」のコンストラクト	「マイナス」のコンストラクト
布置 A-1	3	**のんびりしている** **物静か**	神経質 過度の緊張
3	7	のんびりしている	**過度の緊張**
3	11	のんびりしている 自信のある	**社会的に不適応**
3	10	**愉快なパーソナリティ**	神経質 精力的
10-11	6	**十分以上の社交性**	不愉快
11	5	自信のある	**強い劣等感**
5	9	内的価値を確信している	**劣等感**
布置 A-2*			
(11)	2	満足した	**非常に不幸**
(10)	15	弱い	**ダイナミック**
(6)	12	**リラックスしている**	いっしょにいるのが気づまり
布置 B	4	友好的	似ている **過度に批判的**
4	8	思いやりがある	**過度に批判的**
分離したコンストラクト C	13	穏やかな気質	**感情的に気まぐれな**
分離したコンストラクト D	14	似ていない	**似ている**
分離したコンストラクト E	1	無関係	**私に関係がある** **まったく似ていない**

* この布置は A-1 の補助的なものであり,文字どおりの意味で内的に一貫しているわけではない。

表 5-5 使われている基本コンストラクトの性質
(注:表 5-4 の太字の用語が使われている)

A＋　のんびりして,楽しく,十分以上の社交性をもつ人々——7 人がこのように叙述された。

A－　劣等感があり,高度に緊張し,社会的に不適応で,非常に不幸で,ダイナミックな人々——8 人がこのように記述された。

B＋　友好的で思いやりのある人々——2 人がこのように記述された。

B－　過度に批判的な人々——3 人がこのように記述された。

C＋　穏やかな気質をもつ人——1 人がこのように記述された。

C－　感情的に気まぐれな人——2 人がこのように記述された。

D＋　似ているようには見えない人——1 人がこのように記述された。

D－　似ているように見える人——3 人がこのように記述された。

E＋　私とは関係のない人——1 人がこのように記述された。

E－　私と関係のある人——2 人がこのように記述された。

第5章 レパートリー・テスト 199

表5-6 主要な布置の見出しに入る人物

A＋に分類された人物	A＋に分類された回数	A－に分類された人物	A－に分類された回数
前の恋人	4	父	4
哀れな人	4	ボーイフレンド	4
成功した人	3	好きだった先生	3
母	3	求められる人	2
拒否的な人	3	兄	1
ボス	3		
嫌いだった先生	1 or 1*	知的な人	2 or 1*
知的な人	1 or 2*	嫌いだった先生	1 or 1*
合計：			
分類された人	8		7
特徴づけ	18		17

* 人物の分類が混ざるもの——たとえば知的な人はA－群に入るコンストラクトで2回特徴づけられ，A＋群に入るコンストラクトでは1回だけ特徴づけられた。

表5-7 いくつかの人物の布置

人物とのつながり	コンストラクトとのつながり
「母」の布置 母は右の用語で記述されている	**姉に似ている** **一般に人に対して過度に批判的** **過度の緊張** **社会的に不適応**
母は姉，ボス，前の恋人に似ていると記述されている。このうち1人以上がさらに右の用語によって記述されている。	**拒否的な人に似ている** **私に関係がある** **感情的に気まぐれ** **強い劣等感** **劣等感** **いっしょにいるのが気づまり**
「父」の布置 父は右の用語によって記述されている。	**物静か** **のんびりした** **リラックスした** **のんびりした**
父は好きだった先生，ボーイフレンドと似ていると記述される。このうち一方ないし両方がさらに右の用語によって記述されている。	**愉快なパーソナリティ** **姉と拒否的な人とは似ていない** **自信がある** **友好的な**
「ボーイフレンド」の布置 　ボーイフレンドは右の用語で記述されている	**リラックスした** **のんびりした** **自信がある** **友好的**
彼は父にだけ似ていると記述される。その父はさらに右の用語で記述されている。	**物静か**

人物とのつながり	コンストラクトとのつながり
「姉」の布置 　姉は右の用語で記述されている。	母に似ている 一般に人に対して過度に批判的 過度に批判的 拒否的な人に似ている
彼女は母と拒否的な人に似ている。このうち一方ないし両方がさらに右の用語によって記述されている。	社会的に不適応 非常に不幸 劣等感

表5-8　計算表

分類	15
使われたコンストラクトの象徴	28
主要な1次的布置の分類（A-1）	7/15
主要な2次的布置の分類（A）	10/15
主要な1次的布置のコンストラクト	12/28
主要な2次的布置のコンストラクト	18/28
1次的布置	2
2次的布置	1
主要な1次的布置に含まれる人物の数	13/14
主要な2次的布置に含まれる人物の数	13/14

　表5-4のコンストラクトの布置は，目視に基づいて，他のものより多く使われているように見えるコンストラクト次元から出発してつくりあげられた。このプロトコルでは，これは分類3に現れた**のんびりした，物静か 対 神経質，過度の緊張**の次元である。次に，この同じ用語が1つ以上使われている分類を探す。このケースでは，分類3で述べられたコンストラクトの一方または両方の極が，分類7，11，10で採用されている。次に，これらの分類の中で，付加的な分類でくりかえし使われている用語を探す。これによって，分類6の用語が導入される。これは分類10と11——すでにこの布置の一部になっている——を通じた布置につながっている。次に分類5が分類11とのつながりによりこの布置に入ってくる。そして分類9が分類5のしっぽにつながっている。

　われわれの直解主義を少し下げるなら，そして，わずかに異なる用語の類似の意味を推測するなら，われわれは分類2（分類11により），15（10により），そして12（6により）を加えてもよかろう。

　布置Aのつながりはこれで終わりである。それゆえ，残りの分類についてもう一度始めよう。われわれが得られるのはBだけである。ここでは分類8が分類4と結

びついている。残りの分類はばらばらのコンストラクトを表わしているようである。

　用語を書きとめる際に，われわれはコンストラクトの極が同じ方向に並ぶように注意した。したがって，コンストラクト7は「過度の緊張」という用語を通じてコンストラクト3と結合しているが，これは「過度の緊張」が「マイナス」の列のコンストラクト3の「過度の緊張の下に来るように表わされている。

　どちらの用語がコンストラクト文脈における2人の類似した人物を指し，どちらが1人の残りの人物を指すかをはっきりさせるために，類似性の極を指す語は太字で表わしている。

C 臨床仮説のチェック

10 標本のプロトコルの分析から抽出された臨床仮説

　ミルドレッド・ビールはレプテストの集団法を教室の課題として行った。彼女は自分のプロトコルを眺めた後で，たぶん自分はどちらかといえば不適切な人間だということを暴露したと思うとコメントした。彼女は最近心理カウンセリングを要請していたことがわかった。このことは臨床仮説を治療結果と比較してチェックする機会が得られたことになる。しかし，治療者にはこのプロトコルは与えられておらず，このプロトコルから得られた臨床仮説も提供されていなかった。次の臨床仮説は，したがって，治療の過程で現場でのチェックを受けていないことになる。しかしこの一連の過程の最後に，治療者は，この仮説に基づいて彼が定式化したある特定の質問に関するコメントを，著者に与えてくれた。治療者がこの質問に答えた後で，より詳細な仮説が彼女にも示された。以下は，ミルドレッドがレプテストの集団法で示した短いプロトコルから，引き出された臨床仮説である。

　ミルドレッドのレパートリーは，多数のシンボル（言語表現）(28) が使われてはいるが，4次元──このうち2つは布置を構成──に減らせる結びつきのあることが，すぐにはっきりとわかるだろう。1つの布置では，対人的な世界において人々に対処するという重荷を背負っているようである。役割タイトル・リストの14人物中の13人がこの主要なコンストラクトによって扱われている。そして14番目の人物，姉は，非常に脅迫的で，彼女にはほとんどどう対応することもできない。このことは，被験者が，使っているコンストラクトのシンボル数は多くても，対人世界で人を動かす現実の多才さはほとんどもちあわせていないことを示唆している。これが，このクライエントを援助したいと思う治療者が心に抱く最初の仮説になるだろう。

　表面的には多数のコンストラクトのシンボルが産出されているが，このことはミル

ドレッドが一種の知的努力をしていることを示している。ただしこの知的努力は，彼女の発達段階では，口達者なシンボルの使用以上のものを含んではない。この努力の本質は，A－布置の形成にいたる太字の用語——過度の緊張，社会的に不適応，劣等感，不幸，ダイナミック——の吟味をすることにより，さらなる仮説を生じうる。この対照のA＋布置の太字の用語は，のんびりしている，物静か，愉快なパーソナリティ，十分以上の社交性，リラックスしている，である。このことより，ミルドレッドの個人的な世界は，一方で不幸な努力，他方で愉快で快い静けさに二分されているという，最初の仮説を治療者に提供するはずである。このA＋，A－布置が彼女にもよく見える広々とした高速道路を示すとするなら，彼女は，プレッシャーがかかったときには，それをみずから進むべきルートとして使うと，われわれは期待してよかろう。この1方向への動きの試みが適切な役割の確立につながらなかった場合には，彼女は不幸な興奮と安易な自己耽溺（気まま）の間を揺れ動くことになると期待できよう。したがって，このケースは治療者との間にまず快い表面的な関係を築こうとするはずだと治療者は期待し，アプローチしていくだろう。彼女は努力について多くを語っても，実際にはそれをほとんど効果的に実行しようとしていないのではなかろうか。

　第3の治療仮説も彼女の口達者なシンボルの使用から来るものである。彼女のレパートリーは非常に限られているが，種々雑多な用語で取り散らかされているので，治療者がその全体を貫く要点を理解するのにはかなりの困難が予想される。ミルドレッドは示唆されたことにはすぐ同意するが，それを実行に移そうとするところで完全にもつれてしまうのではないかと思われる。洞察は，口達者に述べられても，正確には保持されないようである。彼女は治療セッション中に多くのことを語るかもしれないが，それはわかりにくいだろう。すなわち，彼女は抽象的な用語を具体主義的に使おうとするだろう。

　この被験者のB布置を見ると，治療者はまず，友好的で思いやりがあると見られるか，過剰に批判的だと見られるかの，いずれかであろうと示唆される。友好的で思いやりのある批判をすることは，治療者には十分ありうることに思えるが，この被験者には，友好性と批判とは正反対のことに見えるのだろう。この被験者は，このコンストラクトから何かもっと有用なものを進化させる過程に携わっているのだが，治療者が「友好的で批判的でない」役割と「過剰に批判的で友好的でない」役割を交代に演じていると考えるかもしれない。この交代については，治療者は父親と母親の役割の彼（治療者）への転移をすぐに見て取ることができるだろう。これらの人物は現在彼女によって鋭い対照性を示すと見なされているので，治療者はこの転移関係の中で，一方との同一化が他方の排除につながらないように，かなりの注意を払う必要があるだろう。

このプロトコルは，治療過程のかなり早い段階で被験者がすぐに扱える，いくつかの論ずべき重要なトピックを示唆している。このうち最も重要なのは，このプロトコルに関するかぎり，姉との関係である。ただし，これは必ずしも最初に論じるべきトピックではない。姉はいくらかの他の人物との類似性があるが，人としての姉のコンストラクトは先取り（preemption）に近づいている。「姉」の布置を生じるプロトコルの採点をしてみると，何よりもこの被験者がこの姉を記述するコンストラクトを見いだすのに2倍も苦境に追い込まれていること，そして彼女がこれらの（姉を含む）文脈に当てはまると感じた類似性を記述するのに，「似ている（looking alike）」という言葉に頼るよりほかなかったということがわかる。この人物のためのシンボルが手に入らないということは，被験者――彼女のレパートリーは概して多くのシンボルで取り乱した状態になっている――においては，この姉の役割を解釈して言語化するのが困難であり，したがって，この姉を手なずけ操ることも非常に困難であることを示している。また姉の役割についての彼女の解釈は，幼児期のおそらくは前言語的なコンストラクト・システムに続いてパターン化されたものだという可能性もある。治療者にとっての仮説は，ここには論ずべき領域――被験者が彼女の個人的・社会的な世界においてこの人物を扱えるようになるためには，あるいは彼女が姉に似ていると感じる他の人物に順応できるようになるためには，その前に，前言語的なタイプの多くのルーズな思考を引き出して，それを言語化するという前提――があるということである。この課題は克服不能ではないはずである。というのは，「類似」の人物の付加的な記述により，「姉」の布置と連合したある共感的なトーンが存在するからである。

　「ボーイフレンド」の布置は，おもに被験者にとって，彼女自身の役割形成に光明を投じるので，論ずるのに好都合なトピックだと考えられる。この布置において唯一付加された類似の人物は父親である。そして，この父親像によってこの布置に持ち込まれた唯一の付加的なコンストラクトは「もの静か」である。この治療者が精神分析的な志向性をもっているなら，彼はこの事実を，ある段階のエディパルな問題がただちに論議に使える指標だと見るかもしれない。

　付加的な治療仮説が布置Bの分析から出てくる。これは，治療経験によって支持されるなら，このクライエントが彼女の役割に適応するのを助けるのに，極めて重要なことが証明されるかもしれない。布置Bにおける2つの分類は，母，姉，拒否的な人の間の類似性と，兄とボーイフレンドをもつ対照性を含んでいる。この布置においてつなぎとなるコンストラクトは「過剰に批判的」である。もしこれが，母と姉によって容易に引き起こされる罪悪感を被験者がもっているという意味なら――これは大いにありうることなのだが――，彼女自身の地位におけるどんな特徴が罪悪感を生じるのかに関して何らかの手がかりを得るためには，母と姉の布置の中のコンストラクトをさらに研究することが，関連してくるだろう（罪悪感と役割の脅威との関係について

は，後の節でより詳細に述べる)。これらの2人と連合した付加的なコンストラクトは，「過度に緊張した」と「社会的に不適応」である。この被験者の辞書における「過度の緊張」は，明らかに「神経質」「ダイナミック」等々を意味している。このことが示唆するのは，母と姉によって事実上悪化させられる罪悪感は，彼女の姉と母が努力しているのがわかるとき，彼女自身は努力に失敗することと関係している，ということである。この被験者は，母の神経質と社会的不適応をみずからに指摘することによって，この罪悪感が一貫して自己の行動をコントロールするのを避けているのである。かくして彼女は，まがりなりにも，罪悪感を表わす人物の1人を罰することによって，自己を防衛しているのである。しかし姉はそう簡単に無視することができない。そして彼女のケースでは罪悪感は，前のパラグラフで仮説された，姉の前言語的解釈と連合しているかもしれない（この時点ではわれわれはまだわれわれの診断用のコンストラクト・システムを提示していないので，これらの仮説の多くはよりよく知られている精神分析の枠組みで表現されている）。

　父，兄，ボーイフレンドの解釈パターンは，被験者が男性に対して子どものような依存関係——ここではくつろがせてくれて，努力する必要がない——を求めていることを示唆している。しかし，彼女はこのような関係に罪悪感をもつかもしれない。というのも，彼女は母親や姉がこの物静かでのんびりした生活に有効な非難を加えるのを見ているからである。この記録は，彼女が家族の男性メンバーには子どものように甘やかされており，結果的に家族の女性メンバーから嫉妬されていると見ていることを示唆している。

　このプロトコルは，ミルドレッドが，もう少し大人の基本的な役割コンストラクトのレパートリーをまず確立するという治療目標を最初に定式化すべきことを示唆している。他者における種々の行動パターンおよびこのようなパターンに彼女自身の役割を適合させることへの明快な認識が，この方向に進んでいく一歩となるだろう。臨床家は，実際には言語的興奮の他には何も起こっていないのに，概念的な変化が起こりつつあるという思考に過って導かれてしまわないように，特に警戒することを期待するはずである。依存関係は，最初は子どもっぽく表層的であるが，クライエントと治療者はおそらく常にこれを吟味し，継続的な解釈行為の形式に変換し続けていかねばならないだろう。

11 治療者によるミルドレッドの記述

　われわれは，臨床場面で使われるテストが，何よりも，治療において確証されるべき臨床仮説の起源として考えられるべきだと主張してきたので，ミルドレッド・ビールの治療者が何を言うべきだったのかを見るのは興味深い。ミルドレッドは治療を求めてきたが，それはまったく異なる状況との関連で促されたものであった。したがっ

て，彼女が集団用レプテストを行ったのは，治療との関連においてではない。このケースでは，治療者がこのテスト結果を受け取ったのは，以下に報告される一連の治療が終結した後であった。

治療者は治療経過の要約を準備すること，そして特にミルドレッドに関する以下の11の質問に答えることが求められた。彼女の反応はもちろん，この仮説あるいはテストとしてのテストの確証をなすものではない。しかし，これは説明目的には役立つ。

1. 彼女は人にどれくらい融通のきく対応ができるのか？
2. 彼女は社会的な圧力にどのように反応するか？
3. 彼女の行動にはどんな種類の交替（必ずしも循環的ではない）が観察されるか？
4. 彼女は治療者からの提案をどれくらい容易に受け入れることができ，また，どれくらい効果的にそれを実行できるのだろうか？
5. 彼女は治療者にどんな役割を割り振ろうとするのか？
6. 彼女はどんな人と特に関係をもちにくいのか？
7. 現在のボーイフレンドとの関係の基礎にあるのは何なのか？
8. 彼女の罪悪感の本質は何なのか？
9. 彼女は罪悪感に対してどんな防衛法をとっているのか？
10. 男性一般に対する彼女の関係はどうだったのか？
11. 治療中に彼女は新しい基本概念を発達させたか？

著者はミルドレッドの治療者に大いに恩義を感じており，この時点でのこの人の大きな貢献に感謝をささげたい。しかしながら，ミルドレッドの匿名性を守るためには，治療者の実名は述べない方がよさそうである。治療者の名前は，不特定の貢献者への感謝に関連して出現するだけである。

次に示すのは治療者の説明である。なお，クライエントの匿名性を守るために，いくらかの編集上の削除がなされている。

ミルドレッド・ビールは，前のアカデミック・アドバイザーで心理学科の教授にカウンセリングを求めた後で，その教授から学生相談室に紹介されてきた。彼女はその前の1年半の間にこの教授と4回の接触をもっていた。彼女はみずからカウンセリングを求めたにもかかわらず，紹介された後約2週間も相談の予約を取ろうとしなかった。彼女が初めて面接に現れたときには，彼女は中肉中背で，最新スタイルの服装を身にまとい，浅黒く，どちらかといえば魅力的な女性であった。彼女は部分的に書き込まれた紹介用紙をもって現れた。この用紙では，彼女の過去の歴史と現在の大学での状況を記述する質問には答えを書いていたが，彼女の問題の記述を求める質問には答えを書いていなかった。最初の面接は5月1日に，最後は5月29日になされた。この間に全6回の面接が各回50分で行われた。

この紹介用紙と面接中の会話から，以下の個人史がえられた。彼女はカウンセリングを求めてやってきたときには，もうすぐ22歳になるところであった。彼女は近隣の州の小さな農村の農家に生まれ育った。その地域では，約半数の人々が緊密に結びついた社会宗教的なセクトに所属していたが，彼女の家族はルーテル派であった（大学に入ってからは米国聖公会の礼拝に出席していた。ただし，この宗旨替えの理由については何も述べていない）。彼女には，チャールズ26歳，ジェニーヴァ25歳，サンフォード19歳の，3人のきょうだいがいた。この家族の経済状況は常に良好であった。農場経営によって快適な生活が可能であった。最初は彼女の家族関係は「親密」だと記述していた。しかし，彼女が後でコメントしたところによると，彼女は兄と弟には親しみを感じているが，両親や姉に対しては親しみを感じていないことがわかった。この家族では教育が重視されていた。両親とも大卒であり，子どもたちはみな大卒の学位を取るのが当然と見なされていた。しかし，教育重視にもかかわらず，知的な興味は明らかに強調されていない。明らかに教育は職業的，社会的な理由で重視されているのである。

　ミルドレッドが報告したところによると，彼女が小さな子どもだったとき，母親はしばしば彼女を見せびらかそうとし，彼女に多大な注目をあびせた。彼女は近視のために，他の子どもたちとはほとんど遊ばなかったと述べた。最初は他の子どもたちがゲームをして遊ぶのがよく見えなかった。そして6，7歳でメガネを買ってもらってからは，走ってメガネを壊さないようにと注意された。このことを話しているとき，彼女は自分の視力の悪さを重いハンディキャップと見なしているようで，もっと早くこのことに気がついて，メガネを買ってくれればよかったのにと，母親を非難した。この視力以外は，彼女は幼児期には健康の問題はなかったようである。彼女は通常の子どもの病気はしたと述べたが，それ以外にはこの問題については何も言わなかった。

　彼女は1学年から8学年まで統合学校（consolidated school）に通った。成績は概して中の上であった。彼女は学校をひどく嫌った。その主な理由は「対人的な接触が苛立たしい」とわかったからである。彼女は兄と弟以外には1人か2人の友だちがいるだけだった。母親がずっと彼女の人生の「中心」でありつづけた。ミルドレッドが12歳で思春期になったとき，母親は4回中の最初の「神経衰弱」にかかった。それまでは母親はミルドレッドをほめて自分のそばにいさせたがったのに，この後は彼女に対して非常に批判的になった。ミルドレッドによると，母親のこの批判的な態度はその後10年間ずっと続いており，姉もこれを真似るようになった。

　ミルドレッドが隣町の高校に入ってから2年間は，小学校のときよりもさらに友だちづきあいが困難になった。彼女は緊密に結びついた社会宗教的な仲間（セクト）の少女たちとは付き合いたくなかった。そして，彼女の言によると，他の少女たちは俗物であった。彼女は自分はこれらの他の少女たちとは違って見えると信じていた。というのも，彼女は冬の間母親に長いストッキングをはかされていたが，他の少女はアンクレット（足

首丈のソックス）をはいていたからである。彼女は，母親に批判されていたので，自分は誰からも批判されると予期していたと言った。彼女には女子の友だちはなく，男子の友だちが2人いただけである。この2人とは，しばしば他のこどもたちと離れてランチの時間を過ごした。

　3年生の初めに，彼女は母親に反抗してアンクレットをはき，口紅をつけるようになった。高校後半の2年間には，彼女はもう少し多くの友だちをつくり，より多くの活動（新聞，音楽，演劇）に参加した。この時期は「わりと幸せ」だったと彼女は言っている。高校卒業後は獣医になろうと思って2年間X大学に通った。しかしながら，化学があまりにも難しかったので，この野望をあきらめることにした。1セメスターの間彼女はこの大学の図書館でパートの仕事をした。これは彼女が家族の農場でした仕事を除くと，今までにした唯一の仕事である。彼女はX大学での交友関係については多くを語らなかった。女子学生はみなソロリティ（女子学生クラブ）に参加することが求められていたが，彼女は州立大学への編入を考えていたので，そうしなかった。

　最初の面接の18か月前に，彼女はこの大学に編入して心理学の専攻を開始した。彼女は元のアカデミック・アドバイザー——心理学の教授で，後に治療を受けるように彼女を紹介してきた——と職業計画について話し合い，大学院の学位がないと心理士としては働けないことを知ると，言語療法に専攻を変更した。彼女はある時にはこの専攻が好きだと言ったが，別の時にはこれを職業にするのは怖いともいい，自分は慢性的な咽喉感染症にかかっており，話をするとすぐ疲れるのだと何回も述べた。彼女の大学適性（検査）はよかった（この大学の学業適性集団検査では97パーセンタイルの得点をとっていた）が，彼女の成績は平均B−であり，成績を心配していた。彼女の学習は無計画で，課外活動の間に学習をはさんでいる状況であった。

　あるとき，彼女はソロリティで会員となる誓約を行った（キャンパス唯一のソロリティであり，これへの入会の推薦はX大学のソロリティからはもらえなかったと彼女は述べている）。しかし，彼女はアクティヴな会員になる前に，同じソロリティへの入会希望者——彼女はこの人を援助してあげようと努めてきた——による中傷によって，反対投票されてしまった。彼女の母親が社会生活を重視していることを考慮すると，このソロリティへの入会の失敗は，彼女にはおそらく大きな打撃になったはずである。もっとも，今では彼女は独立していることの価値を褒めそやしてはいるのだが。彼女はキャンパス外でルームメートが次々に代っていく下宿屋に住んでいたが，そのルームメートを彼女は自分で選んだことがなかった。彼女はただダブルの部屋の半分を借りているだけで，他の半分を借りる人はどんな人でも，ルームメートとして受け入れたのである。

　彼女はキャンパスの多くのクラブ活動に入ったが，彼女が最も注意を集中したのは演劇活動で，ここでは1年間小道具主任を務めた。彼女はこれを重要な団体だと見なして，このクラブ活動と各上演に要した金額について話をすることを通して，母親に

その重要性を認めてもらおうとした。彼女はこのクラブのメンバーである約12人の女子と友だちになり，多くの男子とも「いい人ではなく，ただの友だち」になったと語っている。彼女はデートをし，パーティにもよく出かけている。これは高校時代とはまったく対照的である。彼女はまた，他の女子のためにデート相手を獲得してあげることにより，自分を「ダン・キューピッド」だと見なした。彼女は常に忙しくしていて，自由な瞬間を回避しているようであった。この大学に来てから，彼女は数人の男子と「ステディ」の関係をもったが，ほとんどすべてに失望し，その関係は崩壊した。この一連の相談が終わったとき，彼女は6週間ジェラルドとデートを続けていた。彼女は，彼が好きだけれども，彼に対して批判的になってきており，この関係が——特に家族にあってもらうために彼を家に連れて帰った後まで——続くのかどうかわからないと言った。

　ミルドレッドは春学期の終了までの1か月だけカウンセリング・サービスを受けにやってきた。最初の面接中に彼女はこの学期(クオーター)の残りの期間は週2回面接に来たいと計画を立てたが，1週間後には週1回だけ来るようになった。彼女はクリニックの予約が取れる時に，自由な時間がないのだと述べた。彼女の最初の面接はカウンセラー（女性）が「指示的な技法を使うのかそれとも非指示的技法を使うのか」を尋ねるところから始まった。彼女は「カウンセリングのコースを2つ」受講したと言った。質問をしてみると，彼女はカウンセリング技法の入門コースをすでに履修し，現在は心理学以外の専攻生のための臨床心理学概説コースを受講しているところだということがわかった。

　初回面接では，まず家族と男友だちとの問題に大まかで曖昧な言及を行ったが，その後突然話題を変えて，自分の生育歴について詳細な暦年的説明を始めた。この回とその後の面接中に彼女の問題の本質とカウンセリング・サービスにやってきた理由について尋ねてみたところ，彼女はその説明がかなり困難であった。初回面接中にカウンセラーは彼女が話したことから，彼女の自信の欠如，成績の心配，彼女が社会的には「成功」していること——同時に成功できないことを恐れながら——を家族に証明する必要を感じていることなどの，訴えを引き出した。1回後のセッションで，彼女は「落ち着きのなさ」が問題だと言った。4回目の面接時にはムーニー問題チェックリスト（Mooney Problem Check List）に書き込んだもの（彼女は言語療法のクラスの1つで，見本としてそれを1部もらっていた）を持参した。彼女はこの中の121の特殊問題にチェックをつけ，特に重要なものとして32に○をつけていた。彼女が手書きした問題の要約は次のとおり：「不安定，自信欠如，そしてあらゆるもの，あらゆる人に対する明白な不安が，この問題をかなりよく要約していると思う。主要な問題は，母と姉に対してもっと客観的で，もっと情緒的でなく，もっと分別のある態度をとれるように学習することである。私は彼女らに非常に憤慨している——多くの点で好きでもあるが。

そして私は，上に記したことが問題であるとは今なお確信すらできない」

 この前にも後にも，彼女は自分の問題について，これほどはっきりしたことは何もいえなかった。しばしば彼女はカウンセラーに「私には問題があるのですか？」と尋ねた。彼女は実際には自分に問題のあることを認めずに，自分の問題をカウンセラーに預けてしまいたがっているように見えた。この一連の相談の終わり近くになって，彼女は自分の願望――カウンセラーが彼女に問題があるかどうかを告げて，その問題を解決する責任をとってほしいというもの――を認められるようになった。最初の4，5回の面接中の彼女の態度は，自己理解を試みるというよりも，カウンセラーを喜ばせようと試みているように見えた。

 最初の出発は困難であった（彼女はカウンセラーが質問をし，彼女がそれに答える努力をすることを期待している様子であった）が，彼女は素早くそしてほとんど常にしゃべるようになった。このおしゃべりの多くは，過去あるいは現在のイベントの詳細な説明に関係していた。そして約1/3の時間は彼女以外の他者が主人公になっているイベントの話をした。面接に使える時間は短かったので，カウンセラーは彼女が今何をしているのかを思い出させる合図をくりかえし送り，彼女がこんな振舞いをする理由を尋ねた。

 カウンセラーはまた，彼女が自己の問題への直面を避けようとする願望と，過去10年間母親に求めてきた注意と愛情への願望について，暫定的な解釈を提供した。明らかにこのようなプレッシャーに対する反応として，彼女は5回目の面接では少し泣き，その時間の一部では，話す速度がいくぶん遅くなり，他の人について語ることも少なくなった。6回目の面接でも彼女のおしゃべりは最初の数回よりもいくらか少なかった。これはおそらく，5回目の面接に対する彼女の反応が続いているということであろう。あるいは彼女のボーイフレンドとの直近の問題に対する反応であったのかもしれない。いずれにせよ，最後の面接までに，彼女はただ他者に援助を求めるばかりで，問題について論じるのを回避するのをやめて，その代わりに，自分自身をもう少し前向きに見ようとするようになってきたようである。最後の面接では，秋学期になったら，もっとカウンセリングを受けるために戻ってくるかもしれないと述べた。

 著者（ミルドレッドのカウンセラー）は，ミルドレッドと彼女の治療への反応について答えるよう求められた。面接についてのさらなる情報は，この質問に答える形で，提供することにする。

 a. 彼女は人々にどれくらい融通のきく対応ができるのか？ 6回のセッションのほとんどの時間，彼女はどちらかといえば固まったような微笑みを浮かべ，カウンセラーを楽しませようとしているかのように，たくさんのことを細部まで早口にしゃべった。彼女は一度，自分の「駄弁」――彼女はみずからそう呼んだ――は，兄弟とそして多くの他者との話し方であると認めたことがある。彼女の語の選択さえもがどちらかといえば限定されているように見えた。あるセッションで，前回話したことを

振り返ってみるよう求められた時には，最初の説明ときわめてよく似た説明をし，しばしば元に使ったのとまったく同じ言い回しを使った。彼女はまったく同じ情報を校医にも女子学生部長にも話したといった（その情報というのは，困難な状態にある彼女のルームメートを助けてあげようとしていることであった）。異なる状況で異なる人々に対しても，伝える情報の内容だけでなく，その伝え方まで酷似しているようであった。これらの面接中に3回，彼女の態度は変化し，より思慮深く，あるいは少し悲しげになった。ただし，この変化は意図したものではなかった。このことはすべて，彼女の人との対応にはほとんど柔軟性がないこと，そして彼女が異なる態度で反応する場合でも，この態度は意志的なコントロールに従うものではなく，能動的には使いえないということを示唆している。

　b．彼女は社会的圧力に対してどのように反応するか？　ミルドレッドは圧力（プレッシャー）がまず家族から，そして次に知人のサークルから来ると見ている。より広い世界に対しては，彼女はほとんど何も考えていないようである。彼女は彼女のいるほとんどすべての状況――承認のサインである称賛であれ，拒否のサインである批判であれ――が，ある種の社会的なプレッシャーを含んでいると見ているようである。彼女は不承認に対して常に自己防衛している必要があるようである。あるクラスで，彼女はロッターの文章完成検査（Rotter Incomplete Sentences Test）用紙をもらってこれに答えてみたが，このテストについて彼女は「私が困ったのは，**破壊的な批判をされることです**」そして「私の最大の心配は，**家族の目から見ると成功していないことです**」と述べている。彼女は家族の標準を受け入れることも，無視することも，拒否することもできないようであった。他者の行為と他者の彼女に対する反応の理由についての彼女の理解は，彼女のような知性と訓練をもつ人にしては，かなり低かった。たとえば，彼女がデートをしている男性から指輪を受け取るのを拒否したときには，彼の彼女に対する態度が変化したことに驚いたという。明らかに大学でいくつかのコースを受講した結果として，彼女は時どき他者の動機を理解しようと試みるようになっているが，これらの試みはやや機械的に公式に当てはめたようなものに似ていた。たとえば彼女は，父親が彼女の母親（＝妻）の病気を心配して，自分のしていることが考えられなくなって，彼女をひどく鞭打つのではないかと想像したと述べた。家族や社会的なグループからプレッシャーが加えられると，彼女は不正な取り扱いを受けたと感じる傾向がある。彼女は母親と姉が建設的な忠告をまったくせずに彼女をひどく批判したといい，また，あるソロリティは彼女の入会に反対投票をし，彼女が別の女子を助けてあげようとした後に，その女子が彼女を非難するのを信じるようになったと述べた。彼女は誰かに何かの理由で自分が責められているのがわかると，時には自分の落ち度を認めるが，すぐに言い訳になるものを周囲に探し出している。

　c．彼女の行動にはどんな種類の交代が観察されるのか？　ミルドレッドの態度は

大方は，ステレオタイプ的快活さと記述してよさそうである。彼女は楽しい話題でも楽しくない話題でも，この態度を用いた。彼女は早口にしゃべり，イベントの詳細をたくさん報告する。大概の時間，彼女は彼女のアクションと演劇的な話し方によって，観衆を前に演劇をしているように見える。面接中もしばしばスカートを整えなおし，一度肩出しのブラウスを着ていた時には，さらに肩が出るようにブラウスを何度も引っ張り続けていた。彼女がみずからを劇的に見せようとする傾向は，「今日あなたは哀れな小さな女の子を抱っこしていますよ」というような言葉や，メガネを壊したあとの自分を「めくらちゃん」ということなどにも見て取れる。

　前にも述べたように，彼女はふだんよりいくらか思慮深く，少し悲しそうにさえなったことが，3回ある。このような時には早口でなくなり，微笑みが少なくなり，一度は少し涙を出して泣きさえした。しかし，劇的な振舞いの一部は持続した。この変化が起こった3回のうちの2回は，直接的な問題状況——1回はカウンセラーからのプレッシャー，もう1回はボーイフレンドを失いそうになったこと——によって引き起こされたように見えた。もっと思慮深い態度を生じさせた第3の状況は，ボーイフレンドの喪失の記憶を含んでいた。彼女は母親が自分の問題の根源だと述べているが，彼女が母親と母親の批判について述べた時には，彼女の態度は通常と変わらず「快活」であったことは，注目に値する。彼女が面接時とは異なる態度で自分が行為していると述べた唯一の機会は，人生哲学についての集団討議中に，彼女は自分がこの話題には無知だと感じて，あざけられる恐怖のために，自分の信念をその集団内の他者に知られるのが怖いと言ったときだけである。

　d．彼女は治療者からの提案をどれくらい容易に受け入れることができ，また，どれくらい効果的にそれを実行できるのだろうか？　カウンセラーは面接中あるいは面接の合間にできることを3つ提案している。カウンセラーが彼女に自己の性格描写を書いてもらいたいと提案を行ったとき，彼女はただちにこの提案に同意した。が，それからあわてて，それが「客観的」に書けるかどうかという疑念を表明した。明らかにこれは課題への抵抗の間接的な表明である。彼女は自己の性格描写を絶対にしなかった。しかし，この課題を完成させるのに適度な時間が経過した後で，彼女は2つの言い訳をした。1つは，数日前にメガネを壊したのでできなかったということ，第2は期末レポートを書かねばならなかったということである。

　また別のときに，カウンセラーは彼女に，面接中に彼女の言ったことの要約を書いてほしいとたのんだ。このときも彼女はすぐ引き受けたが，やはり後になってそれをやる時間がなかったと言い訳した。彼女はこれを書く時間がなかったと主張したが，彼女はこの「忙しい」時期に「ムーニー問題チェックリスト」と「ロッター文章完成検査」を自発的にやっていることに，注目すべきである。4回目の面接中に彼女は「TATはいつやってもらえるのですか？」と尋ねた。カウンセラーが，面接があと

2回しかないことを考えると，このテストは時間がかかりすぎると説明したとき，彼女は失望した様子であった。カウンセラーがTATを断ったのと同じときに，カウンセラーは，ミルドレッドが望むなら彼女の会話を投影法として使いうると提案した。ミルドレッドはこれには何のコメントもせず，自分の言葉の意味を検討することにはほとんど興味を示さなかった。これらのエピソードはすべて，提案に抵抗しようとする強い願望，オープンにそれができないこと，そして合理化にたよることを暗示している。

　解釈の性質についていくつかの示唆がなされた。ミルドレッドは，問題をカウンセラーに預けて解釈してもらおうとしているというマイルドな解釈はすぐ受け入れた。彼女は彼女が母親に求めていたのと同じ承認と愛情をカウンセラーに求めているという解釈には抵抗した。彼女はまた，彼女の母親との話の記述は，面接中のカウンセラーとの会話によく似た響きをもっているという，よりマイルドな解釈にも抵抗した（彼女は母親に対しては，自分が成功者になりうることを証明しようと試みてきたが，カウンセラーには何も証明しようとは試みなかったと言った）。

　e．彼女は治療者にどんな役割を割り振るのか？　最後の面接の最後の10分に，ミルドレッドは，当初はカウンセラーをその性ゆえにやや警戒していたが，男性カウンセラーでやってもらえる人がいなかったので，「試しにやってみよう」と決断したのだと，自発的に話した。大方のところは，彼女はカウンセラーを母親像の役割にはめ込んでいるようであった。このことは，カウンセラーに依存したがり，カウンセラーに問題を解決してもらいたがるだけでなく，自分に問題があるのかどうかさえ言ってもらいたがる彼女の願望の中に見て取れた。彼女は規則的な時間のスケジュールが合意により決められていたにもかかわらず，自分が面接にやってくる責任をカウンセラーに取らせようとした（大概のセッションの後で，「今度はいつ面接してもらえるのですか？」と尋ねた）。母親の役割はまた，カウンセラーによってなされた提案に抵抗することでも示されているようである。この抵抗は，彼女が自分の母親に対してもっている敵意を非常に明瞭に示している。彼女が自分の行動を正当化しようとする試みは，特に彼女が提案されたことを実行しなかったときに，母親から受けたような批判を，カウンセラーから受けると予期していることを示しているようである。

　彼女の自発的な否認にもかかわらず，彼女は，母親に対しては証明しようとしたことを認めているが，カウンセラーに対しては証明しようと試みているようには見えなかった。たとえば5回目の面接で，涙を見せまいと試みているように見えるとき，カウンセラーが彼女に泣き出してもよいと思わなかったかどうかと尋ねた。これに対してミルドレッドはただちに，実際に泣いた2つの状況をあげて反応した。彼女の記述は，彼女が行き当たりばったりの会話を母親と交わすことはめったになく，母親に対しては綿密に計画を立てて，何かの活動や人について話をしていることを示していた。

同じように綿密な話題の計画が，これらの面接あるいは少なくとも最初の4回の面接で示された。3回目の面接の初めには，「今日は何を言うべきかと考えていて，悲しい話を思いつきました」と述べている。

　f．彼女はどんな人と特に関係がもちにくいと思っているのか？　ミルドレッドは男子や男性に対するよりも，女子や女性に対するほうが関係をもちにくいと思っているようである。特に顕著なのが，彼女自身が認めている，母親と姉とうまくやっていくことの難しさである。彼女の女性との関係をもつことの難しさは，これらの面接中に示された。このことはまた，高校と大学では女子よりも男子の友だちのほうが多かったと報告している事実によっても示されている。彼女は女性よりも男性とよりよい関係をもっているようであるが，彼女がみずから確信しようとしている事実にもかかわらず，彼女は男性とよい関係をもっているとは見えない。彼女はかつて，父親による鞭打ちについて述べた後で，それでも母親よりも父親のほうが好きだが，父親に対してまったく親密さを感じていないことを認めた。そして，見かけは多くのデートを重ね，過去2年間に少なくとも4人の男性と「ステディにまで行った」が，常に何かが起こってこの関係は破壊されたのである。

　g．現在のボーイフレンドとの関係の基礎にあるのは何なのか？　一連の面接が始まる少し前に，ミルドレッドはジェラルドとデートし始めた。6週間後の最終面接の時に，彼女は彼との関係の問題をもちだした。彼女は，彼の親切，落ち着き，野心のゆえに彼が好きだと言った。たぶん彼の親切は，批判とは反対に，彼女の共感への願望と依存への願望を部分的に満足するものなのだ。父親に似ていることもまたその1要因となりうる。というのも，彼女は父親を「思いやりのある」人だと記述しているからである。彼の落ち着きは，彼女の現在の落ち着きのない感覚や自信の欠如の代わりに，彼女がもちたがっている態度と考えられよう。彼の野心については，彼女は自分の社会的な成功とよい成績を求める野心と関係づけているのかもしれない。たぶん彼女は，成功する男性とデートし最終的に結婚すれば，彼女は彼との同一視を通じて成功を勝ち取り，同時に，成功後の努力をしなくても許されると感じているのだ。ジェラルドと彼女は，この学期の終わりに彼が大学から彼女の家まで車で送っていくという計画を立てた。そこで彼女は，家族の彼に対する反応を心配し，家族が彼に会って，おそらく彼を批判した後も，彼を好きであり続けられるかどうかを心配したのである。最近彼女は，自分が「母親の目を通して彼を見ている」と言った。これらの事実は，彼女の彼を受け入れる能力が，彼女が家族の価値，特に母親の価値にしがみついていることによって，制限を受けていることを示している。

　h．彼女の罪悪感の本質は何か？　ミルドレッドの罪悪感の正確な本質を述べるのは難しい。というのも，少ない面接が治療そのものよりもむしろ，主として治療の準備に使われたため，彼女の防衛がなおも高かったからである。彼女はおそらく母親に

対して，そして2次的には姉に対して敵意をもち，そのことにかなりの罪悪感をもっている。彼女が言うのには，この前の夏，姉に批判されたことに対して彼女は「爆発してしまって，姉と母が自分にどんな仕打ちをしてきたかを，姉にぶちまけた」と述べたが，いろんな機会に自分は本当に母親を愛し尊敬しているのだと，カウンセラーに断言した。後の発言は，本当の愛の表現というよりも，彼女が罪悪感の囚われ人になっていることを表わしている。というのも，彼女は母親について他に一切好意的なコメントをしていないからである。彼女が父親への偏愛を認め，母を愛しているといわざるをえないという見地からすると，彼女はおそらくこの偏愛にも罪悪感をもっているのであろう。しかしこれは，そのはっきりしたエビデンスがないので，仮説にすぎない。ふだん彼女は父親が大好きだと言っているが，彼には親近性を感じたことがまったくないと，一度は自発的に述べている。また一度は，父親による罰を含む出来事に関係して，彼女はたしかに彼を恐れているとも述べた。この出来事に関連して，彼女はあまりにも話を急ぎ過ぎたので，彼への非難を免除する余裕がなかったのだ。父親が好きだという言葉の背後には，おそらく何らかの恨みないしは敵意があり，このことに彼女は罪悪感をもっているのかもしれない。

　i．**彼女は罪悪感に対してどんな防衛法を採っているのか？**　ミルドレッドの1つの防衛法は，社交や課外活動で忙しくして，考える時間をもたないようにすることである。ここで注目すべきことは，彼女が大学の勉強のためにこれらの活動のいくつかをやめざるをえなくなった後で，一連のカウンセリング・セッションを求めなければならないほど厄介な状態になったということである。彼女が無数の細部について話をし，その意味やなぜそんなことを言うのかを分析するために立ち止まることをしない習慣は，この活動への逃避の別側面といってよかろう。面接中にカウンセラーがそのいくらかの些事の意味について尋ねても，彼女はたいがい回答を避けた。同じ状況のもう1つの側面は，カウンセリングの面接中に彼女の話が自己から他者にくりかえし向け変えられることにある。第2の主要な防衛のタイプは，実際には他者を責めているようには見えないが，自己の問題の責任をしばしば他者にとらせようと試みる，一種の合理化のように見える。そして彼女が責任を受け入れるときでも，常に，現実の責任を彼女から取り除くような情状酌量状況をもちだす。たとえば彼女はメガネが壊れたことを，自己の特徴記述文を書かないことの言い訳として使っている。実際には，カウンセラーが彼女にそれを書くように依頼した後数日間は，メガネは壊れていなかったのではあるが。

　j．**彼女の男性との関係は全般的にどうだったのか？**　ミルドレッドの両親に対する関係は，普通の同年代の女子よりも，彼女の現在の男性に対する関係の性質を強く決定しているように見える。彼女はあらゆる男性を自分の夫になりうる人か友だちの1人か，どちらかと見ているようだが，彼女が探し求めているのは，自分のための理

想の男性のようである。理想の男性は親切心と思いやり――これらは彼女が父親に求めているものである（が，常に得ているわけではない）――をもっていなければならない。この思いやりへの強い願望は母親から受けている批判の関数でもあるのかもしれない。ローレンスとカーニー（以前のボーイフレンド）は，彼女によると両方ともこの性質を欠如しており，彼女は最終的にはこの両者との関係を破棄した。このことは注目すべきである。彼女は，ジェラルドとドン（もう1人の前のボーイフレンド）はどちらも親切なので好きだと言っている。

　身体的な外見も彼女が男性を好きになるかどうかを決定する重要な要素である。この強調は母親の好みに基づいているようである。母親はかつて彼女に「結婚しようと思うおチビちゃんを家につれていらっしゃい」と言ったという（ドンは背が高いが，ローレンスは小さな雄鶏である。ジェラルドは背が高いが，彼女は口には出さないが，彼の猫背を批判している）。他の身体的特徴もまた重要なようである。すなわち彼女は男性に，必ずしもハンサムでなくてよいが，見栄えのよいことを望んでいる。彼女はルックスのよさの重要性は否定するが，カーニーを好きになった理由の1つとして，それをあげており，また他の男性について話しているときにも，そのことを述べている。

　ミルドレッドの母親はまた，出世すること，そして社会的職業的な成功を収めることを重視してきた。ミルドレッドは，男性が自己の野心や成功について他者に話すのを嫌ってはきたが，野心的な男を選んできた。たぶん彼女は，成功している男性との同一視を通じて，自分が成功したと感じようとしている（不成功を恐れている）のである。これらすべての要請に適っているように見える男に出会うと，彼女はすぐに「夢中になり」やすいのだ。この最初の時期に続いて，「クーリングオフの時期」があるようだと彼女は述べた。この時期には彼女は「人としての彼になじんでいく」。彼女はこの順序を現在のボーイフレンド（ジェラルド）に関連させながら叙述した。しかし，他の男に関しては言及しなかったので，この順序の規則性はわからない。

　最後の面接で，彼女は「どんな男とでも近づきになりうる」（これはカウンセラーに帰属された陳述である）ことが許されるのだろうかと，いぶかった。これに関連して，彼女は父親には一度も親近性を感じたことがなく，たぶん自分は男性との間に障壁を置き続けることになるだろうと語ったことが，思い出されるべきである。結婚に含まれるような，男性との親密な関係に対する障壁は，ロッター文章完成検査の1つの回答「結婚は**素晴**らしい。もし正しい態度でアプローチする場合には」にも示唆されている。ここでは，この文章の最後の保留が重要なようである。

　k．彼女は治療中に新しい基本概念を発達させたか？　この6回の面接では，治療の開始部分が達成されただけである。新しい概念の発達はまだ萌芽期にあるようで，この時期に形成された新しい概念は，とうてい基本的と呼べるようなものではない。というのも，半分以上のセッションで，彼女は自分がカウンセリングを必要とするほ

どの問題をもっているのかという疑問について，揺れ動いていたからである。最後の面接までに，彼女は自分が問題をもっていることをもう少しは確信したようである。ただし，自分の問題が何なのかはまだ不確かであり，また彼女の確信は，この疑念を押しとどめるに十分というところまでは深まっていない。秋にはもう一度カウンセリングを受けに戻ってくるかもしれないという彼女の自発的な発言は，いくらかの態度変化を証言しているようにも見える。彼女は他者からの援助がほしいという要求に部分的には気づいているが，これが新しい概念なのか古いものなのかはわかっていない。しかしながら彼女は，彼女の依存性の程度が同年代の人には不適切だという概念はまったくもっていないようである（最終面接中に彼女がカウンセラーに語った言葉「今日あなたは哀れな小さな女の子を抱っこしていますよ」を参照）。

最後の面接では，彼女はそれまでの面接に比べると，他の人々についてはあまり多くを語らず，自分についてより多くを語った。しかしこの変化が，彼女自身の困難のエビデンスとして，この行動の概念の発達を反映しているのかどうか，あるいはそれが，直接的な状況――彼女はカウンセラーがこの行為を認めないと信じている――の関数にすぎないのかどうかはわからない。最後の面接でミルドレッドは，彼女自身が誰かに接近することが許されるのかどうかについて質問があると述べた。明らかにこれはそれほどしっかりとは確立されていないものの，彼女にとっては新しいアイデアであった。また最後の面接で初めて，彼女は自分が「母親の目を通してジェラルドを見ている」と述べた。この言明は，彼女が自分の母親の価値に依存していることに気づき始めたことを示している。しかし母親の価値の確認とその採用の否認との交代は，この洞察が未発達な形のまま存在していることを示している。全体として，新しい概念が実際に発達したというよりも，その基礎工事がなされたというのが，より正確な表現になろう。

今まで述べてきた説明は，テストに基づく臨床仮説を，心理療法の経験と対比してチェックすることが，何を意味しているのかを説明するのに，役立つはずである。これはこのテストが有用でありうることの**説明**であり，その妥当性の**実験的証明**ではない。

12 結 論

われわれは種々の形式の役割コンストラクト・レパートリー・テスト（レプテスト）を提示して，そのプロトコル分析の例を引用することによって，臨床場面で使われる心理テストの5つの機能の適用について説明を試みた。われわれはまた，この方法によって，パーソナル・コンストラクト心理学の理論的な視点の実際問題への応用の可能性を，さらに明確化することを試みた。

第6章
The mathematical structure of psychological space
心理的空間の数学的構造

　第6章は研究者のためのものであり，コンストラクトと人物を相互に織り込んで，社会の仕組みに実体を与える方法を扱う。要因分析 (factorial analysis) の方法が記述され，計算が説明される。本章は，理論や技法よりも基本的な方法論のほうに関心を向けている。ここでは，前章で記述された技法の一般化が採用されている。

A 役割コンストラクト・レパートリー・テストのグリッド法

1 言葉の向こうを見る

　前章で示したレプテスト・プロトコルの分析法は，クライエントの言語の解釈に強く依存している。しかし，われわれは言葉の向こうを見ることもできる。われわれは文脈を研究することができる。たとえば，このクライエントは「愛情深い」という言葉を，異性について話すときだけに，使っているのだろうか？　彼は「共感的」という言葉を，自分の家族メンバーに対してのみ，あるいは，「親密」と記述されてきた人々に対してのみ，適用しているのだろうか？　このような疑問に対する回答は，クライエントの用語法に織り込まれている絡みの理解を与えてくれ，辞書が教えてくれないような彼独自のものの見方を理解可能にしてくれる。

　前章でわれわれはコンストラクトの布置によるプロトコル分析について論じた。1つのアプローチは，コンストラクトが同じ人物に適用されることによって結合される，その結びつけられ方を観察することであった。われわれが述べた種々のテスト法では，この種の結びつきをフルに活用することはできなかった。しかしながら，このテストをデザインしなおせば，同じ人物や事物へのコンストラクトの適用のされ方を分析することによって，パーソナル・コンストラクト間の関係の研究はもっと適切なものになるはずである。このテストをアレンジしなおして，言葉とは独立に，有意味な分析にかけられるようなプロトコルを生み出せれば，クライエントのパーソナル・コンストラクトのよりよい理解へと前進を遂げたことになるだろう。

2 グリッド

　役割タイトルを1つの軸にそって並べ，もう一方の軸にそってクライエントにパーソナル・コンストラクトを書き入れてもらえば，レプテストのグリッド法を構成することができる。この行と列が交差するところにセルができるので，クライエントは，彼のコンストラクト次元のどちらの極がその人物に当てはまるかによって，このセルにチェック（✓）を入れるか否かを決められる。したがって，このレパートリーの全コンストラクトの一方または他方が役割タイトル・リストの全人物に適用されることになる。

　このグリッド（格子）は，fの人物，cのコンストラクト，そして$f \times c$の交差から成り立つ。この各交差は，クライエントがこのグリッドを埋める課題を完了させたときには，該当か非該当のいずれかになる。コンストラクトの一方の極がその人物に当てはまるとしてチェックされれば，それはインシデントになる。その人物が反対の極に割り振られてチェックがつかない場合には，ヴォイドになる。

　一連のコンストラクトを定式化のための文脈を与えるために，クライエントは3人のグループについて，順次考えていくことが求められる。たとえばコンストラクトの第1行と，自己，父，母を表わす列の交差するところには，印刷されたテスト用紙では○が入っている。クライエントはまずこれら3人の人物のみについて，この3人のうち2人はどのように似ていて，もう1人とはどう違うのかを考えるよう求められる。彼が似ていると解釈する2人にはその交差するところにチェックをつけてはっきりさせる。第3の人物とコンストラクトの行が交差するところはヴォイド（チェックなし）で表わされ，コンストラクト次元の対照の極がこの人物には適用されることを示している。

　クライエントが父と母のセルに類似性ありのインシデントのチェックをつけ，自己のセルはヴォイドのままにしているとしよう。すると次のステップは，この選択の基礎として使ったコンストラクトにラベルをつけさせることである。たとえば，この行の頭（左端）に**成熟している**という言葉を書くとする。彼は両親を「成熟している」——これが彼にどんな意味をもつとしても——と解釈するのである。次に彼はこのコンストラクトの対照の極——自己によりよく当てはまる——にも名前を付けるよう求められる。たぶん彼は**子どもっぽい**という言葉を書く。したがって，彼は両親を「成熟している」と考え，自己自身は比較的「子どもっぽい」と考えていることが推測される。したがって，これらの用語は，彼個人にとっては，関連するコンストラクト次元の対照的な両極を代表していると推測される。かくして，グリッド内の各コンストラクトは，指定された3人組の人物への適用可能性に基づいて，クライエントのレパートリーから産出されるのである。

ライル（Lyle）は，２人の「似ている」人物の類似性を表象する極を**浮上した**（エマージェント）極，そして対照性の極を**潜在した**（インプリシット）極と呼ぶことを提案している。彼は，浮上性と潜在性が臨床診断にとって，そしてクライエントの価値体系の理解にとって，重要な意味があると信じている。われわれはライルの用語法を採用して，適切だと思われる時には，レプテストで産出されたコンストラクトの極をこれらの用語で指すことにする。

クライエントは，彼のコンストラクトの浮上極とその対照の潜在極にラベルを付けた後に，他の人物のおのおのについても考えて，浮上極が相対的に当てはまる個人には適切なチェックのマークをつけるように求められる。したがって，コンストラクトは，指定された３人の人物に適用するために選択されたものではあるが，その後に，グリッドの上端に並べられた残りの全員との関係も考えられることになる。この分類がすべて終わると，クライエントはプロトコルを生み出したことになる。各コンストラクトの浮上極にも潜在極にもラベルが付けられ，浮上極が当てはまる人物に付けられたチェックによって，そのインシデントが示されたことになる。

自己	母	父	兄（または弟）	姉（または妹）	配偶者	前の恋人	友だち	前の友だち	拒否的な人	気の毒な人	脅迫的な人	魅力的な人	受容してくれた先生	拒否した先生	ボス	成功した人	幸せな人	道徳的な人		コンストラクト	
1	2	3	4	5	6	7	8	9	10	11	12	13	14	15	16	17	18	19	分類No	現出極	潜在極
						✓			✓		✓					⊗	⊗	○	1	神様を信じない	非常に信心深い
			✓	✓			✓						⊗	⊗	○	✓			2	同種の教育	まったく違う教育
✓		✓	✓	✓	✓			✓	⊗	○	✓	⊗	✓			✓			3	スポーツ選手でない	スポーツ選手
	✓				⊗	⊗	○					✓							4	どちらも女子	男子
✓	⊗	⊗	○	✓	✓		✓						✓	✓	✓	✓	✓	✓	5	親	発想が違う
			✓	○			✓						⊗	✓			⊗		6	自分をよりよく理解してくれる	まったく理解がない
	⊗	✓	✓					○					⊗	✓	✓			✓	7	正しいことを教える	間違ったことを教える
	✓	○	✓										✓		⊗	⊗	✓	✓	8	多くのことを達成	たいした成果はあげていない
			⊗	✓			✓		○				✓	⊗	✓	✓			9	高等教育	無教育
				⊗		✓			⊗					○					10	他の人々が好きでない	他の人々が好き
✓	✓	✓		⊗	✓		✓			○	✓		✓	✓		✓	✓	⊗	11	より信心深い	信心深くない
✓	✓	✓	⊗			✓	✓	○	✓	✓	⊗	✓	✓	✓	✓	✓	✓	✓	12	高等教育を信じる	過剰な教育を信じない
	✓		✓		○				✓	✓	⊗		✓		✓		⊗		13	より社交的	社交的でない
	○				⊗	⊗						✓							14	どちらも女子	女子でない
	✓	○			⊗	⊗						✓							15	どちらも女子	女子でない
✓	✓	✓	✓	✓			⊗	○				⊗	✓	✓		✓	✓	✓	16	どちらも道徳意識が高い	道徳意識が低い
⊗			⊗	○	✓		✓		✓		✓	✓	✓	✓			✓	✓	17	考え方が似ている	考え方が違う
			✓	✓										✓	⊗	⊗	✓	○	18	同年齢	年齢が違う
	⊗	⊗		✓						✓	○		✓	✓	✓	✓	✓	✓	19	私について同じことを信じる	私について違うことを信じる
				✓		✓	⊗	⊗	✓	✓	✓	○							20	どちらも友だち	友だちでない
						○	✓						⊗	⊗	✓	✓	✓	✓	21	より理解がある	より理解がない
⊗			✓		○	✓	⊗					✓		✓		✓		✓	22	音楽を評価する	音楽を理解しない

図 6-1 レプテストのグリッド法のプロトコル

いくらかのクライエントは，グリッドの多くにマークをつけたプロトコルを生じる。彼らにとっては，浮上極はこのサンプルの大多数の人物に当てはまる傾向があるのだ。他のクライエントはおそらく，浮上コンストラクトの選択がもっと際立っており，非常に少数のインシデントで構成されたプロトコルを産出する。レパートリー・グリッドの臨床研究はまだあまり進歩していないが，われわれの経験ではこのようなクライエントの間には重要な差異のあることが示唆されている。

説明のためのプロトコルは，図6-1に示されている。

3 仮　定

レパートリー・グリッドは多くの適用可能性をもつ関係へのアプローチである。われわれは左端にパーソナル・コンストラクトを並べ，上端に人物を並べた図を示した。しかし，他の種類のデータをこれらに変えることもできる。たとえば，左端に行動，上端に機会を配置することもできよう。一方に経験を，他方に文化的に規定されたコンストラクトを配することも可能である。また，何か他の軸の組合せも設定することができよう。これらの端(マージン)に入る可能性のあるものはほとんど無限である。実際，その気になれば，3次元のグリッドも構成できよう。著者はしかし，ある程度の経験に基づいて，3次元グリッドは恐ろしい企てになるということができる。

　a．代表的な人物　このレパートリー・グリッドをレプテストの枠組みとして使う場合には，心理士はある仮定を立てねばならないことを意識しておくことが大切である。第1に人物の標本は，こういう人々——クライエントがこの人たちをめぐってみずからの人生の役割を構造化しなければならない——の代表であると仮定しなければならない。しかし，このサンプルが代表的でなければならないというだけでは十分でない——これはいくつかの次元に関して代表的でなければならないのだ。サンプルが母集団の代表だということは，それが主要な次元の軸を代表しているというだけのことである。しかしこの場は，代替解釈という立場から標本抽出理論についての議論を打ち上げるべき場ではない。ここでわれわれが仮定しなければならないのは，役割タイトル・リストによって引き出された人物は，単純にクライエントが相互作用をもたねばならない人々を代表しているということであり，また，こういう人々の代表する次元は，クライエントがみずからの人生の役割を構造化するのに選んだ路線と関係しているということである。

　b．代表的な分類　ここでもまたクライエントに求められる分類課題は，彼が人生の役割を構造化する際に処理しなければならない課題を代表するものだと仮定しなければならない。このことは，彼が同じ社会的状況で同時に3人に出会わなければならないということを必ずしも意味しているわけではない。むしろ，彼の心的空間が構造化されている個人的次元の1つを引き出すような種類の弁別を，このトリオが求めて

いることを意味しているのである。
　c．アクセシビリティ　人は，クライエントが自己のコンストラクトに十分にアクセスでき，紙と鉛筆の課題に答えられると，仮定——あるいは希望——しなければならない。すべてのクライエントにこれができるわけではない。テスト用紙上に記された名前と言葉は，彼にとって，それらが代表すると考えられる人物と分類を代表していないかもしれない。彼はこの課題を，むしろシルシをつけるもの，あるいは検査者を喜ばせるものと見ているかもしれないのだ。
　d．構想（conception）の安定性　人は，クライエントが浮上極を書く場合と潜在極をあげる場合とで，立場（ground）を交代させることはないと仮定しなければならない。クライエントが実際にこの立場を交代するときには，何が本質的に異なる2つのコンストラクト次元の浮上極になるのかを，検査者に教えてくれることになる。彼がこうするのには種々の臨床的な理由があるはずである。しかしここでは，それには言及しないことにする。
　e．利便性の範囲　このテストのグリッド法に特有の仮定は，すべての人物がすべてのコンストラクトの利便性の範囲内に入るというものである。この仮定は，チェックのないヴォイドがパーソナル・コンストラクトの潜在極を指すのだという解釈をわれわれが主張するときに，暗に示しているものである。これはあらゆる場合によい仮定だとはいえないかもしれない。クライエントがある交差においてヴォイドを残しておくのは，単純にこのコンストラクトが，どちらの方向であっても，この特定人物に当てはまるとは見えないという理由によるのかもしれない。著者の同僚の中には，グリッドはこの仮定をなくして特徴づけられるべきだと提案するものもいる。たとえばクライエントには，コンストラクトの浮上極が当てはまるときにはプラス，潜在極が当てはまるときにはマイナス，この人物がこのコンストラクトの利便性の範囲からはずれるときには無印のヴォイドのままにしておくように求めうるかもしれない。（しかし）こうすると，本章の後のほうで提案するタイプの要因分析は不可能ではなくてもかなり難しくなるはずである。またこれでは，臨床家はどんなコンストラクトも沈潜した極をもつと解釈してはならないと示唆することにもなる——クライエントはこういう使用を認めない適用になる。
　f．言語ラベル　通常の形式のレプテストではきわめて重要な1つの仮定が，このグリッド形式のテストではあまり重要ではなくなる。すなわち，クライエントがコンストラクトに付ける言語ラベルは，検査者がそれが意味すると思っているものを意味するという仮定である。このグリッド法を使えば，クライエントが使った用語を一度も見なくても，心理士はかなり広範囲のプロトコル分析をすることができる。臨床場面でも研究においても，グリッド法の使用が強く薦められるのは，この長所があるからである。

4 レプテスト・グリッド法の例示

現在のレプテストのグリッド法は，以下の3つの部分からなる。(1)教示用紙（ここに述べる），(2)タイトルのリスト，(3)分類グリッド。

役割コンストラクト・レパートリー・テスト（レプテスト）

教 示： 　　　　　　　　　　　　　　　　　　　　　1953年12月14日

　このテストは次の3つの部分からできています。(1)概念グリッド，(2)概念グリッドの上置きシート，(3)この教示セット

1. **上置きシート**から始めます。まずあなたの名前から始めて，そこに記されている人物の名前を書き入れます。指定の空白部分に名前を書いてください。その人の名前が思い出せないときには，その人の個別性がはっきり思い浮かべられるようなものなら何でも（あだ名や記号でも）よいので，書き入れてください。この上置きシートは，あなたがそのまま持っていていただいて結構です。検査者はグリッドに書かれたものに関心があるだけです。

2. 次に，この**上置きシート**のナンバーがグリッドのナンバーに対応するように，グリッドに重ねて置きます。ナンバーの10〜22の頭には，男・女の文字があります。ここでナンバー10に対応する名前の人が男性であれば，男に○を付けてください。その人が女性であれば，女に○を付けてください。同じことを22まで続けてください。

3. さて，上置きシートを碁盤目に仕切られたグリッドの1番上の行のすぐ上までずらしてください。この第1行には右端の3つの□に○が入っているのがわかりますね。これはまず，右端の20, 21, 22の3列に見られる上置きシートの名前の3人について考えていただきたいという意味です。この3人について考えてください。このうちの**2人は何か重要な点で似ていて，第3の人と区別できるでしょうか？** 2人が似ていてもう1人とは切り離されるような重要な点を思いつくまで，考えつづけてください。

　それがどの2人であり，この人たちが重要な点でどう似ているのかが決定できたら，似ている2人に対応する○の中に「×」マークを書き入れてください。第3の○にはどんな印も付けないでください。

　さて，「コンストラクト（類似性）」欄に，この2人がどう似ているのかを示す語または短い句（フレーズ）を書いてください。

　次に，「コントラスト（対照性）」欄には，あなたがこの特徴の反対だと考えるものを書き入れてください。

4. 今度は，1〜19列の頭に名前のある19人のおのおのについて考えてください。

あなたが「×」マークを入れた人以外で，だれがこの重要な特徴をもっているでしょうか？　この重要な特徴をもっている人のそれぞれの名前の下の□に今度は「×」ではなく「✓」印を入れてください。

5. さて，上置きシートを2行目の上までずらしてください。その名前の下に○の付いているナンバー17，18，19の3人について考えてください。このうちの2人はもう1人とどんな重要な点で異なっているでしょうか？　どの2人が似ているのかがわかるように，2人に対応する○の中に「×」を入れてください。前にしたのと同じように，下の空白に「コンストラクト（類似性）」と「コントラスト（対照性）」を書いてください。それから，他の16人についても考えてください。あなたが今認めたコンストラクトと同じ特徴をもつ人にチェック（✓）を付けましょう。

6. 最初の2行と同じやり方で，このテストを完成させましょう。あなたの名前と今日の日付をテスト用紙に記入して，検査者に提出してください。他の2枚のシートについては，あなたの方で保存するなり捨てるなり，自由にしてください。

概念グリッド上置きシートと概念グリッドは，その配置のイメージを示すために並べて，別掲のように印刷されている。

																							No.		
○		○		○																		1		自己
			○				○					○		○								2		母
			○			○					○		○									3		父
					○			○		○				○								4		兄（または弟）
					○				○○					○							5		姉（または妹）
○					○○○							○								6		配偶者
	○					○○						○								7		前の恋人
○					○								○								8		友だち
					○			○			○										9		前の友だち
																				10	男女	宗教家
																				11	男女	かかりつけ医
																				12	男女	近所の人
	○							○○				○								13	男女	付き合いをやめた人
○○						○						○								14	男女	気の毒な人
		○				○○														15	男女	不快な人
		○		○								○									16	男女	知りたくなった人
									○○					○						17	男女	影響を受けた先生
								○○						○						18	男女	反発を感じる先生
			○						○							○					19	男女	ボス
			○						○								○				20	男女	成功者
							○			○							○				21	男女	幸福な人
			○			○											○				22	男女	道徳的な人
22	21	20	19	18	17	16	15	14	13	12	11	10	9	8	7	6	5	4	3	2	1	分類No		

概　念　グ　リ　ッ　ド

コンストラクト / コントラスト

氏名　日付

概念グリッド上置きシート

──── 1. あなた自身の名前を書いてください。
──── 2. お母さんの名前。継母に育てられた場合は、継母名。
──── 3. お父さんの名前。継父に育てられた場合は、継父名。
──── 4. 一番年齢の近い兄弟。いない場合はこれに相当する人の名。
──── 5. 一番年齢の近い姉妹。いない場合はこれに相当する人の名。
──── 6. 配偶者。いない場合は今あなたと最も親密な異性の友だち。
──── 7. 上記の直前に最も親密であった異性の友だち。
──── 8. 同性の最も親しい友だち。
──── 9. 一度は親友だと思っていたが、その後ひどく失望させられた同性友人。
──── 10. 自分の宗教心について最も話したいと思う僧侶、神父。
──── 11. あなたのかかりつけの医者。
──── 12. 一番よく知っている近所の人。
──── 13. 親しくしていたのに、わけもわからず、嫌われるようになったと感じる人。
──── 14. 最も助けてあげたい人、または気の毒に思える人。
──── 15. たいがいは最も不快に感じる人。
──── 16. 最近出会ったばかりだが、その人のことをもっと知りたいと思う人。
──── 17. 10代のときにあなたが最も影響を受けた先生。
──── 18. ものの見方、考え方に最も反発を感じる先生。
──── 19. あなたがその下で働いていたとき、最もストレスを感じた雇用者、管理職。
──── 20. 個人的に知っている人の中で最も成功した人。
──── 21 個人的に知っている人の中で最も幸せな人。
──── 22. 個人的に知っている人の中で最高の道徳的基準を達成している人。

グリッド法の様式

5 | タイトルと分類の根拠

わかりやすいように，タイトルはそれぞれ次のように呼ばれている。

自　己
 1. 自己

家　族
 2. 母
 3. 父
 4. 兄（または弟）
 5. 姉（または妹）

親密な人
 6. 配偶者
 7. 前の恋人
 8. 友だち
 9. 前の友だち

状　況
 10. 宗教家
 11. かかりつけ医
 12. 近所の人

結合価（ヴァレンス）
 13. 拒否的な人
 14. 気の毒な人
 15. 脅迫的な人
 16. 魅力的な人

権　威
 17. 受容した先生
 18. 拒否した先生
 19. ボス

価　値
 20. 成功した人
 21. 幸せな人
 22. 道徳的な人

　人物の7つのグループ分けのうちの6つは，指定された分類を設定する際に考慮されたものである。
　この分類は3つの括りに配分される。分類1～5の括りは1つのグループ内の人物に基づく分類である。たとえば分類1は，価値グループの3人に基づいている。分類2は権威グループの3人に基づく……といった具合である。分類6～13の括りは，3つの異なるグループから（1人ずつ）選ばれた3人の異なる人物を含んでいる。分類14～22の括りは，同じグループから2人，別のグループからの1人を含むように構成されている。
　最初の分類の括りでは，クライエントは，グループ内のタイトルによって示唆される類似性と対照性の線にしたがうコンストラクトを，いくらか生じやすい。たとえば成功した人と幸福な人はともに「幸福」だと解釈されやすい。しかしながら，クライエントはすぐにコントラスト（対照性）に命名して，これを道徳的な人にも適用しなければならないという課題にぶつかる。臨床家は，クライエントが自分の次元構造をいかにして最後まで貫徹させるかを見ることに特に興味をもつが，それはこの点にお

いてなのである。彼は道徳的だと指名した人を，比較的不幸な人と見なければならないのだろうか？

第2の分類の括りでは，クライエントは，明白なグループ間の類似と差異にそって，コンストラクトを抽出する傾向がある。たとえば分類8では，家族のメンバーは自分をよりよく理解してくれるという考えにたよる可能性がある。第3の分類の括りでは，クライエントはより捜索的な問題に直面する。いくらかの分類は自己を含み，まいくらかは明らかに対照的な役割の人物間の比較を求める。

各分類の理論的根拠をとり上げるなら，以下のようになろう。

分類1：価値分類（Value Sort）　クライエントは，成功した人，幸福な人，道徳的な人の代表を比較対照するよう求められる。

分類2：権威分類（Authority Sort）　クライエントがその人のアイデアを受け入れた人，その人のアイデアを受け入れることが期待されているにもかかわらず，クライエントがそのアイデアを拒否した人，そして，クライエントが人生のある時期にその人のサポートを大いに必要とした人，を比較対照するよう求められる。

分類3：結合価分類（Valency Sort）　クライエントは，なぜかはわからないが彼を拒否する人，彼を必要としていると思う人，本当はよく知らないがもっとよく知りたいと思う人，を比較対照するよう求められる。これらのうちのどの3人もいくらかは幻のような人物であり，これらの人を解釈するには投影的な態度に強くたよらざるをえないと思われる。

分類4：親密性分類　これは，配偶者，前の恋人，友だちを含む，より難しい分類である。これは個人的な葛藤——2人の親密な異性に対するクライエントの態度の間の葛藤，および異性と同性の親密な人物への態度間の葛藤——の特徴を引き出す傾向がある。（われわれにサンプル・プロトコルを提供してくれたクライエントが，この分類ではいかに具体主義へと砕いていかねばならなったかに注目すると，面白い。）

分類5：家族分類　この分類には，母，父，兄（または弟）が含まれる。クライエントの家族との関係を支配するコンストラクトの形成を促進するものである。

分類6：姉（または妹）分類　これは姉像の解釈へと招くもので，姉を見る機会を与えてくれる。これによって姉は，受容した先生に似ており，幸福な人とは対照的なものと見られるか，幸福な人に似ていて，受容した先生とは対照的なものと見られるか，あるいは，姉がこの両者と対照的なものと見られるか，がわかる。

分類7：母親分類　ここで母親と比較されるのは，クライエントがかつて幻滅した人と，非常に受け入れやすい教育をしてくれた人である。

分類8：父親分類　ここで父親と比較される人物は，ボスと成功した人である。

分類9：兄（または弟）分類　ここで兄と比較される人物は，クライエントを拒否し

たとみられる人物と，クライエント自身が拒否した先生で ある。

分類 10：姉（または妹）分類　ここで比較される人物は，兄分類のそれと同じである。

分類 11：親切分類　姉，気の毒な人，道徳的な人がこの文脈に投げ込まれる。

分類 12：脅威分類　クライエントは兄，前の友だち，脅迫的な人の文脈において，脅威を解釈する機会をもつ。

分類 13：配偶者分類　配偶者が脅迫的な人および幸せな人と比較対照される。

分類 14：つれあい分類Ⅰ　母親が配偶者と前の恋人の文脈におかれる。

分類 15：つれあい分類Ⅱ　父親が類似の文脈におかれる。

分類 16：友だち分類　友だち，前の友だち，魅力的な人が文脈におかれる。

分類 17：きょうだい分類　自己，兄，姉が比較対照される。

分類 18：達成分類　ボス，成功した人，道徳的な人が文脈におかれる。

分類 19：親選好分類　母と父が脅迫的な人と同じ文脈におかれる。

分類 20：要求分類　自己が気の毒な人と魅力的な人と比較対照される。臨床家はこれによって，クライエントがみずからの個人的要求に関係づけている相対的に主観的および客観的な関係性を研究する機会が得られる。

分類 21：補償分類　前の恋人，拒否的な人，憐れな人を同じ文脈に置くことによって，臨床家は時に，クライエントが関係の喪失にどう反応するのかについて，いくらかの理解を得ることができる。

分類 22：同一化分類　これは重要な分類である。これには自己，配偶者，友だちが含まれる。ここから，人は時にクライエントの家庭での問題の理解が得られる。

B　心理学的空間の要因分析

6　コンストラクトのタイプ

　図6-1に示したプロトコルを検討し，被験者の心理学的空間について，そこから何を学べるのかを見てみよう。彼はどんな基準軸を使っているのだろうか？　彼の世界はどんな種類の人々と生きるものになっているのだろうか？　これらの疑問はいくつかの重要な理論的問題を生じる。まったくの門外漢としてのわれわれが，被験者の皮膚の中にもぐりこんで，彼の目を通して世界を見ることができるのだろうか？　おそらくそれはできない。しかし，彼のプロトコルから，われわれのパーソナル・コンストラクト・システム内で有意味なものとして知覚できるデータを，引き出すことは可能なはずである。

　われわれがこの個人の領域から取り上げるこの種のデータは，われわれが個人のグ

ループに関してなしうる種類の一般化と大いに関係がある。われわれがとり上げるのは，筋肉のけいれんから哲学体系に至るまで広範囲にわたっている。筋肉のけいれんをとり上げる場合には，われわれはただこの人の筋肉のけいれんを，あの人の筋肉のけいれんと，そしてあそこの人の筋肉のけいれんと……比較対照していくだけでよい。しかし，この人の全哲学体系を1つのデータとしてとり上げる場合には，われわれは突然，これをわれわれの他の知人の哲学体系との連続体上にプロットするという，息をのむような課題に直面することになる。われわれの中の誰が，このような企てに対する基準軸をもっているだろうか？

a．臨床家の基準軸 このような疑問に否定的な答えを出す前に，心理治療者とクライエントとの関係について考えてみよう。心理療法が成功するためには，必ずしも治療者が常に自分のしていることを知っていることが必要なわけではない。しかしよりよい仕事は，治療者がクライエントのパーソナル・コンストラクト・システムを概観できる場合に，達成されうるようである。実際，いくらかの治療者は，クライエントの複雑なものの見方をプロットできるかなりよい基準軸のセットをもっているようである。したがって，異なる人の心的空間構造を比較対照するための体系的な方法論を発達させうるという希望は，早々に捨て去らないようにしよう。

さらに，図6-1に示したプロトコルについて考え，われわれの被験者が対人関係をプロットするのに使ったその特定の基準軸のセットを，どのように分析すればよいのかを見ていこう。特に，彼が引き出してきたコンストラクトと，彼が浮上極と潜在極の対照性を引き出した方法とに注目しよう。彼が最初のコンストラクトのコントラスト側の用語としてあげたのは，「非常に信心深い」である。これは合理的であるように見える。しかしなお，それが全体としてのシステムにどれほど適合しているかをわれわれが理解したと確信できることをやり遂げるまでは，彼の意図する結論に簡単に飛びつくべきではない。

b．使われているコンストラクトのタイプ 彼のコンストラクトのリストを下のほうに見ていくと，そのうちのいくつかは，その性質が社会的でも心理的でもなく，状況的であるように見える。このことは重要なのかもしれない。ローラー(Rohrer)のパーソナル・コンストラクトの分析によると，「心理的」なコンストラクトを多く示した入院患者は，「物理的・状況的」なコンストラクトを多く示したものに比べて，入院後の6週間の間に，心理療法で「動いている」と判断される傾向があった。またグループとして見たとき，彼の被験者は入院後しばらくすると，「心理的」なコンストラクトが少なくなり，「物理的・状況的」なコンストラクトが増えていることも見いだされている。このことは予期されてはいなかったはずである。シューメイカー(Shoemaker)は，ローラーのカテゴリーを発展させて5クラスにしたところ，評定者間一致度はいくらか高まった。しかし，ここでの議論の目的は，ローラーとシューメイカーが興味

をもって調べている路線を追跡するものではない。

われわれ自身の被験者のコンストラクトのいくつかは本質的に状況的であるように見えるが，彼は実際にはこれらのコンストラクトを比較的抽象的に使っている可能性がある。われわれはまた，お互いにそっくりに見えるコンストラクト——たとえばナンバー 4, 14, 15——が異なる適用のされ方がなされうるという可能性にも注意すべきである。実際ナンバー 14 と 15 は明らかに異なる適用がなされている。ナンバー 14 の場合には母親は，たぶん彼女が若くはないという意味で，「女子ではない」となっているが，ナンバー 15 では「どちらも女子」になっている。このプロトコルのもう 1 つの面白い特徴は，彼が姉としてあげた人が男性だという明白な事実である。われわれはこの被験者には姉がいないことを知っている。それゆえに，「姉のような役割を演じてきた人」の名前を選択する必要があったのである。このプロトコルには，臨床的な視点から見ると際立っている面白い特徴が他にもある。しかし，もう 1 つの面白い問題を追求するために，この路線の探求はやはりパスすることにする。

　c．**心理学的空間**　われわれの被験者のコンストラクトのリストを，彼とともに生きる人々の行動をプロットする基準軸のセットとして見ると，われわれはただちに**心理学的空間**（psychological space）という見解に直面することになる。これは，被験者の軸のセットによって構成されているので，たぶんオズグッド（Osgood）が「意味空間（semantic space）」と呼んだ類いのものである。ただし，これはレヴィン（Lewin）の「生活空間（life space）」により類似しているようでもある。

　さて，われわれはこの被験者の心理的空間について，いくつかのタイプの質問をみずから発するところから出発する。われわれは何を知りたいのか？　もし彼があるポジションを求める多くの応募者の 1 人であるなら，われわれは他の応募者，あるいはすでにこのようなポジションに採用されて生産的に働いている人との比較がしたくなるだろう。われわれは仕事の場面で彼がどんな能力を示すか予測したくなるだろう。もし彼が心理療法を受けているクライエントであるなら，われわれはこの質問を少し言い換えることによって，たとえば治療者は面接中にどんな仮説を探索するのかを知りたくなるだろう。もしこのクライエントが，不安か熱心すぎる治療者の励ましかによって，たまたま時期尚早な決定を迫られた場合には，彼は自分にはどんな選択肢が開かれていると見やすいのか，が知りたくなるだろう。たしかに，臨床場面で使われるテストは，人事テストなら満たす必要のないいくらかの実際的な関心を満たさなければならないのだ。

　d．**エビデンスの出現**　レプテストが臨床場面で使われるときに生じるいくつかの疑問に対しては，すでに暫定的な回答が与えられている。ハント（Hunt）は，(1)被験者が産出するコンストラクト数はかなり限定されていること，(2)被験者は同じコンストラクトを別の機会に，そして他の役割タイトルのセットに与える傾向があること，

そして，(3)検査再検査信頼性は大学生でも入院患者でもほぼ同じくらいになることを見いだしている。シューメイカーは，ある実施条件の下では，このテストのプロトコルが，被験者の5分間の役割演技のパフォーマンスと信頼性のある対応関係をもつことを見いだしている。ランドフィールド (Landfield) は，被験者がみずからを動き発達するものと見ることに関係する個人軸は，他の人々によって個人的に脅かされていると感じるラインを示す軸でもあることを示している。ポッチ (Poch) によると，いくつかのタイプの経験は個人軸のある種の回転を生じることを示した。この結論は治療にとって重要な意味をもつ。ハミルトン (Hamilton) の研究では，レプテスト型のプロトコルはTATタイプのプロトコルと確実に対応することを，はっきりと示している。これらの研究はそれぞれがかなり広範囲の研究を含んでいるが，われわれの現在の目的にとっては，蓄積されつつあるエビデンスを示すのには，これらの簡単な要約文で十分である。

7 レプテスト・プロトコルの因子分析

　この被験者の座標軸のシステムは，このテストのプロトコルを最初に見たときに見えてくるものと同じくらい複雑なのであろうか？　この疑問は因子分析を示唆している。そして，レヴィ (Levy) とデュガン (Dugan) が，伝統的な手続きにより4つの異なるプロトコルを因子分析するという面倒な課題に取り組むことになったのは，このタイプの疑問による。彼らの探索的な研究の示すところでは，これらの被験者の使った言葉は多様であったが，これらのプロトコルは因子的には単純な傾向を示し，あるケースでは2因子にまで減らすことができた。レヴィとデュガンの分析したプロトコルは15の分類を含んでおり，したがって，因子分析を始める前に，各プロトコルから105もの相関係数を計算する必要があった (訳注：まだコンピュータが使えず，電卓もなかった時代を想像してみれば，この大変さがわかるだろう)。それゆえ，これにかかる労力を考えると，たとえ (より簡便な) 4分相関を使ったとしても，こういう手続きの使用はたいがいの臨床場面で差し止めを食ったはずである。

　a．単純化したアプローチ　個人の心理的空間を因子に分解するもっと単純な方法はないのだろうか？　いくらかの探索の後に，われわれはこの問題に対しては本質的にノンパラメトリックな解法であるものに向かうことにした。これは，伝統的な因子分析的方法で得られるのと本質的には同じ回答を，非常にわずかな時間で与えてくれるので，臨床的な用途には非常に適した方法である。本質的にこの方法には，電子計算機で使われているのと類似した一種のスキャニングが含まれている。この手続きはわれわれのサンプルのプロトコルで例示する。

　図6-1では，19の人物と22のコンストラクトのグリッドは418のセルを含んでおり，これらのセルにはチェックの付いたものと付かないものがある。どの行でも，チェッ

クの付いたインシデントはこれらの人物にコンストラクトが当てはまることを示し，チェックの付かないヴォイドはこのコンストラクトとは対極のコントラストの方が相対的によく適合することを示している。われわれのデータは，したがって，各コンストラクトについて二分されている。望むなら，われわれは22変数間の231の四分相関係数を算出できるので，標準的な因子分析を進めることもできる。あるいは，こちらの方が好みなら，行と列を転置した因子分析を行い，19人の人物の負荷を得ることもできる。この場合には19の人物間で171の四分相関係数の算出が含まれる。それは，Q技法が伝統的な因子分析におけるR技法に関係しているのに似た関係を，コンストラクトの因子化に対してもっているはずである。一見したところでは，この2つの方法はキャッテル（R. Cattell）によって記述されたP技法とO技法に似ていると見えるかもしれない。が，それは正確には正しくない。実際，1個人からとったデータの因子化には問題があるが，PやOの問題とは違って，われわれは正確には傾向性や時間継起を取り扱ってはいないのだ。

われわれが工夫したレプテスト・プロトコルの因子分析法は，四分相関の計算を含まない。各行の列数はどの2行をとってもまったく同じなので，どの2行間のインシデントについてもヴォイドについても，対応するもの（マッチ）を単純に数えることができる。この行間でマッチするペアの数が，各行を代表する2変数間の関係の測度（相関係数ではないが）になる。さらにいえば，マッチの有意性はp値（統計的有意水準）によって計算され，相関係数の場合よりもさらに適切に決定できる。

b．最初の試行的因子　最初のステップでは各列のインシデントを加算する。このサンプルのプロトコルでは，この合計値は図6-2のグリッドの下の1行目（1t）に示した。これは，最も一般的な因子あるいは**行パターン**——このインシデントとヴォイドはグリッドの418のセルの最大可能数にマッチするであろう——の本質を決定するための試行的な基礎を与えてくれる。最初の試行的な因子（1t）は二分される。したがってわれわれは，列の合計が大きい方から9〜10列（約半分）を，試行的因子のインシデントの側を代表するものとして選択し，残りをこの試行的因子のヴォイド側を代表するものとした。われわれの例では，これらの大きい方の合計に◯をつけた。そうすると，われわれは新しい仮説的なコンストラクト，ナンバー23——これらの各列ではインシデントとして立ち現れ，他の各列ではヴォイドとして立ち現れる——を設定したかのようである。この行をスキャニング・パターンとして扱うなら，このような仮説的なコンストラクトが被験者の各コンストラクトとどれくらいうまくマッチするのかを，1行ずつ見ていくことができる。

しかしながらこれをやる前に，われわれの試行的なコンストラクトは，グリッド全体で418セルあるうちの，いくつとマッチするのかを見てみよう。選ばれた9列における個々のインシデントの合計から，1tにはインシデントのマッチが105回あること

がわかる。他の10列のすべてのインシデントを加えて，これらすべての列のすべての交差（セル）数から引くと，$1t$コンストラクトがどれだけのヴォイドのマッチを生じるのかがわかる。これによって，ヴォイドのマッチ数は154になり，このグリッドの418の交差セルのうち全部で259のマッチのあることがわかる。この合計は特に印象的ではないけれども，反転（reflection）（コンストラクトとコントラストの入れ替え）をすると，この数字はかなり高くなるかもしれない。それを見てみよう。

c．スキャニングの技法　この時点でのよい技法はグラフ用紙を使って，これをインシデントの合計の行の真下に置く。こうして○でかこんだ合計のそれぞれの真下になるグラフ用紙の上端の部分に「×」印を付ける。次にこのグラフ用紙を上の方にずらし，グリッド第1行の真下のところに持ってくる。こうして第1行目（コンストラクトNo.1）から順に，グラフ用紙の「×」の上にあるインシデント（✓）の数を数え，ブランク（×なし）の上にあるヴォイド（✓なし）の数を加える。第1行ではこの合計は9になる。偶然マッチする数は9.5（19/2）になるので，この第1コンストラクトはこの試行的因子とわずかに負の相関をもつことになる。したがってわれわれは，19から9を差し引いて，グリッドの右の$1t_0$と標された第1列に－10と書く。

d．反　　転　第2行はわれわれの試行的因子とのマッチ数が合計16になる。これは偶然に期待される値よりもはるかに高い。このパーソナル・コンストラクトは明らかにわれわれの試行的因子と高度にマッチしている。この手続きが22行まで続けられる。この22行のうち7つは負の関係になった。したがって，これらの変数は反転させることにする。この反転の後には，418の交差（セル）のうち，282がこのパターンとマッチしうることになる（列$1t_0$の合計数を見よ）。

われわれは負の負荷を生じた7行のコンストラクトを反転させなければならない。そして，この反転がこの列の底にある全インシデント数にどんな影響を及ぼすのかを見なければならない。この修正を行う最も簡単な方法は，またしてもグラフ用紙を使うことになる。まず反転されるべき行に合うグラフ用紙の部分に，マイナス（－）のシルシを付ける。それから，この用紙をグリッドの左から右へと1列ずつずらしながら，第1列から始めて，このマイナスの横がヴォイドになっているものを見つけていく。この行は反転されているので，第1列のインシデントの合計は1だけ増やさねばならないことになる。また，3行目のマイナスのところに1つのインシデントが現れている。これはこの第1列の全インシデント数を1だけ減少する効果をもつ。こうして加減算しながらこの列を下っていくと，最初は全体で7インシデントであったのが，この反転を考慮すると，12に修正されることになった。この数字は合計の2行目（$1t_1$）に現れている。他の列についても同様の方法で修正していく。

e．第2試行的スキャニング・パターン　ここでわれわれの一般因子について再考してもよかろう。ボスの列は今や合計数の大きいものの1つになり，姉の列はこのイ

	家族				親密性			結合価				権威			価値		
	自己	母	父	兄（または弟）	姉（または妹）	配偶者	前の恋人	友だち	前の友だち	拒否的な人	気の毒な人	脅迫的な人	魅力的な人	受容してくれた先生	拒否した先生	ボス	成功した人	幸せな人	道徳的な人
---	---	---	---	---	---	---	---	---	---	---	---	---	---	---	---	---	---	---
1						✓			✓		✓			⊗	⊗	✓	⊗	⊗	○
2				✓	✓		✓							⊗	⊗	○	✓		
3	✓		✓	✓	✓	✓		✓	✓	⊗	○	✓	⊗				✓		
4		✓				⊗	⊗	○					✓						
5	✓	⊗	⊗	○	✓	✓		✓						✓	✓	✓	✓	✓	✓
6			✓	○				✓						⊗	✓			⊗	
7		⊗	✓						○					⊗	✓	✓			✓
8		✓	○	✓										✓		⊗	⊗	✓	✓
9				⊗	✓			✓		○				✓	⊗	✓			
10					⊗		✓			⊗				○					
11	✓	✓	✓		⊗	✓		✓			○	✓		✓	✓		✓	✓	⊗
12	✓	✓	✓	⊗			✓	○		✓	✓	✓	⊗	✓	✓		✓	✓	
13		✓		✓		○				✓	✓	⊗			✓			⊗	
14		○				⊗	⊗							✓					
15		✓	○			⊗	⊗							✓					
16	✓	✓	✓				⊗	○					⊗	✓			✓	✓	
17	⊗			⊗	○	✓		✓		✓		✓		✓	✓			✓	○
18				✓	✓										✓	⊗	⊗	✓	○
19		⊗	⊗		✓						✓	○							
20					✓		✓	⊗	⊗	✓	✓	✓	○						
21						○	✓							⊗	⊗	✓	✓		
22	⊗		✓			○	✓	⊗						✓		✓	✓		✓
1t₀	7	⑩	7	⑫	⑩	7	8	⑪	2	7	4	7	8	⑭	⑬	9	⑬	⑫	⑩
1t₁	12	⑬	12	⑰	11	6	3	⑯	5	6	9	8	7	⑲	⑳	⑯	⑯	⑰	⑰
1F	X	X	X	X	X		X							X	X	X	X	X	X
2t₀	4	2	2	⑧	4	2	4	⑤	1	⑥	2	⑤	4	⑥	⑥	3	⑥	⑥	3
2F			X				X							X	X		X		
3t₀	④	2	2	⑤	2	2	④	3	1	⑥	2	⑤	4	④	3	2	④	④	3
3t₁						X				X		X					X	X	
3t₂	1	③	1	2	③	1	⑤	2	2	③	③	2	1	1	2	③	③	③	2
3F						X													
4t₀	③	1	1	④	1	②	1	②	1	②	1	③	③	③	②	1	②	②	②
4F	X		X		X		X			X		X	X	X			X		
5t₀	②	1	1	②	1	1	1	1	1	②	1	②	②	1	1	②	1	1	1
5F	X		X	X	X			X						X			X		
6F		X		X						X	X	X		X		X		X	

図6-2 試行的因子の計算

第6章　心理的空間の数学的構造　235

Σ	1t₀	1t₁	1F	2t₀	2F	3t₀	3t₁	3t₂	3F	4t₀	4F	5t₀	5F	6F
5	-10	-10	-13	16	11	15	19	14	15 //		-11		-10	12
6	16	14	13	12	16 ////				12		-10		10	-10
11	-12	-14	10	10	-12	13	-10	-13	-12	13	11	15	19 ////	-11
4	-11	-11	-14 /		10				16 ///		-11		-11	-10
12	14	14	17 ////		10				-13		10		-11	-12
5	15	15	12	14	19 ////				13		13		-12	12
7	13	15	14 /		13				11		-10		-12	12
7	15	17	14 /		13				11		-10		-12	14 /
7	15	15	14 /		15 //				11		-10		-11	10
3	-10	-12	-13	12	11	11	15	14	17 ////		-12		-10	10
12	14	12	15 //		10				-13		12		10	-12
16	10	12	13	-10	-11	12	-11	-10	-15 //		12		-11	11
8	10	12	-10	13	12	12	12	13	10	10	10	12	-11	19 ////
3	-12	-12	-15 //		11				17 ////		-10		-10	-11
4	-11	-11	-14 /		10				16 ///		-11		-11	-10
12	16	14	17 ////		12				-13		12		10	-12
11	11	11	10	12	13	13	-10	-15	-12	17	19 ////		11	10
6	14	14	13	13	14 /				12		-11		-11	11
10	14	14	15 //		10				-11		-13		-13	11
7	-12	-14	-15 /		-10				13		-12		-10	-10
7	15	17	14 /		15 //				11		11		-14 /	10
8	12	12	11	11	12	12	10	-12	12	12	12	12	-11	-14 /
	282	292	296		270				288		253		251	254
			42%		29%				38%		21%		20%	21%
			(130)		(93)				(52)		(41)			(33)
			(54%)						(40%)		(9%)		(44%)	(74%)

ンシデントのリストから脱落するかもしれない。今までと同様にグラフ用紙を使えば，われわれは22のコンストラクト変数の，それぞれの因子負荷量を再計算してよい。これらの負荷量はグリッドの右の$1t_1$列に見られる。われわれはこのマッチを計算する際の反転をあまり気にかける必要はない。というのもわれわれは，9.5以下は自動的にそれを19から引き算することによって，どんな負荷もマイナスに変換してきたからである。試行的な計算の実行で見いだされたのと同じコンストラクトが負の負荷をもっていることが注目されよう。時には新しい負の負荷が反転後に生じることがある。これが生じるときには，付加的な行の反転をせねばならなくなる。

f．算術的負荷の最大化 われわれは，第2の試行的なスキャニング・パターンによって，グリッドの418セルのうち，マッチ数を全部で292（原文では290）にまで押し上げた。われわれはこれよりももっとよくすることができる。9は各行19セルのほぼ半数なので，われわれは2つの試行的因子に対して9インシデントのスキャニングのパターンを用いてきた。この試行的スキャニング・パターンにおけるインシデント数は，行端の負の合計を上昇させる可能性を最大にする傾向がある。これが，どこで反転すべきかを決定するために，われわれがほしいものなのである。

われわれは今まで反転に気を使ってきたようなので，次に，その中で最適数のインシデントをもつことを確認するために，われわれのスキャニング・パターンを見てみることにしよう。各列には22のセルがある。もしわれわれが各列のインシデントの合計が11，12ないしはそれ以上になるスキャニング・パターンを使うなら，マッチの**算術的**合計は最大になるだろう。このようなパターンをもってスキャンするとき，新しい負のサインが行の端に出てこない場合には，われわれは高度に一般的なスキャニング・パターンを開発したと合理的に確信できる。

グリッドの底部に1Fと標した行は，グリッドの右の1F列のエントリーの算術的合計を最大化するパターンを含んでいる。このグリッドの418のセルに対するマッチの算術的合計は，今や296にまで上がった。しかしながら，われわれは新しい問題に直面する。第3行の負荷は正符号に切り替わった。われわれはわれわれが与えた反転を修正すべきなのだろうか？ われわれのオリジナルな計算では，われわれがこれを行っても差が生じないことを見いだした。それゆえに，付加的な列の計算はこの例では示さなかった。

g．われわれの第1因子はどれくらい一般的か？ われわれの計算法は逐次接近法(successive approximation)の1つである。これは最適あるいはほぼこれに近いスキャニング・パターンを提供してくれる。たまには，もう少しよいスキャニング・パターンが開発されうる。このサンプルのプロトコルでは，われわれは298セルがマッチするスキャニング・パターンを見いだしている——これは例示したものより2だけ大きい。しかしながら，この一般性の増加は，思い悩むほどのものではない。そのうえ，われ

われがここで示した方法は比較的単純である。

　h．他の一般因子　概念的グリッドの研究をすると，同様に高度の一般性をもつ最適のスキャニング・パターンは，多くのバリエーションがあることがすぐにわかる。この計算でプロトコルに潜在する隠れた因子が簡単に暴露されるなどと見てはならない。それは，クライエントのコンストラクト・システムを表象する経済的で便利な方法が，簡単に発展させうると見られてはならないのと同様である。

　i．有意水準の決定　われわれが算出した負荷の有意水準は，二項式 $(p+q)^n$ を拡張することによって得られるかもしれない。これらの値を示したのが表6-1である。これはどんなマッチ数でも偶然によって得られる確率を示している。われわれは確率（p値）を，表の左端の数値が，この特定のグリッドの行のセル数である「19」になるところまで下っていくと，この「19」の線上の右側に，種々の可能なマッチ数に相当するp値を読み取ることができる。

　われわれは10以下の値はどんな値でも反転されると自動的に考えるので，10以上のセルがマッチする可能性は完全（p = 1.00）だと言いうる。2行目に見られる14マッチのp値は .06である，等々。この第1因子の負荷がどこに見いだされるかをはっきりと示すために，われわれは14の正しいマッチの場合には1本の縦線で，15のマッチの場合には2本…で示した。この被験者のパーソナル・コンストラクトのリストを参照してみると，今や第1因子は，この被験者の「両親」と「どちらも高い道徳心をもっている」という2つのパーソナル・コンストラクトに，最も強く負荷するものであるらしいことがわかってくる。また，「私をよりよく理解してくれる」「正しいことを教えてくれる」などにも負荷している。図6-3を見よ。

　われわれは今や，ある因子のあるコンストラクトに対する適切な負荷と考えられるものの信頼限界を設定してもよさそうである。われわれの目的にとっては，.06のレベルは適切だと思われる。もっと厳密なレベルを主張すると，われわれはおそらく処理したいと思う以上の因子を持ち出すことになるだろう。22のうち12のコンストラクトはこの大きな負荷をもっている。したがってわれわれの第1因子は，非常に一般的なもののようである。図6-3と図6-3aを見よ。

　j．因子の命名　われわれは立ち止まって，どの2人がこの因子のこの極を最もよく代表するように見えるのか，見てみよう。拒否された先生はこのコンストラクトに20/22というインシデントのスコアをもっている。このことは，被験者が，拒否された先生像を，最初は今まで受け入れがたかったが，最終的には称賛され受容されるようになりえた人を指名するものとして，解釈したことを暗示している。このコンストラクトのコントラストの側は前の恋人によって最もよく代表されているようである。

　k．第2因子の抽出　われわれの次の課題は，第2一般因子をこの残差から抽出できるかどうかを見ることである。われわれがこの12行の負荷を，これらを適切に説

表6-1　セルのマッチ数に相当するp値

行内の セルの数	1	2	3	4	5	6	7	8	9	10	11	12	13	14	15	16	17	18	19	20	21	22
1	1.00																					
2	1.00	.50																				
3		1.00	.25																			
4		1.00	.62	.12																		
5			1.00	.37	.06																	
6			1.00	.69	.22	.03																
7				1.00	.45	.12	.02															
8				1.00	.73	.29	.07	.01														
9					1.00	.51	.18	.04	.00													
10					1.00	.75	.34	.11	.02	.00												
11						1.00	.55	.23	.07	.01	.00											
12						1.00	.77	.39	.15	.04	.00	.00										
13							1.00	.58	.27	.09	.02	.00	.00									
14							1.00	.79	.42	.18	.06	.01	.00	.00								
15								1.00	.61	.30	.12	.04	.01	.00	.00							
16								1.00	.80	.45	.21	.08	.02	.00	.00	.00						
17									1.00	.63	.33	.14	.05	.01	.00	.00	.00					
18									1.00	.81	.48	.24	.10	.03	.01	.00	.00	.00				
19										1.00	.65	.36	.17	.06	.02	.00	.00	.00	.00			
20										1.00	.82	.50	.26	.12	.04	.01	.00	.00	.00	.00		
21											1.00	.66	.38	.19	.08	.03	.01	.00	.00	.00	.00	
22											1.00	.83	.52	.29	.13	.05	.02	.00	.00	.00	.00	.00

注：信頼性の限界値　p=.10

明するものとして受け入れるならば，残余の行に適する新しい因子を開発することが許されよう。再びグラフ用紙の端を使って，新しい因子を形成すると考えられるべき行の隣に「×」印を付けることができる。これらの行のみを考慮に入れて，各列のインシデントの合計が加算される。これらの合計はグリッド底部の「$2t_0$」と印された行に示されている。(こうして) $2t_0$ の試行的因子が設定されると，残りの行でのマッチングが，グリッド右の「$2t_0$」と印した列に書き込まれる。マイナスのサインが現れていないので，われわれは望むなら，この試行的なスキャニング・パターンを受け入れることができよう。

 1 ． **心理学的な意味を獲得するための第2因子の回転**　この第2因子を見て，それが心理的に有意味なものと考えられるのかどうかを見てみよう。結局のところ，被験者のパーソナル・コンストラクト・システムを数学的に表現することと，これをわれわれ自身のパーソナル・コンストラクト・システムに包摂して，被験者に心理療法的に対応できるようにすることとは，まったく別である。$2t_0$ では，たった2つ（10のうち）の負荷がわれわれの信頼限界に達しているだけだということがわかった。その最も高い負荷をしているのは「神を信じない」というコンストラクトであり，もう1つは「私をよりよく理解してくれる」である。被験者自身の神への信仰が彼自身の本質的な部分として理解されねばならないと結論する前に，この因子をもっと文字どおりに検討してみよう。心理療法的な観点からは，被験者が理解してもらうということで何を意味しているのかを，もっとはっきりと知りたいと望んでも許されるだろう。この軸を行き着くところまでこの方向に回転させるために，「私をよりよく理解してくれる **対**

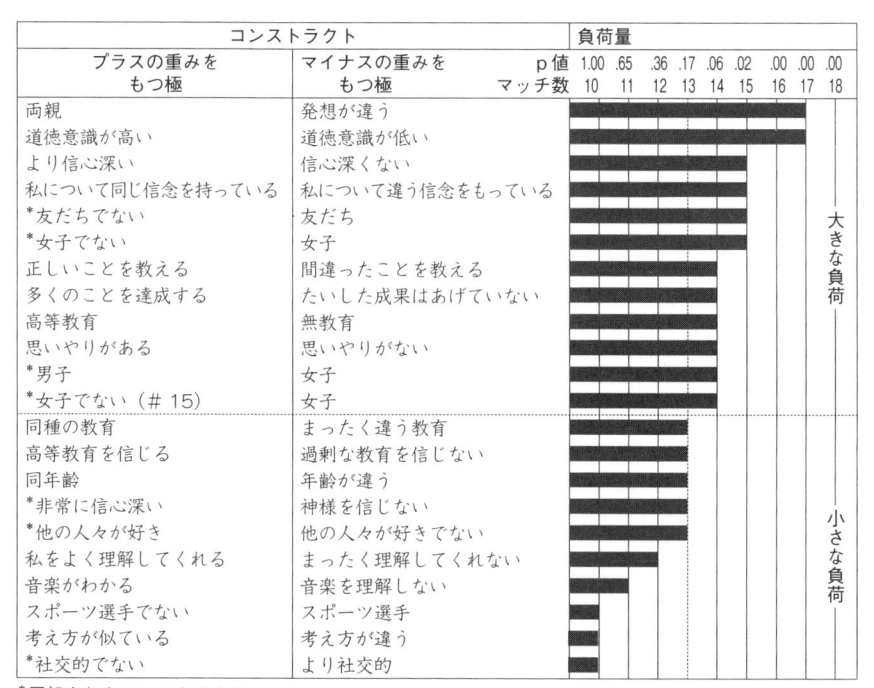

第6章　心理的空間の数学的構造　239

コンストラクト			負荷量	
プラスの重みをもつ極	マイナスの重みをもつ極	p値　マッチ数	1.00 .65 .36 .17 .06 .02 .00 .00 .00 10　11　12　13　14　15　16　17　18	
両親	発想が違う		▬▬▬▬▬▬▬	大きな負荷
道徳意識が高い	道徳意識が低い		▬▬▬▬▬▬▬▬	
より信心深い	信心深くない		▬▬▬▬▬▬	
私について同じ信念を持っている	私について違う信念をもっている		▬▬▬▬▬▬	
*友だちでない	友だち		▬▬▬▬▬▬	
*女子でない	女子		▬▬▬▬▬▬	
正しいことを教える	間違ったことを教える		▬▬▬▬▬▬	
多くのことを達成する	たいした成果はあげていない		▬▬▬▬▬▬	
高等教育	無教育		▬▬▬▬▬▬	
思いやりがある	思いやりがない		▬▬▬▬▬▬	
*男子	女子		▬▬▬▬▬▬	
*女子でない (#15)	女子		▬▬▬▬▬▬	
同種の教育	まったく違う教育		▬▬▬▬	小さな負荷
高等教育を信じる	過剰な教育を信じない		▬▬▬▬	
同年齢	年齢が違う		▬▬▬▬	
*非常に信心深い	神様を信じない		▬▬▬	
*他の人々が好き	他の人々が好きでない		▬▬▬	
私をよく理解してくれる	まったく理解してくれない		▬▬▬	
音楽がわかる	音楽を理解しない		▬▬	
スポーツ選手でない	スポーツ選手		▬	
考え方が似ている	考え方が違う		▬	
*社交的でない	より社交的		▬	

*反転されたコンストラクト

図6-3　ケースAの第1コンストラクト因子の構成

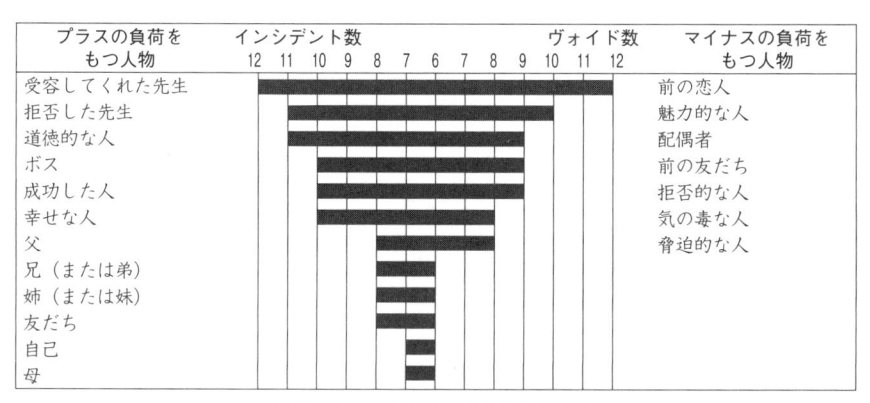

プラスの負荷をもつ人物	インシデント数 12 11 10 9 8 7 6 5 6 7 8 9 10 11 12	ヴォイド数	マイナスの負荷をもつ人物
受容してくれた先生	▬▬▬▬▬▬▬▬▬		前の恋人
拒否した先生	▬▬▬▬▬▬▬▬		魅力的な人
道徳的な人	▬▬▬▬▬▬▬		配偶者
ボス	▬▬▬▬▬▬		前の友だち
成功した人	▬▬▬▬▬▬		拒否的な人
幸せな人	▬▬▬▬▬▬		気の毒な人
父	▬▬▬▬		脅迫的な人
兄（または弟）	▬▬▬		
姉（または妹）	▬▬▬		
友だち	▬▬		
自己	▬		
母			

図6-3a　人物による第1因子の構成

m．第3因子 第3因子の抽出に向かおう。今までと同様に，反転が必要かどうかを決定するために，残りの行のみを考えることにする。一連の反転により，列3Fに示す負荷量がえられた。図6-4はこの因子の構成をグラフで示したものである。

  n．残りの因子 われわれはわれわれの手続きをくりかえして，まだ有意な負荷をもたない4行でこのパターンに最もよくマッチする因子の発見を追求する。列「$4t_0$」に示した結果はあまり有望には見えないので，今一度残りのプールから独自因子を抽出した。われわれは4つのパターンのどの1つでもこのグリッドをスキャンできたはずである。コンストラクト17はこれをやってみる価値がありそうである。この負荷は次の列に示す。同様の手続きが使われて，F5とF6因子に到達した。

  o．因子の一般性 グリッドのどれだけの比率が，われわれの導入した各因子にマッチするのだろうか。このことに注目すると，おもしろい。各因子とマッチする交差部の数は因子の列の底部に示してある。因子1Fはたとえば，418の交差部のうちの296がマッチする。これは交差部の71％にあたるが，われわれはおそらく偶然によるマッチを修正すべきであろう。われわれは古いなじみのある公式「正$\overset{マイナス}{-}$誤」を使ってよかろう。こうすると，修正値42％，すなわち「偶然によらない」マッチング値が得られる。

  p．因子の直交性 被験者のプロトコルを解釈するために，われわれが選んだ6つの因子間にどれくらいの重なりがあるのかを，尋ねてみてもよかろう。このチェック（計算は示さない）では，因子スキャニング・パターン間のマッチングはどれ1つとして，統計的有意性の目安として設定された信頼限界に達しなかった。マッチの平均値は11.5であり，偶然から期待されるものと正確に同じであった。

  q．特殊問題 因子を抽出するための代替法もある。プロトコルが比較的少数のインシデントしか持たない場合には，相応に少ないインシデントをもつスキャニング・パターンを使うのが望ましいかもしれない。たとえば，あるプロトコルが418セル中150のインシデントをもつ場合には，7インシデントしか持たないスキャニング・パターン——1行19セルの比率（7/19 ≒ 150/418）と等しい——を使うのがよいのかもしれない。いくつかの行が反転している場合には，この比率は大きく変化するかもしれない。

  もう1つの問題は，クライエントが行のほとんどすべての交差部をチェックしているか，ほとんど何もチェックしていない場合に生じる。たとえばサンプル・プロトコルの12行について考えてみよう。この行は16のインシデントを含んでいる。もしすべてがインシデント，あるいはすべてがヴォイドのスキャニング・パターンを構成したとしたら，交差部でマッチするのは16，あるいは−16になるだろう。このことは，

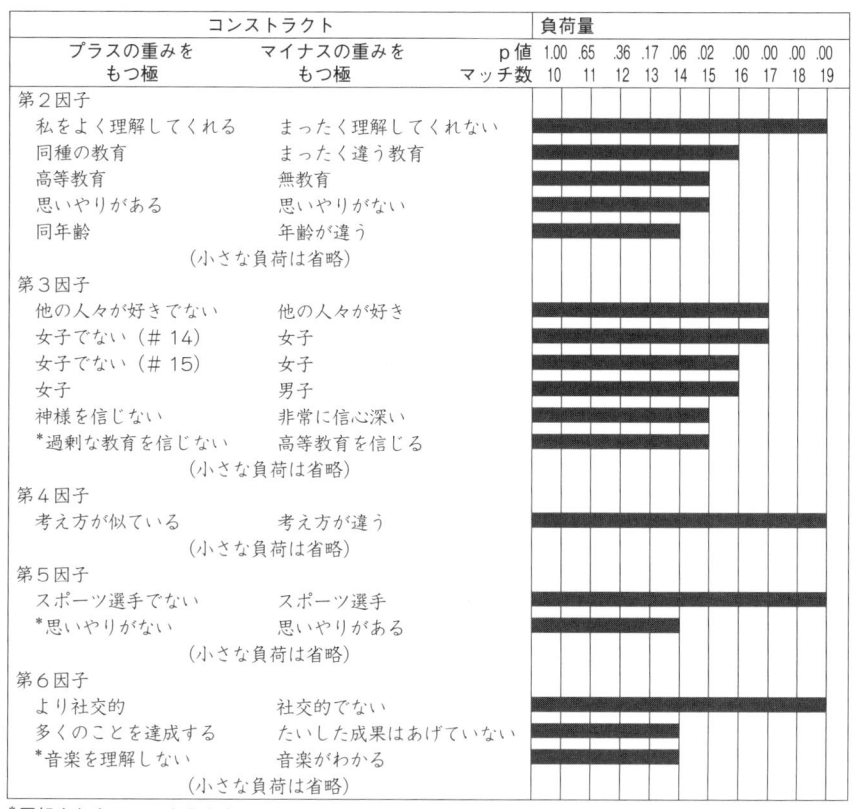

コンストラクト		負荷量									
プラスの重みをもつ極	マイナスの重みをもつ極	p値	1.00	.65	.36	.17	.06	.02	.00	.00	.00
		マッチ数	10	11	12	13	14	15	16	17	18	19

第2因子
- 私をよく理解してくれる／まったく理解してくれない
- 同種の教育／まったく違う教育
- 高等教育／無教育
- 思いやりがある／思いやりがない
- 同年齢／年齢が違う
  (小さな負荷は省略)

第3因子
- 他の人々が好きでない／他の人々が好き
- 女子でない（#14）／女子
- 女子でない（#15）／女子
- 女子／男子
- 神様を信じない／非常に信心深い
- *過剰な教育を信じない／高等教育を信じる
  (小さな負荷は省略)

第4因子
- 考え方が似ている／考え方が違う
  (小さな負荷は省略)

第5因子
- スポーツ選手でない／スポーツ選手
- *思いやりがない／思いやりがある
  (小さな負荷は省略)

第6因子
- より社交的／社交的でない
- 多くのことを達成する／たいした成果はあげていない
- *音楽を理解しない／音楽がわかる
  (小さな負荷は省略)

*反転されたコンストラクト

図6-4　ケースAの第2～第6コンストラクト因子の主な構成

このようなスキャニング・パターンがこのような行では偽りの負荷をもたらすということになるのであろうか？

　r．ノンパラメトリックな性質の分析　ここで，われわれが遂行している類の因子分析的方法に注意を払う必要がある。基本的にこれはノンパラメトリックな方法である。すなわちこれは，パラメータやスケールに基づくというよりも，二分法に基づいている。スキャニング・パターンの交差部は，各行のそれぞれの交差部にマッチしているか，マッチしていないかのいずれかである。一群の行を最も経済的に代表する因子は，実際には，それらを2つの方法で代表する。1つはヴォイドとインシデントとのマッチングに関するもの，いま1つはヴォイドとインシデントの絶対的な比率に関するものである。前者のみを行った場合には，それは本質的にその行のパラメトリックな因子的代表になるだろう。しかしこの因子はまた，行がバランスをとっているの

とまったく同じように，比率によってもバランスをとっている。ある行が17のインシデントと2つのヴォイドをもっているなら，この因子はインシデントとインシデント，およびヴォイドとヴォイドをマッチさせる傾向をもつだけでなく，その行に有意に負荷するためには，インシデントとヴォイドが類似の比率——たとえば16インシデントと3ヴォイド，あるいはもしかしたら18インシデントと1ヴォイドというような——をもっていなければならない。この因子はその行に沿って端から端へと動きうる，スライディング・スケールのようなものではなく，固定的に行とマッチしているのである。この点で，これは伝統的な因子的分析で得られる因子と等価ではない。実際，われわれの目的にとっては，それは，クライエントのプロトコルを理解するためには，われわれが導入する必要のあるこの種の因子的代表にはより適してさえいるのである。

ここで脱線すると，われわれが提案したこのノンパラメトリックな因子分析法は，パーソナル・コンストラクト心理学の概念構成の体系とよく調和することが指摘できそうである。われわれの心理学体系はそれ自体二分法的体系になっており，われわれの数学的方法が類似の推理様式に基づくべきだということは，まったく適切であるように思われる。

これから分析するプロトコルが多数のインシデントあるいは多数のヴォイドを含む行をいくつか持っているとわかった場合には，すべてヴォイドのスキャニング・パターンで第1因子を構築するのが得策だと判断されるかもしれない。このようなパターンは，グリッドがその行に19のセルをもっているので，14以上のヴォイドをもつすべての行に対して有意な（14以上の）正の負荷を示すだろう。そして14以上のインシデントをもつすべての行に対して有意な負の負荷を示すだろう。こうすれば，この分析を進める前に，これらの不均衡なコンストラクトを抜き出せることになる。

後で示すように，グリッド法は非常に多くの異なる方法で使うことができる。この不均衡な行を最初に抜き出しておく技法は，これらの他の手続きのいくつかとの関連で使われる場合には，レプテスト・プロトコルの因子的分析で使われる場合よりも，有益である可能性が高い。

s．**正常性因子** この技法を使うときには，非対称分布の因子を何と考えるべきかの決定に，いくらかの注意が必要である。およそ人が安全に到達できる唯一の結論は，彼が**正常性**の因子を抽出したということだけである。彼の因子は，人物がまったく不均等に分割される行のすべてで負荷する。たとえばそれが19の可能性のうち14以上のインシデントをもつすべての行に負荷しているなら，それは明らかに大多数の人物が一方あるいは他方に落ちる行を代表していると考えられよう。このような因子について言えることのすべては，したがって，それはそれらの人物のうち「正常なもの 対 異常なもの」，あるいは「普通に見いだされるもの 対 めったに見いだされないもの」

を代表しているということである。

t．尖鋭化因子 もう1つ，述べておくべき面白い技術的問題がある——ただし，この因子的手続きに関連して生じるすべての問題を議論するのに，本書のスペースをとるつもりはない。時に人は自分が見いだした第1因子があまりにも「平板（フラット）」で，心理学的な意味をもつとは思えないことがある。たとえばこのサンプル・プロトコルでは，第1因子は12の異なるコンストラクトに負荷している。このため，No.5と16への高い負荷は，これらが両親の道徳性に関わることを示唆してはいるものの，この因子の概念化はいくらか困難になる。われわれは当面他の行は無視して，これらの12の行のみに適合するスキャニング・パターンをつくって，この因子を先鋭化させることが，もしかしたらできるのかもしれない。このような因子の負荷を受け入れるのにより高い信頼限界を設けることができるはずなので，こうすればもしかしたら，われわれの計算で示した1つの1F因子の代わりに，2つの因子を出現させえたのではないかと思われる。

8 一般化された人物によるプロトコルの分析

われわれ自身の構造を被験者の心理的空間構造に重ね合わせるために，グリッドをスキャンしうる方法は他にもある。プロトコルを行対行のスキャニングをする代わりに，逆因子分析（inverted factor analysis）でなされるように，列対列のスキャニングをすることもできる。今までと同様にこれは主として数学的経済性に基づいてなされる。しかし，心理学的に意味のある因子をもたらすためにこの軸を回転する機会は，コンストラクトの因子的分析をする場合よりも少ない。グリッドの各人物はよく知っている人なので，このうちどの2人でも似ていると解釈しうると考えるのは，当然である。このワークシートは図6-5に示した。この手続きは，図6-2で処理するのに使ったものと似ており，その例外は，列に対して行ったことを今度は行に対して行い，行に対して行ったことを今度は列に対して行うということである。最初に出現した仮説的な一般的人物像は，「1P」と記された行に示した。図6-6も見られたい。この図には8つの有意な負荷が見られる。

第2に出現した一般的人物像は，自己，友だち，そしてある程度まで父親，拒否した先生，成功した人を混成したものであった。図6-7を見られたい。チェックは，第1の一般的人物像について得られた負荷パターンと，いくらかの類似性を示している。第3人物像は反転することにいくらかの問題があったが，2回の試行の後，マイナス符号のパターンが落ち着いて，6タイトルに有意な負荷をもつ3Pの人物がえられた。

3Pでは，2つの有意な負の負荷が初めて得られた。これによって解釈がもう少し困難になった。数学的分析を通じてこの被験者による人物の概念化を解釈すると，兄とボスを反転させているのが見てとれる。これは帰納的に導かれた一般的な人物像で

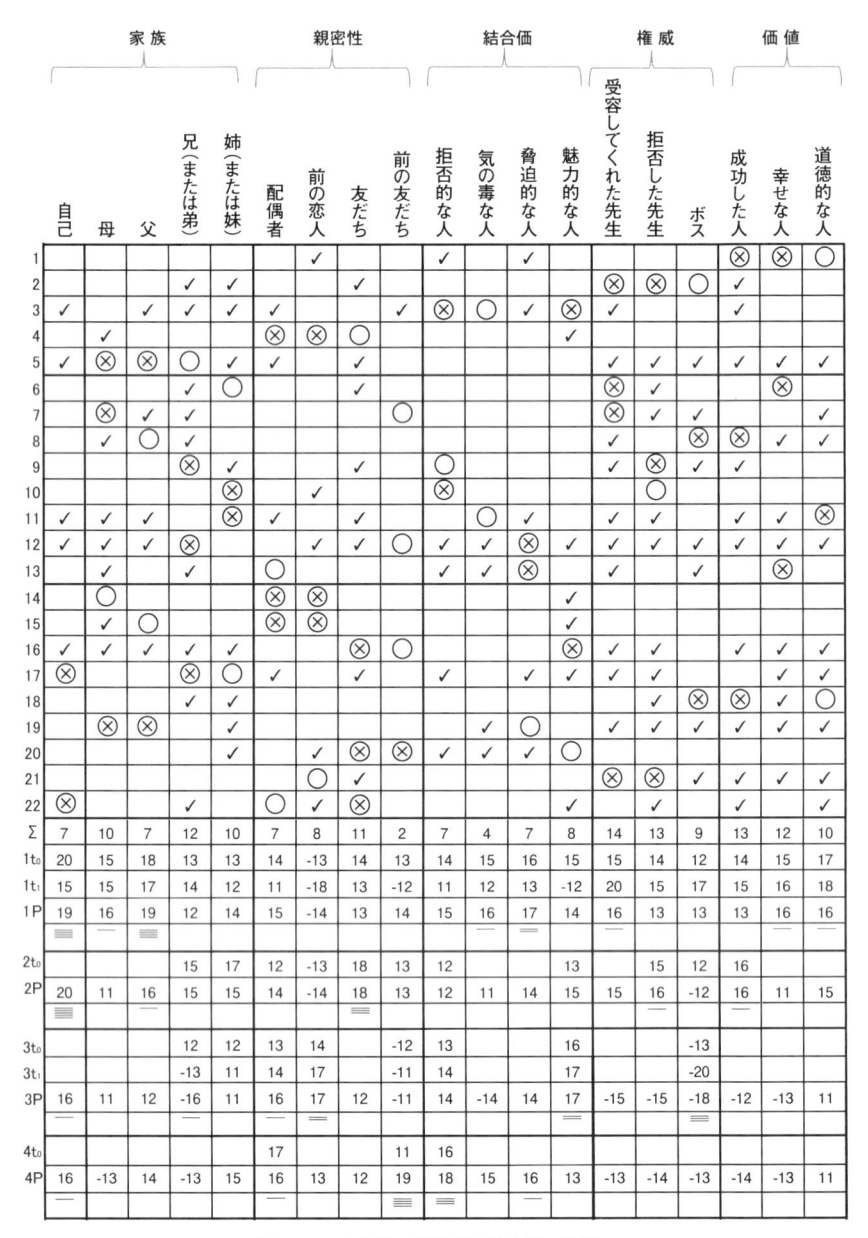

		家族				親密性			結合価				権威			価値		
	自己	母	父	兄(または弟)	姉(または妹)	配偶者	前の恋人	友だち	前の友だち	拒否的な人	気の毒な人	脅迫的な人	魅力的な人	受容してくれた先生	拒否した先生	ボス	成功した人	幸せな人	道徳的な人
1							✓			✓		✓					⊗	⊗	○
2				✓	✓			✓						⊗	⊗	○	✓		
3	✓		✓	✓	✓	✓			✓	⊗	○	✓	⊗	✓			✓		
4		✓				⊗	⊗	○					✓						
5	✓	⊗	⊗	○	✓	✓		✓						✓	✓	✓	✓	✓	
6			✓		○			✓						⊗	⊗		✓	⊗	
7		⊗	✓	✓					○					⊗		✓			
8		✓	○													⊗	⊗	✓	
9			⊗	✓			✓			○				✓	⊗		✓		
10				⊗			✓			⊗					○				
11	✓	✓	✓		⊗	✓		✓			○	✓		✓	✓		✓	✓	⊗
12	✓	✓	✓	⊗			✓			✓		⊗	✓		✓		✓	✓	
13		✓		✓		○				✓		⊗		✓		✓		⊗	
14		○				⊗	⊗						✓						
15		✓	○			⊗	⊗						✓						
16	✓	✓	✓	✓				⊗					⊗	✓	✓		✓	✓	
17	⊗			⊗	○	✓		✓		✓		✓		✓				✓	✓
18					✓	✓									✓	⊗	⊗	✓	○
19		⊗	⊗		✓							○		✓			✓		
20					✓		✓	⊗	⊗	✓		○							
21						○	✓							⊗	⊗		✓	✓	✓
22	⊗		✓			○	✓						✓				✓	✓	
Σ	7	10	7	12	10	7	8	11	2	7	4	7	8	14	13	9	13	12	10
1t₀	20	15	18	13	13	14	-13	14	13	14	15	16	15	15	14	12	14	15	17
1t₁	15	15	17	14	12	11	-18	13	-12	11	12	13	-12	20	15	17	15	16	18
1P	19	16	19	12	14	15	-14	13	14	15	16	17	14	16	13	13	13	16	16
	≡	—	≡								≡		≡						
2t₀				15	17	12	-13	18	13	12			13		15	12	16		
2P	20	11	16	15	15	14	-14	18	13	12	11	14	12	15	16	-12	16	11	15
	≡							≡											
3t₀			12	12	13	14		-12	13			16			-13				
3t₁				-13	11	14	17		-11	14			17			-20			
3P	16	11	12	-16	11	16	17	12	-11	14	-14	14	17	-15	-15	-18	-12	-13	11
	—	—	—			—	≡									≡			
4t₀						17			11	16									
4P	16	-13	14	-13	15	16	18	13	12	19	18	15	16	13	-13	-14	-13	-14	-13	11
	—					≡	≡												

図6-5 人物像の試行的因子分析の計算

第6章　心理的空間の数学的構造　245

1t₀	1t₁	1t₂	1P	2t₀	2t₁	2P	3t₀	3t₁	3t₂	3P	4t₀	4P	F₁P	F₂P	F₃P	F₄P
5	4	5		3	3		2	④	⑤	×	①		-10	-13	-10	10
6	7	8		⑤	⑦	×	2	④	3		①		-14 /	15 //	-13	-14 /
11	⑫	⑪	×	⑦	⑨	×	⑥	⑥	⑤	×	③	×	10	12	11	14 /
4	3	2		3	3		③	⑤	⑥	×	0		-10	-12	12	11
⑫	⑬	⑭	×	⑥	⑥	×	③	3	④	×	①	(×)	11	13	10	-14 /
5	6	7		3	⑤		1	3	2		0		-11	12	-14 /	-15 //
7	⑧	9		3	3		2	2	1		0		10	12	-12	-15 //
7	⑧	9		3	3		2	2	1		0		10	10	-14 /	-17 ////
7	⑧	9		⑥	⑥	×	③	3	2		①		-15 /	14 /	-14 /	-15 /
3	2	3		3	3		③	⑤	⑥	×	②	×	-11	-11	11	12
⑫	⑬	⑭	×	⑤	⑦	×	2	④	⑤	×	①		13	13	12	-12
⑯	⑮	⑭	×	⑧	⑥	×	⑤	⑤	④	×	①		11	11	10	-12
⑧	⑨	⑩	×	3	3		③	3	2		①		13	-14 /	-13	-12
3	2	1		3	3		③	⑤	⑥	×	0		-11	-11	11	12
4	3	2		3	3		③	⑤	⑥	×	0		-10	-12	12	11
⑫	⑬	⑫	×	⑥	⑧	×	③	⑤	④	×	①		-10	17 ////	10	-14 /
⑪	⑫	⑪	×	⑥	⑧	×	④	⑥	⑤	×	①	(×)	12	12	11	-11
6	7	8		⑤	⑤		③	3	2		①		-14 /	11	-15 //	-14 /
⑩	⑪	⑫	×	4	4		2	2	3		①		11	11	-14 /	-14 /
7	6	7		⑤	⑤		④	④	⑤	×	③	×	-11	-13	11	14 /
7	⑧	⑨		4	4		1	1	2		0		-11	12	-14 /	-17 ////
⑧	7	6		⑥	⑥	×	③	⑤	④	×	0		-14 /	15 //	10	-12

あり，大方はこの2人の正反対になっていると解釈してよかろう。

人物4Pはこのグリッドの因子化を完了するものである。

われわれがこのプロトコルから抽出したこれらの一般的人物像の何らかの記述法を見いだしたい場合には，行のスキャニングにもう一度戻るのがよかろう。われわれは1Pの高対低の正の値の負荷から行パターンを構築してよかろう。たとえばこのパターンのインシデントは，行1Pの○を付けた番号に位置する。このパターンをグリッドの1行ごとのスキャンに用いると，われわれは図6-5に「F_{1P}」と記された列に示されるコンストラクトの負荷を得ることになる。これは1Pを記述するいくつかの形容語を与えてくれる。列 F_{2P} と F_{3P} も 2P と 3P の仮説的人物についての類似の情報を与えてくれる。

9 自己同一化

現代のパーソナリティ理論は「自己」「父親像」「性役割」「権威像」等々のような因子的表象をさまざまに強調している。このレパートリー・グリッドの使用を通じて，個別のケースで，このような人物因子がまさにどれほど一般化されているのかを見いだしうる。われわれのプロトコルをしらべて，このような人物がこのクライエントの生活においてどの程度の一般性をもっているのかを見てみよう。

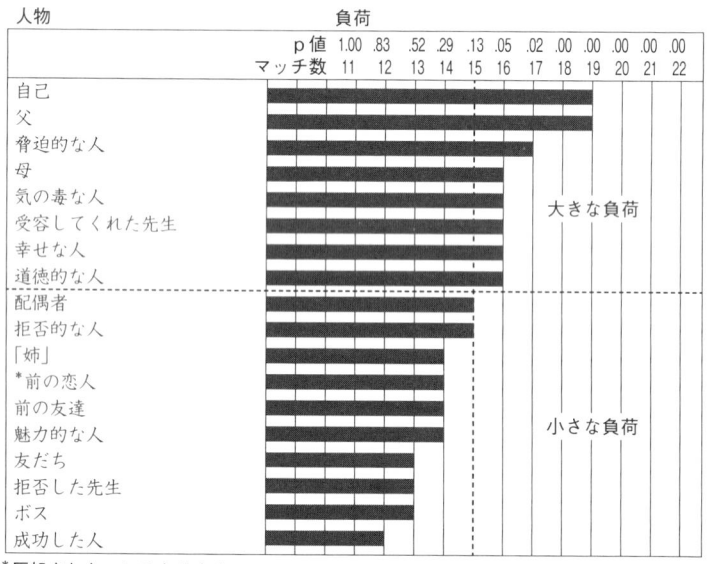

図6-6 ケースAの第1一般人物因子の構成

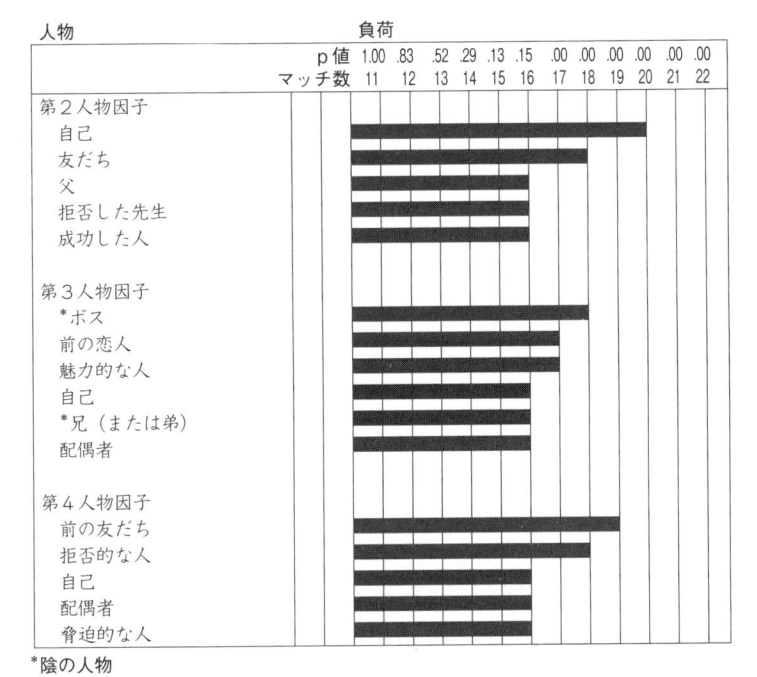

```
人物                    負荷
                 p値    1.00 .83 .52 .29 .13 .15 .00 .00 .00 .00 .00
                 マッチ数  11  12  13  14  15  16  17  18  19  20  21  22
第2人物因子
  自己
  友だち
  父
  拒否した先生
  成功した人

第3人物因子
  *ボス
  前の恋人
  魅力的な人
  自己
  *兄（または弟）
  配偶者

第4人物因子
  前の友だち
  拒否的な人
  自己
  配偶者
  脅迫的な人
```

*陰の人物

図6-7 ケースAの付加的人物因子の構成（有意な負荷のみ）

a．因子としての自己 われわれはこのプロトコルを，図6-8に示すように，自己の列に関連させながら列ごとにスキャンすることができる。こうすると，われわれはID行と図6-9の行に示した人物負荷が得られる。統計的に有意な負荷には下線を付した。もちろん自己は22という最大の負荷をもつ。さらに自己のパターンはグリッドの418セルのうち277（33％が真のマッチ）の説明を可能にした。次に大きな負荷を示したのは父親像であり，また魅力的な人，道徳的な人，配偶者，友だち，および脅迫的な人にも高く負荷していた。

自己を，図6-5と図6-9に示した手続きによって抽出された因子の人物像と比較してみるのは，興味深い。計算は示さないが，22の可能なマッチのうち，19が第1一般因子の像とマッチしている——これは統計的有意に達する以上の比率である（表6-1を見よ）。22の可能なマッチのうち20が第2一般因子とマッチしている——これは.001水準の統計的有意性を越える比率である（表6-1を見よ）。われわれのエビデンスはなお断片的であるが，この発見はマーラー（Mahrer）の臨床観察ともある程度一致している。彼の報告によると，入院患者で見られた第2の仮説的役割（因子）の特徴づけは，第1のそれよりもはるかによく彼の自己を代表しているように見える。これはまた，ビー

リ（Bieri）の発見とも符合する。すなわち，ある人と短い社会的相互作用をした後には，その人と相互作用を始めたときよりも，人はその人を自分自身により似ていると解釈する傾向があるのである。たぶん自己は通常保存されている一種の潜在的な人物パターンなのであろう。

b．陰の人物　負の負荷は何を意味するのだろうか？　このプロトコルの人物分析には，人物に対する有意な負の負荷が生じる若干の例があることに気づかれるだろう。これが前に生じたとき，われわれは列を反転させた。ただし，われわれはグリッドにおいて行を反転させたが，列はこのように反転させるわけにはいかないという論理的根拠があった。それにもかかわらず，列を反転させたのである。われわれの経験では，

	家族					親密性				結合価			権威				価値					
	自己	母	父	兄（または弟）	姉（または妹）	配偶者	前の恋人	友だち	前の友だち	拒否的な人	気の毒な人	脅迫的な人	魅力的な人	受容してくれた先生	拒否した先生	ボス	成功した人	幸せな人	道徳的な人	Σ	M-F	Ay
1							✓			✓		✓					⊗	⊗	○	5	3	0
2				✓	✓			✓						⊗	⊗	○	✓			6	(6)	2
3	✓		✓	✓	✓	✓			✓	⊗	○	✓	⊗	✓			✓			11	(5)	2
4		✓				⊗	⊗	○					✓							4	0	1
5	✓	⊗	⊗	○	✓	✓		✓						✓	✓	✓	✓	✓	✓	12	4	(5)
6				✓	○			✓						⊗	✓			⊗		5	(6)	2
7		⊗	✓	✓					○					⊗	✓	✓			✓	7	(5)	(5)
8		✓	○	✓										✓		⊗	⊗	✓	✓	7	4	(3)
9				⊗	✓			✓		○				✓	⊗	✓	✓			7	(6)	(3)
10					⊗		✓			⊗					○					3	3	0
11	✓	✓	✓		⊗	✓		✓			○	✓		✓	✓		✓	✓	⊗	12	44	(4)
12	✓	✓	✓	⊗			✓	✓	○	✓	✓	⊗	✓	✓	✓	✓	✓	✓	✓	16	4	(5)
13		✓		✓		○				✓	✓	⊗		✓		✓		⊗		8	4	(3)
14		○				⊗	⊗						✓							3	1	0
15		✓	○			⊗	⊗						✓							4	0	1
16	✓	✓	✓	✓	✓			⊗	○				⊗	✓	✓		✓	✓	✓	12	(5)	(4)
17	⊗			⊗	○	✓		✓		✓		✓	✓	✓	✓			✓	✓	11	4	2
18				✓	✓										✓	⊗	⊗	✓	○	6	(5)	2
19		⊗	⊗		✓						✓	○		✓	✓	✓	✓	✓	✓	10	4	(4)
20					✓		✓	⊗	⊗	✓	✓	✓	○							7	(5)	0
21							○	✓						⊗	⊗	✓	✓	✓	✓	7	(5)	(3)
22	⊗			✓		○	✓	⊗					✓		✓		✓		✓	8	4	1
Σ	7	10	7	12	10	7	8	11	2	7	4	7	8	14	13	9	13	12	10			
Id	22	13	18	13	12	16	11	16	15	13	13	16	17	13	13	−12	14	13	17		277	33%
M-F	−12	−15	12	15	15	−14	−15	14	15	−12	11	−12	−13	13	14	12	12	−13	−13		252	21%
Ay	13	18	17	12	12	−13	−16	13	−12	−13	14	11	−14	18	15	19	15	16	18		279	33%

図 6-8　ケースAの特殊な同一化

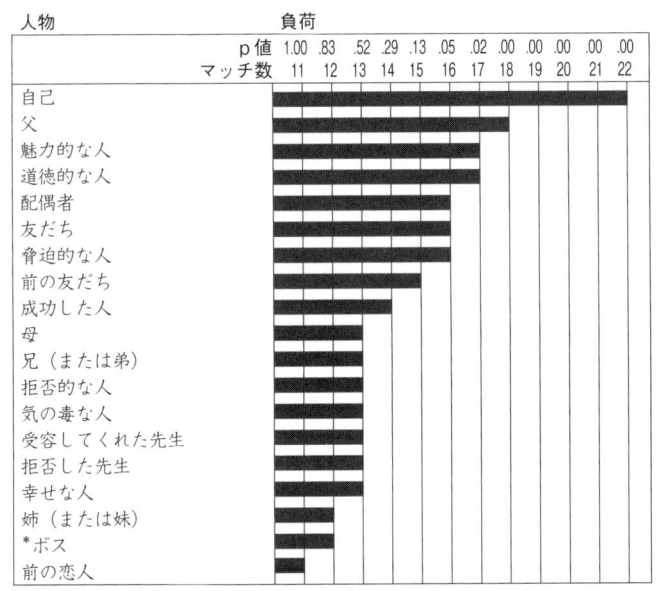

人物	負荷
	p値 1.00 .83 .52 .29 .13 .05 .02 .00 .00 .00 .00
	マッチ数 11 12 13 14 15 16 17 18 19 20 21 22

自己
父
魅力的な人
道徳的な人
配偶者
友だち
脅迫的な人
前の友だち
成功した人
母
兄（または弟）
拒否的な人
気の毒な人
受容してくれた先生
拒否した先生
幸せな人
姉（または妹）
＊ボス
前の恋人

＊反転された人物

図6-9　削除ケースAの同一性の負荷

このような現象は頻繁には起こらず，それが起こるときには，このプロトコルのような対人関係の理解が非常に悪いと見える人のプロトコルで生じやすい。

このプロトコルを自己の列でスキャンすると，1つだけボスへの負の負荷が得られる。再び問うが，この人物（ボス）と被験者の自己との関係を理解するためには，これはボスに逆立ちをさせねばならないという意味なのか？　あるいはこの被験者がボスに逆立ちをして見せたということなのであろうか？

われわれのグリッドに関するかぎり，ボスという標識の付いた列は単純に被験者が反応した列であることを忘れてはならない。それは生きているボスではないのである。われわれがここで手に入れたのは，被験者が少しだけ「反ボス」あるいはボスの陰の知覚と自己を同一視しているという事実である。被験者が実際にこの「陰のボス」に相当する人と面識があるか否かは，われわれは知らない。実際，陰の人物が彼の知覚の場に人として存在しなかったとしたら，人は陰の人物と同一化できるのであろうか。このことを知るのは，興味深いことであろう。しかしまたしても，今はこのバイパスを探索する時間を，われわれは持ち合わせていない。

ついでに言えば，われわれは，自己像が418セルのうち277にマッチすることを見た。この比率は偶然をはるかに超えている。これは一般に予期されることであろうか？　それは治療における転移にとってどんな意味をもつのだろうか？　精神分析家が示唆

するように，男性は通常父親像と，女性は母親像と同一化するのであろうか？　性役割の誤認をもつ人は，異性の親と同一化する傾向があるのだろうか？　これを見いだすのは難しくはなさそうである。しかしここでも，われわれは面白い問題をパスして，方法論的な問題にとどまることにする。

　c．2人の女性の比較　異なるクライエントの同一化を対比してみるのは面白い。図6-10は2人の女子大学生，ケースBとCを比較したものである。ケースBは若い女性で，人生初期の経験により，根を下ろすのを妨げられていた。彼女はほとんど仲間関係をもたず，彼女の現在のボーイフレンドは，彼女が今までに経験したことのないような人生を，彼女に表象して見せた。したがって，彼女はほとんど強い同一化をもっておらず，同一化の最強のものは現在のボーイフレンドに対するものであり，陰を基礎にしたものであった。このことは驚くほどのことではない。また，彼女が名前を挙げた人物はほとんどが女性であり，彼女がいくつかの面白い反転を示していることも注目に値する。

　ケースCは，やはり若い女性で最近結婚しており，両親が今まで過保護であったと不満を述べた。彼女は健康なやり方でみずからの問題を解決していると信ずべき根拠がある。ここには強い同一化を示す長いリストがあるが，影の人物は含まれていない。

10　性同一性

　われわれはケースAのプロトコルをしらべて，男女の二分法がどの程度この反応パターンにマッチしているかを見てもよかろう。常に女性の名前が引き出されると合理的に期待してよい4タイトルと，常に男性の名前が引き出されると思われる4タイトルについて考えることにしよう。これらのタイトルは2，3，4，5，6，7，8，9列に示されている。この8列のみを，1行ずつ，3，4，8，9列のインシデントで構成されているパターン（この被験者が男性なので）と，2，5，6，7列のヴォイドで構成されているパターンでもってスキャンするならば，われわれは各パーソナル・コンストラクトのこの因子への負荷量を得ることができるだろう。この特定の被験者は前に見たように，彼のもたない姉の代わりに，男性名を姉の列に入れて，われわれをまんまと騙したようである。しかし一見すると，魅力的な人は女性になっているので，われわれはこれを第4の女性タイトルに代える自由を行使した。この改訂スキャニング・パターンによって，われわれは図6-8の右側の第1列のMFに示す負荷を得られる。

　われわれは今やこの第1列の負荷を，図6-2の行を処理したのと同じように処理しうる。○を付けた番号は男性がパーソナル・コンストラクトの類似側と同一化しやすいコンストラクトを示している。そしてそれ以外の番号は女性ではなく，この男性がこのコンストラクトのコントラスト（対照）側と同一化しやすい行である。われわれ

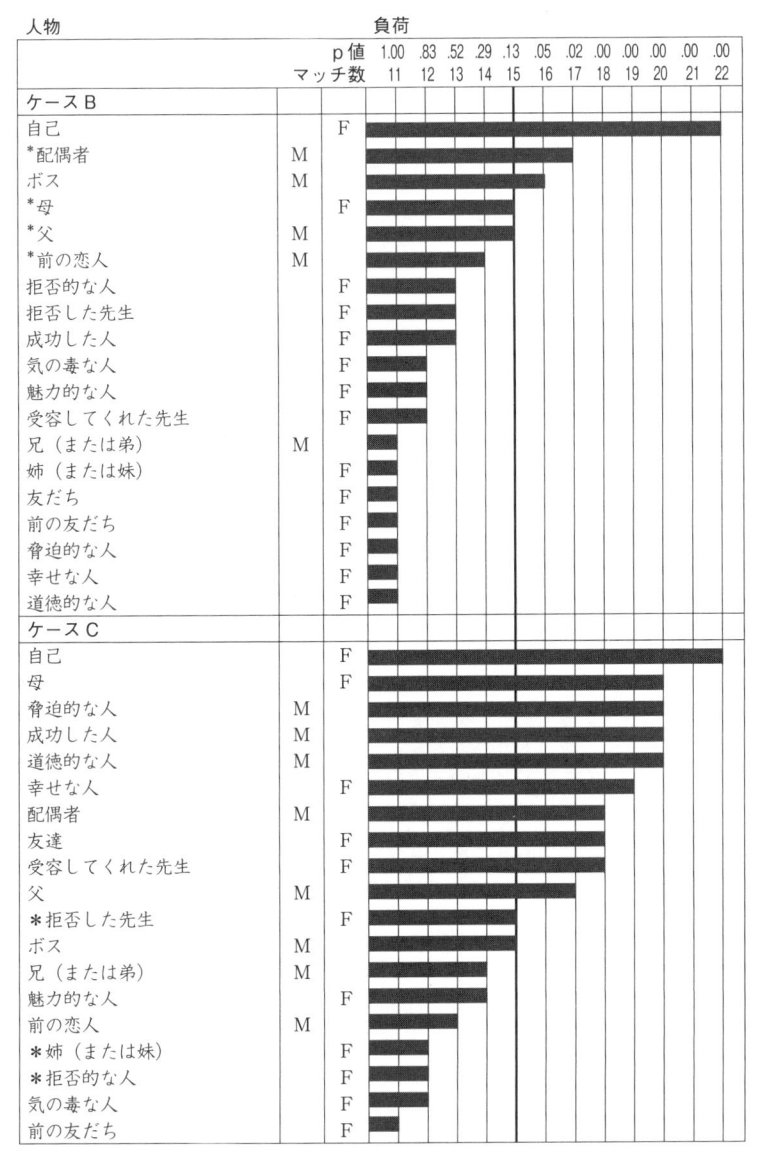

人物		負荷											
		p値	1.00	.83	.52	.29	.13	.05	.02	.00	.00	.00	.00
		マッチ数	11	12	13	14	15	16	17	18	19	20	21	22
ケースB													
自己		F											
*配偶者	M												
ボス	M												
*母		F											
*父	M												
*前の恋人	M												
拒否的な人		F											
拒否した先生		F											
成功した人		F											
気の毒な人		F											
魅力的な人		F											
受容してくれた先生		F											
兄(または弟)	M												
姉(または妹)		F											
友だち		F											
前の友だち		F											
脅迫的な人		F											
幸せな人		F											
道徳的な人		F											
ケースC													
自己		F											
母		F											
脅迫的な人	M												
成功した人	M												
道徳的な人	M												
幸せな人		F											
配偶者	M												
友達													
受容してくれた先生		F											
父	M												
*拒否した先生		F											
ボス	M												
兄(または弟)	M												
魅力的な人		F											
前の恋人	M												
*姉(または妹)		F											
*拒否的な人		F											
気の毒な人		F											
前の友だち		F											

*反転された人物

図6-10　2人の女性の自己同一性の比較

はしたがって，このグリッドを，○を付けた番号の行に対応するインシデントをもつ仮説的な列でもって，1列ずつスキャンしていくことにする。このマッチングは列の下の負荷量として示されている。われわれが16を最小の信頼限界（p.238の表6-1参照）として設定するなら，この被験者のプロトコルには，自己を含むどの人物も男性的とも女性的ともはっきりとは目立つもののないことがわかる。ちなみに，このプロトコルの分析はこの被験者の心理治療者の所見とも一致している。

　図6-11は，2人の女性——図6-10に彼女らの自己同一化を示した——の性役割知覚の比較を示したものである。彼女らが受けたレプテスト法では，被験者自身がすべての人物の男女の区別をしているので，男女の次元のより完全な定義が与えられている。

　最初の女性は彼女のあげた人物のうち10人が男女の次元に有意に負荷すると見ている。ただし，そのすべてがその性に期待される方向に負荷しているわけではなかった。父親は最も代表的な男性的人物と見られている。たとえば姉は，この次元に有意に負荷しているが，女性の側に負荷すると見なされている。

　もう1人の女性は最も強く負荷した人物を女性的と見ている。彼女の夫（芸術家）は明確に男性的とは見られておらず，彼女の母親も彼女自身もこの次元には有意に負荷していない。実際，5人が彼女の男女のステレオタイプに有意に負荷しているだけであった。

11 │ 権威像

　治療者はしばしばクライエントの「権威関係」と「権威像」に関心を持つ。このような先入観をもつパターンを被験者Aのプロトコルに投影した場合に，このプロトコルが何を露呈するのか見てみよう。レプテストは，受容された先生，拒否された先生，ボスというタイトルで構成される括りが，「権威像」として見られるようにデザインされている。思うに，両親に加えてこの3人は被験者に対してはっきりと権威的な関係に立ってきた。この5列のインシデントを行ごとに加算していくと，図6-8の「Ay」の列に示す合計値が得られる。こうすることで，われわれは今までにしてきたように，この列から列パターンを形成し，全グリッドを1列ずつスキャンしていく。今回は22の人物のうち，7人がはっきりと有意に突出していた。さらに，この仮説的な権威像は418セルのうち279にマッチした。ここには治療者が考慮に入れたほうがよさそうな何かがあるように見える。ちなみに，この権威的パターンのステレオタイプ化は，この被験者の治療者によっても確認されている。

　この点でわれわれはちょっと面白いことを試みることができる。この仮説的な権威像を目指して形成されたスキャニング・パターンを，最初の一般像を目指して形成されたものとマッチさせるとしよう。22の可能性のうち16がマッチしていることがわ

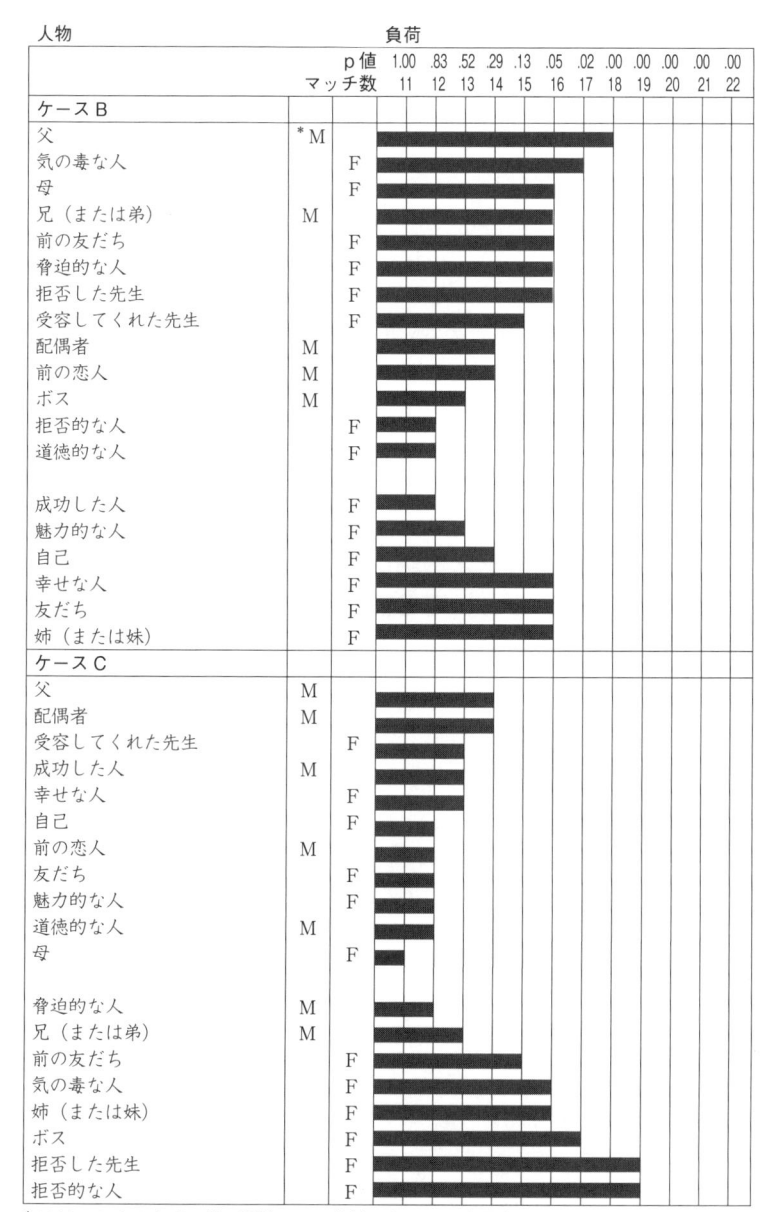

第6章 心理的空間の数学的構造 253

人物		負荷 p値 1.00 .83 .52 .29 .13 .05 .02 .00 .00 .00 .00 .00 マッチ数 11 12 13 14 15 16 17 18 19 20 21 22
ケースB		
父	*M	
気の毒な人	F	
母	F	
兄（または弟）	M	
前の友だち	F	
脅迫的な人	F	
拒否した先生	F	
受容してくれた先生	F	
配偶者	M	
前の恋人	M	
ボス	M	
拒否的な人	F	
道徳的な人	F	
成功した人	F	
魅力的な人	F	
自己	F	
幸せな人	F	
友だち	F	
姉（または妹）	F	
ケースC		
父	M	
配偶者	M	
受容してくれた先生	F	
成功した人	M	
幸せな人	F	
自己	F	
前の恋人	M	
友だち	F	
魅力的な人	F	
道徳的な人	M	
母	F	
脅迫的な人	M	
兄（または弟）	M	
前の友だち	F	
気の毒な人	F	
姉（または妹）	F	
ボス	F	
拒否した先生	F	
拒否的な人	F	

*Mはこの人の本当の性が男性，Fは女性であることを示す

図6-11　2人の女性の性役割知覚の比較

かった。この数字はわれわれの信頼限界に達している。

　同じような手続きを男性性—女性性のスキャニング・パターンで試してみると，これは第3の一般人物像に有意な負の負荷をもつことが見いだされた。これは治療を受けている多くの成人では予期されるものではない——この場合に予期されるのは第1の一般人物像とのマッチングになるはずである。しかし彼の治療者によると，われわれの被験者は，健康であってもなくても，どんな種類であっても一貫したパターンによって女性を解釈し始めたばかりである。それゆえ，われわれの試験的分析は臨床的な情報源からもいくらかの確認を受けていることになる。

　これらのアプローチは，レプテストのグリッド法が，現在のパーソナリティ理論の観点から見て，非常に多様な方法で分析されうることを示唆しているだけである。しかしなお，本章では言語的なプロトコルの臨床的な評価は力説してこなかった。また，この分析によって生じた因子のパーソナリティ的な重要性も力説してこなかった。実際，臨床場面でのこのテストとその使用法については，まだ多くの学びが残されている。

C　パーソナリティ理論における一般モデルとしての概念的グリッド

12　人とは何か？

　われわれは，クライエントがコンストラクトと人物との相互参照を築き上げる方法を分析することによって，いかにすればクライエントの人間世界の見方を理解できるようになるのかを見てきた。われわれはコンストラクトが人物を説明するのにいかに使われうるのか，そして人物がコンストラクトを説明するのにいかに使われうるのかを見てきた。いずれも一般化の異なる次元を代表している。すなわち，一方はより明白で外在化されており，他方はよりポータブルで主観的である。

　おそらく子どもは，その社会的な世界を最初に構築するとき，コンストラクトよりも人物にたよるだろう。しかし人物そのものが，解釈（コンストラクション）の問題ではないのか？　たとえば子どもの母親は，子どもが設定するいくつかのパーソナル・コンストラクト次元の交差部を彼女が代表する程度に応じて，子どもの世界の中で人になるのではなかろうか？　これらの次元のいくつかは，生じたことと生じなかったこととの小さな弁別以上のものではない。しかしその交差する点が，子どもの目には，母親像になるのである。子どもが新しい経験を自分のコンストラクト・システムに組み込もうとするとき，子どもが依存するようになるのは，この母親像の浸透性にかかっている。子どもは新しい人に出会うたびに最初に抱く疑問は，「彼女はぼくのお母さんに似ているのだろうか，それともお母さんとは大違いなのだろうか？」ではなかろうか。

子どもが人物をこのように使うときには，その子は実際には**母親**を2つの意味水準で形成している。1つは母親の実際の行動を指し，今1つは母性を指すものである。この2つのレベルの人物の概念化を区別する用意がいつでもできていることが，概念化の研究でも心理療法でも，どちらにおいても重要なのである。心理治療者にとっては，彼のクライエントとの関係が彼自身の具体主義の泥沼に落ち込まないようにするには，このどちらを扱っているのかに注意を怠らないことが特に重要である。これは，心理治療者の間では，特にフロイトの多くの構成概念の命題的な使用について本当の理解をせず，フロイトに具体主義的に追従する人たちの間では，現実の問題である。
　ホール（Hall）は「夢の意味」についての卓越した解説において，実体として使われる人物と，抽象概念として使われる人物との違いを考慮に入れた，夢の認知理論を提示している。彼は治療者がクライエントの夢を，具体的象徴に関してではなく，夢の要素が表象する特徴に関連して理解することの重要性を指摘している。われわれもこれといくらかは同じことを，文字象徴をもたないコンストラクトの理解についての議論の中で，言おうと試みてきた。われわれは，クライエントがしばしば，文脈内のサンプル要素をシンボルによってひと括りにして伝達するのではなく，これらの要素をラインアップすることによってみずからのコンストラクトを伝達するべきだと述べてきた。(それゆえ)クライエントを理解するためには，われわれはクライエントによって提供された要素から，彼のコンストラクトを導き出さねばならないのである。
　同じように，人が解釈する人物もこの人のコンストラクトの文脈的要素になりうる。これらの人物は，これらがその文脈要素になっているコンストラクトの全体を代表するものにもなりうる。レプテスト・プロトコルにおける母親像は，あるコンストラクトを，そしてその同じコンストラクト内の要素をも代表しうるのである。このコンストラクトは母性ということになろう。これに対して母親なる人は，母性のコンストラクトの1要素になるのだろう。

　a．コンストラクトの交差部として知覚される人　パーソナル・コンストラクト心理学の観点からは，人は多くのパーソナル・コンストラクト次元の交差部と知覚される。加えてその人は，子どもの人生において親しく重要な人物のケースがそうであるように，彼自身の内部の解釈次元を代表するようにもなりうる。われわれがコンストラクトの因子とともに人物の因子についても因子分析を行ってきたように，プロトコルを因子分析するのが適切だというのは，この意味においてである。人物因子のアイデンティティは，インシデントとヴォイド——これらはいくつかの次元の仮説的な交差部の数学的表現を構成している——から抽出されたセットによって表現されるのである。
　人が多数の次元の交差部にあるという見解は，ついていくのがいくらか困難かもしれない。普通は幾何学的な線はただ1つの交差する点をもつと見なされている。これ

はふつうその原点だと考えられている．このことは，われわれのクライエントの世界にはたった1人の現実の人しかいないということを意味するのだろうか？

われわれは空間内の線分について話しているのではなく，次元について話しているのだということを，心にとどめておこう．**次元**という言葉によって，われわれは，そのすべてが相互に平行である無限の線のグループ分けを指している．このようなグループ内ではこれらと平行でない線分は，必然的に他の次元に属するものでなければならない．このように見ると，無限数の次元の交差が考えられることになる．したがってわれわれの見解は，クライエントの心理的空間内に多くの異なる人の存在を許すことになる．

さて，われわれのパーソナル・コンストラクト心理学では，この次元は二分法的である．また，この見解はあまり伝統的ではないが，完全に妥当である．この次元内の各線分はその上に2点のみをもつともいえよう．これらの2点をもつ線分をすべていっしょに考えると，これらは次元を構成しているので，われわれはこの次元が2点をもつのではなく，2極をもつのだといってよかろう．この極は，この次元を構成する線分のグルーピングのすべての対応点の中心 (locus) なのである．この極は半超球 (hemi-hypersphere) であるともいいうるが，こういう言葉はおそらく役に立つよりも混乱させるものになるだろう．

b．次元の両極の抽象化　どんな次元も多くのグラデーションあるいはスカラー値で構成されるべきだという見解を主張するよりもむしろ，二分法的次元の見解を受け入れるためには，人はいったん引きさがって，具体的態度よりもむしろ抽象的態度をとらねばならない．われわれは物差しをもっていると想像してみよう．この物差しの目盛を見ると，これはただの2点ではなく，多くの点で構成された尺度であることが明らかなように思われる．具体的な意味では，それはおそらく正しい——少なくともわれわれはこの議論のためにはそれが正しいということを認めよう．

しかし，われわれはこの物差しをどのように使うのだろうか？　われわれが今書き物をしている用紙の縦と横の長さを比較しようと決めたとしよう．物差しを用紙の上にあててみると，用紙の右端は物差しの8.5インチの目盛のところに来ることがわかる．次に物差しを用紙の左端にあてて，その長さをチェックする．今度は用紙の端が8.5インチを越えて広がっていることがわかる．われわれはこのようにして，今ではおなじみの最小3要素という文脈内でコンストラクトを適用してきた．この**用紙の幅**と**8.5インチ**とは，**用紙の長さ**と区別されるという点で類似している．われわれが行ってきたこの二分法あるいは分割は，**同じかそれ以上の**1つである．このケースでは，この**用紙の長さ**は**それ以上**であり，**8.5インチ**はこの**用紙の幅**と同じである．われわれがこの状況について行った基本的な解釈は，この用紙の幅が具体的に「8.5インチ」だという事実ではない——われわれはセンチメートルを使って同じ回答を異なる用語

で得ることもできたはずである——また，それはわれわれの定規の具体的なある目盛のことでもない——われわれは他の定規でも単純な棒でも使いえたはずである——しかし，この用紙の長さは幅**以上**である。この二分法は，まったく同じかそれ以上かというペアの選択肢をもつということなのである。

　この時点で，人の概念化についての広範囲に及ぶ数学的議論に突入するのは，われわれの意図するところではない。この二分法的な次元の見解——これは，われわれがパーソナル・コンストラクト心理学において人というコンストラクトを理解するための基礎として，「二分法の系」を最初に提案したときに持ち出した議論に類似している——に最小限の防衛を提供するだけでおそらく十分であろう。人は多くの主観的次元と交差するところにあるというときにわれわれが意味しているのは，もちろん，われわれ自身のような**誰かによって解釈される**人間が，二分法的なカテゴリー的解釈の独自の組合せだということである。

　時にはいくらか類似した見解が心理学者によって提案されることがある。それは，彼らが人はいろんな特質の独自の組合せをもつキャリアーだというときである。この問題にこのようにアプローチしていくことにわれわれが反対するのは唯一，それが，その人に取り付けられる構造の次元的な性質も，それによって同一化がなされるコンストラクトの二分法的性質も，どちらも考慮していないことにある。

13　概念グリッド

　人を解釈することについてわれわれが言い続けてきたことは，一般化が可能である。基本的に，解釈するということは，イベント間の交差がプロットされうるグリッドの体系を，単純に打ち立てて適用することである。

　われわれはグリッド法の1タイプ——レプテストのグリッド法——についてのみ語ってきた。この特定のグリッドは，このテストを受けた人のいくつかのパーソナル・コンストラクトと，この人が知っているいくらかの代表的人物との交差部から成り立っている。この人のコンストラクトも，この人が解釈する人も，どちらも現実のイベントである。しかし，これらはいくらかオーダーが異なる。人イベントはおそらく現実のイベント——その被検査者が生きていなくても，生起するはずのイベント——について内省されたものである。しかしこのグリッドに関するかぎり，これらの人イベントはこれら自体が本当は被検査者自身の知覚行為なのである。これに対して，被検査者が人イベントを通じて織り上げるパーソナル・コンストラクトは，これらもまたイベントである。しかしおそらく，これらのコンストラクトももう一方のコントラストも，被検査者が生きていない場合には，存在しなくなるはずである。したがって，2つのオーダーの異なるイベントは，この人の社会生活のパターンが織り込まれている縦糸と横糸を構成していることになる。

概念化一般についての見解に到達するためには，われわれは，この見解を拡張することのみを必要としている。たとえばわれわれの**貧困，自由，悪**についての概念化は，同じように見なしうる。われわれの生活におけるいくつかのイベントは，**貧困**のコンストラクトといっしょに織り込まれているかもしれない。これとこれは**貧困であり**，あれとあれは**貧困でない**というふうに。これらのイベントは**自由**によって表象されるが，あれらのイベントは**奴隷化**によって表象される。ここそこにわれわれは**善**を見いだす。これはそれを媒介する**悪**との対照により際立っている。われわれの人生におけるイベントと，これらを処理するために使うコンストラクトの，両方が意味をもつのは，このような織り込みによるのである。それぞれが他方に対して操作的な指示対象 (referents) を提供するのである。

　本章ではわれわれは，被験者の言い回しと，その人の個人的・社会的環境を構成する特定諸個人，の両方を超越するレプテスト・プロトコルのあるタイプの分析を示唆した。このテストのプロトコルは，このテスト用紙の上部に書かれた名前と，用紙の右サイドに書かれたコンストラクトを切り取っても，有意味な分析が可能である。われわれがやり残しているのは専らその人の心理的空間の幾何学的あるいは数学的な構造である。このグリッドの交差部にはインシデントとヴォイドの印が付けられている。行の中には相互にマッチするものがあり，列の中にもよく似たものがある。さらにいえば，いくらかの行はすべての行，すなわち全コンストラクトをある程度代表し，いくらかの列はすべての列，すなわちすべての人物を代表している。

　グリッドについての見解はすべての概念化に一般化されるだけでなく，この数学的な見解もまた一般化されうる。グリッドの交差部に位置するインシデントとヴォイドは，心理的空間の数学に2進数的基礎を与える。このサイバネティックス (自動制御学) モデルは，どんなグリッドでも，仮説的なスキャニング・パターンをもってスキャンすることができ，インシデントとヴォイドの行対行あるいは列対列の一致を見ることができる。したがってわれわれは，どんな人の心理的空間にも独自に織り込まれているイベント間の知覚的関係を，表現し測定する数学的基礎をもつのかもしれない。

14　概念化の数学

　科学者はしばしばイベントのいくつかのペアあるいはコレクションを，どのように似ているのかをはっきりさせずに，「似ている」とか「同じだ」とかいう。われわれの概念化へのアプローチが正確であることを望むならば，どんな2つのイベントも今だかつて同じだと言いうるほど厳密には似ていないことを認識すべきである。それらが同じだということは論理的な間違いに陥ることになる。それらの間には何か区別できる特徴があるはずである。そうでなければ，それらは最初から2つの分離したイベントではないはずである。もしそれらが完全に同じであるなら，そういう2つは存在

せず，1つになってしまうはずだともいえよう。われわれが2つのものが「似ている」とか「同じだ」とかいう場合には，明らかに何か特定の観点で似ているというだけの意味であり，当然のことながらあらゆる点で似ているという意味ではない。

　概念化は，いくつかのものの類似の**仕方**に関係がある。科学者であれ他の誰であれ，この問題について2つのものが「似ている」というときには，ある特定の観点から見て似ているという意味であり，それらが完全に同じだという意味ではない。その類似の仕方がどんなふうかを注意深く特定しないかぎり，われわれはその人の概念化がどうなのかをただ推測できるだけである。

　しかしながら前の章で指摘したように，2つのものが**似ている**ということは，何か他のものとは**違っている**ということをも意味する。その**類似性**は，それと何か他のものとの**区別**に役立たないかぎり，意味をなさない。2つ以上のものが類似しているという状態は，少なくとも他の1つとの違いが必ずあるということでなければならない。同様に2つのものが異なるという状態は，それが何らかの意味をもつとするなら，少なくともその1つが第3のものに似ている状態になければならない。

　さて，これを単純化することができるのかどうかを見てみよう！　本節ではわれわれは，2つのものが「似ている」と主張する場合には，それらがある点でのみ似ており，それ以外の点では「異なる」ということを明白に意味するところから出発した。たとえばわれわれは，AとBがどちらもアルファベットの文字だという点で類似しているが，明らかに「異なる」文字だということができる。あるいは，この例をもっとシャープにしたいなら，AとAはアルファベットの「同じ」文字だという点で「似ている」が，これらは紛れもなく2つの「異なる」Aであるともいえよう。もしこれらが2つの異なるAでないなら，われわれにできそうなことのすべては，「Aはそれ自体に似ている」とでもいうようなことをつぶやくくらいであろう。これが，類似性が論理的に差異性を含意する1つの方法なのである。

　われわれは類似性の表現が差異性を暗示するもう1つの方法も指摘した。2パラグラフ前に，その前の節でコンストラクトの本質について述べたことのいくつかを概括した。われわれがAとBは「似ている」というときには，これらが他のものとは違うということを暗示している。たとえばわれわれがAとBはこれらが**数学の定数**だという点で類似しているというときには，これらが**数学の変数**であるXとYとは異なるということを暗示するであろう。これが，類似性の解釈が差異を暗示するもう1つの方法なのである。

　さて，われわれはここから進んでいくことができる。AとBの間の解釈された類似性は，他の点ではこれらの間の差異と，同じ点では，これら（AとB）とXとYとの間の差異との，両方を暗示するのと同じように，解釈されたAとX間の違いは，他の点でのこれらの間の類似性と，同じ点でのAとB間の解釈された類似性を暗示

する。

　われわれが拡大できるのはこのレベルまでである——解釈することは決して1次元的な命題ではない。コンストラクトの適用に際しては，暗示される**もう1つの関連**が常にある。したがって，どんなコンストラクトも決して孤独ではない。それはネットワークの中に現れるときにのみ意味をなすのだ。概念グリッドはそのネットワークを表象し，これを数学的分析にかけられるようにする1つの方法である。

　この解釈された類似性と差異性，あるいは類似性と対照性がなぜ数学的分析の前提条件になるのかは，ただちに明らかなわけではないかもしれない。数学はもちろん，人間の概念的な発明である。それは，たとえば物理学や社会学がそうしているように，特に特定クラスのイベントを指すわけではない。むしろそれは人間のイベントについての思考の論拠になるものである。哲学や論理学等とともに，数学は人間の心理学的機能の働きを抽象化したものである。その心理学との本質的な関係は絶対に見逃されるべきではない。

　前に指摘したように，数学者が数え上げるときには，彼は数えられた事物の解釈をしているのである。これらの事物は，数え上げられるためには，概念的に区別されていなければならない。これらの事物はまた，同じ数列への組み込みが正当化されるためには，概念的に統合されていなければならない。さらに本節の前の数パラグラフで指摘したように，この前数学的概念化はまた，他のコンストラクト次元の織り込みをも求めている。この相互織り込みが表象される概念グリッドは，したがって，個人の心理的空間の前数学的表象であり，それはこの空間の数学的分析のためのステージを設定するためにデザインされているのである。われわれの見るところでは，その性格は本質的に多次元的である。哲学者のヘルバルト（Herbart）が心理学は何よりも働きかける次元が1つしかないので，決して科学にはなりえないという結論に，気が進まないながらも到達したとき，これに似たような問題と格闘していたことを，われわれはカッコつきで示唆してもよいのかもしれない。もし彼がパーソナル・コンストラクトを次元として見ることができていたら，そして概念グリッドの見解をもてあそんでいたとしたら，彼がこのような結論に到達する必要があったのかどうか，人は疑問をもつはずである。

15 │ 何が類似性の程度を構成するのか？

　科学者はしばしばいくつかのイベントのペアについて，あたかもそれらが自然なままで相互に類似しているかのように，言及する。アリストテレスはこの明らかな類似性を，イベントの分類の基礎として使おうと試みた。アリストテレスのような分類構想は，あらゆる人間の思考に重要な役割を果たしている。しかし，われわれはどんな根拠に基づいて，あらゆる妥当な分類の基礎になる類似性を，判断しているのであろ

うか？
　われわれのコンストラクトの見解は，2つ以上の要素が似ていて，同様に，1つ以上の要素とは異なると判断されるその**方法**である。われわれがその方法を発見するまでは，または発見したと思うまでは，われわれは類似性を解釈する根拠をもちあわせていないのだ。2つのものの類似の仕方の発見は，かなり大きな企てであることがわかってくるかもしれない。時には，およそわれわれにできる最善のことは，AとBはほぼ同じ時刻にまたほぼ同じ場所に現れたので，類似していると言うことくらいである。この種の時間的空間的連合による解釈は，われわれをそれほど深遠なところまでは連れて行ってくれないかもしれない。予測や予期の本当によい仕事をしたいと思う場合には，ふつう，われわれはそのイベントを織り込んだ何か他のコンストラクトを抽出しなければならない。
　しかし，われわれが時空による分類以上に進み得ても得なくても，あるいは，あらゆる人生のイベントに，抽象化された複雑な人生の横糸を織り込んでいってもいかなくても，われわれが見ることのできる類似性は，何らかの適切性の根拠をもつものである。われわれは何かが相互に類似していると単純に見るわけではない。われわれがそれらの類似性を見るのは，ただ何かとの関連によってのみである！　類似性は，基準軸をもたない場合には，存在しえないのである。われわれのこの宇宙では，イベントがきれいにプロットでき，その結果が信頼性をもって予測できる適切な基準軸を構成するのは，知覚者の仕事なのである。
　a．類似性の包摂　心理的空間の数学的分析を試みるときには，**マッチング**のコンストラクトに関連して——いいかえれば，何回インシデントがインシデントにマッチし，ヴォイドがヴォイドにマッチするかについて——われわれ独自の視点から見た類似性を測定する。しかしながらわれわれの被験者は，その人独自のパーソナル・コンストラクトに関連して，類似性を見る。被験者はその人自身の個人的な軸システムをもっているのだ。われわれは次にそれをわれわれの軸でもって数学的に包摂しようと試みる。ここでよい仕事をすれば，われわれは彼の行動を予期することができ，彼との社会的に有効な役割関係を結ぶことさえできるようになる。さらにいえば，われわれはみずからを彼にとってもっと予測しやすいものにすることができ，彼がわれわれとより有効な役割関係を結べるように援助することも可能になるのである。
　われわれがこのようにして分類と連合の問題にアプローチするときには，われわれの注意はおもにクライエントのグループ分けの基礎にあるコンストラクトに引きつけられている。クライエントは2つの言葉を同じグループに属するものとして結びつける。彼はどういうつもりなのだろうか？　彼のプロセスは，これらの言葉が単に時間的空間的に収集されたということだけを意味していると，われわれは解釈すべきなのであろうか？　これらが彼にとって「類似している」とだけ，われわれはいうべきな

のであろうか？ あるいは，われわれは類似性の根拠となる個人的な解釈を探すべきなのだろうか？ われわれは，この最後の進路をとる場合には，クライエントが語の間で解釈する対照性が，類似性とまったく同じくらい重要であることを見いだすかもしれない。もしかしたら，解釈の次元の方がその極よりももっと重要なのかもしれない。後の章でもくりかえし指摘するが，この概念化の次元の強調は極の強調とともに，現在の臨床の具体主義的な観念の分類の強調とは対照的である。実際，これが心理療法の問題に，そしてクライエントの人生の個人的な再解釈に適用されるときには，これを特別に強調することこそが，パーソナル・コンストラクト心理学の主要な特徴の1つなのである。

　b．**類似性の基礎**　われわれは類似性の**基礎**を強調してきた。それでは，類似性の**程度についてはどうなのだろうか**？　概念グリッドの場合には，どんな2つの事物間の，あるいはコンストラクト間の類似性の程度でも，数学的に計算することは比較的単純なことである。われわれが心にとどめておくべきことは，たった今詳細に論じてきたポイント——類似性はただの「類似性」ではなく，何かについての類似性！——だということである。

　われわれは概念グリッドのどんな2列または2行についても，レプテスト・プロトコルの因子的分析に関連して述べたのと同様に，(列か行の) 一方を他方でスキャニングすることによって，類似性を計算することができる。たとえば，われわれはある文化的に規定されたコンストラクトと新聞で報道されたある現代のイベントとの間で相互織り込みを示す概念グリッドを扱っていると仮定してみよう。このグリッドの左端には文化的に規定されたコンストラクトを，上端にはイベントのリストを示したとしよう。被検査者は，彼がこの特定の縦糸をこの特定の横糸でいかに織り上げているかを示すために，これをインシデントとヴォイドで埋めるように求められる。

　さてわれわれは，被検査者の解釈する現在のイベントと，文化的に規定されたコンストラクト——あるいはそれらについての彼の個人的な複写——との間の類似性を，計算することができる。われわれはイベントAを代表する列をとり上げて，これを，イベントBを代表するインシデントとヴォイドのパターンでもってスキャンすることができる。マッチ数は，AとBの間の主観的な類似性の程度を数的に表現したものになる。しかしわれわれは1つの重要な考察を見落としてはならない。この計算したばかりの類似性の程度は，**イベントのAとBとともに織り込まれた特定のコンストラクトに関係している**だけだということである。

　われわれが列に対してしたことは行に対してもなしうる。しかし今一度いうが，われわれはこの数学的に測定した類似性の根拠について，はっきりさせなければならない。コンストラクトのXとY間で計算されるマッチングの程度は，**被験者によってこれらのコンストラクトとともに織り込まれた特定のイベントに関係しているだけで**

ある。かなり種類の異なる別のセットのイベントが与えられた場合には，被験者はかなり異なるデザインを織り込み，コンストラクト間の類似性のパターンは異なるものになるかもしれないのである。

　c．般化の類似性と勾配　今までにわれわれが述べてきたことは，科学者の推論に関係しており，クライエントの心理的空間の数学的分析を行うという問題をかなり超えたところにまで進んできている。たとえば般化の法則（laws of generalization）を設定するに際して，心理学者は以下の仮説を立ててきた。すなわち，ある条件のもとでは，被験者のある反応の学習は，反応間の類似性に比例して，他の可能な反応に般化するであろう，と。また**刺激般化**の場合には，被験者は新しく学習した反応を他の刺激にも貼り付けるが，それは元の刺激に対するもう一方の刺激の相対的な類似性に比例する，と仮説される。

　しかし，何に関する類似性なのだろうか？　パーソナル・コンストラクト心理学は，類似性を当然のことと見なしたり完全に無視したりする代わりに，類似性の根拠を探す方向へとわれわれを導いてくれる。さらにいえば，それは研究される特定個人の心理的構造の中に，類似性の根拠を探すのであって，百科事典の中や最新の生理学の本の中に探すのではない。またパーソナル・コンストラクト心理学は，この実験の被験者がみずからの概念グリッドを慣習的なシンボルでは伝達できない場合でも，あきらめない。実際，理論的には，白ネズミの個体の概念グリッドを確立できない理由はないし，ここから般化勾配がどうなると期待されるかを決定できない理由もないのである。

16 ｜ 転移関係の研究

　フロイトが記録した多くの鋭い観察の中に，彼が「転移（transference）」と呼んだものを扱っているものがある。フロイトは，彼の患者が，彼と親密な対話関係を築くに際して，まるで親に対応するかのように彼に対応するという臨床的観察を行った。彼はこれを錯誤知覚（misperception），あるいはサリヴァン（Sullivan）が後に表現しようとしたところによると，パラタクシス（parataxis；本書では parataxia と綴られている）と見なした。

　しかし，フロイトの観察のアニミズム的解釈は，フロイトへの熱心な信奉者のそれと同様に，科学的な探索が困難である。実際，彼が創始した精神分析運動は一般に印象主義的な観察を支持し，科学的方法論を回避している。その結果，クライエントの視点を受容するに際して，自由主義的であるよりもクライエントの感情により敏感な，そして精神的健康の概念化において，その基準設定に経験的であるよりも合理主義的な，臨床家を生み出してきた。

　しかしある人が，その仲間の1人の目を通して見られるときには，多くのコンスト

ラクト次元の交差部にあることになる，という見解をわれわれがとるなら，転移を経験的に研究することができる．たとえばベイカー（Baker）がしたように，レプテストの使用を通して転移知覚を研究することが可能である．ベイカーの研究は，現在の概念グリッドの研究とこれに対応する因子的な手続きが開発されるよりも前に行われたものではあるが，いくらかの入院患者が，彼らのパーソナル・コンストラクトの軸の中で，臨床家を家族メンバーに似た存在と見なす傾向を検討することができた．

ベイカーが「マトリックス」と呼んでいるグリッドは，一方の端に人物を，そして他方の端には以前に施行したレプテストからとってきたパーソナル・コンストラクトを配置したものである．人物は，患者の家族メンバーに臨床家を加えたものであった．患者は各人物を1～4のスケールで評定した．人物間の類似性は，この類似性評定によって計算された．被験者が異なれば家族のサイズも異なるので，ベイカーは，彼のサンプルの被験者によって代表される家族のサイズに合わせて異なる確率統計を計算する必要のあることを見いだした．

研究者によって現在使われている概念グリッド法を採用すれば，ベイカーは彼の問題がかなり単純化されることを見いだしたはずである．しかしベイカーの研究は，われわれがここで述べてきた他の研究とともに，概念グリッドの初期の発達段階のものの1つであった．

転移研究の実験デザインにおけるグリッドの使用は，この問題に対する新しいアプローチを切り開く．クライエントの治療者は，職業上接触をもつようになったいくらかの他の異なる人々とともに，人物リストに加えられた．そして，これらの人物の列は他の人物に対応する列によって，あるいは因子的な列によってスキャンされた．したがって人は，クライエントによる臨床家の知覚が何を再生産したものなのかを，容易に決定できる．この臨床家はもしかしたらクライエントの父親の再生産かもしれない．また彼は，クライエントのコンストラクト・システムにおける一般化した人物像の再生産なのかもしれない．それは，コンストラクトのどの交差が相互に対応するのかを決定するのと同じくらい単純なことである．

ベイカーの研究では，いくらかの被験者が臨床家を家族メンバーのだれかのように知覚する傾向があり，他の被験者はそういう傾向が見られないことを観察した．これは，この分布がベル型（正規分布）というよりもU型だという事実がなかったとしたら，驚くべきことではなかろう．このことは，ある人々が自分の臨床家にも新しい知人にも，完全に一般化された人物によってアプローチする傾向があり，他の人々は完全に一般化されたコンストラクトによってアプローチする傾向があるということなのであろうか？　この問いに対する答えをわれわれが知るまでには，おそらくそれほど長い時間を要しないであろう．

17 逆転した人物の研究

われわれは，レプテスト・プロトコルの人物因子的分析（figure-factorial analysis）を行うときに時どき出現する負の負荷の解釈問題については，すでに述べた。負の負荷は，コンストラクトの因子構造を扱うときには，トラブルを生じない。しかし，クライエントの人生における既知の人の反対命題(アンチテーゼ)とは何なのだろうか？　われわれの持っているこのようなエビデンスからは，人物への負の負荷は，仲間がどんなふうであるのかについて，クライエントがあまり現実的なアイデアを持っていないのではないかという疑いが生じてくる。負の負荷を生じる傾向のあるこれらのクライエントは，他者と緊密な関係をもたない人であるようだ。これらの人物についての解釈は，ある種の解決をすぐにももたらしてくれるもう1つの問題である。

18 指定されたコンストラクトの研究

ジョイス（Joyce）は，ミネソタ多層人格目録（MMPI）における所定のコンストラクトを，レパートリー・グリッドのマージンの参照項（コンストラクト）として使用した。彼の被験者はこの目録から選ばれたカードをみずから分類した。そして，彼らの数人の個人的な知り合いがこれらのカードを分類するのではないかと考えられるものにしたがって分類した。分布の偏った行を除去した後に，ジョイスは一般因子と特殊因子を抽出することができた。（ただし）この目録内の所定のコンストラクトは，多くが明らかにクライエントのパーソナルなシステムにうまく適合していなかった。この事実によって，このプロトコルの因子的な分析は特別に解釈が困難になった。

ライル（Lyle）はサブカルチャー・グループからコンストラクトを選び出し，やはりこのグループのメンバーである被験者に，これらのコンストラクトを使って人を分類するよう求めた。これはパーソナル・コンストラクト心理学の立場からなされた，彼の「知覚防衛」研究の偶発的な方法論的特徴であった。

同じグリッド内で指定されたコンストラクトとパーソナルなコンストラクトの両方を使うことも可能である。被験者はレプテストを通常の方法で受け，それからグリッドの最後の数行で，いくつかの指定されたコンストラクト次元の使用へと進んでいく。これはしたがって，彼のパーソナル・コンストラクトが指定されたコンストラクトの観点から操作的に何を意味するのかを見るための，単純なスキャニングと因子分析の問題になる。あるいはもしかしたら，彼がこの指定されたコンストラクトを彼のパーソナルなシステムの用語にどう翻訳していくのかを理解するための，1つの方法だと言った方がよいのかもしれない。

クレイヴンス（Cravens）とフェイジャー（Fager）はこの線に沿った研究計画を立てた。ジョーンズ（Jones）はこのアプローチを，彼の被験者の多様な同一化を研究するため

に用いた。彼はまた，日本人の学生の同一化をこの方法で研究した。グッドリッチ（Goodrich）は同じようなアプローチをコンストラクトの比較に用いた。

もう1つのアプローチは，指定されたコンストラクトをグリッドの一方のマージンに沿って置き，(前に得ていた)クライエントのパーソナル・コンストラクトを他方のマージンに沿って置いて，これらを交差させる方法である。すると，このクライエントはそのセル内にチェックを入れることによって，コンストラクト間の等価性を示すことができる。因子的分析は，表のものでも裏のものでも，これらの用語がそれ自体どう構造化されるのかについて，何かのアイデアを実験者に与えてくれそうである。

19 般化の研究

ビーリは，反証経験の後でコンストラクトに生じる変化を見たポッチの研究を受けて，概念グリッドを使って，人物とコンストラクトの変化の般化（generalization）を研究した。スキャニングすることによって，彼はこのマトリックスの次元内での被験者のコンストラクトと被験者の人物との機能的類似性を確定した。それから彼は，選ばれたコンストラクトと選ばれた人物に関する，被験者にとっての確証と反証の経験を導入した。こうすることで，彼はこれらのコンストラクトと人物の変化を研究できただけでなく，機能的に関連するコンストラクトと人物の変化の研究も行うことができた。このグリッドは，通常他の般化の研究では欠如しているコンストラクト間あるいは人物間の類似の量を，被験者自身のパーソナル・コンストラクト・システムの枠組み内で，そしてその機能的用途に関連して，測定する機会を，彼は得たのである。

ちなみにビーリの研究は，概念グリッド上で確定された類似性の線に沿って測定された般化勾配が決してなめらかではないことを示していた。この般化勾配は，コンストラクトの変化の場合も，人物の変化の場合も，どちらも鋭い傾斜で重要なコンストラクトや人物から離れて行き，先細りになる前にもう一度上昇していた。このことはコンストラクトと人物をめぐる一種の「フレーミング効果（framing effect）」を示唆している。これは般化に近接したコンストラクトや人物をスキップさせ，その代わりにもう少し遠隔のコンストラクトや人物に影響を及ぼす傾向である。しかし，われわれのここでの目的はどちらかといえば方法論について解説することであって，この方法論がある心理学的問題に関係するという多様なエビデンスを提供することではない。

ビーリの研究と最近の概念グリッド法の進歩に続いて，デュガン（Dugan）とともにレプテスト・プロトコルを初めて因子分析したレヴィ（Levy）は，その修正や変更を受け入れやすくする，パーソナル・コンストラクトの特徴を扱う一連の研究をデザインできるようにしてきた。このような研究は，パーソナル・コンストラクト心理学の内部でそれが考えられるときには，心理療法にも重要な関係をもつ。

20 │ 状況と人物との関係

　レパートリー・グリッドのもう1つの用途は，クロムウェル（Cromwell），グッドリッチ（Goodrich），ジョイス（Joyce），ランディ（Lundy），ミラー（Miller），サミュエルズ（Samuels），シューメイカー（Shoemaker）の協力を得て，最近著者が開発してきたものである。これはクライエントの依存の研究に関係している。ただし，クライエントが強く依存的か独立的かということではなく，依存をどう配分するのか，そして誰に何のために依存するのかの研究である。ちなみに，パーソナル・コンストラクト心理学の立場からは，前者の問題は，状況と人物との文脈に放り込まれないかぎり，無意味である。人は誰でも依存的である。問題はみずからの依存性を適切に配分することなのである。

　このテスト開発では，2つのタイトル・リストが使われている。1つは，クライエントがストレスフルな経験をもったのではないかと思われる，異なるタイプの状況を指している。クライエントはこれらの状況をいつ，どこで経験したのかを明示する。もう1つは彼が人生のあれこれのときに普通に寄りかかるタイプの人物を求めるリストである。これらの交差するところに，この人物を代表するとして指名された人が，種々の指定されたストレス状況で，潜在的に援助的でありうるのかどうか，チェックを入れる。このようにして人は，クライエントが人的資源をほとんど持たないストレス領域と，クライエントが考えられるかぎりのあらゆる支援を求めて依存しようとする人物を発見するのに，このグリッドを使いうるのである。因子的分析は，クライエントが状況を分類する方法と，人的資源を分類する方法を示すことになる。

　本章のはじめで見たレプテスト・グリッド法は，このタイプの概念グリッド研究に使いうる。人物リストは同じものが使えるし，レプテストの教示に代えて改訂された教示のリストを使うことができる。次に，このような概念グリッドの教示を示す。

状況資源レパートリー・テスト

教　示

　このテストは，(1)概念グリッド，(2)概念グリッドの上置きシート，(3)この教示セット，の3つの部からできています。

　A．上置きシートから始めます。あなた自身の名前から始めて，そこに記述されている人物に該当する名前を空欄に書き入れてください。その人の名前が思い出せない場合には，今あなたが思い浮かべた人を思い出す助けになるものを書きとめてください。

　B．上置きシートをグリッドの上に重ねて，名前を書いた番号とグリッドの列番号が対応するように，置いてください。10〜22列のトップに「男女」の文字のあるのを確認してください。第10列の上にあなたが名前を書いた人が，男性なら男に，女

性なら女に○印を付けてください。同じことを残りの列についてもしてください。

C. 次の段階はグリッドを埋めて完成させていきます。誰もが人生のあれこれの時期に何らかの個人的問題に直面するものです。ここに誰もが何らかの形で遭遇する非常に一般的なタイプの問題が列挙されています。

1. あなたの人生においてどんな仕事に就くべきか最も迷った時のことを思い出してください。それに直面した**時期**（年）を「コンストラクト」の下の最初の空欄に書いてください。その右の「コントラスト」の下に，それが起こった**場所**を書き入れてください。これは後のテストの時，この出来事を思い出すのに役立つはずです。

　さて，いまグリッドの列のトップに名前を書いていただいた22人がその当時あなたの周囲にいたと仮定してください。もしそういう人がいたとしたら，あなたはこのうちの誰に援助を求めて頼ることができたと感じますか？　その人の名前の下の第1行目の□に×印を入れてください。

2. 次に，あなたの人生において異性の人とどうしたら仲良くやっていけるのかが最もわかりにくかった時のことを思い出してください。その時期と場所を2行目に書いてください。それから，そこにその人がいたとしたら援助を求めて頼ったのではないかと感じる人の，名前の下の第2行目の□に×印を入れてください。

これと同じやり方で残りの項目についてもやれるはずです。ただし，同じ状況をくりかえし使わないようにしてください。ある状況がすでにリストに挙がっている場合には，その次にそれに近い状況を選んでください。

3. 物事があなたの思いとは反対方向に進んでいく時。特に運が悪かった時。
4. あなたが最もお金に困った時。
5. あなたの健康状態が最悪の時，あるいは長く病気に煩わされた時。
6. あなたが自分のしていることをわかっていなかったために，その弱みに付け込まれた時。
7. あなたが人生で最も深刻な間違いをおかしてしまった時。
8. あなたの一生懸命努力したことがやり遂げられなかった時。
9. あなたが最も孤独であった時。
10. あなたの未来への勇気が最も打ち砕かれた時。
11. あなたが死んだほうがましではないかと思った時，または，そういう気持ちに最も近づいた時。
12. あなたが他の人々に最もわかってもらえなかった時，または，みんながグルになって，あなたに攻撃をしかけてくるように思えた時。

13. あなたがカッとなった，あるいは非常に腹を立てた時。
14. 相手には何の落ち度もないのに，あなたがその人の感情を傷つけてしまった時。
15. あなたが自分自身を最も恥ずかしいと感じた時。
16. 自分がどうなるのかについて，あなたが最も脅威や恐怖を感じた時。
17. 最近，あなたが子どもっぽいあるいは「意気地なし」のような振舞いをした時。
18. あなたが誰かの愛情を妬ましく感じた時。
19. あなたの人生において，ありふれたことに最も心がかき乱され，混乱した時。
20. あなたとあなたの両親との間で深刻な争いごとが生じるか，その寸前まで来た時。
21. あなたとあなたのきょうだいや近親者との間で争いごとが生じるか，この中の1人と争いごとを生じる寸前まできた時。
22. あなたとあなたの妻（夫）あるいはガールフレンド（ボーイフレンド）との間で争いごとが生じるか，この中の1人と争いごとが生じる寸前まで来た時。

(教示1のコンストラクトに対応) トラブル状況	(教示1のコントラストに対応) 日付・場所	友人1	父2	母3	姉妹4	兄弟5	ボス6	下士官7	将校8	牧師9	親戚10	近隣者11	友人12	親友*13	医者14	助言者*15	自己16	第1因子の負荷 失敗と受動性	第2因子の負荷 恥	第3因子の負荷 失望	第4因子の負荷 財政と怒り	第5因子の負荷 混乱
A. 財務状況	1947 農場	・	×	×	・	・	・	・	・	・	×	・	・	×	・	×	・	10	12	12	11	10
B. つれあい	1949 農場	・	・	・	×	・	・	・	・	・	・	・	・	×	・	×	・	13	14	11	11	11
C. 警察	(除外)																					
D. 近隣	(除外)																					
E. 嫉妬	(除外)																					
F. 両親	？？	×	・	・	・	×	・	×	・	・	・	・	・	×	・	・	・	14	12	12	10	14
G. 兄弟	(除外)																					
H. 孤独	1952 家	×	・	・	×	・	・	・	・	・	・	・	・	・	・	・	・	14	12	12	9	14
I. 怒り	1953 N—	×	×	×	×	・	・	・	・	・	・	・	・	・	・	・	・	10	12	9	14	10
J. 死の恐怖	(除外)																					
K. 恥	1952 家	・	・	×	・	・	・	・	・	・	・	・	・	・	・	・	・	13	15	13	11	13
L. 迫害	1953 N—	・	×	・	・	・	・	・	・	・	・	・	・	×	・	・	・	12	14	11	12	12
M. 落胆	1953 N—	×	×	×	・	・	・	・	・	・	・	・	・	×	・	・	・	11	12	15	13	13
N. 病気	(除外)																					
O. 自殺の考え	(除外)																					
P. 誤解される	1952 N—	・	・	・	・	・	・	・	・	・	・	・	・	・	・	・	・	14	12	12	10	14
Q. 優柔不断	1953 N—	・	・	・	・	・	・	・	・	・	・	・	・	・	・	・	・					
R. 臆病	(除外)																					
S. 愚行	1952 N—	×	・	×	・	・	・	・	・	・	・	・	・	・	・	・	・	12	14	14	14	14
T. 誰かを傷つける	1953 家	・	×	・	・	・	・	・	・	・	・	・	・	・	・	・	・	14	12	11	12	12
U. だまされやすさ	1952 N—	・	・	・	・	・	・	・	・	・	・	・	・	・	・	・	・	14	12	11	10	12
V. 混乱	1953 N—	×	・	・	・	・	・	・	・	・	・	・	・	・	・	・	・	14	13	13	15	
W. 失敗	1952 N—	・	・	・	・	・	・	・	・	・	・	・	・	・	・	・	・	15	13	11	9	14
X. 女性	(除外)																					
Y. 受動性	1953 家	・	・	×	・	・	・	・	・	・	×	・	・	×	・	・	・	15	13	11	9	13
Z. 援助の必要性	(除外)																					

図6-12 状況資源プロトコル，ケースX

さて，もう一度あなたがあげた22の状況リストを初めから見なおして，あなたの人生において，上記の22の状況で最も心配をさせられた5人にチェック（✓）を付けてください。

図6-12と6-13は，似た年齢，似た背景をもつ2人の異なる被験者のプロトコルを再現したものである。このうち1人は長期の心理療法を受けている。この依存の分布から，2人のうちのどちらがその人物であるか簡単にわかるはずである。

21 | 利便性の範囲を含む問題

前に示したように，レプテストのグリッド法の使用は，各人物が各コンストラクトの利便性の範囲内に落ちるという仮定に基づいている。一般的なグリッドの使用に当てはまる形式で述べるなら，この仮定は，各行が各列と心理的に本物の交差をもつということである。この仮定ができない場合には，検査者はクライエントに，2種類の出来事——ポジティブな出来事とネガティブな出来事——をそこに入れるように頼まなければならない。そして，たとえば，コンストラクトの浮上極がこの人物にあてはまるなら，このセルにプラス（+）を，また，潜在極のほうが当てはまるなら，このセルにマイナス（-）をつけてもらう。この場合にはヴォイドは，この人物は利便性の範囲の外側に落ちるという意味に解釈される。このようなグリッドの場合には有意味な因子的分析はいくらかより困難になる。しかし，この課題はまったく実行不可能ではない。

22 | グループ因子

このレパートリー・グリッドは，あるグループの個別のメンバーがコンストラクトにラベルづけするのに使っている言葉とは独立に，彼らに共通の因子を抽出するのに使うことができる。このようなケースでは，この人物群はプロトコル対プロトコルの比較が可能だと仮定されねばならない。このことは，被験者の人生に対する類似した関係に基づいて仮定されうる。あるいはまた，この人物をこのグループメンバーの全員が知っている人——たとえば，彼らの同輩のグループメンバー——に設定することもできよう。このグリッドは1つずつ積み重ねられて，これらのすべてが1つのグリッドを構成しているかのようにすると，共通因子の抽出が可能になる。もしグループのステレオタイプ的人物像を抽出したいのなら，このグリッドを水平に並べて，因子化された人物像を抽出しうる。各人のグリッドはどの程度までグループのスキャニング・パターンと一致するのかを見ることができる。これは原則的には，個人の見方とそのグループの見方との機能的類似性の測度を提供することになる。このようなアプローチは，われわれの共通性の系に関係する多様な問題へのアクセスを可能にする。

トラブル状況	日付・場所	つれあい 1	父 2	母 3	姉妹 4	兄弟 5	ボス 6	下士官 7	将校 8	牧師 9	親戚 10	近隣者 11	友人 12	親友* 13	医者* 14	助言者 15	自己 16	第1因子の負荷 誤解、孤独、怒り	第2因子の負荷 落胆	第3因子の負荷 財政	第4因子の負荷 病気
A. 財務状況	1953 T—	・	・	・	・	・	×	・	・	・	・	×	×	・	・	・	・	−9	11	16	8
B. つれあい	1953 韓国	・	・	×	・	・	×	・	×	・	・	・	・	・	・	・	・	11	13	10	10
C. 警察	1952 韓国	・	・	×	・	・	・	・	×	×	・	・	・	・	・	・	・	11	13	10	10
D. 近隣	(除外)																				
E. 嫉妬	(除外)																				
F. 両親	(除外)																				
G. 兄弟	(除外)																				
H. 孤独	1953 韓国	×	・	×	・	×	×	・	・	×	・	・	・	・	・	・	・	15	11	8	12
I. 怒り	1952 韓国	・	×	×	・	×	×	・	・	・	・	・	・	・	・	・	・	15	11	8	10
J. 死の恐怖	1952 韓国	×	×	×	×	・	×	・	・	・	・	・	・	・	・	・	・	11	9	−9	13
K. 恥	1951 M—	×	×	・	・	・	・	・	・	・	・	・	・	・	・	・	・	14	10	9	11
L. 迫害	1949 T—	×	×	×	×	・	・	・	・	・	×	・	・	・	・	・	・	12	10	8	13
M. 落胆	1953 M—	・	・	×	・	・	・	×	×	・	・	・	・	・	・	・	・	9	15	12	10
N. 病気	1953 T—	×	・	×	×	×	・	・	・	・	・	・	・	・	×	・	・	11	10	8	16
O. 自殺の考え	(除外)																				
P. 誤解される	1953 M—	×	×	×	・	×	・	・	・	・	・	・	・	・	・	・	・	15	11	8	12
Q. 優柔不断	1951 R—	・	×	・	・	×	×	×	・	・	・	・	・	・	・	・	・	11	13	10	8
R. 臆病	1952 A—	・	・	・	・	・	×	・	・	・	・	・	・	・	・	・	・	12	10	11	9
S. 愚行	1953 T—	・	×	・	×	・	×	・	・	・	・	・	・	・	・	・	・	10	12	11	11
T. 誰かを傷つける	1951 T—	・	×	・	・	・	・	・	・	・	・	・	・	・	・	・	・	9	9	12	10
U. だまされやすさ	1953 韓国	・	×	・	・	×	×	・	・	・	・	・	・	・	・	・	・	10	14	11	9
V. 混乱	1953 T—	×	×	×	・	×	・	・	・	・	・	・	・	・	・	・	・	11	10	−9	11
W. 失敗	1950 T—	・	×	・	・	・	×	・	・	・	×	・	・	・	・	・	・	12	9	11	9
X. 女性	1953 T—	・	×	・	×	・	・	・	・	・	・	・	・	・	・	・	・	14	10	9	9
Y. 受動性	1950 T—	・	×	・	×	・	×	・	・	・	×	・	・	・	・	・	・	13	11	10	10
Z. 援助の必要性	？？	×	×	×	×	×	・	・	・	・	×	・	・	・	・	・	・	13	−9	−10	10

図6-13 状況資源プロトコル，ケースY

　このプレゼンテーションの目的は，人の心理的空間の分析への方法論的アプローチをスケッチすることにあった。われわれは被験者自身の軸のシステムを使ってきたが，それでもなおそれらを抽象化して，われわれ自身のシステム内にそれらを包摂できるようにしてきた。したがってわれわれは，現象主義者を破滅させてきた排他主義的なアプローチには落ち込まずにやってきた。われわれが採用してきた方法は，この被験者のパーソナル・コンストラクト・システムのサンプリングの妥当性，その安定性，この人のコンストラクトのすべてを彼が名前を挙げたすべての人に適用できる可能性，彼が使ってきた対の用語の対照的な性質，等々に関する種々の仮定を含んでいる。それにもかかわらず，これらの仮定が指令する限界内で，この方法は，心理療法的にクライエントに対処する中で生じてくる疑問のいくつかに答える方法と，心理療法家のもつ共通ではあるが未検証の見解のいくつかに関するエビデンスをもたらす方法を提供してくれることが可能である。加えて，因子化へのこのノンパラメトリックなアプ

ローチは，2値のデータの単純構造への縮減を要求する他の状況でも，有用なツールになりうるようである。

第7章
The analysis of self-characterization
自己特徴づけの分析

　われわれは，われわれの理論の抽象的な側面をさらに精緻化する前に，なおもこの理論を足が地に着いたものにするように試みる。本章と次章では，パーソナル・コンストラクト心理学の対人関係領域での働きを示す。

A　アプローチ

1　基本的前提の関連事項の追求

　われわれは，科学理論は正確で節約的であるだけでなく，創造力に富むものでなければならない，という立場をとってきた。役割コンストラクト・レパートリー・テストと，レパートリー・グリッドの議論の中で，われわれはパーソナル・コンストラクト心理学が生み出したもののいくつかを提示した。今後もわれわれの理論的立場の実践的な所産のいくつかにこだわり続けることにしよう。われわれの理論はおもに臨床心理学の領域が利便性の焦点になるようにデザインされたので，われわれは応用の問題，特に臨床的なものに向かっていくことにする。人はいかにしてクライエントの自己特徴づけの臨床的理解にアプローチすればよいのだろうか？　それは「印象」という方法だけによるものなのか？　あるいは，注意深くその手続きに従えば，その臨床家が誰であっても，いくらか類似したケース像を生み出す，フォーマルな手続きがあるのだろうか？

　a．臨床的な場における役割関係　われわれはすでに臨床的方法を種々の科学的方法の1つとして論じてきた。われわれは，われわれの方法の定義がしっかりした論理的根拠に基づいていることを十分に示してきたことを願っている。本章でのわれわれの課題は，臨床的な方法がナマの言語的プロトコル——特に，自己を特徴づけるように頼まれたときクライエントが産出したプロトコル——に適用されるとき，その手順をより詳細に精緻化することである。この特定の種類のデータに適用される手続きの概要は，臨床法の科学的適用とその印象主義的な誤用との違いを明確化する助けにならなければならない。

臨床場面で使われる心理テストの機能についての議論では，われわれはおもに，このテストが，クライエントの治療の経過中に質問と探索の基礎となりうる仮説を生み出すがゆえに，有用なのだという事実を強調した。**臨床仮説**とは対照的に，ありふれた**発見**を生じるテストは，あまり役に立ちそうにない。それは通常，クライエントの状況を改善させうるどんな方法の概要をも示すのに失敗するからである。よい臨床テスト——そしてどんな種類のプロトコルについてもうまく分析する臨床的分析法——は，クライエントの実際的な問題へのさらに多くのアプローチを示唆してくれるはずである。これらのアプローチは仮説として現れてくる。（そして）これらの仮説は臨床家のその後のクライエントへの対処において検証される。これらがよい仮説であるなら，臨床家はこれらの仮説に導かれて実験路線に従うようになり，結果的にクライエントに役立つことになるだろう。これらが無関係な仮説である場合には，たとえそれらが「実際どおり」であったとしても，臨床家はクライエントを手におえない神経症者だとして見捨てることにつながりかねない。

さらに，「基本的前提」——**人の心的過程は，その人がイベントを予期する仕方によって，心理学的に水路づけられる**——について考えてみよう。われわれがこの仮定の暗示するものを追究するなら，われわれはクライエントの行為の記述だけでなく，この水路に含まれる予期的な意味連関の理解をも求めるようになるだろう。「解釈の系」で示したように，われわれはこれらの水路をコンストラクトとの関係によって思い描いている。したがって，クライエントの自己特徴づけのプロトコルは，具体的言語行動としてのプロトコルに関係するだけでなく，そこから推測される予期的なパーソナル・コンストラクトにも関係するはずである。われわれはクライエントの水路づけのコンストラクトに関心を持っているはずなので，そしてそれは最終的な行為のみに関心をもっているわけではないはずなので，われわれは「社会性の系」にしたがって，われわれ自身がそのクライエントとの関連で役割設定をする第1歩を踏み出すことになるのだろう。この心理士とクライエントとの役割関係は，臨床心理士とその他の人々を区別する特徴の1つである。さらにいえば，パーソナル・コンストラクト心理学は，心理士とクライエントとのまさにこのような役割関係の設定に特に役立つアプローチであると，われわれは考えたい。

たぶん類比（アナロジー）が役に立つだろう。教師は生徒の算数問題の回答をしらべてみる。彼女はこの課題に対して2つの方法のどちらかでアプローチできる。1つは，回答のみを見て正誤の印（○や×）を付けることができる。いま1つは，各生徒が回答を出すのに使った方法を見ることができる。前者のケースでは，彼女はテスト採点マシンとしての働きをしており，正誤を確認するエビデンスのみを返して，生徒が利用できるようにしているだけである。後者のケースでは，彼女は各生徒との役割関係を引き受け，相互の努力と目的をもつミニ社会を設けて，これに生徒とともに参加する。心理士と

クライエントとの関係でも同じような可能性が開かれている。彼は「真実，正義，アメリカの流儀」の断固とした代表者として，クライエントに自己をはっきりと示すことができる。あるいは，彼は，彼ら2人がいかにすれば共通目的に向かって共同作業ができるのかを見るために，クライエント自身の個人的な見方をもう一度見なおしてみることもできる。

　b．予　期　われわれの基本的前提にはもう1つ重要な含意がある。われわれがそれを追求する場合には，われわれはイベントを包含することよりも，予期することを重視することにする。意味のあるコンストラクトは，単に過去のカタログを作ることよりも，未来を包摂するようにデザインされるものである。臨床家はしたがって，すでに発生しているイベントと行動のすべてを正確に構造化しているときには，必ずしもクライエントの適切な理解に達していなくてもよい。臨床家は，このクライエントについての自分の概念化が未来に起こりうることを十分に説明しうる浸透性があるのかどうか，自問すべきである。最も整備された診断や疾病分類のシステムでも，この基準には達していないかもしれない。

　c．信じるアプローチ　われわれの基本的前提の第3の重要な含意は，臨床家がどんなクライエントの言葉に対してもある種の信じる態度（credulous attitude）を維持すべきだということである。臨床家は，クライエントから得た情報を，それが事実と見えるものと一致しないという理由だけで，捨て去ってはならない！　現象学的な視点から見ると，クライエントは——診に出てくるお客さんのように——常に正しい。つまり，彼の言葉と象徴的行動には，臨床家が無視してはならない固有の真実があるのだ。しかしこのことは，クライエントが常に，他の人がやるのと同じ方法でイベントを記述するとか，イベントが起こったことが共通に同意されるようなやり方でイベントを記述するということではない。またイベントの記述の仕方が，ある人がいるところでも，他の人がいるところでも，同じだということでもない。彼は臨床家に話をするときにはあるレベルの記述を用いるだろうが，みずからの目的のためにイベントを解釈するときには別のレベルの記述を使うかもしれない。彼は臨床家に誤った推論をさせようと意図して，イベントを記述することさえあるかもしれない。

　しかしこのことは，クライエントが話すという現象やその話の内容が存在せず，したがって無視してよいということを意味するわけではない。鋭い認知力をもつ臨床家は常にクライエントの「嘘」の内容を尊重する。ただし，同時にその嘘によって判断を誤ることのないように，同じくらい気をつけている。クライエントが言ったことと実際に起こったこととが一致しないことを見いだしたときには，臨床家はどちらのバージョンも並置して，クライエントのバージョンを「真実の」バージョンと置き代えて消し去ったりすることのないように注意する。彼は「真実の」バージョンから結論を引き出すよりも，クライエントのバージョンをめぐってより多く熟考する傾向さ

えある。実際，認知力の鋭い臨床家は，クライエントのイベントについてのたまたま「間違った」バージョンに対しても，イベントそのものや，クライエントが「真実」を語らなかったという事実に対するのと同じくらい関心を持っているものである。

2　信じるアプローチの応用としての自己特徴づけ

　前に示唆したように，臨床心理士がそれに従うと有用な格言が時どきある。それは「ある人の具合がどう悪いのかがわからないときには，その人に聞け。そうすると，その人は教えてくれるかもしれない」である。こういう質問をする臨床家は，注意深く傾聴する準備をしていなければならない。というのも，その答えは応答者のパーソナル・コンストラクト——彼自身のものだけでなく，心理士のもの，状況のものもある——によって表現されるからである。実際に，彼はこういうかもしれない。「私が話をしても，あなたが理解してくれるとは思えません」と。あるいは，丁寧な慣習によって，「何の問題もありません。あなたのような人々を除外してしまったら，治療にはならないでしょう」というかもしれない。また，彼は精緻な説明を始めるかもしれない。その説明の大変な複雑さは，毎日の生活を維持するあらゆる決定が，いかに難しく心労がともなうかを十分に明らかにしてくれるだろう。

　クライエントの臨床的理解への到達に有用なことが証明されている簡単なアプローチがある。それは自分自身の性格のスケッチを書いてもらうよう依頼することである。たとえば，こんなふうに。

　「ハリー・ブラウンの性格のスケッチを，あたかも彼が劇の主人公であるかのように書いてください。彼のことを非常に**親密**に，そして非常に**共感的**に知ってくれていて，おそらく実際に彼を知りえたと思われるどんな人よりもよく知っている友人が書いてくれたと思われるように書いてください。必ず第三者としてそれを書いてください。たとえば『ハリー・ブラウンは……』というように書き始めてください。」

　この依頼の言葉は何回も改訂されてきたものである。「性格のスケッチ」という用語は，「自己記述」や「自己分析」等々という言葉よりも，クライエントがみずからの解釈システムを使って自己を記述する自由度を拡大するように思われる。「スケッチ」という用語は，こまごまとした要素よりもむしろ構造が強調されていることを示している。

　第三者の強調は，クライエントがあるものをとり上げて告白を試みたり，自分の欠点を目録にしようと試みたりすることよりも，全体的な性格のスケッチが重要だという考えを伝えるものである。クライエントは自己をもっともらしく見えるようにしなければならないのである。

　同じ意図が第2文の言い回しの背後にかくれている。クライエントは友だちの役割

をとっているかのように書くので，いくらかはより自由に，外的な視点から見るかのように，自己を概念化することができる。この努力は，自己をある種の視点で見てもらうというところにある。

「親密」と「共感的」という言葉は，非常に多くの探索の後に選ばれた。第1語は表面的な見かけ以上のものがカバーされるべきだということを示している。第2語は，クライエントが自己を受容できると考えるべきであり，したがって自分が何でないのかや，自分が何であるべきかということよりもむしろ，自分が何者なのかをじっくりと考えるべきだということを示している。クライエントの中には，現実主義を尊重する立場から，自己告発や自己脅迫的な記述をすることが求められていると感じるものがいるだろう。「共感的」という用語は，時に脅威の感覚を伴う麻痺状態から，このようなクライエントを解凍するのを助け，しばしば性格スケッチの記述をどんどん進めていくのに役立つことになる。

「おそらく実際に彼を知りえたと思われるどんな人よりもよく知っている」という言葉は，あまりよい構文ではないが，いくらかの直解主義者のクライエントを，彼らが実際の知人が書くはずのスケッチを書かねばならないという感覚から解放してあげやすい。この語句がなければ――ときにはこれがあっても――いくらかのクライエントは，自分を知ってくれている人を選んで，その人が書くであろうと推測されるスケッチを書くだろう。このようにして彼らは，直解主義の見かけの背後，あるいは「客観性」の個人的バージョンの背後に，彼ら自身の見解を表わすという課題から，身を隠しているのである。

ここでアウトラインの示唆の省略は意図的になされたものである。「家族的背景」「社会的特徴」「職業」「児童期の個人史」等々のトピックの見出しを使おうといういくつかの探査は，試みられはしたが，捨て去られた。このようなアウトラインをクライエントに押し付けると，結果的に，クライエントの自発性がかなり失われることになる。そして，さらに重要なのは，クライエント自身についての概念化のアウトラインがどうなっているのかを見いだせなくなってしまうことである。

この種の探求の目的は，クライエントがどのように世界――これとの関連で，クライエントはある種の役割の中で自己を維持しなければならない――を構成しているかを見ることである。したがって，われわれがおもに関心を持っているのは，クライエントの個人的な解釈システムである。加えて，われわれが2次的な関心を持っているのは，クライエントの世界を構築する個人的なカテゴリーと次元に関して，彼が自己をどこに位置づけるかである。われわれに最も関心がないのは，われわれが彼のために構造化しようとする世界の中のどこに，彼を適当に位置づけるかである。われわれが求めているのは，単なる彼の自己同一化ではない――たしかにわれわれがわれわれ自身のコンストラクトで彼のために最初に次元化したフィールド内での彼の自己同一

化ではない。それよりもむしろ，われわれは，彼自身の個人的な次元システムから出発して，それを理解した後で，その特定のシステムに関連した，彼の自己知覚表象に関心をもっているのである。

　クライエントに自己自身のアウトラインを使わせることを強調するところが，パーソナル・コンストラクト心理学が自己概念の心理学とは異なる，第1の点である。この2つのシステム間の関係は緊密であるが，その違いが重要である。パーソナル・コンストラクト心理学はこの**コンストラクト**と**コンストラクト・システム**を強調し，これらに対して自己を位置づける。自己概念心理学は，筆者が適切に理解しているなら，自己を外部から課された次元システムに位置づけることを強調する。どちらのアプローチも，心理士がコンストラクト・システムと，このシステム内にクライエントを位置づけることの，両方を押し付ける立場とは区別されている。

　自己特徴づけを引き出す教示は，クライエントが自己を同定する全体的な枠組みが，偏見に満ちたものにならないように意図するものだということが，今や明らかになったはずである。しかし，それらは教示なのだ。それらはしたがって，ある程度の構造を状況に押し付けるものになる。その目的は単純にこれである——クライエントは自己同定に関係するコンストラクトのみを提出する（lay down）ように勧められており，自己の特徴づけと無関係なものではないのである。算数問題を解いたり車の修理をしたりする方法に関係するコンストラクトは追求されない。ただし，これらが自己の適切な特徴づけと何らかの方法で関係していると報告することを選択する場合を除く。

　次に，道をふさいでいる状況を構造化するという第2の目的がある。それは脅威を最小にすることである。ここではわれわれは，クライエントが臨床家と同一化する脅威よりもむしろ，クライエント自身の率直な感覚が状況に負わせる脅威に言及している。前者は他の方法によって最小化されねばならないだろう。後者は，「友だち」という用語を使うことによって，「親密」と「共感的」という用語の組み合わせによって，そしてこのスケッチが3人称で書かれるべきだという提案によって，アプローチされる。したがって，この程度までは，最初は緩やかに解釈されたシステム内の保護された場所——これは第1，第2，第3人称，友情，親密，共感という所与の次元をもつ——に，クライエントを位置づける努力がなされる。

　さて，時に，クライエントが保護された場所から離陸するのを許すという試みでさえ，彼を脅かすかもしれないという指摘がある。いくらかのクライエントは，誰かが彼らとの友好的なあるいは親密な関係の代役をなしうると示唆されただけでも，失見当識の感覚をもつことがある。いくらかの人は，自分が同情の対象になりうると考えただけでも脅威になる——彼らが同情を理解するときには——。「今までに実際に彼を知り得たどんな人よりも，おそらくよい」という言いまわしは，こういう人に言いわけを与えるのを助けることになる。その場合でさえ，彼らはなおも脅威を感じるか

もしれない。われわれは単純にこのリスクを引き受けることにする。

3 自己特徴づけの例

　次の自己特徴づけは，学業，職業，社会的適応に関する全般的な訴えに関連して，心理サービスを求めてきた大学生によって書かれたものである。彼がこの自己特徴づけを書いた時には，約9回の心理療法的面接を受けていた。この間に臨床家は彼があまり進歩を示さないと感じていた。学期が終わりに近づいてきており，クライエントはただちに数千マイル離れた大学に行く計画を立てていた。残りの治療期間では修正役割療法を使うことに決定していた。クライエントの自己特徴づけの分析は，このような治療プログラムの第1段階になっているので，次のプロトコルが引き出された。

　a．ロナルド・バレットの性格のスケッチ　次に自己特徴づけが，元のスペルや文法の間違いはそのままにして再現されている。

　ロナルド・バレットの全体的な外見はどちらかといえば物静か（quite → quiet）で穏やかな性格だという印象を与えていた。さらに彼は，人前で非好意的な注意をひきつけることを言ったりしたりするのを嫌っている。（彼自身はグループ内で「人を困惑に陥れるような」人物ではないのだが，彼はそういう連中の1人と見られるのを嫌がった。）しかしながら，彼はすぐにカッとなること（ただし人前では見せない），そして誰か（通常は彼の友だちや彼といっしょにいる人ではない）にされたり言われたりしたことに，しばしば容易に取り乱したり，挫折感をもったりすることが知られていた。彼の感覚では，この誰かは，自分がしたことをするよりも，もっとよく知り，もっと分別をもつべきなのである。彼は友だちに対してはほとんど怒りのシルシを見せることがない。他方，彼には一貫しない傾向がある。時には身近な論題で彼を苛立たせようとしても非常に時間がかかるが，別のときには非常にしばしば取るに足らないようなことに非常に簡単に興奮したり思い悩んだりする。彼の行為と態度は気分次第であり，大いなる極端さを示すといえよう。概して彼は，人々に対して，特に年長者に対して，自分の知識，物腰，誠実さをもって印象付けようと試みている。

　彼はどんな人であれ，他者の思いやりのなさを，文字どおり（litteraly → literally）憎む。そしてこの事実こそがしばしば，彼が他者の言動に激怒する理由なのだと，人はいいたくなるかもしれない。彼は概して，他者に対して非常に思いやりがあり，自分の言動には非常に正直である。誠実性（conscienciousness → conscientiousness）は彼の主要な特徴（tributes → attributes）の1つであるように見える。ここでは彼の道徳と倫理がその指針になっているようである。自分が十分に親切心をもっていなかったと思うと，彼はしばしば罪悪感におそわれる。彼は自分が非常に優れた良識（コモンセンス）を持ち，人生や物質

(matereal → material) の多くの側面を分析したり説明したりする論理をうまく使いこなせていると考えている。

　彼が人々，特に家族内の人々を批判し矯正しようとする傾向は，小さな問題と同様に大きな問題でも見られ，家族外ではいくらか減少を示すが，家族内ではあまり減少を示さない。みずからの論点の証明，みずからの論点についての議論，そして他者の論点に対する論駁は，彼の主要な「趣味」の1つであるように見える。彼は自分の読んだもの／あるいは人に語り聞かされたこと／を事実あるいは何かを証明するものとして，非常に信じやすい (gullable → gullible) 傾向があり，結果的に，時には彼がその確証をもっていると思う問題についてみずから議論するのに，「精根つきはてる」ことがある。しかしながら彼は，この望ましくない側面から距離を置く能力をかなりの程度まで獲得してきている。

　彼は技術的専門性と正確さの重要性を非常に強調する。平均して，彼は間違いのないように，／あるいは／すべてを正しくし，誤り (wrone → wrong ?) をなくするように，非常に熱心に努力している。何かの間違いをしたときには，彼は，みずからの行為に対して完全に状況依存的な言い訳 (excusses → excuses) をするかもしれない。あるいは，自分自身にひどく腹を立てたり，自分自身にすっかり落胆したりするだろう。彼が（間違いを）する以上のことを知っていたと感じる間違いをした場合には，彼は自己に対する嫌悪と怒りの叫びを通じて，自分はもっと多くのことを知っていたのだということを，周囲のすべての人に何とかして知らしめようとするだろう。いいかえれば (inotherwords → in other words)，彼が（間違いを）する以上のことを知っていたと感じるような何かの間違いをするときには，彼は自分にひどく腹を立てる。そして，このような間違いが大きな重要性を持っている場合には，この間違いによって，その後も普通はしばらく悩まされることになるのである。

　彼は唯物論者であり，現実主義者だと言われるかもしれない。彼は，あまりにもわざとらしく，非実用的な，あるいはありえないと見えるものを，それら（特に映画）が十分に現実的でないといって，批判したり「中傷」したりする傾向がある。彼はまた，ほとんどどんなものにも存在理由があるという感覚を持っており，しばしばこの理由を見つけ出そうと試みて，いっしょにいる人には誰彼かまわずにこの結論を語って聞かせようとする。その結果（これを結果と呼んでよいのなら）彼は信じたいものだけを信じるようになる。それは宗教でさえ変わらない。そして，彼の信念や意見を変えるのは，その試みをする人が問題となる主題について同等以上の権威を示さないかぎり，あるいは類似の推論を使ってその結論に達するのでないかぎり，通常は困難である。もう1つ明らかにされるべきポイントは，彼が他の人々，特に友だちのそれと一致しないことである。しかしながら彼は，心の中で何を着ようかと決定したり考えたりするのに，時間を無駄に費やしてしまう。

彼は女子について，たいがいの人々には奇妙あるいはまさにはっきり狂っていると見える，いくつかのアイデアをもっている。彼は女子を美しいと呼ぶのを完全に控えている。彼の心の中では，彼女はかわいい，美しい，魅力的，あるいはこれらに類した特徴をもっているかもしれない。しかし彼は「美しい」という言葉を，人間のようには「感情」をもたない，物質的なものを記述するためにのみ用いているのだ。彼は性に関する物語や一般的な議論に注意深く耳を傾けるが，そのような会話にはめったに参加しない。彼は女の子にキスすることにあまりにも多くの意味と思想を吹き込んでいるのだといえよう。彼は女の子と一緒に数回あるいはたった1回外出して，それからは彼女との外出を続けず電話もしていない場合には，2～3か月後にもう一度デートを申し込むのをためらってしまう。彼は新しい人と出会ったり，知っている女の子に会ったりしたとき，たいがいは何も話せなくなってしまう。しかし，いったんこの氷を破ってしまうと，普通は自由に喋れるようになる。しかし，女の子に電話をかけるときには，彼女をどれほどよく知っている場合でも，自分の周りにあるいは聞える範囲に人がいることをひどく嫌がる。さらに，彼は人に見られたり聞かれたりするところで楽器などの練習をするのも嫌がった。

b．このプロトコルに対する最初の反応 より伝統的な方法のアプローチになじんでいる臨床家は，このケースの分類を先延ばしにするのが難しいであろう。このプロトコルは「強迫性」のにおいがする。「攻撃的および性的」な衝動は臨床家の興味を引き付けるのに十分に「表面」に近づいている。中でも次のフレーズは苦痛に満ちた明瞭さで際立っている。

…どちらかといえば物静かで穏やかな性格だという印象
…一貫しない…
…大いなる極端さを示す気分
誠実性は彼の主要な特徴の1つであるように見える…
…分析したり…する論理…
…自分自身に腹を立てる…
…現実主義的…
…心の中で何を着るかについて決定したり考えたりする場合でさえ，時間を無駄に費やしてしまう
…「美しい」という言葉は，人間の持つ「感情」をもたない物質的なものだけを記述する

しかし，ロナルドの目を通してこの世界を見る試みをしてみよう。われわれは**信じるアプローチ**（credulous approach）をとることにする。まったく明白なことだが，わ

れわれはおもに言語的，統語的分析に頼ることはしない．たとえばダラード (Dollard) とミラー (Miller) による不快—安堵指数 (Discomfort-Relief Quotient) の計算に採用される方法，レイミー (Raimy) とブーゲンタル (Bugental) による自己と非自己に関連した陽性，陰性，中性，両価性の感情のカテゴリー分けに使われる方法，バリー (Barry) による時事問題領域に関する強度—脅威率 (Strength-Threat Ratio) の計算に使われる方法，あるいはシュテルン (Stern) とブーゼマン (Busemann) による動詞—形容詞率 (Verb-Adjective Ratio) の計算に使われる方法などである．われわれは「自然がみずからに語りかける喃語」に耳を傾け，ロナルドがこのプロトコルを得点化するのに彼自身の次元として提案しているものを見てみよう．われわれは引き続き彼の語句と文章を強調し，これらと，このプロトコルの他の部分からの類似のテーマを，並置してみよう．さらに，彼の言葉使いはいくらか擬人化されているので，これらの言葉が彼の辞書で何を意味しているのかを，これらの言葉が現れた文脈や順序をしらべることによって，よりよく理解できると仮定しよう．

　しかし，ロナルド・バレットのプロトコルから結論を引き出す前に，パーソナル・コンストラクト心理学の立場から，自己特徴づけの臨床評価を支配する技法と目的の概要を述べることにする．これらの概要をスケッチした後で，ロナルド・バレットに戻り，彼が自己自身について語ってくれたことの理解を求めていこう．

4　自己特徴づけの分析における技法

　われわれが提示したような逐語的プロトコルは，多くの心理士にとって，ローデータの不可解な蓄積である．人はこのプロトコルを望みどおりに「採点する」ことはできない．「採点」が試みられるときには，それは語彙あるいは構文の分析の形を取りやすい．前に述べた強度—脅威率の使用のような，内容の採点を試みる場合には，この採点法には，それを1次元でしか代表できないという不利なところがある．このプロトコルの評価において，クライエント自身の個人的な次元システムを働かせるのはさらにもっと難しい．

　基本的に，われわれはすでに述べた信じるアプローチをとる．次にわれわれは，種々の技法を使う．それは，伝統的な意味でのプロトコルの「採点」ではなく，そのプロトコルを焦点に持ってくるということになる．

　a．順序と変遷の観察　臨床家はこのプロトコルを読みとおして，文脈を定めるところから開始する．この文脈の中で，このプロトコルの諸部分のより詳細な検討がなされる．次に，彼は内容の順序の観点と，トピックからトピックへの変遷の観点からこのプロトコルを読む．彼はさしあたり，このクライエントに関するかぎり，真の連続性を表わしていると仮定する．そして見かけ上の連続性の「途切れ (breaks)」は，実際には不連続性ではなく，主観的に類似した内容の思いがけない精緻化 (unexpected elaborations）か，対照的な精緻化（contrast elaborations）のどちらかである。彼はさしあたり同じコンストラクト次元が各「途切れ」を貫いて持ちこされるのだと仮定する。彼はこの仮説を後で改訂するかもしれない。たとえば，このバレットのプロトコルでは，最後の2つの文章間の見かけの「途切れ」は，ロナルドが関係するかぎり真の連続性と見なされ，そしてそういうものとして，コンストラクト次元——これについては，ロナルドは比較的不明瞭であるが——に光を投げかけるものと解釈される。

　パラグラフの順序，そして一般化と特殊化の順序もまた注目するべきである。たとえば，ロナルドは最初ではなくむしろ最後のパラグラフで性について話すことを選び，それから自己特徴づけの最初から付けている社会的なマスクの指摘を選んでいることにも，注目すべきである。さらにいえば，バレットのプロトコルは対照性と特殊化に満ちている。彼の順序と変遷が注目されるときには，連続的なシーソーの上でみずからバランスを取ろうと試みていることが明らかになる。これはカッコでくくられた語句の使用によって際立っている。

　b．組織化の観察　順序と変遷をしらべたら，臨床家は次に，プロトコルの組織化に注意を向ける。彼はパラグラフの第1文，および最大の一般性をもつように見える文章，の両方によって，そのトピックとなる文章を探し求める。彼は常にプロトコルの冒頭の文章に特別な注意を払い，差し当たっては，これがクライエントにとって最高レベルの一般性か，あるいは，出発点として使うのに最も安全な基盤を表わすものか，いずれかをもつ文章として，志向されていると仮定される。たとえば，バレットのプロトコルでは，もし冒頭の文章が一般性の最大の範囲をもつものだと仮定するなら，臨床家はただちにロナルドのパーソナリティの穏やかさが表面的な覆いであるという可能性にただちに警戒をするだろう。もしこのパラグラフの残りの部分とこのプロトコルの残りの部分が，これがその話題の文章であるかのように読めるなら，ロナルドは実際には非常に薄い穏やかさの仮面の背後に内的混乱状況のあることを記述しているのだということが明らかになってくる。

　c．文脈に対する熟考　次に臨床家は，各文章をとり上げて，それがただ独立の宣言として意味をもつだけでなく，全体としてのプロトコルの文脈内で意味するはずのものと考えることができる。これは「このプロトコルの残りのすべてがこの1つの文章の説明や精緻化だと考えられたとしたら，この文章は何を意味することになるのだろうか？」と心の中で考えるようなものである。このアプローチはまた，臨床家が各文章を文脈によって制限することを可能にするだろう。したがって臨床家は，各文章の一般化の範囲を拡大する代わりに，それが特に文脈によって明確にされた制限の範囲内で何を意味しそうかと考えるかもしれない。人は各文章を順番にとり上げて，互いの文章の脇にそれを置いてみて，「これらの文章はそれぞれ，他の文脈内では何を意味するのだろうか」と自問するかもしれない。

たとえば，ロナルドがみずから議論することに「精根つきはててしまう」傾向について述べた第3パラグラフの文章をとり上げてみよう。まず，このプロトコルの残りのすべてが，一瞬のうちにこれを精緻化したものだと受け取られた場合には，この文章が何を意味するのか考えてみよう。このストーリーの全体は，彼がいかに精根尽きはてるほど自問したか，ではないのだろうか？　これはまた，彼自身の議論が，いかに彼が馬鹿げて見えるように作用するのか，あるいはいかにして脳卒中を起こすところまで彼を引っ張ってくるのかについての，ストーリーなのではないだろうか？　次に，この文章がこのパラグラフのより限定された文脈内で何を意味するのか考えてみよう。このパラグラフは彼の両親との関係に関するものである。この文脈における「精根尽きはてる」というフレーズは，子どもが痙攣を起こすということを示唆している。これはまた，彼の論争好きな性格がおもに家族の領域内での防衛として生じていることを示唆している。

　d．用語の照合　臨床家はくりかえされる用語と，用語間の結びつきには気をつけなければならない。第2パラグラフの一連の用語──「思いやりのない」「思いやりのある」「正直」「誠実性」「道徳」「倫理」「罪悪」「親切心」──について考えてみよう。ここでは彼は，明快な象徴化をもたないあるコンストラクトを伝達しようとして，非常に多様な用語を用いている。人はこのプロトコルの全体を通じたこれらのつながりの跡を，どこである用語がくりかえされているか，どこでそれと個人的に等価なものがくりかえされているのか，の両方に気をつけることによって，たどることができる。

　e．強調点の交代　臨床家がプロトコルを読むとき，みずからが選んだ文章や単語を強調する傾向がある。このバイアスを修正するために，臨床家は各文章とパラグラフを読む際に，別の強調と抑揚でもって実験してみる必要がある。たとえば，第1パラグラフの最後の文章を評価する際に，臨床家はこれを毎回，われわれが以下に認めたユニットの異なる部分を強調して，7回読むことによって，クライエントの意味するところを理解できるようになるだろう（英語と日本語の違いがあるので，文章の区切りは原文と若干異なっている）。

　　　　　　　　　　　概して彼は
　　　　　　　　　　　人々に対して，
　　　　　　　　　　　特に年長者に対して，
　　　　　　　　　　　自分の知識，
　　　　　　　　　　　物腰，
　　　　　　　　　　　誠実さなどを
　　　　　　　　　　　印象づけようと試みる。

　次のパラグラフで推敲するために，この文章から取り上げられるのは「誠実」とい

う言葉であることが，注目されよう。たぶんこれが，ロナルドが強調しようとした用語である。

　抑揚がどこに置かれているか判断するのに，臨床家はプロトコルでくりかえされているこれらの用語に特に気づきやすいのかもしれない。これらは，クライエントにとって利便性の範囲が広いだけでなく，言葉だけで伝達できるという確信が持てないコンストラクトを指しているようである。同じことが，くりかえされるテーマと文章構造にも当てはまる。くりかえしは個人的な強調点への手がかりになるのだ。

　f．議論の再述　臨床家は，もし彼が時どきこの同じテーマを自分の言葉で表現してみようと試みるなら，このプロトコルをよりよく理解できるようになる。これは臨床家がクライエントの役割を演じてみようとするのと同じことである。この技法を使うときには，臨床家はクライエントの視点をただ記憶したり分類したりするのではなく，取り込もうとする。クライエントの立場に立って，クライエントのように立ったり歩いたりしようとすることによって，クライエントに関連した役割を演じる方向に第1歩を踏み出すことになるのである。バレットのプロトコルの分析——本章の後の方で出てくる——をするに際しては，われわれはこの技法を自由に使った。それというのも，これが部分的にはロナルドの言おうとしていることを理解するのを助けてくれるからであり，また，部分的にはロナルドが言おうとしているとわれわれが推測したことを，読者に伝えるのを助けてくれるからである。

5 ｜ このプロトコルによって思い起こされる文脈的領域の分析

　臨床家は，クライエントが自己特徴づけの流れの中で述べる話題の領域に注意を払いたがるだろう。いくらかのクライエントは彼らの個人的な容姿について長々と語る。他のものは彼らの先祖について語り，さらに他のものはみずからの職業について話をする。バレットのプロトコルは大部分が，人々との対面状況におけるロナルドのコミュニケーションと行動を扱っている。クライエントが，自己特徴づけでカバーすべき話題領域を特定しない理由の1つは，臨床家がクライエント自身の文脈——この中でクライエントは自己を特徴的に同定する——の選択を発見することに興味を持っているからである。自己特徴づけは，この点を念頭に置いて読まれるべきである。

　クライエントによって選択された文脈領域は，彼自身が他の人々とどこが違っていると見ているのかを示している。たとえば彼が自分自身を身体的な容姿に関するかぎり，ごく普通のタイプの人間だと見ている場合には，身体的な容姿についてはあまり話をしないだろう。もちろん，この点で彼が群衆から突出して目立つことがないという事実によって，彼が動揺しないかぎり，あるいは臨床家がこのトピックを彼にカバーしてもらいたがっていると彼が信じないかぎり，ではあるが。他方，もし彼が自分が赤毛だという理由で普通ではないと見ている場合には，彼は自分の容姿のこの特徴に

言及しやすい。

　この領域はまた，彼が彼のパーソナル・コンストラクト・システムを十分に安心して推敲できると感じる基盤であることを示している。もしロナルドが，彼と彼の話相手との間で進行していることの理解に，完全に当惑していると感じていたならば，彼はおそらくこの話題領域では文章をつなぎ合わせるのが不可能であったはずである。そうであったときでも，読者はお気づきであっただろうが，彼は統語についてかなりつらい時期をもったはずである。多くのクライエントはそうなのだ。深く根付いたコンストラクト——これによって，自己は所定の場所に固定されるのだ——を表現する語や文章を見いだすのは簡単なことではないのである。一連の心理療法のより決定的な瞬間には，たとえば，統語，文法，共起表現（orthology）——言葉の正しい使い方を研究する学問——はすべて，大敗北を喫するのである。

　いくらかのクライエントは彼らの自己特徴づけの全体を比較的安全な地盤に立って書く。他のクライエントはより大胆で，みずからの立ち位置があまり定かではない領域で賭けをしてみる。しかし，われわれは常にこれをよく知っている。選択された領域は，探索を面白くするのに十分な不確実性と，それを有意味なものにするのに十分な構造をクライエントが認めている領域である。心理療法のセッションでみずからの話題の選択が許されているクライエントのように，自己特徴づけをしているクライエントは，不確実性の中をじりじりと進みながら，みずからを支えるのに十分な構造をもつ領域を選択してきたと仮定されるのかもしれない。このような堅固な地盤のずっと遠くにとび込むよう依頼することは，彼を混乱に投げ入れることになる。彼にもっとはっきりさせることを要求するのは，彼を陳腐なものに追い込むことになる。

　職業選択の場合のように，その中で自己を描く話題領域の選択は，クライエントが頼ることのできる浸透性のあるコンストラクトをもつ場所を示している。そして，浸透性のあるコンストラクトは変化の能力を示している！　プロトコルの領域の分析を行えば，クライエントが自己の問題に対する新しい見方と新しいアプローチについて，おそらくは実験準備のできている場所と機会に関する最善の手がかりの1つを，臨床家に与えてくれる。話題分析もまた，その要素——これを秩序づけるために，クライエントのコンストラクトはデザインされなければならない——の本質を示唆している。それはまた，すでに述べた，コンストラクトの利便性の範囲についての，いくつかの準備的な指標を提供してくれる。

　臨床家は議論された領域の順序にも注意を払う。通常これらは，よく構造化されたものからより問題のあるものまで，あるいは一般性のあるものから特殊なものまでの，前進を表わしている。比較的安全な領域と，相対的に奮闘している領域が注目される。領域の交代も注目される——そしてこの交代がどこで生じるかも。循環的なアプローチが注目される。それは，自己特徴づけの初期に捨てられた領域への帰還か，著者に

はどうにも把握しがたく迂回した領域への帰還か，いずれかである。

　場所，機会，個人史における偶発的出来事，事業，事物，財産，グループの会員であること，親密性等々が注目される。先に述べた人々には特別な注意がはらわれる。これらの人々は彼の世界に住む人物のサンプルである。興味の範囲にも注目が可能である。読者の気づきと，自己特徴づけが求められた状況は，クライエントがみずからのスケッチを書く際の地域的な状況に縛られている程度を示唆している。

6 テーマ分析

　臨床家は話題(トピック)から主題(テーマ)，あるいは因果の関係に，注意を向け変えるかもしれない。クライエントの理由や説明が注目されうる。クライエントは起こったことを理解しようとして，歴史的な説明，個人的な影響，偶然，あるいは彼自身の行為，に頼っているのだろうか？　彼は暗黙裡に有効な原因として何を見ているのだろうか？　たとえばバレットのプロトコルでは，「結果」「理由」「結論」「もし」がはっきりと浮かびあがってくる。第5パラグラフの興味深い順序をとり上げてみよう。

　……彼はまた，ほとんどどんなものにも存在理由があるという感覚を持っており，しばしばこの理由を見いだそうと試み，いっしょにいる人には誰彼かまわずにこの結論を語って聞かせようとする。その結果（これを結果と呼んでよいのなら）彼は信じたいものだけを信じる。それは宗教でさえ変わらない。そして，彼の信念や意見を変えるのは，それを試みる人が問題となる主題について同等以上の権威を示さないかぎり，あるいは類似の推論を使ってその結論に達するのでないかぎり，通常は困難である……

　ここでクライエントは，彼を教条主義へと導くのは，あらゆる実在の背後には理由がなければならないという彼の固い信念だという，面白い見解を表明している。これは，われわれの多くにとってはあまり論理的な説明には見えないかもしれない。しかしクライエントにとっては，「原因」と「結果」は相互に心理学的につながっている。われわれのクライエントはもちろん，この「すべてのものに原因があるなら，その原因を理解するための唯一のアプローチは，合理主義による教条主義を通してである」という見解を世界で初めてとった人ではない。多くの哲学者がこの種の推論を使って，特定の宗教的な見方を支持してきた。

　もし治療者が，このプロトコルの主題分析によって明らかにされたクライエントの因果コンストラクトの何かについて理解するならば，クライエントが治療的変化へのアプローチをどのように主張しようとするのかが，よりよく理解できるだろう。たとえば，もしクライエントが背中の痛みを除去してくれるのは理学療法的な治療のみだと，しっかりと確信しているならば，この症状を取り除こうとする心理療法的な努力

は不利な立場に置かれるだろう。彼のいくらかの家族メンバーに対する憎しみが，何年か前に彼らから受けたひどい扱いによると，彼が信じている場合には，彼の態度は自分で修正できると確信させるのは，困難であろう。

　このクライエントの進歩の目的，目標と，感覚は，このプロトコルの中で探索されるかもしれない。同様に，彼の障害物，ハンディキャップ，面倒な問題は，過去の問題の解決とすでに達成した再適応とともに，探索されるかもしれない。難しいと記述される人も援助的だと記述される人も，このプロトコルの中で言及されるかもしれない。力強い人物が注目されるかもしれないし，理想化された人物も現れるかもしれない。

　このクライエントの価値と道徳的理解をする傾向もまた，彼の因果関係の見解を暗示している。人はまた，彼が自己制御を維持するのに使っているデバイスを探すかもしれない。時にクライエントは，人，価値，事物をけなすことによって，みずからのテーマや因果のアイデアを暴露することがある。クライエントの自己自身や環境を弁解する傾向もまた，彼の考えていることがどういうことに導くかを理解する手がかりになる。

　言葉の選択における強度と脅威の態度表出は，彼が因果関係をどう見ているかにも光を投げかけるかもしれない。人はこれらのアイテムを表にするのに，バリー（Barry）のアプローチを使うかもしれない。このクライエントの前進・後退のパターンは，このプロトコルを少しずつ検討することによって，同様に観察できるだろう。

　最後に，テーマはこのプロトコル全体に分布していることに気づくだろう。冒頭のテーマは何だろうか？　最後のテーマは何か？　どのテーマが何度も何度もくりかえされ，戻ってくるのか？　どのテーマが長い説明と精緻な細部をもって固執的に表現されるのか？　何のテーマが相互に矛盾するのか？　どれが両価的に表現されるのか？　たとえばテーマの両価性はバレットのプロトコルでは特別に目立っている。臨床家はこの種の分析に慣れてくると，テーマを引き出して，クライエントに知覚されている因果関係としてこれらを見るのが非常に上手になりうるものである。

7 次元分析

　領域分析と**テーマ分析**は，自己特徴づけのプロトコルの臨床的理解にとって価値があるが，次元分析はパーソナル・コンストラクト心理学の立場からすると，さらに有意味である。ここにおいて，臨床家はクライエントの心的過程が未来を探して流れゆく水路の形状を理解し始めるのだ。類似性と対照性が強調されることにより，臨床家は継続的・連続的に選ばねばならない二分法的選択肢を理解できるようになる。

　臨床家は主要な次元とその次元の布置を探す。彼は他のクライエントの間で共通に見いだされる次元を探す。たとえば，**率直さ　対　わざとらしさ**の次元は，青年期後期

の若者のレプテスト・プロトコルでは非常に共通に述べられている。そして，**私を好む人 対 私を嫌う人**の次元は，青年期の初期か，社会的なものの見方が未熟だと考えられる成人で，共通に表現されている。ロナルドが**誠実さ 対 軽率さ**のコンストラクト次元でかなり長時間思い悩んでいたことは，注目されるべきである。

　臨床家は明示的に対照的な極と，これと主観的に等価なものの使用を探し求めるだけでなく，潜在的ではっきりとは言語化されていない極をも探し求める。たとえばある人が，ロナルドがしてきたように，「論理」を強調し続けるなら，臨床家はただちに「論理」とは対照的だと個人的に見られるものの問題に警戒態勢をとる。ロナルドは決してまっすぐに向かってきて，みずから「論理」と衝動の間を揺れ動いているのがわかるとは言わない。しかしそれは，このプロトコルから引き出される非常にありそうな仮説であるように見える。それは治療者によって注意深くチェックされうる仮説である。さらにいえば，このプロトコルは，治療者がもし「洞察療法」を試みるつもりなら，このトピックを幅広く取り扱わねばならない可能性を示唆している。

　臨床家はクライエントのコンストラクトに対置される極を探すだけでなく，クライエントがこれらの極に関連して自己をいかに特徴づけるかをも探していかなければならない。たとえばロナルドはみずからを「論理的」だと記述しているが，彼の行動は衝動的であることをみずから明らかにしている。彼は論理的であると確信しているが，彼がしていることの多くは彼の確信とは対照的である。たしかに彼の場合には，彼の次元を，みずからの問題に対して何とか瞬間瞬間の調整をしようと試みながらも，あわててガタガタと動き回る，ある種のコンストラクトのスロットであると，われわれは見なす。

　臨床家はクライエントが記述しているみずからの内部の動きと変化に注目する。これらの変化は，利用可能なコンストラクトの水路の存在を意味している。このシステム内で方向を指示する形状（lay）が，いつクライエントがある重要な決定をするよう駆り立てられる時期が来るのかを知るのに重要なのかもしれない。過去，現在，未来の対比が注目されるかもしれない。たとえばバレットのプロトコルでは，このようなコントラストで言及されたものは，1つ——第3パラグラフの初めに——あるだけである。しかしながら，これは重要であり，これに関して彼が注目した動きは，主として家族の外のことだということが観察されている。

　臨床家はコンストラクト次元の使用の順序とくりかえしに注目することができる。どの次元が最初に配置されたか？　たとえばバレットのプロトコルでは，最初に提示された次元はロナルドの「外見」と実際のロナルドとの対比である。次元の交代や付加的な軸の選択については，このプロトコルを読み通せば，気づけるはずである。

　多くのプロトコルでは，論理的に期待されるほど多くの次元交代はなさそうである。ロナルドもたしかに非常にわずかしか交代していない。彼は彼の主要なコンストラク

トを包括的な布置へと精緻化している。最終的なコンストラクトは，これが通常より親密な，そして時にあまり分節していないテーマを処理するので，いくらかのより進んだ心理療法セッションが処理すると思われる次元のアイデアを，しばしば臨床家に提供する。もしロナルドが継続的な心理療法のシリーズをやりとおしたならば，たとえば「美しい」コンストラクトの線に沿った彼の態度は，おそらく探索されねばならないはずである。さらに，ロナルドのケースでは，この「美しい」というコンストラクトがかなり注意深く探求されるべきだと信じる傾向が，われわれにはあるだろう。この用語は，われわれの多くにとって，非常に親密なあるいは移り気な何かを意味しないかもしれない。しかし，われわれはロナルドにはそれが当てはまるのではないかと疑いたくなる傾向があるだろう。

次に，臨床家は言語構造を注意深く見るべきである——それはどこに完全なまま残っているのか，どこで崩壊しているのか，どのように言葉はクライエントの個人的な辞書の中で再定義されるのか，彼の思考は句読点によってどのように区切られるのか，等々。たとえばロナルドの句読点の使用は純粋に胸躍らせるものである。彼のアイデアを区切る試みは，句読点による区切りも，テキストから得られる区切りも同じくらい明瞭である。また，クライエントの用語の選択，彼の細かいところにこだわる用語の限定，彼の色彩用語やそれに類した広範囲にわたる用語の使用などにも，注目すべきである。人は用語間の言外の等価性と対照性に特に警戒する必要がある。直解主義的な精神をもった臨床家は，新しい言語の学習を始めていることに気づかず，単純にクライエントがこの辞書に同意していると仮定するがゆえに，クライエントの意味していることに重大な誤解をしてしまうかもしれないのである。

最後に，クライエントの単語の選択から，彼の語彙レベルと文化的な同一化に気がつくかもしれない。ロナルドのスペルの間違いを無視するなら，彼がかなり複雑な語彙を使っていたことには，われわれは気づくかもしれない。ただし，「現実主義者」や「唯物論者」のような語を除くと，その言葉はどちらかといえば古臭い。言葉の選択は，特に感情と人間の態度の領域では，あまり高水準の弁別や感受性を示してはいない。ロナルドが月明かりの夜に，自動車の後部座席で生じる問題よりも，ボンネットの下で生じる問題を，ずっとよく知覚できるのではないかと，人は疑うだろう。

8 パーソナル・コンストラクトの専門的包摂

臨床家はクライエントが自己特徴づけに使っているように見えるコンストラクトを識別した後に，彼は自分自身の専門的なコンストラクト・システムに注意を向け，クライエントのパーソナル・コンストラクトをこのシステムの下に包摂しようと断固とした試みをする。パーソナル・コンストラクト心理学の発展のこの時点では，われわれは，臨床的な仕事で使おうと提案する専門的なコンストラクト・システムを，まだ

説明していなかった。この議論は、たぶん順序がバラバラになっているが、後で行う。しかし読者にとっては、解説のこの初期段階では若干の実際的な応用を見るのが面白いはずなので、これらのより精緻なシステムの分岐を提示するのは後まわしにすることにした。

われわれはすでに**浸透性**（permeability），**布置**（constellation），**利便性の範囲**（range of convenience）等々の専門的コンストラクトについては述べた。したがって臨床家は、クライエントの自己特徴づけを概観して、臨床家の心理学的システムを構成しているこれらの基本的コンストラクトの立場から、パーソナル・コンストラクトを評価することが明らかに必要である。専門的なコンストラクトである緩和（loosening），拡張（dilation），攻撃（aggression），敵意（hostility），不安（anxiety），罪悪感（guilt），C-P-Cサイクル（C-P-C Cycle），創造性サイクル（Creativity Cycle）とその他のいくつかは、後の章で述べる。これらは、われわれが開発しつつある心理学的システムのアプローチを使う臨床家の、装備一式において重要である。しかしながらわれわれは、今はこれらに言及する以上のことはしない。臨床家がこれらを学び終わったときには、彼は今一度バレットのプロトコルに戻って、本章で提供しえた以上のより複雑な分析を望んでもよかろう。

B 自己特徴づけの1次的解析の説明

9 ロナルド・バレットは何を言おうとしているのか？

a．第1パラグラフ 自己特徴づけの文章に対しては、いくつかの異なる共通のアプローチがある。氏名，年齢，性，婚姻状況，住所，等々を聞く「個人記録アプローチ（personal-record approach）」，表面的な外見から内的現実へと進む「外面から内面へのアプローチ（outside-to-inside approach）」，また、クライエントが自分が直面していると見る主要問題の表明から始まる「問題アプローチ（problem approach）」もある。ロナルドは後二者を組み合わせたものを使っている。彼は次の言葉をいうところから始めている。

　ロナルド・バレットの全体的な外見はどちらかといえば物静かで穏やかな性格だという印象であった。

ここで使われた主要な最初の自己コンストラクトは、「物静かで穏やか」（quite → quiet）という言葉で表現されている。彼がこの言葉をすぐに精緻化しているかどうか、

コントラストを引き出しているかどうか，あるいは，後で戻るために，またはもっとわかりやすい設定をするために，それを中止しているのかどうか，を見てみよう。次のフレーズは，彼が3つのアプローチのすべての組合せを選択したことを示唆している。

さらに彼は，人前で非好意的な注意をひきつけることを言ったりしたりするのを嫌っている（彼自身はグループ内で「人を困惑に陥れるような」人物ではないのだが，彼はそういう連中の1人と見られるのを嫌がった）。

彼は「非好意的な注意を引きつけること」を，嫌いな行為だとすることによって，彼のコンストラクトと結びつけた。「人前で」自分に注意をひきつけることが好ましくないということは彼にとって非常に重要であり，このスケッチの第2文で言及せざるをえないものであった。これはまた明らかに，外見というアイデアを推敲したものである。彼は純粋に「外見」と「人前」の両方を気にかけているのである。「人前」という語は，他者を，わかってくれわかってあげられる接近可能な人というよりも，じっと見つめている傍観者として集合的に見ていることをとりあえず暗示している。
　彼は非好意的な注意を人前で引きつけるようなことは何もしないとは言っていないことに注目されたい。彼は人前で非好意的な注意をひくようなことをするのは嫌だと言っているだけである。このことは，彼が少なくとも時には，自分が好ましくない注意をひいているということを暗示している。
　外見と目立つというテーマは，挿入句的な精緻化を必要としている。彼はその前の文章の中の言明をそのままに放っておけない。しかし，彼が付け加えようとしている文章は，この記述の主要な一部になるほど中心的ではない。おそらくこれは，「困惑させるような」行動から，そして「連中」から自己を引き離して，同一化しないということを強調する方法なのであろう。
　これらをいっしょに考えると，最初の3文は，彼が物静かで穏やかなパーソナリティだという外見をもたねばならないというロナルドの熱烈な明言を示しており，公衆に対する彼の敏感さを示唆しており，人を困惑させるように見えるどんな連中とも自己を同一化していないことをすぐにも知らせたいという意志を顕している。
　さて，われわれは彼が自己自身にも適用した最初のコンストラクトのコントラストの要素までやってきた。これはこの問題を辛辣にするものである。

しかしながら，彼はすぐカッとなること（ただし人前では見せない），……しばしば容易に取り乱したり挫折感をもったりすることが知られていた。

ここでは彼ははっきりと爆発的行動——これは，彼にとって目立っており不快であるはずだ——のふたの上に座っているという感覚をはっきり表出している。彼は実際に「カッとなる」が，今までのところ人前でそうすることは回避できている。

彼が何に「カッとなる」のかに注目するのは大切である。

……誰かにされたり言われたりしたことに……彼の感覚では，この誰かは，自分がしたことをするよりも，もっとよく知り，もっと分別をもつべきなのである。

これはまさに，彼が自己自身の中に認めて，拒絶している類いの行動である（cf. 以下を参照）。彼は知的な制御を失った人に知的な制御を及ぼす能力を失っているのだ。動詞の選択がその意味に適合していても，「もっとよく知るべきだと彼が**感じる誰か**」に，彼は伝えようとしているように見える。彼は感じる——しかし彼らはもっとよく**知る**べきなのだ。後でランドフィールド（Landfield）の**脅威仮説**（threat hypothesis）を扱うようになったとき，われわれには次のことがわかるだろう。すなわち，クライエントが現在彼のアイデンティティを維持している手段に対して，人々があまりにももっともらしい代替手段である行動を例示するときには，彼らが脅威的だと見られているということである。ロナルドの自発的行動の制御は非常に心もとないので，他の人々の自発的行動の例示によってさえも，動揺させられうるのである。これは珍しい問題ではない。しかし，自己特徴づけプロトコルの最初のパラグラフにおけるほど，はっきりと表明されたものはほとんど見られない。

彼の主要なコンストラクトのコントラストに当たる要素を扱っている文章に，カッコで括って挿入されたフレーズを見てみよう。

……（通常は彼の友だちや彼といっしょにいる人ではない）……彼は友だちに対してはほとんど怒りの印を見せることがない。

彼はそこにいる人々に対してカッとなることはない。怒りのサインを見せることもめったにない。またしても**外見**だ！　彼がみずからの行動のコントロールを維持できるのは，すぐ周辺の状況にかぎられている。彼は他の人々と豊かであたたかい役割関係をもたないのではないかとわれわれが疑い始めたとしても，彼の行動を観察し続ける目をもった人々の世界では，彼の明白な立場は，明らかに，彼の行動に対して抑制効果をもっている。われわれはもちろん，このプロトコルにはパラノイド的緊張があるなどという結論に簡単には飛びつかないように注意すべきである。**彼はそんなことをわれわれには言わなかった**。そしてわれわれはこのプロトコルの分析では，**信じるアプローチ**をとっているのだ。

さて，彼は爆発的行動を研究している臨床心理士にとって特に暴露的なポイントの表現へと進んでいく。

　他方，彼には一貫しない傾向がある。時には手近な論題で彼を苛立たせようとしても非常に時間がかかるが，別のときには非常にしばしば取るに足らないようなことに非常に簡単に興奮したり思い悩んだりする。

　それは，パーソナル・コンストラクト心理学の用語では，彼の心理的混乱の本質を表現しているかのようである。彼は自分の行動に関わるイベントを適切に予期することができないと言っている。彼は彼の世界の意味を解明しようと追究してきた上位コンストラクト・システムが壊れつつあるようだと言い続けている。このことは，このシステムの下で適切に予期できない行動はまったく予期できないということではない。それはむしろ，この衝動的行動を支配する，相対的により言語でなく，より明白でない予期システムが，慣習的に言語化されているシステムとは矛盾すると推測されるということである。彼に矛盾しているように見える行動には体系的法則性が存在しないと推測するのは，重大な誤りであろう。いつの日か，現在言語化できない行動の全パターンが驚くほど突然に適切な場所にぴったりとはまるかもしれない——そしてそれとともに，それにマッチする言語化のセットがもたらされるかもしれない。しかしわれわれは，ロナルドが今言っていることから離れて，注意がさまよい出るのを許しているようだ！
　次に彼は，彼の一貫しない行動にも準拠枠があるのだという。

彼の行為と態度は気分次第であり，大いなる極端さを示すといえよう。

彼はそれを記述するのに，ただ1語——「気分」——をもつのみである。
　さて，彼は言う。

「概して彼は，人々に対して，特に年長者に対して，自分の知識，物腰，誠実さをもって印象づけようと試みている」

　この「概して」という言いまわしは，これがこのパラグラフのこのトピックの文章を書こうとするもう1つの試みであることを示唆している。「彼は人々に対して印象付けようと試みる」——彼はすでにこのポイントを明確にしている；「特に年長者」なのだ——これは新しい！　彼が演じて見せる観衆はおもに年長者からなっている。われわれはこれについて，もっと耳を傾けてみよう。「自分の知識，物腰，誠実さをもっ

て」——われわれは彼の知識と物腰との連合については受け入れる準備ができている。が，「誠実さ」という語は不安定に作動するコントロール・システムではないのだろうか？　彼は誠実さのパーソナル・コンストラクトが何を意味しているのか，語るのだろうか？　彼は語るのだ！

　b．**第2パラグラフ**　第2パラグラフは，彼が誠実さという言葉で何を意味しているのかの説明に役立つ。

……彼は……いかなる人の思いやりのなさをも憎む……
彼は概して，他者に対して非常に思いやりがあり，自分の言動には非常に正直である。……自分が十分に親切心をもっていなかったと思う場合には，

　正直は思いやりと親切心と結びついて，1つの布置的コンストラクトを形成している。
　さて，われわれがあるコンストラクトを扱うときには，われわれはコンストラクトの使用には，類似と非類似の両方の局面を喚起することを，心にとどめておくべきである。ロナルドはただ正直，思いやり，親切心について話すだけでなく，その意味連関によって，不正直，思いやりのなさ，親切心のなさについても語っているのである。
　彼は，彼の不穏な行動が何がしかの意味をなす場面を説明しようとして，よい仕事をしている。もっとも，その含意まで広く推敲できているわけではなさそうであるが。

……彼はどんな人であれ，他者の思いやりのなさを，文字どおり憎んでいる。そしてこの事実こそがしばしば，彼が他者の言動に激怒する理由なのだ。

　みずからの人生を直解主義的基盤に基づいて整理しようと試みていることをすでに表明している人にとっては，そして人に，とりわけ年長者に，自分の正直さ（思いやりと親切心をも意味する）を印象付けようと試みる人にとっては，「文字どおり」と「憎む」の両方の用語は，強い表現である。
　さて，このパラグラフにおける面白くも重要な単語の選択を見てみよう。それは，あたかも彼の爆発的な行動が意味をなす準拠枠を，彼がなぜ表現できないのかをわれわれに教えてくれているかのようである。われわれはキーワードを太字にした。

　人は，彼が文字どおり憎んでいると，**いいたくなるかもしれない**……
　誠実性は彼の主要な特徴（原文は tributes）の1つであるように見える。ここでは彼の**道徳**と**倫理**がその指針になっているようである。
　自分が十分に親切心をもっていなかったと思うと，彼はしばしば**罪悪感**におそわれ

る。

　彼は，他者が非常に恥ずかしがっているのがわかるのと同種の（自分の）行動に対しては，罪悪感をもつことなしに，自分の感情を十分に発散することができない，と言っているかのように見える。**もし彼が子どもであり，彼の概念化がもっと具体主義**的であったならば，彼は**彼自身**の中の激怒，憎しみ，思いやりのなさを，**他者における**思いやりのなさの反対物と見ることができたのかもしれない。しかし，彼は大人なので，自分に現れたものであれ他者に現れたものであれ，思いやりのなさは思いやりのなさである。しかし，待ってほしい！　これをチェックしてみよう。それはそのとおりだが，完全にそうだというわけでもない。次の文章はこうなっている。

　彼は自分が非常に優れた良識（コモンセンス）を持ち，人生や物質の多くの側面を分析したり説明したりする論理がうまく使いこなせていると考えている。

　これは，「もの静か」「穏やか」「落ち着き」という用語から推測される可能性のある，単なる受動性以上のものである。これは高度に構造化された自己統制である。「思いやり」はわれわれが普通に期待してきたものとはまったく違う。彼はそれが攻撃性の反対だとは今までに言ってはいない。彼は十分親切心がなかった時には，罪悪感について語っているが，この文章はこのパーソナル・コンストラクトを精緻化するものである。それは布置的コンストラクトである。このコンストラクトについては，思いやりは1つのシンボルであり，そしてこれは物静か，穏やか，年長者の好ましい注意，知識，落ち着き，正直，思いやり，そして論理の上手な使用などを結びつけるものである。彼の思いやりと親切心の観念は，高度な知的過程でもって束ねられている。何回もくりかえして，彼はこの知性化についてわれわれに語っている。彼にとって「考えること」は「論理的に考える」ことであり，人に「思いやりをもつ」ことは，その人について「論理的に考える」ことなのである。

　さて，彼の解釈システムが彼の行動において生じさせる基本的な揺れは，より明瞭になってくる。彼は他者の思いやりのなさを自分自身の思いやりのなさに対応させる。この場合，思いやりのなさを追放する代わりに，彼はただそれを自分自身の玄関口に置いておく。あるいは彼は知的コントロールを確立することができる。この方法は不幸なことに，彼自身にしか当てはまらず，他の人々はこれにはしたがわない。彼はみずからのコンストラクトに締め付けられる。彼自身に思いやりがなくなれば，彼は，思いやりがないことで他者の上に積み重ねてきたあらゆる憎しみの，継承者におちいってしまう。出口を見つけ出そうと試みて，彼はどんな人でもやろうとすることをやる。すなわち，彼は一方の側から他方へと揺れ動く。第1に，彼は自己を**類似要素**

の1つとして解釈し，次には**反対要素**の1つとして解釈する。どちらの解釈をしても彼自身にとって適切な役割を設定してはくれない。コンストラクトは行為の道筋——明らかに開かれており，したがってそれに沿って人が自由に動ける——を描いていることを，われわれはすでに指摘した。ここには実際に，ロナルドが使い古して滑らかになった道がある。

さてロナルドは，もし彼が彼のコンストラクトを再定式化できたとしたら，彼自身の知的な鳥籠の中で堂々めぐりをする歩調から解放されえたかもしれない。これがなされうる道はいくつかある。人は一般意味論者によって示されたこの路線にしたがって，このコンストラクトをもっと特殊化しえたかもしれない。このことは**ある人々のみ**が特に思いやりがなく，これらの人々は**ある特定の機会**にのみそうなるのだと，ロナルドが見るように援助されうるという意味である。これは，このコンストラクトを，未来へとつながる一連のイベントに対して比較的浸透性のないものにすることによって，比較的無能なものに還元する傾向があるということなのであろう。また，**思いやりのなさ，不正直，親切心のなさ 対 知識，落ち着き，年長者の前での穏やかな外見**を散りばめた布置的コンストラクトを，たとえば相互に独立に作動しうる2つの命題的コンストラクトに解消させることも追求できたかもしれない。これらのうちの1つは，**思いやりのなさ 対 個人的な理解力**であろう。もう1つは，**感情，熱狂，知的好奇心 対 抑制的，表層的外見**であろう。もちろん，他のアプローチもある。が，この2つは，ロナルドの自己特徴づけへのわれわれの信じるアプローチの，究極的な結果がどうなりうるのかを示唆している。

われわれはロナルドの罪悪感に関する引用で太字にした用語の精緻化を，さらに進められたかもしれない。しかし，罪悪感の本質に関するわれわれの理論的立場は，後の章での精緻化を待たねばならない。それにもかかわらず，小さな関連ポイントが指摘されうる。われわれの信じるアプローチは，人の自己自身に関する言明を変える自由をあまり許さないのだが，第2パラグラフの文脈と一般テーマからすれば，「彼は文字どおり憎んでいる……と言いたくなったのかもしれない」という言いまわしを，「彼は文字どおり憎む気にさせられた……と言いうる」に変化してよいように思われる。もっと冒険的な仮説の再構築をするなら，「私は文字どおり（実際に）憎んでいると，言いたくなった」（そして私のような人間にとっては，この言うはその**状態**にあるということである）。これを短縮すると，「私は憎しみへと誘われている」になる。

ロナルドは第2パラグラフでスペルの間違いだと見られる用語を使っている。が，この用語はもっともらしい意味の負荷がかけられているため，無視することができない。

誠実性は彼の主要な特徴（tributes）の1つであるように見える。彼においては道徳

と倫理がその指針になっているようである。

人はこれが"tributes"（＝記念品，賛辞，貢ぎもの）と"attributes"の混同ではないかといぶかる。そしてそうであっても，それがわれわれの分析とほとんど無関係なのかどうか，疑問に思う。ロナルドは彼の誠実性が，表面的には道徳と倫理の儀式によって導かれているように見えるが，一種の奴隷的な平和の讃辞だと感じているのだろうか？ この言い回しは正直さの議論の文脈の中に入ってきているが，これはふつう単なる見せかけを作るということの反対だと考えられる。ロナルドは，他者の側の思いやりのなさを憎み，他者の言動にカッと怒るということが，彼が現実の誠実さに最も近いところに来ているということを語っているのか，あるいはこのような行動が過剰な表層性につき進みうるのを懐柔する讃辞にすぎないのであろうか？ （これについては）ロナルドの"tributes"の意味を解釈する，さらなる可能性があるが，これはプロトコルの第6パラグラフとの関係において議論することにしよう。

c．**第3パラグラフ** 第3パラグラフでは，ロナルドは自分の中に認める動きについて語り始める。**動きのコンストラクト**（a construct of movement）が存在するということは，パーソナル・コンストラクト心理学者にとっては，人が心理療法を素直に受け入れうるということを示す1つの指標になる。ロナルドがこのスケッチを書いた時には，彼は心理療法のセッションを9～10回（記録ではどちらか不明）受けていた。治療者は，今までになし得た治療の進歩について特に楽観的に感じていたわけではないが，ロナルドは，この時点までの一連の治療についての彼の知覚とおそらくは連合している，動きのコンストラクトを実際に表出している。

彼が人々，とくに家族内の人々を批判し矯正しようとする傾向は，小さな問題と同様に大きな問題でも見られ，家族外ではいくらか減少を示すが，家族内ではあまり減少を示さない。

人はこのような文章が自己矛盾しているとは読まないように，注意すべきである。われわれの基本的なアプローチは，ある文章を矛盾しているとラベルづけして，どちらが間違っているとして退けられるべきかの決定を試みることではなく，むしろ，その人が言うことに一貫した意味を探し出すことを必要としている。

ロナルドは，彼が人々を批判し矯正しようとする傾向は，特に家族内で顕著であったが，それは家族外ではいくらかの減少を示していると，言っているようにみえる。彼の「小さな問題と同様に大きな問題でも」という言い回しも注目に値する。われわれは彼が「大きな問題と同様に小さな問題でも」というと予期していたはずである。彼が言っているのかもしれないことは，大きな問題を批判することのほうがより極端

な行動だということである。ロナルドの自己の問題に対する一般的なアプローチは，大きな問題を把握するようになる前に，小さな問題を批判的に見て周回することだと仮説されているのかもしれない。彼は大きな問題については，直接批判をする自由を感じるような種類の人ではなさそうである。しかし彼は，小さな問題の批判をされただけでも，自分には価値がないと考えてしまうような人である。

　ロナルドは，家族外の人との関係におけるよりも家族との関係におけるほうが，動きの達成により大きな困難を抱えている。それは心理療法では普通のことである。家族は彼を長期的な視野で見るので，家族の期待——したがって，どんな新しいコンストラクトの適切性をもこれに基づいてチェックしなければならない確証のサイン——は，比較的不変の自己知覚に基づいている。

　この時点までの心理療法セッションは，パーソナル・コンストラクト心理学から引き出された技法を完全には採用していなかった。それはロジャーズのクライエント中心のアプローチの一般的な路線にそって行われた。ただし例外として，その反射は時に治療者の用語法の中に投げ返され，したがって強い解釈的な趣があった。この相談は電子的には記録されなかったので，クライエントのパーソナル・コンストラクトがいかに扱われたかを正確に知るのは，少し困難である。治療者はしかし，経験を積んでいたし，鋭い観察者も治療者のクライエントとの相互作用の効果を観察していた。この治療段階でロナルドが見ていた治療目標は，「人々を批判し矯正しようとする傾向」を「減少」させることであった。

　われわれは今や，ロナルドの特定の解釈システムの内では，なぜこの種の動きが達成困難であったのかが，理解できる。批判と矯正は非常に知的な過程である。これによって，彼は「落ち着き」「思いやり」「正直」「論理」「良識」「外見」「知識」を維持しているのだ。もし彼が要素としての自己をコンストラクトの類似の側から非類似の側に移動させたとしたら，彼は「興奮」し，「激怒」し，「挫折」し，「動揺」しているとみられ，「好ましくない注意」を引いてしまう，等々になるだろう。さて，このことは，彼が「批判」しているときには継続的に物静かでいられるとか，彼が激怒するときには批判をやめるとかいうことではない。むしろ，「批判」は彼が安定性を追求する方法であり，「激怒」は批判がうまく働かなくなったとき不可避的に生じるものだということである。したがって，論理的批判を捨てるということは，彼をその代替物——激怒——の言いなりにさせておくということになる。家で，小さな問題と同様に大きな問題も未解決である場合には，潜在的な「激怒」が治療のこの段階で彼が処理するにはあまりにも大きな脅威になる。この時点で，治療者に，現在作動しているコンストラクト・システムの中である種の動きをしてみるように煽られると，ロナルドはすべてのクライエントが直面する問題に直面することになる。

　ロナルドは，しかしながら，いくつかの「洞察」のサイン——すなわち，治療者の

コンストラクト・システムを使うこと——を示している。

みずからの論点の証明，みずからの論点の議論，そして他者の論点に対する論駁は，彼の主要な「趣味」の1つであるように見える。

彼の論点の**証明**から彼の論点の**議論**への変遷は，彼の知性化アプローチの無力さに彼が気付き始めていることを示している。彼は次の文章で，具体主義的な直解主義（おそらくは先取り的コンストラクトの使用）の形でそれを試みることによって，そして象徴化の誤用（語を事実の代用にすること——あるいはもっと正確にいえば，語をコンストラクトの代用にすること）によって，アイデアを発展させている。

彼は事実あるいは何かを証明するものとして，自分の読んだもの／や人に語り聞かされたこと／を非常に信じやすい（またはだまされやすい：原文では gallable）傾向があり，結果的に，時には彼がその確証をもっていると思っている問題をめぐって，みずから論争することに「精根つきはててしまう」ことになる。

彼が自分を信じやすいと記述したと聞くのは，驚きかもしれない。しかもなお，彼は言うつもりのことを言っている。彼は実際自分自身の直解主義の犠牲者なのだ。彼は間違って，書かれた言葉がその証明なのだと考えてしまう。少なくとも今は，彼も証明するもの（これは彼も疑い始めている）をもつことと，議論を提示すること（それにもかかわらず，しつこく議論を続けること）との区別はするようになってきている。

しかしながら彼は，この望ましくない側面から距離を置く能力をかなりの程度まで獲得してきている。

この治療者は成功している！

　d．**第4パラグラフ**　さてロナルドは，彼の直解主義と知性偏重の使用が自己正当化の方法になることを明確化しようと試みている。それは正誤の基本問題と関係している。

彼は専門性と正確であることの重要性を非常に強調する。平均して，彼は間違いのないように，／あるいは／すべてが正しく，誤りをなくするように，非常に熱心に努力している。

ロナルドの専門性の強調は，固執的習慣以上のものだと言ってよかろう——それは

高潔な人生を送る方法なのである。さらにいえば，それは完全にネガティブなことではないのである。「あるいは」に続く文章を見ていただきたい。

　ここで，ロナルドの正書法と統語法に注意を向けるのに，適したポイントに来た。このプロトコルに見られる彼のスペルミスと統語法のぎこちなさ——これは，知性的なコントロールに完全に依存していることを示す——は，知性偏重が必ずしも学問的有能さと等価ではないという事実を明確にするのに役立つはずである。これはまた知能とも等価ではない。これが知的に無能な人に見いだされるときには，治療においては特に不可解な問題を呈する。他方，知的に有能な人の知性偏重は，臨床家の言語的技能を活気づけてくれるようなテストを提供してくれる。

　このプロトコルの，われわれがここで企てたよりも詳細な分析に興味をもたれる研究者は，ロナルドのスペルミスを調べて，不安が彼の知性構造に侵食的な影響をもち始めた正確なポイントを見つけたいと思うだろう。彼の"wrong"という語のスペルミスはこの関連で注目されよう。

　ロナルドのスペルミスと統語法のぎこちなさは，技術的正確さが正しい生き方と等価だという彼の固い信念の主張と同じ文脈内に存するが，これはわれわれの注意を捉えずにはおかない矛盾である。たぶんそれは，彼が多くの側面で直面している時代錯誤的混乱の典型例である。それは，彼の技術的正確さへの信頼が当てにならない支え^{サポート}であることを，たしかに示唆している。そしてこのことは，彼がこのプロトコル全体を通じてわれわれに語っていることではないのだろうか？

　また，おそらくここが，ロナルドのカッコ，斜線，引用符，限定節の使用に注意を喚起するのに一番適した場所であろう。ここには一種のこだわりがあり，このこだわりは，その文脈を考慮するなら，自発的な細部への没入というよりも，他者の前で自己を正当化する必要性を示しているようである。この仮説は，われわれが技術的な不正確さ——これについてロナルドは，技術的正確さへの依存を表明していた——について今いったこととよく一致しそうである。

　統語法のぎこちなさについては，人はあまり批判的になりすぎるべきではない。パーソナル・コンストラクトは特異なものになりやすく，これらのコンストラクトを表出しようと試みるときには，人は，読者が熟考すべき奇妙で見慣れぬ連合を創造する。ロナルドはわれわれの言葉を信じて，*彼が*自分をどう見ているかを言おうとしているのであり，彼がどのように自己表現するとわれわれが期待しているかを言おうとしているのではないのだ。

　再びロナルドは，知性化の代替物が何なのかについて，われわれに語ってくれる。

　何かの間違いをしたときには，彼は，みずからの行為に対して完全に状況依存的な言い訳をする可能性がある。あるいは自分自身にひどく腹を立てたり，自分自身にすっ

かり落胆したりするだろう。

「いいわけ」(excuses でなく excusses) のスペルに注目されたい。そう，彼はおそらく"cuss（罵り）"をしているのだ！　しかしながら，表面的には，ロナルドのような気質の人にとっては，間違いはただちに合理化されねばならない。彼のいう言い訳は，完全に状況に依存している。これらは，彼の過ちによって傷ついていたかもしれない人々に，率直に怒りを鎮めてもらおうというよりも，自己と事実を関係づけようとする試みにすぎない。もし彼が自分の行動を合理的に状況に結びつけるのに失敗するならば，彼は自分自身にカンカンに腹を立てるか，自分の中ですっかり落胆してしまうか，どちらかだろうと，彼は述べている。攻撃は内部に向かう。彼の「自分の**中で**落胆する（discouraged **in** himself）」(太字は著者による) という表現は，彼がもっと普通の「**に**落胆する（discouraged **with**）」という表現の代わりに使っているのだが，これは少なくとも，局所的な失望というよりも，全般的な落胆であることを示唆している。

彼が（間違いを）する以上のことを知っていたと感じる間違いをした場合には，彼は自己に対する嫌悪と怒りの叫びを通じて，自分はもっと多くのことを知っていたのだということを，周囲のすべての人に何とかして知らしめようとするだろう。

ここで再び**見せかけ**（appearance）が登場する。自分自身を叱りつける際に，彼は他者にパンチを加えているのではないだろうか？　他の人々の彼に対する判断が，彼が自己の世界を秩序づけているのと同じくらい状況的であるのかどうかを，彼は恐れているのではないだろうか？　彼は合理的存在でなければならないだけでなく，他の誰もが彼を不合理だとは見ないと確信できるように，警戒しなければならないのである。「（間違いを）する以上のことを**知っていた**」(太字は著者) という言い回しさえも，彼の失敗は心（heart）の失敗というよりも，すべて精神（mind）の失敗と解釈すべきだということを示唆している

いいかえれば，彼が（間違いを）する以上のことを知っていたと感じるような何かの間違いをするときには，彼は自分にひどく腹を立てる。そして，この間違いが大きな重要性を持っている場合には，この間違いによって，その後も普通はしばらく悩まされることになるのである。

おそらく，この「いいかえれば」という言い回しの多くは，彼の思考と，言葉による彼の人生の構造化の試み，の一部でありつづけてきたので，しばしばくりかえされた個人的経験の強迫的曖昧表現の代わりに1語になってしまったものである。

e．**第5パラグラフ**　ロナルドはさらに，彼のコンストラクト・システムの堅固で合理化の可能な基礎を見いだす試みを表現している．

彼は唯物論者であり，現実主義者だと言われるかもしれない．

彼は「唯物論者であり，現実主義者」であることによって，彼が何を避けられるのかを，われわれに語ろうとするのかどうかを見てみよう．

彼は，あまりにも人工的，非実際的，あるいはありえないと見えるものを，それら（特に映画）が十分に現実的でないと言って，批判したり「中傷」したりする傾向がある．

どうしようもなく知的過程に頼ってしまう人間として，彼は空想的な観念の世界には住みたくないという意志をあらわに示す．しかしこれは稀なケースではない．ロナルドは**先取り的**コンストラクトの一式を基礎づける，しっかりした基盤を探し求めている．彼は概して**命題的**思考をしないし，また**布置的**思考（constellatory thinking）に大成功しているわけでもない．彼がどんな命題的思考をもったとしても，それは彼に安定感を残してくれるわけではない．彼はまた，他者との関係を固定的な構造に凍結してしまうステレオタイプを定式化できるわけでもない．彼は具体主義的に定式化された信念以外はいかなるものにも不満を持っている．第2パラグラフの「物質（matereal）というスペルに注目してほしい．「物質（material）」と「現実（real）」との配置」は，このスペルにおいてさえ実行されている．

しかしわれわれは，彼が「唯物論者と現実主義者」になることによって，何を避けることができたのか考えていた．カッコの中の言い回し「（特に映画）」はわれわれにヒントを与えてくれる．それはロマンチック・ラブか？　それはセックスか？

彼はまた，ほとんどどんなものにも存在理由があるという感覚を持っており，しばしばこの理由を見つけ出そうと試み，その結論を，いっしょにいる人には誰彼かまわず語って聞かせようとする．

この「存在理由」は，彼が現実主義と唯物論の中に探し求めているもののようである．したがってそれは，存在に関する彼の質問にわかりやすい答えを探し求める問題がそうであるほどには，彼が回避しているものの問題ではないということかもしれない．われわれは彼がかつて話したことからの「回避者」ではないことに，気づくべきである．彼は映画に批判的であるが，それは映画が彼の質問に答えてくれないからである．彼は存在理由が非常に現実的，物質的に説明されることを望んでいる．したがって，

この質問は非常に古いものであり，回答が言葉や理念よりもむしろ，物や観察可能な行為であった，子ども時代にまでさかのぼるものではないかとわれわれは疑っている。たぶん彼が幼児期でも言語使用の段階まで成長したときには，言葉は，環境を探索する道具というよりも，彼がむなしく求めた事実の一種の不満足な代用品になったのである。

彼の探求は非常に古びたものになっていたようで，彼が追求していたものが何だったのかもほとんど忘れられていたが，それでもなおロナルドはアサーションをすることによって質問をしている。彼は自分のコンストラクトを他者の意見という現実と対比しながらチェックしているのだ。ただし彼は，これらの意見をいったん入手すると，そのエビデンスが決定的ではないとして棄却している。彼は，小さなエウロパを探すのに人生の大半を費やした，ギリシャ神話の英雄カドマスを思い起こさせる。たぶん，この疲れた世界の誰かが，エウロパがどこへ行ってしまったのかをおしえてくれるのであろう。

その結果（これを結果と呼んでよいなら）彼は信じたいものだけを信じる。それは宗教でさえ変わらない。

これが彼の探求の**所産**（outcome）であるが，彼が求めている**結果**（result）ではない。カドマスのように，彼は答えを聞くことのできない問いを非常にしばしば発していたのである。

……そして，彼の信念や意見を変えるのは，それを試みる人が問題となる主題について同等以上の権威を示さないかぎり，あるいは類似の推論を使ってその結論に達するのでないかぎり，通常は困難である。

またカドマスだ！　彼は臨床家に「あなたが回答の背後にもっているより多くの事実を示すか，あるいは，私のパーソナル・コンストラクト・システム内で回答を考え出すか，どちらかをしてほしい」と言い続けているようである。

もう1つの持ち出されるべきポイントは，彼が他の人々，特に友だちの<u>それ</u>と一致しないことである。

ここでわれわれは彼の議論の筋道を拾い上げるのに当惑してしまう。この文章の3番目の"that"（前の文章の下線を付した「それ」）は何を指しているのだろうか？　この前の文章にそれを探してみるなら，われわれは「推論」か「結論」のどちらかを指して

いると推測できよう。いずれにしても，彼には他者，特に友だちと違うところがある。彼のパーソナル・コンストラクト・システムの中の何かが相対的に私的なのだ。しかし，なぜ「特に友だち」なのだ？

　もう一度「一致する」という用語を見てみよう。彼はこの「一致すること (to coincide)」という表現を「味方する (to side with)」と同等と見なしているのであろうか？ 彼は，彼が親密な関わりをもつ人には，どんな人にでも同意するのがとりわけ困難だということがわかると言っているのだろうか？ これは，治療者が処理を予期しておかねばならない抵抗なのだろうか？

　次の文章は，パーソナル・コンストラクトよりもむしろ，精神診断学的な用語で処理する臨床家にとって，はっきりした含意をもっている。

しかしながら彼は，心の中でさえ何を着ようかと決定したり考えたりするのに，時間を無駄に費やしてしまう。

　この文章は，存在理由というような高邁な事柄を処理するパラグラフにおいて，何をしているのであろうか？ 「しかしながら」という語は，それが先行した何かに対する対照性のコンストラクトであることを示唆している。たぶんそれは，彼が友だちと論じている確たる意見と対照的な位置にあるのだろう。たぶん服装に含まれる文化的同調性が彼を悩ませているのであろう。いずれにしても，ここにはまた外見 (appearance)」が出てきている！

　彼が「彼は時間を無駄に費やしてしまう」という表現を使うのは，彼の知的な探求に緊急性があることを暗示している。「心の中でさえ」という表現は，この遅れが，衣服を試着するというような探索的行為によって生じた遅れというよりも，思考における遅れだということを暗示している。緊急課題に直面した時の彼の不動性(動けなさ)は，細部の操作への没頭だけでなく，それが探索段階に到達する前でさえも，彼の行為を妨げる運動失調性の不動性でもあるのだ。

　f. **第6パラグラフ**　まったく適切に最後のパラグラフで，ロナルドは「女子」の話題に到達する。彼は映画について十分現実的ではないと語っている。彼は「存在理由」——疑問のもとの形式はおそらく「赤ちゃんはどこからやってくるの？」であった——があるという自己の「フィーリング」について語った。彼はこの「フィーリング」という用語を異性と結びつけることができるのだろうか？

　彼は女子について，多くの人々には奇妙あるいはまさに明らかに狂っていると思われるような，いくつかのアイデアをもっている。

ここには不一致の特殊領域がある。したがって，彼の友だちとの議論のすべてが，これをめぐってまわっている焦点領域ではないのだろうか？　ここでもまた，彼は一致しない。「まさに明らかに狂っている」という表現は，彼の理念を深層でかき乱すような性質を示唆している。

彼は女子を美しいと呼ぶのを完全に自制している。彼女は彼の心の中ではかわいい，美しい，魅力的，あるいはこれらに類した特徴をもっているかもしれない。しかし彼は「美しい」という言葉を，人間のようには「感情」をもたない，物質的なものを記述するためにのみ用いているのだ。

　「美しい」というコンストラクトの鋭く制限された利便性の範囲に注目しよう。彼は「フィーリング」を女子とリンクするが，そうすることで，その女子が美しいと呼ばれる資格をなくするのである。ここには，彼が支払いを拒否する「讃辞」がある。彼の言葉の使用は，彼が女子とすべての感じるものを本来的に不完全だと見ていることを示唆している。これは，彼が女の性を「存在**理由**（**the reason** for existence）」（太字は著者による）と関係するとはどうしても見ることのできない理由ではなかろうか？　彼がこのような感じる生物を扱うときには，彼の知性偏重の議論には何が起こるのだろうか？

彼は性に関する物語や一般的な議論に注意深く耳を傾けるが，そのような会話にめったに参加しない。

　何と！　ここでは何の議論もしないのか？　性が関係してくると，彼は「一緒にいる誰に対してもみずからの結論を話すこと」ができなくなるのだろうか？　この答えは「できない」である。ここには，彼の思考がほとんど彼の行動を導かない領域がある。それは妨害さえするのだ。

彼は女の子にキスすることにあまりにも多くの意味と思想を吹き込んでいるといえるのかもしれない。

このような機会は，意味と思想のためのものではない——少なくとも彼がそれに与える傾向と同じくらいの意味と思想のためのものではない。さらに，

彼は女の子と一緒に数回あるいはたった1回外出して，それからは彼女との外出を続けず電話もしていない場合には，2〜3か月後にもう一度デートを申し込むのをため

らってしまう。

その女の子に注意を向けたことをうまく合理化できないだけでなく，注意を向けないことへの合理化にも難儀をきたしているのである。

　しばしば彼は，知っている女の子に話しかけることにさえ，途方に暮れてしまう。

彼は新しい人と出会ったり，知っている女の子に会ったりしたとき，たいがいは何も話せなくなってしまう。しかし，いったんこの氷を破ってしまうと，普通は自由に喋れるようになる。

いくらかの励ましがあれば，彼は対異性状況に反応することができる。
　このスケッチの最後の2文では，彼は自由に流れる感情の処理になお困難をもっていることを語っている。

しかしながら彼は，女の子に電話をかけるとき，彼女をどれほどよく知っていても，自分の周り，あるいは聞こえる範囲に人がいることを，ひどく嫌がる。

　前の世代（とりわけビクトリア女王時代）の人々の電話導入に対する反応を思い起こそう。彼らは一方の側のみで進行する会話を立ち聞きされることに当惑した。議論の全体性の崩壊はロナルドの言語システムを大きく破壊するので，彼の側の電話の会話を人に立ち聞きされることに耐えられなくなるのだろうか？　それは，彼が女子との会話中に自分の思考を整理しようとし続けているときに，特に破壊的になるのだろうか？　これは実際生活の他の段階でも当てはまるのだろうか？

さらに彼は，見られたり聞かれたりするところで，楽器のようなものの練習をするのを嫌がった。

　音楽が感情生活の表現であるなら，その構造化が言語レベルに達していない行動はどんなものでも，ロナルドには脅威になるようである。練習しているのを見られたり聞かれたりするのは，不完全でうまく構造化されていないものを観察されることなのである。

　われわれはロナルドが自己自身について書いた最初の文章から，全周期をめぐってきた。彼が維持しようと努めている外見は一種の穏やかさである。彼はこの外見を心

配している。彼は他者の前では構造を維持していなければならない。感情は，それが激怒の形をとろうが，女子と電話で話すという形であろうが，彼にはグラグラするような感覚を生じるのである。それは，楽器で滑稽な不協和音を出すのに似ている。

　　g．要　約　全体として，ロナルドの自己特徴づけは非常にうまくまとまっている。最初のパラグラフで彼は，年長者の前では自己の知性的に構造化されたポーズを示しているのだが，他者が非知性的に構造化された行動を示すときには常に，感情の爆発を生じてしまうので，このポーズが遮られることになるのだと述べている。第2パラグラフでは，知性的に構造化された行動は，道徳，正直，親切心に最も接近したものだということを，彼は示している。言いかえれば，もし彼がそれを捨て去ったとしたら，彼は不道徳，不正直，残酷になるはずである。第3パラグラフでは，彼はこの解釈システムの枠組みの中での限定的な進歩を報告している。第4パラグラフでは，彼のコンストラクトが不適切だとわかったときには，彼がどれほど混乱するかを物語っている。第5パラグラフでは，ふざけて，何を着るべきかというような小さな問題について自問自答に追い込みさえするような，緊急で論争好きな実体の探査について記述している。第6パラグラフでは，彼は彼の言語的に構造化されたシステムに感情の世界を取り込むことができないと語っている。

　ところで，上のプロトコルが解釈されうる道は，もう1つある。実際，熟練した臨床家がこの分析を読んで，もっと明快な別解釈を思いつかないとすれば，それは驚くべきことであろう。彼らの分析が異なっていても矛盾のない場合には，われわれはあまり混乱することはないだろう。それらが葛藤する——すなわち，イベントの矛盾する予測に導く——場合には，われわれはまだ重要な問題が解決されていないと主張し続けねばならなくなるだろう。言いかえれば，われわれのこのケースの解釈はおもに**命題的解釈**の観点からのものであり，どちらかといえば**布置的**なそして**先取り的**なコンストラクトの観点によるものではない。したがって，他の臨床的解釈が同じように「正しい」という可能性を認めている。

　われわれはロナルドが自分のコンストラクト・システムについて語ったものを重視して精緻化することによって，彼の目を通して問題を見るように努めてきた。われわれは，彼が「洞察」をもたないことを根拠に，彼の言ったことを却下することはしなかった。洞察は，われわれの見るところでは，あまりにもしばしば臨床家によって臨床家のお気に入りのコンストラクトを採用するクライエントにのみ適用されてきた。ロナルドは心理療法の1コースを成功裏に完了した後では，非常に違ったものの見方ができるということが認められている。しかしこのことは，彼の今後の問題の**見方**が，彼の今の**見方**であると主張しているわけではない。厳密には，彼の個人的な世界の中では，問題は，今それらが**見られている**とおりに**存在する**ということである。第1に，われわれが理解したいと思うのは，ロナルドの外なる世界というよりも，ロナルドで

あるので，われわれは**ロナルドがその世界を見る見方**を研究する。こうしてロナルドの視点から見た現象を理解した後に，われわれは，望むなら，彼の新しいコンストラクトがチェック（経験の分析）されるべき検証ツールの分析に，それから彼が今も頼っているコンストラクトの代替物として提案されうる仮説的なコンストラクトに，そして最後に，治療者がロナルドにも利用可能な新しいコンストラクトづくりを探求しうる手段へと，向かうことができる。特にこれらの最後の2ステップでは，われわれはこのケースで古典的現象学のアプローチを越えて進むアプローチが続いて生じる（supervening）ようにしなければならない。次章では，われわれがこれ以上ロナルドのパーソナル・コンストラクト・システムや彼の経験の分析をしなくても，直接第3ステップまで進むことができるのかどうかを見ることにしよう。

第8章

Fixed role therapy
修正役割療法

　さて，われわれは前章に続いてただちに，1つのタイプの心理療法の記述に移ろう。それは，われわれの理論的立場から導き出され，われわれがこれまでに述べたタイプの分析から生じる療法である。われわれの主要な目的は，特定の技法の宣伝をするよりもむしろ，この理論の働きを説明することにある。

A 自己の再構築

1 自己特徴づけに基づく治療的アプローチの発展

　1939年に著者は，自身の臨床経験から生じるいくつかの観察をもって，コージブスキー (Korzybski) とモレノ (Moreno) の著作についてのみずからの解釈をつなぎあわせる作業を開始した。その少し前に，著者はみずからの精神分析的な仕事の中で大きく依存してきたある精神分析的なタイプの洞察の経済性に疑問をもち始めていた。それは，実用性を欠くように見える，あの精神分析理論ではなかった。それはそれまでのところでは，心理療法のカンファレンスの過程で発達の予測を助けるのに，著者の以前の体系的心理学的思考よりもはるかに有益であった。その思考は，スコットランドの分析的心理学の影響を受けてきたものであり，スタウト (Stout) に代表されるような著作家と，部分的には彼の師であるジェームズ・ドリーヴァー・シニアー (James Drever, Sr.) のような人たちによるものである。彼らの思考は，ついでに言えば，連合主義的というよりもよりダーウィン主義的に見えた。さらにいえば，精神分析的な理論化は，ゴッドフレイ・トムソン (Godfrey Thomson)——もう1人の著者の師で，著者は幸運にもコンタクトをもつことができた——の数学的・連合主義的思考よりも，臨床観察にはるかにうまく適合しているように見えた。トムソンの思考は同様に，以前の興味と短い航空工学の経験——ここでのストレスのベクトル解析は有益な概念的ツールであった——の記憶の中でなじみのある音を叩き出した。

　それでも，心理療法カンファレンス・ルームの四壁の中での明らかな実用的価値にもかかわらず，精神分析は社会的，経済的，教育的な場面で明らかに起こってきてい

る心理学的な問題に対する回答になるとはとうてい見えなかった。カール・シーショア（Carl Seashore）とトラヴィス（L. E. Travis）の工学的アプローチ，あるいは教育社会学者であるスミス（W. R. Smith）の社会哲学，労働経済学者のガグリアルド（Gagliardo），社会学者のオグバーン（W. S. Ogburn），自然主義者のエドウィン・ティール（Edwin Teale），クエーカーの宗教教育者のミルズ（J. B. Mills）は，おそらく忘れることができなかった人々である。このすべての先生は，普通の事実の世界を通じて，思想のまったく新しい次元を切り開けることを示してくれた。たぶんそれは労働大学で学生にスピーチ法を教える際の経験の想起につながった。最近の移民のクラスではアメリカ化を教えることにもつながった。それが何であれ，精神分析を構成する何かが，状況とのかすかな不協和を生じているようであった。たぶんそれは，1939年の前の10年間に著者の注意を惹きつけるようになったタイプの適応問題であった。それ以前には学童と就学前児童がいた。その前から都市の青年には適応困難があった。彼らは開拓者の祖先からわずかに1世代の隔たりがあるだけだが，長引く干ばつ，砂嵐，そして経済的不況に直面して，心理的に麻痺させられていた。たとえば著者の記憶では，ある時には近隣の郡の人口の60％以上がある種の直接的な公的扶助を受けていた。

　さて，これらの個人はあふれるリビドーの犠牲者だと見ることもできるが，そして時にはそうすることで非常に助かることもあるのだが，このような用語によって彼らの問題を包括する試みはしばしば不適切であるように思われる。彼らは特定の社会的ペースを維持しようと試みるパーク・アベニューの神経症者でもなければ，衰退するウィーンの権威主義的文化のただなかにいるわけでもない。もちろん，彼らを地域臨床の概念だけで記述するのは無理である。適切なパーソナリティ理論は，個人とサブカルチャーの経験を考慮しながらも，このような変動を超越して，どこで彼らが発見されようが，どんな人になっていようが，適用されるものでなければならない。

　a．演劇経験の持続効果の観察　モレノの記述を理解するために，4つのタイプの個人的な臨床観察の舞台設定がなされた。ドラマ制作において特定の役割を取得する経験は，しばしば特定の学生の行動と適応のマナーに持続的な影響をもつことが観察されていた。たとえば，中西部のコミュニティに高校の友だちがいた。彼は大学に入ったとき，劇「ダルシー」で英国貴族の役を演じる機会が与えられた。この役は風刺劇(バーレスク)を求めると見られていたはずだが，この友だちは明らかにもっと広い意味合いをもつものと解釈した。彼はたぶん演技指導の強い要請により，この劇がリハーサルされた2～3週間のあいだ「その役を生きた」。彼は学校にスパッツをはいてきて，ステッキを持ち，イギリス風のアクセントを用いた。20年後に彼はなお不調和なアクセントで話し，それは，著者の見るところでは，正確にその演劇にさかのぼれる多くの型にはまった手法(マンネリズム)と見られた。

　このような行動は，それが「ただの振り」だという根拠に基づいて，からかわれる

のが普通である。しかし厳粛な評価によると，これが実際には彼の一般的なものの見方の忠実な表現だったと示唆されている。彼が話をするマナーを人生の比較的遅くに学んだという事実によって，相対的に早くマンネリズムを身につけたわれわれよりも，より一層わざとらしくなったというわけではない。彼が友だちのスピーチのマナーを自己自身に取り入れないという選択をしたことが，個性を別の方法で確立したわれわれのマナーよりも，称賛できないものにしていると考える必要はない。われわれの仲間の1人が文化的な規範を捨てるときには，われわれの多くが穏やかでいられなくなることを認めたとしても，その不穏はわれわれの側にあるのであって，自己を古い知覚パターンではいくぶん予測しがたくなる選択をした彼の側にあるのではないと見た方が有益なのではなかろうか。

　この男に彼が心理的に何を表象しているのかと，単純に尋ねてみたら，どうなるだろうか？　彼はロンドンではなく，正確にはカンザスで育ったのかもしれない。が，それは偶然のことにすぎない。重要なポイントは，彼が思い描くキャラクターについての彼のイメージは，彼の自己イメージだということである。あるいは少なくとも，彼がある程度のアイデンティティを維持する手段となるイメージなのである。彼の行動は実質がないわけではない。それは間違いではない。ただ非歴史的なだけである。それは無視されるべきではない。それは，もしわれわれが彼を理解しようとするなら，彼の実際のものの見方を表わすものとして受け入れねばならない。もしわれわれが，人々が**する**ことは，彼らが何で**ある**かを示す特徴だという，一般的な見解をとったとしたら，どうなるであろうか？　人があるやり方で**行動する**程度は，彼がその種の人間で**ある**という程度をあらわす手段なのであろうか？

　b. 演技における自己表現　演劇との関連でなされた第2の観察があった。ある人々はいくらかの役割で，劇作家の意図の理解に基づくだけでは十分には説明できない自発性と熱情をもって，自己を表現できるようであった。それはあたかも，彼らがアイデアを表現し，その派生物を推敲するのに通常は手に入らない言語的な手段を，発見したばかりのようであった。多くの場合，この新しい行動はリハーサル状況という制約の中で実行されたのだが，これに引き続いて一般的な流暢性の増加が，言語的にも行動的にも，生じたようであった。

　著者は敵という演劇で学生の配役の演技指導を行った昔の経験を思い出す。これには，砲弾ショックを受けたオーストリアの兵士を演じる短い役があった。著者がこの役に選んだのは，稀に見るシャイで，対人関係がぎこちなく，言葉が不明瞭な若い男であった。他の役者たちはこの選択に懐疑的であった。が，最初のリハーサルで，この若者はこの役を非常に確信をもって，そして非常に自発的に演じたので，彼の友だち連中は自分の目と耳を疑うほどだった。シェル・ショックのトラウマは，彼がすでにこれを精緻化する準備をしていたものだったのである。このことは，リハーサル状

況という保護的な枠組みの中で精緻化される必要のあるトラウマが，彼自身の人生にあったということを意味しているのであろうか？　われわれにはまったくわからなかった。

　c．上演技法の臨床的探索　モレノを読むための道路舗装となる第3のタイプの観察は，折々に多少とも時のはずみで試みられていた心理療法の技法の，いくらかのバリエーションとの関連でなされたものである。たとえば，自分は「夫を愛していない」のではないかと「恐れている」とくりかえし訴えるクライエントがいた。彼女はこの考えを，役に立つやり方で，精緻化したり自由連想したりすることができないようであった。精神分析用語で考えるなら，彼女は自分が夫を愛していないかもしれないという単純なアイデアにははっきりと直面化することができたが，彼女の自我は，その荷物全体の包みをほどいたら解放されるはずのリビドーの洪水には，適切に対処できなかったのであろう。その背後でこの荷物を部分的に開いて，それを白日の現実の下で自我によって処理させうるような何らかの保護スクリーンはなかったのだろうか？

　われわれは，現実に縛られた思考を解放する最古の方策で，人に知られているもの——振りをせよ——を採用することに決めた。「よろしい！　次の数分間，あなたはもはや夫を愛していないと仮定してみましょう。そしてそれはもはや何の疑いもありません。次にあなたは何を考えますか？……今日は何をしていたでしょうか？……それから何が起こるのでしょうか？　……そして結局のところ何が？……あなたの思考はどうなるのでしょうか？……等々。この技法はこの説明が暗示するほど単純ではないが，これは，この場合でも他の場合でも，クライエントによるさらなるアイデアの探索へとドアを開いた。そして結局は，自我に受容できるように，リビドーを「包み上げる」ことをも可能にしたのである。ついでに言えば，彼女の夫との関係は彼女の視点から見ても，夫の視点から見ても，大きく改善した。ただし，著者の知るかぎりでは，彼は彼女がかつて彼に対する愛情に疑問を持っていたことにはまったく気づいていなかった。

　d．社会的機能の確立　4番目のタイプの観察は，役割についての思考に関係しており，著者の大学での教育経験に関連して，まったく偶然に生じたものである。もっとも，著者が最初にみずからほとんどあらゆる方向を見わたせば，同じ観察ができていたのかもしれない。それは，それがやって来た文脈によって，特に印象的であった。地方の心理クリニックが，物事についての生徒の姿勢を矯正できる場として，知られるようになるとともに，コンサルテーション・サービスを求める要求が急速に増大して，このタイプの課外活動が不釣り合いに膨れ上がってしまった。しかしながら，各応募者に「次のセメスターにおいでください。そうすれば，あなたに入っていただけるかどうかを検討しましょう」と決まり文句を言う代わりに，いくらかのケースでは活動と関心のコースの概要の説明を試みて，応募者には治療の順番待ちの間に従って

もらった。

　後に著者がこれらの学生の追跡を行ったとき，いくらかのケースで，以下のような返答に出会った。「私が最初にあなたのところに伺った時には援助が必要でした。そして今も必要だと思うのですが，それほど重要ではなくなったように思います。なぜかはわかりませんが，あなたにやるようにいわれたことによって，私は物事を違った角度から見られるようになりました」。あるいは「私の知っている順番待ちの人々に比べると，私はそれほどひどく必要な状況ではありません。私は大丈夫ですから，他の人を先に見てあげてください」。このような結果により，著者の臨床グループでは，次のようなタイプのコメントをするようになった。「あなたが人々に逆立ちをさせてみただけでも，彼らには心理的な何かが生じるでしょう」「クライエントがそれについてそのように考える気にさせられるなら，どんなことでも治療になるでしょう」。数年後にモートン（Morton）は，ロッター（Rotter）の指導のもとで書いた博士論文に関連して，「治療待機」のクライエントに有意な変化が生じたことを，もっと正確に示すことができた。

　われわれがこれを**活動療法**（active therapy），**職業療法**（occupational therapy），**職業的適応**（vocational adjustment），あるいはただの**指導**（guidance）などと，どう呼ぼうが，自己を環境——それがものであれ人であれ——との機能的関係において見ることから生じる安定化効果があるように思われる。さらにいえばこの効果は，統計的回帰法に基づいて期待されるはずのものよりもはるかに大きいと思われる。なお，これはチェックができ，実際にチェックされるべき問題である。

　e．自分の特徴に命名する　1938年にガスリー（Guthrie）は「人間の葛藤の心理学（Psychology of Human Conflict）」を刊行した。彼は，人の役割が偶発的にどのように変化しうるのかを，そして，幼児期の貧弱な訓練が貧弱な役割形成の重要な要因になりうることを，指摘した。彼は個人が自己自身についての概念化を変化させ，これによって行動をも変化させた例を記述している。彼の示唆するところによると，親が子どもを矯正する際に，子どもが今まで「うそつき」「いかさま師」等々であったというのは賢明ではない。それは，このような言葉が，子どもが自分自身について築いている役割に，深刻な影響を及ぼす可能性があるからである。彼の考えは完全に新しいものではなかったが，彼は多くのあまり科学的でない著者たちも感じ始めているものを体系的な形で表現することができたのである。

　また，コージブスキー（Korzybski）が1939年に述べたことを妥当とするようないくつかの単純な観察もある。人は本で読んだり，他者に見たりした症状をもつようになる傾向があるようである。1920〜30年代に非常に一般化した「劣等コンプレックス」は，流行性の病気の比率にまで到達した社会的な伝染病ではなかっただろうか？　著者が一緒に仕事をした年長の人々の多くは，この種の文化の輸入からは隔絶されてい

た。彼らはみずからの文化に精通している人々であり，いくらかの非言語的な方法については完全な進歩主義者であった。が，彼らの心理学についての考えは霞がかかっていた。どんな種類の問題が心理クリニックに送られてくるべきかが彼らにはっきりするまでには長い時間がかかった。彼らの不満は奇妙に素朴な用語で表現された。「彼は寄生虫のわいた馬のようなふるまいをした」「私は驚きやすく興奮しやすいんだ」「彼は狂っていないよね」「私は決して大したおしゃべりではなかった」。

それにもかかわらず，これらの人々の子どもたちが高校や大学のクラスで心理学用語に接するようになったとき，彼らは余計なものを全部削ぎ落とした「劣等感を持ち」始めた。彼らは「何かにイライラしている」というよりも，「不安をもち」始めた。これはどの程度まで古い訴えについての新しい用語の学習なのだろうか？ そして，それはどの程度まで，症状を束にしてきれいに包まれてやってきた新しい訴えの学習になるのであろうか？

心理学的に洗練された人々の訴えと心理学的に素朴な人々の訴えを比較してみると，著者には次のように思われた。すなわち，ある人がいったんみずからの不快症状に心理学の名前を選んで付けると，彼の読んだのがどんな本であったとしても，そこに書かれた症状をすべて示すというはっきりした傾向がみられた。この傾向は，その症状を示すには勤勉な練習が必要な場合でも変わらなかった。このことは，心理的症状がしばしば混沌とした経験に，ある程度の構造と意味を与える根拠になると解釈されることを示唆している。われわれにはこの思想を長々と追求する意図はないが，ここにはさらに追求しうる推理の路線があることがおそらくだれの目にも明らかである。このような追求の結果，たとえばわれわれの被暗示性と文化葛藤の見解は深い変化を生じるはずである。

f．自己に命名する われわれは症状に命名し定義することの効果について語ってきた。同様に，自己に命名し定義する効果もある。たとえば人が自分の名前を変えるとしたら，どんなことが起こるだろうか？ われわれの文化の歴史の中には，手近にいくつかの回答がある。女性は妻になるとき名前を変えるという事実は，新しい適応パターンや新しい自己の見方を採用するよりも，容易にできることなのだろうか？花嫁はふつう花婿より深い再適応を達成するのではないだろうか？ われわれは，多くの文化で新しい適応パターンを確立することが，慣習的に，同時に新しい名前を採用することで完了することを思い出す。宗教教団はこのデバイスを自由に使う。サウロは歴史上最も目覚ましい方向転換をした1人として，パウロになった。もっとも，彼は初期の修行の多くをリベラルな師ガマリエルのもとで行っており，これがパウロの生涯を予兆するものになってはいる。名前を変えることは，人が巻き込まれてきた社会的な期待から逃れる一方法であるだけでなく，人が自己の中につくろうと試みる変化を安定させる方法でもあるのである。

軍隊の将校をつくることは，新しい象徴体系を自己に当てはめたときの順応効果の，目覚ましい一例である。階級，指揮権，徽章などがあいまって，そうでなければリーダーシップと「将校らしい」性質へのどんな要求も確立できなかったであろう若者に，その伝記から予期されるよりもはるかに効果的な適応と行動のパターンをつくりあげるのである。将校をつくるために，AlNav として知られているマス競技の形式によって，そろってより責任の重い義務へと向かわせる無差別の海軍の訓練は，数十年にわたって守られてきた先例の結果である。しかし，ショッキングなのは，こんな古臭い人事政策が国家の安全が危機にさらされたときに適用されると，驚くべきことに，少しも悪くはないことが見いだされていることである。文字どおり精神遅滞との境界線上にある知能の男でさえ，部下をかなり信服させる将校になりうるのである。それはおそらく，彼らが自分を将校であると**解釈**したことによる。もし彼らが自分は実際何と馬鹿だったのかと気がついたとしたら，彼らはより「将校らしく」なくなるのではなかろうか。

　g．自己に対する新しい役割　この話題をこれ以上追究するのはやめにして，まとめをすることにしよう。再適応を求める人々には，2つの傾向――「人為的な」役割をつかまえることと，自己のために新しいラベルをつかまえること――が観察された。したがってわれわれは，個人的経験によっていくらか開かれてきた精神をもって，モレノとコージブスキーの両方を読む準備ができたことになる。次に問うべき質問は，すでに寄せ集めたものによってひどく取り散らかされた背景に，この種の思考を加えた，いくらかの実際的な結果が，どうなるのかであった（これをある種の類似した全体の中に配置する課題は後まわしにする）。たとえば，ある言語化された「問題」についてクリニックに援助を求めてやってきたクライエントが，その代わりに，新しい自己，新しい役割，新しい名前を提案されたとしたら，どんなことが起こるだろうか？　どんな危険が含まれているのだろうか？　いわゆる「洞察」は，基本的な心理療法的変化の前提条件だったのだろうか？　クライエントがただちに意味論的に受け入れるのには，どれくらいの治療的変化が可能だったのであろうか？　個人が古いアイデンティティを脱ぎ捨てて，別のアイデンティティを身につける合間には，どのような保護的遮蔽が提供されえたのだろうか？　たしかにこれらは多くの研究課題を暗示する問題である。われわれはこれを探索することに決定した。

2　修正役割のスケッチを描く

　修正役割療法（fixed-role therapy；元は単純に「役割療法」と呼ばれていた）への最初の探究は，1939年にエドワーズ（Edwards），マッケナ（McKenna），オールダー（Older），そして著者で構成されるグループによって実行された。エドワーズは心理療法セッションを実行する責任を引き受けて，最初の論文を書いた。第2研究はロビンソン（Robinson）

によって1年後に始められた。

　最初の手続きは，エドワーズが，グループの他の3人にはクライエントの身元がわからないように，ケース紹介を行った。彼女は次に，クライエントに自己特徴づけの準備をさせ，マラー・パーソナリティ・スケッチ（Maller Personality Sketches; 初期のカード分類型のパーソナリティ目録検査）のカードを分類させた。通常の三分類法に加えて，彼女は現在では「Q分類」と呼ばれる手続きも使った。ここでは，自分に最も当てはまりがよいと思われるカード5枚と，最も当てはまりがよくないと思われるカード5枚を，クライエントに選ばせた。このカードはパネルの他の3人が囲む机の前に並べられ，クライエントがどう分類したかがわかるように配列された。このパーソナリティ・スケッチは，読んでまた読んでが数回くりかえされ，このパネルが，このクライエントのおよその構造を，多少ともクライエント自身の言葉によって確定できたと感じるまで続けられた。数年後に，われわれはロッター文章完成テスト（Rotter Incomplete Sentences Blank）を自己特徴づけの補助として用いることにした。それは，パーソナリティ・インベントリーではクライエントはただ指定された規範的な言い回しを操作するだけであるが，このテストでは，クライエントみずからのコンストラクトを言語化することが許されていたからである。

　パネルは次に，クライエントが実演するのにふさわしい，新しいパーソナリティ・スケッチを描こうと試みた。これはその当時，**役割スケッチ**（role sketch）と呼ばれた。ただしこの用語は，当時この本に採用しようと選んだ**役割**の定義に必ずしも合致していなかった。現在書かれたとすれば，**修正役割スケッチ**（fixed-role sketch）と呼ばれたはずであり，われわれの役割の基準により合致する方向に近づいてきたはずである。そこでエドワーズはクライエントにこのスケッチを提示して，これを数週間にわたって連続して演じてもらうように頼んだ。後の実践ではこの演じる期間は縮小された。しかし，これについては後でもっと多く触れることにする。

　a．小さな欠点の修正よりも大きなテーマの展開　修正役割スケッチを描く方法はかなりの変容を受けた。最初われわれは，人はできるかぎりすでにみずからを見ている方法で受容されるべきであり，そして小さな再調整のみをするよう求められるべきであるという見解をとった。われわれの考えは，クライエントのすべての欠点を修正する修正役割スケッチを工夫しようというのではなかった。それよりもむしろ，彼の資源を可動的にする試みをしたかったのである。われわれは彼の自己特徴づけのスケッチに，一般化が可能であり，よい用途に使える特徴を探した。それから，われわれはこれらの特徴を，より浸透性があり有益な形で，修正役割スケッチにはめ込もうと試みた。したがって，われわれの修正役割療法に関連した初期の努力においてさえ，われわれはクライエントの独自性を認める努力をした。たとえそれが，彼の不完全性を暗に認めることを意味したとしても。この目的は，彼から模範的な人間存在をつく

ることではなく，また，彼を模範的な人間存在に近づけようとすることでさえなく，クライエントのパーソナリティの混乱をできるかぎり小さくして，現実的な治療目標を達成することにあった。

b．鋭い対照の使用　第2にわれわれは間もなく，個人の再適応には，ある種の全か無かの特徴があることに気づき始めた。人は自分自身について知覚しているのとは反対の行動様式だと信じるものを誇張して演じる方が，彼が自分について知覚している行動様式とほとんど同じものを演じるよりも，容易であるかもしれないのだ。われわれは，尺度，次元，軸などよりもむしろ，コンストラクトという見解を適応の基本ユニットとして使うことによって，この臨床的な観察をパーソナル・コンストラクト心理学に統合しようと試みてきた。これは，最初は古めかしく見えるかもしれない。また，現代の定量的な思考路線をはずれる可能性もある。このことは，われわれもよく承知しており，われわれはこの問題を別のところで取り扱った。しかしそうかもしれないが，クライエントが以前は自由に適応できなかった行動領域への最初の探索的な小旅行を報告し始めるときには，彼の努力は調整され一貫しているというよりも，本質的にぎくしゃくしていて荒削りな対照性をもつことが観察される。これは，心理療法ではありふれた経験である。彼の思考さえ，全か無か，すなわち「それではそれは黒だ——いや白だ」という性質をもつ傾向がある。クライエントの家族メンバーは，この心理療法的再適応のぎくしゃくした段階では，不快な時間をもちやすい。尺度が二分法的コンストラクトの積み上げられた階層だとわれわれが言ってきたことが，一般に有意味な見解であるなら，クライエントがこまかな目盛の尺度にそって「かぎられた量だけ」という方式よりも，まず彼のコンストラクトの中の「あれかこれか」の方式へと動いて行こうとする方が，理にかなっているのである。

われわれの経験では，クライエントは自分自身について構想したものと，修正役割療法で提案された概念化との間の小さな違いは「忘れる」傾向がある。たしかに，彼らは「少し抑えてこちらに，もう少しだけあちらに」という演技を提案されると，これへの再適応に異議を唱えることは，最初の段階では少ない。しかし最終的には，彼らはよりショッキングで鋭い対照性を示す再適応の場合のほうが，**より多くのことを行った**。クライエントによって演じられるコントラストには，もちろん限界がある。これらの限界は，コントラストの鋭さによって決定されるのではなく，提案された動きが基礎づけられているコンストラクトの布置的な性質によって決定されるのだ。臨床家が新しい行動をクライエントに提案し，それをある線にそって構造化するときには，クライエントの思考方法では，どれほど多くの他の行動が，人の通った跡をかすめ通っていかねばならないのかに，気づかないかもしれない。幸い，臨床家にとってもクライエントにとっても，クライエントの布置の中のこれらのコンストラクトを十分明瞭に分化して，あらゆる点で自己を除去するのではなく，ある一点で十分にはっ

きりと動かしうるようになるまでは，クライエントはためらう傾向がある。

　間もなくわれわれは，ある鋭く対照的な行動の探索にクライエントを慎重に招き入れる，修正役割スケッチを描き始めた。この行動を定義するために，その限界がシャープに知覚されるように，そしてクライエントがうかつにもクロゼットいっぱいになるほど頭にため込んだアイデアを揺さぶり落さないようにする努力がなされた。この新しいスケッチが，振りをするという保護スクリーンの影で演じられることになっていたという事実は，これに含まれているコンストラクトの布置的な含意を限定する傾向があった。

　　c．新しい状態を創造するというよりも，今動いている進行中の過程をセットする
　この修正役割スケッチを描く際の第3の検討事項は，面接中に大きな心理療法的再配置を達成するというよりも，成長回復のための段階を設けることであった。精神分析指向の治療者が，クライエントと治療者との間に特種な関係を発達させることによって，そしてクライエントを，自由連想と概念化の緊縮と弛緩の自己統制で訓練することによって，心理療法的活動の段階を設定するのにかなりの時間を費やさねばならないように，どんな治療者もクライエントの再適応のためにみずからが準備する方法を，注意深く考察する必要がある。精神分析家は前心理療法的訓練と呼ばれるべきものに何か月を費やさねばならないかもしれない。修正役割療法では，臨床家はみずからの仕事を，クライエントに可能な自然の発達過程を回復させる準備作業の1つだと考えている。

　修正役割スケッチを描くに際しては，臨床家は自己特徴づけのスケッチの中のコンストラクト——これは動けなさ，すなわち自己がその中の一要素である浸透性のないコンストラクト——に特に敏感である。クライエントを揺さぶってこれらのコンストラクトから解放するために，すなわち彼をマンネリから揺さぶり出すために，新しいスケッチが書かれ，一連の面接が企てられる。他の人物との関連で，彼自身をしばってきた意味の鎖から，彼を解放する試みがなされる。これはおもに，一般意味論が通常提案しているような特殊化の方法によってなされるのではなく，すでに打ち立てられたコンストラクトの枠組み内での動きを推進することによって，そして新しくより浸透性のある形の概念化を導入することによって，なされるのである。自己自身の中の動きは解釈構築（construction）に従う。そしてある人がいったん「見て，私は変わったでしょう？」ということができれば，その人は「私は変われる」と言うことができやすくなる。

　　d．クライエントが検証可能な仮説　修正役割スケッチを描く際の第4の検討事項は，ただちに広く現実に照してチェックできる概念化を導入することであった。これは，新しい科学理論は検証可能な仮説を提供できねばならないということに似ている。新しい役割は単なる「学問的」なものではなく，行為と反応のための意味を運ぶもの

でなければならない。言いかえればそれは，多様な日常的イベントを予期しうる，部分的解釈システムであるはずだ。したがってそれは，クライエントがそれを利用するように提案されている短いタイム・スパンの間に，素直に検証に従うようになる。別の言い方をすれば，新しい役割は実際に探索的で実験的であると記述されることになる．

　e．役割知覚の重視　第5の検討事項，そして修正役割スケッチを描くことについてのわれわれの思考の中で最近発達してきたものは，それが他者との新しい役割関係の概念的基礎を与えるものでなければならないということである。このことは，演技の基礎として提案された新しいコンストラクトが，他者の解釈システムの包摂を可能にする種類のコンストラクトであるはずだということを意味する。今ではしたがって，演技をしている期間中の他者の解釈のされ方にはるかに大きな強調がおかれていることになる。われわれが**役割**の特殊な定義——この定義はわれわれが本書で一貫して選んで使ってきた——を採用するようになったのは，実際，この特徴が人生に新しい役割を添えるわれわれの臨床観察によってであった。修正役割療法は，したがって，新しい行動パターンの導入以上のものである。それは新しい行動パターンの論拠であり，さらにより特定するなら，それは，他の人々がそのもとで操作している論拠を包摂することをも可能にする概念を導入する方法なのである．

　f．保護的マスク　修正役割療法にとって重要な最後の検討事項は，実際に修正役割スケッチを描くことには間接的にしか関係していないが，クライエントには「振りをする」という完全保護が与えられていることである。前に言ったように，これはおそらく知らないものに手を伸ばしても守ってくれる，人間最古の保護スクリーンである。試験管と科学実験室はこの人生への注意深いアプローチの帰結である。これらは，全体的，決定的に自己を関与させなくても，人間が世界を探索するのを可能にしてくれる。修正役割療法はこの古代の尊敬すべき伝統と足並みをそろえている。われわれはこの保護スクリーンの使用についてはもっと多くのいうべきことがある。それは修正役割面接の順序に関係しているだけでなく，後章の他の心理療法の技法についてのわれわれの議論にも関係してくる．

　要約すると，修正役割スケッチを描くことは，面接を行うよりもはるかに大きな治療者の創意工夫と知覚力を要求する。この修正役割スケッチを描く具体主義的な公式はあるのかもしれないが，今までのところ著者とその仲間はそれを発見できていない。たしかに，修正役割スケッチのテーマを読み通すクライエントのある種の**受容**があるはずだと思われる。「受容」は，現代の多くの心理学的，精神医学的著作にみられるように，非常に曖昧な用語のようである。われわれはこの語を，他者の目を通して世界を見ようとする意欲と定義することによって，伝達可能なものにしようと試みた。したがってこれは，役割関係の意図的な採用の前提条件になる。パーソナル・コンス

トラクト心理学はこの統治コンストラクト——行為は，単なる行為そのものに基づいてなされるというよりも，このコンストラクトの支配下で遂行される——の解釈を非常に重視しているので，そしてこれは**形式主義的**（formalistic）コンストラクトよりもむしろ，**パーソナル**なコンストラクトを重視しているので，それは心理士が他者を受容することを要求する。人はさらに，パーソナル・コンストラクト心理学は何よりも受容の心理学だというかもしれない。

さて，受容を実践へと持っていくためには，技能と創造的工夫が必要である。いくらかの臨床家はクライエントに「取り込まれる（being taken in）」のを非常に恐れるために，クライエントを受容するのを恐れるようになる。このような臨床家は，われわれの提案した信頼臨床アプローチ（credulous clinical approach）の見解によって，さらにショックを受けるかもしれない。臨床家がクライエントのアイデアを拒否しないと，自己の統合性を維持しがたくなるとわかったなら，クライエントがどんな程度の自発性をもってでも演技できるという修正役割スケッチを描くのは，困難になるだろう。受容は臨床家とクライエントとの間の単なるアイデアの共通性を追求するということを意味せず，クライエントのコンストラクト・システムを包摂する方法を追求することを意味する。人は，クライエントに援助的になるためには，みずからの統合性を維持しなければならない。しかし，彼はまずクライエントの臨床家にならなければならない。臨床家の臨床家，精神科医の精神科医，医者の医者，心理士の心理士ではだめなのだ。

修正役割スケッチを描くためのこれらの考察を念頭において，説明のための例に向かうことにしよう。

3 説明のための修正役割スケッチ

次のスケッチは臨床家のパネルによって，ロナルド・バレット——前章で論じた自己特徴づけを書いた人物——のために書かれたものである。この役割が演じられる「ふりをする」という文脈の助けになるように，このスケッチでは，「ケネス・ノートン」という別名が与えられている。

ケネス・ノートン

ケネス・ノートンは，数分間会話をしただけで，何となくずいぶん前からあなたを親しく知っていたはずだと感じさせるような，そういう類いの男である。この感覚は彼が尋ねてくる何か特別な質問によるのではなく，物わかりのよい彼の聴き方による。彼はあなたの目を通して世界を見る才覚をもっているかのようである。あなたが重要だと見るようになったものは，彼もすぐ同じように重要だと感じとっているようである。したがって彼は，あなたの話した言葉を正確にキャッチしてくれるだけでなく，

言葉が形成された際の感覚的な句読点と選ばれた言葉のもつ意味のちょっとしたアクセントまで理解してくれる。

ケネス・ノートンは会話をする相手の思想に完全に没入してしまうので，彼自身に関するどんな自意識の感覚も入り込む余地がなさそうに見える。もしいやしくも彼が実際にこのような（自意識の）感覚を持っているなら，これらの感覚は，他者の目を通して世界を見ようとする彼の熱意に，あわれな一瞬が流れることになる。またこのことは，彼が自己を恥じているという意味でもない。むしろそれは，彼があまりにも自己を取り巻く人々の魅惑的な世界に深入りしすぎて，自己自身の内省的な批判につかの間の思考も向けられない，ということを意味している。ある人々はもちろん，これ自体が一種の欠点だと考えたかもしれない。しかしそうであっても，これがケネス・ノートンのような類の男であり，この行動はノートン流の誠実さを表わしているのである。

女子にも，彼は多くの理由で魅力を見いだしている。その中でも小さくないのが，彼女らが女性の視点を理解するというエキサイティングな機会を与えてくれることである。いくらかの男たちとは違って，彼は「詩の１行も女性たちに投げ文」をしたりはしない。しかし彼は非常に聞き上手なので，すぐに彼女らのほうが彼あての投げ文をよこすようになる——そして，彼はそれを十分に楽しんでいる。

彼は両親に対しては，また自分の家では，自分の考えや感情をいくらか多く表出する。したがって彼の両親は，彼の新しい熱狂と栄誉を共有し補完する機会が得られることになる。

上演期に描写されるキャラクターの名前の選択について，一言いっておきたい。一般にわれわれは，人が自己を民族や国家集団と同一化し続けられる名前を選んできた。この役割がこの人をこの種の同一化からうまく解放してくれそうな場合があると想定されうる。しかしながらわれわれは，クライエントが彼の試行的な役割には豊かな日々の確証を見いだせると思うので，われわれはこのような長期にわたる同一化を受容する傾向をもっている。これは，「不運」な遺産について彼に同情したり，「醜い過去から彼を救出したりする」試みよりも，もっと高次のクライエントの受容を含んでいるように，われわれには思われる。

ケネス・ノートンの修正役割スケッチは，**他者との直解主義的論争よりもむしろ，他者の繊細な感情の中に回答を探求していくという**，比較的単純なテーマをめぐって書かれている。これはまた，臨床家になろうと試みている人のために書かれたのかもしれない。

言語の選択は感情の強調を強めるように計算されている。たとえば最初のパラグラフでは，「なんとなく」「感じる」「あなたを知っていた」「親しく」「物わかりのよい

聴き方」「才覚」「感じ取っている」「キャッチしてくれる」「感覚的な句読点」「意味のちょっとしたアクセント」など。人は，これらが正確な**形式**の言葉というよりも，**感触**をもった言葉だと言えよう。

　この感受性豊かな聴き手というケネスのコンストラクトは比較的浸透性のあるものである。これは，彼が過去を分類整理するだけでなく，未来を受け入れることをも可能にしてくれるだろう。実を言えば，過去を構造化するコンストラクトはあまりよいコンストラクトではない。ロナルドのケースでは，過去を根本的に再構造化することは，彼にとって特に必要なわけではないと，われわれは仮定している。彼の適応過程が自由に解放され得たならば，最終的にはこの適応過程は過去にも対処するようになるだろう。もし彼が20歳前後ではなく，65歳だったとしたら，たとえば豊かな経験から生まれる思慮深さの感覚と何とかタイアップすることができないかぎり，彼がこの種の概念を利用するのは，それほど容易ではなかったであろう。

　ロナルドの日々の状況は，この種の自己解釈を試すための豊かな背景を与えてくれる。彼は大学生なので，新しい人々と話をする機会を多くもっている。この人々の多くは家を離れており，青年期後期にあるので，自分の感情を聞いてくれる人なら誰にでも打ち明けたがる傾向がある。さらにいえば，みずからの感情について話したがる熱意は十分に普遍的であるので，ロナルドがケネスの役割を演じてしばしば聞き役になることも，十分ありうることである。

　したがって，われわれが前節で論じた6つの特別な検討事項をいかに適用しようと試みてきたかに注目していただきたい。その6つとは，(1)小さな差異は無視する，(2)「過激」な変化の提案，(3)浸透性のないコンストラクトからの解放，(4)確証経験を持ちうること，(5)他者を解釈するための新しい枠組み——すなわち，本当の役割の基礎，(6)一般に受容を考慮するとともに，振りをすることの保護である。たとえばわれわれはロナルドの「激発」については，ケネスのケースではそのことやその逆のことをいって激発させないように，撤回命令は出さなかった。この「激発」は小さな偶発的問題と見られるからである。われわれはその代わりに異なる根本的な変化を提案した。すなわち，ロナルドは生命のないものにのみ美を見いだしえたのだが，ケネスは暖かく生気のあるものに注意を向けるのである。われわれは浸透性のある解釈を提案した。われわれは，ケネスの役割では毎日検証ができるということを考慮した。われわれは彼が他者を理解できるようになる方法を示唆した。そしてもちろん，この役割に新しい名前を与えることによって，そして一語一句の比較やロナルドとの対照性に触れないようにすることによって，彼の振りを保護することを維持してきた。全般的にわれわれは**受容的**であればよかったと思っている——が，それは読者が判断することである。

　この役割における主要なコンストラクトのいくつかの意味合いが詳細に説明された。

第2パラグラフの第1文には先取り的な感触が与えられている。
　ケネス・ノートンは会話をする相手の思想に完全に没入してしまうので，彼自身に関するどんな自意識の感覚も入り込む余地がなさそうに見える。

これは，われわれがロナルド・バレットのプロトコルの大部分を貫通している「外見」のテーマを処理する試みであった。
　先取り的なコンストラクトを修正役割スケッチに設けることの1つの危険性は，その要素の1つが抜け落ちてしまったことを発見したときに，クライエントはすべての努力を捨ててしまいやすいことにある。彼の他者の思考への没入が最初から自意識の鋭い痛みを伴うとしたら，ケネスには何が起こるだろうか？　われわれは安全弁を設けることに決定した。

　もしいやしくも彼が実際にこのような（自意識の）感覚を持っているなら，これらの感覚は，他者の目を通して世界を見ようとする彼の熱意に，あわれな一瞬が流れることになる。

　さてロナルドは，自分が恥ずかしいほど馬鹿に見えないようにするために，人前で言葉によって自己非難をする。こういうやり方を考慮するなら，このことは，自分の恥を言葉で反復するよりもむしろ，それを飲み込むべきだという意味に捉えられる可能性がある。したがって，次の文章が来る。

　またこのことは，彼がみずからを恥じていることを意味しているわけでもない。むしろそれは，彼があまりにも自己を取り巻く人々の魅惑的な世界に深入りしすぎて，自己自身の内省的な批判に一瞬たりとも思考を向けることができないということを意味している。

　いいかえれば，自意識の感情と恥――われわれはこの感情が一種の贖いではないかと疑っている――の2つは準優勝の地位を得たことになる。しかし，われわれはもう一度安全弁を設けよう。

　ある人々はもちろん，これ自体が一種の欠点だと考える可能性がある。しかしそうかもしれないが，これがケネス・ノートンのような男なのであり，この行動はノートン流の誠実さなのである。

　ここで，われわれはロナルド・バレットのプロトコルからコンストラクト名を呼び起

こして，これを，ケネス・ノートンのスケッチで精緻化するのに選んだコンストラクトに，当てはめてみた。「誠実」というシンボルは，外見を維持するという絶え間ない緊張の下に置かれたロナルド・バレットにとっては，本来の意味を喪失した言葉になっているのではないかとわれわれは疑っている。したがってこれを再生させれば，ケネス・ノートンの役割の中でうまく使うことができそうである。

　ケネス・ノートンの役割の中で主要なコンストラクトはまた，彼の女の子の知覚に関連して詳しく説明されている。第4パラグラフで，われわれは彼の対人関係へのアプローチの完全な再構築は試みないことに決定した。彼はこの後の数年間，家からかなり離れたところで過ごす予定のようであった。彼の家族との関係は，したがっておもに手紙のやりとりによって続けられることになる。書かれた言葉によって彼の奮闘の表現の試みを続けさせればよいのではないか？　激発はこんなに長距離の非情熱的なやり取りでは邪魔にはなりにくいはずである。

　別離の場面としてわれわれは，彼が両親に会いにいく場面の設定を試みた。その両親は，ロナルド・バレットが会いたいというよりもむしろ，ケネス・ノートンが会いたがっているという彼の手紙を読んでいた。

　したがって彼の両親には，彼の新しい熱狂と業績を共有し補足する機会が与えられることになる。

　こうして彼の自己表現は，両親の考えを修正する試み（「思いやり」のバレットのブランド）としてではなく，両親に共有してもらい補ってもらうための案内と解釈することによって，ケネスは，彼の対人関係がひどく損傷されてきたと見える領域においてさえ，彼の役割解釈をかなりの程度に確証する機会を提供されたわけである。

4 修正役割についての臨床家の見解

　われわれは，修正役割療法の経験の初期に，一連の面接を行う治療者側のわずかの口のすべりが，このアプローチの効果を完全に破壊してしまう可能性のあることを学習した。これを破壊する最も簡単な方法，そしてこの療法を初めて試みる臨床家のおかす典型的な過ちは，振りをするという保護スクリーンを取り除いてしまうことである。心理士はしばしば「現実的」であることに非常に熱心であるため，現象学的現実主義――これでもって，人はみずからの想像力を鍛えることができる――を見落としてしまう。このことを知る前に，治療者はロナルド・バレットに「2週間の間，ケネス・ノートンと呼ばれる男になった振りをしましょう」という代わりに，事実上「これがロナルド・バレットの進むべき道です」といってしまう傾向がある。エドワーズは彼女の最初の10ケースの中にさえ，新しい役割に忠告じみたところがあると，ク

ライエントの反応は常に気乗りのしないものになり，この手続きは無効になる傾向のあることを見いだしている。彼女の研究では，そしてその後の経験でも，最も有効な結果は，クライエントが治療の初期の部分で，自分は単に「演じている」だけだと考えている場合に，得られたようにみえる。クライエントがこの修正役割を「真面目に」受け取り始めるとすぐ，彼は困難を持ち始める傾向があり，その進歩も遅くなりやすい。成功したケースでは，臨床家が本当の進歩の他のエビデンスに気づくのは，クライエントが「私はこれが私の**なるべき**あり方だと感じます」というよりもむしろ，「私はこれが私の実際にそう**である**あり方だと感じます」といったことを言い始めるときである。時にこの種の「情動的洞察」は，「私はこれがずっと本当の私であったかのように感じます。が，今までは，自分がそれに絶対に気づかれないようにしてきた感じがします」というように，声に出して言われることもある。

　また，治療者が直接忠告することによって，この種の洞察を早めようとすることも，もってのほかである。クライエントはこの新しいキャラクターに対してみずから非常に応答的かつ受容的にならなければならないので，クライエントは，彼の役割を演じている間，彼の新しいパーソナリティの全体性——以前の古い役割では経験したことのない全体性——を意識するようになる。こんなふうにいえるかもしれない：臨床家と温かい関係を築くのはケネス・ノートンという**クライエント**であり，自己を臨床家と関係づけるのは**ケネス・ノートンにならねばならないロナルド・バレット**ではないのだ，と。ケネス・ノートンは単なる理想ではなく，一時的な現実になる。ケネス・ノートンは現在に出現し，彼の過去は後からの思いつきとしてここに滑り込んでくるのである。

　治療者がクライエントをまっしぐらに急き立てて，「ケネス・ノートンは現実のあなただ」と見させようとするなら，彼はクライエントに，ケネスは古いロナルド・バレットのやり方で解釈される配役の，もう1つの名前にすぎないと確信させるのに成功するだけで，ケネスの新鮮なパーソナリティは決して生まれないだろう。重要なのは，ケネスのパーソナリティが自由に，そしてロナルドの痕跡によって汚されることなく出現することである。彼は現在に生きて呼吸をするようにならねばならず，誰か他人の複製であってはならないのである。

　ケネスは「演じられ」ねばならない。彼は純粋の人工物（artifact）として世界に入って行かねばならない。彼はある意味では，経験による検証に合格するまでは受け入れられない包括的仮説である。治療者は内心では本物の科学者なので，この仮説を支持するような議論はしない。それよりも，彼はクライエントが仮説を定式化し，実験を行って，それに関係するあらゆる入手可能な検証エビデンスを発見するのを助ける。**修正役割療法は，治療者とクライエントが彼らの才能を結合する，純然たる創造的過程である**。これを創造的過程よりもむしろ，修理過程にする試みはどんなものであっ

ても，ある程度は失敗の結果になるようである。

　われわれが修正役割療法の適用について述べ続けてきたことは，ある程度の現実的意味をもって，あらゆる心理療法に，したがって，あらゆるタイプの科学的推論に拡張されうる。どんなクライエントでも，未来に過去の間違いの反復を求めない構成的なシステムの創造に向かうよりもむしろ，これらの間違いを打ち消す方向に傾くかぎり，心理療法的な動きはわずかしか生じなくなるだろう。カタルシス，除反応，追放，罰，罪償感，あるいは悪魔祓いのデバイスが，それ自体有効な行為であるとする理論に基づいて，自分のクライエントが完全に過去に巻き込まれた状態になるのを許す治療者は，原始的思考にふけっていることになる。

　過去を扱うことが治療的に正当化できると考えられる方法は，3つだけある。(1)それは，クライエントがその下で動作させてきたコンストラクトを明瞭化させることができ，これによって，クライエントと治療者は何が未来に関連するのかを判断できるようになること。(2)それは，クライエントが，いくらかのコンストラクトを具体化することによって，それらのコンストラクトが作動しない状態になるまで縮小していく──すなわち付加的要素の取り込みに対して非浸透的にしうること。(3)それは，新しいコンストラクトがそこから創造されうる，たくさんの要素を提供してくれる可能性があることである。本節では，われわれは創造性を強調している。原始的思考をする人が過去の罪を償おうとして試みる魔術的行為は創造的ではない。それよりもむしろ重要なのは，未来である。イエスの教えは，「良心の呵責」を償いの過程というよりも再考の過程として非常に力強く強調しており，人が報復的な遠征によるよりもむしろ，「再生」あるいは創造的過程を通して未来を受け入れるよう促しているが，これはわれわれと同じ視点の長続きする定式化を表している。

　われわれが創造的過程について語ったことは，どんな種類の科学的推論でもなされる仮説形成の方法にも適用される。これらは**予測**という形式をとる。すなわち，これらは過去に防腐処置を施すというよりもむしろ，未来を受け入れるようにデザインされている。有用な仮説を立てるには，創造的な才能を使う必要がある。これらは未来に何が起こるかを予測するようにデザインされている。考古学者でさえも，次に何が掘り出せるかが予測できるかどうか見るのに，仮説を立てる。科学的精神をもった歴史家は，年代記編者とは対照的に，イベントの最適の予期をなしうる浸透性のあるコンストラクトを定式化していく。そこで今一度，われわれは論点を基本的前提──**人の（心的）過程はイベントを予期する仕方によって，心理学的に水路づけられる**──にまでさかのぼって見ていくことにしよう。

5 　修正役割の導入

　修正役割療法は，他の治療手続きと合わせてでも，それ単独にでも使われうる。わ

れわれはこれを単独の治療努力として用いる経験をいくらか多くもっている。これらのケースは大部分が，対人関係に関する不安を含む，ある程度多様な適応問題をもつ大学生である。これはまた，ブルーム（Blume）によって種々の変更が加えられながら，施設入所児童にも適用されてきた。本章の後方の節で示されるように，われわれは集団修正役割療法の形でいくらかの探索的な仕事を試みており，試行的なものながら心強い結果を得ている。

　　a．提　示　治療の診断段階を終えたばかりのクライエントに，修正役割スケッチが提示されるとき，それは通常以下のようなやり方で提示される。

　「あなたがこのクリニックに持ち込んできた問題に進む前に，その準備作業に少なくとも2週間，使っていただきたいと思います。これは何か普通でない感じがするでしょう。奇妙に見えるなら，それだけよいのです。
　「ここにケネス・ノートンという名前の人物の性格スケッチがあります。もちろん彼はいろんな点であなたとは非常に異なるタイプの人です。言いかえれば，彼はあなたに少しは似ているかもしれません。しかし，似ているかいないかは重要ではありません。これをいっしょに調べてみましょう。これによると……」

　　b．受容性チェック　これを読んでいる間，およびその終わりに，治療者はクライエントが自発的に発した質問に短く答えた。クライエントがまだ自己表現をしていない場合には，治療者はこう尋ねる。

　「このケネス・ノートンという男の印象はどうですか？……彼はあなたが知り合いになりたいと思うたぐいの人だと感じますか？……彼は実在の人のように感じますか？」

これは修正役割療法の受容性チェックの段階である。この質問の目的は，この新しいスケッチに描かれたような人によって，クライエントが脅威を感じるか否かを決定すること，および，どんな1節にでもはっきりしないところや，あり得ないと思われるところがないかどうかを見いだすことにある。クライエントには，このスケッチに描かれた人のように**あり**たいかどうかは尋ねなかった。この質問に対する答えはネガティブになりそうだからである。彼にはまた，この人のように試しに**振る舞**ってみたいと思うかどうかも，尋ねなかった。彼の答えが不可能だという抗議になりそうだからである。「彼はあなたが知り合いになりたいと思うたぐいの人ですか？」という質問は，この手続きのこの段階でわれわれが必要とする類いの反応を引き出すもののようである。

c．**脅　威**　この言語の選択の背後にある論拠を説明するためには，われわれはわれわれの**脅威**の概念化に言及する必要がある。ある知覚パターンが，それ自体の内部にいくらかの凝集性があり，同時に，それ自体の間違いが全般的に証明されてきたあるタイプの解釈システムに従属する位置に落ち込む傾向があるときには，人はこの従属的なパターンを脅威と同定する。これは，まったく意味をなさなかった場合には，脅威にはならなかったはずである。しかし，そのもっともらしさが限定されていることによって，そして，それが解釈されるべきより大きなパターンが無効であることによって，それは回避されるべきものになってしまう。ある男が行動も容姿も匹敵している魅惑的なブロンド女性に出会うが，この彼女が彼の家族，近隣，コミュニティのより大きな枠組み内で解釈されることになると，すでにそれ自体が妥当でないと証明されている取り決めを，そして彼を洞察力のない馬鹿の役割に配する取り決めを要求する場合には，彼は彼女を脅威と知覚しやすくなるだろう。さて，このことは，脅威が常に回避されるべきものだと言っているのではない。ブロンド女性を魅惑的だと認める男たちは，彼女らを求める行動と彼女らから逃げ出そうとする行動との間を揺れ動く傾向を示すだろう。彼らは，この甘美な生き物を自分たちの生活スタイルに合わさせようとする試みに，非常に多くの時間を費やすかもしれない。もし彼らがこれに成功するなら，彼らは彼女らと結婚するかもしれない。あるいは，一般に妥当とされている解釈システムの範囲内で彼女らを解釈しなおすかもしれない。もし彼らが失敗したなら，彼らは両価的な探索を続けるかもしれない。あるいは，彼女らをある種の非浸透的なコンストラクトの中にカプセル封入して，それ以上の経験要素をその文脈に加えるのを回避しようと試みるだろう。要するに，彼らはダフネ，ヒルデガルト，カトリンカ，ヘッダなどを包みあげて，そのパッケージに「疑似餌」というラベルを付けて，彼女らを「理解」しようとする試みをやめるのだ。

　さて，修正役割スケッチを提示するにあたって，治療者は，ケネス・ノートンのようなキャラクターの存在があまりにも脅威になるため，クライエントはその方向への探索を一時停止して，このような人を回避し始めたというようなことがなかったかどうかを見いだす必要がある。もし，この新しいスケッチが受容的な治療者によって注意深く書かれているなら，これが脅威になる可能性はごく小さいであろう。もし，それが懲罰的で非受容的な治療者によって書かれているなら，クライエントはこの新しいキャラクターの描かれ方に脅威を感じやすくなるだろう。実際，治療者がクライエントに対して示しうる受容テストの1つは，彼の描いた修正役割スケッチに対するクライエントの反応の仕方である。

　しかしながら，この修正役割スケッチに書かれたキャラクターのようになろうと試みたいかどうかを，クライエントに尋ねてみることは，別の問題である。多くのクライエントはいたるところで強い脅威を感じるようになると，自己の探求をやめてし

まった．彼らの自己解釈は相対的に浸透的でなくなった．彼らは**自己自身になる**ことに専ら努力を傾けているので，彼らには**自己発見**のために残された時間がないのだ．彼らがすでに自己概念にカプセル封入したものに加えて，実際に何か**である**ことの責任を，これらの個人に提示することは，彼らを脅威に直面させることになる．われわれの理論の言葉では，典型的なクライエントは非常に浸透性の低い自己コンストラクトをもっているので，自己を新しい行動様式に同一化することは，見通しとしては脅威になるのである．クライエントが「私は自分が不誠実であるかのように感じる」あるいは「私は偽善者のように感じる」というときには，彼の基本的なアイデンティティが改ざんされつつあると言っているのである．それは，売春婦的な部分を描いてみてほしいと頼まれた修道女や，従順な市民のように生きることを頼まれた犯罪者が経験すると思われるのと，同種の脅威なのである．

　d．もっともらしさ　受容性チェック段階の第2部では，この新しい役割がクライエントにどれくらいもっともらしく見えているかを，臨床家が努力して評価する．それは意味をなしているのだろうか，あるいは，このキャラクターは非現実的に見えないだろうか？　スケッチ内に不調和なところはないだろうか？　こういう問題はしばしば存在するので，治療者は，ある場所のスケッチを書きかえるか，次回に新しいスケッチ——もちろん名前も新しくなっている——をもって戻ってくるかを，その場で決定しなければならない．

　時にクライエントは，事実上，「私は誰かがこんなふうであることを十分に想像はできます．が，彼らがどのようにそれをしているのかはわかりません」ということがある．これは，クライエントみずからがそれを演じてみることを思い描いているとき以外は，新しい役割に脅威を感じていることを意味しているわけではない．このタイプの反応がスケッチの修正を求めているのかどうかは，経験に基づく臨床判断の問題である．臨床家が優れた技能をもち，クライエントとともに生きる人々の間でその役割が日々いかに演じられうるのかについて，はっきりした考えをもっているなら，彼は前進を決定するだろう．そうでなければ，彼は何らかの変化を加えなければなるまい．

6 │ リハーサルの順序

　a．開始段階　受容性のチェックに続いて，治療者は治療手続きの提示を行う．これが開始段階である．

　「これから2週間，あなたにはちょっと変わったことをやってもらいたいと思います．（ケネス・ノートン）である**かのように**振る舞ってほしいのです．われわれはこれをいっしょにやっていきましょう．2週間のあいだ，あなたは（ロナルド・バレット）であること，あるいは今までそうであったことを忘れるようにしましょう．あなたは（ケ

ネス・ノートン）です！　あなたは彼のように**演じて**ください。彼のように**考えて**ください。友だちには，彼ならきっとこう話すだろうとあなたが思うように**話をして**ください。彼がするだろうと思うこと**をして**ください。彼の**興味を持ち**さえして，彼が楽しむだろうこと**を楽しんで**ください！

　「さて，私はこれが非常にわざとらしく見えるだろうということを知っています。それでも，私があなたに期待するのは，これからあなたは（ロナルド）がやりたがっていたかもしれないやり方ではなく，（ケネス）がやりそうなやり方について考え続けねばならないということです。

　「われわれは（ロナルド）を2週間の休暇に送り出し，ゆっくりと休ませてあげるのだということもできるでしょう。この間は（ケネス）がその代理を務めます。他の人々はこのことを知らないかもしれませんが，（ロナルド）はこの辺りには存在さえしないでしょう。もちろん，あなたは（ロナルド）と呼ばれ続けるようにしなければなりません。が，あなたは，自分のことを（ケネス）だと考えるようにしてください。2週間後に，われわれは（ロナルド）を呼び戻して，われわれが彼を援助するのに何ができるのかを見てみましょう。

　「このことを1日おきに話せるように，日程調整をしましょう（臨床家は予約スケジュールを設定する）。

　「さて，このケネスのキャラクターのスケッチのコピーはあなたが持っていてください。いつもそれを持ち続け，1日に3回はこれを読んでください。たとえば起床時に，日中のある時——たとえば昼食のとき——に，そして就寝時に。

　「では，少しリハーサルをしてみましょう」

　この修正役割の演技を開始する方法は状況によって変化させうるが，上の説明はこの手続きの重要な特徴を示している。ほとんど例外なく，クライエントは，最初はこの役割を演じる自分の能力に懐疑的である。この懐疑の感覚と，これに伴う役割演技の失敗の報告は，一連の面接の大部分で持続する傾向がある。クライエントが修正役割療法をどれくらい容易に理解するか，そして，彼がどれくらい忠実にこの役割を演じるかによって修正役割療法の効果を判断する傾向がある治療者は，この手続きの重要なポイントを見失い，失望することになるだろう。クライエントがあまりにも容易に理解する役割は，単純にクライエントのものの見方のどんな根本的な再調整も必要としないように書かれているので，効果がない可能性がある。もしこの役割が治療の第1週で簡単に捕捉されるようなら，治療者は彼の仕事のすべての局面を注意深く再チェックすべきである。彼はもう一度自己特徴づけのスケッチを書きなおしてもらうよう（クライエントに）頼まねばならないかもしれない。

　クライエントが一連の面接過程の中で予期せぬ方法で自己の問題にアプローチし始

めているのがわかったとしても，治療者は過度に警戒すべきではない．治療者は新しい役割を初めに意図した方法で解釈し続けてもよいし，クライエントがこの役割に加える解釈傾向と一致するように，ごくわずかの修正を加えてもかまわない．クライエントは臨床家に指示されたことを正確に行うことが重要なのではないことを，強調しておこう．重要なのは，クライエントが今までの自己の概念化の大部分を捨てて，みずからその妥当性を証明できるいくらかの可能性をもつ新しい概念化を打ち上げることなのである．治療者の仕事は，新しい行動が，元は治療者の思い描いたものであっても，あるいはクライエントが定式化しようと追求しているものであっても，ある種の論理的根拠によって縛られ続けていることを確かめることなのである．クライエントが自己特徴づけのようでもなければ，修正役割のようでもないやり方で行動を始める場合には，治療者は何かおそらくは有益な動きが起こっていると仮定してよかろう．それは，クライエントが新しい行動を修正役割スケッチで設定されたコンストラクトと繋ごうとし続けているかもしれないとしても，そうである．しかしながら臨床家は常に，それが何であれ，新しい行動を伝達可能なコンストラクトと結びつけようとし続けることを試みるのである．

　治療者が一連の面接に対するクライエントの反応の有効性を判断する1つの方法は，この新しい役割が，探索のための新しい道をクライエントに切り開くことを，どの程度約束するのかによる．この役割は，クライエントのパーソナリティが自然な成長と発達の過程を回復する可能性を示しているだろうか？　この役割は，日常経験によって与えられる検証に従いうる新しい方法で，クライエントがイベントと人々を予期することを求めているのだろうか？　治療者が求めているのは，このクライエントを現実的でわかりやすい世界に解き放つことなのである．

　時にはクライエントは開始段階で「あなたは，私が（ケネス・ノートン）のようであるべきだと考えておられると，理解してよいのでしょうか？」と尋ねることもあるだろう．ここで治療哲学の現実的なテストがなされる．クライエントが治療者の指示したような人になるべきだと，治療者が実際に考えている場合には，彼は不誠実な回答をせざるをえなくなるだろう．しかしよい治療者は，人々がどうあるべきかを自分が命じる独裁者であるとは考えない．彼の仕事は，成長の手段として，人々が新しい仮説を創造して，それを実験にかけるのを助けることである．彼は人々が最終的にどう**あるべきか**については彼らに語らず，ただ彼らが今何を**試みれば**よさそうなのかを示唆するだけである．彼らが最終的にどうなるかは，彼の知識をはるかに超えたところにある問題である．

　みずからの仕事についてこの哲学的立場をとる治療者は，クライエントの質問に対して，腹蔵なくこんなふうに答えるだろう：「いいえ，あなたがどうあるべきかを判断するのは私ではありません．今も，そんなことはやってみようとも思いません．こ

の問題については後で話ができるはずですが，今言えるのは，時期がくれば，あなたがそれに答えるのに一役買わねばならなくなるだろうということです。私は差し当たって——2週間——あなたに（ケネス・ノートン）の役を演じていただきたいと提案しているだけです。」

　b．**リハーサル**　修正役割療法の次の段階は一連のリハーサルである。クライエントは常に，そしてこの期間に彼がいるあらゆる状況で，役割を演じることが求められるが，以下の5つのカテゴリーに入る状況に出会えるように特別な援助が与えられる。すなわち，(1)仕事の状況，(2)同性の仲間とのざっくばらんな社交関係を含む状況，(3)配偶者あるいは異性の人を含む状況，(4)両親を含む状況，(5)人生の方向付けや計画を含む状況である。通常の手続きでは，第1回の面接セッションでは，修正役割がいろんな種類の特化された仕事の状況に適用されるときのリハーサルにささげられる。第2回の面接は次のカテゴリーへ……と進んでいく。このシリーズの最後の面接は，より一般的な議論のためにとっておかれる。

　c．**仕事の状況**　学生のクライエントの場合は，この第1タイプの状況は教師との関係を含むと考えてよかろう。クライエントは，彼がとっているコース，クラスで生じる議論の種類，そして，先生がどんな種類の人に見えるかについて記述を求められる。治療者は次に，ケネス・ノートン——あるいは誰であれ修正役割のキャラクターの名前の人物——が次のクラスのセッションでどのようにアプローチしていくのかを，彼とクライエントが考えようと提案する。クラス中およびクラス後の議論のやり取りが，治療者とクライエントがケネス・ノートンと教師の役を交互に演じながら役割演技されうる。この議論をしている間にもケネス・ノートンのスケッチが再読され，クライエントはケネスがこの状況でどんな反応をするかを推測するよう励まされる。

　仕事に関連する他の状況も，同様に，どれほど忠実にケネス・ノートンの役割が描かれているかについて，両方の側で相当量の自由なコメントがつけられて，リハーサルされる。クライエントは治療者の役割演技を批判するよう励まされる。治療者はクライエントの役割演技の改訂を示唆し説明する。やり取りの部分は，より一層の本当らしさを追求するために，くりかえし行われる。

　クライエントがうっかりもとのロナルド・バレットの役割に戻ってしまう傾向をあまりにも多く示す場合には，治療者はあくまでも，彼に対してケネス・ノートンとして話しかけ，彼がケネス・ノートンであるかのように反応する。これは，ロナルド・バレットを追い出して，ケネス・ノートンの存在の余地をつくるための一方法である。治療者は，面接の大部分でこの新役割が演じられていることを確かめるために，種々の他の方法も採用することができる。もちろん，治療者は面接中には常にクライエントに修正役割の名前で話しかけるのを，習慣としている。

　初回面接の終わりには，治療者はクライエントに，以下のようなことを思い起こさ

せる。すなわち，この役割を演じ続ける——この役割のように食べて寝て感じる——べきこと，1日に少なくとも3回はこのスケッチを読み直すべきこと，彼が出会う各状況でいかにふるまうべきか心配するのではなく，この新しいキャラクターがこの状況にいかに出会うことになるかを自問するべきこと，そして，リハーサルしたような先生や上司とのシーンを実際に造ろうと試みるべきことである。

　治療の2回目の面接は，クライエントが前回の面接で予期した場面を実際につくって，経験したことの議論から始めることができる。出会った困難が議論され，その場面あるいは類似場面がもう一度演じられる。それから治療者は交友タイプの場面でのリハーサルへと向かっていく。クライエントが親しみを持っている典型的な会話タイプの議論が徹底操作される。ケネス・ノートンのキャラクターが典型的な場面に導入される。修正役割スケッチが再読される。前回同様に役は交互になされる。クライエントは再びケネス・ノートンのパーソナリティを，それに続く24時間の類似のシーンに注入していくよう促される。

　d．クライエントの最初の反応　この時期には，クライエントは治療者を勇気づけるものをほとんど何もくれない傾向がある。通常，この役割が真面目に企てられたという手がかりを治療者が最初にもつのは，ケネスがある時点でどのように役割を演じたかについて，クライエントが独立の推論を始めるときである。治療者はこのような修正役割を精緻化する自発的努力に飛びついて，これをただちに役割演技してみようと提案する。この時期には治療者はケネスの役割について一般化された言語表現と，活動しているケネスの肖像との間を，前後に動かねばならない。この時期には，治療者はクライエントの側の言語的流暢性については，あまり多くを期待してはならない。演技は言葉によって試みられるかもしれないが，役割演技はもっと包括的な経験である。わずかな瞬間にクライエントは何も言わなくても，その間に新人のように感じ，新人であるかのように物事を見るので，本物の探索行動に携わっているのであり，これにはあたかも詩の一節を朗読しているかのように豊かな体験が含まれる。治療者はこの面接をポイント——時間が経過する間に，わずかの流れゆく瞬間だとしても，クライエントがケネス・ノートンのように感じる可能性を最大にするポイント——として探索させ続けることが重要である。

　この時期にはまた，治療者は折々にケネス・ノートンへの承認と理解を示すことが重要である。ケネス・ノートンがどう感じているのかに理解を示す治療者は，ケネス・ノートンを受容していることを示している。そして，治療者がクライエントに対して，あたかも彼がケネス・ノートンであるかのように反応するのを見るにつけ，クライエントは治療者の受容を感じずにはいられなくなる。（しかし）多くの治療者が早かれ遅かれ発見するように，治療者にはっきりとあるがままに受容されると，深甚な脅威を感じるクライエントが，いくらかはいる。治療者の受容は常にクライエントを安心

させると主張する心理士は，単純に彼がもつべきはずの感受性をもっていなかったということだ。受容されることの脅威は，人が自己の中に見えてくる脅威から生じるものである。彼が非常に脅威であると思っている自己のあの部分を治療者が受容するのを見ると，治療者が彼の人生経験の中の他の確証者と力を合わせて，「何がねばならないのか」を彼に確信させてあげないかぎり，彼は不安になりうるのである。それにもかかわらず，それが自分にも受容可能な類の自己の受容であるかぎり，誰もが究極的には他者からの受容を望んでいるようである。さて，ケネス・ノートンの中のクライエントを受容する際に，治療者は受容しがたい自己が受容されるというクライエントの脅威のいくらかを回避することができる。と同時に彼は，クライエントが治療者と相互作用できると感じさせるあの受容を，クライエントに提供していることになる。彼は役割演技への意欲を示しているのである。

　e．残りの状況　他のタイプの状況はこれに続く面接でリハーサルされる。2回目の演技面接では，クライエントが仕事の状況における役割の経験を振り返った後，治療者は仲間状況のリハーサルを行った。異性の友だちを含む第3の状況は，クライエントが自分の役割を捉えたという，いくつかのちょっとした励ましのサインがあれば，しばしば成功するものである。両親を含む状況は，しばしばケネス・ノートンの気持ちで書かれた両親への手紙という形式をとらねばならない。この人生の方向と計画に関係するリハーサルは，通常哲学と宗教の問題の議論として集団内で演じられうる。これは，ケネスのキャラクターと一貫しているなら，宗教団体への参加を含むかもしれない。ここでの努力は，より統治的で浸透的なコンストラクトにおいては，どんな拠り所が，新しい役割に見いだされうるのかを見ることである。

　最後の面接は，ケネス・ノートンの役割からの率直な降板をすることができ，クライエントは望むならいかなる話題でも議論する機会が与えられる。通常，この面接ではクライエントが自発的に多くの話を出してくるので，治療者はこの面接では普通積極的な役割をとる必要がない。たしかに彼は道徳的な話に訴えたり，クライエントに新しい役割をとるよう促したりすべきではない。治療者は自分のイニングを持ったのだ。新しい役割が効果的だということをクライエントが見いだしたなら，彼はそれにつけられた名前や，そのための治療者のセールス・トークとは関係なく，これを買うだろう。これは，治療者が傾聴しなければならず，治療者が話すことはクライエントが語ったことの安全な言い換えにとどめて，やや一般的な励ましの言葉だけを語る，あの面接なのである。この時点で彼は，何か他の方法による治療を継続するべきか，あるいは，この再方向づけの時期を通り抜けて，持続的な人格発達へと続いていく，すでに解き放たれた過程のこの勢いを信じるか，どちらかの判断をしなければならない。クライエントからの提案があれば，前もって長さを決めてリハーサルを継続することもありうる。あるケースでは，われわれは3か月も修正役割療法を継続した。し

かしながら，われわれがこの方法を開発した目的の1つは，心理学的な援助を与える経済的な方法を見いだすことにあったので，われわれはこの面接期間を最小限にするように試みてきた。提示セッションを含めて2週間で6セッションが，価値のある治療結果を達成するのに必要な最小量の時間であるようである。

B 修正役割療法の使用

7 修正役割療法についての治療者の説明からの抜粋

　ほとんどどんなタイプの治療でも，いくらかのケースではうまく作動するようである。それだけでなく，ほとんどどんなタイプの治療でも，ある程度は大多数のケースで効用があるようである。これは，臨床家が常に認めるわけではないが，面白い事実である。これについては後の節で詳しく論じるつもりである。さてここで，修正役割療法を使って明らかに成功した，特に心強い例を引用するのは適切ではなかろうか。たとえば教員養成課程に在籍するある女性は，最初指導教員から，あまりにも馬鹿なので，どこにも推薦のしようがない，せいぜい1教室しかない田舎の学校に勤める準備でもするしかあるまいと評価された。しかしその彼女が，それから1年もたたないうちに，他の教員から勉強を続けて Ph. D をとるようにと励まされ，やがて教育分野で稀に見る輝かしい成功を収めている。また，学業成績が悪いのと，大学生用知能テストでも8パーセンタイル（下位8％）だったという2つの理由で，悪いリスクを背負っていると大学でいわれた青年は，8週間の修正役割療法の終わりには別形式の（知能）テストで20パーセンタイルとなり，15週間後の治療終結時には40パーセンタイルにまでなっていた。これは（平均への）回帰効果だ，おそらく！　しかし，彼の成績と社会適応はもっと目覚ましい改善を示していた。

　もちろん，これらは選択された事例である。本書全体の目的はおもに防衛することよりも詳説することにあるので——後の実験によってその妥当性は究明してもらおう——，われわれはあるケースに修正役割療法を適用して，そこで生じるいくつかの問題を例示していると見える説明を選択した。この「治療」は，この説明に基づくかぎり，特別に成功したとは判断できない。

　ロナルド・バレットのケースは，自己特徴づけのスケッチが，このタイプのプロトコル分析に習熟しているか否かに関係なく，経験のある臨床家なら多少ともなじみのあるタイプの思考をはっきりと示していることを1つの理由として，選択された。さらにいえば，これは，自己特徴づけのプロトコルの分析と，これの修正役割療法への適用との，両方の説明に役立つように，計画的に選択されたものである。

ある意味では，ロナルドのケースは典型的ではない。前に述べたように，彼はすでにいくらかの治療的援助を受けていた。一連の面接は短縮された。彼は一般化の仕方が，全面的，劇的に変化しないタイプの人であった。彼は新しい役割に快適さを感じられるようになるまでには，それがどんな役割であっても，かなりの経験を必要とするのが常だった。彼は多くの言語化できない疑問を持っていた。さらにいえば，この治療者は今までにこのタイプの治療を試みたことがなく，そしてこれをこのケースに適用することや，これの職業的な地位全般にもいくらかの疑惑をもっていた。

ポジティブな側面については，これは治療者が治療を限られた時間内で終結しなければならないことがはっきりしているケースであった。このクライエントは，家の周りの踏み固められた道にとどまったとしたらどうだったか，ということよりも，修正役割療法で追求されるタイプの探索行動のほうがより適していたはずだと思われる新状況に入っていこうとしていた。このケースについては，他にも多くの臨床的接触があったので，十分なことがわかっており，それはわれわれが自己特徴づけのプロトコルに基づいて解釈したものと有意には違わないことを，合理的に確認することができた。

この治療者は，この手続きに比較的偏りのないコメントができると期待される，鋭く敏感な観察者であった。これはまた，この治療者がいくつかの典型的なミスをすると思われるケースであった。このミスうちのいくつかには彼はすぐ気づいたが，他のものは，彼がこの方法論の由来する理論的立場の全体を理解していなかったので，おそらく治療者の目をすり抜けてしまったようである。彼は臨床訓練により，クライエント中心療法を深く理解するようになっていた。そのために，彼はおそらく多くの治療者よりも，クライエントの言語表現のニュアンスを捉えるのに敏感であった。しかし，ほとんどの非指示的な治療者と同様に，彼は異なる治療的方法論が，「非指示」と「指示」の連続体上に位置づけられるものと見ていた。彼は治療をある程度までこのように見ていたので，彼の手続きを変えようとする試みは，この道にそってのみ動く傾向があった。彼が自己の現在のコンストラクト・システム内で自己を変容しようとする試みは，われわれが心理的な再適応一般に関連してすでに述べたことと類似していた。彼は否応なく修正役割療法を，一種の指示的療法，あるいは，指示的と非指示的療法間のある種の妥協と見なさざるを得なくなった。それゆえ，彼には，純粋に組織化された探索行動というよりも，主としてある程度の忠告と主張を含む1方法に見えたのである。

科学者の視点から治療にアプローチして，これに過剰な自我関与をせずに，この治療はクライエントが仮説を構築し検証するのを援助する方法だと見ることは，常にやさしいわけではない。クライエントか治療者のどちらかが，何がなすべき「正しい」ことなのかを決定しなければならないという立場をとる方が容易である。決定するの

が治療者なら，その方法は「指示的」だということになる。それがクライエントであるなら，その方法は「非指示的」または「クライエント中心」の療法になる。しかし，科学者の視点がこれらのいずれともまったく違うものになることはないのだろうか？　彼の視点は，事実はどちらかの人に責任を課するというよりも，（科学的）操作によって究極的な決定に至るべきだというのではないのだろうか？　彼は振りをすることによって仮説を形成し，それから，白日の経験の下で何が生じるのかを見るということではないのだろうか？　彼はみずからの仮説を体系的に定式化して，そのうえで，修正役割の演技——通常は実験計画と呼ばれている——を通じてやりとおすのではなかったのか？　彼は，実験中はみずからの仮説を事実であるかのように扱っているだけではないのか？　ある程度の科学的教養を持つ人でさえ——ロナルドの治療者は実際にそうであったが——，この治療観はただゆっくりと焦点に入ってくるだけなのである。

ロナルド・バレット

　a．11回目の面接　面接の最初の部分は修正役割には充てられなかった。どちらかといえば，それは自由面接状況であり，その中で，私は前週の彼の役割演技の効果に対する彼の態度を判定しようと試みた。彼は，この（ケネス・ノートンの）役割が正確に何を意味しているのかを理解するのにちょっとした問題があったのだと述べた。特に彼は「自己自身の内省的な批判に束の間の思考も」という言いまわしと，「自分の家の中では，自分の考えや感情をいくらか多く表出する」という言いまわしに，引っかかるところがあった。これらを彼は理解しなかったが，私がそれを説明した時には，そのアイデアをつかめたようだった。

　この役割はあまりうまくはいかなかった。彼はケネス・ノートンを，監督のカールと，彼の知っていた高校時代に級友だった女子といっしょに，やろうと試みた。しかしながら，すべてがあまりうまくいかなかった。彼は自分が何をしなければならないのかがわからないと言い続けた。私は彼に，前回頼んだように，1日に3回この役割を読んだかと尋ねた。すると彼は，やろうとはした，でも大体は1日に2回，1回は朝，もう1回は夜だったといった。この抵抗は行きつ戻りつしながら，この役割の見解にまで広がっていったのだということが，かなりはっきりしているように見えた。この役割がうまく働かないことによる意気消沈の真っただ中で，明るい記録が1つあった。彼は映画の後でこの以前の級友に出会った。この女の子はロビーのキャンディ・カウンターで働いていたのだ。彼と彼女は25～35分くらい話をした。彼女は彼にすごく関心を持ったようだった。そしてこの役割は他の誰と話した時よりも彼女と話した時にうまく働いた。実際，この会話が終わるまでに，彼女は，彼が大学へ行ってから変わったといいながら，何回かほめ言葉を述べた。この「変わった」は明らか

によい方向への変化を意味していた。この会話はクライエントには非常に報いの多いものだったので，彼は映画館のマネージャーがやってきて，彼がしゃべりすぎて彼女の時間を奪っていると嫌味を言うまで，その場を立ち去ることができなかった。

　このセッションの残りの時間は仲間との役割演技状況にあてられた。このクライエントは自動車とその整備について非常に多くの知識をもっているので，彼と友だちが自動車について話をする状況をつくって役割演技した。彼が最もよい仕事をしたのはこの状況においてであった。あまり有能ではなく寛ぎにくい他の状況では，彼は長い独白，中断，私事への言及などによって，しばしば会話を支配する状態に逆戻りするのが普通である。私はこの役割をしているときにはずっと非常に積極的で，彼が特にうまくやったと思えた時には話を中断させて褒め，彼が要領よくケネス・ノートンになりきったと思えた時には，報酬を与えるようにした。われわれは技術について，そして，どうしたら他者にうまく話をさせられるかについて，多くの時間を費やした。彼は前週にこの流れの中でなされたことの多くを記憶していた。しかしわれわれは，再び文章完成法に戻って，会話を相手のふところに投げ返す能力に取り組んだ。彼はこの技術をよく理解しているように見えたが，なお自発性と温かさに欠けていた。それはスピーチのレッスンのように見えた。

　このクライエントはある乗客をそのホームタウンにつれて帰る予定になっていたので，われわれは彼とその乗客が話のできることをかなり研究した。この乗客は不幸なことに，かなり寡黙なサイレント・ジョーであった。そしてクライエントは，私が彼の友だちがどのようであるかを描こうとすると，中断させ続けた。クライエントが抵抗するときにはいつでも，彼の抵抗は小さな修正，あるいは小さな点についての彼自身の感情の無限に続く説明という形をとった。私はこの点についておそらくいくらか非許容的であった。私はそのポイントが何であれその議論には引き込まれたくないこと，そうではなくて，われわれがおもに関心を持っているのは，ケネス・ノートンに慣れてそのコツをつかむことだと述べた。

　この面接は全体で1時間20分続いた。この面接の終わり近くになると，彼はかなりうまく，かなり自動的に進めているように見えた。が，なおこの役割にはあまり大きな自信はもてなかった。彼は自分に何を期待されているのかがわかったと，非常にはっきりと明瞭に述べた。彼はケネス・ノートンが自分にはわかると述べた。前の週にはいろいろ困難をもっていたかもしれないが，自分の持っているものはすべて与えてしまおうとしているかのように見えた。そして，ケネス・ノートンに公正な裁判を与えるというアイデアに基づいて，あらゆる点で自分を売りはらってしまったかのようであった。

　b．12回目の面接　われわれはこの面接の過程でわれわれが成し遂げたことを総括するのに，いくらかの時間をあてた。このクライエントは，社会的な状況でそれほ

ど不安定ではなくなったし，白昼夢もいくらか減少したと言った。彼の言うところによると，特にはっきりしているのは，家庭内での諍いの回数の減少である。ただし，その行動はなお続いてはいる。たとえば数日前に彼と母親は，なぜ彼があまり口論をしなくなったのかについて，口論した。彼はこのことがすごく奇異だと考えているようであった。

　もし彼が今日最初の面接に来なければならなかったとすれば，彼は自分の問題が何だと考えるだろうか，という私の質問に答えて，彼は来さえしなかったかもしれないと答えた。最初に彼がたずねてきたときには，集団の前でスピーチをするさいに，極度に不快で不全感があったという事実によって，彼はたずねてきたのであった。これはもはや当てはまらなくなったので，面接の準備をしてもらう必要性を感じなかったのではないかと感じたのである。これ自体は，ネガティブな言い方ではあるが，クライエントの不安の減少と安定感の増加を示している。最初にやってきたときには，彼はおそろしく不安げで，彼にとっては全世界が悲観的に見えた。そのため彼はすぐにも治療を始めてほしいと言い張った。私が彼にもっと安心感を持てた特定の状況をあげてほしいとのむと，彼はクリスマスの夜に行ったパーティをあげた。まず，彼は女の子に電話をすることができた。そこで彼女から，家に来て何人かの彼女の友だちに会ってほしいとたのまれたとき，彼は出かけていき，以前だったら脅えて退散させられるような状況だったのに，入ることができた。パーティでは，みんなが順番に「それ」になるゲームを楽しんだ。彼が「それ」になって，みんなの前に立ち，誰が何かを手に隠しもっているかをあてるときには，最初は非常に不快になったが，後になるともっと気楽に感じ始めた。私は，そのパーティの他のメンバーとどれくらいうまくやって行けたかと尋ねてみた。彼は「うん，あまりうまくはいかなかった。何かぎこちない感じだった」といった。この時点で，私は尋ねた。「ケネス・ノートンなら，この状況にどう対処していたと思いますか？」彼はにわかに元気になり非常な興味を示した。「うーん」彼は言った，「彼はあの状況にどう対処していたかな？」

　これを手がかりにして，われわれは修正役割状況に戻り，この特定のクリスマスパーティでケネス・ノートンを演じ始めた。最初にこのクライエントは，ケネス・ノートンがどう反応するかに興味を持ち，それを見る必要があると言った。私はそのグループにいたいろんな見知らぬ人を演じた。そして彼はケネス・ノートンの役を演じることになった。私が最初にこのクライエントに出会って以来，彼は初めてリラックスし，あたたかく，ある程度まで自発性も達成していた。このことは相互作用をもつ相手が女性のときよりも男性の時のほうがよく当てはまった。彼は冗談を入れさえした。こんなことを彼から聞くのは初めてのことであった。

　われわれは，ケネス・ノートンがこれらの見知らぬ人と共にどうふるまうかに注意を集中した。彼が特に適切に行動したときには，私は役割から踏み出して，彼を祝福

し，この新しい行動を強化するように努めた。彼は見知らぬ男性との新しい関係においては，完全にまったく満足すべき状態であった。しかし，私が彼のために構成した女性に対しては，彼は緊張がいくらか強く，あまり快適でもなかった。再び中断，吃音，長い独白などの，彼の古い習慣が発現した。しかしここにおいてさえ，今までの役割演技に比べると，いくらかの改善がみられた。あまりにうまくやれたので，私は彼がいくらかの家族状況に進んで，演技をしてみる時期が来たと考えた。私が取り上げた最初の状況はケネス・ノートンが家に帰ろうとしているときである。私は彼が記述してくれたことから理解した母親を演じようと試みた。しかし，ケネス・ノートンはすぐにけんか腰になった。私は母親として，お父さんと私は彼のことを現実には理解していなかったという事実について述べたとき，彼は非常に動転して，私に向けた指を振りながら，「そうだ，そのことを俺は知りたかったんだ。どうしてあんたは俺のことを理解してくれなかったのだ？」といった。彼の全行動は同じ調子であった。彼は理屈っぽく，敵対的で，好戦的であった。私は，ケネス・ノートンならこんな振舞いをしないと思うと言い，この状況をとり上げようと試みた。しかし，彼はいかに自分が正しいかを指摘しようとし続けた。

　後で考えてみると，このクライエントは家ではこの役割が指定しているよりももっと表出的だったようである。しかし，私が見ることのできたのはすべて，母親への極度の攻撃性であり，不幸にも，私は彼を押さえつけようとしてしまった。私は母親と話すときに彼が用いたテクニックのいくつかで彼をコーチし，励ました。そして，彼に新しい行動がみられたときにはいつでも強化するように努めた。

　この面接の終わり近くになると，われわれは役割を中止した。私は，前に彼の中で起こらねばならないはずの変化を強調したときに与えてしまったダメージをいくらかでも取り消そうと試みた。私は言った。われわれはロナルド・バレットをゴミ箱に捨てたいとは思わなかった。というよりも，ケネス・ノートンはある意味で別バージョンのもう1人のロナルド・バレットだと考えられると。私は一皮むけば次の皮が現れる，玉ねぎの皮の比喩を用いた。私は，これがバレットとノートンとの関係なのだと言った。あるいは，われわれがこの役割を書いた時には，少なくともそのつもりであった，といった。彼はこのことを非常によく理解したようであり，ある感情をもって反応した。彼は言った。「あー，それはダイアモンドの指輪のようですね。それは同じパーソナリティのもう1つの側面なんだ」と。私はそうだとうなずき，彼の比喩に完全に同意した。この面接は約1時間半続いた。彼が帰るのに立ちあがった時，彼は私の手をとって握手し，初めて私をファーストネームで「ジャック」と呼んでくれ，私の努力に感謝の意を表明した。私は彼と話すのが楽しかったと彼に言った。そして，彼がこのことにどれほど頑張って取り組んでくれたか，と感謝した。私は彼が大きな進歩を遂げたようだと言い，これからもこの歩みを続けられることを望んでいると言った。

彼はこのすべてのことに大きな幸せを感じながら立ち去った。

8 | 修正役割療法で求められる臨床的スキル

　著者は修正役割療法をかれこれ 16～17 年も経験してきたが，修正役割スケッチを書こうとしても，実際に起草中にいてくれた臨床家のパネルの助けがなかったとしたら，穏やかな気持ちではいられなかったであろう。たぶんこれは，この課題がこのケースを診断カテゴリーに分類するよりもはるかに多くのものを含んでいるからである。もっとありそうなのは，修正役割スケッチ（を書く）には，1 人の人間が一気にかき集められる能力をはるかに超える創造力が必要だからである。このスケッチを一緒に書く臨床家は，クライエントがその役割を演じなければならない広範囲の状況を想像し，広範囲の応用可能性をもつ言語的一般化を理解できなければならない。臨床家のパネルは，1 人の臨床家がこのスケッチをひとりで書くものよりも，このスケッチに必要な広がりをより多く与えてくれるだろう。

　このパネルのもう 1 つの機能は，この作文の伝達効力をテストすることである。このスケッチは，数時間にわたる積極的面接を含む期間に，治療者とクライエントの間の伝達の基礎を提供するものとなる。そしてこれは，クライエントが「読んでまた読んで」を何十回もくりかえすものである。それゆえに，おのおのの語と語句は知覚されたものの全わりあて量を運ぶことが大切になる。したがってこのパネルは，このスケッチの伝達可能性を測るテストグループを提供できることになる。

　われわれは，修正役割スケッチを描く人が，クライエントと彼が演じるべき仮説的人物を受容している必要があることをすでに述べた。一連の面接を行う治療者も，これより受容性が低いようではいけない。面接中に，治療者はいろんな役割をアドリブで演じなければならない。その多くは，新しい役割が治療者によって描かれる場面になるだろう。またいくらかは，クライエントの家族メンバーが治療者によって描かれる場面になるだろう。治療者はすべてを受け入れねばならない。というのも，彼が受容していない場合には，役割というよりも確実に茶番を演じることになるからである。そして茶番を示すときには，彼は憐れにも，クライエントに，コンストラクトを包摂する解釈——これは，現実生活における人々との関係の中で，彼が有効な役割を演じられるようにしてくれる解釈である——を提供するのに失敗することになるだろう。もし治療者がクライエントの母親を，たとえば罪悪感に打ちひしがれた気をもむ親というよりも，クライエントが記述したとおりの，口うるさい人として描くことに失敗したなら，治療者の描いた肖像は母親に対して事実ではないリング（舞台）をもつことになるだろう。この肖像が，クライエントが母親について語ったことと文字どおり一致していたとしても，そして，治療者がクライエントの母親蔑視に加わったことでクライエントが大いに楽しんだとしても，クライエントはすぐにその行為が本当らし

くなく，それが基本的に脅威となる性質をもっていることを感じとるだろう。治療者が演じることを求められた役割は，どんなものでも深く共感的に演じられなければならない。たとえ彼がそれらを正確に演じると常に期待されうるわけではないとしても。いいかえれば，演じるということは，役割関係を描いたものでなければならないということであって，茶番や敵意の解放を表わすことではないのである。

　一連の面接を行う治療者はある程度の言語の流暢性と演技の技能をもつことが重要なようである。これは，著者の意見では，概念形成療法を行っているすべての治療者に望ましいことである。しかし，ここでは言葉が特に使えなければならない。彼は慣習的なやり方よりも多く話をしなければならない。彼はいろんな人であるかのように話をしなければならない。彼は，修正役割のスケッチであれ，クライエントによって記述された誰か他の人の簡潔なスケッチであれ，素早くスケッチをして，それに対話のセリフを付けて肉付けをしなければならない。彼のセリフがクライエントの耳に事実でないという響きを鳴らせた時には，彼はそれをただちに感じ取らなければならない。彼はクライエントの用語を，特にクライエント自身がそれを使っているように，利用できねばならない。彼はすぐに場面設定をし，支持的な内容をもちこんで，それがどこに進んでいき，どんな問題を避けているのかを見るために，各場面の動きを追っていき，クライエントの批判的観点からセリフを調節し，そしてどの瞬間にも，しょっちゅうセリフを間違え，役割を不純にしている役者――クライエント――を強く支えながら演技をするのである。

　一般的な見解を具体的な説明に変えていく治療者は，スキルを持たねばならない。くりかえすが，クライエントが曖昧な言葉で感情やイベントを記述するときには，治療者はこのコミュニケーションをわかりやすい説明形式に持っていくことを追求する。さらにいえば，治療者はクライエントによって記述された状況に注意深くなければならない――クライエントが面接室内でこれらの状況を演じつくそうとしている場合には，クライエントはこの状況から一般化を引き出す可能性があるからである。これは，治療者がこの役割演技セッションを材料にして説教を試みろと言っているのではない。これは，面接中に思いもかけず出現し，これをリハーサルにつないでいく準備をしている説明力のある材料に，常にすぐに気づかなければならないという意味なのである。

　臨床家は大量の熱狂的な勢いをもっていなければならない。彼は，自分の悲観主義がクライエントには「許容性」と知覚されるだろうなどと望むことはできない。彼の感じるどんな落胆もクライエントにはすぐ伝わってしまう傾向がある。他の治療形態でもそうだが，治療者はしばしば，いくらかのクライエントが治療者をクライエントレベルの絶望にまで引きずりおろそうとする，倒錯した持続的な「要求」の存在に気づくものである。このきわどいタイプの治療では，この「溺れるもの藁をもつかむ」に対する治療者の反応は，即時的であり，ときには破滅的となることがある。

最後に，ロナルド・バレットのプロトコルとの関連で前に述べたように，治療者は修正役割療法が本質的に実験的性質を持つことを完全に認識していなければならない。もしこの視点から治療を見ることができず，彼の役割を科学者であり臨床家でもあるものとして統合的に見ることができない場合には，彼は不適切なコンストラクトに囚われてしまうだろう。次に何が起こるかは，ロナルド・バレットの12回目の面接で，治療者が治療の古い概念化――この場合には非指示的 対 指示的――に戻っているのがわかったときの臨床家の説明に，はっきりと解説されている。科学者の役割はその人の臨床家としての役割とは正反対，あるいは独立でさえあると見る臨床家は，修正役割療法家としては，気持ちよく働けないだろう。パーソナル・コンストラクト心理学の基本的な立場は，心理療法を基本的な科学の方法論の応用として見ることを要求し，単なる「科学的発見」の利用としては見ない。臨床心理学は実験心理学が応用されている以上には応用されてはいない。というのも，実験法の本質は，人間の推理は生きた状況に実験的に応用して，その結果がどうなるかを見るところにあるはずだからである。さらにいえば，臨床心理学は実験心理学が要求している以上に非科学的であってはならないはずである。というのも，治療の目的はクライエントに対して探索へのドアを開いてあげることだからである。科学者は目前の未来に賭け金を賭ける。臨床家は彼のクライエントに同じことをするように求めるのだ。

9 修正役割療法の進歩の評価

進歩を評価するにあたっては，治療者は，彼の目的が，治療の終結時に健康で幸福な修正状態を創るというよりは，むしろ健康な心的過程を動かせるように援助することだということを，心にとどめておかなければならない。このようにいうことで，われわれはなおもう一度パーソナル・コンストラクト心理学の基本的前提を再述しているのである。ロジャーズ学派のクライエント中心療法家は，一般には「非指示主義者（nondirectivists）」と呼ばれ，「成長原理」を仮定している。この原理も治療中に動かされる変化の現在進行中の性質を強調している。しかしながら著者には，この2つの理論的アプローチには重要な違いがあるように思われる。パーソナル・コンストラクト心理学では，解釈が生じる形式，進化過程あるいは成長の方向性，および，予測されたイベントが生じるか生じないかに関する解釈（コンストラクション）システムの検証を強調しようと試みてきた。したがって個人は，単に内的可能性の展開を通して適応の最終状態に達するだけではなく，**定式化された計画の組織的な継続**によっても，変化する場面に対して連続的に適応していくのである。

この視点の違いは，必ずしも鋭い意味的な対照性を表わすわけではないが，心理療法への何か対照的なアプローチをもたらし，もちろん，心理療法の進歩を評価する仕方にも何らかの違いを生じる。非指示主義者は，出現する存在への信頼のゆえに，ク

ライエントが日常的世界で反応する時に自己自身に注意を向けるように求める。どこかで成熟した**自己**が実現されるのを待っているのである。非指示的治療者はその自己とは何かを言うのをためらっている。それゆえに彼は，クライエントの前で，人生の不確かな動揺──「感情」と呼ばれる──を反映して見せる，鏡をもつことを好む。パーソナル・コンストラクト心理学者は，人生を一連の仮説と検証経験によって前進すると見ているので，同じ鏡をもつかもしれない。が，彼はその鏡とそれが反映する検証経験のイメージを，成長が方向づけられる一連のターゲットを設定するものとして見るのだ。パーソナル・コンストラクト心理士はおそらく，クライエントが人生の実験をすること，そして，自己自身の中に回答を探すよりもむしろ，人生がベールを剥がす一連のイベントの中に彼の回答を探すことを促す傾向がより強い。パーソナル・コンストラクト心理士は，クライエントとの役割関係を引き受けること，そして次には，いろんな役割関係を治療者とともに実験してみることを，クライエントにたのむことに，ためらうことがない。彼はクライエントに，彼らが人生の本質についての共同探求を企てられるように，彼の他の人々との熱狂的な努力をはっきり話すように促していく。彼は，クライエントが成熟状態に近づいていく自己によるよりも，むしろ，常に出現し続ける人生の役割によって，自己自身を見るように要請する。

　パーソナル・コンストラクト心理学者が，自己の存在状態よりもむしろ決して終わることのない人生の本質を強調することは，ディケンズの『二都物語』に例を見ることができる。この古典の中で，人を常に現れ出る存在として見る，異例の才能をもつディケンズは，シドニー・カートンというキャラクターを創っている。「それはもっともっといいものだ」という有名な一節で，クライマックスを迎える，この本の終わりまで，読者がこのキャラクターの人生役割の内在的な全体性をあますことなく意識することにはならないのである。しかしその瞬間に，カートンが表象していたすべてのものが正しい場所に収まり始める。以前は非常に不適切で放蕩に見えていた彼の価値観には，彼が財産をもったときにみずからの命をささげるという非常に倫理的な基礎があったことが明らかになるのである。この違いは，賭けられている原因の価値なのである。

10 新しい行動による評価

　パーソナル・コンストラクト心理士は治療の進歩を新しい行動により評価する傾向がある。そして次に，彼はこの新しい行動をクライエントの解釈システム内での動きのエビデンスとして捉える。新約聖書のヤコブについて書かれたところ (2; 14 - 28) を思い起こしてほしい。これは，「汝の基本的な予期は汝のすることに現れる」。そして，「みずからの行為によって表わせない期待の如きは存在しない。これを汝の愚かな頭で理解させることができようか？」と読みかえられる。パーソナル・コンストラ

クト心理士もまた，人はみずからなすところのものであり，修正役割療法および他の手続きによって，この観点からクライエントが自己を見るように励ましているのだ，という立場を喜んでとるだろう。

さて，このことは，人の内的な解釈システムは問題ではないとか，補償的な行為の一式に耽ることが構造的に不安定な人生に意味を添える，などといっているのではない。それは言い方を変えれば，むしろ，ある人は，その人が今何であるかであり，正確に昨日何であったかということでは必ずしもない。もしある人が今日よい適応をしているなら，それは今作動しているよいコンストラクトの庇護のもとで起こるのだと，われわれは推定する。もし彼が明日悪い適応をするなら，そのとき悪いコンストラクトが作動しているのだと，われわれは推定する。もし彼が連続してよい適応をしているなら，彼は多様な状況を包容する，比較的浸透性のあるコンストラクトのもとで作動しているのだと，われわれは推定する。

通常，修正役割療法の治療者が最初に気づく進歩のサインは，クライエントの自己特徴づけとは一貫しない何らかの行動をしたというクライエントの報告である。彼は何か新しいことをやったと率直にはいおうとせず，ただこの面接で，言うべき何か十分におもしろいこととして報告するだけである。彼がそれをとにかく報告したということは，彼が自分の行動に何か新奇なもの見いだしたという可能性への手がかりになる。

新しい行動に気づくや否や，治療者はそれを評価しなければならない。クライエントは新しい行動をどう解釈しているのだろうか？　初期段階では，治療者はそれを完全に「新しい」とは解釈しない傾向がある。クライエントがその行動を，治療者や修正役割スケッチによって特別に指示された何かだと考えるようなら，彼は自発段階にあるというよりも，なお言語的に計画された演技段階にあることになる。もし彼がその行動を，明白になすべきことであるかのように，事実をそのままに報告するという態度で報告するなら，この治療者はその役割が自発的になってきているというエビデンスをもつことになる。

治療者は，クライエントが，みずから「新反応」だとはっきりラベル付けした逸話の形で，小さな土産を持って来続けると期待してはならない。本当の動きは，まず，事実そのままの経験だと報告される傾向があり，治療者はこれを実際に新しいものだと見抜くのだ。そしてその後，クライエントはそれがいくらか驚くべきことだとわかるが，自分が十分に理解しているのかどうか確信が持てない経験だと報告する。初期の動きのサインは，クライエントが普通でない状況によって説明する傾向がある。あるいはもしかしたら，彼はどんな説明も必要がないと感じているのだ。

治療が弾みをつけて動き始めると，クライエントは，自分には説明できず意味をなすようには見えない行動を報告するか，あるいは，それは意味をなさないので，無関

係に違いないという根拠に基づいて，単純に生じたことを無視するかを，決定しなければならなくなる。いくらかのクライエントは「治療者にかくしごとをし」て，非常に長い時間がたってから動きを報告する。この種のことは伝統的なタイプの治療ではより一般的に生じているが，修正役割療法においても生じている。この療法では，クライエントは修正役割の構造化によって新しい行動に十分準備ができていると予期されうるので，それが起こったとしても，彼はたぶんそれほど当惑することはなかろうと思われる。

11 危　険

　どんな治療プログラムも危険のないものはない。当初われわれは修正役割療法に非常に懐疑的であり，クライエントの人生について非現実のオーラを創ることによって混乱させるのではないかと心配していた。しかし，その手続きが適正に行われるなら，その真逆が事実なのだということを，経験が教えてくれた。治療者はまず，多くの日々の意味連関をもつ役割を注意深くつくっていく。彼はクライエントがすぐ入手できる確証因と対比することによって，その役割を実際に検証する状況を設定する。面接セッションは「完全に地上」にあり，「雲の上」の難解な思考にあるのではない。非現実のオーラを創るよりもむしろ，この役割は，適切に描かれリハーサルされれば，クライエントがもともとみずから解釈してつくっていた役割よりも，はるかに実際的で日常の現実に近くなる傾向がある。修正役割は，クライエントが日常経験から何かをつくり出せるように，クライエントの足が地についたものにする方法と見なせるのである。

　さて，ここに含まれている危険は，治療者がクライエントを彼の役割にとび込ませ，そこの荒々しい青空に離陸させるところにある。こんなことは，治療者自身が修正役割の実際的な適用を視覚化できないのでないかぎり，そして，クライエントがリハーサルを実行する際にありふれたイベントの利用を嫌がったりできなかったりしないかぎり，起こりそうにない。もし治療者がすべての面接を，修正役割スケッチを小さな事例と日常的イベントへの一般化されたアプローチとして使うというよりもむしろ，修正役割スケッチが書かれたのとまったく同じ一般化された筋道で行うとしたら，彼はクライエントへの利益をほとんど達成せず，クライエントの不適応的な解釈システムを幇助することになりやすい。この役割は演じられねばならない。それは小さな出来事に次ぐ出来事，一節に次ぐ一節，試練に次ぐ試練をリハーサルしなければならないのである。

　われわれには，修正役割療法を，統合失調症傾向のクライエントに適用した経験が少しばかりある。われわれの最初のアプローチは，極度に注意深いものであった。というのも，われわれは振りをすることが統合失調症条件を強めるのではないかと恐れ

たからである。その結果は，今までのところこの点に関しては，杞憂であることがわかった。もっとも，われわれには修正役割療法が統合失調症の治療法の1つの選択だと主張するつもりはまったくない。ここで生じているのは，統合失調症のクライエントは単純に，その役割の一貫性を，日常的なイベントに適用するのが困難だということである。人が彼に言ったかもしれない何か他のことについての私的な種類の意味以外は，彼が修正役割スケッチのどんな種類の意味をも理解していることを示すものはほとんどない。人は修正役割療法によって彼を興奮させることはできるが，彼のアプローチを変化させることはできない。統合失調症の患者は，修正役割療法が招くいかなる有害な効果に対しても，彼自身の免疫力を発達させてきているように見える。

しかしながらわれわれは，統合失調症と判断されうる傾向をもち，修正役割療法に好ましい反応をしたクライエントを見たことがある。この好ましい反応が生じたのは明らかに，修正役割が実際に現実との接触をもつのを助けたからである。他の人々のこの反応は予測されるようになり，この予測は1日に何回も検証されたので，クライエントはみずからがはっきりと作動する解釈システムをもっていることがわかったのだ。彼らは現実の人々との関係において，実際に役割演技をしていることをみずから見いだした。彼らの人生は社会的なパターンに捉えられていた。彼らはこのパターンの中で，他者に何を期待してよいのかを知り，そして他者が自分たちに何を期待しているのかについて，明瞭な見解をもっているように見えた。

非現実の危険よりもずっとよくガードされているもう1種類の危険がある。それはこういう可能性である。治療による動きを生み出そうという熱意をもって，治療者はクライエントをつついて，完全に彼の古いコンストラクト・システムの中で動かそうとする危険性である。このタイプの危険は，修正役割療法では他のタイプの療法とくらべて同程度ではあってもそれ以上ではないが，いくらかの臨床家たちは回避の仕方を知っているとは思えない危険性である。たとえばあるクライエントが，自己を「親切心をもっている」と特徴づけて，このコンストラクトを彼の解釈システム内の頼みの綱として使っているように見える場合には，治療者はこのコンストラクトの全体としての重要な意味連関にただちに警戒しなければならない。クライエントが彼の「親切心がある」というコンストラクトを選択することで，非常に注意深く排除してきた行動は何だろうか？　それらの用語は順にクライエントによって「復讐」や「反逆」というような用語の下に集められるのだろうか？　クライエントが自己を特徴づけるのに強く頼っているコンストラクトは，反対の端をもつ広い大通りであることを，治療者は心にとどめておかねばならない。さらにいえば，この大通りは，中間の停止点をほとんど持たない傾向のあるものである。われわれが自己を維持するのに使っている最も基本的なコンストラクトは，計量的なものというよりも二分法的なものである傾向がある。女性性と男性性はわれわれの多くにとって非常に重要であるよい例であ

る。

　さて，治療者がクライエントをあまりにも熱心につついたり，クライエントがあまりにも大きなストレスの下にやってくるのを許したりしていると，結果的に，クライエント自身の（古い）コンストラクト・システムが彼のために設定し，その途中には中間停止点があまりにも少ない，退却の大通りにそって動きが生じる可能性がある。このことは，最初の動きのサインがクライエントの主要次元にそって起こると言っているのではない。幸い，クライエントは熱心すぎる治療者には抵抗する傾向がある。しかし，治療者の迫力のある努力によって，強制的に動かされてしまうかもしれず，またこの動きは，クライエントの出発点となったコンストラクト・システム内で生じなければならないので，破局的になりうる危険性は常に存在する。

　治療者がクライエントの中の動きに最初に気づく時には，彼はただちに，クライエントのコンストラクトのうちのどれが関与していそうなのかを自問してみるべきである。この動きがある次元――この対極がトラブルを意味する――にそって生じているように見える場合には，治療者はその動きを遅くする対策を講じ，修正役割内のこのコンストラクト――治療者が最終的に起こってほしいと望む動きの，より安全な経路になると判断されるコンストラクト――を明瞭化する何らかの試みをしなければならない。

　これらは，治療者側が演技の持続を嫌がったりできなかったりする結果として生じる一般的な危険である。これらは治療者の懐疑主義の結果なのかもしれない。ただし，なぜ懐疑主義がこの技法を公正な裁きにかけるのを妨げるのかについては，本質的な理由は何もない。非科学的な精神をもった治療者の懐疑主義が足手まといになるとき，普通は何が起こるかは，カンファレンスの泥沼への落ち込み，クライエントの同じ訴えのくりかえし，治療者の一連の口うるさい激励，ということになる。

　治療者が治療の進行中に自分の不適切さを検出しうる方法はもう1つある。当然のことながら，多くのタイプの治療では，クライエントこそが積極的に再適応をもたらすべき人なのだと，クライエントに指摘し続けるのが慣習となっている。いくらかの治療者はこの原則を非常にまじめに受けとめて，ケースが提示している問題から自己を切り離す一方法として，これを使っている。時にそれは，治療の進行が荒れてきたときに，治療者がいつでもその後ろに隠れることができる防衛としても作用する。治療者がこの原則を，自己の責任をクライエントに配分する手段としてというよりも，自己防衛として使うようになる場合には，彼が修正役割療法を行おうとする瞬間に，彼の弱さが姿を表わすだろう。治療者が，できるかぎり補足的な役割を続けて，それによって反応を引き出そうとするよりも，クライエントに「このシーンはどのように進行していくか，想像してみよう」とか「さあさあ，それに対してあなたはどう言いたかったのでしょうか」と口うるさく言いながら，しばしば治療者としての自己の役

割に舞い戻っているのがわかるなら，彼は自分自身の防衛システムの検討を始めたほうがよさそうである。

12 ｜ ただ演じるだけ

　修正役割療法の初期段階では，クライエントは「たしかにそれはうまくいきました。でも，私はただ演じただけです」と不満を言うかもしれない。まず，この種の反応はまったく望ましいものである。それは，この役割が自己にとって深刻な脅威にならずに演じられたということを意味している。治療者はこの役割演技を励ますべきである。この不満が予定していた治療期間中ずっと続いたとすれば，治療者は，修正役割スケッチが十分わかるように書かれていたかどうか，そして，このスケッチに採用されたコンストラクトが，クライエントにとって厄介なイベントに対処するのに，十分に浸透性をもつものになっているのかどうかを，問い直してみるのがよかろう。またそれは，クライエントがリハーサルで，本当に新しい回答を必要とする重要な状況に，取り組んでこなかったことを意味するのかもしれない。

　クライエントが非常に器用に新しい役割を獲得しているように見える場合には，クライエントが重要問題を処理できるように，その役割が書かれているのかどうかを問うてみてもよかろう。治療者が最初に期待する反応は，こんなふうに動いていく。「ケネスってやつはたいしたやつだ。やつはたしかにおもしろい。他の人間がどうすれば彼のようになれるのかがわかればなー。でも，ぼくは自分があんな風になるとは思えない。」この種の所感には，単純にケネスが魅力的だというだけで，ケネスのパーソナリティの自発的なさらなる研究を伴いやすくなる。時にはクライエントは「あんな風にやろうとするのは馬鹿だと思う」というかもしれない。治療者は「他の人々もケネスは馬鹿だと思うだろうか？　ケネスはこんなふうな人間なので，自分でも自分がバカだと思っているだろうか？」と尋ねてみることもできる。この２つの問いに対する回答がこれを肯定するものであったら，治療者は彼がケネスにつくりあげた性格の統合性を疑ってみてもよい。

　時にはクライエントは治療者に，実際場面でうまくいくように，この役割を演じてほしいと，挑発してくるように見える時がある。これは，治療者がクライエントに，たとえば脅威的な親に対する相補的役割をキャスティングする，そして，治療者がケネスの役割を例示してみせる，絶好の機会になる。治療者は，このような挑発を受けたときにはいつでも，すぐリハーサルに戻るべきである。たとえクライエントがもっともらしくない相補的キャラクターをつくっているようであっても，治療者は防衛的な構えを感じとってはならない。治療者は，新しい役割の適切性，そのコンストラクトの浸透性，そしてそれが最強の脅威から守ってくれる保護，を示す機会が与えられることになるからである。さらにクライエントは，治療者にはそれを認めなくても，

自分が練習をしているせりふがもっともらしくないことにみずから気づくはずである。クライエントの要求は大きいので、この修正役割が本当に現実的な解決につながるのかどうかを見いだすために、遅かれ早かれ、この相補的役割をできるかぎりもっともらしいものにしようとするだろう。彼はもちろん、彼が直面するユニークな状況に対応するには、それが有効でないことを証明する試みから出発する。しかし、それが有効でないことを証明しようとする際に、治療者がその状況をすぐにも役割演技場面に引きもどそうとすると、どうなるだろうか。彼は、それらが馬鹿げているとか一貫しないと見られないようにするためには、彼が描く相補的なキャラクターの解釈システムを包摂する必要があるだけでなく、治療者によって演じられるこの修正役割を、一貫し、落ち着き、有効であると見る必要がある。治療者に挑戦してその役割をうまく作動させようとするクライエントは、パートナーの手中にまっすぐ入っていくことになるのだ。

　修正役割療法は、現在われわれの見るところでは、真の役割コンストラクトを含んでいるので、治療者は、部分的には一連の面接過程に現れてくる他者についての解釈によって、進歩を評価しなければならない。これらの他者についての解釈は、治療開始前にクライエントに描いてもらったものがあったとしたら、これと比較すればはっきり違っているかどうかがわかるのだが、そんなものは知るすべもない。彼が一貫したバージョンを示し始めたという事実だけでもあれば、それ自体が、彼ら、および類似を知覚する他者との、本当の役割関係を確立する立場に、彼が入りつつあることのエビデンスになる。

　治療の初期段階では、クライエントは新しい役割を一貫して演じることはしないかもしれない。もちろん、彼はかなりの時間、古い役割にもどることがある。しかし、新しい役割を演じるときでさえ、彼は異なる機会にはまったく違うように、それを演じるかもしれない。われわれはこれを警戒すべき問題とは考えてこなかった。しかし臨床家は、組織化された行動に興味を持っているので、包括的な構成的基礎を追究し続ける。この基礎の上にあらゆる行動が形成されうるのだ。これは、成功はしていても孤立した行動群の単なる集合的エビデンスではない。治療者は試行的行動の項目別の強化をはるかに超えるものを探し求めている。彼は般化の確立を求めているのだ。修正役割療法では、治療者は帰納だけでなく、帰納と演繹の組み合わせにより、これをしようと追求する。彼は修正役割という形の、息をのむほどに包括的な般化の確立を追求する。そしてそこから、機会あるごとにクライエントが仮説演繹をするのを助けるのである。このクライエントは次に、治療の初期段階では、このシステムを包括的に使うことに失敗するかもしれない。そして彼の探索は、時に演繹よりも帰納にその基礎をおいているように見えるかもしれない。これを治療者は受容する。なぜならば、純粋の演繹だけに完全に依存することは誰にもできないし、また、純粋の帰納だ

けに完全に依存することもできないからである。しかしなお，臨床家は常にクライエントが自分の行動を，修正役割スケッチで表現されたコンストラクトのもとで，包括的に組織化するのを援助する準備ができていなければならない。

13 自発的描写

　クライエントは単に演技をしているだけで，それに気持ちを込め始めたことを忘れていることがあるが，あらゆるタイプの役割演技において，治療者はこのサインを注意深く探す習慣をもっている。前章で，われわれは自発的行動を精緻化する性質を取り扱った。クライエントが，リハーサルの中でも外でも，演じただけだということを一瞬忘れたというサインを示すときには，治療者は本ものの精緻化行動が生じていると仮定してよい。このことは，クライエントの新しい役割コンストラクトを彼の主要な解釈システムの織物に織り込もうとする過程が働いていることを意味する。これはよいサインである。臨床家が警戒する必要のある唯一のものは，クライエントがその出来事を振り返って，自分が一貫しないやり方で反応してしまったと感じて，警戒のバーを再び下ろさせないと決断する可能性である。治療者は，どんな種類の材料をクライエントに自発的に扱わせるのか，そして面接セッション中に，クライエントをどれだけ長く自発的な精緻化に取り組ませるのが賢明なのかを判断しなければならない。治療の初期段階での過剰な自発性より生じる望ましくない結果からクライエントを守る通常の方法は，役割を破壊して，「あなたはその役割をうまく演じ切りました。あなたはケネスを実在する人のように見えるようにしてくれました」と単純にいうことである。この方法によって治療者は，クライエントがそのシーンを振り返っても恥ずかしがらずにすむように，クライエントに「振りをする」というスクリーンを提供することになるのである。この種の保護は，面接中に生じる自発的な表現にも，面接室外で起こると報告されるものにも，どちらにも提供されうる。

　時には，クライエントはリハーサル中よりもリハーサル外でより自発的だというシルシが見られることがある。このようなケースでは，彼にはどんな保護が必要なのか，あるいはどんな特定の個人的なねじれがこの新しい役割には与えられるのか，を判断するのが困難になる。できるかぎり治療者は，クライエントに彼の新バージョンの役割をもってこさせるように試みるべきである。ただし，われわれには面接室の外では，きわめて上手に役割演技ができるのに，面接室内では非常に自意識が高まってためらいがちになった数人の経験がある。おそらくそれは，これらの人々がまだ自発的には達成できていないより困難な状況でその役割をテストするときにのみ，面接室を利用したからである。

　進歩の目印の1つは，クライエントが誰かに今までとは違うようだと言われたという最初の報告である。その出来事が起こったとき，クライエントは自分がどれほど違

うと見られているかがわかるまでは，落ち着かなかったというが，それが確かなことは，合理的に理解できる。この動きの意識と他者によるこの動きの受容は，あらゆる形式の治療で非常に重視されている，動き発達し出現する自己コンストラクトを打ち立てているように見える。修正役割療法は，治療における動きの知覚の最重要な原理を構成している。クライエントは，動きを達成する何かをやったと意識する前に，動きを知覚している。変化のコンストラクトをいったん自己の内に確立してしまうと，ふつうは常に変化しつつあるという思考をともなっている脅威の多くは解消し，治療的変化の他のサインがひき続き生じてくる傾向がある。

　修正役割療法の結果で最も面白いのは，いくらかのクライエントが，この修正役割でもなければ，彼らが最初の自己特徴づけで記述したものにも似ていない，新しい役割を採用することである。時にはこれは一連の面接過程中に目に見えて現出し始める。治療者はこの新しく発達した役割に自己を合わせることを選択してもよい。あるいは2週間の面接過程中は，この修正役割を忠実に演じきることを選択してもよい。この修正役割の過程が2～3か月も続く時には，第3の役割を設定しようとするクライエントの探索的な努力を妨げないのが好ましいとする正当な理由がある。しかしながら，修正役割は2週間試されるだけだということを最初に理解したこの短い期間中は，修正デザインに従ってこの実験を継続するのがずっと望ましいと思われる。これは必ずしも，クライエントが最終的に第3の役割の採用に反対する作用を及ぼすわけではない。実際，それは助けになるかもしれない。というのも，彼の世界についての何か新しい解釈が，どれほど遠くまで届く可能性をもちうるのかを，見せてくれるかもしれないからである。われわれはわれわれが後に決して改ざんされることのない固定した適応状態を設定しようとしているわけではないことを，常に記憶しておかねばならない。われわれはその代わりに，クライエントが自己の内部の適応様式の変化の可能性に気づくのを援助すること，そして，その線に沿った好ましく熱狂的なコンストラクトの震撼をもたらす経験を，彼に与えることに関心があるのである。

14 | 自己内よりもむしろ状況内の変化の知覚

　時に治療者は，望むほどの動きの概念化を含まない治療的変化でも，それでよしとしなければならないことがある。クライエントはこんなことを言うかもしれない。「うん，そう。私はその役割を演じ切りました。それで私のものの見方がそれほど変わったとは思いません。私は本当のところ状況が今はいくらか違うと思います。そして，私はそれを操れると信じています」と。これは臨床家に困惑させるような課題を課すことになる。彼は循環的な変化を扱っているのか，あるいは1組の気分エピソードを扱っているのか，あるいはクライエントの知覚パターンを建設的に変えるような何かが起こったのか？　確実に見つけだせる方法は存在しないが，通常のアプローチは，

クライエントに，状況が今彼に見えている見え方と，今までの見え方との，比較対照をするように求めることである。状況的な「変化」を記述するのに使ったコンストラクトの浸透性は，その新しい見方の信頼性についての何らかの手がかりを与えてくれる。このコンストラクトの浸透性が非常に低くて，類似したタイプの新しいイベントの準備をしようとしなかったり，あるいはそれらが非常に先取り的であるために，彼がすでに直面している状況に新しい光を投げかけることができないと思われたりする場合には，永続的な進歩を期待しても予後は悪いだろう。

時にクライエントは上の論評に対して，「もちろん，私が別の見方をしているだけなのかもしれません」というようなコメントを加えることがあるだろう。さて，ここでわれわれは，命題的なコンストラクトの試行的な表現をしてみよう。あたかも先取り的コンストラクトをこの状況に当てはめるかのように，彼はあからさまなもの言いをしない。もし新しい命題的なコンストラクトを状況にあわせる準備ができているという他の兆候があるなら，臨床家はいくらか安心するかもしれない。

時にクライエントはさらに進んで，こんなことを言うだろう。「私は物事が，私たちがこの一連の話し合いを始めたときの私のそれらの記述の仕方とは，今までにいかに違っていたのかが，わかり始めてきました」と。クライエントが彼の状況についてのこの新しい解釈を，遠い出来事からの材料をもって文書化して，彼の立場を文書化するのに用いた新しい材料を自発的に提供してくれるときには，クライエントが今作動させている解釈の浸透性に関するいくつかのエビデンスをもっていると，治療者は仮定するかもしれない。これには多様な新しいものが包含されており，そのうちのいくらかは元の訴えには含まれていないものであった。それではそれは，クライエントの近い及び遠い未来に起こりそうなイベントを包含しているのだろうか？　シミュレーションされた未来のイベントの役割演技のいくらかは，この新しい解釈が浸透性をもつと証明されるか否かに関する疑問に，回答を与えてくれるかもしれない。

われわれは，修正役割療法の初期段階において，クライエントが彼の成功を「状況の変化」によると考えるのは稀なことではないとすでに指摘した。治療的な動きの最初の接近としては，この展開は完全に受け入れが可能である。これは，クライエントがまだこの役割に十分によりかかれるとは信じていないので，彼が獲得した成功は，彼が直面している状況の困難さが低下したことによるのだと，より適切に原因帰属されるべきだという意味に，暫定的に解釈してよかろう。

修正役割療法における治療的変化の微妙なサインの1つであり，このタイプの療法に多少とも特定的なものは，クライエントが元は何のために治療にやってきたのかを忘れてしまう傾向である。この治療が「治療的な進歩はクライエントの訴えに対する合理的な**洞察**による」という仮定に基づいているのなら，これは健康なサインとは考えられないかもしれない。しかしながら，これは修正役割療法が依存している仮定で

はない。このような「洞察」は必ずしも排除されるわけではないが，治療的変化に不可欠だと考えるわけにもいかない。臨床家が修正役割療法を企てるときに賭けるのは，クライエントが最終的には彼の訴えを，未来に対する浸透可能な意味をもたない閉じた出来事として，処理できるということである。臨床家は，クライエントには未来のイベントを処理する新しい方法が与えられることに賭けるのであり，訴えの基礎にあるコンストラクトを呼び起こす必要もなければ，訴えそれ自体を自己複製しなければならないアイテムとして解釈する必要もない方法に賭けるのである。

15 付加的なネガティブ・サイン

　もう少し言っておくべきネガティブなサインがいくつかある。治療者がクライエントに対してできることは，訴えを役割演技の要素に還元させ，次にこれらの要素を新しい役割に包含させることに尽きる。それにもかかわらず，クライエントが訴えをくりかえし続ける場合には，治療者はこの方法がこのケースには無効だと証明されていると認識せざるをえない。クライエントが，彼にはその役割が理解できない，そんな役割は演じられない，彼が直面しているような状況ではそれはうまくいきそうにない，と単に訴える以外の方法で，この話し合いをこの役割からはずそうとし続ける場合には，治療者は，修正役割療法が何か価値のある結果を達成するという希望を捨てなければならないかもしれない。もちろん，治療者は治療をあきらめる前に，この役割を可能なかぎり生き生きと，生きているように描いて，これに対するクライエントの反応をふまえながらこのスケッチをなじませる用意をしてきたということを確認しなければならない。時にはクライエントは「この全体が私にどんないいことをしてくれるのかがわからない」と言い続けるかもしれない。（こんな場合には）治療者は最後の手段として「そうかもしれません。でも，これは，私があなたを援助できるかどうかを見つけ出す1つの方法なのです」あるいは「あなたがこれをやってくれれば，どうすればあなたを援助できるかが，もっとよくわかるはずなのです」ということができる。それでもなお，クライエントがこの手続きを演じられるところまでは理解できないという場合には，このクライエントは差し当たってどんな形の治療努力にも，反応する準備ができていないのだと，治療者は考えてよさそうである。

　この役割の切れ目のない動揺と，古いコンストラクトと新しいコンストラクトとの粗雑な混合の使用は，修正役割療法の不吉なサインである。この人が修正役割スケッチの意味が何なのか，治療者が説明してもわからない状態が続く場合には，この仕事の全体がうまくいかなくなるようである。彼は描かれた役割を見るときには，対照_{コントラスト}を意識しなければならない。そして新しい役割を解釈しようとする場合には，このコントラストの意識を表出できなければならない。実際，コンストラクト一般の基本的な性質についてわれわれが述べたことは，考慮されねばならない。コンストラクトが形

をとるためには，コンストラクトの文脈に，コントラストの要素がなければならない。この新しい役割は，ある程度明瞭に知覚されるためには，古いものと対照されねばならない。言葉によっても行為によっても，どちらにおいてもコントラストを見るのに失敗するということは，単純に，新しい役割がまったく解釈されえなかったということであり，したがって，再適応の手段にはなりえないということである。

　治療者は，クライエントの役割批判をコミュニケーションの失敗と誤解してはならない。後者は決定的にやる気をそぐようなサインであるが，前者は必ずしもそうではない。批評をするには，批評家が批判している何かのバージョンの役割を呼び出すことが必要である。こうする過程で，彼は新しい役割をある体系的な様式で解釈せざるをえない立場に立たされる。治療者は，クライエントの新しい役割への批判を，演じることによって説明してもらうことができる。クライエントは，みずからの批判をはっきりさせるまでに，その新しい役割を実験したことになる。この場合の手続きは通常の場合と同じように進んでいくわけではないが，治療の終わりには，同じシーンが，新しい役割でも古い役割でも演じられることになる。したがってクライエントは，ほんの少し前にそうであった彼自身のように，「演じ」なければならないという，おもしろい立場に立たされる。これについては後でもっと多くのことを述べるが，これはいろんなタイプの治療的企ての中でも強力なデバイスになる。過剰に批判的なクライエントは，いくらかの例では，自分が批判している役割について，いくつかの重要な実験を遂行し，コントロール状況をもった実験法をも遂行しなければならない立場に立たされうる。これは科学研究で採用されている方法と類似したものである。

　過剰に批判的なクライエントは，新しい役割が，彼には「正しい」役割として提示されたと思っているようであり，それゆえに，彼はかなりの脅威を感じてきたと仮定されうる。もう一度言うが，治療者はクライエントにその役割を永遠に演じるよう求めているわけではないことを保証しなければならない。そして，この修正役割のシリーズが終わればすぐ，他の治療的訓練が試みられうるとほのめかされさえする。そして実際に，このようなケースではそうでなければならないのかもしれない。修正役割療法で強調されるのは，常に実験法，すなわちやってみることである。

　過剰に批判的なクライエントの行動に対しては，もう1つなされうる解釈がある。彼はこの役割が提供する防衛を徹底して試してみるかもしれない。彼はそれによって自己防衛をしなければならないので，それが脆弱ではないと確信したがっているかもしれない。彼はこれを論理的操作によってやってみる。この批判に対する治療者の反応は，面接状況において治療者とクライエントの両者が役割を交代して，この役割を試してみることである。

　過剰な批判は本当のネガティブなサインであるかもしれない。クライエントが役割**について話す**ことに固執し，それ**を実験**してみようとは絶対にしない場合には，治療

者が一方の役割を演じる対話形式でなされる場合でも，クライエントが1人でその演技を試みる場合でも，この治療の試みの全体は失敗する運命にあるようである。しかしながら，この成功か失敗かの判断は，2週間の過程が終わるまではなされるべきでない。治療者は，最初の3～4セッションはほとんど常に失敗と気乗りがしないという報告を受けるものだということ，そしてこの方が初期段階で簡単に成功するよりも好ましくさえあるということを，心にとどめておくべきである。治療者自身の気落ちと，役割を演じる代わりに話をしてしまう傾向は，克服されるべき通常の障害物である。

16 進歩のエビデンス

　修正役割療法の最もわくわくする進歩のエビデンスは，クライエントがこの役割について何か手探りをした後で，「これは**本当の**私であるかのように感じる」と言うときに，やって来る。これは常に生じるわけではないが，しばしば生じる。そして，これが生じるときには，ほとんど常に，クライエントが自発的に進歩する準備ができているという他のポジティブなエビデンスを伴っている。これは，クライエントが役割演技の際に自発性の感覚をもつだけでなく，古い役割がいまや窮屈で不自然に見えることを示している。これは，修正役割スケッチあるいはそのクライエント自身のバージョンに表現された視点を，クライエントが受け入れたということを意味している。これはまた，彼の確証エビデンスの知覚がいくらか変容しているかもしれず，以前は見落していたかもしれない彼の予期行動の確証が見られるということを意味する。

　この視点の変化によって，クライエントは自己の問題の定式化に目覚ましいシフトを生じることにまだ失敗はしていないということになる。古い訴えは，それがとにかく語られる場合には，「私がここに来た時には……と**考えた**」というような言及がなされる傾向がある。この過去時制はもっぱら態度の記述に使われるものである。たとえば「私は……とよく感じたものだった」というように。クライエントは，古い訴えをちょっと面白がって，記述しさえするかもしれない。ただし，彼が爆発的な笑いをともないながら，これをくりかえす場合には，この変化の治療的価値は疑わしいことになる。

　時にはクライエントは「これはずっと現実の私であったはずである。そして，私はどういうわけか何か別のものになると期待されていると思っていた」と今は感じる。このような言葉は，知的な好奇心の強い治療者には，面白い手がかりを提供することになる。しかし，これは必ずしもクライエントの立場から追跡されねばならないわけではない。これは治療者が時に「情動的洞察」とか「腑に落ちる学習」と呼ぶようなエビデンスである。われわれはこれを単純に「組織的な解釈（orqanized construction）」と呼ぶことにしよう。これは，いくらかの情動的に混乱した人々が，みずからの不安

定な解釈システムが瓦解してしまわないように維持するのに使う，言語的潔癖さと対照的である。

　たぶん修正役割療法によって人が到達することを望む成功のクライマックスは，次の説明によって明らかにされるだろう。このケースでは，自己特徴づけはその分析によってのみ表象される。一方，ロッターの文章完成法と修正役割スケッチのプロトコルは逐語的に再生されている。

A．レイ・ギブソン：自己特徴づけの分析
技術的分析

(1)　順序と変遷

　プロトコルは，それぞれが1〜4文の7つの短いパラグラフから成り立っており，次の順序で動いている。

　　パラグラフⅠ：肥満による外見を穏やかに批判（177.5cm，85.5kg）。
　　パラグラフⅡ：「自意識」をかくすために，自己について話をする傾向。
　　パラグラフⅢ：攻撃性の欠如。
　　パラグラフⅣ：スポーツよりも，読書，音楽，ダンス，写真を好む。
　　パラグラフⅤ：たいがいの男性ほど活動的でない。かつては飲み過ぎだったが，1年間の断酒の後，適度の飲酒を再開。
　　パラグラフⅥ：よくない学習習慣は結婚後改善。3R（読み書き計算）とスペリングに取り組む。
　　パラグラフⅦ：多くの人に好かれ，敵は少ない。ただし，時どきいくらかボア（イノシシ）になる。

(2)　組織化の観察

　文章から文章への一般性のレベルの範囲がせまい。文章が弱い。パラグラフはトピックをめぐって文章が組織化されていない。多くは請求明細書のようなもの。説明材料がない。

(3)　文脈に対する反省

　Ⅰ．肥満が，個人的な外見と会話場面の文脈で言及されている。
　Ⅱ．スポーツ，デート，飲酒，恥ずかしがりが同じ文脈で言及されている。
　Ⅲ．学習習慣のできていないことが結婚の文脈で論じられている。

(4)　用語の比較

　Ⅰ：「精通した（well-versed）」，「気楽に意見を交わす（conversing easily）」および「ぼく」

を多く使いすぎること，の間の等価性。
Ⅱ：「攻撃的」，「スポーツ」，「他の女性」とデートすること，「ほとんどの他の男性と同様に活動的」「おとなしい（socile; docileの間違い？）」という理由により，かなり大量に酒を飲む」の間の等価性。
Ⅲ：「ずさんな（sloppy）」，「不注意な」，「一度も勉強をがんばらなかった」，「正しい習慣を形成するのが困難」の間の等価性。

(5) 重点の移動
重点の移動が解釈システムに光を投じる説明例は，以下のとおり。
Ⅰ：「結婚する前には，いろんな女性を好きになった……」
Ⅱ：「あるとき大人しいという理由によって，彼はかなりひどく酔っぱらった。しかし，すぐ酩酊状態から回復した……」
Ⅲ：「……結婚するまでは一度も勉強を頑張らなかった。そして今では正しい習慣を形成するのが困難になっている……」

(6) 議論の再述
ぼくには少しずさんなところがあるが，それほど悪くはない。恥ずかしがりだけど，ぼくはかなり自由に喋る。ぼくは少し自己中心的だが，そんなに悪くはない。ぼくは少し受け身で，男性的役割を演じるのには失敗しても，そんなに悪くはない。ぼくは自分の受け身を克服するためによく酒を飲んだものだが，これは諦めねばならなくなった。結婚する前は，非常に長い期間怠けものだったので，学習習慣を何とかしようと思っても，もう手遅れになっている。ぼくは敵をつくるのは避ける。そしてぼくは退屈な奴だ。でも，これも悪くはない。人に嫌われることはないからね。

呼び出された文脈領域の分析

主要な文脈領域は対面の談話状況である。これは彼が自分を1人の人間として見られる領域であるようだ。

彼はまた，レクレーション活動，異性との関係，勉強についても語っている。

テーマ分析

(1) 因果関係を含む強いテーマは存在しない。彼が言及した唯一の変化は，いろんな女性を好きになるのをやめたのと，飲酒を少なくしたことである。
(2) 彼は明らかに他者に対して攻撃的になるのを避けようとしている。が，彼は自発性の多くを放棄してきたことを認めている。
(3) 彼の結婚は彼の怠惰を矯正してきたが，多くのことをなしうるには遅すぎた。

(4) 彼はみずからの自己中心性を恥ずかしがりのせいだと考えている。
(5) 軽い自己批判が，このプロトコルの全体を通じて認められるが，これを軽減するために，彼は概して十分に他者に好かれているという事実をあげて締め括っている。

次元分析

(1) おしゃべりすぎる，不作法，自己中心性 対 自意識，恥ずかしがり，内向性
(2) 受け身，恥ずかしがり，鎮静的レクレーションに関心をもっている，物事については何もせずやり過ごさせる 対 攻撃的，活動的，男性的
(3) ずさんな，不注意な，怠惰 対 鋭く見える，自己制御された，学問にはげむ
(4) 好感をもたれる 対（沈潜極）

この自己特徴づけプロトコルの短い分析は，次のプロトコルと対照することによってチェックされうる。

B．レイ・ギブソン：ロッターの文章完成法プロトコル

次の文章を完成させて，あなたの本物の感情を表現してください。すべてに答えるようにしてください。また必ず完全な文章にしてください。

 1. 私が好きなのは　　おいしい食べ物。
 2. 幸せな時は，　私が結婚してからである。
 3. 私が知りたいのは　　すべての人をもっとよく。
 4. 家に帰って，　私は酪農場で働いた。
 5. 私が残念なのは　　軍隊で時間つぶしをしなければならないことだ。
 6. 就寝時に　　私は寝る。
 7. 男の子は　　婦人よりも男性的である。
 8. 成功への　　**最善**　の方法は教育である。
 9. 私を悩ませるのは，　最もユニフォームである。
10. 人々　　はたいがい善良である。
11. 母　　はその子どもにやさしい。
12. 私は感じる　　学校は重要だ。
13. 私が一番怖いのは　　失敗。
14. 高校時代には　　私は自分が大物だと感じていた。
15. 私にできないのは，　読むことも，つづることも，上手に書くこともできない。
16. スポーツは　　ボディ・ビルである。
17. 私は子どもの時，　いい子だった。
18. 私の神経過敏は　　相当なものだ。

19. 他の人々は　　一般によい。
20. 私が失敗したのは，　化学と数学の州の試験。
21. 私が罹ったのは，　目の病気。
22. 読書は　　あなたにとってよい。
23. 私の精神は　　だいたい平均だ。
24. 未来は　　私次第である。
25. 私が必要なのは，　出発する際のスピード。
26. 結婚は　　人にとってよいことだ。
27. 私が一番よい時は，　話をしている時だ。
28. 時どき　　私は遅すぎる。
29. 私が苦しめられているのは　　アメリカにおける社会主義（Socliate）傾向である。
30. 私が憎むのは　　軍隊と社会主義。
31. この学校は　　私が見た最高のものだ。
32. 私は非常に　　読み書きと綴りが苦手だ。
33. ただ1つ困るのは，　学校の時間が長すぎることだ。
34. 私がこうであればよかったのにと思うのは，　働く前の学校時代にもっと時間があること。
35. 私の父は　　チーズ会社の社長である。
36. 私はひそかに　　ゼータ（制御熱核反応装置）を動かせるようになりたいと思っている。
37. 私が思うには，　社会主義（Socilism）はアメリカの破たんの原因である。
38. ダンスをすると　　すごく楽しく時間が過ぎる（injoyable past time）。
39. 私が一番心配するのは，　金回りである。
40. 大概の女子は　　見て楽しく（injobl），いっしょにいるのも楽しい（injoyable company）。

C. ディック・ベントン：修正役割スケッチ

　ディック・ベントンのような男は，世界中どこを探しても，おそらく彼以外には見つからない。彼をどう捉えればよいのかは，いつもちょっとした謎である。人々は，彼が宗教，政治，学校等々において普通の思考をする伝統的な人物であると判断しようとすると，ほぼそのときに，彼のパーソナリティには，彼らが見落としていた新しい側面のあることに気がつく。人々は時に，彼が新品の人生観，本当に**新鮮なもの**の見方をもっていると考える。ある人々は彼と何時間話しても，特別な印象を持たないが，他の人々は後になって彼の独特の考えについて考えずにはいられなくなることがわかる。折々に彼は非常にゆっくりヒューズが溶ける爆弾のような考えを議論の中に

投げ込む。人は後になるまでそれがわからないのだ。

　時どき彼は入念に自分が社会的に目立たないようにする。それは，彼が他の人々の思考を刺激するよりも，聴いて学びたいと思うときである。彼は人々の考えに対して完全に新しいアイデアでもって挑戦するときでさえ，親切で優しい。このために人々は，彼のアイデアが理不尽に思えても，それによって傷つけられたとは感じない。

　彼は妻に対しては献身的である。そして妻は，彼の心の中で生じていることを常に理解しているように見える唯一の人である。

　彼の大学での勉強はある程度見当が付けられるようになり，そのコースは新しい見方を与えてくれるかぎり，興味深いものであった。

　全体として，ディック・ベントンは優しさと知的な予測不可能性を組み合わせもっている。彼は人々をあるがままに受けとめることを好むが，彼らを新しい考えで驚かすことも好きである。

D．レイ・ギブソン：治療者の報告からの抜き書きと逐語的な写し

　S（被験者）が，クリニックにきたときには，やや疲れた様子であった。額に汗をかき，かすかに笑みを浮かべ，不幸そうに見えた。

　C（臨床家）が彼を迎え入れ，天気のことをコメントしながら，友好的に私室に誘ったときには，彼の緊張は緩み，より幸せそうに見えた。（私室に入った。）

C：「やっと落ち着きましたね。ここは少し温かいですね。窓をあけましょうか？」
S：「そうしていただけるとありがたいです」（臨床家を手伝って，窓を好みの開き具合に調節する）
C：「それで，今の気分はいかがですか？」
S：（近似的な言葉で）疲れました。たくさん仕事をしたので」
C：「そうでしたか？」
S：「私が役割ノートを書いてきたかという意味ですか？　いいえ，私は書いていません。時間がなかったものですから。できると思っていたのですが，できなかったのです。でも，たいがいは思い出せます——では，やってみましょう——木曜日の午後はここにいました。夕刻になって——どこへ行ったっけ？　思い出せそうにないですね——正確には」（長い沈黙）
C：「えーっと——あなたの一般的な反応と，それについての感情を話してもらえませんか？　それから細部に入っていきましょう」
S：「率直に——言いますが——うまくいかなかったのです。でもやろうとはしたんですよ——そして，今もやるつもりです——２週間ではなく，３週間くれませんか？」
C：「うん——ええ——いいですよ。でも，忘れないでくださいね。私たちはこれ

からやってみることに興味を持ち，それがどれほどうまく作用するかを見るだけだということを。もしそれがうまく作用しない場合には，なぜ——？」

S：「やってみます。でも時どき，私は自分がディック・ベントンであることを忘れているような気がします。時には彼について考えはします。厄介なのは，人を驚かせるような新しいアイデアを掘り出せないことのようです。これには特別な才能が要るようですね」（Sは両手を頭にあてて押さえつける）「私には他の人々に後で考えさせるような文章がつくれた試しがないのです。人がどうしてそんなことができるのか——そして，後になるまでそれがわからないなどということは，その人が稀に見る才能でないかぎり，私には理解できません。私はやってみました。2～3の例で——私は成功したと思ったのですが，他者からは非凡だという反応はありませんでした」

C：「非凡な反応が重要なのではないことは，おわかりですよね。ここで問題にしているのは知的な予測の不可能性です。ディック・ベントンはどんな問題に対しても，可能性や示唆以上のものを提供してくれるでしょう。彼はそのアイデアを1回しか表現しないので，そこにとどまってはいられないのです。彼がさらに考えて，別の可能性がありうるとわかったなら，彼はその考えをためらわずに表現するでしょう。このことは，彼が新しい考えやアイデアを新たな視点の下に置いてみるということを意味します。このことは他者のアイデアを扱うときにも当てはまるはずです」

S：「わかりました——わかりました——これなら何とかやれると思います。私は昨日実験室で助手の方と話をする機会を持ちました——そして，私は彼に驚くようなアイデアを提供したと思います……」

　2,3日の後，レイは4つのタイプの状況をカバーする経験を報告した。その前に，彼はこの役割を，インストラクター，友だち，妻，義兄と試していた。彼は，義兄が訪ねてきたとき駅まで迎えにいかなかったことで，彼が嫌っている義兄と，妻と，そして自分自身をも驚かせた。このために義兄はタクシーを使わねばならなかった。レイはディックの役割でそれをしたので，罪悪感を持つ必要はないと感じた。彼は非常におもしろがり，楽しんだ。さらに彼は，義兄と話をし，今月の本クラブ（Book-of-the-Month Club）に参加することもできた。これには彼自身も驚いた。

　レイはしかし，自分が少しだけ変化したことに気づいたとは思ったが，自分がさほど攻撃的になったとは思わなかったと訴えた。以下はその抜粋である。

　沈黙。

S：「もしある治療者が……私がよくなってきているとあなたが感じられるように，

援助してくれたとしたら，その時には，私は本当に考えるでしょう。……あなたが私の中の何かの変化に気づいたとしたら，あなたは人にいうことができますか？……それを私に言ってくれるのはあなたですか？……私はディック・ベントンが私だと気がつくようになりました。これがあなたが言ってくれると私が期待していたことなのです」

この後，レイは自分が殻から出てきているように感じるという議論を続けた。ある時点で彼は「私はこの役割を実行するのがうまくなってきている。しかし，今は違うことをしているけれども，自分の変化に気がついた」と述べた。

このことはおそらく，レイがなおも，自分が何を演じたのか，何をしたのか，そして何であったのかを区別していたことを示している。彼の**現存**の状態は**行為**の後を追い始めたのだ。彼が最後の文章で「けれども」という語を使っていることに，注目されるべきである。それは，彼が違うことを**する**という事実が，彼が違っているふりをしているだけであるかのようである。これは自己の内部の動きの知覚に対する共通の初期反応なのである。

このクライエントは，彼の妻に，一連の面接の最初に書いた自己特徴づけのスケッチを見せている。この修正役割スケッチが提示されたときには，彼はそれとなく，これをすぐには妻に見せたくないといった。面接の終わりに近づいた時，彼は妻に，彼女が最近の彼の変化に気づいていたかどうかを尋ねた。このことは前の一節とともに，彼が他者から引き出しうる反応に強く依存していることを示している。われわれは彼の自己特徴づけスケッチから多くのことを予測していた。そしてわれわれは，彼の模擬的な見方に頻繁に明瞭な対人的確証をもたらしたいと望んだ方法で，この修正役割スケッチを書いていた。彼の妻は，彼の変化に気づいていたし，彼がかなり「攻撃的」になったように見えると思ったと答えた。それから，彼はディック・ベントンのスケッチを何のコメントも付けずに彼女に見せたと言った。彼によると，彼女の反応は「これはあなたについての非常によいスケッチだわ」であった。彼がこの役を頑張って演じていたのだと言った時，彼女はこのスケッチが，本当の彼はこういう人だと常に思っていた人の記述になっていると答えた。このことは，彼には大きな喜びだったと報告した。

17 修正役割療法の適応症

修正役割療法が有効になされうる指標として，どんな表面的様相が見られればよいのかを自信をもって言えるようになるまでには，さらに多くの探索が順序を追ってなされることになる。この技法が有効でない場合でも，われわれはこれが少なくとも比較的安全だという臨床的エビデンスはもっている。人生に直面するための代替解釈シ

ステムをもつよりも前に，クライエントの症状という形の防衛が粉砕されてしまうことはない。とにかく**自己**を変えることは求められさえしていないのであるから，彼の現在の統合性は完全に尊重されている。この方法は，経験と技能をもつ臨床家がその才能をフルに活用できるものなので，あまり経験のない臨床家でも，スーパービジョンが得られるなら，クライエントにダメージを与える危険性はほとんどなしに，これを企てることができる。この技法を使うに当たっては，臨床家は科学的態度を維持することが大切である。この態度が維持できない場合には，他の技法で獲得した臨床的技能と経験が最大であったとしても，この技能や経験は帳消しになるだろう。

　暫定的に，修正役割療法をあるケースで使用してみようとする場合には，考慮すべきことが9つあるといえそうである。

　a．**時間制限**　この一連の面接はたったの2週間で完了されうる。もっと長い期間ももちろん，可能である。

　b．**強い依存的転移関係が回避されねばならない場合**　クライエント─臨床家関係は，あるタイプの転移を常に回避できると主張するわけではないが，転移は，適切に理解されるなら，ある程度までコントロールされうるものである。われわれの転移の意味理解によれば，治療者がクライエントと相補的な役割を演じる場合にはいつでも，彼は転移関係を受け入れていることになる。しかしそれは，治療者が設定する特定の転移である。他の対象から転移されて治療者に置き換えられた知覚は，できるかぎり，修正役割の解釈の範囲内に維持されるべきである。

　c．**非臨床的な性質の回避不可能なクライエント─治療者関係**　クライエントは，非共感的な光のもとで，自己を治療者にさらけだすよう求められることはない。また，自己特徴づけのスケッチを書いた後で，治療者を信頼することが求められるわけでもない。したがって面接室の外では，クライエントは治療者との一種の組織化された妥当な対人関係を維持することができる。全面接期間を通じて，クライエントは決して急きたてられることはないし，治療者に対して非常に傷つきやすい立場に立たされるわけでもない。

　d．**経験の乏しい臨床家**　経験の乏しい臨床家がクライエントを傷つける危険性は，このタイプの治療におけるほうが，もっと伝統的なタイプの治療よりも，相対的により小さい。この事実については，すでに述べたとおりである。このタイプの治療者は，クライエントとの関係において，自己をより権威的な立場に位置づけようとはしない。彼はクライエントが言語的な実験を行うのを援助する。彼は，クライエントが役割演技をしているにすぎないことを思い起こさせることによって，みずからが今までにとってきたどんな言明や立場をも反故（ほご）にすることができる。ここで，当然のことながら，この安全性は他のタイプの治療法と比べて相対的なものにすぎないことを強調しておこう。クライエントとの関係には，われわれが注意深く指摘を試みてきたように，

どんなタイプのものにも危険性はある。そして、修正役割療法にはこれに特有の危険性もある。

経験の乏しい臨床家が日々スーパービジョンを受けている場合には、この手続きは、修正役割スケッチの草稿を書いたパネルのメンバーとしてのスーパーバイザーとともに、役立ちうる。また、スタッフ・カンファレンス中に役割演技をしてみることも、彼らにとっては易しいことだし、クライエントの反応についての彼らの解釈を明瞭化することも簡単にできる。

この修正役割タイプのアプローチは経験の乏しい臨床家が利用しやすいという理由でおもに企てられるのだが、経験の豊かな臨床家が修正役割療法に頼ってはならないという意味に解釈してはならない。修正役割療法は多くの点で、より受動的な手続きでは不可能なやり方で、経験の豊かな臨床家の創造的な空想力と臨床的な技能の重みを感じさせる。これはまた、科学的精神をもつ臨床家が進んだ視点を十分に利用するのを可能にする。

e．このケースにおける明らかに社会的、状況的な要素　この修正役割療法の究極の結果は、表面的なものに限定されない。というのも、この解放された過程は、クライエントのパーソナリティを深く貫いて、成熟そのものに至っているからである。修正役割療法の採用を決めた臨床家は、社会的、状況的な要素を査定して、クライエントがうまく利用できるように援助しうる確証材料の豊かな貯蔵庫を提供するものとなることを確信する。彼はクライエントを親しく取り巻いている人々とイベントに対する新しいアプローチをクライエントに提供する。そして、彼は新しい結果が生じるだろうという賭けを、自分自身を相手にするのである。

f．他のタイプの治療連鎖を終結させる必要性　修正役割療法は、広く多様な他のタイプの治療のどんなものの後にでも、終結手続きとして利用しうるという、かなりの臨床的エビデンスがある。それは、すでに述べたように、訴えを締めくくる傾向があるのだ。これは現在と未来に強調点を置くので、「洞察」を追求中の過去への没入から、クライエントを回復させるのに役立つのである。それは、クライエントがみずから新しい解釈システムを実行し、それが実際にどう作用するのかの判断を可能にするのである。それは、クライエントが治療者を適応過程から相対的に独立したものとして知覚できるようにするので、治療者との依存的な転移的結合が長引くのを断ち切ることができる。ある意味では、それは治療室のドアを開いて、その再適応過程を日常生活の世界に解放することになるのである。

g．日常的現実との接触を確立する必要性　高度に象徴的な世界に生きており、これ以外の治療法では言葉と言語的な訓練によって大きく混乱させられそうなクライエントは、彼らを取り巻く人々やイベントとのより実際的な関係の樹立を援助するためには、修正役割療法のコースを経験させるのがよさそうである。これらのクライエン

トは，自己の問題を言語領域から取り除いて，現実（actualities）の世界に定着させるのが困難な，いわゆる「知性化をする人々」である．修正役割療法を通じて，現実とのより有効な関係——これによってしばらくは自己を維持しうる——を設定してから，彼らは言語化の混乱を通じてみずからの治療者を継続的に引きずることなしに，後により内省的なタイプの治療に戻ることができる．

　h．**クライエントの変化への準備性の不確実性**　修正役割療法は，あらゆる形の「洞察」療法へのクライエントの準備性を試すことができる，一種の試験管だと考えられる．この治療者の時間への投資は比較的小さい．未来に対してあまり大きな担保を与えることなしに，治療者は，クライエントの「自我強度」がどれくらいか，クライエントが自己の変化を予見しようとする意志，クライエントが治療者に役を割り振る方法——したがって，長期の治療中に発達すると期待されうる潜在的転移——，そしてクライエントが彼の日常生活における材料を，彼の企てうるどんな再適応にも利用できる方法，についていくらかの見解を得ることができる．

　i．**治療に関してクライエントが防衛的に見える領域**　役割演技は一般に，敏感なクライエントに対して，何らかの防衛を提供する．修正役割療法は，隠れて実験するためのマスクを提供することによって，彼の脆弱な点を不当にさらすことなく，治療的な何かを達成する機会を，クライエントに提供するのである．

C 集団修正役割療法

18 集団修正役割療法での準備的探索

　修正役割療法は，集団療法への面白くも有益なアプローチの方法を提供してくれるようである．われわれの探索では，われわれはまず，自己特徴づけのスケッチを個別に引き出し，その後の最初のグループ・ミーティングで修正役割スケッチを提示した．したがって，各参加者は自分のためにデザインされた修正役割スケッチとともに，他者に与えられるスケッチをも聞かされることになる．われわれは，精神衛生クラスでボランティアになろうと申し出てくれた学生のうちで，必ずしも緊急性はないが，再適応の必要性をいくらかは感じていると思われるものを，クライエントとして使うことにした．面接過程の全体を通じて，クライエントは彼らの新しい役割を維持し，お互いに「新しい名前」で呼び合い，古い役割には言及せず，全般的なリハーサルをするよう要請された．彼らには，お互いに古い役割を見せ合うことのないように，体系的な試みがなされている．治療者は彼らに対してその新しい役割でもって，終始反応している．

グループは今までのところ，3人のクライエントと1人の治療者に限定されているが，リハーサルするときには，各クライエントは，グループの他のメンバーが自己の役割を有意味に解釈してくれることによって，援助を受けることになる。グループの別のメンバーは相補的な役割を演じ，他のメンバーの新しい役割のデモンストレーションを引き継いで演じさえする。個人修正役割療法と同様に，治療者は最初の面接時には非常に能動的に振る舞う。しかし彼は，クライエントが互いに新しい役割の展開を援助しあうようになっていくと，みずからの位置を徐々にグループの他のクライエント・メンバーに譲り渡すようにしていく。以下に示すのは，集団修正役割療法に最近参加した人々が準備した**自己特徴づけのスケッチ**である。

A．ミリアム・コルフテン

ミリアム・コルフテンはわれわれの文化的標準によれば，比較的正直な人である。彼女は盗みをしないし，めったに嘘をついたり騙したりもしない。そしてしばしば誠実であろうとするあまりに，人を驚かし混乱させる。彼女はしばしばこの誠実さを，他者を傷つけるのを避けるために，「ソフトに売り歩いている」(pedle → peddle ?)。他者の感情と反応への気遣いは，「よい人」が示す心配というよりも，おそらく仕返しに対する警護にすぎない。ミリアムは今までも今も，他者の気分に対して，ほとんど痛々しいほどに敏感 (sensative → sensitive) であり，時には他者の苦痛を面前にすると，うまく機能しえなくなるような状況に巻き込まれてきた。この2年足らずの間に，彼女はこの欠点に気づき，自分の思考を客観視するように努めてきた。これによって，彼女は自己にも他者にもより効果的に対処できるのではないかと期待している。

ミリアムをより親しく知るためには，あなたは彼女の過去経験と交友関係を知る必要がある――しかし，伝記は本論文の目的ではない。彼女の人生と目標は，彼女の両親の強烈なパーソナリティによって，かなりの程度に支配されてきたことを簡単に述べておこう。ミリアムの家庭は彼女が恐怖の意味を最初に学んだ場所だと言っても，それほど間違ってはいないと私は信じる（失礼，フロイト先生，私はMの出生前の時期については何も知りませんでした）。Mの家庭では，多くの家庭と同様に，「よい子」は愛され家にいてよいが，「悪い子」は道路に投げ出されても仕方がないと教えられた。数年の間にこのアイデアはラベルと含意を変化させたが，そのテーマは同じままであった；ミリアムだけがそのポイントが何だったのかを忘れて，大いに混乱した。さて，恐怖は何かウサギのようなものである。この2つはいったんもってしまうと，これらはネズミ算式に増殖し始める。あなたは大量にニンジンを供給して，この自我にえさを与えた方がよい。さもないと，いかなる入手可能な材料にも厳しくあたり始める。神経はおいしい食べ物なのだ。さて，ある夜このウサギが彼女の脊髄視床路をむさぼり食っていたとき，彼女は自分が恐怖を恐怖していることに気づいた。いくらかの援助を得

て，彼女はテーブルをととのえなおして，以後，ウサギにディナーを供することを楽しんできた。結果的に消化不良がしばしばおこるが，ユーモアと客観性のよい処方が通常は苦痛から救ってくれる。

　ミリアムは気質的に芸術に耽溺している。彼女は二流の水彩画を描き，本と音楽を楽しみ，うわべの韻律さえ完全に欠如している，若干のひどい詩を書いている。彼女はまた過去6年間舞台人との情事を続けている。これは時どき彼女の感情を取り戻させたが，最近は強制的なネグレクトに直面して不機嫌の殻に閉じこもってきた。

　Ｍは実際的な簡明さと非実際的な軽薄さが組み合わさっている。お金がポケットにあれば，友だちへの無駄なギフトに浪費してしまう（彼女の動機は，たとえばその「魔性の女」的特質に，彼らが適切な評価をしてこなかったと感じさせるように，注意深く工夫がなされているギフトを，他者が開くのを見て喜ぶという点で，非常に身勝手である）。彼女が私にくれた一番最近のギフトは黒いレースのついたガーターであった。こんなものを私は絶対に身につけないが，周囲に誰もいなければ，しばしば試してみたくなる類いのものである。他方，もし彼女が戦利品をもって銀行に到達するのに成功するなら，彼女をそこから退却させられるのは，差し迫った経済的破綻だけだろう。

　彼女は非常に料理が上手である。もっとも，彼女の何でも実験してやろうという試みには，彼女の家族は難色を示していた。前回の生きたロブスターの逃避行は大混乱に終わった。この怪物は逃げ出したので，気絶するまで蠅たたきで叩かねばならなかった。この状況は，彼女の母親にはまったくユーモラスではなかった。

　ミリアムはお天気屋ではあるが，今までほどではない。彼女は誠実であり，彼女の尊敬と信頼を意のままにする人々のためには熱心に働こうとする。彼女は学校での勉強は気に入っているが，自由時間にはどちらかといえば別のことを話したがる。ミリアムは野心家であるが，しばしば非現実的であり，多くの愛情を求めるが，それを与えてくれる人は警戒する。彼女は子ども，犬，馬，自分より年上の人を好むが，同年代の友だちはほとんどいない。アウトドアが好きだが，スポーツは嫌いである。

　ミリアムの絵は完全ではない。でも，私はあなたをあなたの仕事──「スケッチ」──に連れて行こう。「光がやさしく消えていくのにともなって，はげ頭の小さなプロンプター（セリフを教える人）は彼の本を閉じた。終わり，終わり。彼らはみんな日常生活へと戻って行く──しかし，ヒーローは残っている。というのも，やってみようとはするのだが，私は自分の役割の外に出ることができない。セバスチャンの面が私の顔にこびりつき，それらしさを洗い落とせない。私はセバスチャンだ，あるいはセバスチャンは私だ，あるいはたぶんわれわれは両方とも，われわれのどちらもが知らない誰かなのだ」──V．ナボコフ[注]

　注：ミリアムの引用は，ウラジミール・ノボコフの小説『セバスチャン・ナイトの真実の生涯』の最後のパラ

グラフからのものである。著作権者の許可を得て使用。この部分の文章は以下のとおり。「そして仮面舞踏会は幕を下ろした。光がやさしく消えていくのにともなって、はげ頭の小さなプロンプターは彼の本を閉じた。終わり、終わり。彼らはみんな日常生活へと戻っていく（そして、クレアは墓に戻っていく）――しかし、ヒーローは残っている。というのも、やってみようとはするのだが、私は自分の役の外に出ることができない。セバスチャンの面が私の顔にくっつき、それらしさを洗い落とせない。私はセバスチャンだ、あるいはセバスチャンは私だ、あるいはたぶんわれわれは両方とも、われわれのどちらもが知らない誰かなのだ。

B. チェスター・ウルラース

　チェスターは非常に知的な人であり、しつけ不足のパーソナリティとパーソナリティの問題がなかったとすれば、おそらくかなり目覚ましい業績をあげることができたはずである。彼の情動生活は、青年期の不幸な経験によって、やや遅れており、彼は情動的にやや子どもっぽいところがある。彼は時にちょっと注意をひくもの――たとえばイライラさせる雑音や、図書館で大声でしゃべる人等々――があると、混乱する。彼の主要な情動問題は、人生に対する被害妄想的な見方として、現れるようである。彼にとって、自分にはあまり価値がないとか、考慮に値しないとかいう扱いを受けることほど、腹立たしいことはない。彼が混乱しているときには、彼の被害妄想的傾向は非常に顕著になり、たとえばある状況での他者による無視や不適切な行動は、その違反者にはその意図がまったくなくても、彼を「平手打ち」するもののように解釈されるかもしれない。しかしながら、公平を期していうなら、彼の被害妄想的傾向は、彼が実際に挑発を受けたり、混乱や抑うつ状態にあったりするとき以外は、それほど強くはない。その他の彼の大きな情動的な弱点は、一定期間をおいて抑うつになる傾向である。何かによって彼は抑うつ状態になり、その状態が1週間程度続くのがふつうである。これによって彼の集中力は妨げられ、仕事がうまくできなくなる。しかし、結婚してからは、この抑うつになる傾向は以前ほどに強くはなくなった。抑うつ中は危険ではなく、特に巻き添えを食うこともない。しかしこの抑うつ傾向は、将来展望と効率を妨げている。

　この図柄のポジティブな面については、彼はふつう卓越したユーモアのセンスをもっている。彼は他者の問題に対して共感的な見方をもっており、自己自身についても非常に優れた洞察力を持っている。これによって、彼の情動的問題と望ましくない傾向はいくらかやわらげられている。

　彼の社会的行動はシャイであり、特にあるタイプの女子に対してそうである。彼はしたがって、あまり社会的なつながりをもたず、個人的な友だちは少ない。彼はよく知らない多くの人を信用せず、これらの人々との関係を制限している。しかしながら近年は、この社会的関係を改善しようと気配りをするようになり、ある程度の成功を収めている。彼の人々に対する理解と態度は改善されてきており、現在も改善されつつある。

彼の人生の初期はやや不運であった。彼の母親は非常に神経質ではあったが，愛情深い人であった。彼女は極度に過保護だったので，彼の遊び仲間の中での社会的発達は妨げられた。彼の父親は非常に親切な人であり，収入の範囲で多くのものを彼に与えた。しかし，彼をあまりよくは理解していなかった。彼は両親とは非常にうまくやってきたが，母親が過保護であったため，小学校の最後の1年間は彼女の指示に反発している。

彼の学校と大学の記録は平均よりもよかったが，情動の混乱とその結果としての集中力や一貫した勉強の欠如により，彼の実際の知能を反映するものではなかった。しかし結婚後は，大学での高水準の勉強にその能力を発揮するようになった。彼はきちんと勉強したときには，クラスの大概の学生をはるかに凌駕していた。彼は将来のキャリアについては戸惑っており，外に出て成功を競い，家族を支えることに少し脅えていた。彼は学術的なキャリアに向かう能力と背景をもっているが，多くの学術分野で見られる隔絶，退避，人間的興味の欠如などは好んでいなかった。この職業はまた，社会にもっと有効な適応をしようとする彼の試みを妨げる可能性がありうる。それゆえに彼は，この職業選択を拒否するかもしれない。他方，彼は自分の社会的抑制のゆえに，たとえば大臣のような応用分野でのトップを目指そうとする彼の努力は妨げられるのではないかと感じている。いずれにしても，彼は自分の仕事では独立性を必要としている。彼は小さなライバルや小さな暴君をもつ階層システムを嫌悪している。

彼は結婚に成功した。彼にとって結婚は，大部分が安心と幸福の増大の源となってきた。結婚に関する問題は当初はたくさんあったが，その大部分は非常にうまく処理されてきた。彼も妻も両方がいくらか神経質であるが，彼らは非常にうまく相手に合わせて，生きたパーソナリティの要求を相互に満足させ，相互理解もかなりうまく進めてきた。しかしながら，彼は理想的な結婚のパートナーからはほど遠い。というのも，彼には支配的で，独占欲が強く，時に嫉妬深く，過剰に敏感な傾向があるからである。彼の独占欲と嫉妬は，今はかなりうまく克服されているが，彼のよい父親になる能力を抑制する可能性がある。彼が今までそうしてきたように，これからも安心感を持ち続けるようになれば，このような利己的な傾向は将来さらによくコントロールされるようになるだろう。

C. ポーリン・フィールズ

ポーリン・フィールズは，知り合いになるのが困難だと感じられるような人物である。新しいグループや人込みの中では，彼女は黙って退却する傾向がある。よく知っている友だちと一緒であったり，自分の地位に安心感が持てる集団内にいたりする場合には，彼女はより積極的で話好きで表情も豊かになる。

彼女は家族内では末子で，たった1人の女子であるため，いくらか甘やかされてき

た。彼女の2人の兄は，しばしば彼女の代りに決定を下し，本来彼女がとるべき責任を引き受けていた。彼女の父母は知的な人たちで，彼女が独立をなしとげられるように努力してきたが，彼女が家を離れて大学に入るまでは，そしてその後もしばらくは，彼女は家族に依存し続けた。その後の数年の間に，彼女はみずからの資質に頼ることを学習し，家族の絆からかなり独立するようになった。しかしながら，彼女はいまだに不決断に悩み，誰かが彼女の代わりに決断してくれるというパターンに戻りたがっている。

彼女の友だちは，概して彼女を好み，彼女のことをのんきで純粋で思いやりのある人だと考えている。彼女がよく知っている人々は，彼女を「聴き上手」と見なしており，親密で個人的な性質の問題をしばしば彼女のところに持ち込んでくる。彼女は人々とのこのような接触を楽しんでおり，これらの人々の役に立ちたいと思っている。

彼女は教育を職業として選択した。その大きな理由は，彼女が人を相手に働くことを望んでいるからであるが，教師であり，称賛し尊敬している父親の強い影響にもよる。彼女のパーソナリティの多くの位相において，そしてこの領域に携わった2年間の教え方においても，彼女は父親をコピーしていた。彼女は大学院に入った。この職業において静かに立っているだけでなく，先頭に立って働くのに役に立つだろうと考えたからである。彼女はスピーチと傾聴のクラスを選んだ。それは，障害を持つ子どもたちを援助するほうが，普通児の教育をするよりも，より大きな挑戦になるように思われたからであり，またこのタイプの仕事に興味もあったからである。

彼女は人を対象とする仕事は最大の満足と幸せを与えてくれると確信している。彼女の人生における主な目標はキャリアではなく，妻と母の役割である。彼女は結婚こそが人間関係の究極のものだと信じているのである。

知的には彼女は平均より少しだけ上であった。彼女はいつも簡単にいい成績をとってきた。彼女は社会的状況で目立って魅力的でも快活でもなかった。それゆえ，おそらくこの補償を得るために，勉強で認めてもらおうと試みてきたのであった。彼女は本よりも人の方が好きなので，クラブや多様な活動でがんばって，認知もされてきた──しばしばリーダーや代表にも選ばれている。

彼女は自分の基準をかなり高く設定しており，それに到達しないと，罪悪感に悩まされた。彼女は自分に与えられた課題には勤勉に取り組み，それらは通常うまくやれているのだが，彼女はそれらについて心配している。彼女はしばしば先生や友だちから責任のある仕事を引き受けてほしいと任されている。

他者との付き合いにおいては，彼女は他者の要求や願望に敏感（たぶん過剰に）である。彼女は他者の感情を傷つけることを嫌悪し，これを避けるために，みずからの感情や見解を他者のそれよりも重要でない位置に置く。彼女はみずからの深層の信念や道徳規範に反しないかぎり，他者による示唆を聴きいれ，しばしば受け入れる。彼女は人

前で他者と対立するよりも，同意しておくことを好む。この点では彼女は偽善的である。彼女は非常に穏やかな気質である——ときには，彼女の方が相手に強制する権利を持ち，癇癪を起しても構わないような状況でも，他者に踏みにじられるほどである。彼女は他者にどう思われるかを非常に心配しているのである。

彼女は手続きにこだわり，ルーチンを好む。彼女は仕事のための時間と遊びのための時間をきちんととることを好む。彼女は無秩序な活動や人を好まない。

彼女は考え方が保守的であり，しばしば問題について中道路線をとる。彼女は急進的で狭量の人の前では当惑し不安になる。彼女は出会うほとんどすべての人に美点を見つけ出し，断固として嫌いだという人はめったにいない。彼女は親しい友人をつくるのには時間がかかるが，いったん関係ができると，その関係はふつう持続する。彼女は広範囲のカジュアルな友だちをもっている。

彼女は問題解決の仕方がたぶんあまり科学的ではなく，より常識にたよっている。彼女は特に抽象的なあるいは深い思考をする人ではなく，より具体的，実際的に処理をする。

彼女は自然の美しい景観，よい文学，よい音楽を楽しむ。彼女はある程度は自分一人の時間を好む。彼女は大きなグループでの人工的で騒がしい社交的な，よい時間よりもむしろ，少数の友だちとのシンプルな，よい時間を楽しむ。

彼女はそれほど情動的ではなく，興奮もしやすくはない。彼女は自分の実際の情動や内的感情を人に見せるのを嫌がる。彼女は静かに客観的に抑制的行動をとる——少なくともすべての外見において。彼女は時には自分に対して申しわけがないという罪の感覚をもつ——しかしこれは，通常一人のときにかぎられる。

彼女の宗教的背景はかなり厳格であった。彼女はどんな宗派でも他のどんな宗派よりも優れているとは信じないが，いかなる人もキリスト教の原理には従って生きるべきだと信じている。彼女は，「善良な」人生を送っている人は，時には「悪」への誘惑に負けそうに見えても，最後には常に勝ちぬくと信じている。彼女は，何が善あるいは悪なのかについては，厳格なアイデアのセットをもちあわせていないが，自分の行為が他者にもたらしうる危害によって，そして幸福で有益な生活を達成するのにベストなものによって，判断をしている。彼女は神聖な制度としての教会——これには彼女自身ある責任を負っており，またこれは共同礼拝の機会を与えてくれる——を信仰しているが，神との直接的な交わりの力をより強く信じている。

19 修正役割スケッチ

以下に示すのは，最初の集団セッションで提示されたとき，各修正役割スケッチに付された，導入の文章である。

この役割は，これを演じるべき人のための，一種の冒険的企てとして準備されたものです。これは決して，心理学的に「正しい」，あるいは役割演技者にとって理想的適切性をもつものと，解釈されてはなりません。2週間の冒険に限って，役割演技者に新しく面白い経験への移動手段として，提供される乗り物なのです。

　この役割は，2週間の間に，状況が許すかぎり完全に演じられるべきものとして提案されています。役割演技者はこれを1日に3回読み，これを食べ，眠り，みずからをこの新しい名前で呼び，この新しいキャラクターが感じるであろうように感じ，この役割に完全に自己をコミットしてください。役割演技者はこの経験を日記に付けることが期待されています。

　グループでのリハーサル期間は，ほぼ1回1時間，週に3回で，この新しい役割を実験する3人によってなされるようにスケジュールが組まれています。役割演技者は，この状況でもその他の状況でも，この新しい役割を表現するようにしてください。この役割演技者が準備した元の自己特徴づけについては，絶対に議論しないよう，特に注意をお願いします。役割演技者はお互いに新しい役割に従って他者のすべてを受け入れてください。そして，古い役割の垣間見えたものに基づく期待を，この新しいスケッチに忍び込ませることのないようにしてください。

　リハーサルにおいては，各人は自分の前日の役割の経験を振り返って，他者からの提案や解釈を求め，これからの数日で起こりそうな状況をリハーサルしてみます。

　自己特徴づけのスケッチの分析と，修正役割スケッチの草稿の基礎にある根拠については，ここでは議論しない。ジュディ・ピアソンのスケッチはミリアムのために，ティモシー・エルマンのスケッチはチェスターのために，そしてパトリシア・ディームズのスケッチはポーリンのために書かれたものである。ジュディ・ピアソンのスケッチは通常の修正役割を書くアプローチからは少し離れているが，このタイプのアプローチで実験しようと決断した理由は，ここでは深入りしすぎることになるので，論じないことにする。

A．ジュディ・ピアソン

　ジュディ・ピアソンは，彼女を知るすべての人から全幅の信頼と自発的な称賛を勝ち得た，28歳の母親である。彼女は過去の断片から新しい人生を構築することに成功した。この12年の間に，彼女は多くの人が一生かけて経験するよりももっと多くの，場面の変化と世界観の変遷を経験した。

　16歳の高校上級学年のときにジュディはオールAの成績の生徒であった——敏感で，感受性が強く，孤独であり，好戦的道徳家の両親にひどく幻滅させられていた。彼女はまた，ひそかに，彼女自身とくらべても孤独でなくはなく，誤解されていなく

もない，ある男を熱愛した。彼女は，彼ら相互の愛をオープンに表現するのを妨げる，ちっぽけでわざとらしい社会習慣に憤慨した。

　その当時の5月のことを今振り返ってみると，このただの12年間が1世紀も前のことのように思えた。少年局からやってきた肉牛のような女性が呼び出しをかけてきた；それは裁判官室の苦痛に満ちた場面であった。ここには当時の彼女の目には，無言でやり場のない怒りをもつ彼女の両親，「告発」をしたとされる2人の見知らぬ少女，そして長テーブルの他方の端に哀れなラルフがおののき頼りなげに座っていた；廊下には彼の青ざめた妻と2人のむずかって泣く赤ん坊がいた。彼女は思いやりへのぎこちない努力をぼんやりと記憶している。予期せず拘置所から放免され，これによって彼女は高校を卒業することができた。

　恐ろしい瞬間であると同時に，苦い瞬間――家の旅行カバンにはすでに荷物が詰められ，訓練の開始を待っているというような――であった。フローレンス・クリッテンデン・ホームの孤独な日々，初めて彼女は死――非常にちっぽけで，非常に静かで，大方は彼女自身のもので，自分の泣き声を聞く耳さえもたない――を見つめていた。防衛（矯正？）施設での最初の仕事をした。非常に稀にしか来ない家からの手紙。これは毎回読まないと決意しながら，いつも読んだ，1回，2回，あるいは3回も。

　2年後にジュディはカールと結婚した。ウェディングのフリルを作る時間はあまりなかった。計画は48時間の外出許可証と法務官を中心に立てられた。3通あるいは4通まとめて海外から送られて来た貴重な手紙もあった。小さなジーンに絶対に会おうとしない父親あてに毎週送っていた彼女の写真もあった。それから海外からの手紙は突然その調子を変えて，めったに来なくなった。カールは離婚を望んだ。彼女はこれに同意することしかできなかった。

　さて，ジュディはスピーチの先生になるための職業的訓練を完了しつつあった。大学の4年は6年にふくれあがっていた。断続的な雇用によって，彼女は自分自身と9歳のジーンを何とか支えてきた。そして2年前の父親の脳卒中以来，両親の支援にも貢献してきた。

　ジュディの物語の最も目覚ましい部分は，おのおのの人生経験の背後にある豊かな意味の蓄積――内的資源のおそるべき蓄積を打ち立てるのを可能にしてきた意味――の見いだし方にある。これらは，彼女が安定感と安心感をもって，あまり経験のない女性なら打ち負かされてしまいそうな障碍に立ち向かうことを可能にした。青年期のジュディを悩ませてきた，あらゆる恐怖，苦渋，孤独などは，彼女のような内的資源をもたず，いたるところに見られる脅えた人々へのやさしさと寛容にとってかわっていた。彼女は，多くの人々に脅威を与え，他者の感情に無感覚にさせるのは，ひとつかみの恐怖だという，重要な発見をしている。ラルフは自分が親としての責任を果たし得ないのではないかと恐れていた。カールは彼の妻の過去を知る人々の冷笑に直面

することができなかった。脳卒中の発作後の父親の無力感と敗北感，そして母親の目の中の苛酷な恐怖を見るまでは，彼女の両親でさえ恐れていたのだということに，気づいていなかった。彼女が幼い時に両親に課せられた厳しいしつけは，恐怖，混乱する恐怖，未知なものへの恐怖，そして何よりも罪の恐怖から生じた「キャラクターの強さ」にすぎなかったのだ。ジーンの養育に直面した時，彼女自身も罪悪感から来るひとつかみの恐怖を感じた——それは母親の過ちを回避できるようにする教訓をジーンにうまく印象づけられないだろうという恐怖である。

　ジュディは，他者が彼女の資源の蓄積を感じ取り，彼女なら彼らの不確実感を安定感に，彼らの空虚感を意味に，そして騒擾を静謐に置き換えてくれると期待しているようだとわかったのである。ジュディにとっては，この過去は未来を切り開く貴重なカギになったのである。

B．ティモシー・エルマン

　少なくとも１日に１回ティモシー・エルマンは，自分に生じたことが現実であることを確かめるために，自分をつねってみなければならない。彼にはあまりにもたくさんのことが起こったので，それが実際に起こったとは信じられなかった。子どもの頃彼は立派な大学に進学して，わくわくするような研究者の会社を共同で立ち上げるという白昼夢を見るのが常であった。しかし，心底これが実現するとはどうしても思えなかった。しかしティモシーにとって，現実は空想を追い越していた！

　ティムの冒険で最も驚くべきイベントの１つは，魅力的な人を発見できたことであり，この人は彼の妻になることを約束してくれた。彼らは結婚により，両者にとっての，新しい興味，新しい経験の尽きることのない源泉を得た。彼はこの妻がいかなる女性とくらべてもより魅力的だと見るようになったが，それよりももっと驚きであったのは，妻もまた彼を魅力的だと見ていることがわかったことである。

　ティムは大きく目を見開き，単純な信頼をもって，未来を見据えていた。彼には，そのうえに自分のイニシャルを目立つように掘りこんで，面汚しをするなどということは，絶対に起こりえないことであった。この時点以後の未来が過去の半分だけ寛容であれば，彼は自分が世の男性の中で最も幸運だと考えつづけるであろう。彼は未来が彼のために次に蓄えてくれているもの——キャリア，責任，家族，子ども，新しい友だち等——を息をのむような期待感をもって待ち構えており，未来が示してくれるものを待ち切れない状態であった。

　この状況で，ティムの友だちや社会的状況への反応は，うっとりとした自発的関心であった。同僚のアイデアの新しい啓示のおのおのは，彼を立ち止まらせ，考えさせるものとなった。それゆえに，彼の談話は急がない思慮深さと他者への共感をその深い基調にもっていた。

彼の内的生活は動揺がまったくないというわけでもない。彼が心配するものの1つは，たとえば，彼が実際以上に技術的に有能で洗練された人だと誤解されて，彼の思考に人々を引きずりこんでしまう可能性である。彼は体質的に「知的な」前衛を気取ることには反対している。彼にとって「知性偏重」は生の豊かな躍動の破壊に危険なほど近づいているのである。

C. パトリシア・ディームズ

パトリシア・ディームズは，予期しない「物の見方」を表現する多彩な専門家である。彼女は，なじみのある「事実」，「信念」，社会的「価値」などの新しい見方をみずから探求することによって，深く根差した学者のような好奇心を満足させている。彼女は，どんな問題をも少なくとも2つの視点から見て言語化することのできる能力と知的柔軟さを備えている。この新しい視点から物事を見る多才さによって，彼女はどんな議論にも新しい意味を与えることができる。また日常的な問題について相反する方向へと導く，基本的で正当化可能な思考の違いを，彼女は感じ取ることができるのだ。したがって彼女は，どんなディスカッション・グループでも，彼らの固定的な立場をほぐして，彼らの論じている問題について新しい見方を考慮させることができるので，貴重なメンバーになっている。

パトリシア・ディームズが教育をその主要な職業的関心事として選んだのは，驚きではない。彼女はこの言葉の最もよい意味での教師である。彼女は新しいアイデアの創始者であり，単なる事実の調達人ではない。彼女の議論への貢献は，それがクラス討議であれ，もっと非公式なものであれ，常に予期せぬものであり，普通はチャレンジングである。彼女はあなたが彼女に期待するようなことは絶対にいわない。そして彼女は，彼女のすべての友だちが，彼女を，簡単に識別できるどんなステレオタイプ的態度とも同一化しないように防止することができる。実際，彼女の人生に対する機敏なアプローチは，時に，彼女の同僚たちのもとの立ち位置がどこであったかがわからぬままに，彼らに陽気な感情を残してくれる。

パトリシア・ディームズの代替の視点を見つける能力は，単なる彼女の社会的相互作用パターンの一部ではない。それは深く根差した確信から来るものである。人々が巻き込まれているトラブルの多くは，人生の広大なハイウエイに残された轍のようなものである。人々がこの轍の跡からみずからを解放できれば，彼らは自分の周りの世界をもっと自由に理解できるだろう。そしてお互いをもっと自由に理解しあえるだろう。彼女の人生への新鮮なアプローチと，その日々の社会的状況によって，彼女は決して終わることのない多様な道を自由に表現でき，彼女の友だちの意見も，どれほど逸脱しているように見えても，寛大に受容できるのである。

20 参加者の反応

この過程は5セッション行われ，各セッションは電子的に記録された。このシリーズの最初に，各参加者はこの後の10日間に，このシリーズに対する彼／彼女の反応の報告を準備することが求められた。以下はその報告である。

A．ジュディ

私が最初に私の役割を受け取った時，私は緊張し，用心深く，少し恐れていた。100もの疑問が頭の周囲でぶんぶんと唸っているようだった。なぜこの役割は情動反応を生じるように，こんなに緻密につくられているのか？ なぜこの感傷的な背景なのか？ なぜ終りにはこの勝利のバナーなのか？ これはすべて私が前に書いたもの（自己特徴づけスケッチ）との関連で，どんな意味があったのか？ 私はジュディが好きだった。この役割——共感的で親切で称賛される——理解があり，強く，知的で，成熟している——をとるのは難しくはなさそうである。私は誰をからかって冗談をいおうとしていたのだろうか？ 明らかに私自身だ。困難な2週間になりそうだった。このことは，私がこの役割を読み終わった瞬間から，わかっていた。（これを書くのは本当に大変ですね。ケリー博士。これらの言葉はあなたが経験と感情についていっていることにすぎないことを，私は忘れることができません。しかしなお，もし私がそれをはっきりさせなかったり，はっきりさせられなかったりするなら，あなたには言葉についての言葉が書けるだけであり，それは時間の無駄であり，最終分析ではまったくの無用の産物になるでしょう。私は自分の位置を忘れました。あなたのものは判断力の課題です）

―――

私は今2回目のミーティングが終わって出てきたところで，素晴らしい気持ちだ。みなさん，メリークリスマス！ 私はすごくハッピーだ。あなたもそうだよね。素敵な日で，暖かさと愛情を感じる。今日私は2人の面白くチャーミングな人と出会った。私たちは友だちになるだろう。私は彼らが大好きだ。でも何よりもよいのは，彼らが私を好いてくれていて，私が彼らを援助できることだ。われわれの役割を練習するのはすごく楽しかった。誰もがこんなに素晴らしく信頼できる人だとわかったのだから。私以外の誰もがそうなのだ。どうすれば私はそんなにうまく適応できるのだろうか？ 私はすごく有能な感じがする。ライオンでも連れて来い！ 私は自分の役割を演じているのか，いないのか——私は演じている。

―――

今夕，両親に関係する私の役割をやってみたら，すごくうまくいった。彼らは私の違いにあまり気づいているとは思えない。でも，私は気づいている。両親はあの店でよくない経験をしていたので，われわれは抑うつの夕べに沈み込む覚悟をしていた。

夕食のテーブルで両親が仕事の話をするときには，私は普段は聴き役なのだが，若干のコメントと質問をした。私は料理が好きだが，それでも，食事の準備には多くの努力が必要である。だから，私は普段なら彼らが落ち着き，その店のことを忘れて，彼らが喉の奥に詰め込んだものの何かのほのめかしを理解するほうがよいと思う。しかし今晩は，私は質問をして共感を示した。彼らは目に見えて気分をよくして，テーブルから立ちあがった。私はクソッと感じた。ここでは彼らはこれらの問題のすべてを（未解決のまま）もっており，私は彼らがそれを解決するのに何の援助もできなかった。彼らはいまだに，夕食にポーク・チョップを食べたのかエッグフーヤンを食べたのか，知らないままであった（それはシュリンプ・クレオールであった）。

―――――

次のミーティングが今日あった。ティムは彼の役割について困難な時間を経験している，かわいそうな奴。ミーティングの外で本当にそれをやる場合には，彼はわれわれの多くが考えるよりもはるかに大きな困難を経験すると私は思う。パトリシアもある程度までそうだ。私は昨日彼女と話をしたが，彼女は自分の役割を頼みにならない人物と考えているのではないかと私は恐れる。今日のグループでは，彼女はずっとうまくやっていた。

―――――

私は今日私の言語遅滞のケースの1人の子どもの母親について，自分の役割をやってみた。最近まで彼女は息子（5歳半）に言葉が出ないことを心配しておらず，家庭での治療に協力しようとしなかった。先週他の遅滞児のグループ内での彼女の息子を観察させることによって，ちょっとしたショック療法を実施した。この子の他の子どもたちとの接触の欠如は，ついに彼女の目を開かせた。今日彼女は説明と質問であふれんばかりであった。そしてジュディはそれを引き受けるべき，まさにその人であった。転がり出てくる多くの言葉の中に，私はこの女性の恐怖を見てとった。それは，彼女が孤児であったからであり，今まで正面切っては言わなかったが，息子が精神薄弱ではないかと感じて恐怖していたのである。彼女は，ジュディが知っていて，援助したいと思っていることも知っていた。このケースにおけるこの役割の成功の明らかなエビデンスとして，私は，彼女がクリニックのヘッドに，いかなる状況のもとでも，息子を担当する臨床家を変えないでほしいと願い出たことを，付け加えておきたい。私はどういうわけか，このことを全然自慢しないのは，ひどく謙虚だと感じる。彼女は彼女の脈をとっていた。そして私はただ自分の役をしていただけである。そうではなかっただろうか？　次回あるいはその次の回には私は何を言うべきか？　いつかすぐに彼らは彼女に息子が精神薄弱だったと告げることになるだろう。そして彼女はそれを受け入れざるを得なくなり，私はそれを観察せざるをえなくなるだろう。このクラスの技法に対して感謝します，先生。突然ですが，私はひどく疲れました。

昨夜のパーティでこの役割を徹底的に試してみた。でも，それほどうまくはいかなかった。私はジュディがグループ内でどう反応するのか確信がもてず，そのために，普段より大人しくしていた。私の友だちは私をすごくからかった。そしてみんなは私が普段どおりの反応をするのを期待していた。でも昨晩は私は責任逃れには戻らず，気立てよくそれを受け入れただけであった。彼らが私に抱いたと思われる一般的な印象は，「食欲がない」であった。

　私は今この役割をうまく扱えないことで，どちらかといえば落胆している。私はジュディが特徴づけている客観性を獲得できているとは見えないようだ。私はほとんどすべての人が持っている傷心や心配なら問題なく聞いて理解できる。しかし，私の友だちや家族が毎日そこを通り過ぎるのを見聞きするときには，彼らがみずからの問題をみずからのやり方で解決しなければならない人間存在であることを，心にとどめておくのが困難になってしまう。私はそのことを心配し，内面でたじろいでしまうのだ。

　私は今日の最終ミーティングでひどく追い詰められた感じがした。それは今までのものよりもはるかに個人化されており，多くの会話は私に，そして私がどう感じるかに，向けられているように思えた。いくつかの敏感なポイントで私の真の役割がジュディとうまくかみ合っていないことをはっきりさせずに，私がこの役割について感じたことを，ティムとパットの前でどうすれば正直に表現できたであろうか？　まず，ジュディとミリアムの過去にはそれほど大きな違いはないが，それが類似性の尽き果てるところなのだ。ジュディはかなりの期間にわたってみずからを見て，どう見ても勝利してきた人である。彼女は成熟して有能であり，そのことをよく知っていた。他方，ミリアムはそれほど成功はしてこなかった。彼女の経験は有能感を高めるようには働かず，ただ自己の決定にいっそう慎重になり，いっそう自信がなくなっていった。このような違いはもっとたくさんあったが，この役割は自己治療の目的のために割り当てられたものではなかった。この役割は時に私には演じるのが困難であった。そして，私がどう感じたかを記録することは，さらにいっそう困難であった。私はミリアムが好きである以上にジュディの方が好きだった。たぶん，もっと練習を積んで数年たてば，私が最も好む特質のいくつかは身につけられるのだろう。

B. ティモシー

　5月23日，水曜日。**最初のカンファランス**。初めてティモシーを見る。色もサイズも違う新しいスーツを着ようとしている感じ。ぼくはティモシーが本当のところどんな類いの人なのかわからず，この役割にいくらかの敵意さえもっていた。この役割は

非常に不完全なように見えた。この役割でカバーされていない状況では，ティモシーはどんなふうに振る舞うのだろうか？ ティモシーは骨のない弱いやつ（キャラクター）なのかどうか？ 彼の妻は本当に「魅惑的」なタイプの人なのだろうか？ ぼくはこの役割を演じるのが難しいと感じたか？ 実際のぼくよりも有能だと思われることについては，どのように関係してくるのだろうか？

5月24日，木曜日。今までのところ，ぼくは本当のティモシーに「なる」こと，あるいはティモシーあるかのように感じること，ができなかった——むしろ，進歩のないことに落胆した。ぼくは役割を非常に注意深く読んで，ティモシーはどのように構成され，なぜそのように創られたのかを理解しようと試みた。その結果，ティモシーのような人が実際にわかり始めてきた。チェスターが多くの点でティモシーのようになっていたなら，ずっと幸福だっただろう。例：ティモシーは将来のことを過剰に心配しない——彼は現在の現実に生きており，ほとんど不安はもっていない。ティモシーは自分を社会的に受け入れられるように「つくらねば」ならないとは感じていない。彼は自動的に受容されると信じており，他者からの受容について内的な不安にとらわれるよりも，社会的状況における外なる他者に興味を投げかける。

第2回カンファランス ぼくはすべてのことに少し神経質になっていた。したがって，参加が非常に抑制されていた。ケリー先生のティモシーの描写は，彼を理解するのに非常に役に立った。ティモシーは骨がないのではなく，実際には非常に成熟しているのだという感覚が残り，したがって，彼がもっと好きになった。

ぼくは今ではもっとティモシーのようになりたいと感じている。しかし，自己をティモシーの役割に投射するのは難しそうだ——まだ意気は上がらない。

5月25日，金曜日。こういうノートをつくった（上の材料）。ティモシーの妻は本当に魅惑的なタイプなのだろうか？ 日常生活で，彼は彼女にどのように対処しているのだろうか？ ティモシーの役割を妻と試してみた。ある状況ではほぼ自然でいられるが，別の状況では難しくなった。この役割を妨げうるいくらかの習慣的なパターンは，壊すのが難しい。

5月26日，土曜日。ティモシーのパーソナリティのいくらかの側面は応用できるが，古い習慣的パターンの妨害により，自分がティモシーであると感じるのは難しい。ぼくはこの役割を週末にやってきた妻の友だちとかなりうまく演じられた。ぼくはこれが思っていた以上に気安くできた。この社会的状況が，この場合にはよかった。そし

てぼくは，ティモシーとして演技することに結構成功していると感じた。

5月27日，日曜日。昨日と同じ状況。お客が帰った後で，妻は，お客とうまく付き合ってくれたと，ぼくにお世辞を言った。ぼくはこれらの人々に受容されたと感じた。

5月28日，月曜日。**第3回カンファランス**。今回はあまり怖気づかなかった。役割演技をしたことが，ティモシーの妻との関係の理解と評価に大いに役立った。これによってぼくはティモシーの役割のこの面をより適切に演じられるようになった。ぼくは実際にはこの役割のこの側面をある程度まで結婚以来ずっと演じてきた。しかしぼくはたぶん，このこと（妻への理解，興味，感謝）をもっと強調しなければならない。このカンファランス・グループは，メンバーがその制止を克服して，役割に慣れてきて，お互いにもっとサポートしあえるようになるとともに，もっと有効なものになりつつある。特殊な状況の役割演技は，役割の精神を知覚するのに，特に有益である。

最後のカンファランス これは最後のカンファランスの後しばらくしてから書いたものなので，このミーティングについてのぼくの感情と記憶は，いくらか曖昧で，はっきりとは思い出しにくい。その時の感情の1つは，ぼくは自分の役割が他のメンバーよりもうまく取得できなかったということである。たぶんこれは，ぼくがこの役割に順応するのに直面した異なる問題によったのだろう。また，たぶんそれは，この役割を演じている間に生じた緊張による。ぼくがこの経験から得た重要なことは，1つには，世界とその中での自己の役割を情動的に定義しなおすことによって，人生に対する適応を改善できること，第2に，世界とその中での自己の役割を定義しなおすことのできる特殊な方法が，いくつかあるということ，そして第3に，このような再定義の結果としての現実の経験により，ぼくの世界を情動的に再定義する継続的な努力が，幸福の増大と情動的成熟をもたらしてくれることを，ある程度までぼくに示してくれたことである。ぼくはこの経験に対するぼくの反応について，価値があるかもしれない，かなりの分量の材料を書き記すことができたはずだ。しかし，ぼくはこれをもって締めくくりとする。ぼくはここで省略した情報が，何らかの理由で望まれる場合には，それがどんなものであっても，よろこんで提供したいと思っている。

C. パット

5月23日――（ケリー先生のオフィス）今日私はパトリシア・ディームズについて特徴を書いたものを受け取った。私は私がとるように求められた役割にすごくびっくりした。ある点では，私はパットの性質のいくらかはすでにもっていると感じた。たと

えば私は別の見方を知るのが好きであり，友だちのアイデアを何でも受け入れる傾向があると感じた。しかしながらパットとは違って，「人々の固定的な立場をほぐして」「私の友だちが，私を，一貫してどんなステレオタイプ的態度とも同一化しないように，効果的に防止」しようと試みることは，私には困難であるはずだということがわかるだろう。

最初にこれを読んだ時には，私はこの役割が好きにはならないだろうと感じた。私はパットの中に，あまりにもお喋りであるか，あるいは，いつも議論をしたがって，伝統的に受け入れられているのとは反対の視点をとりたがるかの，いずれかによって，私が前から知っていて嫌いな人々を認めることができた。私はパットが表面的で不誠実であり，彼女にはきっと本当に近しいと感じられる友だちがあまりいないのではないかと思った。私は彼女の友だちが問題をもって彼女のところに来るのをためらうのを見てとった。というのも，彼らには，自分のアイデアが受け入れられるとは思えなかったからである。それどころか，パットには彼らの思考に爆弾を投げ込んで現在の考え方を混乱させる傾向があった。私には，彼らが**彼らの**ものの見方を知ってもらい，理解してもらい，外見的に同意してもらうことを必要としているとは，思えないのである。

5月24日。パットの役割をクラス内でやってみた。教授は「人はシンボルとなる言葉をもたないと，考えることができない」と意見を述べた。私は彼がクラスのメンバーから何かの反応を引き出すために，こう言っただけだと思った。復唱した学生たちは全員が彼の意見を支持し同意した。私は，「言葉のない言語発達遅滞の子どもはたしかに考えているというエビデンスを示している」と感じると言った。私は，これはパットの役割の貧弱な試みであったと思う。クラス状況では，いつもそうなのだが，これはよい視点として受け入れられ，さらなる明瞭化が教授によって与えられた。しかし私には，これは単に多数派の視点を見るだけというよりもむしろ，新しい傾向を探すというアイデアの出発点になった。

5月24日――（ケリー先生のオフィス）　今日私はパットをもっと好きになれることがわかった。彼女は，彼女のことを常に頼りがいがあり，物わかりがよいと考える，ごく少数の非常に親しい友だちをもっていないかもしれない。が，彼女はより広範囲の興味と友だちを獲得するかもしれず，彼女のことをよく知らなかった人々にさえ興味を持たれうることを知って，大きな自信が得られることを確信した。彼女の親しい友だちでさえ，あまり共感が得られないことを知っていても，彼女から多くの洞察が得られる可能性があり，驚かされて新しい思考路線に入っていける可能性もあるので，

彼女と話をしたがるはずである。

　私は今もなおパットの役割を恐れていることがわかる。それを試してみればよいことはわかっている。(でも)私は友だちを傷つけるかもしれない。自分の新奇さゆえに，人に嫌われそうな気もする。このセッションで説明したように，私はたぶんこれを次のようにして回避できるだろう。(1)私の評価の仕方，すなわち，「私は反対だ」というような言葉は差し挟まないようにして，「あなたは思われたことがありませんか」などのようにいう。(2)新しいひねりを入れるときには，「眼の輝き」を維持すること。(3)一見非常識な言葉には，ちょっとした思想を示すような価値のある示唆を付け加えることによって。

　私はパットの役割はたぶん面白くなりうるのだろうということがわかった。しかしそれには，よりやさしくより受動的なよい聴き手の役割の代わりに，自分をもっと積極的で快活な役割に意識的に追い込んでいく必要があるだろう。私は自分が多くの人々にどう思われるのかという疑惑のゆえに，それを恐れているのだと思う。

　すでに私は，人は誰かに反対されることを望まないという昨日の私の発言の間違いに気づいている。このことは，多くのストレス下にあるときにはたしかに事実であるが，普通の状況では，人々はよい話し合いができる人と，新しいアイデアをもつ人を称賛する。したがって，私は今気がついた。パットは思いやりのある人でありうるし，同意することもできる。しかし人々は彼女が好きだろう。というのも，彼らは新しい傾向——彼らがたったの1つしか答えの出せない問題に，新たなアプローチをすること——を求めて彼女のところに来るからである。

　今日のセッションでは，私はティムとジュディについてもっと多くのことを学んだ。ティムは，客観的なリスナーであり，目を大きく見開いて，成熟し深い共感と思いやりをもつジュディに興味をもっている。このティムには，私が現実的で優れた個人的価値だと感じる以上のものを，私は見ており，それから，私はパットにも同じものを認める。パットはまだ私には少し表面的に見える。他方，パットについては，何か非常に愉快で興味をそそられるものが見える。私はそれを，よりステレオタイプ的保守的であるよりも，「快活で，きらめき，面白いのは，たしかに楽しいだろう」というように見ている。しかしこの時点では，パットであることには，何かほとんど我儘で自己中心的なものがあるようだと，私は推測している。私はこの役割にほとんど罪悪を感じているようだ。

　5月24日——パットと友だちとの談話。友だち：(学生暴動に関する新聞記事を読んだ後で)(非常に皮肉っぽく)：「私はたしかにオハイオ州立大学の学生であることを誇りにしているわ」　パット：「うん，それでいいじゃない——私たちはそうあるべきだと思うわ」　友だち：すごく驚いた——「どうして？」　パット「うーん——われわれがもらっ

た宣伝ビラを全部見てごらんよ」(共に笑う)

5月25,26日——この週末にはいろんな状況でこの役割を試してみた。他者からの一般的な反応は,面白がっているというものだった。彼らは一瞬驚いて眺め,(私が冗談をいっているに違いないと知って)笑うのが常だった。(そして私も笑った) たぶん私は,自分が笑わないようにすることによって,あるいは,私の最初の言葉をフォローして何か現実的で具体的な示唆を公表することによって,これを避けることもできたはずだ。たとえば5月24日に報告した会話では,「たしかに,私たちは誇れるわ。大多数の学生は参加さえしていないし,たぶん私たちと同じように感じていることを思い出してごらんよ」ということもできただろう。

この週末のパットを演じるという試みはあまり実りのないものだった。私は「面白がっている」という感じをえられただけだった。

5月28日 この前の週末の私の反応を議論していて,私は自分の役割をもう少しトーンダウンして,私の提案がそれほど馬鹿げたものには見えないようにし,それを価値あるものにする何かでフォローして,「そこには何かがあるんだよ!」と他者に考えさせることに決めた。この変更により,私の役割演技はやりやすくなると思う。

今日のセッションでは,私はティムの役割について,そして彼が妻とどう関わり合うのがよいのかについて,より多くのことを学習した。私はジュディの役割についてもさらに洞察を得た。彼女はもっとユーモアのセンスを加えるべきであり,今までに含まれていたよりももっと快活で能動的な参加をすべきだと思われた。

5月29日 今日のセッションでは,われわれはジュディとティモシーが相互作用するのを見る機会をもった。私はこれがどう進行していくのかに関心を持っていた。というのも,彼らはどちらも基本的には「聴き手」であるからである。(ジュディは,個人的なトラブルに対して共感的で思いやりのある聴き手というところに比重をおいており,ティムはもっと客観的で,新しいアイデアの探求を重視しているが,「何が他者を動かすのか」にも関心をいだいている。2人の相互作用を見て,私が感じたのは,ジュディが彼女の共感的に傾聴する特質と,みずからの理念を語る成熟し自信に満ちた女性としての特質とを結びつける,素晴らしい仕事をしていることである。ティムについては,感情を伴った友情の提案を受け入れられたはずのときに,少し非情動的で厳格にすぎると,私は感じた。いくつかの点で彼は自分の考えを押し付けようとした——あるいは実際には思いやりのある「うん」や「なるほど」のほうがこのキャラクターには合っていると思われるときに,彼女の言葉を言い変えたりもした。音声の高さ(ピッチ)はこれらの状況では上がったが,より楽しい状況では下がっていき,彼がこの

「新しい人物」の魅惑的な聴き手で観察者であるときにはよく調節されていた。

パットは今日はあまり相互作用をしなかった。彼女はティムとジュディの相互作用を見たいという提案を行い，これは，パットなのかポーリンなのかは言い難かったが，「新傾向」を示唆するキャラクターでなされた——私はそれが「古い自己」だという感覚をもっていた。というのは，「パットは何をしようとしたのだろうか？」と意識的には考えていなかったからである。

私は，ある意味では，パットの役割が古い自己のかなり近くにヒットしているという感覚をもっていた。この「ポーリン」は新しいアイデアに興味を持ち，ワンパターンの思考やステレオタイプ的アイデアを恐れている。ポーリンはしかしながら，自分が何を言おうかとか，彼らがそれをどう受けとめるかとか，をいぶかりながら，友だちと別れるようなことはめったにない。彼女の友だちは，知的な平面での，あるいは理念やコース・ワークを含む会話での，彼女の多才さを期待できると私は信じている——しかし彼らは，個人的な問題に対して，もっと受動的でステレオタイプ的な反応を受け取っている。それはたぶん，ポーリンは理念的な平面では中道からはずれるのが安全だと感じているのだが——しかし現実生活の接触においては，彼女は友だちや威信の喪失を生じるのではないかと恐れているからである（？）。

私にはパットが，彼女の友だちにはいくらか一貫しない，あるいは革新的に見えるこの機会を，敢えて意志的に利用しようとしているように見える。教育場面では——ポーリンは新しいアイデアをもっていた——しかし，両親や管理者に「違う」とか「進歩的」というようなラベルが付けられるのを恐れて，あえて実験することができなかった。私はパットがこの新しいアイデアを試してみるだろうと信じる（その導入の仕方は如才のないものになろう）——そしてさらに——パットがより多彩に，そして違うものになってきたことによって，尊敬され称賛されるだろうと私は信じる。これは私が獲得した新しい傾向（あるいは少なくとも，この役割を演じることによって大いに強化されてきた古い傾向）だと思う。私はこの新しいアイデアをしばしば**考えていた**と思う——しかし，これを言語的に表現したり，試してみたりするのは，恐れていたのだ。

この役割演技は，古めかしく，くそまじめで，「ポーリン，あなたのトラブルをもっておいで」である必要がなく，善良で軽快な感情を与えてくれる——しかしむしろ，大いに笑い，おもしろく快活であり，憂鬱と過剰な感傷性の泥沼に落ち込むのを防止する機会となり，同時に他者を助ける面白く新しい傾向——「彼らに新しいアイデアを与えよう」——「古いアイデアをただ強化するのはやめよう」（古いアイデアにはもちろん正しいものも間違ったものもある）ということになる。しかし彼らには，問題に対する何か新しい見方を与えよう。

この役割のこの部分は私には非常にやりがいがあり面白い。

———————

5月30日　この役割を友だちと一緒に試してみた。私のコメントがそれほどばかばかしいものではなく，その背後にもっと思想のエビデンスをもたせるように試みた。かなりうまくいったようだ。私のコメントは話し合いに面白い付け加えをしたと受け入れられた。

───────────

5月31日　役割演技がもっと易しくなり，私の一部になってきているようである。私はただ受動的に聞いているというよりも，話し合いにより貢献しているのがわかる。楽しい。でも，常に身構えていよう。

───────────

6月1日　私はこの役割から本当により多くの楽しみを引き出している。これは，自分の見解を面白く魅力的なものにし続けられないのかどうかを見るための，ほとんどゲームのようなものである。今朝は友だちのグループで，私は，古い役割の一部になってはいなかった，ちょっとした言い返しや提案をしながら，もっと多才に行為できないのかどうかを試してみた。友だちはこれを楽しんでくれているようである。

　私はこの役割演技の経験が魅惑的で有益なものであったと本当に感じている。最初は，私は「やりすぎ」をしようと思って，面白おかしく感じ演じた。次に私はパットの役割を恐れたり他者の反応を心配したりすることなく，この役割を多くの古い自己と組み合わせながら利用できることを見いだした。驚いたことに，他者の反応はおおむね良好だとわかった。実際，彼らは楽しい驚きを感じていたと思う。当然のことながら，これによって，私はもっと続ける自信を得た。

　役割演技が治療においていかに使われうるかがわかって，私には面白かった。しかし，その主要な興味は個人的なものだったと思う──「古い役割」の変化がいかに達成され，利益をもたらすかに気がついた。これは私にとって新しく魅力的な経験であった。そして，私は1日24時間ほんとうに自分の役割を演じるというまでには及ばなかったことがわかっているが──私は自分がどんどん成長して，パットである（になりうる）と感じられるようになった。したがって私は，もっと自然に，彼女が望むようにふるまっていると感じるようになった。

　おもしろい経験をさせていただき，ありがとうございます。ケリー先生！

　6月1日（2時のミーティングの後で）　あなたがした新しい役割を行使することの背後には，いくつかの理由があるというアイデアが得られたので，今日のミーティングは面白かった。たとえば私は，ジュディの落ち込んだ多少とも抑うつ的な気分に気がついた。そのときこれは期待され望まれていたものだったのか──そしてなぜそうなのかと訝った。数日前のあなたとのセッションで，私はティムの新しい役割の目的の1つは緊張からの解放であり，これを通じて間接的に，音声のピッチが低くなることだということを見た。

あなたが私の役割をこのように描いてくれた理由を考えてみたとき，私の古い自己がおそらくあまりにも保守的であり，真の自己表現をあまりにも恐れているために，轍にはまってしまう危険な状態にあると，あなたが感じたのだと，私は推測した。さらに，この役割が，利用可能な知能を私に使わせ，特にそれを言語的に利用させ，ステレオタイプ的パーソナリティを回避させ，型にはまった思考を回避させるというアイデアをもってデザインされていたのだということを，あなたは今日私に説明してくれた（そして強化してくれた）。

私はこの役割が次のように，特に私には有益であったと考えている：数年前に私は，自分自身が面白い人物になれるように自助しようとする試みに，非常に積極的な関心をもち，自分がなりたい大人のパーソナリティを達成するために，新しい提案と新しいアイデアに非常にオープンになった。私はかなり幸福で成功した大学生活を送った。このあと2年間教職についた（これもいくらかの人々に成功だったと言われた）。これは，それ以前には欠けていた大きな自信を私に与えてくれた。しかしながら私は，24歳でおそらく自分がなりたいタイプの人間になっていた。それゆえ，今までこのようにうまくやってきたのであるから，私はどうして変わらねばならないのか，と考えるようになったという点で，おそらく有害なものになっていた。私はこの経験が，たとえキャラクターの**完全な変化**の必要性や機会がなくても，こういう態度をとることによって，身動きがとれなくなる，あるいは轍にはまり込んでしまう危険性があることを，自覚するのに必要な動揺であったと思う。

それでは，ステレオタイプ的な女教師役割に陥らないようにするためには，なぜ（必ずしも古い自己を完全に変化させるのではなく）何か他の，パットのような属性を加えようとするのではだめなのか？　私は，何びとも変化できないほど完全であったり，柔軟性を欠いていたりすることがないことを，知っている──私はそれを前には知っていた──しかし正直に言うと，私はこれを自分には当てはめていなかった──それゆえ，私はこれを揺さぶられ気づかされるという機会を持てたのが，うれしい。

私は「轍」については非常にはっきりと意識してきた。そして正直にいえば，これが現在私が大学院にいる最大の理由である──そこに陥りつつあったという事実を意識しながら，高校の英語教師の轍から脱出するためである。私がこの轍から脱出する方法は，若い人たちとの接触に戻り，より多くの未来と啓示をもつフィールド──たとえばスピーチとヒアリングのような──に入っていくことである。私はあなたがそれを「環境操作（environmental manipulation）」と呼んでいると思う──しかし正直に言って，人を操作するというようなことは，今日に至るまで，私には生じたためしがない！

（正直にいえば，上の状況では，私は環境の変化も必要であったと思う──しかし──私はいつかまた轍に囚われた状況に戻りうることが，私には非常にはっきりわかる。そして，人は2年ごとに状況を変え続けることはできないので，「自分を救う」ことのできる1つの方法は，自分が他者にとって

（そして自分にも）面白く魅力的になって，ステレオタイプ的には絶対にならないことである。これは少なくとも，たしかに役立ちそうにみえる！）。

　私はまだパットの役割を捨てようとは思わない。これについてはあまり積極的に考えていないのかもしれない——しかし，私はこれからも役割スケッチを読み続けて，意識的に試してみたいと思う。実を言えば，私はパットが私の一部になって，意識的にこの役割を使わなくてもよくなるように，今後も十分に長く続けたいと思っている。私は古い役割のほとんどが維持できることに気づいて，うれしい。それは，この中にはある安心感があると思うからである——しかし，常に受動的に傾聴し，「この他者が長話を楽しんでいるかぎり，考えさせて悩ませる必要はない」とする古いアイデアは，ある程度まで捨てる必要がある。私はたしかに傾聴し思いやるというよい資質を維持したいと思う——しかし，それにもう少しだけ言語的なアイデアの提示を加えたい——特に新しいあるいは異なる傾向を，古いアイデアに——。これは，私の役割における小さな行為と変化を必要とするチャレンジを提供することによって，私に役立ちそうな気がする。「パット」になるためには，人は多くの事柄について情報通でなければならない。そしてかなり素早く手がかりを捉えて反応しなければならない。私がこの役割をうまく演じられたら，他者はおそらく私に退屈することはなく，また，私がどう反応するかを常に知っていたと感じるはずである——そして次には，ステレオタイプ的思考様式に入るのも自分自身に退屈することも困難になるはずである。私は「新しい傾向」を考えるのに非常に忙しくて，身動きとれなくなったり，固定観念にとらわれたりはしていられないだろうと思われる。

　ここで，私の親友は私のある種の役割演技に気づいていたこと，しかしそれがどんな構成内容になっているのかについては今日に至るまで知らないということを，付け加えるべきかもしれない。この役割を彼女に読んでもらう前に，それがどんなものだと思っていたかについてコメントを求めた。彼女は直接には何も思いつかなかった。しかし，私が「変わった」ことで彼女をいくらか驚かせた（しかし怒らせたわけではない）例をいくつかあげて説明してくれた。この役割を読んだ後で，彼女はこれが私にはよいものだと思うし，パットのいくつかを受容すると，それが私の価値ある長所になると感じると同意してくれた。

　私が前にこれを開始したときには，私はあなたとともにこの役割演技をする機会を楽しんだ。また私はあなたから，そして「新しい役割」を演じる試みから，多くの洞察を得た。

21 結 論

　自己特徴づけのスケッチと修正役割療法の分析を含む，このサンプルの経験の報告は，これらのパーソナル・コンストラクト心理学へのアプローチが，多くの新しいパー

ソナリティ理解と再適応過程を始動させる方法とを切り開きうることを十分に示していると期待される。記述された技法はまだ探索段階にある。修正役割実験のデザインから成長しつつある正確な検証エビデンスは，まだ得られていない。本章は本書の全体と同様に，結論的なものより挑発的なものになるようにデザインされているのである。

第9章
Dimensions of diagnosis
診断の次元

　今や読者は，パーソナル・コンストラクト心理学がいくつかの実践的応用ができるということに気づかれたと思う。ここまでわれわれについてこられた読者なら，この理論体系をもう少し精緻化する準備ができているはずである。それゆえわれわれはより抽象的な文章に舞い戻ることにする。この後の2章では，臨床家のために新しいレパートリーの診断概念を提案する。このレパートリーをどのようにして日常的に使用するかは，第2巻でカバーする問題になる。

A　デザインの細部

1　導　入

　本章の目的は，クライエントのパーソナル・コンストラクトを包摂できる専門的コンストラクトの一式を，臨床家に与えることである。われわれは役割関係の主要な基礎としてパーソナル・コンストラクトの包摂を強調してきたので，これらの診断コンストラクトは，臨床家がクライエントとの専門的に有用な役割関係を引き受ける助けになるように，デザインされていると見なされうる。

　これらの専門的コンストラクトは病気の実体や人のタイプや特性に言及するものではない。これらは，どんな人の行動でも，どんな時刻でも，どんな場所でもプロットできる，普遍的な軸として提案されている。これらはまた，人の心的過程の中で生じる変化をプロットできる軸でもある。これらはそれ自体では良くも悪くもなく，健康でも不健康でもなく，適応的でも不適応的でもない。これらは羅針盤のポイントのようなもので，相対的な位置をプロットでき，進路を図示できるようにするためのものと単純に仮定されている。

2　心理的コンストラクトをデザインする際の問題

　診断体系は，科学理論のように，きれいに整理されていると同時に実り豊かでなければならない。これは人間のパーソナリティについてわれわれが観察したものを分類

整理するだけでは不十分だということである。人間のパーソナリティは，流れ続けるイベントの進行であるから，その容器にうまく順応するものではない。人は死んだ後でのみ，そのパーソナリティの比較的静的な分類が可能になるのだ。そしてその時でさえ，その後のイベントの展開によって，その人の人生の役割は新たな歴史的展望に投げ入れられて，以前に割り振られた意味の多くが変容されうるのである。

　よい診断体系は行動をプロットできる一式の座標軸である。しかしながら，この軸がクモの巣にかかった蠅のようにわれわれ人間を捉えるようにデザインされているか，それとも秩序をもった移動を奨励する道路と高速道路のシステムと考えられているかによって，大きな違いを生じる。われわれはすでにみずからのコンストラクト・システムに絡めとられて混乱している人の窮地について，そして，心理療法家がいかにしてクライエントの道路網の再編を援助し，秩序ある動きのできる新しい道路を発見できるように援助するかについて，論じてきた。さてわれわれは，この混乱した人について考える際に，彼が自分自身について考える際におかしたのと同じ種類の思考の間違いをしないように，確かめなければならない。われわれが設定する座標軸は，彼に対して開かれた多くの異なる動きの路線を表象しており，脱出不可能な迷宮への一方通行路を表象するものではないはずである。

　知能指数すなわち IQ という診断概念について考えてみよう。今世紀の最初の30年を通じて，これは比較的有用なコンストラクトであることが証明された。これはかなり有用なレベルの浸透性と命題性をもって世に出た。これは子どもの教育において何がなしうるのか，そしてその子の発達の比率がどうなるのかと，関連をもっていた。しかしながら，このコンストラクトは成人を扱うのにはほとんど役に立たないことが徐々にはっきりしてきた。それは，成人の IQ が「測定」できなかったからではなく，成人の IQ がその範囲の成人の成績（パフォーマンス）との相関を示しえなかったという理由からでもない。それよりもむしろ，コンストラクトとしての成人の IQ は，自己自身について，そしてお互いについて，何をなしうるのかということと，ほとんど意味連関をもたなかったからである。そこで，われわれは子どもに適用される IQ の見解を再評価し始めたが，ここでもこれは，子どもを教育する計画，機会，方法の豊饒な資源を切り開くというよりも，教師や心理学者を，子どもを分類整理する立場に立たせる傾向のあることが見え始めてきた。

　個人の IQ は一定のままなのだろうか？　われわれ心理学者はこれをそういうコンストラクトにするように努めてきた。これがその主要なデザインの明細化だったのである。われわれは成功したのかもしれない。そうであったなら，われわれの成功は不運なことだったかもしれない。IQ の連続体上に釘づけにされた子どもは，先生のその子に対する見方を変化させる機会がそれだけ少なくなったということになる。もしその子が「低」ければ，その子の例外的な建設的冒険は絶対に思いやりをもって聴い

てもらえなくなるだろう。もしその子が「高」ければ，彼の愚行は天才の奇行として甘やかされることになるだろう。このIQのコンストラクトを定式化することで，われわれは，多くの患者を身動きできなくしてしまうのと同じ網を，みずからもかけられてしまったことになるのかもしれない。われわれはわれわれ自身のコンストラクト・システムのクモの巣にからめとられたことになるのかもしれない。すべての人を，彼らが絶対に変化させえない1つの連続体上に，非常に注意深くピンでとめてきたので，われわれは今や，われわれ自身の手仕事の産物——変化するとは考えられず，またわれわれが何をしてあげることもできない人々でいっぱいの世界——に直面することになるのかもしれない。IQは結局痛ましいほど不毛なコンストラクトではないのか？

したがって，われわれが将来の診断コンストラクトのデザイン明細をつくるときには，もっとよく注意すべきだということになるのではなかろうか？

経験の分析についての後の章で，われわれは，クライエントの経験記録が臨床家によって試験的に構造化されうる，いくつかの集合的な用語を提案することで，締めくくることにする。われわれはこの種の定式化を**構造化**（structuralization）と呼び，**構築**（construction）という語は，クライエントのパーソナル・コンストラクトをアレンジするのに，よりよく体制化された定式化のためにとっておくことを，読者にお願いしたい。構造化においては，われわれはまず，クライエントの行動を彼のコンストラクト——われわれの推測では彼の個人的なコンストラクト——の下にアレンジする。それから次に，彼のコンストラクトをわれわれ自身の臨床的体系の下にアレンジする——すなわち，われわれはこれらのコンストラクトの包摂を試みるのである。

前に指摘しようとしたように，われわれはほんのわずかな行動のみを解釈する場合には，みずからを規範的思考に限定する傾向がある。クライエントのパーソナル・コンストラクトに専ら関心を持つ場合には，われわれはみずからを現象学的思考に限定する。その代わりに，パーソナル・コンストラクト心理学は，規範的なものが現象学的なものの上に重ねあわされるシステムになる。われわれは，この特定個人にとって広範囲の意味をもつ，個人化されたコンストラクトに到達するために，現象学的アプローチの使用を試みる。それからわれわれは，この高水準のタイプのデータを，われわれが他者について知っていることとのつなぎ合わせを試みることにする。

本章におけるわれわれの課題は，各クライエントのケースを公的領域に持ち込める**包括的解釈システム**（subsuming construction system）の代わりに使える，コンストラクト・システムに着手することである——そしてわれわれには着手することのみが可能なのである。われわれはわれわれのシステムが豊饒でなければならないというところから出発した。われわれはIQを，それほど十分に豊饒とは見えない心理学的コンストラクトの一例として示した。現在の心理学で使われている他のコンストラクトには，豊饒さの視点から見るともっと満足できるが，定義があまりにもゆるくて，体系

的には使いにくいものもある。**不安**は誰もがよく知っている例である。もしかしたらわれわれはこれを，パーソナル・コンストラクト心理学の中で体系的に使えるように，他の一般に使われている診断用語と共に，再定義することができるだろう。また，たぶん有益だと証明されうる，いくつかの新しい用語を付け加えることができるだろう。ただし，新しい用語をつくる場合には，大方は節約的であるようにしたいと思う。

　先に進む前に，有用な診断コンストラクトのための10に限定した明細リストを作り，これによって，われわれの視点を述べておきたい。これらは，われわれが1章で論じた心理学理論のための明細とよく似ている。

3 │ 心理学的コンストラクトを目指した10のデザインの明細

　a．豊饒性　よい診断コンストラクトは，その要素のアレンジメントに関して，いくらか多様な仮説を提案するべきである。それは，それが包摂するおのおのの現象について，自由に言えることが1つしか残されていないほど，先取り的であってはならない。それは，それによって解釈される問題への，多様な新しいアプローチに開かれていなければならないのだ。

　b．命題性　よい診断コンストラクトは，本質的に命題的でなければならない。これによってわれわれは，それが，他の診断コンストラクトとは比較的独立に，ケースに適用されるべきものだということを意味している。このことは，各診断軸が他のすべての軸とある程度直交するように引かれる必要があるということを意味する。それが，常にしっかりと編み込まれた布置の一部であるべきだというよりも，他のコンストラクトとは独立に扱いうるという事実は，それが実験に合わせられるということである。

　さて，これは常に相対的な問題である。どんなものでも他のすべてのものと完全に独立したものと解釈することは不可能であろう。しかしなお，簡単なテストが遂行されるたびに，そのソケット内の全宇宙をガタガタさせる実験をデザインすることによっては，科学は進歩しない。宇宙の全体性は，その部分の独立した研究を必ずしも妨げるわけではない。全宇宙の分離可能な部分の研究を有益に実行するためには，われわれはみずからの命題的処理を可能にするコンストラクトをもつ必要がある。

　先取り的あるいは部分的に先取り的なコンストラクトは，診断を無効にしてしまう効果をもつ。たとえば精神病的な人は同時に神経症的ではありえないという，部分的にはクレペリンの思考から出てきた見解をとり上げてみよう。これはいくらか先取り的な解釈である。これは，ある人々に「生理的」なものは「心理的」なものではないとか，あるケースは心理士や教師に属するというよりも，医者に属するなどといわせるのと，同種の推論である。この種の整理棚的推論（pigeonhole reasoning）は，新しい仮説群の定式化と，これらの仮説の科学的検証を妨げる。これは，現象の命題的な取

り扱いを排除することになるのである。
　c．二分法　コンストラクトはもっぱら**類似**要素と**非類似**要素を区別するべきである。三分的分類は先取り的になりやすい——たとえば，**正常・神経症的・精神病的**の三分的分類がそうである。二分的コンストラクトは実験の設定を可能にするが，三分的コンストラクトはまず二分法的コンストラクトに砕かれ，これが次に命題的な処理を受けて，実験的検証にかけられなければならない。
　二分法は明快でなければならない。そうでなければ，そのドアは間違いに対して開かれたままだということになる。たとえば，**不安**を構成するものとそうで**ない**ものとの間に明快な区別がない場合には，診断者は気まぐれに相当すると思うものなら何でも，**不安**と解釈しがちである。さて，このことは，コンストラクトが常に容易に適用できねばならないというのと同じではない。不安のカテゴリーか，非不安のカテゴリーか，どちらに最もよく適合する現象かは，決めがたい例があるだろう。しかし，現象は曖昧であっても，コンストラクトそのものは曖昧であってはならない。それは何らかの明快な二分法に関係していなければならないのである。
　d．浸透性　この明細は，すでに述べたところから読者が推測できるはずである。診断コンストラクトが，ある特定の現象——あるクライエントの人生においてすでに起こっている現象，あるいは，どんなクライエントの人生においてもすでに起こっていることが知られている現象——のみに当てはまるのなら，そんなものは，クライエントの過去についてであれ，未来についてであれ，さらなる発見とはほとんど関係がないはずである。診断コンストラクトは付加的な要素——まだ現場に現れていない要素——を含むものでなければならない。今までの章でわれわれが論じてきた浸透性は，ここにその基礎があるのである。
　e．定義の可能性　このコンストラクトは二分法的でなければならないだけでなく，人々が観察し一致することで定義が可能であり，これによって実際に役立たねばならない。時にこれは「操作的定義」と呼ばれる。また時には「観察者間の一致」とも呼ばれる。さてこれは，このコンストラクトに含まれるすべての現象をカタログにのせて，このコンストラクトを使う人にはこのカタログを記憶してもらうように頼むという以上のことを意味している。この後者のアプローチは，一般に使われてはいるが，浸透性を犠牲にして定義を産出する傾向がある。これはまた，この要素リストを記憶した人々の間に，一種の職業的屁理屈を生み出す。この屁理屈は，実験的研究へのドアを閉ざすことになる。
　f．一時性（temporality）　よい診断コンストラクトはその要素を時間軸上に位置づけるはずである。数学的言語においては，その軸は時間軸とは絶対に直交しないといえよう。したがってよい診断コンストラクトは，状態よりも過程の解釈のための基礎になる。

g．**未来性**（futurity）　さらによい診断コンストラクトは専ら病因論に関心を限定すべきではなく，予後を見通す価値をももつべきである。未来に何を期待すべきかについての意味連関をもつべきなのである。

h．**検証可能な仮説を生み出す能力**　診断コンストラクトは豊饒なだけでは十分でない。それは検証可能な仮説を生み出すべきである。この点については，われわれは上に列挙したものに包摂したと思っている。しかし，これを別に取り上げて強調しておくことは推奨されるべきことだと思われる。検証されるべき仮説は二分法的，あるいは二分法に還元されるものでなければならない。これは，まだ目撃されていない実験の結果に浸透しうるものでなければならない。これは実際的に定義されねばならない。通常心理学では，これには未来に伸びていく時間軸が含まれている。しかしこのこと以上に，これは検証が実行できるものでなければならない。これが実験に含められないほど広大な問題のみに関係しているのなら，それは実質的に検証可能ではなくなる。

i．**治療仮説を生み出す能力**　診断コンストラクトによって生み出される仮説は，検証可能であるだけでなく，クライエントにとっての結果について，ある程度の楽観主義を反映するものでなければならない。これらの仮説は問題をよい方向に変化させるために，何かがなしうることを含意するものでなければならない。これは完全に実際的な要請である。われわれが世界を概念化する方法は，われわれがそれを扱う能力に影響する。何度も何度も心理治療者はこの教訓に納得させられるものを見ている。彼は，クライエントが「現実的な」絶望にしか導かないように定式化された問題をもって来談し，新しい希望と適応に導くように再解釈された問題と「現実」をもって帰るのを見ている。さらにいえば，これはクライエントとともに，科学者も学習しうる教訓である。彼もまた，1つの解釈システムの下では「不可能」であったものが，改訂された解釈システムの下では「可能」になることを見ることができるのである。不変の不可能性を永遠に人間に押し付けてきたのは自然だというドグマを，問い始めるべき時期が来たのではなかろうか？

j．**社会性**　診断コンストラクトは，心理士がクライエントのばらばらな行為を解釈できるようにするだけでなく，クライエントの解釈（コンストラクション）システムの一部をも包摂できるものでなければならない。これは解釈システムの解釈になるはずである。したがってそれは，元は個性記述的枠組みの内部で，そして，その個人の推測されたパーソナル・コンストラクトに関連して，抽出されたデータを処理することになる。

　診断コンストラクトが社会性を提供すべきことを明示することによって，われわれは，治療者がクライエントとの役割関係の中に自己を配置して，建設的な社会的活動の中でそれを演じきる，そういう舞台設定をすることになる。診断コンストラクトは社会的価値をもつべきだといえるかもしれない。ちょうどそれを言うだけで，それを

そこに捨て置くのは,「社会的価値」という語の虚飾性に依存しすぎることになるだろう。われわれは社会過程における役割演技によって何を意味してきたのかを, もっとはっきりさせようと試みてきた。社会性の系について前に論じたことは, ここにも関係してくる。

B 潜在的解釈

4 前言語的コンストラクト

　ここには, われわれが提案した診断コンストラクトのセットの最初のものがある。これらはクライエントのコンストラクトについての臨床家のコンストラクトである。これらの定義を集めたリストは次章の終わりのグロッサリーにまとめておいた。
　前言語的コンストラクトは, 一貫した言語シンボルをもたなくても, 使われ続けるものである。
　a. 象徴化（シンボリズム）　コンストラクトが象徴化される手段は, これらが使われ維持される方法と大いに関係がある。前に述べた象徴化の議論では, コンストラクトは通常, その要素の1つを呼び出すことによって象徴化されると, われわれは指摘した。この要素は, それ自体を代表するだけでなく, それでもって慣習的に解釈される, コンストラクトの全体をも代表している。したがって人の母親は, 生命と栄養のためにみずから依存していると見ているサービスに対するシンボルになりうる。また母親の物理的存在の直接的な覚知は, 栄養の象徴化を呼び出せる唯一の手段にさえなりうるといえよう。これは, 人が自己を持続的で安全な存在と見られるようになる, その方法に明白な限界を課すことになる。
　コンストラクトのシンボルとしての言語あるいは他の可動的な媒体の使用は, コンストラクトの利用, 継続, 修正のための広大な新領域を切り開く。語をシンボルとして使う技は巧妙で有効である。語は単純にそのコンストラクトの文脈の「類似」（あるいはある場合には「非類似」）の要素の1つとして導入される。それから, それはシンボルとして使われるのである。それは, それ自体――語――を代表するだけでなく, それが要素の1つになっているコンストラクトをも代表している。
　語は容易に呼び出される。人はふつう語を産出するために, 特定の場所に行ったり, 特定の機会を待ったりはしない。これにはもちろん例外もある――この例外にはたとえば性と排泄物に関するコンストラクトの変更に制止効果をもつものがある。しかし, 概して語は遍在するものであり, コンストラクトをすぐに使用, 検証, 改訂するのに役立つようにできている。

さて，コンストラクトのシンボルとして使われる語は，その要素のシンボルとして使われる他の語をもつかもしれない。この場合には，要素はそれ自体が語によって象徴され，最初のコンストラクトによって包摂（subsume）ないしは超解釈（supraconstrue）される，コンストラクトである。われわれが，語や他のすぐ利用できるシンボルによって，すぐ伝達される要素をもつコンストラクトを使うかぎり，コンストラクトの改訂は比較的容易に実現できる。われわれは自分のロッキングチェアに座って，コンストラクトを弄び，無限に楽しむことができる。われわれはこの快適なイスから立ち上がらなくても，自分の確信のいくつかを検証してみることさえできるかもしれない。これらの要素のすべてを語によって目の前に並べてみれば，われわれは予期の結果に基づいて，われわれの上位コンストラクトを再定式化することもできる。

　しかし，これらの要素が語のような可動的媒体によって呼び起こされない場合には，どうなるのであろうか？　この場合には他のシンボルが使われるかもしれない。しかし，これらは語ほど限定的ではなさそうだ。これらはもっと扱いにくそうである。クライエントはその要素ともコンストラクトともコミュニケーションをするのが困難である。彼には，その要素の表象を行為化する以上のことはできないかもしれない。彼の行為は治療者に多くを伝えられないかもしれない。クライエントはただ座って，記述できない感情をもつだけかもしれない。治療者は，クライエントが記述できない感情をもつと主張する出来事から，そしてクライエントが提供できる記述の断片のようなものから，その要素が何であり，それらがどう解釈されるのかを，推測しなければならないだろう。

　b．前言語的コンストラクトの起源　前言語的コンストラクトを扱うに当たっては，これが，ふつうは赤ん坊でも気づきうる要素を解釈するために，元はデザインされたものだということを悟ることが大切である。したがって人は，大人のクライエントが大人になりつつあるかのような様子で，前言語的コンストラクトを記述したり描出したりするなどと期待してはならない。治療者の前にいるのは，大人の声で話す赤ん坊である。この赤ん坊の思考は大人の知識で覆われているかもしれない。しかし，この覆いが打ち捨てられると，つぶらな目をした，理解力のあやふやな，現実から隔絶された子どもが現れ出るのである。

　この子どもは栄養をいくらかの人々に依存している。彼が大人よりももっと依存的だということには，特別に意味はなかろう。大人もまた依存的であるが，彼の依存性は際だってより多くの人に，より多くのものに，そして制度にも広がっている。その依存性がいくらかの人々と緊密なつながりをもつ子どもは，これらの特定の人々への依存的関係を処理するコンストラクトをより多くもっているようである。したがって，前言語的コンストラクトは，成人のクライエントに見られるときには，常にそうでなければならないわけではないのだが，しばしばクライエントの依存性に関係している

ことが見いだされている。一般にクライエントが，おもに前言語的コンストラクトによって，転移を通じて治療者を解釈する場合には，このクライエントは治療者に対してある種の子どもっぽい依存関係を思い描いている可能性があることに，治療者は注意しなければならない。

　前言語的コンストラクトは，ある例では，クライエントの解釈システムの一種の核心を代表しているかもしれない。これらのコンストラクトは，他者そして無生物とともに，自己をも処理する傾向がある。治療者はしたがって，クライエントが困難に出くわしたとき，その統合性と独自のアイデンティティを維持するために，前言語的解釈を使うのを見いだしたとしても，驚くほどのことではなかろう。前言語的コンストラクトはしばしばクライエントの自己防衛の予備ラインに見いだされるのだ。

　c．誤解を生じやすい特徴　前言語的コンストラクトは，言語化されたコンストラクトの覆いをもっていて，これが臨床家を間違った方向に導くかもしれない。クライエントは非常に歯切れがよいように見えるかもしれない。言葉の激流があるかもしれない。語彙は多様で，生き生きと目の前に浮かび，多くの点で異例の適切さを示すかもしれない。臨床家は最初，こんなにも言語的に流暢で，知的な洞察力をもつ人を扱っているのであるから，この人のコンストラクトはかなり容易に再定式化できるはずだと，信じるかもしれない。また，クライエントの最初の見かけの柔軟性によっても，欺かれるかもしれない。しかし，言葉の泥沼から抜け出した後には，このケースの最初のアセスメントに疑いをもつようになるかもしれない。これらの語は，この浸透性のある前言語的解釈によって，最近受け入れられるようになった要素に過ぎない。彼はまだ実際には，この高度に言語的なクライエントの基礎的なコンストラクトを把握するには至っていないのだ。これは，ある重要な前言語的解釈が一応浸透的に作用しているケースであるようだ。このクライエントの言語的な流砂は，実験を打ち立てて，前言語的解釈を検証したり，確証エビデンスにつき合わせてみたりするための基礎にはならない。しかしなお，この幻影の前言語的解釈は，クライエントの行動の全体的な様相を支配し続けるのである。このクライエントはやっかいな取引に入りこむ。彼の言葉による合理化は，論理的に防衛可能だと見えるかもしれない。彼は，治療者が前回の面接ではっきり受容できることを見いだしたコンストラクトを，彼がどのように使用しているのかを，治療者に示すことさえできるかもしれない。また，彼は突然「洞察」の爆発を生じて，彼がなぜ間違いをしたと今わかるのかを，治療者よりも上手に言語化できるかもしれない。この全体を通じて，注意深い治療者は，みずからが解釈の湧き立つような覆いを扱ってはいるのだが，その基本構造はなお表現も検証もされていないという意識を増大させているのかもしれない。

　言語化されたコンストラクトの覆いでカバーされている前言語的解釈は，通常，クライエントの依存に関係している。この転移状況は，ある点では非常に有用なのだが，

治療者がこの前言語的依存を見つけ出すのを特に困難にしている可能性がある。彼は，クライエント「自身の要求が彼との関係を妨害している」ことに，徐々に気づいていくかもしれない。別の臨床家は，クライエントの行動について，「彼の依存が彼の適応をさまたげているのかもしれない」というかもしれない。さらに別の臨床家は「彼は**口唇期的依存性を示している**」というかもしれない。それぞれの理論的枠組みの中では，これらはいずれも有意味な記述的言明であるかもしれない。パーソナル・コンストラクト心理学の理論的枠組みの中では，依存関係を支配する前言語的解釈が作動しているということが，体系的に有意味なのである。

　d．特殊な問題　前言語的コンストラクトは，元は前言語的な子どもが意識できる要素を取り扱うために定式化されたもののだと，われわれはすでに述べた。したがって，幸いなことに，この包摂された要素は，理知的な領域ではかなり容易に推測がつき，限定されている。しかしいくらかの人々は，彼らの前言語的コンストラクトを非常に浸透的に利用するので，大人の人生の多くの要素がこれらの幼児的コンストラクトの文脈に加えられている。実際，自発性に大きな蓄えを置く人は，その前言語的コンストラクトを，交錯し言語化されないシステム――最も経験のある臨床家でも解明するのが特に難しい――をもつにいたるポイントまで，精緻化するかもしれない。厳密な意味では，これらのコンストラクトのうちのいくつかは，前言語的でないかもしれない。これらは，クライエントが言語を使えるようになった後で定式化されたのかもしれない。しかしこれらは，本質的にわれわれのすべてがもつ前言語的コンストラクトに似ているので，これらを前言語的コンストラクトにひっくるめるのは，適切であろう。

　言葉が遅れているか無視されてきた前意識的な子どもにおける前言語的コンストラクトは，治療者に対して特別な問題を提起する。非言語的な象徴化は，面接状況でテストするのに十分な可動性をもつかもしれないが，治療者はそれに気づきえないかもしれない。クライエントが成人した後で治療者のところにやってくる場合でも，クライエントは，一連の行動――治療者側にはまだこれを解釈する準備ができていない――にたよる以外には，自己の解釈を治療者に伝えられる既存の方法をもちあわせていないかもしれない。このようなクライエントは「そんなことは何の役にも立たない。あなたには理解できなかったのだ。誰にも理解はできない。今までに誰一人理解できたためしがない。それは他の人々には意味をなさないのだ」というかもしれない。しかも，この種のクライエントのコンストラクトは，前言語的コンストラクトが多くの患者において表象する単純な依存関係よりも，もっと複雑で進歩した実質を含んでいるかもしれない。子どものとき，これらを含む公的な語をもつ前に，このクライエントは非常に多くのことを私的に理解していたのである。

　同じような問題が，まだ公的な言葉をもつ前に複雑な問題の解釈を強要する早期訓

練を受けさせられたクライエントには，生じる。彼は，有意味な解釈をする並はずれた能力をもつという意味では，早熟な子どもになっている必要はない。彼は単純にある問題と時期尚早の出会いをしてしまっただけなのかもしれない。たとえば彼は肛門括約筋の活動を快楽維持の他の手段と関係づけられるようになる前に，そしてそれに，何か有用な言語シンボルでラベルづけができるようになる前に，その行動を解釈するよう求められていたのかもしれない。治療室の中で臨床家は，クライエントが多くの問題を，腸のコントロールを扱うのと似た方法で，処理していることに気づくかもしれない。しかし，クライエントが言語化したものには，肛門期型の解釈を特定するようなものは，驚くほどわずかしか含まれていない。同様にクライエントは，他の複雑な問題の解釈を，それらを適切に結びつける言葉や，その文脈を埋めるのに十分な量の要素をもつ前に，発展させなければならなかったのかもしれない。このクライエントがそれとの関係づけに利用できる適切な文脈的要素をもつ前に，鋭く形成された解釈——たとえ浸透性のあるものでもどんなものでも——と，彼が操作できたはずの適切な公的語彙とは，治療者には不可解なものになりやすいのだ。

　e．前言語的コンストラクトの行為化　治療者の中にはクライエントの側の「行為化 (acting out)」を非難するものがいる。彼らはクライエントがすべてのコンストラクトを言語化することを望むのである。クライエントにそれができれば，素晴らしいだろう。しかし，彼にはそれができないのだ。これらのコンストラクトが処理されねばならないのなら，治療者はクライエント自身の非言語的記号体系を利用することを学ばなければならない。これこそが，役割演技やその他の「非知的」アプローチが，前言語的コンストラクトの処理に利用されるべき場なのである。

　時に治療者はクライエントを助けて，前言語的体系の一部を置き換えて言語象徴体系を確立することも可能である。これは容易な課題ではない。これが試みられる場合には，治療者は多くの困難な材料を処理する準備をしていなければならない。時に治療者はクライエントを援助して，前言語的コンストラクトに相当する若干の語を見つけ出させる。このようなラベリングはその後の治療的再体制化と実験法への準備教育になるかもしれない。

　前言語的なコンストラクトは，しばしばその言語化されない形式で，クライエントによってテストされる。もちろん，コンストラクトが最初に言語ラベルで同定されれば，その方がより簡単である。（しかし）それはしばしば実際的でないので，治療者はクライエントが他のシンボルによってそのコンストラクトを同定し，次にその妥当性の検証をするのを援助する準備をしなければならない。

　f．臨床的サイン　本質的に前言語的な解釈を取り扱っているのか否かを決定するのに使いうる臨床的なエビデンスは4種類ある。(1)結果的に混乱した表現のくりかえしに終わるが，クライエントの言語化の努力。(2)このコンストラクトは一貫して言語

化はできないが，その文脈を構成する諸要素を産出することによってそのコンストラクトを例示する能力。(3)夢の中での現出。この内容については，クライエントは思い出せないというが，質問をすると，気分，人数，運動等々に関しては，何らかの構造をもっているように見える。(4)クライエントには本当に起こったのかどうかが確信できないイベントの「想起」。この最後のケースでは，この「想起されたもの」は元の「記憶」とは異なるが，元の記憶を代表する手がかり，あるいは前言語的コンストラクトがもともと形成された文脈のシンボルになると，臨床家は考えるかもしれない。治療者はもちろん，実際には起こっていないことに関するすべての「想起」を，信頼できないものとしてしまうほど，現実にとらわれ過ぎてはならない。クライエントが実際に起こったことを記憶しているのか，それとも現実には起こっていないことを「記憶」しているのかは，「記憶された」イベントが積極的に何を代表しているのかという問題ほどには，重要でないのだ。

5 無意識

　無意識という観念は種々の心理学的体系で使われてきた。精神分析では，これは重要かつ有用な位置を占めてきた。ただし，あまりにも簡単に曖昧さの代理をさせてきたきらいはある。パーソナル・コンストラクト心理学ではわれわれは，公的談話において多くの不正確で非科学的な用語を使わねばならないとき，限定的というよりも説明的な意味で，いくつかの他の説明コンストラクトを利用し，この「無意識」という語を使用することを選択してきた。部分的には，前言語的コンストラクトの見解は，そうでなければ「無意識」のコンストラクトによって構造化される要素のいくつかを扱うための，代理的コンストラクトである。前言語的コンストラクトというコンストラクトはよりよい利便性の範囲をもち，語以外の方法で伝達可能なパーソナル・コンストラクトや，貧困な象徴化により部分的にしか固定化されないパーソナル・コンストラクトをも含む。

　しかし，前言語性 (preverbalism) は「無意識」の完全な翻訳にはならない。われわれは今，同じ基盤をもつもののいくつかをカバーする，他の用語を提案するところである。そのうちの1つは**沈潜** (submergence) である。いま1つは**宙づり** (suspension) である。さらに，いくつかの要素が所与のパーソナル・コンストラクトの利便性の範囲外にあるという事実についても考察しうる。この場合にも，これらのコンストラクトはクライエントには利用できない。少なくとも治療者がそれを解釈している言葉では利用できないのだ。さらにいえば「無意識」は，ある程度は，われわれの体系で特別な意味をもつ，**従属** (subordination)，**非浸透性** (impermeability)，**弛緩** (loosening) などのコンストラクトに置き換えられる。クライエントはみずからの行動を，治療者がそうしているように，意味のあるものとして解釈するのに失敗するかもしれない。

というのも，クライエントはそれを小さく，従属的で，非統治的なコンストラクトの下に体制化しているからである。彼の要素が小さなコレクションの中だけに個人的に配置されているのに対して，治療者はそれらがより大きなコレクションの中に配置されており，これにその小さなコレクションが従属しているのを見ている可能性があるのだ。改めていうが，クライエントはコンストラクトを「締め出した」――すなわち，非浸透的にした――のかもしれない。これに対して治療者は，これが，多くの新しい要素を包摂しうるものと見ている可能性がある。このようなケースでは，治療者がクライエントの「無意識的抵抗」を非難するのは簡単である。最後に，治療者は弛緩した概念化の下で進行する，見かけの移動（shifting）を観察するかもしれない。そしてこれについていけないので，治療者は何か安定した無意識的概念化が生じているのだと仮説するのかもしれない。

　「無意識」という観念を使わないという決断は，われわれの体系的な立場から生じるものである。これは**パーソナル・コンストラクト**の心理学である。われわれはパーソナル・コンストラクトが存在すると仮定する。クライエントが物事をわれわれが解釈するように解釈しない場合には，われわれは，彼が別の方法でそれらを解釈しているのだと仮定する。彼は実際にはわれわれと同じ方法で解釈しているはずだが，そのことを意識していないのだというふうには考えない。クライエントが後にわれわれと同じように考えるようになる場合には，それは彼にとって新しい解釈なのであり，われわれが彼を援助して意識の前面にもってこさせた下意識的解釈の現れではない。われわれのコンストラクトはわれわれ自身のものである。クライエントの無意識の中にそれを具体化する必要はないのである。

　クライエントが今日は自己の行動に敵意を認められるが，昨日は認められなかった場合には，それは必ずしも，彼がずっと敵意を「もっていた」のだが，今そのことに気づいただけなのだということを意味しない。彼は行動をもっていた。治療者はそれが敵意的だと見た。そしてクライエントもそれを敵意的だと解釈するようになった。その行動はずっとそこに存在していた。それは敵意だったのだろうか？　治療者の視点では，その行動は最初から敵意的だと解釈されうるものであった。クライエントの視点では，その行動は元は敵意のパターン下に体制化されていたわけではまったくなかったはずだ。それでは，クライエントはずっと無意識的に敵対的であったというのは，正しいのだろうか？　このような場合には，われわれはそう言おうとは思わない。

　しかし，これについて間違わないようにしよう。治療者がこれをなした後で，新しい「洞察」をもったクライエントは，治療者から購入した新品の「敵意」というパーソナル・コンストラクトを喚起することなしに，多くの古い行動に従事することはできなくなる。どんな治療者でも，以前は「独立」や「野心」のようなパーソナル・コンストラクトの下で作用していたクライエントに対して，敵意をパーソナル・コンス

トラクトとして提供することはできるかもしれない。この変化はよい方向に向かうかもしれない。しかし,治療者が個人的敵意を把握する前に,これがクライエントの「下意識」に存在したことについては,あまり確実視しないようにしよう。

6 │ 沈　潜

　コンストラクトは2極性のものである。ここには類似性 (likeness) と対照性 (contrast) の極がある。時に,この2極のうち一方が他方より使いにくいことがある。これが実際にはっきりしているときには,われわれはこの使いにくいほうの極を「沈潜した (submerged)」極と呼ぶ。

　前章でわれわれは,人々がいくつかの自分のコンストラクトの完全な表現を避けるために演じるごまかしの例を,いくつか示した。われわれは,コンストラクトが類似と差異の両方を含み,これは少なくとも2つのものが類似しており,同様に少なくとも1つのものとは違うというアイデアを強調してきた。何かについて何かを言うことは,それがもう1つのことについても言えたはずであり,何か別のことについては絶対に言えないはずだということを意味している。換言すれば,それは2つあるいはそれ以上のものに特に当てはまるものの逆になっている言明といえよう。

　あるクライエントは「誰もが私に対して常に親切だった」と言う。今まで誰にも虐待されたことはないと言い,誰もが常に自分によい対応をしてくれたと言い続ける。これは,治療者がコンストラクトの沈潜した極を探し始めるのによいポイントになる。それはいくつかの方向の中のどの1つにも存在しうる。この対照性は,ある他の人々が明らかに虐待を受けてきたという彼の信念にあるのかもしれない。たぶん彼の父親が兄を虐待し,それゆえにクライエントは罪悪感をもっているのだ。たぶん父親が兄を虐待しており,クライエントはすぐに自分が虐待される順番が来ると考え続けているのだ。

　このコントラストはいくらか異なる形でクライエントに関与しているかもしれない。彼は「私を見てください。私は,人々が自分に対して親切であり続けてきたと言うタイプの人間です。人々の中には,人々は自分に対して卑劣だと言いまわるような人もおり,そういう人の名前をあげることもできます。私はこういうことを言うタイプの人間ではありません」と言おうとしているのかもしれない。ここで,「誰もが自分に対して常に善良であり続けてきた」としか言わないクライエントは,自分をこのような自己記述で表現することよりも,自分は不満を言わない人間だという自己解釈を「行為化」しているのである。これは,言語的なシンボルが1つのコンストラクトに対してどう使われうるかの例示であるが,もっと重要なコンストラクトに対しては,象徴的というよりも明示的に使われうることを示している。しかしながら,われわれの議論のこの部分に関するかぎり,われわれは「行為化」に対しては沈潜に対するほ

ど大きな関心をもっていない。このコンストラクトの沈潜した極が「人々は自分に対して親切ではないとふれまわる人々が，ほかにいくらかいる」だと仮定してみよう。心理士がさらにこの沈潜を探索してみると，クライエントは自分がこういう不平を言う人々の犠牲者だと見ていることを暗示していることに気づくかもしれない。彼はこういうかもしれない。「私は人々が私に対してずっと親切だったと言っているのに，ある人々は，私が彼らに悪いことをしてきたという。これはフェアではない」と。

われわれが例示したこのクライエントは，かなりの犠牲を払って維持しているコンストラクトを，表現しているのかもしれない。彼のいうのは「誰もが常に私に対して親切であり続けてきたと，私は**言い続けている**」という意味なのかもしれない。ここでは彼は，自己を虐待されてきた人間だと解されないようにするために，「語の結合（word binding）」あるいは「直解主義（literalism）」に訴えているのである。このクライエントが偏執病(パラノイア)に屈した場合には，彼の全体系は崩壊したかもしれず，不安や罪悪感をもつようになったかもしれない。

このクライエントは未来についての不確実さを表現しているのかもしれない。この場合には強調点は，「みんなが私には常に親切であり続けてきた」という文章の「has（完了形）」にある。彼は，「今までのところでは，誰もが私に対して親切であり続けてきた。しかし，これからはひどい扱いを受けるのだろう。たぶんあなたも私にひどいことをするのでしょう」と言うつもりなのかもしれない。このクライエントはさらに，治療者がこれからひどい扱いをしないようにと警告しているのかもしれない。この点で，われわれは沈潜したコンストラクトをいくらか越えて，コンストラクトの行為あるいはif-then的な意味連関を扱っていることになる。しかし，これは別のトピックである。

a．どちらの極が沈潜しているのか？ 通常，沈潜するのはコンストラクトの対照(コントラスト)の極である。しかしいくらかのケースでは，これが類似の極になることがある。コンストラクトは通常，類似の極と連合した要素によって象徴化されるので，コンストラクトの沈潜した類似の極を見いだすのはいくらか困難になる。クライエントは文脈内でのコントラスト側の要素を引用することによって，このコンストラクトを呼び起こすかもしれない。彼は，それらが連合していることは示しうるが，どう連合しているのかはいえない。というのも，それはコンストラクトの禁じられた極に関する語をいうことになり，これらの語は必然的に語りえないものになるからである。たとえばこのクライエントは一連の事件と人々についての記述を提供してくれる。これらは，文脈的なグルーピングから判断すると，はっきりと非性的な内容のものである。性的解釈に従いうる要素は一貫して排除されている。言葉の言い間違いはなく，性的な解釈ができるものは何もない。クライエントの言葉は常によく「磨きあげられている」。クライエントは性的解釈がなされうるようなことをいうのを，自分には許していない。

それでも彼は，自分が性を無視すると公然とは断言しない。彼の性的コンストラクトの沈潜した極は，コントラストの要素の慎重な文脈的グルーピングから，推測されねばならないのだ。

　b．夢の中の沈潜　クライエントの夢を扱う際には，沈潜した特徴に気づくのはふつう難しくはない。背が低くて太っている治療者にかかっているクライエントが，背が高く細身の男が彼を棒でつついて邪悪なことをさせようとする夢を見る。その思考がコンストラクトよりもむしろ要素に結びつけられる傾向のある——いいかえれば具体主義的な——治療者は，何が高いのか，何が細いのか，何が邪悪なのかといったことに，自分の思考を限局する。コンストラクトによって思考をする治療者は，ある人が細いということは別の人が太いということを意味し，邪悪を見ることは善良を意識することになることに気がついている。したがって彼は，まず，夢がどんなコンストラクトを呼び出したのか——**高い－低い，細い－太い，邪悪－善良**のコンストラクト——を考える。もし彼が要素を探すのなら，彼はこれらのコンストラクトの利便性の範囲内にあることがはっきりしている要素を探すだろう。クライエントが転移関係を精緻化すれば，いくつかの古いしがらみから解放されるという仮説に到達するのには，それほど長くはかからないはずである。

　c．沈潜と自己　通常，沈潜が発見されるときには，治療者は，クライエントが自己をコンストラクトの文脈内の沈潜した極に含まれる潜在的要素として解釈していることがわかると期待できる。沈潜は，コンストラクトを検証されないままにしておく，手軽な方法なのかもしれない。科学者が自己の仮説の対立仮説（心理学者の場合には，この対立仮説は通常，帰無仮説になる）を考えられない場合にはよい仕事ができないのとまったく同様に，クライエントはその1極が沈潜しているコンストラクトを適切に検証することができない。たぶんクライエントは，コンストラクトの沈潜した極を見いだすと，自己を再解釈しなければならなくなって，遠大で破壊的な結果が生じるのを，恐れているのである。おそらく彼はこのコンストラクトを検証しなければならなくなるだろう。そしてそれは妥当でないことが確証されるかもしれない。結果的に，彼の小さな世界の，どれほど多くのものが再解釈されねばならないのだろうか？　その間に，彼はどんな種類の混乱した世界に生きねばならないのだろうか？　治療者は，クライエントがコンストラクトの沈潜した極を発見するのを助けようと追求しながら，クライエントがこれらを命題的に扱えるように確実に援助しなければならない。命題的なコンストラクトとは，彼が軸となる線（pivotal beam）を移動させるたびに，その人の全解釈システムが崩壊してしまうことのないように，1回に1つずつ扱われ，妥当か否かが検証されうるコンストラクトのことである。

7 | 宙づり

　一般に「忘却 (forgetting)」「解離 (dissociation)」「抑圧 (repression)」として識別されている現象はすべて，パーソナル・コンストラクト心理学の理論的枠組み内で，ほとんど同じように扱うことができる。ある経験がはっきりと記憶あるいは知覚されるためには，その経験はコンストラクトのシステム内で支持されていなければならない。あるコンストラクトが別のコンストラクトに解消されるときには，その要素のいくらか――特に新しいコンストラクトにあまりうまく適合しない要素――は脱落する傾向がある。同時に，かつてはその人がうまく利用できなかった他の要素が，新しい構造によってぶら下げるのに便利なペグを提供されて，今度はもっとはっきりと見えるようになってくる。ある構造が他のものに置き換えられるときには，新しい構造の利便性の範囲は古いもののそれと正確には一致しない傾向がある。新しい利便性の範囲は，ほとんど常に，いくつかの要素を脱落させ，他の要素の再出現を許すと期待できるのである。

　クライエントが，古いコンストラクトから新しいコンストラクトへの交代を含む，目覚ましい動きを始めるときには，治療者はふつう，以前は忘れていたと思われるものが，今は思い出せることに気づくことができる。ここで生じている動きは，クライエントがあるものを「思い出した」直接的な結果だと，治療者は結論するかもしれない。これはある意味では正しい。しかしながら，新たに想起された要素は，新しい構造の道具としての使用を通じて使えるようになったのだということも，また事実である。たとえば著者の観察によれば，包括的な治療を受けているクライエントの夢の内容の変化は，治療セッションにおける新しいコンストラクトの初期のサインに従う傾向があり，この逆ではない。さらにいえば，包括的な治療の中間段階では，ある要素が姿を消す傾向があり，クライエントはかつて口達者に議論できたものを思い出すことが困難になる。包括的治療プログラムの後の段階に到達して，新しい思考と共に古い思考からもある種の意味をなす全体的構造を発展させるときには，これらの一時的に忘れられていた要素のいくつかが，再び利用できるようになるのかもしれない。時にわれわれは，電撃療法の過程でこれが生じるのを見ることができる。ただし，電撃療法の心理療法的側面は通常非常にまずい扱いがなされているので，新しいアイデアが出現するよりも，最近の構造が破壊されることのほうが多い。

　さてこのことは，いくらかの治療者が言うように，夢はある程度の変化が生じているというエビデンスを与えてくれるかぎり，心理療法に有用だという意味ではない。夢の材料の精緻化は，クライエントを援助して新しい構造を起動させるための心理療法の1技法として有用である。この点を単純に文章化するなら，夢の内容はクライエントの現在の解釈システムの関数だということになる。

あるアイデアをファイルするべき場所がないために，それを入れた場所が思い出せないときにも，それは必ずしも永遠に失われるわけではない。通常は，それを取りまき，それが完全に逃げ去ってしまわないようにするのに十分体系的な，構造が存在する。それはみずから，あるいはそれに最小の意味を与える小構造が現れるときに，再び姿を現す。いずれの場合にも，その想起は，それがより包括的な現在のシステムに組み込まれていることの関数になるだろう。

コンストラクトの中には，より包括的なコンストラクトの文脈内の要素と考えられるものもある。健康な生活を特徴づける恒常的な改訂過程の間に，小さな記憶の小片とともに主要なコンストラクトも一時的に置き間違えられることがある。もちろん，この小さな記憶の小片もコンストラクトと考えうる。しかし，これらは非常に局所的で浸透性も低いので，比較的低次元の構造を構成する。ある構造が，ある瞬間にその人の用いている全体的システムと矛盾するために拒絶されるときには，それは**宙づり**（**suspension**）になっていると言ってよかろう。

a．両立不可能性 時には小さな構造が，ある人の全体的解釈システムの主要な部分と両立しないことがある。しかも，この小構造自体が広く精緻化されているかもしれない。たとえばそれは，その人がかつて広く使っていたものであり，みずから大きく育てようとしてきたものかもしれない。ある種の忘却は，このような構造が両立しえない（incompatible）として拒絶されるときに生じる。経験ははっきりと保存されているかもしれないが，この構造自体がこのような脅威を構成するかもしれないので，それは，それが包含する経験とともに，一時休止させられるかもしれないのである（ランドフィールド脅威仮説を参照）。この種の忘却はある理論では「抑圧」と呼ばれている。ここでわれわれはこれを「宙づり（suspension）」と呼ぶことにしよう。

われわれの理論では，快なるものを記憶し，不快なるものを忘却するというところには，強調点を置いていない。それよりもむしろ，構造化されているものを記憶し，構造化されていないものを忘却するということを強調している。宙づりは，抑圧についてのいくつかの見解とは対照的に，経験についてのこのアイデアや要素が，その人がその瞬間に構造——この中でこのアイデアは意味をもつはずだ——のないことに単純に耐えられるがゆえに，忘れられるのだということを意味する。いったん彼がこのような構造を楽しめるなら，このアイデアはその中で利用できるものになるかもしれない。

われわれがいま述べてきたことは，前述の調節の系——人の解釈システムの変動は，コンストラクトの浸透性によって制限され，その変形はコンストラクトの利便性の範囲内に位置している——と結びついている。さらにいえば，その断片化の系が述べているように，人は相互に両立しないと推測される多様な解釈サブシステムを，継続的に採用するかもしれない。心理療法とは，クライエントのシステムの上位局面におけ

る浸透性をより大きく発展させて，これによって相互に矛盾すると推測されるサブシステムに属するいくつかの宙づりのコンストラクトを，取り戻せるように援助することかもしれない。この治療はその脅威を取り除くのだ。そのサブシステムは，そのシステムの全体と矛盾すると推測されても，今や分節はされうるのである。たぶん，かつては脅威であったサブシステムが，今や歴史的な見通しをもって見られるようになると，それは，主要な作動システムと両立しないと推測はされても，逐次的に見られるようになるのである。したがって，このクライエントはこのサブシステムについて，「それは私が通ってきた1段階であった」といいうるようになるのである。

　b．意味連関ゆえの宙づり　アイデアはその内在的な本質によって宙づりにされるのではなく，むしろその意味的な関連性に耐えられないがゆえに宙づりにされるのだということを，心にとどめておくことが大切である。たとえばあるクライエントは，水がひどく怖いと訴える。彼はどうしてこうなったのかについては正確に知っているが，その知識は恐怖のコントロールには何の役にも立たないという。彼は3歳の時に天水桶にはまり，ほとんど溺死しそうになったことを記憶している。彼はその出来事を詳細に──どこにその天水桶(レイン・バレル)があったか，どんなふうに見えたか，窒息しそうな感覚，意識の回復などを──思い出すこともできるという。

　治療者は，その出来事が十分恐ろしいものではあっても，これだけでは，これほど長びく恐怖症を説明できないことに気づいたので，この出来事を取り巻く状況の精緻化をクライエントに求めた。するとクライエントは，この事故の1～2日前に彼が赤ん坊の弟を床に落として，母親から，こんなことをしたら神様がお前の命を召し上げられますよとひどく叱られたことを思い出した。その後，母親が別室にいるとき，このクライエントは弟を殴った。たしかに神は彼に向って脅しのジェスチャーを示した。これがもともとの天水桶が意味的に連関するものであった。しかし，これですべてなのではない。最近このクライエントは家庭内で競争の問題にぶつかった。彼の現在の恨みは，3歳の時に経験したことと似ていなくもなかった。そして，治療者がクライエントを助けて宙づり構造の重要な領域を徹底操作させたとき，次々とこのような問題が浮かび上がってきた。

　天水桶の経験は宙づりにされていなかった。それはその周りに十分な構造をもっており，それはクライエントの主要な構造と矛盾するものでもなく，それを思い出すこともできた。彼が忘れていたのは，同胞抗争の感覚である。これらはあまりにも完全に敵意の脅威構造の中に組み込まれていたので，一時的に宙づりにされたのである。治療者は，治療状況を設定することによって，クライエントの上位システムのある局面の浸透性を大きくするように励まして，クライエントがこの宙づりにされた構造を彼の全体としてのシステム内にもってくるように援助したのである。

　c．宙づり構造の浸透性　宙づりの構造は，宙づりの期間中，必ずしも非浸透的な

わけではない。この宙づり構造の大部分が精緻化や調節に利用できないままであっても，新しい経験はこの宙づり構造の中に組み込まれるかもしれない。宙づり構造は簡単には検証できないので，妥当性を簡単には否定できないし，より大きな構造内で再解釈することも簡単ではない。したがって人は，自分の行動を宙づり構造に関連して設定するときには，これを無批判に体制化してしまうだろう。失われているのは，この人の主要な見方からすると，この行動を修正する能力，この宙づり構造の中で賭けをした結果から利益を得る能力，この構造を他者に伝達する能力，連続的な限定と修正を通してこの構造を精緻化する能力，そして，宙づり構造によって部分的に支配されている何らかの線に沿って行為の安定した進行を維持する能力である。

　d．利便性の範囲　われわれは，宙づりのコンストラクトあるいは構造と，利便性の範囲が手元の要素をカバーしていないために使われない状況にあるコンストラクトを，区別しなければならない。利便性の範囲は，われわれがすでに示したある種の宙づりの中では，目立っている。ただし，別のあり方においてである。コンストラクトが宙づりにされるのは，そのコンストラクト自体の利便性の範囲が限定されているからではなく，むしろ，通常はこれらのコンストラクトを包摂すると期待されうるコンストラクトに利便性の範囲の限界があるからである。所与の状況で使われないコンストラクトは，単純に利便性の範囲によって適用不能になるという理由によるのではなく，パーソナル・コンストラクト心理学の中で宙づり構造として体系的に解釈されるべきではないのである。

8 　認知的気づきのレベル

　前章でわれわれは，ある人のイベントの解釈――これによって，これらのイベントは経験の中に組み込まれる――は，必ずしも高度の言語化や意識的過程を必要とするわけではないことを指摘した。本章のここまでのところでは，われわれは，一般には無意識（unconscious），前意識（preconscious），あるいは予備意識（foreconscious）――すなわち前言語的コンストラクト，沈潜，宙づり――として知られる領域に落ちる，いくらかの解釈コンストラクト（interpretive construct）について論じた。この時点で，われわれはスカラー・タイプの解釈的あるいは診断的なコンストラクトを導入することにしよう。それは，心理療法的面接あるいは一連の面接の進行中に観察される，ある運動の方向を同定するという目的に役立つはずである。われわれはこれを**認知的気づきのレベル**（level of cognitive awareness）と呼ぶことにしよう。前言語的コンストラクト，沈潜，そして宙づりという診断コンストラクトはすべてが，比較的低レベルの認知的気づきを表わしている。容易に言語化でき，伝達するのに行為化する必要がなく，その代替コンストラクトにも等しくアクセスが可能であり，その人の主要な解釈システムの利便性の範囲内に落ちるか，あるいは完全に下位構造に属していて，その主要シ

ステムとの推測される矛盾がそれを宙づり状態に置くほど大きくはないコンストラクト——こういうコンストラクトは，高レベルの認知的気づきを表わしている。

しかし，認知的気づきのレベルにはそれ以上のものが含まれる。ある人の解釈はまた，彼の利用可能なコンストラクトの利便性の範囲の外側尖端に位置する要素を取り扱う場合には，低レベルの認知的気づきになることもありうる。たとえばある科学者が，ある科学的コンストラクトを，こういう解釈にうまく適合しないデータに，当てはめようと試みるときには，低レベルの認知的気づきで解釈することになる。クライエントの職業選択を説明するのにホメオスタシスのコンストラクトを使用する人，虫歯を説明するのに被暗示性のコンストラクトを使う人，天国を説明するのに無限進行の原理を使う人，などはすべて，低レベルの認知的気づきで解釈しているはずである。いずれの場合にも，呼び出された周辺的なコンストラクトは正確な弁別をするための基礎を提供してはくれない。これらの特定のコンストラクトによって，これらの特定の要素を解釈して，これに基づいて賭けをしても，元は取れないはずである。このコンストラクトが妥当か妥当でないかを決める機会が最小になるからである。この人は自分の企てていることを鋭く意識できていないのである。

C 解釈の内容

9 膨張と収縮

矛盾するシステムを交互に連続して使用した後に，それをより包括的なレベルで再体制化するために，人が知覚の場を拡大するとき，この適応は「**膨張（dilation）**」と呼ばれうる。この膨張は，それが経験された元の矛盾をうまく除去するかもしれない。しかしそれは，その人が増大したイベントのがらくたを再整理しようと試みるとき，新しい矛盾の段階をセットするかもしれないし，しないかもしれない。**知覚の場の外側の境界を内に引き込むことによって，解釈システムの見かけの矛盾を最小化するときには，これに続いて生じる相対的に反復的な心的過程は「収縮（constriction）」と呼ばれる。**

膨張の方向に動くときには，人はトピックからトピックへとさらに跳びまわり，子ども時代を未来とひとまとめにして，関連する可能性のある広範囲のイベントを眺めて，より広く多様な活動に参加し，この人が心理療法を受けているクライエントである場合には，この人に起こることのすべてが潜在的にはその人自身の問題に関係していると見る傾向がある。

収縮の方向に動くときには，人は，みずからの興味を限定する傾向があり，一時に

1つの問題しか扱わず，広く多様なイベント間の潜在的な関係を受け入れず，日常的なルーティンの小道をもっともっと小さな領域内で踏み固め，彼の治療者が鋭く区切られたバージョンの問題に固執していると主張する。

10 包括的コンストラクトと偶発的コンストラクト

　膨張は実際には，同じコンストラクトの文脈内の，多くの要素あるいは広く多様な要素の解釈を含まないかもしれない。が，それは，われわれがすでに指摘したように，より包括的な概念化の段階を設定する一方法である。**包括的コンストラクト**(comprehensive construct)**は，比較的広く多様なイベントを包摂するコンストラクトである**。これらは必ずしも高度に統治的あるいは上位のコンストラクトではない。というのも，これらが包摂するイベントはすべてが，上位−下位のスケールでは相対的に低いかもしれないからである。浸透的なコンストラクトは，包括性の方向へと動いていく傾向がある。というのは，その無制約性によって，時間の経過とともに，その文脈にどんどん多くの要素を包摂していくことが可能だからである。包括的コンストラクトは，長期にわたって使われてきたもののようである。ただしある場合——たとえばいくらかの躁病——には，時に包括的コンストラクトのマトリックスを比較的短時間だけ前面に押し出すように見える拡大がある。

　われわれが，包括的コンストラクトは広く**多様な**イベントを包摂するものだというときには，パーソナル・コンストラクト心理学者にとっては面白い問題を導入することになる。「多様性」とは何を意味しているのだろうか？　これらのイベントがコンストラクトの類似性の極で似ていると解釈される場合には，これらは，クライエント自身の個人的なシステムの観点から，心理学的には類似していないのだろうか？　それでは，われわれはどのようにしてそれらが多様だと定義できるのであろうか？

　われわれは「多様性」の規範的な定義を呼び起こすことができたはずである。そしてそれが，他の人々が違うと考える非常に多くのイベントを，類似しているとして，あるコンストラクトに包摂する場合に，人は包括的コンストラクトをもつといえたはずである。しかしながら，このことは，1つの文化から他の文化へと移動していく人——ここでは人々は彼の見ているのと同じ類似性を見ている——は，定義上，彼のシステムの包括性の喪失に苦しむことになるはずだということを意味していたかもしれない。

　あるいは，われわれは単純に，あるコンストラクトに含まれる要素の総数が，包括性の相対的なレベルを決定するはずだと言いえたはずである。しかしながらこれは，不幸なことに，たとえば髪の毛というコンストラクトが常に包括的なコンストラクトだと解釈されねばならないという意味になるだろう。世界には多くの個別的な髪の毛があり，人は多少ともこれらのすべてを一時に意識しうるからである。

実際にはわれわれの見るところ，包括的コンストラクトは，多くの他のコンストラクトの境界線を横断するものである。この要素のこの「多様性」は，その人が別の方法で，他のコンストラクトを用いて，相互に異なるものとしてそれらを区別してきたことによって確立された。したがって，われわれが「多様性」という用語を使うときには，その人自身のコンストラクト・システム内の「多様性」を指している。したがって，布置的コンストラクトは，正確に同じ要素を包括する命題的コンストラクトよりも包括的でない傾向がある。この布置的コンストラクトは，他の領域のメンバーシップとの関連でその要素を固定する傾向がある。したがって，これ以外の場合と同じ多様性をもつとは解釈できないのである。完全に先取り的なコンストラクトももちろん，まったく包括的ではない。

　包括的コンストラクトとは対照的に，われわれは**偶発的**（incidental）コンストラクトも持っている。これらはともに診断的な二分性を構成している。**偶発的コンストラクトはわずかな多様性しかもたないイベントを包摂する**。これは，ある特定のコンストラクトの――あるいは，これらのイベントがその中で解釈されるもう1つのコンストラクトの――先取り性のゆえに生じるのかもしれない。それは，数的に非常に少数のイベントしか存在しないので，生じるのかもしれない。それは，このコンストラクトの非浸透性のゆえに生じるのかもしれない。それは単に，偶発的コンストラクトが階層システムの従属的な部分になっており，若干の「特別」な例のみを扱うようにデザインされているだけなのかもしれない。数学的なコンストラクトはふつうは偶発的だと予期されていたかもしれない。それは数学的布置に限定されている。それは対人関係の整理のために使われることはなさそうである（もしかしたらそんなふうに使われた例もあるだろうが）。

11 ｜ 上位コンストラクトと下位コンストラクト

　前章では，われわれはいくらかのコンストラクトが他のものに従属するというアイデアについて検討した。たとえば，ある人の解釈システムの変動は，コンストラクトの浸透性によって制限され，その変形はコンストラクトの利便性の範囲内に位置している（調節の系）。これによってわれわれは，新しいコンストラクトが形成されるためには，それ自体が，それを包含する浸透性をもつ，ある解釈の文脈内に受け入れられねばならないことを意味している。新しいコンストラクトを歓迎する潜在的に上位のコンストラクトが存在しなければならないのだ。コンストラクトは他のコンストラクトによって解釈され，後者のコンストラクトは次にさらに別のコンストラクトによって解釈される。こうしてシステムが形成されるのである（組織化の系）。コンストラクトは人のシステムの上位－下位軸の相対的な位置によって比較されうる。

　あるコンストラクトは，他方が文脈的要素の1つとして利用される場合には，その

他方よりも上位にあると解釈される。あるコンストラクトは，それが他方の文脈内の要素の1つとして現れる場合には，その他方よりも下位にあると解釈される。たとえば多くの人のシステムでは，**善 対 悪**のコンストラクトは他のコンストラクトの大部分に対して上位の位置を占めている。

下位コンストラクトは，その従属性のゆえに，その上位にあるコンストラクト内の要素の，その領域のメンバーシップを固定するのだろうか？ 言いかえれば，従属的なコンストラクトは布置コンストラクトなのであろうか？ 必ずしもそうではない。「これはスペード（鋤）だ」という命題をとり上げてみよう。もしすべてのスペードが道具であるなら，これがスペードだということは，それも道具であるということになる。それは**道具**に関連して**スペード**を布置的にするのである。このケースでは，**道具**の下の対象領域のメンバーシップは実際に固定された。しかしながら，いくつかの**スペード**が**道具**であり，他の**スペード**が道具でない場合には，この対象の**道具—非道具**の利便性の範囲への受け入れは，それをスペードと呼ぶことによって確立されたことになる。われわれは**スペード**が**道具**の利便性の範囲に従属することのみを知っているが，それが類似性の要素の1つなのか，それとも非類似性の1つなのかは知らない。その領域のメンバーシップは固定していないのである。**スペード**は，**道具**の下位コンストラクトであるが，これに関しては必ずしも布置的ではないのである。

従属性は命題性を排除しない。たしかに，**スペード**が命題的に扱われるなら，それは，それによって特に何か他のものであることに関与していることにはならない。その領域のメンバーシップは固定されていない。すなわち，それは必ずしも道具ではないのだ。しかしながら，それはそのことによって，何かの上位コンストラクトの利便性の範囲に関与しているかもしれない。すなわち，道具か道具でないかのどちらかに分類するのには適しているものの1つであるかもしれないのだ。

それはこのように理解できる。下位コンストラクトは上位コンストラクトの文脈の一要素である。それは上位コンストラクトが関与するものの1つである。それが下位であるという事実は，このことを，そしてこのことのみを語っているのである。われわれは，上位コンストラクトそのものを見るまでは，下位コンストラクトがどのように分類されるのか——すべてが「類似」側なのか，すべてが「非類似」の側なのか，あるいは両方に分割されるのか——を知らない。コンストラクトの従属性は，布置的な意味も命題的な意味ももっていない。それは上位コンストラクトの利便性の範囲にのみ関与しているのである。

12 統治性

統治性（regnancy）は何か別のものである。**統治的なコンストラクトは一種の上位コンストラクトであり，これはそのおのおのの要素を，オール・オア・ナンの基盤に基

づいて，**カテゴリーに割り当てる**。いいかえればそれは，その要素を非抽象的に処理する。これは古典論理学で見いだされる類いの分類である。たとえば，すべてのスペードは道具であるという場合には，**道具**のコンストラクトは**スペード**のコンストラクトを統治していることになる。**スペード**の解釈は**道具**の解釈によって統治されているので，誰かが「これはスペードだ」という場合には，これは道具だという意味をもつことになる。何かを「スペード」と呼ぶことは，別の分類にも関与することになるのである。

　統治性は対照的にも作用しうる。もしスペードが道具でないと考えうるなら，何かがスペードだと解釈された途端に，それが道具だという可能性は排除されることになる。これもまた統治性である。

　統治的なコンストラクトはその下位コンストラクトを布置的にする効果をもつ。すべてのスペードが道具であるなら，**道具**に関する領域のメンバーシップは固定される。ある人がある対象にスペードのコンストラクトを適用すると，その瞬間に，彼はそれが道具だと言おうとしたことになる。

　われわれは，コンストラクトが個人的な行動様式であることを肝に銘じておかなければならない。道具というコンストラクトは，ある人のコンストラクト・システムではスペードを統治しているかもしれないが，別の人ではそうではないかもしれない。ここでの問題は，「道具」はそれ自体が「スペード」を統治するコンストラクトなのか？ではなく，むしろ，この**特定の人**は，「スペード」を統治するコンストラクトとして，「道具」を用いているのか？　である。

　上位コンストラクトは，もしそれが下位要素のコンストラクトをその利便性の範囲のみに関与させて，その下位コンストラクトを常に，類似要素あるいは非類似要素の1つとして分類するのでなければ，それは統治コンストラクトではない。もしスペードが**道具―非道具コンストラクト**が処理する種類のものであるなら，**道具―非道具コンストラクト**は**スペード**の上位コンストラクトになるが，必ずしもそれを統治するわけではない。もしいくらかのスペードは道具であるが，いくらかはそうではないという場合には，**道具**のコンストラクトは上位ではあっても，**スペード**のコンストラクトを統治するものでは断じてない。もしスペードが，**道具―非道具コンストラクト**の利便性の範囲内に位置づけられるような種類の要素であり，かつ，すべてのスペードが道具であるならば，**道具**のコンストラクトは上位であるだけでなく，統治のコンストラクトでもあるのだ。

　われわれは「具体主義（concretism）」という用語を，パーソナル・コンストラクト心理学の中では正確に定義してこなかった。たしかにわれわれは，読者のパーソナル・コンストラクト・システムと想定されるものの範囲内で伝達をするために，他の多くの用語を使わざるを得なかったのと同じ事情で，この用語を使ってきた。この種の著

作はどんなものでもそうであるが，われわれは部分的には，拡張による定義に頼らざるを得なかった。われわれの新しい概念が適用されるものを捜しまわってとり上げるのに際して，われわれのシステムのより正確なアウトラインの中で上位コンストラクトとしては使われていない多くのものに，われわれは必然的に言及することになる。われわれが，統治コンストラクトは要素的なコンストラクトを「具体主義的に」扱うというときには，われわれはこの「具体主義的」という用語を体系的に正確に使うというよりも，拡張的 (extensive) に使っている。われわれはこのことを読者が理解してくれると信じている。

　統治は人のパーソナル・コンストラクト・システムを単純化するための説明因である。すべてのスペードが道具だと解釈するなら，人は自分の手にもつものがスペードだと「知っている」かぎり，それが道具なのか否かを訝って，時間を無駄にする必要がなくなる。**善**の概念が**母**を統治している子どもは，母親が善なのかどうかを問うことがやめられない。権威とは常に正しい人のことだと信じている人は，何が正しいのかを自分で決定する必要がない。彼は権威を見分けることさえできればそれで十分なのだ。この種の単純化思考は，古代の論理形式から生じるのと同じように，世界の多くの石頭の葛藤——個人間でも個人内でも——を説明する。

13 | 中核コンストラクトと周辺コンストラクト

　中核コンストラクト (core constructs) は，**人のメンテナンス** (maintenance) **過程を統治するコンストラクト——すなわち，これによってその人のアイデンティティや実存をメンテナンスするコンストラクト——である**。一般に健康な人の心的過程は，包括的だが過度に浸透的ではない中核構造に従っている。これらは包括的なので，人はこれらを使って，既知の広く多様なイベントを，みずからのパーソナリティに一貫するように見ることができる。人は自己を複雑ではあるが組織化された人間と見ることができる。しかし，その人の中核コンストラクトがあまりにも浸透的である場合には，その人はあまりにも多くの新しいイベントを深い個人的な意味をもつものと見なしやすくなる。距離を置いた客観的な態度がとりにくくなるのだ。この人は，新しいイベントのそれぞれが自己と緊密に関係すると解釈するときには，妄想的(パラノイド)になるかもしれない。また，おのおのの新しいイベントを健康に関係づけてみるときには，単に心気症的になるだけかもしれない。

　周辺コンストラクト (peripheral construct) は，**中核構造に重大な修正をしなくても，変化させうるコンストラクトである**。そのいくらかは包括的であり，いくらかは偶発的である。そのいくらかは浸透的であり，いくらかは非浸透的である。周辺コンストラクトの変更は中核コンストラクトの変更に比べれば，それほど複雑な問題ではない。周辺コンストラクトは治療で深刻な不安を生じることなしに，バラバラに破壊させう

る。周辺コンストラクトの改訂を追求するときには，まず，代理構造を提供する必要がない。周辺コンストラクトは深い自我関与をしなくても判断が可能なので，比較的客観的に適用されうる。大方のところは，正規の学校教育は周辺コンストラクトと考えられるものを扱い，治療は中核コンストラクト，あるいは少なくとも中核コンストラクトであることから出発するコンストラクトを取り扱っている。

　時には，ある人のある構造は周辺的だと推定される。（しかし）後になって，その人がそれを中核コンストラクトとして用いていることがわかることがある。地球がつくられるのにどれほどの時間がかかったかに関する，ある人の個人的見解は，その例になるかもしれない。ここにはそれを考える人のアイデンティティがまったく関与していないので，これは厳密に周辺的な問題だと思われるかもしれない。しかし，これが事実でない場合がある。ある人々にとって，地球が進化的に創造されてきたはずだということを認めるのは，不道徳への譲歩でもあり，顕著な行動変容と自己の再定義を伴うことになる。臨床家はクライエントの使うどんな解釈も中核構造であることがわかる可能性があるので，この可能性に警戒する必要がある。

　中核コンストラクトは，前章で依存性を定義したように，必ずしも依存性を表象するわけではない。さらにいえば，役割コンストラクト——他者の見方を理解する視点から見た自己の行動を含むコンストラクト——は，必ずしも中核コンストラクトも依存性コンストラクトも代表しているわけではない。役割コンストラクトは後者（依存性コンストラクト）を代表する傾向がいくらか強い。しかし，目につくほどの依存性はなくても，役割は演じられる。

14 緊縮したコンストラクトと弛緩したコンストラクト

　緊縮した (tight) コンストラクトは，不変の予測に導くコンストラクトである。このコンストラクトの要素は，利便性の範囲の外縁に位置するものでも，一貫して類似か非類似かのどちらかに属するものと解釈されうる。ここでは他のタイプの解釈に当てはまるよりも，非類似のグループ分けに正確な構造を与える傾向がより強い。さらに，非類似のグループ分けは，これ自体のシンボルあるいは名前をもつ傾向が強い。

　健康な人は中核構造が緊縮している傾向がある。彼は食事や睡眠等の事柄に関しては，規則的な習慣をもっている。他方，これらの過程は，物事の習慣的なやり方に例外を設けねばならないことがわかったときには，自己の統合性に脅威が及ばないように，他のパターンの下位に置かれる。

　弛緩した (loose) コンストラクトは，多様な予測に導くが，実用的にはその同一性を維持していると言いうるコンストラクトである。弛緩した解釈は，とりわけ夢にその実例が示される。弛緩した解釈は，注意深く描かれるデザインへの準備になりうる素描（ラフ・スケッチ）のようなものである。このスケッチは柔軟な解釈を許す。あれこれの特徴はま

だ正確には示されていない。このデザインはいくらかの曖昧さをもっているのである。

この解釈の緊縮と弛緩との交代は，深い治療では重要な特徴である。新しいコンストラクトは古いコンストラクトの弛緩によって，そしてその結果としての混乱の中で形を取り始める試行的な定式化を緊縮することによって，形成されていく。夢の材料は治療中にこのように扱いうる。が，これは後章の問題である。弛緩は不安を伴うかもしれない。これは，後でパーソナル・コンストラクト心理学の立場から不安を詳説するときに，見ることとする。この弛緩は，当然のことながら，突飛なそして時に奇異な行動を伴いやすい。このため治療者は，通常この弛緩した解釈を治療室内に限定しようと試み，クライエントがこの日に立ち去る前に解釈を緊縮させる傾向がある。特に治療者はこの治療過程を中断する前には，解釈を緊縮するものである。

時間の縛りと言葉の縛りは，他の場所で述べているが，治療上のある目的には有用な，緊縮技法の例である。これらはまた，すでに指摘したように，コンストラクトを非浸透的な状態に縮減するのにも役に立つ。このことは特に時間の縛りにあてはまる。

自由連想，空想の誘導，夢の報告，そして断続的に破られる沈黙はすべて，コンストラクトを弛緩する技法である。身体の弛緩も，たぶん徐々に進展するものではあるが，クライエントがみずからの解釈を弛緩するのを助ける。治療室の家具の配置もまた，クライエントが一時的に解釈を弛緩する能力に関係してくる。

緊縮は，声の音調を少し上げること，文法的に正しい文章を使うこと，クライエント中心療法でなされているように「感情」を反射することなどによって，促進されうる。それゆえクライエントは，自己をより正確に表現しなければならなくなるだろう——これは，おそらくロジャーズ派のクライエント中心面接で得られていると思われる，より一貫した逐語的プロトコルを説明できる手続きである。クライエント自身のパーソナル・コンストラクトの継続的な緊縮は，また，クライエント中心療法家が，クライエントにあまり損傷を与えることなく，アポイントメントをキャンセルしたり，連続する治療を中断したりできるようだという事実の説明因になるかもしれない。緊縮はまた，治療者がノートをとったり，明らかに準備した素案から作業を始めたりするときにも生じる。しかし，われわれは先走り過ぎた。本節は単に緊縮と弛緩の診断コンストラクトを開発するためのもので，治療におけるすべての用途を説明するものではなかったのだ。

注：診断コンストラクトのグロッサリーは次章の終りに示す。

第10章
Dimensions of transition
移行の次元

　本章では，臨床家が使用するために体系的にデザインされた，診断コンストラクトのレパートリーの提示を締めくくることにする。また，基本的な理論の解説もこれをもって終りとする。次巻で続く各章では，すべてが記述，方法論，あるいは技法のレベルになる。

A 除去と関連しているコンストラクト

1 パーソナル・コンストラクトと人生の推移

　コンストラクトは，押し寄せてくる物音と人生の激動の中で，反復するテーマを聴きとれるようにしてくれる。これらは比較的静謐で安全な状態にとどまっているが，他方，コンストラクトがその上に突き抜けているイベントは，連続的な騒乱の中で轟音を立てて揺れ動く。しかも，コンストラクトそれ自体も変化を蒙っている。そして，ほとんどの人生の謎めいた問題が生じるのは，このテーマからテーマへの移行の中においてである。

　組織化の系の言葉によると，各人は，イベントを予期するのに便利なように，コンストラクト間に序列的な関係をもつ解釈システムを，特徴的に進化させる。調節の系では，人の解釈システムの変動は，コンストラクトの浸透性によって制限され，その変形はコンストラクトの利便性の範囲内に位置すると述べることによって，この組織化の点から離陸していく。ある人がその組織化されたシステム内に新しいアイデアを受け入れるようになると，浸透性のある——すなわち，新しい要素を受け入れる——上位コンストラクトをもつ必要が生じてくる。このような浸透性のある上位コンストラクトがなければ，人は古いアイデアの多少とも足場の悪いところで引きずり歩きをすることに限定される。

　これらは，われわれがパーソナル・コンストラクト心理学の仮説構造について述べた第2章において，すでに論じた見解である。さてわれわれは，われわれの理論体系のいくつかの診断コンストラクトを紹介したので，人々が変化する場面にみずからを

適応させていく方法に関する個人的な上位解釈の他の特徴に方向転換してもよかろう。

いくらかの人々は他の人々よりも，自己の問題に適応的な解決をしていくのがはるかに困難なようである。どんな人でも，ある領域であるときに，その他の場合よりも，もっと簡単に移行できるようである。人と人を比較する場合でも，1人の人の種々の適応努力を比較する場合でも，われわれは，この問題が基本的には，ある人の個人的な解釈システムにおける適切な移行をする問題だと見ている。

ある人の行動は大方が**緊縮した偶発的**構造によって組織されていると仮定してみよう。また，これらの緊縮した偶発的構造の**上位**にあるコンストラクトが，**包括的**ではあるが**弛緩**していると仮定してみよう。われわれは今や，この人の生活におけるコントロールが，2つの方法で成し遂げられていると見ることができる。緊縮した偶発的行動の保護のもとで，彼は一貫して赤いネクタイを選び，みずからが約束に遅れることは許さず，床にタバコの灰を落さず，自分より年上の人と話すときには常に「サー」という敬語を使い，概して少数の柔軟性を欠いたルールによって生きている。この人はこれらを「高い倫理基準」と呼んでいる。しかし，この人がこのルールブックに載っていない状況に直面したときには，彼の行動は上位の，そして，もっと包括的なコンストラクトによって，ガイドされねばならない。しかしこのようなコンストラクトは，この人にとって，より弛緩している。こうなると，彼の行動は多様に変化する。彼の「高い倫理基準」は，小さな偶発的ルーティンのシステム以上のものではないことが露呈される。彼の道徳性はマンネリ的であり，偉大な大勝を欠如しているのだ。

このような人はまた，自分の使い古したルールブックが時代遅れであることを見いだすかもしれない。小さな問題に対する昨日の「正しい」答えは，今日はもはやそれほど正しいとは見えない。もしかしたら彼は「いちかばちかの勝負をして」青いネクタイ，あるいは黄色のネクタイ，あるいはノー・タイであるべきだったのだ。しかし，どちらが正しいのだろうか？　一体なぜ青いネクタイの方が赤いものよりよいのだろうか？　青いネクタイを着けることにはどんな意味があるのだろうか？　青いネクタイを着けるのはこの数年よくないことだったのだろうか？　赤いネクタイは非常によいように感じる。しかしなぜ，赤いネクタイにとらわれねばならないのだろうか？しかも，赤いネクタイにとらわれるのは，青いのにとらわれるのと同じようなものである。人はある種のネクタイを着けるべきである。彼が青いネクタイを着用し，昼ごろには赤いのではないことに不快を感じ始めると仮定してみよう。彼はひっかかるだろう。彼は赤いネクタイを手に入れられないだろう。しかし，彼はとにかくひっかかっているようである。つまらない？　もちろん！　しかし，どちらのネクタイを着けるかさえ決められないときに，彼はどうすれば重要な決定ができるのだろうか？　彼は何も自分の意志で決定できないのではなかろうか？　彼は籠の鳥だ。籠の外では生き

ていけない．実際，彼は一体どうすれば生き続けられるのだろうか？　そして，もし彼が自殺をして，葬式のために籠から出されたとしたら，それは赤や青のネクタイをつけることよりもよいことなのだろうか？　これは，彼が運命の段階へ踏み出す前に決定されるべき問題である．

　この反芻の例は行き過ぎてばかばかしく見えるかもしれない．しかし，自殺計画をたてたことで，自分の貴重な銃のコレクションを誰に相続させるべきかという泥沼の問題にはまり込んだ，あるクライエントのケースに，著者の注意が釘付けになったのは，それほど昔のことではない．

　人が世界を解釈する仕方の移行あるいはその移行の見込みが，困難を含んでいるかもしれない，そういう解釈の仕方は他にもある．人の解釈システムは決して完全には休止しない．このシステム内で生じる変化でさえ，それ自体解釈されねばならない．人の解釈システムの連続的な段階は要素として扱われる必要があり，これは上位の解釈を求めている．しかし新しい解釈は，人の上位の解釈の要素として受容されうるのだろうか？　これは，人の上位コンストラクトの浸透性が関与してくるところである．人の変動は，あるもっと浸透的な解釈に従属している．彼の変動は，**相互**に矛盾すると推測される下位コンストラクトの連続的使用を含んでいるかぎり，彼の上位解釈がその新しい見方に対して浸透的でなければ，また，これらを実際に有意味なものにするのに十分に緊縮していなければ，しかもなお，いくらかの要素の入れ替えを許容するのに十分な弛緩をしていなければ，容認されることはない．

　変遷に特に関係のある用語は4つある．すなわち，**脅威**（threat），**罪悪感**（guilt），**恐怖**（fear），**不安**（anxiety）である．期待されるように，これらの4語はすべてがパーソナル・コンストラクト心理学の内部で，経験的あるいは心理学的な現象として，定義されている．それゆえわれわれがすでに示唆したように，われわれのシステムにおける脅威は，われわれが意識しているいくつかのイベントに加える解釈を指しており，必ずしも誰か他の人がこの人にとって危険だと解釈すると思われるものを指しているわけではない．**罪悪感**は，その人の解釈システムの条件を指しており，人の道徳的有責性についての社会の判断を指すわけではない．

　これらの用語のより一般的な定義は，われわれのシステム内で限定的な意味が与えられることによって，無効にされるわけではない．これらの言葉を先取りするのはわれわれの意図するところではない．そして読者も，われわれが先取り権をもっているなどと考えないことが大切である．脅威は人がイベントについて解釈するもの**以外の何ものでもない**，とわれわれは言っているのではない．また，罪悪感はすべて人の心の中にあると言ったのでもない．われわれが言ったのは，われわれの心理学的なシステム——これはパーソナル・コンストラクト・システム全体の一部にすぎない——の中では，これらの用語には限定的な意味が与えられているということである．われわ

れは**恐怖**と**不安**についても特別に体系的な定義を与えることができる。

　これらの診断的コンストラクトを構成するに際して，われわれはしばしばこの二分法の両極に注意深くラベルづけをしてきた。したがって，われわれはたとえば**包括的**コンストラクトと**偶発的**コンストラクトを記述したが，これらはそれぞれが同じコンストラクトに対する用語であり，それぞれがその対照極を指すものである。包括的なコンストラクトの極は，それが，それ自体と偶発的なコンストラクトの極を弁別するがゆえに，意味をなすのである。

　しかしわれわれは，必ずしも常にコンストラクトの両極に象徴的なラベルを与えてはこなかった。たとえば前章で記述した**統治**のコンストラクトは，対照極を指すのに使われる**抽象**のコンストラクトのような用語は伴わなかった。本章ではこの種のケースをもう少し挙げてみる。しかしわれわれは，コンストラクトは常に弁別的な二分法として解釈するのがベストであると，固く確信している。

2 脅威

　脅威は人の中核構造における差し迫った包括的な変化への気づきである。脅威が有意味であるためには，この変化の見込みが十分でなければならない。死がその1例である。死は多くの人にとって脅威である。それが彼らにとって脅威だと述べた理由は，死は起こる可能性のあるものであり，なおかつ，中核コンストラクトに猛烈な変化をもたらす可能性があると見ているからである。死は，それほど差し迫っているとは見えないときには，それほど脅威ではない。死はまた，魂あるいは人生の根本的な意味のどちらかがあまり影響を受けないと見ている人々にとっては，それほど脅威にはならない。このような人々においては，その中核構造は死の見込みによってあまり影響を受けないようである。

　変化の見込みは包括的であるように見えなければならない。このことは，脅威が多面的な代替中核構造（multifaceted alternative core structure）を代表していることを意味する。彼の中核構造に起こるのではないかとずっと考えていたことが，ついに今にもやってくるかのように見えるとき，人は脅威を感じるのである。20年の刑に服した囚人は，刑の終了を待ち望みながらも，最後の日になって，釈放が目の前に迫ってくると，脅威を感じる。大概の人は，ある状況で子どもっぽい行動を出しそうになると，脅威を感じる。新しく治療を受けることになったクライエントは，**実際**に自分のものの見方が変わるかもしれないという見込みによって，脅威を感じる。クライエントの地域社会は，クライエントがあまりにも突然に再適応することによって，地域の人々の生活の本質的な特徴に影響が及ぶと見えるときには，脅威をもつ。ある治療体制の下で再適応へと大きく前進したクライエントでさえ，ある急変する条件下での再発の見込みに大きな脅威を受ける。古いものの見方がなお非常に明瞭で，非常にたやすく構成さ

れ，非常に明白に使えるからである。ちょっとした混乱や，新しい観点からは容易に思い描けない恐ろしい状況，そしてクリック音（心音）はすべてが，古いパターンに逆戻りさせる可能性があるのだ！　これもまた脅威なのである。

　a．ランドフィールド仮説　ランドフィールド（Landfield）は2つの脅威仮説を提案し，これを支持する実験的エビデンスを明らかにした。どちらも他者を脅威的だと見る知覚に関係していた。彼の**例証仮説**（exemplification hypothesis）によれば，知覚者自身がかつてそうであったが今はそうではないことを，みずから例証しているように見える場合に，その人は脅威的だと知覚されるだろうということになる。脅威を起こさせる人が代表するもののもっともらしさによって，この人は知覚者にとって脅威となる。脅威を生じさせる人は懐古的感覚を生じるのだ。すべてが古いパターンに舞い戻るのは非常に簡単であるはずだ。たとえばその知覚者は，目の前に具体化されたなじみのあるモデルがあるので，もう一度泣き叫ぶガキになるのは簡単なことがわかるだろう。

　例証された退行の脅威は，知覚者がなおみずからをこの例に似ていると知覚している場合には，緩和されるだろう。この場合には，彼の顔を注視している中核構造には大きな変化はなかったはずでる。しかし，まだ新しい地位に十分に安定感をもっていないが，自分が変化したと見ている場合には，古くなじんだ方法——彼自身ここから覚束なくも逃れたばかりなのだ——で行動する人の例は脅威となる。彼自身が今にも後退しようとする境界線にいるからである。

　ランドフィールドの第2の脅威仮説は**期待仮説**（expectancy hypothesis）である。知覚者が古い様式で行動するのをある人に期待されていると思える場合には，そのある人は脅威的だと見なされる。危険の本質は大同小異である。やはり退行するのは非常に簡単なはずである。脅威的な人との相互作用は，必ずしも快適ではないとしても，容易ではあるはずだ。「この人は私のことを，今までの私のままだと思っている。私はもはやそうではないと信じている——あるいは，まだそのままなのだろうか？　それでもなお，すべてが非常にはっきりと心に浮かぶので，数年前に舞い戻ったように感じられる」。

　ある人々が故郷を再訪することに困難を感じたり，あるいは家からちょっと離れている間にパーソナリティにいくらかの再調整を行った若者が，自分の両親を再訪することさえ困難になったりするのは，ちょっとした驚きである。彼は自分の得たものをまだ固められていないのだ。彼が古いなじみのある顔に認める期待は，彼が今や成長成熟し，基本的には異なる人間になっていることを忘れさせる脅威になるのだ。人はイベントを，最適の予期ができるように解釈する傾向があるので，その人の知覚のフィールドが子ども時代の目になじんだ材料にあふれているときには，退行しやすくなる。大人のものの見方の全体的なアドバンテージが瞬間的に視野から喪失するので

ある。彼は子どもであることが期待される。子どもであることに意味があるのである。これもまた，脅威になるのだ。

b．治療中の脅威 ランドフィールドの脅威仮説は，逆伝記的な動きによって，他者を脅威と見ることに関係している。しかしほかにも，人々が脅威的だと見なされる見方も存在する。人がたとえば疑惑を表明したり，泣いたり，ルーズな概念化をしたりするような行動はもはやしたくないと思っているのに，治療者がそのような行動をすることを期待しているように見える場合はもちろん，過去を思い出させるようなものではなくても，その人が実質的に異なる方法で行動することを治療者が期待していると見える場合にも，治療者は脅威的だと見なされうる。治療者の期待が人の中核構造の全般的な変化を含んでいるほど，そしてその新しい見方がもっともらしくなればなるほど，治療者はより脅威的に見られるようになるのである。

クライエントはしばしば，ものの見方が大きく変化する直前に，治療者に最大の脅威を感じる。彼らは治療者の努力に対抗して，防衛的に戦っているように見えるかもしれない。彼らは一層悪くなっていると不満をこぼすかもしれない。彼らは治療者に敵意を示すかもしれない。彼らは明らかな解釈に対して異常に鈍いように見えるかもしれない。彼らは概して，新しく構造化された自己のバージョンを受容する直前に，混乱してのたうちまわるかもしれない。

修正役割療法よりもよい例はどこにも見られない。修正役割の継起はほとんど終わりに至るまで戦争のようである。治療者はお世辞を言われることがない。治療者は，クライエントが熱心に提案に従ってくれたり，「臨床材料」の贈り物をもってきてくれたりすることで，報いられることもめったにない。クライエントは「先生が昨日言ってくれたことについて考えていたら，それはたしかに私に当てはまります」とか「今日は，言うのがとても恥ずかしいのですが，先生が興味を持たれるようなものをもってきました」などとは言わない傾向がある。その代わりに，修正役割療法を受けているクライエントは，自分にはこの修正役割は演じられない，クライエントはそんなタイプの人間ではない，それは不誠実なように見える，クライエントにはなすべきことがわからない，自分は馬鹿だと思われるだろう，外見的な行動を始められない，治療者にどうしろと言われたのか忘れてしまった，前もってリハーサルした状況が予期されたようにはならなかった等々と，熱心に抗議する。要するに，中核構造の変化が差し迫っているがゆえに，クライエントは脅威を感じたのである。この新しい構造はすでに明確な形をとっており，クライエントの知覚のフィールドで大きくたちあらわれてくるのである。

実際，修正役割療法ではこの脅威は非常に大きいので，1つの単純な事実がなかったとしたら，クライエントはこの役割を絶対にやらなかったであろう。その事実というのは，修正役割療法の技法へのカギである。治療者は，新しい役割はただ振りをす

るだけで，したがって，新しい中核構造を提案するのではなかった。このゲームは2週間（あるいは他の前もって設定された期間）だけ続ける。クライエントはこの新しいキャラクターのように**あるべき**だとは絶対に言われず，ただ実験ベースに基づいて新しいキャラクターのように**ふるまう**だけだと言われる。クライエントはこれで問題が解決すると言われるのではなく，ただ問題にアプローチするための準備をするだけだと言われる。この新しいキャラクターには彼自身の名前がつけられるのではなく，架空の名前が与えられる。この新しい構造は，**中核的**というよりも**周辺的**なものとして導入される。すべてはこの脅威をコントロールするために，この新しい役割がクライエントにとっての中核構造だという解釈をできるだけ長く延期することによって，なされるのである。

脅威は，人の中核構造の切迫した大局的な変化の気づきを含んでいる。人はこの事実を正しく評価しないかぎり，修正役割療法を成功裡に行うことができない。実際これは，どんなタイプの治療手順で行う場合にも，大切な考察である。

c．他の種類の脅威　あらゆる脅威が人間存在の形をとって浮かび上がってくるわけではない。人は，みずからの中核構造が包括的に変容されるという見通しがあれば，この変化がどんな特定の他者によって例示も期待もされなくても，脅威を受ける。今までやってきたことについての新しい「気づき」によっても脅威を感じうる。自己についての代替解釈の比率が増大することによっても脅威を感じうる。子どもをもたない夫は，父親になるのに必要なものを自分がもっていないというエビデンスに年々重みを加えて行くことで，どんどん脅威が増加しうる。20代後半の未婚女性は30歳の誕生日まで脅威をもつことになる。子どもは罰によって脅威を感じるが，それは罰が苦痛だというよりもむしろ，みずからの基本的なアイデンティティに加えられる異質な解釈による。しかしなお，その子に非常にしばしば罰が与えられて，その子の内的な邪悪さが非常に確実なものとして記述されるようになって，この子が自己の新しい中核的解釈を受け入れてしまうと，この子に脅威を与えるのは，古くから慣れ親しんだ罰ではなく，何かの新奇な賞賛とこれに関連した複雑な内的再体制化になるのである。

3 恐　怖

恐怖は，この場合には次の1点を除くと，脅威に似ている。つまり，すぐにも引き受けようとしているように見えるのは，包括的なコンストラクトというよりも，新しい偶発的なコンストラクトだということである。この偶発的コンストラクトはなお中核的コンストラクトであるので，その人のメンテナンス過程は，脅威の場合とまったく同様に，危機に瀕していることになる。ある人が，車の運転中に，あらゆる種類の攻撃性，活力，創造的空想を発散させたいという気持ちが募ってきたなら，この人は，

すぐにも子どもを轢きそうになって，この問題の全体が彼の犯罪性に加えられ，犯罪者としての人生を生き抜いて行かねばならないことに突如気がつき，これらの衝動によって自分が**脅威**にさらされていることを見いだすかもしれない。他方，ある日この人の運転する車が確実に溝にはまるだろうという特殊状況に直面した場合には，それは**恐怖**と呼ばれることになる。どちらのケースでも，変化の危険にさらされているのは中核構造である。しかし脅威の場合には，差し迫っているのは包括的な再体制化である。恐怖の場合には，中核構造へのインパクトが認められるのは，偶発的な再体制化——車，溝，破壊，運転者の身体等々のみ——である。この差し迫った事故の予期がより大きく関与し包括的であるほど，脅威の比率が高まることになっただろう。しかしながらその瞬間の，差し迫った構造に包摂されるイベントが狭い種類である場合には，それは恐怖のみの状況として限定されることになる。

人はみずから包括的に解釈するものによって脅威を感じる傾向があり，みずから単純に解釈するものでは恐怖を生じるだけである。われわれを脅威にさらすのは，それについてわれわれが多くを知りたがるものである。われわれが恐怖するものは，われわれがそれについてあまり知らないものである。われわれはおそろしく馴染みのあるものによって脅威を感じ，予期せぬ奇異なものによって，恐怖を感じさせられる。しかしこの混乱が，包括的と見られようが，偶発的と見られようが，混乱を生じさせるのは，パーソナリティの**中核**が突然再構成される，差し迫った可能性である。

安定した子どもは，恐ろしげに見えるものでも遊ぶかもしれない。これは両親にとっては謎である。しかし，この子の中核構造がこのシステム全体を危機にさらすほど深くは関与していないという意味に両親が気づいていたなら，彼らも安心できたかもしれない。この子はなお，自分の基本的なアイデンティティは安全であることを，感じている。この子は，すべての健康で好奇心旺盛な個人がしているように，部分的に奇妙なものの精緻化を求めているのだ。彼はこのシステムのいくつかの上位の局面の全体的なコントロールの範囲内でこれを行っているのである。

しかし，恐怖をもちながらおもちゃで遊び続けている子どもは，実際に安心感をもっているのだろうか？　おそらく，全面的にではなかろう。この子は恐怖について問題をもっており，それに働きかけているのだ。今まで恐ろしかったものについて，その論拠を組み立てているのである。おそらくこの子は次第に自己の中核構造を再体制化して，それが現実の危険性と並ぶところにもっていくのであろう。時にはこの岐路で，いくらかの賢明な援助を使うこともできる。この援助は両親，教師，治療者などからもたらされるものかもしれない。

ある子どもが恐怖をもちながら連続しておもちゃで遊ぶのが観察されるときには，心理士は，この子がこういう問題をもっており，それへの没入の程度は，それがその子のシステム内でどれほど大きく浮かび上がってくるのかの測度になると推測する。

しかし，この子の中核構造が広く関与していると仮定してみよう。この子はなおもあえて実験しようとするだろうか？　おそらくしないだろう。この子は今や，この問題を避けて通るか，あるいはそこから完全に逃げるか，どちらかをしなければならない。この子はまだ全体のコントロールを維持するための堅固な上部構造をもっていない。実験の結果としてもたらされうる変動と移行は，揺れ動くための旋回軸をもっていないはずである。調節の系の言葉を使うなら，このシステムにおいては，この変動を従属させうる適切な浸透性をもつコンストラクトが存在しないのである。

4 ｜ 不　安

　不安は，人が直面するイベントが，その人のコンストラクト・システムの利便性の範囲外にあるという認識である。もちろん，イベントがその人のコンストラクト・システムの利便性の範囲の完全に外側にある場合には，人はこれらのイベントを知覚することさえできず，これらについては特に不安になることもないのかもしれない。ここで生じるのは，イベントの構造的把握が部分的にできなくなったことを，不安な人が見いだしたということである。こうなると，不安の混乱にとらわれることになる。

　われわれの不安の定義はいくらか変っている。この用語を使っている大概の臨床家は，その定義には関心をもっていない。彼らはこれを，理論的枠組みの中では特に定義を必要としない明白な現象として，扱う傾向がある。いくらかのパーソナリティ理論家は，この用語をまったく使わないことを好む。それは次のどちらかに原因がある。まず，これを体系的に記述するのが困難であるから。あるいは，この用語に人気があり臨床的に使われていた時期に，非常に具象化され擬人化されてしまったために，これが矛盾した意味あいをもつ，絶望的に取り散らかされたものになっているからである。不安を，恐怖に由来する過剰に般化された反応だと見る人々には，われわれの定義は何か謎めいたものに見えるかもしれない。

　いくらかの臨床家は「自由に浮動する不安（free-floating anxiety）」という用語を使用している。これらの意味するものは，おおよそ，指示対象を喪失した恐怖である。これらは，その誘発刺激を見いだすのが困難なために，このように視覚化されるのである。不安な人は動揺しやすいが，通常は，自分が何に動揺しているのかについては，言うことも示すこともできない。われわれの見方では，人はコンストラクトが適切に当てはまらないイベントに必ず直面するという認識と同じくらい，不安は必ずしも「恐怖」の結果ではない。不安に特徴的な曖昧な性質を与えているのは，ある差し迫ったイベントを有意味に解釈できないことなのである。

　このコンストラクト・システムが切迫したイベントを包摂できないのは，矛盾する解釈サブシステムの使用に随伴しているのかもしれない。大概の人はある程度の矛盾には耐えられる。われわれの断片化の系によれば，人は相互に両立しないと推測され

る多様な解釈サブシステムを連続的に採用するかもしれない，と仮定されている。読者に何回も思い出してもらっている調節の系によると，人の解釈システムの変動は，コンストラクトの浸透性によって制限され，その変形はコンストラクトの利便性の範囲内に位置している，と仮定されている。これらの2つの系は一緒にすると，人はいくらかの矛盾には耐えられるが，あまり大きな矛盾には耐えられないという仮定をすることになる。ここで耐えられる量は，上位コンストラクトの浸透性によって決まる。普通はこの変形の上位にくるはずのコンストラクトが，差し迫った変形をその利便性の範囲内に受け入れるのに十分な浸透性をもっていない場合には，その人は自分が不安状況にあることがわかるだろう。この解釈システムはこの人には役に立たないのである。深い不安をもつ人は，それ自体を日常生活に翻訳する哲学的立場をもつことから来る静謐さを，喪失してしまったのである。彼は変化する場面には直面しているのだが，ここでの変遷をやり通すための指針をもっていないのである。

a．不安に対する防衛としての弛緩 人々はいろんな方法で不安に対抗して自己を守る。その1つの方法はその人のコンストラクトを弛緩（loosening）させることにある。これは伝統的な概念形成テストによって，ある程度まで検証されうる。レパートリー・テストは，役割コンストラクトの実質とともに，その統合性をテストすることに関係する，そういう一方法として施行されうる。この弛緩はコンストラクトの適用に際して，その本質的な同一性を保持しながら，より大きな多様性を許容する。この不安症状の先駆けあるいは相関要因としての概念化の弛緩は，共通に臨床観察される問題である。これがうまく働くなら，不安が全システムに氾濫して侵入するのを防ぐことができる。この保護的効果は，いくらかの統合失調のクライエントの思考に見ることができる。この概念化は，このように弛緩されているので，なおすべてをカバーする1つのシステムをもっているようである。これらはコンストラクトに達する手前では捉えられないのだ。

しかし，概念的に弛緩した統合失調者においてさえ，この弛緩は常にうまく働くわけではない。コンストラクトは時どき，現実と照合して検証される。これらのコンストラクトは結果的に十分には弛緩されていないことがわかる。このシステムは崩壊する。不安が出現する。これは完全に悪いわけではない。それは，クライエントがなおわずかながら（人との）「接触」をもっているサインになる。伝統的な心理療法は純粋に不安な統合失調者には適用されうるのである。

不安の混沌から防衛するために，コンストラクトの弛緩はまず上位構造に関連して出現する。上位構造は，曖昧さへの耐性（tolerance for ambiguity）の測度を増大させるものである。これらが弛緩されると，この耐性は少なくとも一時的には増大することがあるようだ。曖昧さへの耐性を高めるのに効果的な方法は，もちろん，その人の上位

システムを再定義して浸透性を高めることである（組織化と調節の系）。しかし，ただの弛緩でも窮地から救い出すかもしれない。

このような上位構造の弛緩は，急性統合失調症発症の初期の臨床的サインだといわれている「人格変容」に，しばしば観察される。宗教的問題についての思考は弛緩される。それは日によって大きく変動する。行為，貞節，社会的価値等の全般的な原理は，稀に変動を生じるように見える改修に従う。あるクライエントの妻は，クライエントの行為に，というよりも，彼が今正しいあるいは間違っていると考えているように見えることに驚いている。彼は，かつて正しいと考えていたことを間違っていると感じ，間違っていると思っていたことを正しいと感じており，しかもこの両方に奇妙な思考の混合が存在する。このために妻は新たに弛緩された視点についていくのが困難になっている。

　b．**不安に対する防衛としての緊縮**　時に人は別種類の保護的行動を示すことによって，不安の切迫を暴露することがある。人は自分の従属的なコンストラクトを緊縮して，これによってシステムのより低いレベルでのより大規模な組織化を維持するかもしれない。人は生活の小さなルーティンについてもっと几帳面になるかもしれない。家庭生活の構造を失いつつある男はオフィスでより長く過ごすかもしれない。彼はオフィス・ルーティンを非常に構造化したやり方で何とかやりとげるかもしれない。このタイプの保護的なステップの影響は，しばらくの不安に続いて生じる再適応的な変化を，通常は妨害することになる。彼は「自分の問題に直面」しない。それゆえに，新しい解決法を見いだすこともないのである。

　c．**不安の程度**　パーソナル・コンストラクト心理学の立場に立つと，不安そのものはよいとも悪いとも分類できない。これは，その人の解釈システムが手元のイベントには適用されないという意識を表わしている。したがって，不安は改訂をするための前提条件になる。さてこのことは，人は不安であるほど，有効な改訂をしやすくなる，ということにはつながらない。時にはあまりにも広範囲の不安をもつために，いつも走り回って小さな火を消して回り，防火構造のデザインをする時間のない人がいる。治療者は，クライエントが主要な不安の領域に代表される混沌について何かをなしうるように，小さな不安の修復にかなりの時間を費やさねばならない。治療者は時には，そこで使われた防衛が妥当でないというエビデンスを持ち出すことによって，ある領域に不安をつくりださねばならないことがある。時に治療者は，クライエントが快適になるように，あらゆる不安をコントロールしようとして，時間を無駄にすることもある。

　われわれの不安の定義はまた，小さな混乱や日常生活の謎などもカバーしている。数字の列の合計があわない。不安！　もう一度加算してみるがやはりあわない。別の方法で加算してみる。うまくあった。あー，私たちは間違っていたのだ！　もしこの

数字の列が不安定な預金残高に関係しているなら，この不安はもっと大きくなるだろう。加えて，この人の家庭内の地位が危機にさらされている場合には，不安はさらに大きくなるだろう。この人の解釈システムのもっと多くが間違っていることを露呈したはずである。

　d．**反証と不安**　不安についてはさらに，心理療法を経験するとわかりやすくはなるが，説明するのはもう少し困難な，重要なポイントがある。不安を生じるのは単にコンストラクトの反証だけではない。不安は，このコンストラクトがもはや無関係に見えて捨て去られ，これを継承するものがない場合にのみ，出現する。人は，自分のシステムがうまく作用していないのを知っていても，けっこう安定していられるかもしれない。少なくともそれは作用している。それは関連しているように見える。彼はそれをテストし続けるだろう。もしかしたらそれは小さな改訂をするだけでよいのかもしれない。もしかしたら，小数点を読み間違えただけかもしれない。数列の合計の算出のミスをこのように解釈するなら，不安はそれほどではないかもしれない。本当に不安になるのは，これは自分が加算法を知らないことのエビデンスになると見る人――この場合はたぶん子ども――である。人は単語類推課題を解くのに失敗しても，それほど不安にはならないかもしれない。しかしその課題が，その人が自分の職業的キャリアの追求に必要な能力を決定すると考える知能検査の1項目である場合には，不安になるかもしれない。この場合の不安は，自分が経営管理の候補者群からはずされるだろうという事実――これは恐怖または脅威である――からはあまり生じてこず，彼が概して混乱していて，「自分の得点を知らない」というような事実から生じるのだろう。

　われわれは，不安は無効なコンストラクトを保持していることの結果ではなく，むしろ，状況の処理に十分な構造をもたないことの結果であると述べてきた。人はみずからのコンストラクトを棄ててしまったので，不足状態になっているのかもしれない。あるいは人は，低次のコンストラクトならいくつかはもっているかもしれない――その状況の要素を多次元的に知覚するのには十分である――が，それを全体として処理する最重要のコンストラクトはもっていないのかもしれない。

　コンストラクトの反証は，必ずしも感知できるほどの不安を生じないが，これは，このコンストラクトを捨てる普通の根拠にはなる。反証は，どこでシステムが崩壊しているのかをクライエント自身が見いだすのを援助するために，治療で使われる。パーソナル・コンストラクト心理学を意図的に利用する心理学者は，確証あるいは反証のエビデンスを生じるような一連の実際的な実験をめぐって，みずからの治療プログラムをデザインする。反証のエビデンスは，治療者や別の資源からの再定式化の援助を得て，普通はコンストラクトの廃棄へ，不安へ，したがって改訂へと導いていくことになる。

時に実験は，非常に多くのものを賭けて，デザインされることがある。反証のエビデンスを深刻に受け止める人は，この結果を破滅的だと思うかもしれない。治療者はクライエントを実験に誘い込む前に，どんな種類の個人的な賭けを，自分はクライエントに求めているのか，を非常によく知っておくことが必要である。クライエントはみずからの全価値体系を，治療者には非常に単純で限定的な冒険だと見えるようなものに，賭けているのかもしれない。

大学院生の研究を幅広く指導してきた人は，この事実に気づいているかもしれない。研究に不安を抱いている大学院生は，しばしばみずからの仮説を深刻に受け止めすぎる。彼らは，実験仮説でみずから言語化したものよりも，みずからの人生に関与する何かを「証明」しようとしているようである。院生研究のよい指導者は，学生みずからが実験結果に何を秘かに賭けているのかを見いだそうと，努力しているのだ。われわれは，現代の科学哲学のモデルを，すべての人がそれぞれどのように人生を進めていけばよいのかに関する心理学を打ち立てるのに用いてきた。これとまったく同じように，われわれはこの大学院生の研究の効果的な指導モデルを，治療者がクライエントを援助して新しい意味を発見させられるようにできるモデルとして，使えるかもしれない。弁別的評価と不安のコントロールは，研究指導と心理療法の実施のどちらにおいても，重要な特徴なのである。

　e．解釈の失敗　不安は，イベントの最適な予期に失敗すること以下の何かである。これは特定の種類の失敗——人が意識しているイベントに完全に適用可能と見える解釈を生み出すことの失敗——を指す。不安は，われわれが基本的前提で述べた心的過程が貧困になる1つの道である。それは，手元にある事実が人のコンストラクト・システムに適合しないとき，少なくとも組織的には適合しないときに，やってくる。

しかし，これらの事実は関連しており，このコンストラクト・システムは正確な予測に導くのだが，その結果はこの予測を無効にすると仮定してみよう。この人はみずからのシステムを適用するが，賭けには失敗するのである。これがこの人の解釈システムを進化へと導くという前に，われわれはこの人がこの結果をどう解釈したかを知らなければならない。彼は自分の賭け金を失ったとは考えないかもしれない。したがってわれわれは，彼が必ずしも不安を示すと期待すべきではないし，また必ずしも彼がみずからの解釈システムに何か大きな改訂を企てると期待すべきでもない。

しかし，この人がみずからの予測の結果を，何か予期していなかったものだと解する場合には，それは必ずしもこの予測をするのに使った解釈に釣り合った不安を生じるわけではない。この人は実質的に「おや！　間違った！　でももちろん，私のシステムはなお適用可能である。唯一のトラブルは，1つの小さな要因を考慮に入れられなかったことだ。もうこんなことは起こらないはずである」と言うかもしれない。このような場合には，不安は小さな要因——この人はこれに対する適切なシステムをも

たない——に比例するだけで，このすべての賭け金を賭けたコンストラクトには比例しない。

　不安を解釈するに際しては，この人が適切な解釈を持たないと感じるのは何なのかに，注目する必要がある。われわれが不安の一般的な在所はどこなのかを知っている場合には，われわれは，その人がカオスの領域に構造をあてはめようと試みるとき，これに続いて生じうる心理的な動きの程度をよりよく決定することができる。たとえばクライエントはみずからの対人関係を台無しにしてしまう。彼は物事が悪い方向に向かっていることを認める。この人の不安の本質は何なのか？　治療者は，この不安が他者について予期している全領域におけるカオスを代表すると仮定するかもしれない。しかし，必ずしもそうではない。クライエントは小さな手がかりを見落としただけだと言い張るかもしれない。この不安はそこに局在するだけなのかもしれない。実際，クライエントをこのトラブルに引きこんだ基本的な解釈は，このクライエントには，まだ完全に適用可能だと思われている。それは不安に解消されないものなのである。このクライエントの震えと涙はすべて，彼には理解できないと考えている「手がかり」と関係しているのである。

　このクライエントの状況は，助言者の指導によって研究を進めている大学院生との関係とパラレルである。この学生はよくない結果を得る。彼は，間違っていたのは仮説ではなく，何かが基準データでつまずいたのだと主張する。たぶんそれは代表的なものではない。N（人数）を増やさなければならないのだ。この学生の言うことは正しいかもしれない。クライエントもそうかもしれない！　しかし，学生（あるいはクライエント）が正しくても間違っていても，助言者（あるいは治療者）はその不安の所在に気づいていなければならないのだ。

5 ｜ 罪悪感

　人の中核構造の中には，自己と他者及び社会集団の人々との重要な相互作用を予測しコントロールすることを可能にする枠組みがある。これらは全体として，この人の**中核的役割**の概念化を構成している。バラバラに取り上げるなら，これらはこの人の中核的役割の様相を区切り，変化する社会的照明の下での人間の色とりどりの内省を説明する。社会的存在として維持されていることの最も深い理解は，この人の中核的役割についての構想なのである。**自己が中核的役割構造から明らかに除去されているという知覚は，罪悪感の経験を構成する。**

　罪悪感を自己の中の邪悪なものに気づくことと見る伝統的な見解は，この定式化の対極にあるわけではない。また，罪悪感を超自我によって加えられるお仕置きの一種と見る，精神分析的見解もやはり対極的なものではない。われわれが提起した定式化は，研究指向的な心理学者を，一方では「悪」の絶対主義から，そして他方ではフロ

イト的超自我の擬人主義から，解放するようにデザインされている。科学的体系においては，この体系の仮説構造に統合されないかぎり，絶対的な用語は採用されえない。科学においては，その課題は，最重要の仮定を最小限に維持して，主として試行的な推論と連携することである。

　罪悪感は，パーソナル・コンストラクト心理学の仮説的な構造の中での推論である。あるいは，これはわれわれの基本仮説から演繹的に，または臨床経験から帰納的に推測されうるものである。これらは罪悪感を推測する完全に独立した方法ではない。なぜならば，この基本的前提は，明らかに著者の経験に当てはまるので選択されたのであり，逆にいえば，著者の経験は，彼が基本的に正しいと仮定したものによって終始ハイライト照明があてられていたからである。

　a．罪悪感と役割　前の章でわれわれは，役割とは，他者の思考の解釈に基づいてなされる一連の活動であり，この他者に関連して役割は演じられるのだと指摘した。それはしたがって，その要素がある他者の想定されたコンストラクトになっている，解釈に基づいている。中核的役割は，人が自己を統合された存在として維持している役割構造の，あの部分を含んでいる。もっと周辺的な役割構造は含まれていないのだ。

　基本的なメンテナンスは，完全には自己中心的な問題ではない。われわれは命がけで，ある他者の思考の理解に依存している。パーソナル・コンストラクト心理学は，社会的解釈の本質的な重要性を強調している。これは，役割は常に表面的なもの，単純に着けたり外したりする仮面，ではないという事実を強調している。というよりも，中核的役割，すなわち彼がみずからの人生が依存しているかのように演じる役割が存在することを強調している。実際，彼の人生は現実にそれに頼っているのである。最後に，罪悪感として経験されるものは，中核的役割の解釈の中で，地位を喪失することになるのである。

　子どもは自己が家族に所属するものと解釈する。母親の行動を解釈し，父親の行動を解釈する。そしてこの解釈に関連する仮定的な役割を演じる。演じるという実際的な用語の観点から，自己を同一化するようになる。彼は誰なのか？　彼は**本当は**誰なのか？　彼は父母に所属する子どもであり，それゆえに，これとこれとこれをするのだ。彼が行うことのいくらかは，単に偶発的，あるいは周辺的である。彼は，これらの人々が言葉にしやすいので，これらの人々について語るのかもしれない。彼の役割のより基礎的な特徴は，彼にとっては前言語的コンストラクトに関連して存在するのかもしれない。彼は誰なのかと問われたとき，彼は言葉にできないのかもしれない。

　さて，彼が両親の子どもとして行為してきたのではなかったと気がついたと仮定してみよう。そしてこの発見は深まっていくと仮定してみよう。彼のアイデンティティは影響を受ける。彼は**実際には**中核的役割にはまっていない。彼のアイデンティティの維持は，彼が演じていると思っている子どもとしての役割に基づいているのではな

く，何か他の，おそらくはもっと曖昧な根拠に基づいているのだ。彼が罪悪感をもつのはこの点においてなのである！

　もう1人の子どもは，鈍牛のような生き物だと解釈する両親との関係に依存している。彼は両親を，もっぱらミルクを与え，お金を儲けることに関心をもつ動物として，見ている。これに合わせて，彼は自分の役割を文章化する。そして検証する。彼はこのように推測された人々との関係において構造化された中核的役割をもって成長する。人々が，彼はわがままで残酷で不道徳的だと指摘して，彼に罪悪感をもたせようとするとき，彼はただちにそのとおりだと同意して，自分が変わっていたとしたら，それは素晴らしいことだと認めるかもしれない。しかしながら，このような解釈は彼の中核的役割構造と矛盾しないので，彼は罪悪感を経験しない。彼の友だちは，彼を「最低な奴」といい，精神科医は彼を精神病質的パーソナリティと呼ぶかもしれない。

　別の子どもは，みずからのアイデンティティをやさしいお母さんになることだと解する。彼女は，成長すると，多産な存在になり，おもに「自分の子どもたちのために」生きる。家庭は彼女の女王様の領域である。それから子どもたちは結婚して家を出て行く。彼女は子を産まない存在になる。彼女は夫の性的欲求にやさしく応えることもできない。彼らは小さなアパートに引っ越す。彼女の領域はしぼんでしまった。彼女自身についての中核的役割の解釈はもはや当てはまらないようである。彼女はみずからの罪について話し始める。彼女はまったく些細なことに罪悪感をもつ。彼女の主治医はこれを「更年期うつ病」と呼んでいる。

　さらに別の子どもは，天国のような存在だと考える解釈に基づいて役割演技をすることで，自己が維持されるのだと見ている。彼は自己を，そういう子どもの1人だと同定する。そのとき，彼は破門を言いわたされる。彼の中核的役割の地位は失われる。彼は罪悪感をもつようになる。

　文字をもたない文化に属する男が，部族の構成員だということに基づく中核的役割構造に，自己を位置づける。それから，彼はタブーを破る。彼はもはや所属をなくしてしまう。彼はこの罪深い喪失に直面して，生を支えることさえできなくなるかもしれない。

　b．初期の中核役割構造　　罪悪感が人生の絵柄の中に入れられる方法はたくさんある。パーソナル・コンストラクト心理学の見地からすると，そのすべてが共通にもつポイントは，この中核役割構造の喪失である。われわれは，罪悪感を定義するのに，快楽と苦痛の見解も，ここから引き出される報酬と罰の見解も，持ち出す必要性を見いだせなかった。われわれはこのような用語が満足のいく説明原理を表象しているとはみなさない。罪悪感が現れる多様な道筋については，母親が赤ん坊に排泄コントロールを教えるのに使う罰場面の再演だと説明するよりも，すべてが中核役割構造の喪失を表わしていると考えるほうが，はるかに考えやすいと思われる。

もちろん，子どもに排泄コントロールを教える母親は，基本的なメンテナンス過程と，このような問題への母親自身のしっかりした意見に対する正当な尊重とに関連する，役割実践の最初のレッスンを，工夫をしながら与えているのかもしれない。その瞬間に声をあげたときだけでなく，その日に何時間も通して解釈するべきこととして，彼女の要求に包括的に応えることは，役割を演じることになる。排便に関する役割をドラマとして表現しなければならないという事実は，それが中核的役割だということを意味する。

　重要なのは，排泄コントロールの状況が，この段階で中核的役割を演じるために設定された多くの状況の1つにすぎないことである。罪悪感は，これがやってくると，これらの原初的な状況のどれか，あるいはすべてが思い出されうる。罪悪感は，どこで，いつ，だれと，あるいはどんな場面でその役割が演じられたかとは関係なく，人の中核的役割からの心理的追放なのである。

　c．罰と罪悪感　罰と罪悪感の間には関係がある。しかしそれは，制度化されたもののようである。これによってわれわれは，罰が人間の生活において，必要あるいは基本的な動機づけ要因ではないといっているのである。罰と罪悪感との関係については，われわれは単純に，いくらかのグループの人々がこういう関係があると解釈してきたからだと，見ている。しかし，そう考える必要はない。

　起こっているのはこれなのだ。人々は「悪事を働く人々」によって脅威を受けている。われわれは脅威を描写した。この場合には，それは，われわれが単に不確実な逃避をしてきただけの生き方の実例を示している。この「悪事を働く人」は，われわれは敢えてするなら何をなしえたか，あるいは，子どもっぽい行動をしたなら，どうなりえたか，あるいは，よくしようと一生賢明に試みなかったとしたら，どうなっていたか，といったことを例示している。われわれは望まない道に滑って戻らないように，あえてこの共通の基盤に立って彼と相互作用しようとはしない。彼の存在がわれわれの中に引き起こす脅威に対抗して保護的な対策を講じるために，われわれは彼に対して「処罰」という象徴的な方法をとる。このような方法によって，われわれはこの「悪事を働く人」とわれわれ自身との中核的役割関係を破壊するか，それとも象徴的な破壊をするのである。これによってわれわれは，「悪事を働く人」としてのわれわれ自身のおぼろげな影から逃れて，多少の安心感を得るのである。われわれはこの「悪事を働く人」を，この人が罪悪感を経験しているかのように扱う。これは，われわれが新しく獲得した地位が安全だということを確信するのに役立つ。彼は実際にわれわれの1人ではないのだ。彼さえも今では自分がわれわれの1人ではないことを知っている。われわれはしたがって，彼のようではない——とわれわれは期待する！　われわれは，彼がわれわれによって罰せられた結果として罪悪感をもつようになったのだという図式を描く。この観点からすると，象徴的に罪悪感を根付かせるのは，無慈悲に

罰へと導く罪ではなく，むしろその罰なのである。罰は脅威的な人に焼印を付ける。それは彼を心理的な追放処分にすることである。こうして，半分しかその道徳体系を確信していない脆弱な社会は守られるのである。

　われわれは，処罰する人を，処罰される人に似ているという脅威から守るために，とられる手段として罰を記述してきた。これはたしかに悪事を働くこと——われわれ自身の悪事！——への抑止効果をもつ。これは，悪事を働く人がわれわれ自身の1人でないことをはっきりさせることによって，悪事を働かない人としてのわれわれの立場を明確にするのに，役に立つのである。

　罰は時には，罰せられた人にも影響を及ぼす。彼はみずからの中核的役割構造を喪失したと感じるかもしれない。彼には罪があるのだ！　結果として生じる混乱の不安の中で，彼は自己の再確立を求めるかもしれない。彼は古い路線に従ってそうするかもしれない。あるいは新しい構造を作ろうとするかもしれない。彼が新しい構造を試みるときには，それで他の人々への脅威が少なくなるわけではない。

　時には罰を受ける人が罰する側の人々とのテーブルの向きを変えて，形勢を逆転させるかもしれない。彼は自分自身の社会を解釈する。彼は自分自身のために，他者が脅威を感じたまさにその行動を含む，中核的役割の確立に向かって進んでいく。さて彼も，最近確認した彼自身の強情さによるのではなく，「悪事を働く人」という彼の地位を失う見込みによって，脅威を感じうる。非常に現実的な意味で，それは彼に罪悪感をもたせる喪失なのである。彼が今までに自分が有徳であったのと同じ意味で有徳な人を前にすると，脅威を感じるかもしれない。彼は，この有徳な人は実際には彼自身とは異なること，そしてこの半分は慣れ親しんだ徳の道に舞い戻る危険性はないことを自分自身にはっきりさせるために，このような人への処罰を追求していくかもしれない。われわれはこのメカニズムが働いていることを，非行少年のある人々への攻撃性の向け方に，そしていくらかの精神衰弱患者の敵対的な強迫行為の両方に，見ることができる。パーソナル・コンストラクト心理学の立場からは，これは報復行為の単純な交換以上のものである。それは各人が自己と，常に迫ってきて常に脅威となる以前の自己の影を代表する他者，との違いを強調する試みなのである。

　罰を加えることは，他者が受け入れられない様式で行動したことを，処罰者がみずから証明しようとする試みには見えないように，他者を受け入れ可能な方法で行動させようとする試みではなさそうである。例外はある。罰は時には，他者がみずからの行動様式を修正することを誠実に期待して，罪悪感と不安をもたせるために使われるかもしれない。時には，われわれは「犯罪を罰したのであり，犯罪者を罰したのではない」ということがある。これは馬鹿げている。それでも，罰を受けるのは「犯罪者」だからである。しかしながら，非難されているのは彼の一部にすぎないことを，彼はわかっているはずだと，われわれは期待している。警句的なスローガンは，彼が自己

の役割をわれわれの社会の中で再設定するために，ドアを開いたままにしておくという意味論的な工夫であり，彼にわれわれの社会から出て行ってもらいわれわれの社会の外にある中核的役割を設定させるための工夫ではないのかもしれない。

時に罰は，処罰される人に「社会に負債を返させる」方法だとして，合理化されることがある。このアナロジーは，罰せられる人が罪滅ぼしの際の不快を通じて，社会がとにかくその傷から回復すると仮定している点で，いくぶん非現実的である。しかし，罰せられる人の視点から見ると，この言葉の綾が彼の役割の喪失に時間制限を加える効果をもつかもしれない。こうして「負債が支払われる」と，彼は自動的に追放を解除される。しかし，基本的な心理学的事実は，みずからの道徳性に不安定なところのある人にとっては，彼の行動は脅威であり続けてきたのだ。そして，彼が誘惑的な生き方を例示したと見られるかぎり，自分たちが誘惑されることへの予防法として，彼を罰することを必要とする人々も存在するのである。彼は「負債を払って」社会復帰するのだと感じながら出獄するが，現実には，自分の非行を覚えていて，仲間の1人として受け入れることになおも脅威を感じる社会に出会うのだ。

脅威，恐怖，不安，罪悪感などの診断コンストラクトはすべて，本質的には人の解釈システムにおける移行と関係するコンストラクトである。脅威は人の中核構造の切迫した包括的な変化への気づきである。ランドフィールドの脅威仮説は切迫した退行的変化——これは例示されるか，社会的に期待されている——に関係している。恐怖は脅威に似ているが，この変化が包括的というよりも偶発的だと解されるところが異なる。不安は人の解釈システムの混乱である。これは，日常生活の小さな瞬間的困惑から，上位構造の崩壊を示す「浮動性の不安」にまでわたっている。罪悪感は人の中核構造の喪失である。われわれは罰についても述べたが，これは診断コンストラクトでもなければ，必ずしも移行に関するものでもないと提案した。これらの診断コンストラクトは，特に移行に関係するものとして提案したが，適切な診断コンストラクトはすべてが移行に関係しているという感覚が存在する。というのも，これらは人が個人内でも個人間でも変化しうることに関する特徴を指しているからである。診断コンストラクトは，すべての生きている人をアリストテレス的な整理棚に詰め込むのに役立つだけだとしたら，まったく満足できるものにはならないのである。

6 攻撃性

攻撃性は個人の知覚の場を能動的に精緻化することである。われわれは精緻化の選択の原理についてはすでに論じた。この原理とは，われわれ全員が，われわれの予測システムを危険にさらすことなく，このシステムを拡大する可能性がより大きくなることを約束する，あの一方の選択肢を選択する傾向である。人生における選択点を設定し，精緻化する選択を行う傾向がより大きいことで目立つ人がいくらかいる。彼ら

は常に，決定と行為を必要とする状況に，自分も他者も追い込んでいく。こういう人を，われわれは攻撃的だと呼ぶのである。

個人の領域の中には，この人が他の領域よりも攻撃的になりやすい領域がある。これらは，この人が「物事をやっつける (does things)」領域である。いくらかの心理学者は，これらの領域を「関心領域」と記述するかもしれない。このような領域内では，この人はシャイにも怠け者にも見えない。彼はこれらの領域内を自発的かつ比較的自由に通り抜けていく。

ビジネスの世界では攻撃性はしばしば「よいもの」とラベルづけされる。これは「有望な」あるいは「成功する」男の標識になる。時には人の攻撃性の領域が考慮される。もしこれが対人関係の領域で現れるなら，この男はホワイトカラーの服装をさせて「販売」や「人事」の仕事に向いている。もし攻撃性が無生物の領域で現れるなら，彼は「工場」内の仕事，たぶん「工学（エンジニアリング）」や「生産」の仕事に就き，異なる洗面所の使用を求められることになる。このどちらの方法も，彼の作業環境を彼の望む種類の仕事に合わせられそうになければ，単純に賃労働に就かせるのがよい。もちろん，これでは自発的な精緻化がなされず，この男の攻撃性をうまく動員できないので，しまいには，より多くのコストがかかることになろう。

a．攻撃性と不安　限界はあるが，人は不安の領域で特に攻撃的になりうる。これは，彼のコンストラクトが，手近なイベントを，利便性の適切な範囲内に抱え込むことに部分的に失敗していると見える領域である。道なき領域を探索しようとして，この人は素早く連続的な選択を準備し，その中から選択肢を選択するかもしれない。

人は攻撃的な時には，ちっぽけな混乱を探し出す。彼はそれらに文句を言い，適合しそうなコンストラクトをテストし，無関係に見えるコンストラクトは速やかに放棄する。実際，人が攻撃する領域は，彼が直面しうる不安が存在する領域である。

適切に配置された労働者は，自分の仕事に何の不安ももたない人ではない。むしろ，自分の仕事に関して多くの中程度の不安をもつ人である。これらのすべてを，彼は攻撃的に探索するだろう。自分の仕事に不安をもたなかった人は，受動的に荒廃していくだけであろう。これに対して，不安をもつが，混乱を未検証の構造に置き替えようとはしたがらなかった人は，気づかぬうちに自分を「状況の犠牲者」に仕立て上げていることがすぐにわかるだろう。

b．攻撃と脅威　ある人の攻撃は他の人には脅威となりうる。この攻撃的な人——たとえば社会的な圧力をかける人——は，みずからとその仲間を，その秩序のある生活を不当にややこしくする冒険へと，とび込ませ続ける。彼が自分はその社会集団に属していると解すると主張することそのものが，すでにその集団と同一化している人々にとっては，脅威になる。彼らは，彼との差し迫った相互的な同一化の中で，彼ら自身の中核的な構造の大きなシフトがやってくるのを見る。これが脅威である。こ

の種の場面において攻撃的な人が脅威と知覚されるのは，彼のすることや傷つけたいという願望によるのではなく，彼の行動が仲間の生活の中で意味するものによるのである。

いくらかの臨床心理士は攻撃の概念を本質的に反社会的衝動であるかのように扱う。彼らは攻撃を常に本質的に破壊的だと見る。彼らの見るところでは，これを管理する唯一の方法は，これを人為的に「構成的」な水路に分岐させることである。彼らはさらに，攻撃を「あからさまな敵意」と等価だと見るかもしれない。これはもちろん，パーソナル・コンストラクト心理学の見解ではない。

7 | 敵　意

敵意は，あるタイプの社会的予測がすでに間違っていると証明されているのに，あえてこの予測を支持する確証的エビデンスを奪い取ろうとする持続的な努力である。

パーソナル・コンストラクト心理学が，一連の普通の用語について，よく知っている概念とは顕著に異なるように見える定義へと，いかに導いてくれるのかに注目すると，面白い。これは，通常は快楽主義的に概念化される「敵意」のような用語については，特にそうである。

敵意は習慣的に，誰かに危害を加える——傷つける——傾向と考えられている。しかしパーソナル・コンストラクト心理学では，われわれはそれを感じる人の立場から，敵意を，そして，彼が実際に達成しようとしているのは何なのかを，理解する方法を探求する。われわれは，彼が他者に苦痛を与えたがっていると想像していそうな傷害が，それ自体を一次的な目標とするのではなく，彼が達成しようとしているもっと生き生きとした何かの偶発的な結果として見るのである。

ここで，人が人生のイベントに賭けをするやり方を見てみよう。彼がコンストラクトに基づいて予測を立てて，この予測に基づいてコンストラクトを検証するときには，彼は確証するエビデンスを招き入れる。このエビデンスが彼の予期したものとまったく違うものだとわかったときには，彼には実質的に3つの道が開かれていることになる。(1)彼はこの特定の賭けに負けたので，このコンストラクトは置き換えることが必要だと認める。(2)彼はこのエビデンスをたぶん正しく読めなかったのだと推測して，実験をくりかえす。(3)彼はこのイベントが元の予測にあうように，このイベントを変更しようと努力する。この第3の方法は，客人をベッドの大きさに合わせて引きのばしたり，切断したりしたプロクラステスの方法である。

他の人々に関連する賭けをして，間違ったというエビデンスが得られたとき，これに対するこの第3の反応が何を意味するのかを見てみよう。この人は他者について解釈する。つまり，この人は彼について予測を行うが，そのとき，反対のエビデンスが出てくる。すると，この他者は賭けをした人の役割コンストラクトの利便性の範囲内

に落ちそうにはないので（あるいはもしかしたら，経験が彼のシステムの大改訂の必要性を示していることによって，脅威を感じて），彼は不安の疼きを感じる。すると次には，この不安あるいは脅威から自己を防衛するために，この他者を，彼が最初に予測した，その種の被造物につくりあげてしまう。これが敵意なのだ。この場合の他者は，この残忍な人の破壊的衝動の犠牲者というよりも，すでになくした賭け金を取り戻そうとする半狂乱の非現実的な努力の犠牲者なのである。

　a．「愛情のある」敵意　この敵意の概念は，われわれには治療においてはるかに露出度が高く，はるかに有益に見えるが，「破壊的」というよりも「保護的」な，ある敵対行動の理解を可能にしてくれる。たとえばある親は自分の子どもを人形のように扱う。しかし，子どもは人形らしくは振る舞わない。ここで彼女は，子どもに対する彼女の解釈を変える代わりに，子どもを人形にしてしまおうという対策を講じる。彼女がこれに成功するなら――こんなことはもちろん成功しないが――，彼女はもとの予言が実現できることになる。子どもは彼女が常に言ってきた人形になるのだろう。彼女が，どれほどの注意を子どもに払っていようが，どれほど惜しみなくおもちゃを与えようが，どれほどしばしば子どもを抱き締めようが，どれほど子どもに左右されていようが，われわれはこれを敵意と呼ぶことにする。彼女の視点からは，これは，不安の拡散する混乱に対抗する唯一の防衛法なのかもしれない。あるいはこれは，身の毛のよだつような脅威を防ぐための半狂乱の保護的な一歩であり，あまりにももっともらしい彼女自身の再解釈なのかもしれない。また，これは彼女にとって，罪悪感に対する防衛であり，彼女の地位を解釈したときには，彼女自身の中核的役割の地位の喪失になるのかもしれない。

　b．敵意と罪悪感　敵意はみずからの社会的実験の結果と共存できないときに生じる。敵意は人々について企てられた実験を含む。しばしば役割コンストラクトは検証にかけられる。ただし，それは本質的な特徴ではないが。さらにいえば，敵意においては人は，間違っていることが証明された解釈を改訂したり，不安をもちながら棄却したりする代わりに，このデータを仮説に合うように改変するという次の段階へと積極的に進んでいく。人々が彼の予測どおりに行動しない場合には，彼はそれをでっちあげるだろう！　これはこの解釈を確証することになるのだ！　彼は敵意によって脅威から自己防衛をしているのかもしれない。ただし，この防衛にはしばしば漏れがある。彼は人々に敵対的な態度をとることにより，暗く虚しい空虚な罪悪感から顔をそむけ続けるかもしれない。しかしなお彼が，人々は彼がすでに解釈したとおりにならねばならないと主張するかぎり，彼は自分が間違っており，彼の中核的役割の基盤は崩れやすい――要するに，結果的には彼はおそらく罪悪感をもつという，ちょっとしたエビデンスにつまずき続けるだろう。

　長期にわたって，多くの人々に関連して，敵意をもち続けてきた人は，大きな罪悪

感に直面することになる。潜在的な罪悪感は非現実的な敵意の大きさに比例する。敵対的な人を扱う治療者はこの事実を見逃してはならない。彼が敵対的な人に対処するのに必要なことのすべては，人々が実際には友好的であり，したがって彼は危険な状態にはないと確信させることだと仮定するのは，治療者側の重大な過ちである。こんなふうに見られているクライエントは，自殺を試みて，治療者に乱暴なショックを与えるかもしれない。彼は非常に多く，非常に長くエビデンスを改ざんしてきたので，彼の中核役割構造は壊滅する。クライエントは罪の意識に圧倒される。今度変えねばならないのは彼のほうなのだ。彼は行動をとる。彼は自己をこの罪悪感が意味する種類のもの——死んだもの！——にしようとするのだ。再び，彼は彼のコンストラクトに合うようにデータを操作したのだ。しかし，今回のデータは彼自身なのだ。

　治療者が心にとどめておくべき原則は，人々に対する温和な解釈が，中核的役割構造を喪失した敵対的なクライエントにとっては脅威になりうるということである。役割とは，他者のコンストラクトについての解釈に基づく構造である。中核的な役割は人の基礎的な保全過程を含んでいる。人が多くの他者の解釈についての自分の解釈が完全に間違っていたと突然わかった場合には，彼自身の人生はばらばらに崩れてしまう。治療者は，世界が安全な場所だという大規模な解釈を始める前に，敵対的な人が少なくともいくらかの人々，たぶん自己自身——治療者——に関する，新しい中核的役割の原初的なものをもっていることを確かめなければならない。

　中核的役割が崩壊するときに人が被る罪悪感は，必ずしも彼の仲間に対して実際に与えた傷害への気づきによって決定されるわけではない——このことを，人は心にとどめておくべきである。長い間誤解されてきた人は，クライエントの敵意とは無縁であるかもしれない。このクライエントでさえ，彼が誤解してきた人を傷つけてはこなかったと認めるかもしれない。それにもかかわらず，彼は自己の中核的役割を，その人についての完全に見当違いの解釈に基礎づけてきたことに気づくことが，このクライエントにあの「空虚感」——これに関連して，彼はみずからの罪悪感について記述している——を与えるのには十分なのである。

　敵意は罪悪感の唯一の構成要素ではない。子どもは親について自分が常々解釈してきたものよりもよい，または悪いの，どちらかだとわかったときに，罪悪感に圧倒されうる。罪悪感は，子どもが自分の中核的役割を築いた基盤を誤認して，この親子の重要な関係が突然不定形になったことを見いだすがゆえに，やってくるのである。

c．精神分析と敵意　精神分析では，この敵意というデリケートな問題を，実体としての敵意を処理することによって，扱っている。このコンストラクトは，精神分析における多くの他のものと同様に，実際には生命を与えられたり擬人化されたりしていなくても，実体化されている。しかしなお，全体として見ると，精神分析は，伝統的なパーソナリティ理論よりも，心理療法におけるコンストラクトのより機能的なシ

ステムとして，支持されてきた。精神分析家は敵意を一種のエネルギーに基礎づけられたものとして見ている。このエネルギーは，説明の結果として，物事の経済性において，単純に消えてしまうものではない。彼は，長く他者に向けられてきたクライエントの敵意は，治療者が突然他者からそらそうとして何かをする場合には，自殺という形でクライエント自身に向け変えられると思われる。

　しかし精神分析家は，常に注意深く他者を傷つけるのを避けようとしてきた人々の感じる罪悪感を説明するのに，「潜在的敵意」という概念を発明しなければならなくなった。パーソナル・コンストラクト心理学の中では，この「潜在的」は，解釈全般の二分法的性質を際立たせることによって，扱われている。他方，罪悪感は誰かを傷つけたという意識のみに基づくわけではなく，むしろ，その人自身の心理システム内の状態──すなわち中核的役割の喪失──に基づいている。精神分析は罪悪感を，誰かに傷害を加えることの達成，あるいはそれの追求という道徳的卑劣によって定義している。パーソナル・コンストラクト心理学は，道徳的卑劣そのものの問題を離れて，心理学的でないシステムへと向かっていく。精神分析は敵意を潜在的な破壊的態度だと知覚する。パーソナル・コンストラクト理論は敵意を持続的な非現実主義であると認識するのである。

B 解釈のサイクル

8 典型的な解釈の交代

　われわれが提案してきた精神診断学的コンストラクトは，ある人に対して変わることなく適用される特性ではなく，その人の解釈過程が折々にプロットできる軸ないしは次元であることを，心にとどめておくべきである。それらは個人間の差異の次元であると同時に，個人内の差異の次元でもある。たとえばある人は緊縮した解釈を，別の人は弛緩した解釈を用いる傾向があるだけでなく，おのおのがある機会には緊縮した解釈を，別の機会には弛緩した解釈を用いるかもしれない。したがって，**緊縮─弛緩**次元は，1人の人の解釈過程の変更をプロットするのにも有効である。

　解釈の連鎖には，人々があらゆる状況に適するように採用する，典型的な交代がみられる。これらの連鎖のうちの2つは特に注目を集めている。1つは行為の決定に関係し，もう1つは人の独創性に関係している。第1のものは **C-P-C サイクル**（用心─先取り─コントロールのサイクル；Circumspection-Preemption-Control Cycle），第2のものは**創造性サイクル**（**Creativity Cycle**）と呼ぶことにする。この C-P-C サイクルは，自己が関与する意志決定に関係している。創造性サイクルは新しいアイデアを開発する方法に関

係している。いくつかの点でどちらのサイクルも関連している。というのも，新しい行為にはしばしば新しいコンストラクトが含まれており，その人の冒険的な行為の結果として，新しいコンストラクトが目前まで来ているのがわかるからである。

9 C-P-Cサイクル

C-P-Cサイクルは，順に用心，先取り，コントロールを含み，人を特定の状況に向かわせる選択へと導く，解釈の連鎖である。

　C-P-Cサイクルを理解するために，われわれのパーソナル・コンストラクトのタイプについての記述を少し簡単に振り返ってみよう。命題的コンストラクトは，その要素を他領域のメンバーシップに関与させないコンストラクトであると，われわれは述べた。たとえば，これは「スペードだ」と述べたということは，これを何か他のもの──道具，触知可能なもの，特定の形のもの，あるいは何か──に関係づけたことにはならない。われわれはただ，それはスペードだと言っただけである。さて，人が**用心**して解釈するときには，手元の要素を扱うのに，一連の命題的コンストラクトを採用することになる。彼はこれらのコンストラクトを連続的にあるいは多少とも同時的に採用するかもしれない。しかし，彼がこれらを同時的に採用する場合でも，このことは，彼がこれらを1つの布置に結びつけて見ているということを意味しない。いいかえれば，同時性は偶発的なのである。

　先取り的コンストラクトは，その要素をもっぱらそれ自体の領域内のメンバーとして先取りするコンストラクトである。たとえば，これは「スペードだ」といったときには，それはスペード以外の何ものでもなく，他のどんなコンストラクトもこれを包容し得ないという意味になる。これらは極端なタイプである──実際，ある人があるコンストラクトを，完全に命題的か，あるいは完全に先取り的か，どちらかに適用するのを見いだすことは稀である。

　さて，われわれはコントロールについてもすでに述べた。それは**上位性**（superordination）の関数として記述された。人は，何かを先取り的に解釈することによって，もっと正確なコントロール──すなわち上位性──の確立を求めるかもしれない。これは，人がいくつかの異なる次元で同時に解釈する場合には考えなければならない，付加的な選択肢を排除する効果をもつ。先取りはまた，先取り的コンストラクトの一方の端を**沈潜**させるのを容易にすることによって，人がコントロールを達成するのを助ける。さらにいえば，あるコンストラクトを先取り的に使うのは，一時的──ただし意思決定をしたり，行為の進行に乗り出したりするのには十分な長さが必要──であるかもしれない。先取りには用心，すなわち，状況を多次元的に見る過程，が先行するかもしれない。これに引き続いて，ある上位コンストラクトの**統治**の確立が生じるかもしれない。したがってこの人は，こう言うかもしれない。ここには彼が

今まで考えてきた種々の問題の要点がある。そこで当面は，彼の問題はこれとこれだけであるかのように——すなわち先取り的に——処理することにしようと。

したがって，このC-P-Cサイクルは，用心をもって出発する。これによってこの人は彼の要素を命題的に，あるいは多次元的に見られるようになる。しかし，古典的な慣用句を引用するなら，彼は「馬に乗って全方向に進める」わけではないので，この状況を解釈するのに最も関係のある軸を選択しなければならない。したがって彼は，自分が最も重要な問題だと信じるものを選んで，一時的に——あるいは永遠に——そこに含まれているかもしれない他のすべての問題との関連性を無視する。こうして先取りすることによって，彼は選択点，決定の岐路を設定する。彼はハムレットのように「生きてとどまるか，消えてなくなるか，それが問題だ…」(松岡和子訳)というかもしれない。また，自国が戦争に参加したときに，しばしばいわざるをえなくなるように，「この戦いには，経済的，社会的，政治的など，他のどんな問題が関わっていようとも，ここで私に関係のあるのはただ1つの問題——こちら側かあちら側か——だけだ」。

問題の先取りは，「行為する人」の特徴である。彼は，仲間には単純化しすぎだと見えそうな物の中で物事を見る傾向がある。彼はあらゆる可能な見方をひとつの二分法的な問題に集約してしまい，それから，彼が知覚するのを許したった2つの選択肢の中から選択をする。しかし，彼は緊急の時にこうする傾向があるので，彼はこういう場合には，リーダーとして仲間から受け入れられるかもしれない。

しかし，C-P-Cサイクルは先取りでは終わらない。さらになされなければならない選択がある。実際，われわれの用語の最後の「C」は，コントロールとともに選択(choice)をも代表しうる。前に示したように，選択の系では，人は二分法的コンストラクトの中から，みずからのシステムの拡張と限定の可能性をより高くすると予期する側の選択肢を，みずから選択する。これはもちろん，ハムレットがこだわったポイントである。「死という眠りのなかでどんな夢を見るかわからない……その恐怖に意志はくじけ，見ず知らずのあの世の苦難にとび込むよりも，馴染んだこの世の辛さに甘んじようと思わせる。こうして意志の働きが我々すべてを臆病にする。こうして決意本来の血の色は，蒼ざめたもの思いの色に染まってしまう。そのため，のるかそるかの大事業も潮時を失い，実行にいたらずに終わるのだ。…」(松岡和子訳)。

これはもちろん，誰もが「実行にいたらずに終わる」ポイントである。というのも，彼が先取り的に自分の状況を解釈するのに成功しても，彼が最後の精緻化の選択をしようと努力して，このサイクルが正常なコースを走りだす前に，用心へと投げ返されていることを，彼は見いだすかもしれないのである。

10 | コントロールについてのさらなる考察

　今一度先取り的コンストラクトの例について考えてみよう。「これはスペードである。スペード以外の何ものでもない」。われわれは先取りを，ある人がコントロールのために一時的に使おうが，所与のコンストラクトの使用のいつもの特徴として使おうが，**これとこれのみ**の視点として記述してよい。それは科学者間の多くの論争において，その中の1人が他者の定式化について「これは……**にすぎない**」というときに，不意に現れる。これは時には「にすぎない反論（nothing-but retort）」と呼ばれる。たとえば，ある人はパーソナル・コンストラクト心理学の基本的前提に対して，「これは一種の新現象学**にすぎない**」といったり，あるいは，「これは心理主義への回帰**にすぎない**」といったりして，異議を唱えようとするかもしれない。他方，「パーソナル・コンストラクト心理学は本質的に新現象学的だと解釈できる」あるいは「これは心理主義への回帰である」ともいえる。この「**にすぎない**」を除去すると，この批判が事実上必然的に先取り的コンストラクトになるのを回避することができる。もちろん著者はこのどちらの解釈も，先取り的ではなくされたとしても，賛成しようとは思わない。しかし，賛成しないということはまた別の問題である。

　先取りは，人が状況の他の側面を考えなくても，あるいは判断を行わなくても，レディメイドの立場をとることを許してくれる。こうしてそれはコントロールへと突き進んでいく。脅えている人は，揺れ動かないように，そしてトラブルに巻き込まれないように，状況の一側面のみに注意を集中する。彼は一時的先取りを通じてコントロールを求めるかもしれない。融通が利かなくなるかもしれない。問題を一方向のみでしか見られないかもしれない。論争の問題に自分の立場を確信できない人もまた，先取りを通じてコントロールを示すかもしれない。ロールシャッハ図版では，各図版を「現実的」（F+）に見て，同じ図版あるいはその図版の同じ部分であまり現実的でない解釈は無視するかもしれない。クライエントはまた，コントロールを達成する一方法として，**収縮**を示すかもしれない。ロールシャッハ・テストでは，彼はある図版あるいは図版のある部分を完全に無視してしまうかもしれない。しかしながらこれは，正確には，ロールシャッハ・テストで一般に「収縮」と呼ばれているものではない。

　クライエントは，イベントを先取り的に記述することによって——すなわち，これでありこれのみであるという態度，あるいは，にすぎないという態度で，みずからの不安定な立場を維持するかもしれない。彼は言うかもしれない。「僕は昨晩彼女にふられた。それだけだ。僕は別れたのだ。これが今僕の考えられるたった1つのことなんだ。これは単なる仲たがいにすぎなかったのだ」。熟練の治療者ならこの言葉が「過剰なコントロール」のエビデンスになりうることを認識して，ガールフレンドをもつというクライエントのパーソナル・コンストラクトの，沈潜した対照性の末端に警戒

をするだろう。ここで示された極端な形のコンストラクトが絶対に必要ではないと感じる場合には，彼はふつう，クライエントがこのイベントをあまり先取り的に解釈しないようにさせる段階へとただちに踏み出させるだろう。

　　a．収縮とコントロール　臨床家はふつう他のタイプのコントロールにも気がつく。クライエントはガールフレンドと仲たがいをするというような状況を，かなり「知的な」自発性をもって記述するかもしれない。いいかえれば，彼はこの状況に命題的な対処をするようである。それにもかかわらず，彼は「自我関与」や「感情」表出をしているとは見えない。臨床家はこれをも「過剰コントロール」と呼びたがるかもしれない。「知的」（「情動的」などとは対照的に），「自我関与」，「感情」などの用語は，パーソナル・コンストラクト心理学の中では体系的な意味を与えられていないが，それにもかかわらず，この種の行動はパーソナル・コンストラクト心理学者には疑わしいと考えられるだろう。しかしながら，「コントロール」という用語を使うよりもむしろ，彼はそれが「収縮（constriction）」を表わしていると疑うのではなかろうか。

　収縮をテストする際には，パーソナル・コンストラクト心理学者は，クライエント自身あるいは彼の何らかの側面が，状況に関係しているのかどうかに注目するだろう。もしクライエントが一貫して自己が状況に関与していると解釈するのを自制する場合には，臨床家は，クライエントが収縮している知覚の場の一部が排除されているのではないかと疑うだろう。たしかに，治療者はクライエントの言語的行動だけでなくジェスチャー行動も親しく観察しただろう。もしクライエントが泣いたら，声変わりしたら，依存性をあらわしたら，あるいは，別の方法で提示された個人的要素が仲たがいの状況にそって解釈された場合には，治療者はクライエントが不健康な方法で彼の知覚の場を収縮してはいなかったことに，いくらか安堵できただろう。

　もちろん，ほかにももっと微妙な収縮の領域があるかもしれない。たとえばクライエントは，ガールフレンドとの別れの状況から，彼が5歳の時に母親の拒絶に取り囲まれていた全状況を無視するかもしれない。しかし少なくとも，上で述べた自己同一化行動を示すクライエントは，仲たがい状況を処理するのに使うコンストラクトの利便性の範囲から，自己を排除はしない。

　われわれは収縮の議論から脱線してしまった。それは，収縮がいくらかの臨床家が「コントロール」と呼ぶものに当てはまるからである。たぶんパーソナル・コンストラクト心理学の中でコントロールの意味するものは，今，もっとはっきりさせることができる。解釈とコントロールとは相互の関係で命題的に扱うことができる。すなわち収縮とは何かには，コントロールが含まれるかもしれないし，含まれないかもしれない。そして，コントロールとは何かには，収縮が含まれるかもしれないし，含まれないかもしれない。収縮は人間にとってコントロールをもっと実現可能なものにしてくれるのかもしれない。われわれの例に戻るなら，クライエントが前夜のむき出しの

イベント以外は，その状況内のどんな要素についても考えるのを拒む——「これらのことが生じただけ」(収縮)——なら，彼はそれらのすべてを，「1つのことしかできない」(コントロール)，そういう1つのことそして1つのこととしてだけ，すなわち「仲たがいにすぎない」(先取り) として，解釈するよりも，よい見込みが立つのかもしれない。

　収縮—弛緩と**先取り**—用心の間の関係は，おそらくさらに明瞭にできるはずである。先取りは**他のコンストラクト**を排除する一方法である。「これらはすべてスペードであり，スペード以外の何ものでもない」。収縮は**他の要素**を排除する一方法である。「まさにこれらが，そしてこれらだけが解釈されるべきものである」。用心は付加的な解釈を考察する一方法である。「これらはスペードである。さてこれらについて，われわれは他にどんなことをいえるのだろう？」。拡張は付加的な要素を考察する一方法である。「これらはスペード，それらは雑草，これは水ぶくれ，あれは太陽」。浸透性はもっともっと多くのスペードが存在するということを意味する。

　b．コントロールの使用　治療は必ずしも常に先取りに向けられるわけではない。治療はしばしばコントロールを追求する。しかしそれは，コントロールが必要な時間と場所で，先取りや収縮を通して，クライエントがコントロールを達成できるようにさせることを，そして，別の時には用心を働かせられるようにすることを追求するのだ。コントロールと用心を適切に統合すれば，人がみずからの解釈システムを実験的にテストし，その結果に照らして継続的に改訂を仕上げていくことに，最大の機会が与えられることになる。科学者が広く用心しながらみずからの仮説を定式化し，きっちりコントロールして実験を遂行することが必要なように，いかなる人もみずからの心的過程を進化させるには，この2つの段階を統合する必要があるのである。

　先取りは，所与の状況を所与の時間に1つの方法で，そして1つだけの方法で取り扱うことに関与している。これは，どんな状況に対しても多様な見方を可能にする用心とは，対照的である。用心は，人が状況を命題的に扱うときに，最大になる。コントロールは，人が状況を先取り的に扱うときに，最大になる。

　コントロール，すなわち選択肢の選択は，よりよい精緻化を可能にする——すなわち，構造の過度な損失なしに，要素の浸透的な付加を許し，検証と確証のプログラムのための段階設定を可能にする——そういうコンストラクトの側の機能である。このことは，自己のコントロールだけでなく，外的な事物のコントロールにも当てはまる。事物のコントロールとは，自力でより大きな運動の自由，精緻化の自由，検証の自由，試行的に心に抱いた解釈のための確証エビデンスを求める自由，を獲得するように行動する問題である。

　コントロールは，人の統治コンストラクトを先取り的に扱うことによって，実現可能になる。統治コンストラクトが先取り的である場合には，その要素の領域メンバー

シップを限定する傾向がある。したがってこの人は，自己を一方向のみで解釈する傾向がある場合には，**自己コントロール**（自己統制）を獲得することになる。たとえば戦闘中には，兵士は通常，自己が兵士であり，それ以外の何ものでもないと解釈する場合に，最も効果的に任務を遂行する。大体において，軍事訓練は非常に先取り的にみずからを兵士と解釈するように原始的にデザインされているので，この男が緊急時にどう振る舞うかについては疑問のないようになっている。

　外的な事物のコントロールも同様に有用である。「これは武器である。武器以外の何ものでもない。したがって，武器以外の何ものでもないものとして——杖としてではなく，装飾品としてでもなく，テントのポールとしてでもなく，兵士の武器として——扱う。緊急時には兵士はそれを武器として使うことが期待されている。」

　したがってコントロールは，人のコンストラクト・システムの一種の単純化によって促進される。それは少なくとも，人の統治コンストラクトにおける一時的な先取りを求める。他方，統治コンストラクトにおける命題性は，速やかな意思決定を促進することはない。自己の命題的解釈は，人が自己をどう見ているかに依存しながらも，彼が多様な方法で振る舞う可能性を切り開く。戦闘中の兵士で，彼が父親であり，クラブのメンバーであり，女性にとってはすごいやつであり，その他さまざまであることを記憶しているものは，ゼロ時間で塹壕（フォックスホール）を這い出す決定をするのが，かなり困難になった。彼が兵士としてではなく何か他のやり方で行為することを選択する場合には，彼はみずからの行為の結果として，彼が予期していなかったいくらかの付加的な方法で，自己を解釈しなければならないことを発見するかもしれない。彼は「臆病」であるかもしれない。彼は「自分の子どもたちには不名誉」であるかもしれない。女性たちは彼を物笑いの種にするかもしれない。状況の余波は彼に押し寄せてきて，最終的には臆病だという先取り的コンストラクトを強制されさえして，彼は自己を命題的に解釈するのに使っていた他のコンストラクトからも排除されてしまうのである。

　c．**この選択肢は何か？**　パーソナル・コンストラクト心理学のここまでの説明では，われわれはおもに，人が自己の世界に準備的にアプローチできる方法について記述してきた。われわれは，解釈を，対になった選択肢のシステムを設定（セットアップ）する過程だと記述してきた。われわれは，人の解釈システムは，街路（ストリート）と大街路（アベニュー）のマトリックスだと記述してきた。われわれはこれらのとおりに沿って動いていくことはできるが，どちらの道を走るかという問題は強調してこなかった。人の選択肢の**選択**の問題は，たとえばわれわれのコントロールされた精緻化と自発性の議論において，時どきアプローチされてきた。しかしわれわれは，人の行動形式の選択は，まず，人がどちらの選択肢から選択しなければならなかったのかによって理解されるべき事実の強調を選択してきた。ある男が自殺する場合，人は，彼が自殺に代わる実際的な選択肢をどう考えていたのかを知ることによってのみ，その行為を最もよく理解できる。

科学においては，人は「動機」「悪魔的所有」「運命」などの用語を使って，仮説を証明することはない。それよりも彼は選択肢――通常は実験仮説と帰無仮説――を設定し，この帰無仮説の側に，あるハンディキャップ――信頼限界と呼ばれる――を与えて，データにどちらかを選択させる。実験仮説に対する代替仮説としては，常に帰無仮説を使う必要はない。別の実験仮説，あるいは好みなら伝統的な仮説を使うこともできる。

　自殺に終わった人は，彼の特定の代替仮説を棄却したデータを見いだしていなければならない。**この観点から見たとき，代替仮説は何だったのだろうか？**　パーソナル・コンストラクト心理学は，この種の質問に対する回答を知ることに，大きな強調をおいている。これは，臨床家がクライエントの代替システムの知覚を重視しているということである。こうすることで，これは科学的方法論のモデルに近づいていくことになる。

　コントロールは決定を必要とする。一方の選択肢が他方より好んで選ばれる。状況の他の側面あるいは他の選択肢のペアは，ある有限の時間，排除されなければならない。ある男は結婚するか，独身のままでいるかを考える。彼は同時に両方を行うことはできないのだ。さらに婚約をするという行為は，結婚とは独立の人生の他の次元に基づいてすることはできない。このガールフレンドが退屈な求愛の後で，「それで，それがどうしたの？　ねえ」というときに，この男が「私は共和党員だ」といっても，そんなことはほとんどコントロールの行為にはならない。このような反応は，石頭の知性のサインかもしれないが，結婚問題に対しては幸福な解決をもたらすようではなさそうである。コントロールは，この男が独身のままでいるか，両足でジャンプして完全に結婚状態に入るか，どちらかを要求する。共和党員であることは，準備的な問題の１つであったのかもしれないが，このガールフレンドは，この決定的な瞬間に，これが彼女のイライラした質問に対する回答であるとは考えないだろう。

　d．選　択　しかし，選択肢がセットされたとき，この男はどのようにしてジャンプするかしないかを決定するのだろうか？　この問いに答えるために，われわれの選択の系に戻ってみよう。この系は，「人は二分法的コンストラクトの中から，彼のシステムの拡張と限定の可能性をより高めると予期する側の選択肢をみずから選択する」である。われわれの前提とその系では，人は常に結果が最も予測しやすくなるように行動しているとはいっていない。それよりもむしろ，人はより多くのイベントがよりよく予測されうる究極的な方法を提供するように，心的過程のシステムを拡大し限定するのだといっている。彼はふつうみずからが探索する小さな円環路を叩きださない。彼はイベントの最適の予測を求める。彼はシステムを進化させる方向に働きかける。彼は必ずしも，すでに最適の予期がなされているイベントだけを求めているわけではない。

前の章でわれわれは，自発的活動を，浸透的なコンストラクトの保護の下での，経験の場の精緻化として説明した。人はしたがって，自分のまわりの世界のある一部というよりも，その他の一部を選択して，それを処理するのかもしれないと，われわれは述べた。それは単純に，自己はそれを処理できるからである。人は自己の知覚の場を，予測可能で創造力のある限界内に，保持するために，コントロールをするのだと，われわれは述べた。人はイベントを予期するのに最適の構想を進化させ維持するために，探索をする。他の条件が等しければ，結婚の選択肢に直面した男は，それが彼の予期システムを拡大し，確保する機会を与えてくれそうに見える場合には，結婚を選択するだろう。それはいくつかの不確実な意味連関をもっているが，最終的には，結婚を通じて，彼はみずからの世界がもっと予測可能になるだろうと希望するのである。

　しかし，他の考察も可能である。結婚という観念は，それ自体，何らかの方法で解釈されねばならない。結婚に対する彼のコンストラクト・システムには余裕があるはずである。彼のコンストラクトはそれに対して浸透的でなければならない。われわれの調節の系によれば，人の行動のこのような変動は，このような浸透性のある解釈に従属しなければならない。もし結婚が完全に彼の知識の外にあるなら，彼は完全にガールフレンドの不機嫌な質問のポイントを見逃すことになるだろう。この場合には，彼はこの質問を無視するか，それとも，この女性にはまったく無関係に思えることをいうか，するのだろう。

　さらに，結婚という観念はこの男にも解釈できるが，結婚それ自体は彼には浸透性のないコンストラクトであるならば，彼はこの行為をいっそう回避しがちになる。彼にとっては，結婚に含まれるイベントはすでに限定され，高度に予測可能なのである。彼は結婚したなら，イベントの最適の予期の方向への進化は起こりえなかったのではなかろうか。結婚はおそらく彼を魅惑的な未来へ導くものではないのである。彼はすでにこの女性を知っている。彼女が妻になったとしても，彼の経験には何の付け加えるものもなさそうである。彼はすでに結婚について知りうるはずのことをすべて知っている。結婚生活は無味乾燥である。ならば，なぜ結婚するのか？

　しかし，その別の方向にも限界はある。結婚によって，この男は，すべてが気まぐれで，自分が注意深く生み出した予測システムは，システムとしては，完全に朽ち果てているような，そういう世界に位置づけられていたかもしれない。もし彼が彼のガールフレンドをもっともっとよく理解できるようになると考えるなら，彼はこの結婚の見込みによってチャレンジ精神をかきたてられることになるだろう。彼女はどんな理解もしないだろうし，彼自身もそうだろうと説得された場合には，彼の答えは「ノー！ノー！ノー！」になりやすい。神秘的あるいは気まぐれな女の子は一時的な興味は引き付けるかもしれないが，彼女が今以上のさらなる意味理解の兆候を示さないなら，この男は自分を彼女に結びつけたいとは思わないだろう。さらに，彼女と一緒にいる

と，彼自身，意味理解ができなくなっていくのがわかると，自己を彼女との関係から解放しようとするようになるだろう。ある人の矛盾に対する耐性は，彼のシステムの上位の局面の浸透性と限定性によって制限されている。結婚生活の不確実性と浮沈は，視野の広さとある種の物事に対する精神の開放性を必要とする。人のコンストラクト・システムにこの種の浸透性がなければ，その人の矛盾に対する耐性は非常に限定されるので，彼は結婚しようとしなくなるだろう。あるいいは，しぶしぶ結婚したとしても，すぐに離婚してこの関係を解消しようとするかもしれない。

　コントロールは，行為に関係しているが，ふつうは一連の心的過程——準備，一時的先取り（時には収縮），決定——を含んでいる。生産的な予測システムの進化はその目標である。このシステムの精緻化は，上位コンストラクトが，みずからの選択の直後に不意に出現する矛盾に，十分に耐えられるだけの浸透性をもつ場合には，可能である。コントロールによって，予測システムは，その本質的な特徴を維持しながら，精緻化が可能になるのだ。

　e．コントロールの臨床的解釈　臨床家は，クライエントが予期しないことをしていることに気づいた時には，当然のことながら，自分がクライエントを誤解していたことに気がつく。この失敗は2つの点のどちらかにあるようである。この臨床家はこのクライエントのパーソナルな解釈システムを理解していなかったかもしれず，このために，クライエントがどちらの選択肢を選ぶべきであったのかに気がついていなかったのかもしれない。他方，臨床家はその選択肢が何なのかは予測していたのだが，クライエントが行為の基礎として，選択肢のどちらを選ぼうとしているのかについては，間違った予測をしてしまったということかもしれない。後者のタイプの予測はもちろん，本質的により難しい。そうするためには，人はクライエントの上位コンストラクトの浸透性を理解していなければならない。このクライエントが企てようとしているタイプの行為は，彼が，彼の予測システムを破壊することなく，何らかの方法で解釈できると考えている新しい経験の場を，彼に開放するものなのであろうか？　そうであるに違いない。そうでなければ，彼はこのコースの行為を選択しなかったはずである。

　クライエントの中には，一連のトラブルに巻き込まれるものがいる。治療者には，彼らがなぜ「災難」を招き続けるのか理解できない。治療者は混乱し惨めになる。彼にはクライエントの気まぐれな冒険が面白くないのだ！　快楽主義的な視点からは，クライエントの行動は意味をなさない。治療者が快楽主義の完全な転向者である場合には，この最も簡単な説明は，このクライエントが自己を「破滅」させようとしていることになると確信している。おそらくこのクライエントは自分自身，仲間，そして治療者に対して非常に敵対的なので，彼らを無にしてしまうことに獰猛な喜びを得ているのだ。

しかしながら，この種のケースでは，治療者はまず，この行為をとるもとになったコンストラクトの浸透性を見るべきである。おそらく，クライエントは所詮それほど大きな危険を冒してはいない。彼は自分を風変わりな人間だと見ているかもしれない。おそらく，彼の行為のこの「痛い」結果は，彼にはおもしろく，欲望をかきたて，十分精緻化に値すると思えるものである。おそらく彼は，簡単に飛び越せないものはないという経験をしているのだ。たしかに，彼は「苦痛」と「不便」をこうむってはいる。しかしそれをまた，彼は部分的には理解でき，体系的に探索でき，実験することもできるのだ。彼はすすり泣き泣きわめきながら，治療者のところに駆け込んでくるかもしれない。これもまた冒険なのだ。人は，こんな風にもっと面白い治療者の反応を見いだす！　このようなケースでは，治療者は，このクライエントが見かけと同じくらい混乱しているのかどうか——あるいは治療者と同じくらい混乱しているか——，あるいは，高度に浸透的な一群のコンストラクトに支えられて，活動の場を精緻化していないのかどうか，を問わねばならない。たしかに，このタイプの行動は，すべてを包含するあるいは包括的なコンストラクト——すなわち，ほとんどんなものにでもフィットするように見えるコンストラクト——をもつ傾向のあるクライエントに，より多く観察される。彼らのコンストラクトは1セットの皿，優秀賞，占星術，つけ髭，「トルー・ロマンス」の年間購読契約をもってやってくるようである。

11 | 衝動性

　衝動性はコントロールの一形式であり，コントロールの欠如ではない。選択点が設定される。決定がなされる。行為が生じる。**衝動性に特有の特徴は，普通は決定に先立つ用心の時期が不当に短縮されることである。**先取りは，これに基づいて決定がなされるのだが，これもまた，持続時間が短い。これにはしばしば，もう1つの準備期間が続く。したがって，ある人が衝動的に行動するときには，彼は多次元的に短時間のみでその状況を見ることになる。彼はすぐにこの問題を絞っていき，一連のイベントに関与する選択を行う。この決定に続いて，今一度この決定を多次元的に見なおすことができ，おそらくは，この決定を取り消すことのできるポイントへと，退却する試みがなされる。衝動性はある人々のためにのみ留保された特性ではない。それは行動の次元である。誰もが衝動性という手段によって行動する。人は，他のタイム・スパンよりもあるタイム・スパンでより衝動的になる。人は他の問題よりもある問題について，より衝動的になる。ある人々は金使いに衝動的である。ある人々は競馬でギャンブルするのを好む。ある人々は酔っぱらうと，みずからが直面していると見える問題を単純化でき，決然と行為できることが見いだされている。彼らはそれを楽しんでいるのかもしれない。多くの人は性行動では衝動的になる。性交をもつ機会に出会ったときには，彼らには状況を長時間にわたって多次元的に見ることが困難になる。彼

らはすぐ行為するように急かされるか，あるいはパニックになってその状況から逃げ出すか，いずれかをしやすくなる。

　不安状況にとらわれた人は，何らかの構造の類似を自分の問題に関連させるために，衝動的に解釈するかもしれない。この衝動性は解決への速やかな試みである。罪悪感状況にとらわれた人は，みずからの役割を回復しようとして，衝動的に振る舞うかもしれない。彼は予期せずに，彼の古い集団同一化（group identification）に回帰してしまうかもしれない。社会的飲酒によるアルコール依存症者は，この集団同一化への衝動的回帰を示しやすい。アルコホリック・アノニマス（アルコール依存症者の自助組織）は，新しいグループ内に彼の役割を与えることによって，この回帰を防ぐ援助するかもしれない。この役割は，古い役割関係と置き換えるのに十分に，感傷的なレベルで確立するのは容易ではない。この古い関係は，幼児期の解釈に基づいており，中核的，および従属的構造の両方を含んでいる。古いアルコール依存症の役割を捨てることは，実際には罪悪感を含む。これは，パーソナル・コンストラクト理論がある種のアルコール依存症の心理的理解に貢献するポイントになっている。

　性役割によって何か不安に満ちた混乱を生じる人は，性的な問題に衝動的に振る舞う傾向があるかもしれない。彼はかなりの，多様な性関連経験をもっている場合でも，彼の性同一化（sexual identification）は弱体であるかもしれない。このような人は時に衝動的に振る舞うことによって，この不安を消し去ろうと試みる。いくらかの心的システムの下では，これは同性愛に対する対抗攻撃と見なされる。パーソナル・コンストラクト心理学の立場からは，これはよりしばしば，彼の人生の一領域を制圧してしまった混乱を，解消するために企てられる衝動的行動と見なされる。同性愛は本当に脅威なのかもしれない。それで，この衝動的な性的活動は，これを排除する行為の進行に，この人をコミットさせるように見えるかもしれない。それでも，同性愛は必ずしも常にドンファン像の一部ではないかもしれない。その人がどんな混乱をも，彼の同性愛者としての性役割に関連させて解釈すると主張し続けないかぎりは。

　衝動性は，心理療法を受けているクライエントの，多くの行動と行動段階を特徴づけるものかもしれない。われわれが何回もくりかえし述べてきたように，心理療法による再適応には，クライエントが人生に新しい賭けをすることが必要になる。新たな真実を見いだして，それを証明しようとするならば，彼は実験しなければならない。したがって，彼が面接室の外で過度に衝動的と見られるやり方で，しばしば実験しているのを見いだしたとしても，それは驚くようなことではない。たしかに彼は面接室の中で衝動的である傾向がある――少なくとも，大概のクライエントはほとんどのタイプの治療のもとで衝動的に振る舞う。治療者はふつう面接室内で見るクライエントの衝動性には困惑する必要はない。彼は通常それをコントロールの下に維持することができるからである。面接室外の衝動性のほうが，もっと危険な問題である。しかし，

クライエントが最終的に適応するようになるためには，ある程度のリスクはとらねばならない。治療者にとっての課題は，クライエントをできるだけしばしば観察して，外界の冒険が彼の自由な活動を制限するという究極的効果をもたないように，注意深く彼の実験領域を開いていくことである。いいかえれば，治療者は過度に衝動的にならずに，みずからコントロールを実施しなければならないのである。

12 創造性サイクル

　創造性サイクルとは，弛緩した解釈から出発して，緊縮し確証された解釈で終るサイクルである。これは，クライエントがみずからの人生を再解釈するのを援助することに関心をもつ心理士が，理解しなければならない，2つの重要なサイクルのうちの2番目である。

　弛緩した解釈は，要素の変動する配列によって特徴づけられるが，緊縮した解釈はそのコンストラクトの文脈内の要素の厳格な配列を取り込んでいる。創造性サイクルが出発する弛緩した解釈においては，この人はみずからの問題——彼の仲間に対して，あるいは，彼がしようとしていることに追随しようとする人に対しては誰にも，しばしば憤慨する——に対して交代アプローチを示す。弛緩した解釈は，変動する要素の配列によって特徴づけられるが，緊縮した解釈はそのコンストラクトの文脈内に厳密な要素の配列を含んでいる。創造性サイクルが出発する——弛緩した解釈においては，この人は自らの問題——彼の仲間に対して，あるいは，彼がしようとしていることに追随しようとする人には誰に対しても，しばしば憤慨する——に対して交代アプローチを示す。この曖昧さを創造性サイクルにおいて有意味にするのは，各一過性の変動について最小限の実験をして，もっとありそうなものの1つを捕まえて，それを緊縮し，大きなテストにかける，この人の能力である。

　常に緊縮した解釈を用いる人は生産的であるかもしれない——すなわち彼は多くのものを生産するかもしれない——しかし，彼は創造的にはなりえない。彼はまだ設計図のないものは何も作れない。創造性は常に不合理な思考から生じる。創造的な人が創造性サイクルの最初の部分を大声でつぶやくとすれば，その声が届く範囲内にいるすべての人から，鋭い批判を受けるだろう。それゆえ，最も創造的な人は，彼らの創造性サイクルの前の部分の弛緩した思考を，自分自身の中にキープしておく。これは難しいことではない。このような弛緩した解釈は何と言ってもしばしば本質的に前言語的だからである。

　しかし，もっぱら緊縮した解釈しか使わない人が創造的になりえないのと同様に，もっぱら弛緩した解釈しか使わない人もまた，創造的にはなりえない。このような人はぶつぶつと独り言を言う段階から出られないものである。彼には重要な検証をするための仮説設定をする時間的ゆとりがない。創造的な人は，弛緩から緊縮へと動いて

いく，あの重要な能力をもっていなければならないのである。

　治療はクライエントにとって，治療者にとっても同様だが，創造的過程である。それは一連の創造性サイクルを含んでおり，いずれのサイクルも巧みに計画されながら新奇な実験で終わっている。治療者はクライエントがその空想を解放し，次にはその抑制を助けようとする。治療者がこのサイクルの弛緩段階のみをつくり出すのに成功した場合には，治療者は，その多くがそうなのだが，統合失調症反応の促進に成功するだけかもしれない。この弛緩は，治療者が，いくつかの彼の面接室の測度から結果として生じうる弛緩量を誤判断したからか，あるいは，クライエントの弛緩構造からの回復能力を誤判断したからか，いずれかによって，手がつけられなくなってしまうのである。治療者が緊縮解釈の形成にのみ成功した場合には，彼は困ったことに，古い訴えの無限のくりかえしと慣習的「洞察」を生み出すだけになる。

　修正役割療法の特徴の1つは，他の形式の上演による再解釈とも同様に，創造性サイクルの利用である。もちろん，仮に修正役割療法が長期にわたるクライエントへのゆるやかな「自由連想」や「夢の産出」方法の教育を含まないとしても，それでもなお，修正役割スケッチのドラフトをつくり，クライエントに創造性サイクルをやり遂げさせる，治療者の創造的な努力から始めることになる。当初は，クライエントはこの修正役割をゆるやかに解釈できるだけである。それでも彼は，この緩やかに解釈されたスケッチを日常的な行動に翻訳しなければならない。これは彼にとっては，このサイクルの緊縮段階にあたる。われわれはまた，彼が彼の役割の日常的な上演の中で，種々のC-P-Cサイクルを実行しなければならないことも，付け加えられたかもしれない。

　精神分析的な治療手続きは，弛緩を非常に強調する。この弛緩を強調することで，精神分析家は，自分たちがクライエントのパーソナリティの深部を精査しているのだと信じている。われわれはこれを**意識—無意識**の垂直次元ではあまり見ないが，弛緩した解釈を呼び起こす問題として見て，それがどんな付加的要素をとり上げるのか，そして，どんな新しいコンストラクトがこの曖昧な集まりの中で形を取り始めるのかを見ていく。パーソナル・コンストラクト心理学では，弛緩した解釈から生じる新しいコンストラクトを，その人の「真の思考」や「洞察」としてではなく，これらが有用だと受け入れられる前に，さらに緊縮され検証されるべき新仮説として見ているのである。したがってわれわれのアプローチは，実験科学のパラダイムにしたがって，弛緩した思考から出現するコンストラクトの仮説的な性質を強調し，これらは実験的に検証されるべきだと主張する。この点において，パーソナル・コンストラクト心理学は，現代科学が古典的合理主義と関係をもっているのと同様に，精神分析との関係をもっているのである。

13 | 結　論

　もちろん，パーソナル・コンストラクトが心理学者によって次元化されうる方法には，多くの異なるものがある。われわれの立場では，われわれの理論と体系的に一貫しており，臨床心理士の直面する問題に特に適していると見られる1セットの次元を，われわれは選択した。したがってそれらの次元は，人がみずからの人生を再解釈しようとして，自己の見方を変更しうる線を代表する。それらは，ある程度は，個人が相互に異なるあり方に関係するが，それはまったくの2次的考察である。

　われわれが提案した診断コンストラクトは，特性と考えるべきではない。このことは重要である。たとえば不安は，ある人々が他の人々よりもしばしば不安であるとしても，おもにある人々を他と切り離す特徴ではない。また不安は，すべての生ある人間に添付されうる尺度得点でもない。それはむしろ，ある人の，あるときの，所与の小さな心的過程がプロットできる座標軸の1つである。われわれが提案した他の診断コンストラクトもそうである。これらはいずれも，人を分類する既製のカテゴリーを心理士に提供するものではないのだ。

　われわれの診断コンストラクトは，臨床家によって，**先取り的**にというよりも**命題的**に使われることが，志向されている。ある人が不安である場合には，彼はまた，弛緩した，あるいは緊縮した，あるいは包括的な解釈をしているかもしれない。あるいは彼は，罪悪感をもっているかもしれず，敵意をもつかもしれない。われわれは座標軸を提案した。そして，臨床家がこれらのコンストラクトを座標軸として使うのが適していることを見いだしてくれることを希望している。

　これらのコンストラクトがクライエントのコンストラクトについての臨床家のコンストラクトであるという事実は，読者に何かの面倒を生じたかもしれない。というわけで，われわれが**不安**について語るときには，われわれはクライエントの解釈システムの状態を記述していることになる。しかし不安はこれを表わすわれわれの用語であって，必ずしもクライエントのものではない。これは治療者がしなければならない種類のことである。彼はクライエントと関連する役割を演じなければならない。そうするためには，彼はクライエントを考えないものと解してはならない。彼はクライエントの解釈を解釈しなければならない。これがパーソナル・コンストラクト心理学の中心テーマなのである。

　これらの軸が与えられると，臨床家は所与のケースについてどのように有意味に対処するのだろうか？　役に立つためには何をすべきかを，彼はどう決定するのだろうか？　これらは『パーソナル・コンストラクトの心理学：第2巻』で回答を試みる。

C 診断コンストラクトの用語集

14 一般的診断コンストラクト

前言語的コンストラクト（preverbal constructs）　前言語的コンストラクトは，一貫した言語シンボルをもたなくても，使われ続けているコンストラクトである。それは，話をするという指令をもつ前に考案されたものかもしれないし，そうでないかもしれない。

沈　潜（submergence）　コンストラクトの沈潜した極は，イベントへの適用がしにくいものである。

宙づり（suspension）　宙づりされた要素は，その人のコンストラクト・システムの改訂の結果として，コンストラクトの文脈から除外されたものである。

認知的気づきのレベル（level of cognitive awareness）　認知的気づきのレベルは高から低にわたっている。高レベルのコンストラクトは，社会的に有効なシンボルによって容易に表現されるものである。この選択肢（類似と差異）は，どちらにもすぐにアクセスできる。これはクライエントの主要な解釈の利便性の範囲内に十分に入っている。そして，上位コンストラクトによって宙づりにされてはいない。

拡　張（dilation）　拡張は人がみずからの知覚の場を，より包括的なレベルで再体制化するために，広げるときに生じる。これ自体はこれらの要素の包括的再体制化をふくんではいない。

収　縮（constriction）　収縮は明らかな矛盾を最小にするために，知覚の場を狭めるときに生じる。

包括的コンストラクト（comprehensive constructs）　包括的なコンストラクトは広く多様な要素を包摂するコンストラクトである。

偶発的コンストラクト（incidental constructs）　偶発的コンストラクトは狭く多様性のない要素を包摂するコンストラクトである。

上位コンストラクト（superordinate constructs）　上位コンストラクトは，他のコンストラクトをその文脈要素の1つとして包含するものである。

下位コンストラクト（subordinate constructs）　下位コンストラクトは，他のコンストラクトの文脈内の1要素として包含されるものである。

統治コンストラクト（regnant constructs）　統治コンストラクトは，古典論理学でなされるように，要素のおのおのをオール・オア・ナンのベースに基づいてカテゴリーに割り振る，一種の上位コンストラクトである。これは抽象的ではないよう

である。

中核コンストラクト（core constructs） 中核コンストラクトは，人のメンテナンス過程を支配するコンストラクトである。

周辺コンストラクト（peripheral constructs） 周辺コンストラクトは，中核構造の重大な修正なしに，変化されうるコンストラクトである。

緊縮コンストラクト（tight constructs） 緊縮コンストラクトは，変動の少ない予測へと導くコンストラクトである。

弛緩コンストラクト（loose constructs） 弛緩コンストラクトは，多様な予測に導くが，同一性は維持しているコンストラクトである。

15 移行に関係するコンストラクト

脅　威（threat） 脅威は，人の中核構造の包括的な変化が差し迫っていることの意識である。

恐　怖（fear） 恐怖は，人の中核構造の偶発的な変化が差し迫っていることの意識である。

不　安（anxiety） 不安は，人が直面しているイベントが，彼のコンストラクト・システムの利便性の範囲の外にあることの意識である。

罪悪感（guilt） 罪悪感は，自己が自己の中核役割構造からはずれているという意識である。

攻撃性（aggressiveness） 攻撃性は，人の知覚の場を積極的に精緻化することである。

敵　意（hostility） 敵意は，あるタイプの社会的予測がすでに間違いであると認識されているのに，これを支持する確証的エビデンスを強引に得ようとする持続的な努力である。

C-P-C サイクル（C-P-C Cycle） C-P-C サイクルは，連続的に，用心（circumspection），先取り（preemption），コントロールを含む解釈の連鎖であり，その人が特定状況に入って行くのを促進する選択へと導く。

衝動性（impulsivity） 衝動性は，C-P-C サイクルの特徴的な短縮である。

創造性サイクル（creativity cycle） 創造性サイクルは，弛緩した解釈から始まり，緊縮し確証された解釈で終わるサイクルである

●引用文献●

1. Baker. Charles T. *Patients' perceptions of psychologists.* Unpublished master's thesis. Ohio State University, 1953.
2. Benjamins, James. "Changes in performance in relation to influences upon self-conceptualization." *J. Abnorm Soc. Psychol.,* 1950, 45, 473-480.
3. Bieri, James. *A study of generalization of changes within the personal construct system.* Unpublished doctoral dissertation. Ohio State University, 1953.
4. ―――. "Changes in interpersonal perceptions following social interaction." *J. Abnorm. Soc. Psychol.,* 1953, 48, 61-66.
5. Bugental, J. F. T. "A method for assessing self and not-self attitudes during the therapeutic series" *J. Consult. Psychol.,* 1952, 16, 435-439.
6. Burton, Jean L. *A qualitative analysis of the Stanford-Binet Intelligence Scale.* Unpublished master's thesis. Ohio State University, 1951.
7. ―――. *The effect and interaction of manifest anxiety and failure in concept formation.* Unpublished doctoral dissertation. Ohio State University, 1955.
8. Collet, Crace M. *Prediction and communication problems illustrated with the Rorschach Test.* Unpublished doctoral dissertation. Ohio State University, 1953.
9. Cravens, Richard B. *The psychology of personal constructs as related to group membership and leadership.* Unpublished doctoral dissertation. Ohio State University, 1954.
10. Cromwell, Rue L. *Constructive factors in serial recall.* Unpublished master's thesis. Ohio State University, 1952.
11. Edwards, Ethel H. *Observations of the use and efficacy of changing a patient's concept of his role—a psychotherapeutic device.* Unpublished master's thesis. Fort Hays Kansas State College, 1940.
12. Fager, Robert E. *Communication in personal construct theory.* Unpublished doctoral dissertation, Ohio State University, 1954.
13. Fenichel, Otto. *The psychoanalytic theory of neurosis.* New York. Norton, 1945.
14. Goodrich. Edward G. *The generality of self constructs.* Unpublished doctoral dissertation. Ohio State University, 1954.
15. Hadley. John M. "Various roles of realization in psychotherapeutics." *J. Gen. Psychol,.* 1938, 19, 191-203.
16. Hamilton, R. Jane. *Generality of personal constructs.* Unpublished doctoral dissertation. Ohio State University, 1952.
17. Howard, Alvin R. *Psychological changes as revealed by self-descriptions.* Unpublished doctoral dissertation. Ohio State University, 1951.
18. Howard, Alvin R. and Kelly, George A. "A theoretical approach to psychological movement," *J. Abnorm. Soc. Psychol.,* 1954, 49, 399-404.
19. Hunt, David E. *Studies in role concept repertory: Conceptual consistency.* Unpublished master's thesis. Ohio State University, 1951.
20. Jones, Robert E. *Identfication in terms of personal constructs.* Unpublished doctoral dissertation. Ohio State University, 1954.
21. Landfield, Alvin W. *A study of the relationship between overstatement and personal need.* Unpublished master's thesis. Ohio State University, 1948.
22. ―――. *A study of threat within the psychology of personal constructs.* Unpublished doctoral dissertation. Ohio State University, 1951.

23. Lecky, Prescott. *Self-consistency: A theory of personality.* New York ; Island Press, 1945.
24. Levy, Leon H. *A study of relative information value of constructs in personal construct theory.* Unpublished doctoral dissertation. Ohio State University, 1954.
25. Lundy, Richard M. *Assimilative projection in interpersonal perceptions.* Unpublished doctoral dissertation. Ohio State University, 1954.
26. ———. *Changes in interpersonal perceptions associated with group psychotherapy.* Unpublished master's thesis. Ohio State University, 1952.
27. Lyle. William H. *A comparison of emergence and value as determinants of selective perception.* Unpublished doctoral dissertation. Ohio State University, 1953.
28. Maher, Brendan A. *An investigation into the relationship between level of awareness and perception of error.* Unpublished master's thesis. Ohio State University, 1951.
29. ———. *Personality factors and experimental conditions as a determinant of rigidity in problem solving.* Unpublished doctoral dissertation. Ohio State University, 1954.
30. Masling, Joseph M. *The efficiency of three rigidity tests in predicting group behavior.* Unpublished doctoral dissertation. Ohio State University, 1952.
31. McGaughran. Laurence S. *Dimensions of conceptualization: A preliminary experimental analysis of relationship between "conceptual areas" and language behavior.* Unpublished doctoral dissertation. Ohio State University, 1950.
32. Morton, Robert D. *A controlled experiment in psychotherapy based on Rotter's social learning theory of personality.* Unpublished doctoral dissertation. Ohio State University, 1950.
33. Poch, Susanne M. *A study of changes in personal constructs as related to interpersonal prediction and its outcomes.* Unpublished doctoral dissertation. Ohio State University, 1952.
34. Robinson, Alexander J. *A further validation of role therapy.* Unpublished master's thesis. Fort Hays Kansas State College, 1940.
35. Rogers. Carl R. *Client-centered therapy.* Boston: Houghton-Mifflin, 1951.
36. Rohrer. James W. *An investigation of changes in response to a personality questionnaire from one administration to another.* Unpublished master's thesis. Ohio State University, 1949.
37. ———. *A study of predictive utility of the role construct repertory test.* Unpublished doctoral dissertation. Ohio State University, 1952.
38. Rotter. Julian B. *Social learning and clinical psychology.* New York: Prentice-Hall, 1954.
39. Shoemaker. Donald J. *The relation between personal constructs and interpersonal predictions.* Unpublished doctoral dissertation. Ohio State University, 1955.
40. ———. *The relation between personal constructs and observed behavior.* Unpublished master's thesis. Ohio State University, 1952.
41. Trapp, E. Philip, *Role constructs applied to group analysis.* Unpublished doctoral dissertation. Ohio State University, 1951.

●人名索引●

A
オルポート（Allport, G. W.） 31
アリストテレス（Aristotle） 123
B
ベイカー（Baker, C. T.） 264
ベルグソン（Bergson, H.） 1
ビーリ（Bieri, J） 128
ブーゲンタル（Bugental, J. F. T.） 30
C
コレット（Collet, G. M.） 172
コームズ（Combs, A. W.） 68
コント（Comte, A.） 12
D
デューイ（Dewey, J.） 102, 123
デュガン（Dugan, R. D.） 231
E
エドワーズ（Edwards, E. H.） 316
エンペドクレス（Empedocles） 123
F
フロイト（Freud, S.） 1, 106, 263
H
ホール（Hall, C. S.） 255
ハミルトン（Hamilton, R. J.） 231
ハートレイ（Hartley） 176
ヘラクレイトス（Heraclitus） 123
ホロウィッツ（Horowitz） 176
ハント（Hunt, D. E.） 179, 187, 188
J
ジェームズ（James, W.） 1
ジェサー（Jessor） 176
ジョイス（Joyce, J. N.） 265
K
コージブスキー（Korzybski, A.） 310, 316
L
ランドフィールド（Landfield, A. W.） 187
レッキー（Lecky, P.） 30, 45, 68
レヴィ（Levy） 231
レヴィン（Lewin, K.） 230
ロック（Locke, J.） 2
ライル（Lyle, W. H.） 84, 219, 265
M
マックゴーグラン（McGaughran, L. S.） 122
マッケナ（McKenna, A.） 316

マイアー（Meyer, A.） 1
ミル（Mills, J. B.） 311
モレノ（Moreno, J. L.） 310, 311, 316
マレー（Murray, H. A.） 105
O
オールダー（Older, h。j.） 316
オズグッド（Osgood, C. E.） 230
P
ポッチ（Poch, S. M.） 127
R
レイミー（Raimy, V. C.） 30, 68, 90
ロジャーズ（Rogers, C. R.） 31, 68, 299
ローラー（Rohrer, J. W.） 229
ロッター（Rotter, J. B.） 176
S
シェリー（Shelley, P. B.） 2
シューメイカー（Shoemaker, D. J.） 229
スニッグ（Snygg, D.） 68
ソロモン（Solomon） 1
スタウト（Stout, G. F.） 310
サリヴァン（Sullivan, H. S.） 263
T
トムソン（Thomson, G） 310
V
ヴィゴツキー（Vigotsky, L. S.） 176

●事項索引●

あ

IQ　392
愛情のある敵意（loving hostility）　440
アイデンティティ（identity）　330, 416
曖昧さ（ambiguity）　402
曖昧さへの耐性（tolerance of ambiguity）　428
曖昧な人物（ambiguous figure）　194
アクセシビリティ（accessibility）　221
新しい希望と適応（new hopes and adjustment）　396
新しい名前の採用（assumption of a new name）　315
アプローチ
　　外面から内面への──（outside-to-inside ─）　291
　　個人記録──（personal-record ─）　291
　　コンストラクト・──（construct ─）　164
　　実体──（entity ─）　164
　　問題──（problem ─）　291
安全装置（safeguard）　129
安全弁（safety valve）　324
安定化の象徴の喪失（loss of its stabilizing symbol）　119
安定性（stability）　64, 169, 170

い

意識的過程（conscious process）　140
依存（性）（dependency）　194, 267, 398
一元論（monism）　12
一貫性（consistency）　68, 187
一般意味論（general semantics）　297, 319
一般化（generalization）　57, 264, 317
一般化と特殊化の順序（sequence of generalizations and specifications）　283
一般性（generality）　20
if-then 関係（if-then relationships）　97
if-then-but-not　98
イベント（event）　37, 126, 262
イベントの区切り（phrasing of events）　95
イベントの反復（replication of events）　58
意味（meaning）　230, 255, 408
意味空間（semantic space）　230
意味水準（levels of meaning）　255
意味連関（implications）　409
因果関係（cause-and-effect relationships）　287
インシデント（incident）　232, 258
因子としての自己（self as a factor）　247
因子分析（factor analysis）　84, 231, 232, 241
インプリシット（潜在した）極（implicit pole）　219

う

上置きシート（overlay sheet）　222, 267
ヴォイド（void）　232, 258, 270
動き（movement）
　　──の意識（awareness of movement）　353
　　──の経路（pathway of movement）　101
　　──の受容（acceptance of movement）　353
　　──の成り行き（course of movement）　163
宇宙（universe）　3
訴えの抽出と分析（elicitation and analysis of the complaint）　163
訴えを締めくくる（closing out of complaints）　366

え

永続的持続性（lingering degree of permanence）　186
英雄カドマス（hero, Cadmus）　304
エマージェント（浮上した）極（emergent pole）　219
絵物語をつくろうテスト（Make a Picture Story；MAPS）　176
演繹（deduction）　98, 351
演技段階（enactment stage）　346
演じただけだということを一瞬忘れたというサイン（signs that the client has forgotten that he is merely acting）　352
援助的（helpful）　267

お

黄金のルール（golden rule）　162
置きかえ（replace）　130
オール・オア・ナンの基盤（all-or-none basis）

事項索引　463

414

か

懐疑（skepticism）　331, 349
外見（appearance）　292
外見行動の解釈（interpretation of overt behavior）　140
解釈（interpretation, construing, construction）　38, 57, 135, 143, 161, 257, 316, 431, 442
　　──の失敗（failure of construction）　431
　　──の類似性（similarity of construction）　73
　　──の連鎖（sequence of construction）　443
解釈コンストラクト（interpretive construct）　410
解釈療法（interpretive therapy）　193
外傷体験（traumatic experience）　134
階層的尺度（hierarchical scales）　113
概念（concept）　54, 88
概念化（conceptualization）　63, 319, 332
概念グリッド（conceptual grid）　222, 263, 267
概念形成（concept formation）　32, 41, 67, 176
概念形成療法（concept formation therapy）　343
回避（avoidance）　90
回避の仕方（how to avoid）　348
快楽主義（hedonism）　53, 127
解離（dissociation）　407
カオスの自由（freedom of chaos）　15
科学者の視点（scientist's point of view）　338
科学的検証（scientific testing）　394
鏡（mirror）　345
学習（learning）　59
確証（validation）　97, 127, 128, 131, 141, 142
確証サイクル（validational cycle）　128
陰の人物（shadow figure）　248, 249
過去時制（past tense）　357
過去の評価（appraisal of a past）　167
重なり（overlap）　188
過剰コントロール（overcontrol）　101
過剰な自発性（spontaneous portrayal）　352
仮説（hypothesis）　24, 64, 332
仮説演繹的な方法（hypothetico-deductive method）　24
仮説帰納的な方法（hypothetico-inductive method）　25

仮説的なスキャニング・パターン（hypothetical scanning pattern）　258
仮想されたパーソナル・コンストラクト（presumed personal construct）　161
学校教育（formal education）　417
過程（process）　28, 36, 395
カテゴリーへの割り当て（assigning to a category）　415
カテゴリカルな真実（cateforical truth）　152
かのような振る舞い（act as if）　330
加法的尺度（additive scales）　114
関係の文脈（context of relationships）　152
観察（observation）　158
観察者（observer）　121, 395
　　──間の一致（observer agreement）　395
感情（feeling）　306, 322, 345, 418
感触をもった言葉（textured words）　323
完全文脈法（Full Context Form）　180

き

記憶（remember）　407, 408
危険（hazard, danger）　126, 133, 316, 347, 349
技術的正確さ（technical accuracy）　301
基準軸（reference axes）　229
擬人化（anthropomorphism）　58
期待仮説（expected hypothesis）　152, 423
期待の類似性（similarity of expectations）　74
帰納（induction）　351
機能的伝達可能性（functional communicability）　186
機能的等価性（functional equivalence）　189
基本的前提（fundamental postulate）　26, 35, 185, 273, 344
帰無仮説（null hypothesis）　24, 152, 153, 406
逆論理（reverse logic）　155
キャスティング（casting）　192
客観性（objectivity）　132
客観テスト（objective test）　163, 165
Q分類（Q-sort）　317
脅威（threat）　133, 328, 329, 421, 422, 425, 438, 458
強化（reinforcement）　127
教示（instruction）　222, 267
教条主義（dogmatism）　287
矯正（setting the patient right about things）　133
共通性（commonality）　72

共通の次元（common dimensions）　121
共通の視点（common viewpoint）　80
行パターン（row pattern）　232
恐怖（fear）　368, 421, 425, 458
恐怖のコントロール（fear controlling）　409
興味の範囲（range of interests）　287
極（pole）　109, 289
拒否（拒絶）（rejection）　194, 195
近似尺度（approximation scales）　115
緊縮－弛緩次元（tightness-looseness dimension）　442
緊縮したコンストラクト（tightened construct）　417, 418, 429, 458

■

空想の誘導（induced phantasy）　418
偶発的（incidental）　413, 443, 457
具体主義（concretistic）　22, 122, 255, 303, 415
口のすべり（slips）　325
句読点による区切り（compartmentalization by punctuation）　290
クライエント中心療法（client-centered therapy）　31, 337
グラデーション（gradation）　113, 256
くりかえされる用語（terms which are repeated）　284
グループの予期（group expectancies）　141
クレペリンの思考（Kraepelinian thinking）　394

■

系（corollaries）　38
経験（experience）　43, 57, 61, 72, 73, 137, 147
経験主義（empiricism）　12
経済的な方法（economical way）　336
形式分析（formal analysis）　188
ゲシュタルト理論（Gestalt theory）　28
決定論（determinism）　15, 62, 100
権威（authority）　252, 304, 365
原因帰属（causal attribution）　354
言外の等価性と対照性（implied equivalences and contrasts）　290
言語化（verbalization）　401
言語構造（language structure）　290
言語的な象徴（verbal symbol）　111
言語の流暢性と演技の技能（verbal fluency and acting skill）　343
言語ラベル（word labels）　221
現在と未来の決定因（determinant of his present and of his future）　167
現実から隔絶された子ども（dereistic child）　398
現実主義（realism）　12, 303
現実性（reality）　108, 109
現出・浮上（emergence）　110
検証（testing）　18, 57, 396
現象学的アプローチ（phenomenological approach）　393
建設的な社会的活動（constructive social enterprise）　396
限定（definition）　52

■

語彙レベル（vocabulary level）　194, 290
行為化（acting out）　401
行為の記述（description of acts）　274
行為の決定（action decisions）　442
攻撃性（aggression, aggressiveness）　437, 438, 458
交差確証（cross-validated）　172
構造（structure）　286
構造化（structuralization）　393
構想の安定性（stability of conception）　221
後続要因（subsequence）　95
構築（construction）　319, 393
行動（behavior）　59, 139, 161, 163, 306
行動の予期的性質（anticipatory nature of behavior）　102
更年期うつ病（involutional melancholia）　434
合否の基準（pass-fail criterion）　21
肛門括約筋（anal sphinctor muscle）　401
合理化（rationalization）　307
合理主義（rationalism）　12, 287
心の失敗（failure of the heart）　302
固執（perseverations）　195
個人記録アプローチ（personal-record approach）　291
個人的次元（personal dimension）　220
個人的な落ち着き（personal poise）　121
個人的な経験の共有（sharing of personal experience）　160
個人的役割法（Personal Role Form）　182
個性記述的（idiographic）　31, 66, 157
こだわり（meticulousness）　301
コミュニケーション　112, 158, 161, 356
コンストラクション（解釈）システム（construction system）　6, 44, 57, 78, 186

事項索引 465

──の解釈（construction of construction systems）396
──の検証（validation of the construction system）344
コンストラクト（構成体）（construct）6, 8, 47, 91, 95, 97, 98, 104, 108, 138, 140, 178, 179, 194, 229, 254, 255, 257, 262, 291, 353, 393, 403, 406, 413, 457
　　　下位──（subordinate ──）108, 413, 457
　　　上位──（superordinate ──）108, 413, 457
コンストラクト（物理的・状況的な）229
コンストラクト・システム（construct system）138, 143, 290
コンストラクト（システム）の包摂（subsumption of the construction systems）140, 321, 393
コントロール（control）8, 100, 103, 104, 443, 445, 447
コンプレックス（complex）124

さ

罪悪感（guilt）421, 432, 434, 435, 440, 458
再検査信頼性（test-retest reliability）170
再考の過程（rethinking process）327
最後の面接（final interview）335
最小文脈ステンシル法（Minimum Context Stencil Form）180
最小文脈法（Minimum Context Form）177
最初の試行の因子（first trial factor）232
最初の探索的な小旅行（first exploratory excursions）318
差異性（difference）259
再配備（redeployment）173
サイバネティックス（cybernetics）116
先取り（preemption）123, 125, 155, 193, 303, 324, 354, 395, 413, 443
錯誤知覚（misperception）263
差し迫った包括的な変化への気づき（awareness of imminent comprehensive change）422
座標軸（coordinate axis）392
サブカルチャー（subculture）311
差別性（distinction）90
差別的予測（differential prediction）98
算術的負荷の最大化（maximizing the algebraic loadings）236
三分的分類（trichotomous grouping）395
三分類法（カード分類法の）（trichotomous sort）317

し

自意識（self-consciousness）352
C-P-C サイクル（Circumspection-Preemption-Control Cycle）442, 443, 458
自我関与（ego-involvement）417
自我強度（ego-strength）367
弛緩（loosening）402, 417, 418, 428, 458
時間（time）4, 58
時間軸（time line）395
時間制限（limited time）365
時間的空間的連合による解釈（construing by temporal or spatial association）261
時期と場所（the year and the place）268
時空による分類（time-and-space classifications）261
軸となる線（pivotal beam）406
刺激（stimulus）27, 72, 263
次元（dimension）220, 256, 288
自己（self）52, 104, 365, 406
自己一貫性（self-consistency）30, 68
思考における仮説の使用（use of hypothesis in thinking）102
自己解釈の行為化（acting out of his construction of himself）404
自己概念（self-concept）30, 78, 90, 278
自己が中核的役割構造から明らかに除去されているという知覚（perception of one's apparent dislodgment from his core structure）432
自己識別法（Self-Identification Form）182
自己自身のアウトライン（one's own outline）278
自己正当化の方法（a way of justifying himself）300
自己同定（自己同一化）（self-identification）118, 195, 246
自己特徴づけ（self-characterization）278, 279, 285, 336, 337
自己に命名（naming oneself）315
自己非類似（unlike-self side）119
自己類似（like-self side）119
指示対象（referents）258
指示対象を喪失した恐怖（a fear which has lost its object referents）427
資質（resources）165
指示的 対 非指示的療法（directive vs. nondirective therapy）337

システムの拡張と限定（extension and definition of the system） 52, 444, 449
システムの膨張と収縮（dilation and constriction of the system） 411
自然の発達過程の回復（to resume the natural developmental process） 319
実験（experiment） 332, 356
実験室がないこと（no laboratory） 136
実験法（experimentation） 130
実在論（realism） 124
実証主義（positivism） 12
実存（existence） 416
実体思考（entity thinking） 124
実体として使われる人物（figures used as entities） 255
実体論（substantialism） 123
疾病分類のシステム（nosological system） 275
実用的価値（utilitarian value） 310
指定されたコンストラクト（prescribed construct） 265
私的な世界へのアクセス 160
視点の変化（change in perspective） 357
自発性の感覚（feeling of spontaneity） 357
自発段階（spontaneous stage） 346
縛り（時間と言葉の）（binding） 418
シフト（shift） 119, 120
4分相関（tetracholicr's） 231
社会性（sociality） 396
社会的価値（social value） 397
社会的過程（social process） 79
社会的，状況的な要素（social and situational components） 366
社会的な落ち着き（social poise） 121
社会的なマスク（social mask） 283
自由意志（free will） 62, 100
終結手続き（termination procedure） 366
収縮（constriction） 411, 445, 457
修正可能性（modifiability） 23
修正役割（fixed-role） 121, 279, 317, 319-321, 334, 337, 347, 351, 354, 365, 367, 373
収束する特質（converging properties） 96
従属（性）（subordination） 402, 414
集団修正役割療法（group fixed-role therapy） 367
自由に動ける通路（pathways along which the subject is free to move） 163, 164

自由に浮動する不安（free-floating anxiety） 427
周辺コンストラクト（peripheral constructs） 416, 417, 458
修理過程（repair process） 326
自由連想（free association） 418
主観的に等価なもの（subjectively equivalents） 289
主題統覚検査（TAT; Thematic Apperception Test） 105
受容（acceptance） 140, 320, 322
受容されることの脅威（threat of being accepted） 335
受容性チェック（acceptance check） 328
上位化（superordination） 99
状況（situation） 267, 333, 335, 354
状況依存的な言い訳（excuses, depending on the situation） 301
状況的（situational） 229, 354
状況とのかすかな不協和（faintly out of tune with the circumstances） 311
状況リスト（listed situations） 270
症状（symptoms） 365
状態（states） 395
象徴化（symbolization） 397
象徴人物（symbolizing figure） 120
象徴表現（symbolism） 110
衝動性（impulsivity） 452, 458
常同的行動（stereotypy） 146
情動的洞察（emotional insight） 326, 357
承認と理解（approval and understanding） 334
序列的関係（ordinal relationships） 44
人為的な役割（artificial role） 316
新現象学派（neophenomenology） 32
進行中の出来事（ongoing affair） 123
真実が抽象される文脈における仮説（hypothesis in the context of which truth is the abstraction） 152
真実の相対的な断片（relative fraction of truth） 152
信じるアプローチ（credulous approach） 275, 281
信じる態度（credulous attitude） 275
人生の構造化の試み（attempts to structure his life） 303
人生の再構成（再構築）（reconstruction of life）

事項索引　467

57, 107, 150
人生の役割（life role）　220
新鮮な要素（fresh elements）　129
真 対 偽（truth vs. falsehood）　151
診断（diagnosis）　155, 275
診断コンストラクト（diagnostic constructs）　391, 394, 456
診断体系（diagnostic system）　392
心的エネルギー（mental energy）　26, 36
心的空間（psychological space）　220
人的資源（human resources）　267
浸透性（permeability）　62-64, 122, 125, 174, 179, 185, 189, 254, 275, 291, 297, 317, 319, 323, 354, 395, 401, 409, 413
　　過剰に——あるコンストラクト　179
　　過剰に——のないコンストラクト　179
　　——のあるコンストラクト　125
　　——のないコンストラクト　125, 319
　　——のフィールド　189
浸透的（permeable）　189
新バージョンの役割（version of the new role）　352
人物因子的分析（figure-factorial analysis）　265
人物（による）象徴表現（figure symbolism）　111, 117
人物の同定（identification of figures）　192, 193
人物リスト（list of figures）　264
人物を通じたコンストラクトの結合（linkages of constructs through figures）　192
シンボリック（象徴的）（symbolic）　404
シンボル（symbol）　202
シンボルとしての言語（the use of words as symbols）　397
進歩のエビデンス（evidence of progress）　357
親密（intimate）　277
信頼（faith, trust）　365
信頼性（reliability）　187
信頼臨床アプローチ（credulous clinical approach）　321
心理学（psychology）　11
心理学的空間（psychological space）　116, 230
心理士の軸線（lines of psychologists' axis）　165
心理療法（psychotherapy）　120, 408

心理療法的再配置（psychotherapeutic relocation）　319

す

水路づけられる（channelized）　37
数学的基礎（mathematical basis）　258
数学的論理（mathematical logic）　41
数的な表現　262
スキャニング（scanning）　116, 231-233, 236, 262
スケッチの修正（modification of the sketch）　330
図と地の法則（law of figure and ground）　30
ストレスフルな（stressful）　267
スーパービジョン（supervision）　366
スペルミスと統語法のぎこちなさ（misspelling and awkward syntax）　301

せ

生（life）　4
性（sex）　306
性格のスケッチ（character sketch）　276
生活空間（life space）　230
制御システム（control system）　107
生産力（fertility）　18
制止（inhibition）　190
誠実（sincerity）　325
脆弱性（brittleness）　64
正常性因子（normality factors）　242
成人のIQ（adult IQ）　392
精神の失敗（failure of the mind）　302
精神分析（psychoanalysis）　310, 311, 441
精緻化の選択（elaborative choice）　51, 52
成長回復のための段階（stage for the resumption of growth）　319
性同一性（sex identification）　250
整理棚的推論（pigeonhole reasoning）　394
説教（preaching）　133
絶対的にカテゴリカルな真実（absolute categorical truth）　152
説明（interpretation）　38
節約原理（principle of parsimony）　152
前意識（preconscious）　410
尖鋭化因子（sharpening factors）　243
前言語的コンストラクト（preverbal construct）　397, 398, 401, 410, 433, 457
先行要因（antecedence）　95
潜在傾向（latent tendencies）　173
潜在的敵意（latent hostility）　442

潜在的要素（potential element） 406
選択（choice） 50, 51
選択肢（alternative） 51, 448
潜伏（implicitness） 110
専門的コンストラクト（professional construct） 391

そ

相関係数（correlation coefficient） 231
早期訓練（early training） 400
操作的定義（operational definition） 21, 395
創造性サイクル（creativity cycle） 442, 458
創造的過程（creative process） 326
創造力のあるリーダー（ingenuity leader） 80
そうであるあり方（the way I really am） 326
躁病（manics） 412
組織化（organization） 43, 413, 419
率直な降板（frank withdrawal） 335
存在理由（reason for existence） 303, 305, 306
存在論的（ontological） 12

た

ダーウィン主義的（Darwinian） 310
退却（retreat） 173
第三者の強調（emphasis upon the third person） 276
対象指向的（object-oriented） 167
対照（性）（contrast） 39, 56, 105, 109, 110, 190, 229, 288, 318, 319, 355, 404
対照的な精緻化（contrast elaborations） 283
代償不全（decompensation） 64
対人関係（interpersonal relations） 116
代替解釈（alternative construction） 5, 11, 124, 151
タイトルのリスト（Role Title Test） 222
代表性（representativeness） 186
代表的な人物（representative figures） 220
代理構造（substitute structure） 417
対立仮説（alternative hypothesis） 406
他者に与えられる修正役割スケッチ（fixed-role sketches offered the others） 367
他者の経験の解釈（construing the other person's experience） 160
他者の前で自己を正当化する必要性（need to justify himself in the presence of other people） 301
ただ演じただけ（just acting） 350
正しい生き方（righteous way of life） 301
正しい役割（right role） 356
妥当性（validity） 18
多変量的な構造（multivariant structure） 155
多面的な代替中核構造（multifaceted alternative core structure） 422
探求の所産（outcome of his quest） 304
単語（による）象徴表現（word symbolism） 117
探索行動（exploratory behavior） 334
断続的に破られる沈黙（intermittently broken silences） 418
断片化（fragmentation） 69
断片化の系 408

ち

小さな欠点の修正（correction of minor faults） 317
知覚（perception） 140, 407
知覚表象（percept） 55
逐次接近法（successive approximation） 154, 236
逐次法（Sequential Form） 181
蓄積的尺度（accumulative scales） 115
知識（knowledge） 409
知情意（cognition, affection, and conation） 103
知性（intellect） 101
知性化（intellectualization） 188
知性化の代替物（alternative to intellectualization） 301
知性偏重（intellectualism） 300
中核構造（core structures） 422
中核コンストラクト（core constructs） 416, 417, 458
中核役割構造の喪失（loss of core role structure） 434
中核的な役割の地位の喪失（loss of core role status） 434
抽象概念として使われる人物（figures used as abstractions） 255
抽象化された尺度（abstracted scales） 114
抽象的 対 具体的次元（abstract vs. concrete dimension） 121
宙づり（suspension） 402, 408-410, 457
超解釈（supraconstrue） 398
調節の系（modulation corollary） 61, 408, 413, 419
直解主義（literalism） 122, 132, 200, 277, 300,

322
治療（therapy）　416
治療仮説（treatment hypothesis）　396
治療者（therapist）　129, 264
治療待機（awaiting treatment）　314
陳述の真実性（truth of a statement）　35
沈潜（submergence）　402, 404, 410, 457

使い勝手のよさ（usability）　164

TAT（Thematic Apperception Test）　105, 231
抵抗（resistance）　339, 349
抵抗の一時的な回避（temporarily circumvented resistance）　129
テーマ分析（thematic analysis）　105, 287
敵意（hostility）　439, 440, 441, 458
適応困難（adjustment difficulties）　311
適応症（indications）　364
適応問題（adjustment problems）　311
哲学（philosophy）　11
転移（transference）　116, 131, 132, 249, 263, 365, 367, 399
転移知覚（transference perception）　264
典型的なミス（typical mistake）　337
伝達（communication）　108, 398
伝達可能（性）　101, 122, 170, 172, 320
伝統的なコンストラクト（conventionalized constructs）　194

同一化（identification）　322
同一性（identity）　417
投影法テスト（検査）　116, 162, 166
等価（性）（equivalence）　188, 301
動機づけ（motivation）　37, 53, 126
統計的な底引き網の方法（statistical-dragnet metod）　25
統計的標本抽出理論（statistical sampling theory）　66
凍結効果（freezing effect）　135
統合失調症傾向（schizoid tendency）　347
統合性（integrity）　45, 321
倒錯した同調（perverse conformity）　142
洞察（insight）　118, 299, 308
同時性（simultaneity）　443
同族性（kinship）　90
統治効果（governing effect）　117
統治コンストラクト（regnant constructs）

71, 321, 415, 422, 457
統治性（regnancy）　414
同等－差異パターン（equivalence-difference patterns）　39
途切れ（breaks）　282
特性（traits）　456
独断的思考（dogmatic thinking）　124
特別な検討事項（specific considerations）　323
独立の推論（independent inferences）　334
トピックからトピックへの変遷（transitions from topic to topic）　282
取り込まれる（be taken in）　321

内部の動きと変化（movements and changes in himself）　289
内容の順序（sequence of content）　282
仲間との役割演技状況（role-playing situations with his peers）　339
名前（name）　90
なるべきあり方（the way I ought to become）　326

2極性（two-ended）　404
2進数の基礎（binary numerical basis）　258
日常的現実との接触（contact with everyday reality）　366
二分法（的）（dichotomy, dichotomous）　47, 50, 86, 101, 113, 256, 288, 395
人間的気まぐれ（manlike caprice）　58
人間は科学者だ（man-the-scientist）　2
認知的気づきのレベル（level of cognitive awareness）　410, 457

ネガティブ・サイン（negative sign）　355
熱心すぎる治療者（overeager therapist）　349
ネットワーク（network）　260

ノンパラメトリック　231, 241

パーソナリティ（personality）　311, 423
パーソナル・コンストラクト（personal construct）　6, 38, 140, 145, 218, 255, 290, 403
排除する要素（elements which the system excludes）　134
排泄コントロール（bowel control）　434

罰（punishment） 434
話をしてしまう傾向（tendency to talk） 357
母親コンストラクト（mother construct） 117
母親象徴コンストラクト（mother-symbolized construct） 118
母親類似 対 母親非類似（like-mother vs. unlike-mother） 117
パラグラフの順序（sequence of paragraphs） 283
パラタクシス（parataxis） 263
般化（generalization） 263, 266, 351
反証（invalidation） 430
反対概念（opposites） 94
反転（reflection） 233, 248
反動形成（reaction formation） 190
反応的システム（reactive system） 137
反復（replications） 40, 95

● ひ

非意識的過程（non-conscious processes） 140
非科学的な精神をもった（nonscientifically minded） 349
非言語的（nonverbal） 159, 401
非効力感（inefficacies） 195
非指示と指示の連続体（continuum between nondirectivism and directivism） 337
非浸透性 63, 64, 401
非浸透的 189
非知的アプローチ（nonintellectual approach） 401
非人間的イベント（nonhuman events） 142
非弁別的全称性（non-discriminating universals） 90
病因論（etiology） 396
評価基準（criteria for evaluation） 172
病的実体（disease entity） 155
標本抽出（sampling） 175
非歴史的（ahistorical） 140, 312
敏感性（sensitivity） 169

● ふ

不安（anxiety） 335, 394, 395, 418, 421, 427, 430, 438, 458
不安に対する防衛（defense against anxiety） 428, 429
不一致の特殊領域（area of disagreement） 306
深い治療（deep therapy） 418

不快な時間（uncomfortable time） 318
不確実性（uncertainty） 286, 367
舞台設定（stage setting） 396
布置的（constellatory） 124, 125, 303, 318, 413, 415
プッシュ心理学（push psychology） 28
プッシュ（押し）理論（push theory） 27
不適切さの検出（detecting inadequacy） 349
腑に落ちる学習（gut learning） 357
負の負荷（negative loadings） 265
部分強化（partial reinforcement） 128
部分的解釈システム（partial construction system） 320
不変の予測（unvarying predictions） 417
プラグマティズムの論理（pragmatic logic） 12
振り（affectation） 313, 319
振りをする（make believe） 320, 352
古い材料への没入（preoccupation with old material） 135
プル心理学（pull psychology） 27
プル（引き）理論（pull theory） 27
フレーミング効果（framing effect） 266
プロクラステスの方法（method of Procrustes） 439
プロットの分析（analysis of the story plots） 105
プロトコル（protocol） 196, 201, 220, 231
文化（culture） 74
文化的な同一化（cultural identification） 290
文化的な類似性と差異性（cultural similarities and differences） 74
文脈（的）（context, contextual） 109, 111, 151
分類（sort） 226-228
分類グリッド（sorting grid） 222
分類整理（pigeonholing） 392
分類棚（pigeonhole） 123

● へ

別名（another name） 321
別離の場面（parting shot） 325
変化（vary） 57
変化のコンストラクト（construct of change） 353
変化の般化（generalization fo changes） 266
変化への準備性（readiness for change） 367
変形（variant） 65

事項索引　471

変数の概念化（conceptualization of his variables）　157
変遷（transition）　421
変動（variations）　311
変動性（fluctuation）　170

【ほ】

防衛（defense）　365
包括的解釈システム（subsuming construction system）　393
包括的コンストラクト（comprehensive construct）　412, 457
包含する要素（elements which the system includes）　134
忘却（forgetting）　407, 408
報酬（reward）　339
豊饒性（fertility）　394
包摂（subsume）　398
法則定立的（nomothetic）　31, 66
膨張（dilation）　411
法律尊重主義的（legalistic）　122, 167
保護スクリーン（protective screen）　319, 320, 325
保護的環境（protected environment）　129
保護的マスク（protective mask）　320
ポジティブなエビデンス（positive evidence）　357
ホロウィッツの顔テスト（Horowitz Faces Test）　176
本当の私（real me）　357

【ま】

マッチするペアの数（number of matched pairs）　232
マッチング（matching）　261
マラー・パーソナリティ・スケッチ（Maller Personality Sketches）　317

【み】

見せかけ（appearance）　302
未来性（futurity）　396

【む】

無意識（unconscious）　402, 410
無意識的衝動（unconscious impulses）　190
無効（ineffective）　355

【め】

明示的に対照的な極（manifestly contrasting poles）　289
命題（proposition）　38
命題性（propositionality）　394, 414
命題的（propositional）　303
命題的コンストラクト（propositional construct）　124, 126, 406, 413
目立つ（conspicuousness）　292
メンテナンス過程（maintenance processes）　416

【も】

妄想的（paranoic）　416
求めている結果（result of his quest）　304
物語の形成（development of stories）　130
模範的な人間存在をつくる（make a model human being）　317
問題アプローチ（problem approach）　291

【や】

役割（role）　77, 142, 143, 161, 316, 347, 353, 356
役割演技（role-playing）　77, 334, 348
役割演技の交代（role-playing exchange）　132
役割関係（role relationship）　273, 396
役割コンストラクト（role construct）　143, 168, 176
役割コンストラクト・レパートリー・テスト（Role Construct Repertory Test）　105, 176
役割タイトル（role title）　218
役割タイトル・リスト（Role Title List）　177, 218
役割統治コンストラクト（role-governing constructs）　119, 121, 129, 182
役割批判（criticism of the role）　356

【ゆ】

唯物論者（materialist）　303
有意水準（level of statistical significance）　237
ユニークな人物（unique figures）　191
夢（dream）　106
夢の意味（The Meaning of Dreams）　255
夢の中での現出（appearance in dreams）　402
夢の中の沈潜（submergence in dreams）　406

【よ】

よい子 対 悪い子（good vs. bad girls）　368
よい診断コンストラクト（good diagnostic construct）　394
要求（need）　27
用語間の結びつき（linkages between terms）　284
用語の選択（choice of terms）　290
幼児的コンストラクト（infantile constructs）

400
用心（circumspection）　443, 447
要素（elements）　39, 47, 57, 63, 109, 119, 406
要素の現実（reality of elements）　108
要素の脱落（drop-out of elements）　407
予期行動の確証（validation for his anticipatory behavior）　357
予期する（anticipate）　37, 52
予期的な意味連関（anticipatory implication）　274
抑圧（repression）　190, 407, 408
予言（prediction）　95, 97
予後（prognosis）　396
予測（predict）　8, 37
予測可能性（predictability）　126
予備意識（foreconscious）　410

● ら

ライフ・イベント（life event）　168
落胆（discouragement）　302
楽観主義（optimism）　396
ラベル（label, labeling）　218
ランドフィールド仮説（Landfield hypothesis）　423

● り

リハーサル（rehearsal）　132, 331, 333, 347, 350, 367
利便性（convenience）　8, 54, 63, 85, 109, 221, 306, 402, 407, 410, 419, 427
領域の交代（shifting of areas）　286
領域の順序（sequence of areas）　286
領域メンバーシップの固定（fix the realm membership）　415
両価性（ambivalence）　191
利用可能性（availability）　189
利用可能なコンストラクトの水路の存在（the existence of available construct channels）　289

良心の呵責（repentance）　327
両親を含む状況（situations involving parents）　335
両立不能性（incompatibility）　408
理論（theory）　64
理論仮説（theoretical hypothesis）　152
臨床家（clinician）　229, 351
臨床仮説（clinical hypothesis）　164, 201, 274
臨床家の基準軸（clinician's reference axes）　229
臨床的（clinical）　188, 274, 393, 401

● る

類似性（similarity）　39, 109, 259, 261-263, 288, 404
類似要素 対 非類似要素（like vs. unlike elements）　120

● れ

例証仮説（exemplification hypothesis）　423
例証された退行の脅威（threat of the exemplified regression）　423
霊知論（gnosiology）　12
劣等コンプレックス（inferiority complex）　314
レプテスト（Rep Test, Role Construct Repertory Test）　176, 218, 222
レプテスト型のプロトコル（Rep Test types of protocols）　231
連合主義的（associationalistic）　310
連続性（continuity）　139

● ろ

ロッター文章完成テスト（Rotter Incomplete Sentences Blank）　317
ロールシャッハ・テスト（Rorschach Test）　172
論理学（logic）　11

● わ

話題（topic）　285-287

訳者あとがき

　本書は，ジョージ・A・ケリー（George A. Kelly　1905-1967）が1955年に初めて世に問うた，代表的著作である『パーソナル・コンストラクトの心理学：第1巻．パーソナリティの理論（Psychology of Personal Constructs：Volume One. A Theory of Personality）』の全訳である。ほぼ同分量の『第2巻．臨床的診断と心理療法（Psychology of Personal Constructs：Volume Two. Clinical Diagnosis and Psychotherapy）』を合わせると，1200ページにも及ぶ大著である。

　ケリー自身は多岐にわたる関心をもち，第2次大戦中は航空工学や航空心理学に関心をもち，独自にパイロットの養成などにも取り組んできた。ここから教育に，そして臨床心理学へと関心を広げ，独自にパーソナル・コンストラクト心理学の理論と技法を開発し，1955年にはこの大著を刊行し，臨床心理学の拠点としてのオハイオ州立大学の名声を大ならしめた。

　訳者がこの大著に関心をもったのは，大学3回生で心理学を専攻し始めたころ，大先輩の西側明和さんの主宰された読書会で，クレッチとクラッチフィールド（Krech & Crutchfield）による社会心理学のテキストブック『社会における個人（Individual in Society）』を読んだことにさかのぼる。ここにケリーと彼の弟子ビーリ（Bieri）による認知的単純さ―複雑さに関する研究が登場し，当時流行の行動主義に対抗する個性記述的な認知論に相当するものを見いだして，ここにこそ自分の進むべき道があると思ったからである。ちなみにビーリの認知的単純さ―複雑さの研究については，早世した畏友　島　久洋君がこれをリーダーシップの問題に関係づけて発展させ，学位論文をものしており，私もしばしば，彼との議論を楽しんだものであった。

　しかし，私自身はこれをどう発展させればよいのかと考えあぐね，とりあえず自己意識やパーソナリティの研究を続けてきたが，折々に文献を読み直して，学生たちに，ここにはこんなに面白いテーマがあるんだよと語りかけてきた。こういう経過があったので，2012年3月に定年退職を迎えて時間の余裕が出てきたときには，あらためて本書の翻訳をライフワークにしてみたいという欲求が頭をもたげてきた。私はケリー以後の文献もそれなりにフォローしていたので，これはさして困難な問題ではなかろうと高をくくっていた。

　しかし，ケリー後の文献では多少とも用語を単純化したりしているので，フォローは確かに楽になってはいる。が，ケリー自身をフォローするのは，その独自の用語法も含めて，思いのほか難しく，大変苦労をした。すなわち，ケリーとその追随者では，

思考の哲学的，科学的基盤に大きな落差があり，ケリーの思考過程をきちんと追い続けることの方がはるかに困難だったのである。実際，パーソナル・コンストラクトという用語1つをとってみても，「個人的構成体」などという訳語もあるようだが，パーソナルであると同時にソーシャルでもあり，人による概念的および非概念的構成体であるとともに，これを運用した解釈結果という意味までも含んでおり，当然のことながら意志や行為の選択にも関わっている。

　それでは，これだけ広いパースペクティブをもち，哲学的・科学的に深遠な基盤をもつ本書が，日本でなぜあまり話題にならなかったのであろうか？　欧米のパーソナリティのテキストやハンドブック（たとえばパーヴィンのハンドブック）の類では，ケリーの紹介に少なくとも1～2章が捧げられており，これはロジャーズに捧げられている分量にほぼ匹敵する。したがって，わが国でももう少しケリーに注目されてしかるべきではなかったのではないかと思われる。このような状況が生じたのは，上記のようなケリーの難解さによるだけでなく，日本の臨床心理学者にはケリーに関心をもつものがたまたま少なく，日本語によるケリーの「紹介」がほとんどなされてこなかったことが重要な要因なのではないかと，今私は思っている。ロジャーズの場合には，わが国にも熱狂的な支持者――すみません。あまり適切な表現ではありません！――がいて，彼の日本語による「全集」が独自に編纂され，エッセイや書簡の類までを含めて翻訳されている。したがって，このケリーとロジャーズの扱いの落差はあまりにも歴然としており，たまたまわが国では，このような熱狂的支持者を欠いていたケリーは，不運であったというしかないのであろうか。しかし今回，浅学非才を顧みず，翻訳にあたってケリーを読み返してみて，私は私自身が彼の熱狂的支持者であったことにあらためて気づかされた。

　さて，熱狂的支持者が熱に浮かされたように一気呵成に翻訳を仕上げると，その高揚した気分にも支えられて，読者にも同様の気分をもたらし，わかりやすい訳文になることは少なくない。しかし，熱烈な支持者はよい翻訳者になれるとはかぎらない。むしろその熱列さゆえに，しばしば粗っぽい表現や過剰な表現をしがちになる。そこで私はあえてこのような問題を避けるために，あまり自分勝手な意訳にはたよらず，むしろ，本来の意味を見失うことのない冷静な逐語訳を心掛けるようにした。

　しかし，彼の理論や立場のその後の進展については，どのテキストでもあまり論じられていない。つまり，ケリー自身が比較的短命であり，また他の理論家とは違って，あまり優秀な後継者にもめぐまれなかったのではないかと思われる。このことは訳者にとっては，ひたすらこのテキストに集中すればよいということになるので，私はこれを大きなアドバンテージとして生かしていきたいと思う。

　最後に，この本の用語にはまだ定訳というものがない。それゆえに，翻訳の途上で訳語を変更したことも少なくなく，予想外に時間を費やしてしまった。また，"fixed role therapy"のように，今まで何気なく「固定役割療法」と訳されていた用語でも，役割を「固定」してしまうと神経症的囚われに陥らざるをえなくなるので，むしろ"fix"の今ひとつの意味「修理・修正」を重視して，柔軟に修正できる「修正役割療法」と訳すべきことなども，この翻訳を通じてはっきりと自覚できた。このような右往左往をくりかえしたためにやたらに時間をとることになってしまった。さらに，寄せる年波には勝てず，透析療法の遷延化，左眼の視力の喪失，腰痛の激化等々も加わって，予想外に時間を費やしてしまった。かくして，本書の企画編集をお願いした北大路書房の奥野浩之氏には大変ご迷惑をかけてしまった。氏および北大路書房には，このような不手際をお詫び申し上げるとともに，出版の労をおとりくださったことに，心より感謝の意を表する次第である。なお，第2巻については，引き続き翻訳させていただきたいとは思っているが，命のあるうちに刊行できるかどうか，今はまったく自信がない。ご援助をいただける方があれば，私としては大歓迎である。

　　　　　　　　　　　　　　　　　　　　　　　　訳者　辻　平治郎

●訳者紹介●

辻　平治郎（つじ　へいじろう）
　　1941年　京都府に生まれる
　　1967年　京都大学大学院文学研究科心理学専攻修士課程修了
　　1967年～1973年　京都市児童院（現京都市児童福祉センター）勤務
　　1973年～2012年　甲南女子大学勤務
　　現在　甲南女子大学名誉教授

主著・論文　登校拒否児の自己意識と対人意識（単著）　児童精神医学とその近接領域　22
　　　　　　巻, 182-192　1981年
　　　　　　登校拒否児童・生徒の内的世界と行動（単著）　第一法規　1993年
　　　　　　自己意識と他者意識（単著）　北大路書房　1993年
　　　　　　パーソナリティの特性論と5因子モデル：特性の概念, 構造, および測定（共著）
　　　　　　心理学評論, 40巻, 239-259　1997年
　　　　　　5因子性格検査の理論と実際（編著）　北大路書房　1998年
　　　　　　心理学における基礎と臨床──分析的理解と物語的理解の観点から（単著）
　　　　　　現代のエスプリ　392号, 25-30　2000年
　　　　　　臨床認知心理学（共著）　東京大学出版会　2008年
　　　　　　森田理論の実証研究1（共著）　森田療法学会雑誌　20巻, 175-192　2009年
　　　　　　森田理論の実証研究2（共著）　森田療法学会雑誌　21巻, 141-155　2010年
訳書　　　　J. グレイ『意識：難問ににじり寄る』北大路書房　2014年

パーソナル・コンストラクトの心理学【第1巻】
理論とパーソナリティ

| 2016年2月10日 初版第1刷印刷 | 定価はカバーに表示 |
| 2016年2月20日 初版第1刷発行 | してあります。 |

著　者　　G.A.ケリー
訳　者　　辻　平治郎
発行所　　㈱北大路書房

〒603-8303　京都市北区紫野十二坊町12-8
　　　　　　電　話（075）431-0361㈹
　　　　　　ＦＡＸ（075）431-9393
　　　　　　振　替　01050-4-2083

Ⓒ 2016

印刷・製本／シナノ印刷㈱
検印省略　落丁・乱丁本はお取り替えいたします
ISBN 978-4-7628-2913-0　　Printed in Japan

・ JCOPY 〈㈳出版者著作権管理機構 委託出版物〉
本書の無断複写は著作権法上での例外を除き禁じられています。
複写される場合は，そのつど事前に，㈳出版者著作権管理機構
（電話 03-3513-6969，FAX03-3513-6979，e-mail：info@jcopy.or.jp）
の許諾を得てください。